Klaus Mann · Eine Biographie

C(

Nicole Schaenzler

KLAUS MANN

Eine Biographie

Campus Verlag
Frankfurt/New York

Für Herbert und Helena

Die Deutsche Bibliothek – CIP-Einheitsaufnahme

Schaenzler, Nicole:
Klaus Mann : eine Biographie / Nicole Schaenzler. –
Frankfurt/Main ; New York : Campus Verlag, 1999
ISBN 3-593-36068-3

Umschlaggestaltung: Guido Klütsch, Köln
Umschlagfoto: Klaus Mann in Hollywood, Ende der dreißiger Jahre
Satz: Fotosatz L. Huhn, Maintal-Bischofsheim
Druck und Bindung: Druckhaus »Thomas Müntzer«, Bad Langensalza
Gedruckt auf säurefreiem und chlorfrei gebleichtem Papier.
Printed in Germany

INHALT

ERSTES KAPITEL

KINDHEIT UND JUGEND

IN MÜNCHEN

(1906-1924)

»Wo beginnt die Geschichte?«

Als Klaus Heinrich Thomas Mann am 18. November 1906 in der elterlichen Wohnung in München-Schwabing geboren wurde, schien er ein bedeutsames Erbe anzutreten; erwartete der Vater von ihm doch nichts Geringeres »als Fortsetzung und Wiederbeginn [seiner selbst] unter neuen Bedingungen«.[1] Der Sohn, ein »wohlgebildetes Knäblein«[2], wie Thomas Mann seinen Freunden nicht ohne Stolz verkündete, war von Katia und Thomas Mann bereits sehnlichst erwartet worden. Katia Mann bekannte sich in ihren *Ungeschriebenen Memoiren* freimütig dazu, »immer verärgert« gewesen zu sein, wenn sie einem Mädchen das Leben schenkte. Wohl wissend, daß sie nicht zuletzt als Enkelin der großen Frauenrechtlerin Hedwig Dohm den Frauen eigentlich in besonderem Maße hätte verpflichtet sein müssen, vermochte die Achtzigjährige auch im nachhinein ihre mißlichen Gefühle nicht zu erklären. Vielleicht hatte sich Katia in dieser Frage ja auch von ihrem Mann, dem auf Fortbestand des Familiennamens bedachten Bürgersohn aus Lübeck, beeinflussen lassen. Für Thomas Mann jedenfalls stand bereits vor der Geburt des ersten Kindes definitiv fest: »Ein Mädchen ist doch nichts Ernsthaftes.«[3]

Somit hatte Klaus als zukünftiger Stammhalter der Familie seiner älteren Schwester voraus, kraft seines Geschlechts vom Vater für ungleich »poesievoller« gehalten zu werden. Dennoch fiel es der niedlichen kleinen Erika (deren Geburt ein Jahr zuvor Thomas Mann in einem Brief an seinen Bruder Heinrich zu dieser verklärenden Äußerung veranlaßt hatte) nicht schwer, den unerfahrenen Vater schnell davon zu überzeugen, daß auch eine Erstgeborene durchaus eine Bereicherung sein kann. So schrieb er anläßlich ihrer Geburt an seinen Bruder Heinrich: »Vielleicht bringt mich die Tochter innerlich in ein näheres Verhältnis zum ›anderen‹ Geschlecht, von dem ich eigentlich, obgleich Ehemann, noch immer nichts weiß.«[4]

Die Zukunft sollte zeigen, daß Thomas Mann letztlich sogar »viel mehr für die Mädchen«[5] war. Von Anfang an stand Erika dem Vater näher als der kleine Klaus: Sie, die später wie »zwei Buben turnen und raufen« konnte und aussah »wie ein magerer, dunkler Zigeunerjunge, dessen braune Stirn sich manchmal trotzig verfinstert«[6], wurde, dank ihrer lustigen, unbekümmerten Art, schnell Vaters Liebling. Dagegen wirkte Klaus, von Natur aus empfindsamer und weniger robust, schon als Kleinkind mit seinen goldblonden, schulterlangen Locken geradezu mädchenhaft. Wirklich innig-zärtliche Vatergefühle sollte jedoch erst die Jüngste der Familie, die 1918 geborene Elisabeth, in Thomas Mann wecken.

Es war wohl das, was man das ›perfekte‹, bzw. das »strenge Glück« nennt, wie Thomas Mann selbst seine neue Erfahrungen als Ehemann und Vater zu umschreiben pflegte. »Zuweilen«, schrieb er kurz nach der Geburt von Erika an seinen Bruder Heinrich, »wenn ich morgens mit weich massiertem Leib und leidlich kräftigem Magen erwache, das Kind schreien höre und Arbeitslust verspüre, habe ich ein durchdringendes Gefühl von Glück, wie ich es seit zwanzig Jahren nicht mehr kannte.«[7] In der Tat erfüllte sich für Thomas Mann – hierin ganz Kind des wilhelminischen Zeitalters – durch Heirat und Familiengründung ein konsequent verfolgter Lebensplan, dem das existentielle Bedürfnis zugrunde lag, die Ungewißheit des Dichterdaseins durch eine bürgerlich-konventionelle Lebensform zu kompensieren. Einem ebenso »strengen« wie sittlichen »Pflichtgefühl«[8] gehorchend, war es Thomas Mann wichtig – und sollte ihm immer wichtig bleiben –, für standesgemäße Verhältnisse zu sorgen. Entscheidend war dabei nicht allein nur Wohlstand und ein berühmter Name, sondern auch: Oberhaupt einer stattlichen Familie zu sein. In einer autobiographischen Skizze, die er Ende 1907 für das Berliner *Literarische Echo* verfaßte, inszenierte sich Thomas Mann als dichtender Bohemien, dessen »fahrlässiges Leben« erst durch die Ehe ein sittsames Ende gefunden habe. Hier wird ein geradezu kindlicher Stolz spürbar, über den auch der heiter-ironische Tonfall des Textes kaum hinwegtäuschen kann:

»Und nun? Und heute? Ich hocke verglasten Blicks und einen wollenen Schal um den Hals mit anderen verlorenen Gesellen in einer Anarchistenkneipe? Ich liege in der Gosse, wie sich's gebührte? Nein. Glanz umgibt mich. Nichts gleicht meinem Glücke. Ich bin vermählt, ich habe eine außerordentlich schöne junge Frau – eine Prinzessin von einer Frau, wenn man mir glauben will, deren Vater königlicher Universitätsprofessor ist, die ihrerseits das Abiturientenexamen gemacht hat, ohne deshalb auf mich herabzusehen, sowie zwei blühende, zu den höchsten Hoffnungen berechtigende Kinder. Ich bin Herr einer großen Wohnung in feinster Lage mit elektrischem Licht und allem Komfort der Neuzeit, – ausgestattet mit den herrlichsten Möbeln, Teppichen und Kunstgemälden. Mein Hausstand ist reich bestellt, ich befehle drei stattlichen Dienstmädchen und einem schottischen Schäferhund, ich speise schon zum Morgentee Zuckerbrötchen und trage fast ausschließlich Lackstiefel.«9

Die beiden »blühenden« Kinder wuchsen also in denkbar gesicherten, fast schon luxuriösen Verhältnissen auf – und in dem Bewußtsein, daß der Dichterberuf durchaus seine lukrativen Seiten hat. So sollte es im Prinzip für die Familie Mann auch bleiben, den späteren Kriegswirren und der Inflation, der Wirtschaftskrise und dem Exilaufenthalt zum Trotz – Umstände, die vielen anderen Schriftstellern große Entbehrungen abverlangten, wenn nicht gar die Existenzgrundlage raubten.

Paarbildungen

»Wir hatten ja im ganzen drei Buben und drei Mädchen, dadurch war Gleichgewicht. Wenn es vier Mädchen und zwei Buben gewesen wären, wäre ich außer mich geraten. Aber so ging's«, stellte Katia Mann in ihren *Ungeschriebenen Memoiren* fest10. Damit spielte sie auf die glückliche Fügung des Schicksals an, daß die Kinder entsprechend ihrem Alter auf natürliche Weise ›Pärchen‹ bildeten: Nach Erika und Klaus, die beide nur ein Jahr auseinander lagen, folgten 1909 Golo und 1910 Monika, einige Jahre später, nämlich 1918 und 1919 wurden Elisabeth und Michael geboren. Vor allem Katia, die selbst mit vier Brüdern aufgewachsen war, hatte sich immer eine Großfamilie gewünscht. Folgt man Golo Manns *Erinnerungen*, dann verdankt Thomas Mann es einzig Katias Bedürfnis, endlich Mutter zu werden, daß sie mit knapp 22 Jahren seinem drängenden Werben nachgab und ihn am 11. Februar 1905 auf dem Standesamt am Münchner Marienplatz heiratete.11

»Grausam kühl zu allen Menschen, die nicht zur Familie« gehörten, bildeten die Mann-Kinder »für sich eine kleine Macht«[12], die in ihrer Kindheit sich selbst genügten, wie Klaus Mann in *Kind dieser Zeit* die Vorteile dieser ungewöhnlichen Geschwisterkonstellation beschrieb. Für Klaus wurde vor allem Erika zur entscheidenden Bezugsperson: Ob als Verbündete bei diversen Feldzügen gegen die ungeliebten Kindermädchen oder als gleichermaßen neugierige wie furchtlose Draufgängerin, mit der man mitten in der Nacht vom Kinderzimmerbalkon aus im Nachthemd die Welt erkunden konnte[13] – »Eri« und »Aissi« waren von ihren ersten Lebensjahren an unzertrennlich. Mit Erika schrieb Klaus Mann seine ersten Gedichte, mit ihr reiste er später um die ganze Welt, mit ihr hatte er sein erstes Drogenerlebnis. Wenn sich Klaus Mann im *Wendepunkt* an das enge Verhältnis zwischen den beiden Geschwistern im Kindesalter erinnert, dann kann dies durchaus als moralisches Fundament einer außergewöhnlich engen Beziehung verstanden werden: »[...] Im Bereich des wirklichen Lebens gehörten Erika und ich zusammen; unsere Solidarität war absolut und ohne Vorbehalt. Wir traten wie Zwillinge auf: Die Erwachsenen wie die Kinder hatten uns als Einheit zu akzeptieren.«[14] Auch für Erika waren sie beide »Teile von einander – so sehr, daß ich ohne ihn im Grunde gar nicht zu denken bin«[15]. Diese Zeilen schrieb sie an ihre Freundin, die Zeichnerin Eva Herrmann, wenige Wochen, nachdem ihr Bruder sich das Leben genommen hatte.

Neben Erika erwies sich der jüngere Bruder Gottfried Angelus Thomas, von allen »Golo« genannt, als passender Gefährte. Ihn konnte man nicht nur mit Gespenstergeschichten zu Tode erschrecken, sondern mit ihm auch famose Rollenspiele inszenieren. So eigneten sich die »sentimentalen Schmöker«, die die Kindermädchen vorlasen, vorzüglich dazu, von Erika, Klaus und Golo szenisch umgesetzt zu werden.[16] Auch liebten es die beiden Brüder, stundenlang durch den Garten zu flanieren, wobei Golo aufmerksam den vielen skurrilen Geschichten lauschte, die schon früh der regen Phantasie des Älteren entsprangen. Kurzum: Golo, ebenso wie die kleine Moni, erwiesen sich für Erika und Klaus als würdige Kameraden – zumal die beiden Jüngeren niemals die alters- und wohl auch entwicklungsbedingte Rangordnung unter den Geschwistern anzweifelten, wonach die temperamentvollen »Großen« gegenüber den eher unterwürfigen »Kleinen« stets die besonderen Privilegien der ›Führungspersönlichkeiten‹ genossen.

Auch die Eltern stellten – freilich als »heterogenes Doppelwesen«[17] –

eine »kleine Macht«, eine in sich geschlossene Einheit dar, wie Klaus Mann sich im *Wendepunkt* erinnert. Während die Mutter »praktisch, aber unordentlich« veranlagt sei, wirke der Vater »weltfremd und verträumt, aber ordentlich bis zur Pedanterie«. Es habe der Mutter nie etwas ausgemacht, »wenn man sie um drei Uhr morgens« störte, aber sie habe sich furchtbar geärgert, wenn das neue Paar Handschuhe verloren gegangen oder man »zu spät zum Zahnarzt« gekommen sei. Hingegen habe der Vater nicht einmal gewußt, daß man Handschuhe besessen hätte und daß für »unsere Zähne ärztliche Behandlung nötig« gewesen sei. Jedoch habe er es immer mißbilligt, »wenn wir beim Essen« schmatzten »oder den schönen neuen Teppichläufer mit schmutzigen Schuhen« betraten.[18] So war und blieb die Einweisung der Kinder in die Alltäglichkeiten letztlich allein Sache der Mutter.

So individuell verschieden Katia und Thomas Mann auch waren – sie verbrachten mehr als die Hälfte ihres Lebens zusammen. In all den Jahren gelang es ihnen, größere Konflikte und Mißhelligkeiten zu vermeiden. Dies lag wohl in erster Linie daran, daß Katia sich nach der Heirat klaglos in die klassische Rollenverteilung fügte – sicherlich ein Zugeständnis an ihren kompromißlos auf seine künstlerische Selbstverwirklichung bedachten Mann, was mit Blick auf ihre unkonventionelle Erziehung und ihre einstigen Ambitionen als einzige weibliche Mathematikstudentin an der Münchner Universität aber keineswegs selbstverständlich war. Folglich konnte man, was die Erziehung der Kinder und die Haushaltsführung betraf, an Katia und Thomas Mann durchaus »traditionelle Formeln wie ›Vater‹, ›Mutter‹ und ›väterliche Autorität‹«[19] festmachen. »Vater«, beschreibt Klaus Mann in seiner zweiten Autobiographie, »das ist die kitzelnde Berührung eines Schnurrbartes; der Duft von Zigarren, Eau de Cologne und frischer Wäsche; ein sinnendes zerstreutes Lächeln, ein trockenes Räuspern, ein zugleich abwesender und durchdringender Blick. ›Vater‹ bedeutet eine freundliche, sonore Stimme; die langen Bücherreihen im Arbeitszimmer – feierliches Tableau voll geheimnisvoller Lockung! –; der wohlgeordnete Schreibtisch mit dem stattlichen Tintenfaß, dem leichten Korkfederhalter, der ägyptischen Statuette, dem Miniaturporträt Savonarolas auf dunklem Grund; gedämpfte Klaviermusik, die aus dem halbdunklen Wohnzimmer kommt.«[20] Unerwähnt bleibt, daß dieser »Vater« Klaus Mann oft genug auch schmerzhafte Demütigungen zufügte – so etwa, wenn Thomas Mann während des Mittagessens seinen

Ältesten mit Wutausbrüchen bedachte, die ihn vor den Augen der übrigen Familienmitglieder zutiefst verletzten. Allein Golo Mann erinnert sich »nur zu genau an Szenen bei Tisch, Ausbrüche [des Vaters] von Jähzorn und Brutalität, die sich gegen [seinen] Bruder Klaus richteten«, und die ihm, Golo, »Tränen entlockten«.²¹ Dagegen war das Verhältnis zur der Mutter, von den Kindern zärtlich »Mielein« genannt, von einer offenen, spontanen Herzlichkeit bestimmt. Zwar neigte auch sie zu jähem Zorn. Dann hatte sie die »unangenehme Art, einem am Ohrläppchen zu ziehen, wenn sie findet, daß man ernstliche Strafe verdient«²². Doch konnte sie nicht nur »strafen«, sondern auch »streicheln, spielen und liebkosen«. Tatsächlich sollte die Mutter für Klaus auch in späteren Jahren »die ver-trauteste Figur, die unentbehrliche« sein, und sie stand ihm immer »näher als der Vater, der dem Sohne ein Fremder blieb«²³.

Mit dem stetigen Familienzuwachs waren im Jahre 1910 verschiedene Umzüge notwendig geworden. Die vier Älteren waren noch in der ersten Wohnung des Ehepaars Mann, in der Franz-Joseph-Straße 2, geboren worden. Allerdings reichten die sieben Zimmer für die sechsköpfige Familie, das Kindermädchen, die Gouvernante und die zwei Dienstboten bald nicht mehr aus. Nach einem kurzem Intermezzo von drei Jahren in der Mauerkircher Straße 13 bezog die Familie 1914 – kurz vor Ausbruch des Ersten Weltkrieges – schließlich die große herrschaftliche Villa mit drei Etagen in der Poschingerstraße, die sich Thomas Mann nach Plänen des Architekten Ludwig hatte bauen lassen. Hier, in der vornehmen Gegend von München-Bogenhausen, erwarteten die Kinder paradiesische Verhältnisse: Direkt an der Isar gelegen und ganz in der Nähe des Herzogparks, entdeckten Erika, Klaus, Golo und Monika, daß auch Fremde Freunde sein können. In den Nachbarkindern Gretel und Lotte – den Töchtern von Bruno Walter – sowie dem jüngeren Sohn des Germanisten Robert Hallgarten, Ricki, fanden sie Verbündete, mit denen sie als »Herzogparkbande« schnell zum Schrecken der Erwachsenen avancierten. Besonders Erika und Klaus machten sich einen Spaß daraus, durch aufmüpfiges Benehmen auf sich aufmerksam zu machen. Ungehorsam aus Prinzip – sei es in der Privatschule der Schwestern Ebermayer, auf der Straße gegenüber Passanten oder zu Hause im Umgang mit den Kindermädchen: Die beiden ließen nichts unversucht, um ihrem Ruf als »verzogene Gören« gerecht zu werden.

Die Eltern reagierten auf die Eskapaden der »Großen« zunächst gelassen. Erst als die »Herzogparkbande« sich in Telefonterror und Ladendiebstahl versuchte, beschlossen die Eltern zu handeln. Das war aber einige Jahre später. Um den Familienfrieden im Hause Mann zu wahren, genügte es vorerst, wenn die Kinder die festgelegten und unumstößlichen Ruhezeiten im Hause einhielten, damit der Vater in seinem Arbeitszimmer ungestört arbeiten konnte. Obwohl Erika inzwischen wie gedruckt log und Klaus sich durch frühreife Attitüden und seine fast arrogante Überheblichkeit weder bei den Kindermädchen noch bei den Lehrern besonders beliebt machte, verfügten sie beide über sympathische Wesenszüge, von denen sie auch als Erwachsene immer wieder profitierten. Phantasievoll und mit Charme, Humor und Intelligenz wußten beide ihre Interessen auch gegen die Widerstände anderer wirkungsvoll zu vertreten. Ihr gewinnendes Äußeres und die Fähigkeit, ebenso ungezwungen wie selbstbewußt auf andere zuzugehen, waren Eigenschaften, die Erika und Klaus immer wieder sehr nützlich waren. Erikas Schlagfertigkeit und ihre Begabung, andere zu imitieren, brachten vor allem den Vater oft zum Lachen, weshalb sie in heiklen Situationen von den Geschwistern häufig vorgeschickt wurde, um ihn wieder zu besänftigen.

Verglichen mit der jungenhaften, robusten, stets gutgelaunten Erika wirkte Klaus sensibler und verschlossener. Um so stärker traf es den Sechsjährigen, als die Mutter wegen eines Lungenleidens die Familie für mehrere Monate verlassen und sich in verschiedenen Sanatorien einer Behandlung unterziehen mußte. Die Ärzte hatten bei Katia Mann eine »verschleppte, geschlossene Tuberkulose«[24] diagnostiziert und rieten dringend zu einem sechsmonatigen Aufenthalt im Davoser Waldsanatorium, dem weitere Kuraufenthalte in Meran, Arosa und Clavadel folgten. Erst viele Jahre später, als Katia Mann schon über achtzig Jahre alt war, brachte der Vergleich von Röntgenaufnahmen aus den Jahren 1912 und 1967 an den Tag, daß sie in Wirklichkeit nie an Tuberkulose erkrankt war. Immerhin verschaffte jene Fehldiagnose von 1912 Katia Mann ein wenig Ruhe – und etwas Abstand von den anstrengenden Aufgaben der treusorgenden Ehefrau und Mutter. Tatsächlich war es für Thomas Mann schon längst selbstverständlich, daß Katia ihr Leben dem seinen vollkommen unterordnete. Doch hatten nicht nur die vielen gesellschaftlichen Verpflichtungen, derer sie sich als Frau eines ebenso berühmten wie ambitionierten Mannes kaum entziehen konnte, sondern auch die Haushaltsführung und vor allem die Erziehung der vier Kinder,

für die sie praktisch allein verantwortlich war, sehr an der zarten Konsti-
tution der jungen Frau gezehrt. Dennoch erwies sich Katia Mann auch in
Davos ihrem Mann als zuverlässige Gefährtin, indem sie sich gewissermaßen als Kundschafterin für sein neues Buchprojekt bewährte: Dank
ihrer guten Beobachtungsgabe und ihrem Sinn für humorvolle Details
gab sie alle größeren und kleineren Begebenheiten, wie sie sich dort
oben, in der Weltabgeschiedenheit, zutrugen, in zahlreichen Briefen anschaulich an Thomas Mann weiter. Wenngleich *Der Zauberberg*, der ursprünglich als Novelle geplant war, ohne Katias detaillierte Schilderun-
gen möglicherweise niemals geschrieben worden wäre, war es für die
vier kleinen Kinder eine Katastrophe, so lange auf die Mutter verzichten
zu müssen. Zumal der Vater nicht bereit war, sein tägliches Arbeitsritual
aufzugeben, um die Abwesenheit der Mutter in irgendeiner Form auszu-
gleichen. So waren die Geschwister nun »auf Gedeih und Verderb« dem
Kindermädchen »ausgeliefert« – ein Umstand, der für Klaus Mann
schnell den »Charakter einer Diktatur«[25] annahm.

Aber es sollte noch ärger kommen: Kurz vor Ausbruch des Krieges ereilte die Familie Mann eine »Blinddarmepidemie«. Tatsächlich mußte allen Familienmitgliedern – mit Ausnahme des Vaters – innerhalb weniger
Monate nacheinander der Blinddarm operativ entfernt werden. Klaus
schwebte dabei mehrere Wochen in Lebensgefahr. Thomas Mann hat im
Gesang vom Kindchen die Sorge über den schwerkranken Sohn, der
»auf den Tod lag«[26], literarisch verarbeitet. Die Ärzte hatten ihn schon
aufgegeben, bis Katia die denkbar unkonventionelle Methode anwandte,
den völlig geschwächten Körper des Sohnes mit Eau de Cologne einzu-
reiben. Auch wenn das ›Wie‹ des Erfolges für alle Zeiten unklar bleibt –
nach wenigen Stunden hatte Klaus die gefährliche Krise überstanden.

»Ein blutiges Schwert am Himmel«

Der Erste Weltkrieg: Jahre des Schreckens, Jahre der Entbehrungen und
Verluste. Erst viel später hat Klaus Mann die einschneidende Bedeutung,
die der Erste Weltkrieg für sein Heimatland hatte, verstanden – und daran gelitten. Denn das oberflächliche Interesse, das die Kinder den politischen Verhältnissen jener Zeit entgegenbrachten, hieß nicht unbedingt,
daß die Zustände sie gänzlich unberührt und unverändert gelassen hät-

ten: »Mir scheint eher, daß sie in einer tieferen Schicht unseres Wesens ihre Spuren ließen, als in der, wo das intellektuelle Interesse entsteht«[27], vermutet Klaus Mann in *Kind dieser Zeit*. Demnach sollte die Abwertung der traditionellen (bürgerlichen) Werte, die mit den politischen und sozialen Umwälzungen der Nachkriegszeit zwangsläufig einherging, das entscheidende Thema für Klaus Mann werden, mit dem er sich bis zu seinem Tod immer wieder auseinandersetzte. Natürlich konnte der Acht- bis Zwölfjährige die politisch-gesellschaftliche Dimension dieses verheerenden Krieges, dem Millionen Menschen zum Opfer fielen und dessen Folgen Deutschland als Hauptverursacher und Verlierer des Krieges zwangen, sich völlig neu zu orientieren, noch nicht ermessen. Im Gegenteil; auch wenn das Essen während des Krieges immer schlechter und spärlicher wurde, auch wenn die Mann-Kinder irgendwann mit nackten Füßen in der Schule erschienen, weil es keine neuen Schuhe mehr gab – sie blieben Kinder aus gutem Hause, die selbst in dieser schwierigen Zeit noch einigermaßen von den Privilegien der Reichen profitieren konnten. Allein in Bogenhausen zu wohnen bedeutete Sicherheit, denn dort blieben die Bewohner später sogar weitgehend von den Kämpfen der Novemberrevolution verschont. Günstig war in diesem Zusammenhang auch, daß Literaten wie Ernst Toller und Erich Mühsam in der Räterepublik eine wichtige Rolle spielten. So gingen auch die Wirren der Nachkriegszeit an der Familie nahezu spurlos vorüber:

> »Unser Haus blieb von den Regierungstruppen verschont. Wir hielten es zunächst für einen glücklichen Zufall, erfuhren aber später, daß die Patrouille angewiesen war, das Heim Thomas Manns in Frieden zu lassen. Zwar machte das Haus einen verdächtig kapitalistischen Eindruck, und die Gesinnungen des Hausherrn waren vom marxistischen Standpunkt durchaus nicht einwandfrei; aber die revolutionären Führer, die von ihren Gegnern als eine Bande blutrünstiger Vandalen hingestellt wurden, waren in Wirklichkeit Männer, die das Talent und die Integrität eines Schriftstellers respektierten, sogar wenn sie mit seinen politischen Ansichten nicht übereinstimmten.«[28]

Vor allem Katia Mann wuchs während der Kriegstage über sich hinaus. Da so gut wie kein Geld mehr ins Haus kam, versuchte sie mit rigorosen Sparmaßnahmen die neue und ungewohnte Situation zu meistern. Die Entlassung des Kindermädchens oder der Schulwechsel der »Großen« von der exklusiven, aber teuren Privatschule in die gewöhnliche Volksschule – den Kindern waren die notwendig gewordenen Entlastungen des Mannschen Haushaltsbudgets nur recht. Im Gegensatz zum »feinen, zarten und strengen Ebermayer-Institut«, so Klaus Mann in *Kind dieser Zeit*, erschien die Volksschule zunächst als Spaß versprechender Ort, in der man zum Beispiel den verhaßten Klassenkameraden »stundenlang in ein besonders stinkiges Klosetthäuschen«[29] einsperren konnte, bis dieser fast ohnmächtig wurde. Im *Wendepunkt* hört sich die Schilderung dieses Erlebnisses allerdings ganz anders an, denn Erika und Klaus wurden dort getrennt. Doch während die ältere Schwester schnell zur Anführerin der Mädchen aufstieg, war Klaus auf den schwesterlichen Schutz auf dem Schulhof angewiesen, wo offenbar ein rauhes Klima herrschte. Auch in *Kind dieser Zeit* erwähnt Klaus Mann Erikas beherztes Eingreifen, wenn er in Prügeleien verwickelt wurde und sie den zarten Bruder mehr als einmal vor Ärgerem bewahrte.[30] Aber die Schmach angesichts der Ablehnung durch die Mitschüler war zur Entstehungszeit von *Kind dieser Zeit* vielleicht noch zu sehr im Gedächtnis, als daß der Autor dies der Öffentlichkeit unbedingt hätte mitteilen wollen. Nicht nur, daß seine Klassenkameraden ihn für einen »Saupreußen« hielten, weil er den bayerischen Dialekt nicht beherrschte; denn ein »Saupreuße« zu sein, das war »fast ebenso schlimm wie ein feindlicher Ausländer«. Außerdem nahmen sie ihm auch seine »Abneigung gegen Raufereien«[31] übel – womit Klaus endgültig zum Außenseiter geworden war. Kein Wunder, daß er sich in der neuen Schule nicht wohl fühlte. Doch seine Proteste gegen den Schulwechsel nützten nichts – die Mutter blieb bei ihrer Entscheidung.

Ohnehin hatte Katia inzwischen ganz andere Sorgen, denn spätestens ab 1917 gab es in Deutschland schwerwiegende Versorgungsengpässe, die auch die Familie Mann zu spüren bekam. Dennoch regelte die Mutter mit viel Geschick und Phantasie die mühsam gewordenen praktischen Dinge des Lebens – eben so, wie sie es schon immer getan hatte. Auch der Vater blieb sich treu: Vielleicht war er sogar noch verschlossener – und damit für die Kinder noch unerreichbarer geworden. Auf jeden Fall wirkte der »Zauberer«, wie die Kinder Thomas Mann schon längst zu nennen pflegten, in den Kriegsjahren häufig abwesend und zerstreut. Zudem versuchte Thomas Mann sich in diesen Jahren an der Niederschrift eines großen essayistischen Gedankenwerks: Die Arbeit am *Zauberberg* wurde im Herbst 1915 unterbrochen, denn es galt, *Betrachtungen eines Unpolitischen* anzustellen. Im *Wendepunkt* bemüht sich Klaus Mann darum, das umstrittene Œuvre seines Vaters, an dessen »stupenden Irrtümern« und »problematischer Schönheit«[32] der Sohn unmißverständlich Anstoß nahm, mit den Umständen der Zeit zu erklären. Fest steht: Thomas Manns patriotisches Bekenntnis zu Deutschland, vor allem aber seine Polemik gegen den kritikfreudigen »Zivilisationsliteraten«[33] und überzeugten Pazifisten Heinrich Mann in den *Betrachtungen*, führte zum schweren Zerwürfnis zwischen den ungleichen Brüdern, dem erst nach einigen Jahren die Versöhnung folgte.

»Je sündiger, desto besser!«

Während der Waffenstillstand im November 1918 von den Erwachsenen mit großer Erleichterung aufgenommen wurde, entdeckte Klaus Mann, gerade 12 Jahre alt, die Klassiker der Weltliteratur: Gogol, Körner, Kleist, Grillparzer und Chamisso, zwölf Bände Schiller, vierzehn Bände Hebbel – die Liste wurde immer länger. Zugleich sollte der erste »anarchische Abschnitt«[34] seines Lebens beginnen, wie er freimütig in *Kind dieser Zeit* bekennt: »Wir suchten das Böse, wo immer es uns auffindbar schien«[35]. Immerhin wundert er sich später selbst über den »Fanatismus«, mit dem die Jugendlichen das »Unsinn-Machen«[36] betrieben. Unsinn-Machen, das hieß vor allem herauszufinden, wie weit man die Späße treiben konnte, ohne sich selbst zu schaden. Wobei der Schaden der anderen eine eher untergeordnete Rolle spielte: Ob raffiniert ausgetüftelte Diebstähle von Pralinés, Seife und Büchern, oder anonyme Telefonanrufe, die bevorzugt bei bekannten Persönlichkeiten der Stadt erfolgten – jeder Streich war gerade gut genug, um von der »Herzogparkbande« in Angriff genommen zu werden:

»Wie drollig war es doch, Frau Sanitätsrat Meyer anzurufen und ihr weiszumachen, man sei das Stubenmädchen von Frau Doktor Ruderer: ›Meine Frau Doktor würde sich sehr freuen, wenn die Frau Sanitätsrat mit dem Herrn Sanitätsrat am nächsten Donnerstag zum Nachtmahl zu uns kommen könnten.‹ Frau Sanitätsrat versprach, pünktlich zur Stelle zu sein. Wir lachten uns ins Fäustchen. Man stelle sich die Meyerische vor, wie sie am Donnerstagabend im besten Kleid bei den ahnungslosen Ruderers anrückt!«[37]

Letztlich ging es den Heranwachsenden wohl nicht nur darum, einen Generationenkonflikt mit den Eltern auszutragen. Wichtig war auch die Erprobung von Autonomie und Selbstverwirklichung unter der – zu dieser Zeit durchaus spielerisch gemeinten – Verneinung der bürgerlichen Ordnung. Im Vordergrund stand dabei aber auch pure ›Lebensgier‹, insofern sich darin das Bedürfnis nach einer gesteigerten Erlebnisfähigkeit durch die Lust am Verbotenen offenbart – dies waren im wesentlichen die (unbewußten) Motive, die Erika und Klaus immer wieder dazu veranlaßten, sich »rebellische Wonnen«[38] zu verschaffen. Die Zukunft sollte zeigen, daß vor allem Klaus sich darauf verstand, seine Vorliebe für das Rebellische jenseits des Konventionellen (und manchmal auch jenseits des Erlaubten) in einigen Lebensbereichen zu kultivieren. Tatsächlich wurde die Faszination, die grenzüberschreitende Erfahrungen auf ihn ausübten, zum Wesensmerkmal einer Persönlichkeit, die sich bisweilen fast schon zwanghaft gegen alles Gewöhnliche richtete. Außerdem begann sich gerade in diesen Kindertagen bei Klaus Mann der Verdacht zu regen, daß die zeitliche Koinzidenz von zeitgeschichtlicher und identitätsbildender Ungewißheit möglicherweise kein Zufall war. Doch blieb es zunächst bei der vagen Ahnung des Kindes, das die Schwelle zum Erwachsenwerden noch nicht überschritten hatte.[39] Erst später, und dann gleich so, als gälte es, sich der Ungewißheit des Lebens permanent vergewissern zu müssen, sollte Klaus Mann auf dieser Einsicht sein persönliches Daseinskonzept begründen, das für den Rest seines Lebens irgendwo zwischen Lebensbejahung und Selbstzerstörung angesiedelt war.

Abgesehen von ihrem »Hang zum Bösen« hatten die Mann-Kinder zwei Passionen, die untrennbar mit ihrer Kindheit verbunden sind, wie Klaus Mann immer wieder betont hat: Das »Tölzhaus«, das für ihn zu den Mythen der Kindheit gehörte, und die Leidenschaft der Mann-Kinder, Theater zu spielen. Bereits 1908 hatte Thomas Mann das Landhaus oberhalb von Bad Tölz, mit malerischem Blick auf das Karwendelgebirge, bauen lassen. Bis 1917 verbrachte die Familie die Sommermonate und einige Winter im Tölzhaus. Dann veräußerten die Eltern den stattlichen Besitz gegen Kriegsleihen. »Immer, wenn ich ›Kindheit‹ denke, denke ich zuerst ›Tölz‹«[40], ist in *Kind dieser Zeit* zu lesen. Dies spiegelt sich auch in Klaus Manns Erzählwerk wider: Wenn zum Beispiel Marie-Thérèse, die kleine Schwester der Hauptfigur Andreas im *Frommen Tanz*, in der ländlichen Idylle jene kindgerechten Rahmenbedingungen erfährt, die der Autor als Maxime für eine freie Entfaltung der kindlichen Wünsche und Vorstellungen kennzeichnet, dann greift er hier auf die eigenen Erlebnisse zurück, die er mit dem naturnahen Leben in Bad Tölz verband.[41]

Was das Theaterspielen betrifft, so fanden Erika, Klaus und Golo in den Walter-Töchtern und Ricki Hallgarten kongeniale Schauspielkollegen. Kurz nachdem sich ihnen noch Gisela Marcks, die Tochter des Historikers Erich Marcks, anschloß, wurde am 1. Januar 1919 der »Laienbund deutscher Mimiker« gegründet. Wie Klaus Mann versicherte, nahmen sie »den Bund gewaltig ernst«[42]. Es wurde eine »Vereinschronik« geführt, in der alle aufgeführten Stücke und die Verteilung der Rollen von Gisela Marcks akribisch vermerkt wurden. Anders als in der frühen Kindheit spielte man nun ernsthafte Stücke wie Körners *Gouvernante* oder Lessings *Minna von Barnhelm*. Immerhin bot die Theatergruppe der »Herzogparkbande« für die spätere Schauspielerin und Kabarettistin Erika die erste ernstzunehmende Gelegenheit, ihre schauspielerischen Talente zu entdecken. Auch Klaus, der zwischen 1925 und 1927 an der Seite von Erika, Pamela Wedekind und Gustaf Gründgens auf der Bühne stehen sollte, beschloß nach einer der Aufführungen des »Mimikbundes«, nunmehr Schriftsteller *und* Schauspieler zu werden.

»In all diesen Jahren las ich mit einem Heißhunger, der sich, durch keinerlei Vorkenntnisse oder Voraussetzungen gehemmt, auf die Weltliteratur stürzte.«[43] So wie andere Kinder in seinem Alter Detektivromane lasen, »verschlang« Klaus Mann beinahe täglich ein ganzes Buch. Tatsächlich beschränkten sich die konkreten Anregungen der Eltern auf einige wenige Lektürevorschläge, auf die Klaus Mann früher oder später wohl selbst gekommen wäre. Außerdem war da noch die Bibliothek im Arbeitszimmer des Vaters, deren Faszination sich für Klaus einmal mehr durch das strikte Verbot der Eltern ins Unermeßliche steigerte:

»Nachmittags, während mein Vater schlief, schlich ich mich, die Wangen gerötet, vom Gefühl, das Böseste zu treiben, in sein geheiligtes Arbeitszimmer, wo es nach Zigarrenrauch und väterlicher Würde roch, um auf einem Sessel, den ich heute noch kaum ohne geheimen Schauer anzusehen vermag, Wedekinds »Kammersänger« zu lesen. Außer der bizarren und für mich so neuartigen Diktion konnte mich an diesem Meisterwerk nichts reizen als das Gefühl, daß es verboten war [...]«[44]

Letztlich war es wohl nur eine Frage der Zeit, daß Klaus es bei der Entdeckung der literarischen Meister nicht bewenden lassen, sondern selbst ein berühmter Autor werden wollte. Dem »schriftstellerischen Trieb als Selbstzweck« nachgebend, ohne dabei jedoch irgendeinem Inhalt verpflichtet zu sein, widmete bereits der Zwölfjährige seiner Mutter den ersten Band von »Klaus Manns sämtlichen Werken«[45]. Es folgten serien-

weise Gedichte, Erzählungen und Theaterstücke, die in seinem Alter freilich noch keine moralische oder persönliche Tiefe aufweisen konnten,
sondern eher Ausdruck seiner Altklugheit waren:

»Der böse Mörder Gulehuh,
Der jagte eine bunte Kuh.
Die bunte Kuh, die sträubt sich sehr,
Der Gulehuh kriegt das Messer her.
Er haut der Kuh das Köpfchen ab,
Der Bauer kommt dabei im Trab.
Er hat den Gulehuh eingefangen,
In drei Tagen soll er am Galgen hangen.
Da weint der Mörder Gulehuh,
Da weint er sehr und schreit huhu –
Ich will's gewiß nicht wieder tun,
Um Gottes will'n, verzeiht mir nun!«[46]

In seinem »komischen« Drama *Bayerns Revolution*, das Klaus kurz nach
Ende des Ersten Weltkrieges verfaßte, stehen nicht mehr der Bauer, die
Kuh und der Mörder Gulehuh im Zentrum des Geschehens, nunmehr
wagte sich der junge Autor an die Verarbeitung von wahrhaft historischen »Fakten«:

»Szenenanweisung: das Zimmer Kurt Eisners, im Vordergrund um einen Tisch Wil-
helm Herzog, Erich Mühsam und Eisner.
Wilhelm Herzog: ›Unser Entschluß ist gefaßt. Heute ist die Versammlung auf der
Theresienwiese. [...] Kein Recht gilt mehr, das Volk ist frei! Die rote Flagge weht, wir
werden als Erlöser angejubelt und Sie, Eisner, sind Präsident!‹
Kurt Eisner: ›Ich fürchte mich so sehr, daß Blut vergossen wird. [...] Ihr macht mich
schaudern! Doch wenn es ohne Blutvergießen ginge, würde mich das sehr freuen.‹
Erich Mühsam: ›Wenn es nur ginge.‹«[47]

In *Kind dieser Zeit*, als Klaus Mann tatsächlich schon berühmt war, hat
er diese und andere »Werke« aus Kindertagen getreulich wiedergegeben,
so als ob der inzwischen 26jährige immer noch nicht ganz dem »schriftstellerischen Trieb als Selbstzweck« entsagt hätte...
   War es wirklich so verwunderlich, daß der Dichtersohn seine literarischen Ambitionen bereits im zartesten Alter verspürte? Jedenfalls nicht,
wenn man das geistig-literarische Flair des »saloppen Künstlerhaushal-
tes«, wo Sprachspiele und unzählige neue Wortkreationen zum guten
Ton der Familie gehörten, als prägendes Vorbild gelten läßt. Auch die
vielen berühmten Gäste des Vaters, die, wie Gerhart Hauptmann, Hugo
von Hofmannsthal oder Jakob Wassermann, häufig selbst bedeutende

Schriftsteller waren, und – nicht zu vergessen – die abendlichen ›Dichter-
lesungen‹, bei denen der Vater gelegentlich sogar aus den eigenen Werken vorlas; all dies waren Anregungen, die vor allem die »Großen« be-
gierig aufnahmen und auf ihre Weise umzusetzen versuchten. Wenngleich auch Erika später wiederholt als Autorin ans Licht der Öffentlichkeit trat – ernsthafte Ambitionen, sich auf ein Kräftemessen mit dem
»Zauberer« einzulassen, hatte allein Klaus.

Die einst freudige Erwartung des Vaters, daß sein Sohn »Fortsetzung
und Wiederbeginn« seiner selbst »unter neuen Bedingungen« sein möge,
sollte sich also erfüllen. Allerdings auf eine Weise, die nicht nur durch ihre hoffnungsvollen, sondern mehr noch durch ihre tragischen Aspekte in
die Familienchronik – und in die Literaturgeschichte – eingegangen ist.
In Wahrheit sah sich Klaus Mann nämlich schon bald mit dem Umstand
konfrontiert, daß ihm der Schatten des berühmten Vaters für den Rest
seines Lebens Aufmunterung und Fluch zugleich sein sollte.

»Ich muß, muß, *muß* berühmt werden...«

Bevor Klaus Mann jedoch nach Berlin gehen konnte, um dort als Theaterkritiker, Dramatiker und Erzähler vor die Öffentlichkeit zu treten,
mußte erst noch das lästige Schulprogramm zu einem würdigen Abschluß gebracht werden. Zunächst nahm alles seinen geordneten Gang:
1916 wurde Klaus Mann von seiner Mutter im Wilhelmsgymnasium an-
gemeldet. Allerdings erwies sich die Münchner Eliteschule als durch und
durch konservative Bildungsstätte, wo die Lehrer weniger durch ihr
pädagogisches Geschick als durch ihre »rückschrittliche Gesinnung und
ihren phrasenhaften Patriotismus«[48] auf die Schüler Einfluß nahmen. In
den Tagen des Bürgerkriegs beherbergte die Schule sogar Exekutions-
kommandos. Die Gymnasiasten bekamen schulfrei, wenn die Reichs-
wehr Angehörige der Roten Garde liquidierte: »In unserer Schule war
das Regiment einquartiert, das Rosa Luxemburg und Karl Liebknecht
getötet hat. – [Auf] unserem Schulhof sind zwei Spartakisten erschossen
worden. Der eine, ein siebzehnjähriger Junge, ließ sich nicht einmal die
Augen verbinden, Poschenrieder sagte, das wäre fanatisch. Ich finde es
heldenhaft. Wir hatten schon um 12 Uhr aus.«[49], notierte Klaus Mann
am 8. Mai 1919 in sein Tagebuch.

Aber nicht das militärische Treiben auf dem Schulhof und auch nicht
der reaktionäre Geist, der den Schülern von Lehrern wie »Poschenrieder« im Unterricht vermittelt wurde, veranlaßten Katia Mann schließlich dazu, ihren Sohn noch vor dem Abitur von der Schule zu nehmen.
Inzwischen waren nämlich die Schandtaten der »Herzogparkbande«
aufgeflogen, und es galt, ihrem unmoralischen Treiben ein möglichst dis-
kretes Ende zu bereiten. Über kurz oder lang waren kompromittierende
Folgen ernsthaft zu befürchten und eine Verhaftung seiner beiden ältesten Kinder während einer ihrer unrühmlichen Streifzüge durch Mün-
chens Einkaufsstraßen hätte auch Thomas Mann in der Öffentlichkeit
nicht gut zu Gesicht gestanden.

Katia Mann entschloß sich, ihre gefährdeten Sprößlinge den Reform-
pädagogen anzuvertrauen, verständnisvollen Lehrern, die in einer freien
Schule in ländlicher Umgebung die Schüler dazu ermunterten, den Unterricht nach ihren individuellen Neigungen und Fähigkeiten mitzube-
stimmen. Sie, die selbst eine für damalige Verhältnisse recht fortschrittliche Erziehung genossen hatte, erhoffte sich vom progressiven Geist der
Jugendbewegung, was offenbar weder den Eltern noch den diversen Kindermädchen, weder dem privaten noch dem staatlichen Lehrpersonal bis
zu diesem Zeitpunkt gelungen war: Erika und Klaus die Grundbegriffe
von Moral und Anstand zu vermitteln. Weil das Schulgeld eine weitere
erhebliche finanzielle Belastung für die Haushaltskasse der Familie bedeutete, die in jenen Inflationsjahren der Nachkriegszeit ohnehin arg
strapaziert war, mußte aber erst noch die Zustimmung des Vaters eingeholt werden. Froh darüber, die pädagogische Verantwortung für die beiden nunmehr ganz in fremde Hände legen zu können, zeigte sich Thomas Mann jedoch schnell bereit, die finanziellen Einbußen durch den
teuren Schulaufenthalt in Kauf zu nehmen. Ab März 1922 besuchten
Erika und Klaus die Bergschule Hochwaldhausen, eine Freie Schulgemeinde nahe Fulda.

Wenngleich sich seine Erfahrungen mit Landerziehungsheimen letztlich nur auf ein paar wenige Monate beschränkten, waren die geistigen
Anregungen, die Klaus zunächst in der mitteldeutschen Bergschule und
danach in der Odenwaldschule[50] erhielt, richtungweisend für seine weitere Entwicklung. Sie lieferten ihm endlich die Inhalte, derer er lange ent-
behrt hatte und mit denen er sich, knapp drei Jahre später, als Schriftsteller tatsächlich würde profilieren können. Dann nämlich sollte das The-

ma »Jugend« so ergiebig geworden sein, daß sich gleich ganze Bücher (und Theatersäle) damit füllen ließen. Nicht nur, daß Klaus in der Bergschule auf rebellische Gleichgesinnte traf, die die reformpädagogischen Bestrebungen des Schulleiters gnadenlos auf eine harte Probe stellten. Sondern hier, in »unschuldig-fröhlicher«[51] Weltabgeschiedenheit, formulierte sich das ideologische Konzept der pubertierenden Heranwachsenden fast schon wie von selbst: Jugend als Programm, jung sein als autonome Lebensform, so lauteten die denkbar einfachen Grundsätze, die alle Halbwüchsigen dazu berechtigten, gegen die überkommenen moralischen Konventionen der Erwachsenen, ja gegen das herrschende Gesellschaftssystem schlechthin zu opponieren. Wie hatte Katia Mann nur darauf vertrauen können, daß Erika und Klaus hier zur Vernunft kommen würden? Vor allem Klaus kam das »radikale Pathos« des jugendlichen Übermuts sehr entgegen; erlebte er doch die »prahlerische Selbstverherrlichung« seiner Schulkameraden gleichsam als kollektives Echo auf seine eigene schwärmerische Gefühlswelt – eine Erfahrung, die er in der eher unsentimentalen Atmosphäre des Elternhauses, das wurde ihm jetzt bewußt, schmerzlich vermißt hatte.

Zwanzig Jahre später sollte Klaus Mann sich allerdings von jener »prahlerischen Selbstverherrlichung«, die mit der Aufbruchsstimmung der Jugend einherging, weitgehend distanzieren. Dabei berief er sich auch auf seine eigenen Erfahrungen in den Freien Schulgemeinden, wo er direkt »mit der Sphäre des Wandervogels in Berührung« gekommen war. Der Umstand, daß er sich in früheren Jahren von den »wahrhaft progressiven Elementen« der »romantischen Rebellion« habe beeindrucken lassen, sei angesichts der rückschrittlichen, »mechanisierten Epoche«, in die er hineingeboren worden war, wohl verständlich gewesen. Indessen habe sich das idealistische Potential der zum größten Teil »nationalistisch-rassistisch« gesinnten Lebensreformer als fataler Nährboden für eine politische Entwicklung erwiesen, die in Deutschland schließlich im Nationalsozialismus endete. Überhaupt sei es ihm, Klaus Mann, unmöglich gewesen, das »höchst kuriose, typisch deutsche Phänomen [der Jugendbewegung] außerhalb des deutschen Sprach- und Kulturgebietes plausibel« zu machen. Doch sei dies nicht überraschend, denn eben jene »Mischung aus Systematik und Verschwommenheit, aus revolutionärem Elan und bösartigem Obskurantismus« sei geradezu »gefährlich deutsch« gewesen:

»Die Wandervögel begnügten sich nicht damit, eine verkalkte und verspießte ältere Generation mittels ausgefallener Trachten und Frisuren zu schockieren; vielmehr machte man sich mit einer ›Weltanschauung‹ wichtig, in der die mannigfachsten Stimmungen und Tendenzen wirr durcheinandergingen. [...] Schließlich zerfiel die ›Revolution der Jugend‹ in eine Vielfalt politisch bestimmter Gruppen, von denen die einflußreichsten sich als Wegbereiter des Nationalsozialismus erweisen sollten«[52].

So kritisch Klaus Mann später der Jugendbewegung gegenüberstand, so enthusiastisch begrüßte er als Sechzehnjähriger ihre Forderung nach Ich-Verwirklichung und sozialer Autarkie. Den herrschenden Konventionen zu trotzen, die Welt als Spiegel seiner selbst – und als ausschließlich Ich-zentriert zu erleben; diese jugendlichen Standpunkte kamen seinem Welt- und Selbstbild sehr entgegen. Genaugenommen waren sie ihm nicht einmal sonderlich fremd: Hatte nicht in gewisser Weise auch die »Herzog-parkbande« seinerzeit ganz ähnliche ›Ideale‹ vertreten? Etwas ganz anderes war es hingegen, sich vom ostentativen Wir-Gefühl der Jugend vereinnahmen zu lassen. Dafür aber war Klaus zu sehr mit seinen eigenen Gedanken, Gefühlen und Bedürfnissen beschäftigt, zu sehr Individualist, als daß er sich vom Gemeinschaftspathos seiner Altersgenossen nachhaltig hätte beeindrucken lassen. In der Tat war er selbst – im Gegensatz zu den von ihm später so kritisierten »Wandervögeln« – zu keinem Zeitpunkt der Gefahr ausgesetzt, irgendeiner ideologischen Richtung zuliebe seine persönlichen Überzeugungen oder gar seine Identität preiszugeben. Wobei dieser Umstand damals weniger auf seine politisch-moralische Urteilskraft zurückzuführen war. Vielmehr gefiel sich schon der junge Klaus Mann in der Außenseiterrolle, die zwar mit dem jugendlichen Anspruch auf Andersartigkeit theoretisch durchaus zu vereinbaren war, praktisch jedoch den Kollektivgedanken in jeder Hinsicht unterlief. Sein vorrangiges Interesse bestand nun einmal nicht darin, mit den anderen die Geheimnisse der Natur zu erkunden oder tagelang Volkslieder einzustudieren. Sein Forscherdrang verlangte mehr denn je nach den literarischen Anregungen der »großen Meister«, von denen er sich auch für seine eigenen künstlerischen Ambitionen wichtige Impulse versprach. Zugleich wurde das Gefühl der Andersartigkeit noch durch äußerst verwirrende erotische Empfindungen verstärkt, die sich ausschließlich auf das eigene Geschlecht konzentrierten. Hinzu kam, daß ihm die »Primitivität der Zimmer, des ganzen Hauses und vor allem des Essens« überhaupt nicht behagte, war er doch »von zu Hause«[53] wesentlich komfortablere

Lebensbedingungen gewohnt. All dies führte dazu, daß Klaus gar nicht erst versuchte, sich ernsthaft für die geselligen Aktivitäten der anderen zu begeistern.

So drängte es ihn schon bald wieder heim, zurück in seine vertraute Umgebung. Dabei kam es ihm – und auch Erika – sehr gelegen, daß Professor Steche vor dem »anarchistischen«54 Ungehorsam seiner älteren Schüler schon bald kapitulierte und bereits im Juli desselben Jahres die oberen Klassen wieder auflöste. Seine Umwelt, allen voran die pädagogisch geschulten Fachkräfte, beunruhigte die zum Teil überheblich wirkende, letztlich aber zweifellos identitätsbildende Selbstbezogenheit, mit der sich Klaus von seinen Mitmenschen absonderte. Schon allein deshalb kam es nicht mehr in Frage, ihn nach der Auflösung der Bergschule wieder auf eine konventionelle Schule zu schicken. Während Erika jetzt in München bleiben und das Abitur an einem städtischen Gymnasium absolvieren sollte, suchte Katia Mann für Klaus nach einer Schule, deren Erziehungsprogramm dem Sohn seine exzentrischen Allüren austreiben würde – einfühlsam, aber wirkungsvoll.

Trotz des berühmten Familiennamens war es allerdings gar nicht so einfach, Lehrer zu finden, die bereit waren, Klaus in ihre Obhut zu nehmen. So hatte Katia Mann ihren Sohn zunächst im exklusiven Internat Salem unterbringen wollen, das knapp zwei Jahre zuvor von Kurt Hahn mit der finanziellen Unterstützung von Prinz Max von Baden gegründet worden war. Doch das mehrstündige Vorstellungsgespräch, das Klaus mit dem Schulleiter im Sommer 1922 führte, fiel anders aus als erwartet: Kurt Hahn lehnte es ab, den »hochbegabten Jüngling«55 in Salem aufzunehmen. In einem Brief an den Leiter der Odenwaldschule, Paul Geheeb, präzisierte Hahns Mitarbeiterin, Marina Ewald, die Bedenken der Schulleitung in wenig schmeichelhafter Weise. Danach wird Klaus Mann als »ungewöhnlich begabter und fein veranlagter Junge« charakterisiert,

»von dem aber keineswegs sicher steht, wozu seine Begabung ihn führen wird. Er hat sehr ernsthafte geistige Interessen, ist durch sehr vieles Lesen sehr früh an die meisten Probleme des menschlichen Denkbereiches herangetreten und hat seine Kindlichkeit und Natürlichkeit bei dieser Art geistigen Tätigkeit eingebüßt. So macht er auf uns heute den Eindruck eines überaus manirierten, selbstgefälligen, frühzeitig gereiften und fähigen Jungen, dessen Lebenskraft angeknackst ist und der das natürliche Interesse an seiner Umwelt verloren hat und seine künstlich herangebildete Unfähigkeit in allen Dingen des praktischen Lebens mit Eitelkeit kultiviert und unter einer Verachtung der Welt der Tat und [des] Handelns bemäntelt«56.

Besonders gut angekommen war Klaus in Salem also nicht. Gemessen an
seiner Jugend, wirkte die Arroganz, mit der er in dieser Zeit aufzutreten
pflegte, in der Tat etwas befremdlich. Selbst die Eltern hatten bereits wiederholt Anstoß an der »Schlaffheit« und »Selbstzufriedenheit« ihres
Sohnes genommen[57]. Die Tatsache, daß Klaus in jenen Kinder- und Jugendtagen auch noch ruhmsüchtig war und es sich in den Kopf gesetzt
hatte, unter allen Umständen berühmt zu werden[58], davon hatte er
wohlweislich nur Erika – und später Paul Geheeb – erzählt.

Tatsächlich hatte sich Paul Geheeb nicht von Marina Ewalds zweifel-
haftem Empfehlungsschreiben entmutigen lassen, den »fähigen Jungen«
unter seine Fittiche zu nehmen: Zwei Wochen nach Schulbeginn, am 5.
September 1922, wurde Klaus ein Odenwaldschüler. Gewiß wird es Paul
Geheeb – wie schon Kurt Hahn – nicht verborgen geblieben sein, daß es
mit der Widerstandsfähigkeit seines Schützlings gegenüber den Anforderungen des Lebens nicht zum Besten stand. Vielleicht ahnte er ja auch,
daß sich in Klaus' »angeknaxter Lebenskraft« bereits ein äußerst problematischer Wesenszug ankündigte, der sich früher oder später zu schweren depressiven und selbstzerstörerischen Zuständen steigern sollte.
Doch zunächst galt es, den Jungen erst einmal seine gefühlsbetonte Er-
griffenheit von literarisch-geistigen Dingen ausleben zu lassen. Völlig
unnötig hingegen war es, ihn jetzt schon darauf hinzuweisen, daß es gar
nicht so einfach sein würde, berühmt zu werden und wie schwierig es
sein könnte, wenn man es dann endlich wäre... Als einer der Pioniere der
Landerziehung hielt »Paulus«, wie ihn die Schüler zu nennen pflegten,
sowieso nichts von stickigen Klassenzimmern und trockenen Pflichtpro-
grammen, von Moralpredigten und Anstandsregeln. Zurück zur Natur,
körperliche Arbeit im Freien und das möglichst barfuß, besinnlich-geisti-
ge Aufklärung in natürlich-lockerer Atmosphäre – *das* waren die entscheidenden Anregungen für den Selbstfindungsprozeß seiner Schüler.
Klaus wurde sogar noch ein besonderes Maß an Freiheit zugestanden:
Statt an den Kursen oder an der praktischen Arbeit teilnehmen zu müssen, durfte er »den ganzen Tag spazierengehen, lesen, dichten und sinnen.«[59] Auf Anweisung des Schulleiters ließen ihn auch seine sportbegei-
sterten Mitschüler weitgehend in Ruhe. Ohnehin war Klaus jede körperliche Anstrengung zuwider. Waldläufe, im Garten graben oder draußen
kalt duschen – all das war nichts für ihn. Da er die Lieblingsbeschäfti-
gungen seiner Schulkameraden so gar nicht teilte, blieb Klaus auch in der

Odenwaldschule ein Außenseiter, ein Sonderling – eben ein Einzelgänger. Allenfalls mit ein paar Mädchen tauschte er sich regelmäßig und dann vorwiegend über religiöse und philosophische Themen aus.[60]

Am mangelnden Einfühlungsvermögen Paul Geheebs lag es jedenfalls nicht, daß Klaus Mann wiederum bereits nach wenigen Wochen fleißig Argumente sammelte, um die Eltern davon zu überzeugen, ihn wieder nach Hause zu holen. Einmal mehr davor zurückschreckend, väterliche Autorität walten zu lassen, bat Thomas Mann den Schulleiter im März 1923 darum, den Sohn zum Bleiben zu bewegen. Zunächst mit Erfolg, wie es schien: Klaus erklärte sich bereit, es mit der Odenwaldschule noch einmal zu versuchen. Doch bereits im Mai bekräftigte er erneut seinen Wunsch, die Freie Schulgemeinde unbedingt verlassen zu wollen. Vielleicht hatte seine Unruhe diesmal wirklich andere Gründe – und war nur indirekt ein weiteres Indiz für seine rastlose Natur.

Einer dieser Gründe hieß Uto Gartmann, ein hübscher Schüler aus einem der unteren Jahrgänge, der seit April die Odenwaldschule besuchte, und in den Klaus sich heftig verliebt hatte. Dennoch schreckte Klaus vor der eigenen Courage zurück – wobei ihm zu diesem Zeitpunkt selbst nicht klar war, ob er es überhaupt darauf ankommen lassen wollte, echte Gegenliebe zu provozieren. Ein anderer gewichtiger Grund findet sich in der Erklärung, mit der Klaus Mann seinen Fortgang aus der Odenwaldschule vor »Paulus« zu rechtfertigen suchte: »Ich kann hier nicht so schaffen, wie ich fühle, daß ich's sonst könnte. [...] Wo freilich ich ganz daheim sein werde – das weiß Gott. Ich gebe ein nicht ganz kleines Stück von mir her, wenn ich Ihnen sage: Überall werde ich – Fremdling sein. Ein Mensch meiner Art ist stets und allüberall durchaus einsam.«[61] Daß dem programmatischen Gemeinschaftsbewußtsein der Odenwaldschule die verschlossene Haltung eines introvertierten Außenseiters zuwiderlief, zuwiderlaufen mußte, geht auch aus dem Aufsatz über die Odenwaldschule hervor, den Klaus Mann im Februar 1924 unter dem Titel *Die freie Schulgemeinde* verfaßte und der zugleich seine erste Veröffentlichung überhaupt war:

»Leiter, Lehrerschaft und Kameraden bemühen sich mit sittlichem Ernst um die Leiden und die Freuden des einzelnen – ja, sie betrachten es als Kränkung, für sie ist es ›ungemeinschaftlich‹, wenn jemand es vorzieht, derlei mit sich selbst auszumachen, und nirgends, glaube ich, haben die Einsamen es schwerer als in einem solchen Institut, wo eine höhere Art von Indiskretion zur sittlichen Pflicht erhoben wurde.«[62]

Homosexualität und Bindungsangst, Einsamkeit und Heimatlosigkeit –
wie gleichermaßen belastet und belastend erwies sich bereits die Empfindungswelt des Heranwachsenden. Den Eltern dürfte die vielschichtige
Daseinsproblematik des Sohnes zu diesem Zeitpunkt noch weitgehend
verborgen geblieben sein. Trotzdem gaben sie dem Drängen des Sohnes
schließlich nach, so daß Klaus im Juni 1923 endgültig nach München
zurückkehren konnte.

Wie sich herausstellte, bot sich dort gleich die Gelegenheit, an einem
großen Abenteuer teilzunehmen: Zusammen mit Erika reiste er heimlich
nach Berlin, wo sie bei Klaus' Landerziehungsheimfreundin Eva Brann
übernachteten, um sich dem ›inflationären‹ Treiben des »herrlichen«
Großstadtlebens hinzugeben. Kein Vergnügen wurde ausgelassen: Ob
verruchte Nachtclubs oder Künstlercafés, Theateraufführungen oder
Jazz-Konzerte – es galt, das Leben in vollen Zügen zu genießen. Den Eltern hatte man erzählt, man befände sich mit ein paar Freunden auf einer
Wanderung durch Thüringen. Aber sie waren es ja schon gewöhnt, von
den Großen grob hintergangen zu werden. Zurück in ihrer Heimatstadt,
die den beiden inzwischen entschieden zu provinziell erschien, büffelte
Erika weiter für das Abitur. Auch Klaus sollte sich, dank des Privatunter-
richts, den Katia Mann eiligst für ihn organisiert hatte, vor der Ab-
schlußprüfung nicht mehr länger drücken können. Dennoch hatte sie
wieder einmal an den Neigungen des Sohnes vorbeigeplant: Klaus
schwänzte den Unterricht, wann immer er konnte, und auch seine aus-
schweifende Lebensführung nahm er wieder auf, so als wären die sünd-
haft teuren Bars und Kneipen die einzigen Orte, wo man sich in München
noch wohl fühlen konnte. Dabei war ihm Erika stets eine würdige Beglei-
terin. Man »trieb es luxuriös«[63]: Zusammen mit Wilhelm Emanuel Süskind, der gerade seine ersten literarischen Erfolge feierte, Theodor Lücke,
einem cleveren Devisenspekulant, und Ricki Hallgarten, dem guten
Freund aus Kindertagen, zogen Klaus und Erika durch die Münchner
Nachtlokale, wo sie, wie schon in Berlin, rauschende Champagnerfeste
feierten und – die Inflation näherte sich gerade ihrem Höhepunkt – mehrere zehntausend Mark für Gänseleberpastete ausgaben. Bald gesellte
sich auch Frank Wedekinds ältere Tochter Pamela zu ihnen, womit der il-
lustre Kreis um eine weitere schillernde Persönlichkeit bereichert wurde.

Klaus und Erika hatten Pamela und ihre Mutter Tilly im Herbst 1923
im Hause ihres Onkels Heinrich kennengelernt. Erika und Klaus waren

sofort tief beeindruckt vom selbstbewußten Auftreten der jungen Wedekind. Es schien, als ob der große Dramatiker, den Erika und Klaus so innig verehrten, »in der gestrafften Gestalt dieses Mädchens« wiederauferstanden wäre: Mit »grellen Manieriertheiten« verstand es Pamela in nahezu allem, was sie tat, ihrem toten Vater nachzueifern. Abgesehen davon, daß sie ebenso inbrünstig wie stilgerecht die berühmten Bänkellieder von Frank Wedekind rezitieren konnte, gemahnten ihre »Züge und ihr geschultes Organ, die zeremonielle Aggressivität ihrer Gesten und Reden, ja sogar die tyrannische Wachsamkeit ihrer Liebe an ihn, den verewigten Meister«.[64] Selbstverständlich teilte die »Tochter des Komödianten-Dichters«[65] uneingeschränkt dessen Liebe zum Theater. Schon bald wurden die drei unzertrennlich. Die Geschwister waren fasziniert von Pamelas radikaler Selbststilisierung und mehr noch von ihren wechselnden Gemütszuständen, die zwischen kindlicher Ausgelassenheit und abgründigem Schwermut hin und her schwankten. Umgekehrt erkannte Pamela in den Mann-Geschwistern sofort Gleichgesinnte, die keine tollkühnen Abenteuer ausließen und dennoch unbeirrt ihre geistigen Interessen und künstlerischen Ambitionen verfolgten – eben ganz so, wie sie selbst es tat. In der »leidenschaftlichen Hingabe an das Leben«[66], mit der Klaus Manns Figuren in seinen frühen Arbeiten ihren Hunger nach tragfähigen Bindungen, nach Richtung und Perspektive erklären, in ebendiesem jugendlichen Überschwang begründete sich wohl auch die schwärmerische und fast schon obsessive Anhänglichkeit, mit der die drei Dichterkinder in den nächsten Jahren ihre Freundschaft pflegten. Häufig unter Zeitdruck, der dann nur »hastige Visiten«[67] gestattete, trafen sie sich bei jeder sich bietenden Gelegenheit. Sie gingen zusammen ins Theater oder unternahmen kleinere Reisen, manchmal stritten sie aufs Heftigste miteinander und versöhnten sich anschließend in Briefen, in denen sie sich gegenseitig ihre innige Zuneigung versicherten. Indessen dürfte Pamela besonders für Klaus sehr viel mehr gewesen sein als die schwärmerische Gefährtin mit einem aufregenden Hang zur Exzentrik. Sogar nachdem der Bruch zwischen ihm und Pamela Wedekind schon längst eine unumgängliche Tatsache war, beschrieb er sie in *Kind dieser Zeit* als *»das wunderbarste Mädchen, das ich jemals gekannt habe«*.[68] Zudem sei sie – trotz ihrer kapriziösen Art – die »geschlossenste und klarste Persönlichkeit von uns allen«[69] gewesen. Genaugenommen war es das, was Klaus an ihr bewunderte – und wonach er fortan immer wieder suchen sollte: eine Persönlichkeit, die stärker war als er selbst und die seine eigene Haltlosigkeit auffangen konnte.

Für Klaus war das »Bündnis«, das ihn, Pamela und Erika verband, lange Zeit die »schönste und aussichtsreichste Konstellation in unserem Leben«[70]. Eine Verbindung, die zweifellos auch von vielen gegenseitigen geistigen Anregungen geprägt war. Die künstlerischen Ambitionen waren zumindest für Erika und Pamela schnell definiert. So waren beide begabte Komödiantinnen mit einem Hang zur dramatischen Geste, vor allem hatten beide keine Scheu davor, im Rampenlicht zu stehen. Was anderes als die Schauspielerei kam also für sie in Frage? Schnell kam man darin überein, daß man unbedingt gemeinsam die Theaterwelt erobern müsse. Doch bevor die Dichterkinder tatsächlich zusammen ihr erstes Bühnenprojekt realisieren konnten, trennten sich die Wege von Erika und Pamela erst einmal. Im Sommer 1924 ging Pamela Wedekind nach Köln, wo sie von Gustav Hartung engagiert worden war. Erikas Eltern bestanden hingegen darauf, daß ihre Tochter eine anständige Ausbildung absolviere. Mit einem Empfehlungsschreiben des Vaters und bestandenem Abitur in der Tasche, ging Erika nach Berlin, wo sie an der renommierten Schauspielschule von Max Reinhardt mit dem Sprech- und Schauspielunterricht begann.

Derweil war Klaus, in dieser Hinsicht ganz Kind seiner tanzbegeisterten Zeit, unter den Eindrücken seiner Berliner Erlebnisse – kurzfristig – vom Schriftstellerberuf abgekommen und wollte nun »Bewegungskünstler« werden. Als »zweiter Nijinsky« würde er sicherlich bald schon große Erfolge feiern. Um seinen Forderungen Nachdruck zu verleihen, brach er den Privatunterricht endgültig ab, legte sich ins Bett und ließ die Familie – schriftlich – wissen, daß er sich inmitten einer schweren psychischen Krise befände. Gegen solch zwingende Argumentation waren die Eltern natürlich machtlos und erwiderten schließlich mit »tapferer Gefaßtheit«, daß sie im Prinzip gegen den Tänzerberuf nichts einzuwenden hätten[71]. Dennoch zeigten sie sich erleichtert, als Klaus von selbst den Wunsch äußerte, lieber erst ein paar Wochen Stift Neuburg zu besuchen, als in Berlin gleich mit dem Tanzunterricht zu beginnen. Das Dominikanerkloster kannte Klaus noch aus seiner Zeit in der Odenwaldschule. Es lag in der Nähe von Heidelberg – und damit nicht weit von Utos Heimatstadt Wimpfen entfernt. Nachdem Thomas Mann seine früheren, wenngleich oberflächlichen Kontakte zum Hausherrn des Stifts erfolgreich erneuert hatte, nahm Alexander von Bernus, selbst ein angesehener Dichter, Klaus gern im Mai 1924 mit »heiterer Zwanglosigkeit« auf.

Die Eltern vermuteten zu Unrecht, daß Klaus wegen der anthroposophischen Atmosphäre, die im Stift herrschte, unbedingt das Klosterleben kennenlernen wollte. In Wirklichkeit konnte Klaus mit der mystisch-okkulten Gelehrsamkeit des Barons wenig anfangen. Vielmehr erhoffte er sich weitere Begegnungen mit Uto, der inzwischen ebenfalls die Odenwaldschule verlassen hatte und wieder in seiner Heimatstadt lebte. Es bleibt dahingestellt, ob Utos Besuche im Stift die Verbindung tatsächlich vertieft haben. Fest steht: Im nachhinein erwies sich Klaus' mehrwöchiger Aufenthalt in dem Kloster – der nach dem Willen der Eltern eigentlich ein Jahr hätte dauern sollen – als zukunftsweisende Episode. Hier entstanden nämlich seine ersten umfangreichen literarischen Arbeiten, die er gleich an angesehene Berliner Zeitschriften und Tageszeitungen abschickte – und die sich nicht scheuten, die Artikel auch gleich zu veröffentlichen. Vom Schulabschluß konnte freilich keine Rede mehr sein. Katia Mann tröstete sich damit, daß auch ihr Mann und dessen Bruder keinen solchen vorzuweisen hatten. Und hatten sie es schließlich nicht auch zu etwas gebracht?

Im Mai 1924 druckte die *Vossische Zeitung* Klaus Manns Erzählung *Nachmittag im Schloß* ab. Schon drei Monate später folgte seine Erzählung *Vor dem Leben* im *Acht-Uhr-Abendblatt*, das bereits im Februar seinen Aufsatz *Die freie Schulgemeinde* veröffentlicht hatte.[72] Zu diesem Zeitpunkt war Klaus Mann gerade siebzehn Jahre alt. Im September begann er als zweiter Theaterkritiker für das *Zwölf-Uhr-Mittagblatt* Theaterkritiken zu schreiben. Somit war klar, daß Berlin und nicht München seine zukünftige Wirkungsstätte werden sollte. Die Eltern schienen sich nicht länger gegen den Umzug zu sträuben und vertrauten ihren minderjährigen Sohn nun der Obhut von Klaus Pringsheim, dem Zwillingsbruder von Katia Mann, an. Klaus Pringsheim wohnte schon seit 1918 in Berlin, wo er als musikalischer Leiter bei den Reinhardt-Bühnen unter Vertrag stand. Seiner Initiative war es zu verdanken, daß Klaus Mann noch im gleichen Jahr zwei kurze Studien über Arthur Rimbaud und Georg Trakl[73] in einer Berliner Zeitschrift, und zwar der renommierten *Weltbühne* veröffentlichen konnte. Um dem Neffen den Start ins Berufsleben zu erleichtern, legte Klaus Pringsheim die beiden Essays höchstpersönlich dem Herausgeber der *Weltbühne*, Siegfried Jacobsohn, vor, allerdings zunächst mit der Bitte, die Texte anonym erscheinen zu lassen. Angeblich ließ es sich Siegfried Jacobsohn jedoch nicht nehmen, die Publikationen explizit als Werke von Klaus *Mann* auszuweisen. Seine Zustimmung zur namentlichen Erwähnung hätte für seine Zukunftsplanung wohl fatale Folgen gehabt, behauptete Klaus Mann später etwas kokett:

> »Was für die ›Weltbühne‹ eine kleine Sensation bedeutete, war für mich aber wahrscheinlich der entscheidende Fehler meiner jungen Karriere. Denn von nun war ich in den Augen einer ›literarischen Welt‹, die in Deutschland noch etwas hämischer und eifersüchtiger ist als anderswo, der naseweise Sohn eines berühmten Vaters, der sich nicht entblödet, den Vorteil seiner Geburt geschäftstüchtig und reklamesüchtig auszunutzen.«[74]

Freilich drängt sich die Frage auf, weshalb dem angehenden Schriftsteller besagter »Fehler« eigentlich nicht viel früher bewußt geworden war: Schon seine beiden Erzählungen *Nachmittag im Schloß* und *Vor dem Leben* waren nämlich unter seinem Namen erschienen. Im übrigen behauptete Siegfried Jacobsohn später, daß Klaus Mann in Wahrheit selbst darauf bestanden hätte, die Essays unter seinem Namen zu veröffentlichen.[75]

Wie immer sich die »kleine Sensation« seines literarischen Debüts auch zugetragen haben mag: Auf jeden Fall erwies es sich als rundum gelungener Coup, sich der Öffentlichkeit als Dichterkind zu präsentieren – eine Entscheidung, die sich nicht nur finanziell lohnte, sondern auch für genügend Publicity sorgte. Letzteres war für den jungen Autor ohne Zweifel besonders bedeutsam. Karriere machen, berühmt werden, danach hatte ja schon das Ego des Vierzehnjährigen verlangt. Nunmehr schien sein Name bereits auszureichen, um für Schlagzeilen zu sorgen. Schlagzeilen, die Klaus Mann fast über Nacht berühmt machten. Man sprach über ihn, man schrieb über ihn, und einige werden die ersten Werke des »naseweisen Sohns«[76] sogar gelesen haben. Ihm war der Presserummel nur recht. Der Umstand, daß man in dieser Zeit wesentlich mehr seiner Person als seiner Arbeit Aufmerksamkeit schenkte, störte ihn nicht weiter – fürs erste jedenfalls.

Ob Literaturkritiker oder Schriftstellerkollege, ob Verleger oder Theaterintendant – tatsächlich sollten sie alle in den nächsten Jahren das Wirken des jüngsten Vertreters dieser literarisch so ambitionierten Familie auf ihre Art begleiten: spöttisch, mißbilligend oder gar verächtlich die einen, euphorisch oder väterlich wohlwollend die anderen. Klaus Mann selbst schien der eher dürftigen schriftstellerischen Qualität seiner ersten Arbeiten noch ziemlich unbekümmert gegenüberzustehen. Die Hauptsache war, daß seine Werke gedruckt wurden. Alles weitere würde sich mit der Zeit schon finden. Daran hegte er keinen Zweifel.

ZWEITES KAPITEL

DIE SUCHE NACH DEM LEBENSLIED

(1925-1932)

Die »verlorene Nachkriegsgeneration«

Klaus Manns literarisches Debüt erfolgte in einer Zeit der politischen Konsolidierung. Die unmittelbaren ökonomischen Auswirkungen des verlorenen Krieges, wie Inflation und Massenarbeitslosigkeit, schienen durch die Einführung der »Rentenmark« aufgefangen. Zugleich wurden die Reparationsleistungen, die Deutschland keine Chance auf eine positive ökonomische Entwicklung gelassen und auf Dauer in den finanziellen Ruin getrieben hätten, durch den 1924 von den USA initiierten Dawes-Plan noch einmal drastisch gesenkt. Außerdem konnten die deutsch-französischen Spannungen auf diplomatischem Wege beigelegt werden, so daß sich Frankreich aus dem 1923 besetzten Ruhrgebiet wieder zurückzog. Die außenpolitische Entspannung hatte zur Folge, daß den innenpolitischen Richtungskämpfen zwischen der extremen Rechten und Linken und den Autonomiebestrebungen einiger Landesteile für kurze Zeit etwas der Wind aus den Segeln genommen wurde. Der Frieden in Europa schien endgültig gesichert zu sein, als Deutschland 1925 in Locarno mit allen Nachbarländern Sicherheitspakte schloß. Kurzum: Die innen- und außenpolitischen Wirren, die Klaus Manns Kindheit und Jugend nur deshalb in so geringem Maße überschattet hatte, weil er die Privilegien eines Sohnes aus gutem Hause genoß, waren erst einmal vorbei.

Tatsächlich findet man in Klaus Manns ersten Arbeiten keine Hinweise auf konkrete zeitgeschichtliche Ereignisse: kein Wort über Putschversuche und Massenarbeitslosigkeit, kein Ausdruck der Besorgnis wegen der akuten Staatsbedrohung, wie sie etwa in den Jahren von 1919 bis 1923 vom Radikalismus der Rechtsextremisten ausging, und vorerst auch keine Sympathiebekundung für irgendwelche politischen Strömungen – auch nicht für die gemäßigte ›Linke‹, der er sich später noch am ehesten verbunden fühlen sollte. Allenfalls die ›heiße Phase‹ der Inflation, die Klaus Mann in seiner ersten Autobiographie primär von ihrer grotesken und weniger von ihrer tragischen Seite schildert, war ihm eine besondere Erwähnung wert. Dieses »inflationäre Treiben« war vor allem deshalb relevant, weil es mit der Erfahrungswelt seiner Jugendzeit unmittelbar verknüpft war und damit zur Entwicklung eines Selbstbildes beitrug, um das sich Klaus Mann in *Kind dieser Zeit* so gewissenhaft bemühte. Künstlerischer Impuls seiner literarischen Tätigkeit war und blieb die direkte Umsetzung des Persönlichen und unmittelbar Erlebten in Sprache. Ein Schriftsteller, der derart besessen keine seiner Beobachtungen, Erfahrungen und Erkenntnissen ungenutzt ließ, um sie gleich zu Papier zu bringen, einem solchen Autor darf man wohl getrost unterstellen, daß ihn die alltäglichen politischen und sozialen Vorgänge seiner Zeit schlichtweg nicht interessiert haben.

Schon allein deshalb können Klaus Manns frühe Schriften kaum unter dem Aspekt einer Problematisierung der zeitgeschichtlichen Ereignisse verstanden werden. Zumal Klaus Mann im Rückblick auf seine frühe Schaffensphase selbst freimütig bekannte: »Das erotisch-religiöse Element überwiegt, während das soziale fast völlig vernachlässigt bleibt. [...] Das Pantheon des Sechzehnjährigen bevorzugt eine Romantik, in der Ironie und Schwermut, Wollust und Frömmigkeit, metaphysische Ahnung und sexuell-emotionelle Ekstase einander begegnen und durchdringen.«[1] Genaugenommen sollte Klaus Mann erst ab 1933, im Alter von 27 Jahren, Abschied von diesem »Pantheon« nehmen, wobei er es sich auch als gereifter Autor bisweilen erlaubte, die literarischen Themen seiner Jugendtage wieder aufzugreifen oder zumindest anklingen zu lassen.

Gleichwohl finden sich immer wieder indirekte Anspielungen und Verweise auf die aktuelle politische Situation oder genauer gesagt, auf die tendenzielle Krisenstimmung, die unter der Oberfläche der neu gegründeten deutschen Republik immer noch gefährlich schwelte. Ja, bei näherer Betrachtung wird deutlich, daß eine gewisse Epochenkritik bereits in Klaus Manns ›Frühwerk‹ nicht nur latent hineinspielt, sondern sogar eine exponierte Rolle einnimmt. Den 1926 erschienenen Roman *Der fromme Tanz* will der Autor vor allem als »Dokument« verstanden wissen, und zwar als Zeitdokument, in dem die »Verwirrungen, die diese außerordentliche Zeit für uns mit sich brachte, einen nur zu deutlichen Spiegel in ihm«² finden. Mit »uns« waren natürlich er und seine Altersgenossen gemeint, die von Klaus Mann als Hauptleidtragende dieser unklaren Verhältnisse auserkoren wurden. Ähnlich, obgleich weitaus präziser, charakterisierte Klaus Mann im *Wendepunkt* das typische Lebensgefühl seiner Generation als bedrückende Erfahrung der Orientierungslosigkeit: »Unser bewußtes Leben begann in einer Zeit beklemmender Ungewißheit. Da um uns herum alles barst und schwankte, woran hätten wir uns halten, nach welchem Gesetz uns orientieren sollen? Die Zivilisation, deren Bekanntschaft wir in den zwanziger Jahren machten, schien ohne Balance, ohne Ziel, ohne Lebenswillen, reif zum Ruin, bereit zum Untergang. Ja wir waren früh vertraut mit apokalyptischen Stimmungen, erfahren in mancherlei Exzessen und Abenteuern.«³ Gewiß handelt es sich hier um den Lebensbericht eines routinierten Literaten, dem die bewußte Komposition – inzwischen – sehr am Herzen liegt und der natürlich den zeitlichen Abstand für seine Beschreibung zu nutzen vermag. Für seine frühen Werke hat diese Aussage dennoch programmatischen Wert, insofern die Grundstimmung, die der Autor bereits Mitte der 20er Jahre in seinen Schriften artikulierte, mit der zeitkritischen Analyse im *Wendepunkt* tatsächlich übereinstimmt. Orientierungslos, ohne Ziel und Lebenswillen schwanken Klaus Manns Protagonisten zwischen Aufbruchs- und Endzeitstimmung, zwischen glücklosen Liebschaften und flüchtigen erotischen Abenteuern, zwischen religiösem Pathos und mystischer Todessehnsucht, zwischen pubertärem Elternhaß, jugendlichem Wir-Gefühl und exzentrischem Ich-Kult, so als gelte es, noch ein letztes Mal die Genüsse und Leiden des menschlichen Daseins voll auszukosten, bevor die Zivilisation endgültig zugrunde geht. Harald und Sibylle, Anja und Esther, Andreas und Franziska, Renate und Ursula Pia – sie alle sind letztlich ebenso Apologeten wie Opfer einer krisenerschütterten Zeit. Kein Zweifel, die »gefallenen Kinder«, die ekstatischen Tänzer, schwermütigen Dichter und frühreifen Maler der ersten Erzählungen und Dramen tragen denkbar schwer an der Orientierungslosigkeit, die ihnen ihr geistiger Schöpfer auferlegt hat.

In diesem Sinn lesen sich Klaus Manns Arbeiten zwischen 1924 und 1927 wie Variationen ein und desselben Themas: Es ist dies die Suche nach dem »Lebenslied«, der »Melodie gewordene[n] Sehnsucht, Rhythmus gewordene[n] Lebensbewegung«⁴. So vergnügungssüchtig und erfahrungsgierig, so altklug und lebensfroh sich die Jugend auf den ersten Blick gebärdet, so wenig Halt, so wenig Lebenssinn hält der geschichtliche Augenblick letztlich für sie bereit. Es fehlen die verbindlichen Werte und Normen – und damit die Eindeutigkeit zur jugendlichen Positionsbestimmung innerhalb der Gesellschaft, so daß Richtung und Ziel ihrer weiteren Entwicklung nicht mehr als »fromme Hoffnungen« sein können: »Er sah sie alle, in einer Sekunde tiefen, begreifenden Rausches. Wollte man nicht von ihnen, sie sollten ein Neues sein und ein Anfang? – Und doch lag ihnen Ende im Blut, und so standen sie tragisch an der Wende der Zeit.«[5] Wenn Harald »mit einer vagen Geste, in der Verfall und Absterben war«, die unsichere Situation der Schüler auch noch mit den Worten: »Ja – merkwürdig – alles bröckelt ab« kommentiert, dann findet hier eine allgemeine Krisendiagnose statt. Die »Wende der Zeit« versteht Klaus Mann – der euphorischen Aufbruchsstimmung des anbrechenden ›goldenen Zeitalters‹ der jungen Weimarer Republik zum Trotz – keineswegs affirmativ, also im Sinne einer verheißungsvollen Zukunft, sondern als Metapher für drohendes Unheil. Die unmittelbare Gegenwart wird als eine Phase des Übergangs erlebt, deren »Ende« abzusehen ist, nicht aber das, was folgen wird. Folgerichtig kommt Harald, der in Klaus Manns erster Erzählung *Die Jungen* mit dieser Aussage bereits jene apokalyptische Grundstimmung heraufbeschwört, wie sie für das Mannsche ›Frühwerk‹ charakteristisch sein sollte, zu dem Schluß, daß letztlich jeder von ihnen allein ist, nicht wissend, worauf es denn im Leben nun eigentlich ankommt. Auch in der kurzen Erzählung *Vor dem Leben*, die Klaus Mann noch als Schüler der Odenwaldschule verfaßt hatte, stehen die namenlosen Protagonisten ratlos »an der Schwelle des Lebens«, ohne Antwort auf die Frage, was denn nun aus ihnen und ihrer »Sehnsucht«[6] werden solle. In beiden Texten bleibt jedoch der Versuch, die Vision einer vom Untergang bedrohten Gemeinschaft durch den Begriff der »Zeitenwende« zu objektivieren, noch abstrakt und ohne einen konkreten Verweis auf die historischen Rahmenbedingungen. Erst in seinem Roman *Der fromme Tanz* war Klaus Mann in der Lage, die bereits in *Die Jungen* angedeutete zeitgeschichtliche Problematik zu präzisieren.

Kein Zweifel, die von Klaus Mann in seinen frühen Werken immer wieder heraufbeschworene apokalyptische Grundstimmung war keineswegs das Ergebnis eines überempfindlichen oder gar überspannten Gemütes, sondern korrespondierte – jedenfalls aus heutiger Sicht –

durchaus mit der tatsächlichen politischen und gesellschaftlichen Situation der jungen Republik. In diesem Sinn war auch die von ihm konstatierte und krisenhaft erlebte Erfahrung als Angehöriger der »verlorenen Nachkriegsgeneration«, keine zukunftsweisende Perspektive entwickeln zu können, letzten Endes nur zu real. Denn faktisch waren die Schrecken des Krieges auch sechs Jahre nach der Kapitulation noch keineswegs bewältigt, wohingegen der Wandel zu einer neuen Kultur – zur hochindustrialisierten Massengesellschaft – schon längst nicht mehr aufzuhalten war. Inzwischen weiß man: Die Weimarer Republik hat diese Zerreißprobe nicht bestanden und konnte sie wohl auch nicht bestehen. Gewaltige sozio-ökonomische Veränderungen, die Folgen der Industrialisierung, der damit einhergehende Umbruch der gesamten Arbeits- und Bevölkerungsstruktur, die Gründung einer Republik und die Entwicklung und Etablierung neuer Medien, machten eine Abkehr von bislang gültigen Werten und Normen bürgerlichen Denkens notwendig – ohne daß schon die Fixpunkte einer neuen Orientierung erkennbar waren. Gleichzeitig aber war die Gesellschaft noch zutiefst dem autoritären und obrigkeitsstaatlichen Denken des 19. Jahrhunderts verhaftet. Dieses Gegen- und Nebeneinander verschiedenster Prozesse barg ein Konfliktpotential, an dem die erste deutsche Republik schließlich zerbrach.

Die erste Fassung von *Die Jungen* hatte Klaus Mann bereits im Alter von fünfzehn Jahren entworfen und sie dann für die Aufnahme in den Novellenband *Vor dem Leben* noch einmal überarbeitet.[7] Mit *Die Jungen* sind die Schüler einer Freien Schulgemeinde gemeint, die durch ihre konsequente Verweigerungsstrategie die Autorität der Lehrer nach und nach unterwandern, eben ganz so wie Klaus, Erika und die anderen »Großen« seinerzeit den Schulleiter der Bergschule Hochwaldhausen erfolgreich zur Auflösung der Schulgemeinschaft genötigt hatten. Zudem hat sich der Erzähler noch einen weiteren Rückgriff auf seine Erlebnisse dort gestattet: Der kleine Uto, dem Haralds ganze Aufmerksamkeit gilt und der bezeichnenderweise ebenso »große Lust« wie »großes Weh«[8] in ihm erweckt, ist natürlich jenem Uto aus der Odenwaldschule nachempfunden, durch den sich Klaus das erste Mal seiner homoerotischen Neigung bewußt wurde. Aber nicht mit *Die Jungen*, sondern mit der Erzählung *Nachmittag im Schloß* trat Klaus Mann erstmals an die Öffentlichkeit. Dieser kurze Prosatext, eine fast schon neuromantische Stilübung über die Dialektik von Schönheit und Verfall, war noch in Stift Neuburg entstanden; hier herrschte zweifellos die ideale Atmosphäre, um sich dazu inspirieren zu lassen, eine dem Untergang geweihte Adelsfamilie darzustellen, die vor der imposanten Kulisse des »Herrenhauses« ihren Nachmittagstee im märchenhaft-anmutenden Garten einnimmt.

Der Abdruck von *Nachmittag im Schloß* im Mai 1924 in der *Vossischen Zeitung* markierte den Beginn einer intensiven Schaffensphase, die ihm zahlreiche Veröffentlichungen bescherte, denn so gut wie jede schriftliche Äußerung, die Klaus Mann in dieser Zeit verfaßte, wurde gedruckt. Zugleich nahm er ab September die erste berufliche Verpflichtung seines Lebens wahr. Einmal mehr hatte Klaus Pringsheim seine guten Verbindungen, diesmal zu Professor Walter Steinthal, dem Chef des *Zwölf-Uhr-Mittagblatt*, genutzt und seinem Neffen zu einer Anstellung als Theaterkritiker verholfen. Bis zum März 1925 schrieb Klaus Mann 31 Theaterkritiken für die populäre Tageszeitung, darunter Artikel zu Stücken von Kleist, Oscar Wilde, Shakespeare oder Somerset Maugham. Den klangvollen Namen der Autoren wurde er denn auch, brav Beifall bekundend, mit salopp formulierten, von leichter Hand geschriebenen Rezensionen mühelos gerecht. Da es sich aber in der Regel um Aufführungen am Steglitzer Schloßparktheater oder an anderen Berliner Vororttheatern handelte, blieb die Tür zum Pantheon der Kritikerzunft vorerst verschlossen.

Die ungleich bedeutenderen Inszenierungen fanden in der Berliner Innenstadt, im Deutschen Theater, im Staatstheater, an der Volksbühne oder an einer der anderen rund 35 Theaterbühnen statt. Diese waren vornehmlich *den* Kritikerpäpsten der Republik, Alfred Kerr vom *Berliner Tageblatt* und Herbert Ihering vom *Börsen-Courier* oder anderen bekannten Meinungsmachern wie Alfred Polgar von der *Weltbühne* und Kurt Pinthus vom *Acht-Uhr-Abendblatt* vorbehalten. Was seine Karriere als Theaterrezensent betraf, verspürte Klaus Mann jedoch keine größeren Ambitionen. Er begnügte sich damit, lediglich im weiteren Sinn »zur noblen Gilde« der Bühnenwelt zu gehören, zumal man auch als zweiter Theaterkritiker »ein Mann von Prestige, eine Respektsperson im theatersüchtigen, theaterbesessenen Berlin der zwanziger Jahre«[9] war.

Obwohl Klaus Mann mit der Absicht nach Berlin gekommen war, diese zu seiner neuen Heimatstadt zu machen, entschied er sich, erst einmal keinen festen Wohnsitz zu beziehen. Zunächst kam er bei Klaus Pringsheim im vornehmen Berliner Westend unter, später quartierte er sich sporadisch bei Erika ein, die eine kleine Wohnung in der Uhlandstraße 78 gemietet hatte. Wenn sich keine feste Bleibe anbot, bezog er ein Zimmer in einem der noblen Hotels der Stadt, die Spesen beglichen die Eltern. Sich in Berlin zu amüsieren, wann immer ihm sein neuer Beruf Zeit dazu ließ, und ansonsten dafür zu sorgen, daß die Werke, die er zügig Zeile um Zeile verfaßte, schnellstens einem breiten Publikum zugänglich gemacht wurden – das waren im wesentlichen seine persönlichen »Lebenselexiere« in dieser Zeit. Die Rechnung ging tatsächlich auf, und so wurde das Jahr 1925 eines der erfolgreichsten in der gesamten Schriftstellerkarriere von Klaus Mann: Der Novellensammlung *Vor dem Leben*, die im Mai im Hamburger Gebrüder Enoch Verlag erschien, folgte schon einen Monat später das Drama *Anja und Esther*, das der kleine Berliner Osterheld und Co Verlag als schmales, schmuckes Buch herausbrachte. Schließlich krönte der Vorabdruck von *Der fromme Tanz* in der *Literarischen Welt* Anfang Dezember die Publikationsoffensive des fleißigen Literaten, bevor der Roman zu Beginn des neuen Jahres im Gebrüder Enoch Verlag veröffentlicht wurde.

»Mein Vater ist Thomas Mann!«

Gute Kontakte zu Verlegern hatten in der Familie Mann Tradition. Damit blieben Klaus die üblichen Anfangsschwierigkeiten bei der Suche nach einem Verlag erspart, mit denen ein noch weitgehend unbekannter junger Schriftsteller meist zu kämpfen hat. Schon der Vater hatte seinerzeit schnell einen Verleger für seinen ersten Novellenband *Der kleine Herr Friedemann* gefunden. Samuel Fischer war bekanntlich klug genug, sich sofort die Rechte für alle zukünftigen Werke von Thomas Mann zu sichern – womit eine der erfolgreichsten Geschäftsbeziehungen in der deutschen Verlagsgeschichte begann. Knapp 30 Jahre später verkündete nun auch der Sohn stolz: »Die Verleger interessieren sich für mein erstes Buch.«[10] Durch die Veröffentlichung von *Nachmittag im Schloß* in der *Vossischen Zeitung* waren gleich zwei Verleger auf den jungen Autor aufmerksam geworden: Paul Steegemann, der mit Kurt Schwitters und Paul Verlaine bereits namhafte Autoren unter Vertrag hatte, und Doktor Kurt Enoch, der Klaus Mann vor allem durch seine aufgeschlossene Art und seine »prachtvolle Zuverlässigkeit«[11] beeindruckte.

Zunächst wurde Klaus beim Steegemann-Verlag in Hannover vorstellig. In seinen unveröffentlichten Memoiren erinnert sich Karl Schodder, ein enger Mitarbeiter von Paul Steegemann, noch sehr gut an seine erste Begegnung mit Klaus Mann im Frühsommer 1924:

»Eines Tages kam ein junger Mann [...] in den Verlag in der Marienstraße. Er wäre Klausmann, sagte er, er hätte eine Novellensammlung fertig und möchte deretwegen mit dem Verleger Steegemann sprechen, ob er wohl richtig sei? Ja, er war richtig, aber Steegemann war nicht da, [...] und ich bot dem jungen Mann an, zu warten und mir Gesellschaft zu leisten, bis Steegemann käme [...] vielleicht wolle er mir das Manuskript – er hielt es in der Hand – derweil einmal zur Einsicht geben? Wenn er es vorzöge, könne er aber auch um halb vier noch einmal vorsprechen, aber auch dann würde es zweckmäßig sein, mir das gute Stück zu lassen. Es sei sein Erstlingswerk vermutlich? Allerdings, und Herr Klausmann wollte warten. Er sah die Masken von Grosz an der Wand hängen, Holzschnitte von Ernst Schütte, Silhouetten von Engert, bunte Holzreliefs von Jung aus Lemgo, Klebebildchen von Schwitters – sie hießen damals noch nicht Collagen –, abstrakte Bilder von Burger-Mühlfeld, Lithos von Burchartz und Gleichmann und Wanders, Drucke von Arp, Zeichnungen von George Grosz. Zu allen diesen schönen Dingen sagte er nichts, aber im Regal fiel ihm eine Sammlung der ›Blätter für die Kunst‹ auf. Er nahm ein Heft in die Hand, nachdem er höflich zuvor gefragt hatte, ob er dürfe, und wollte von mir wissen, ob ich George oder Hofmannsthal für den größeren Dichter hielte? Da wurde mir klar, daß Herr Klausmann aus einem Landschulheim kam, denn in solchen Instituten wurde diese Frage debattiert. Ich antwortete, auf jeden Fall hielte ich Hofmannsthal für den bildkräftigeren. [...] ›Was meinen Sie, Herr Klausmann?‹ ›Bitte, ich heiße nicht Klausmann, ich bin Klaus Mann, mein Vater ist Thomas Mann.‹ Das hatte ich nicht erwartet, ich entschuldigte mich, und die Frage lag nahe, weshalb er sein Buch nicht S. Fischer anböte? Nein, Thomas Mann wisse nichts von dem Buch, er hielte den Steegemann-Verlag auch für geeigneter, denn Paul Steegemann habe die ›Hombres‹ verlegt, von Verlaine, und das sei doch eine hervorragende verlegerische Leistung. ›Ja‹, sage ich, ›ein erschütternd unzüchtiges Buch, hat uns Thomas Mann selbst geschrieben‹. ›Gewiß‹, meinte der Sohn, und eben deswegen möchte er seine Sammlung ›Vor dem Leben‹ bei uns herausbringen. Steegemann kam, wir behielten das Manuskript und versprachen es ihm entweder innerhalb von drei Tagen zurückzuschicken oder statt dessen einen Vertragsentwurf. Des war Klaus Mann zufrieden.«[12]

Der Verlag entschied sich, *Vor dem Leben* in sein Programm aufzunehmen. »Steegemann druckt mein Buch. Will mich für *immer* verpflichten«[13], schrieb Klaus seiner Schwester einige Tage später. Zu diesem Zeitpunkt hatte er den Vertrag, den Steegemann ihm zugeschickt hatte, wohl schon unterzeichnet. In *Kind dieser Zeit* leugnet er allerdings, daß er dem Steegemann-Verlag jemals die verbindliche Zusage erteilt habe, seinen Novellenband zu drucken. Vielmehr sei »aus den Besprechungen und Vertragsentwürfen« mit Paul Steegemann »nichts als ein endloser und überflüssiger Prozeß« entstanden.[14] Eine Behauptung, die so ganz und gar nicht mit der Version übereinstimmt, die Karl Schodder erzählt. Danach habe Klaus Mann nicht nur sein Plazet zur Veröffentlichung gegeben, sondern Steegemann habe darüber hinaus allen Grund gehabt, sich über das unreife Verhalten zu ärgern, mit dem der jugendliche Dichter versucht habe, die Vereinbarung wieder rückgängig zu machen. Nach Schrodders Bericht waren Korrektur, Satz und Umbruch des Manuskripts gerade beendet worden, die Buchankündigung als ganzseitiges Inserat im *Börsenblatt* bereits erfolgt – mit anderen Worten, das Buch stand kurz vor der Veröffentlichung –, als Klaus Mann für Steegemann völlig überraschend von dem Vertrag zurücktrat. Seine Begründung: Thomas Mann habe ihm, dem minderjährigen Sohn, die Veröffentlichung strikt untersagt. Er würde dagegen einschreiten, sollte sie dennoch erfolgen. Man möge Verständnis dafür haben, daß er sich dem Gebot seines Vaters unterwürfe, zumal er schließlich erst 18 Jahre sei, so daß die Unterschrift unter dem Vertrag ohnehin rechtsungültig sei.[15] Schodder betonte, daß dem Verlag keineswegs daran gelegen gewesen wäre, einen Gerichtsprozeß gegen den vertragsbrüchigen Autor – und damit gegen die Familie Mann – anzustrengen. Trotz des finanziellen Verlustes, der ihm durch Herstellungs- und Inseratskosten entstanden war, und trotz der Blamage, die Vorankündigung widerrufen zu müssen, habe Steegemann im Gegenteil alles getan, um eine Konfrontation in der Öffentlichkeit zu vermeiden. Aus diesem Grund habe man den Umbruch und die Fahnen ins Archiv gebracht, dem Autor schriftlich seine Enttäuschung mitgeteilt und die Sache dann auf sich beruhen lassen.[16] Karl Schodders Schilderung der Angelegenheit klingt plausibel, zumal es tatsächlich keinen Hinweis darauf gibt, daß zwischen dem Steegemann-Verlag und Klaus Mann jemals ein Prozeß stattgefunden hat.

Vielleicht waren sich Klaus Mann und Kurt Enoch auf Anhieb sympathischer gewesen, vielleicht hatte sich der junge Verleger auch bei den Honorarverhandlungen als der Großzügigere von beiden erwiesen; auf jeden Fall erschien *Vor dem Leben* keine zwei Monate, nachdem Klaus Mann dem Steegemann-Verlag unter der peinlichen Berufung auf seinen Vater die Herausgabe seines Novellenbandes untersagt hatte, im Gebrüder Enoch Verlag. »Wäre ich weniger jung und blöd gewesen, ich hätte mehr Zurückhaltung geübt«[17], sollte Klaus Mann später kleinlaut bekennen. In jenen Tagen freilich mochte er wohl noch davon überzeugt gewesen sein, daß dem eigenen Tun eigentlich keine Grenzen gesetzt sind, solange man gerade 18 Jahre alt ist, Talent hat und – nicht zu vergessen – der Vater Thomas Mann heißt.

Reiselust

Gab es noch etwas Schöneres als berühmt zu sein? »Reisen! Die Welt sehen! Ich sehnte mich nach dem Licht anderer Himmel, nach der Melodie fremder Zungen.«[18] Was in diesen Tagen als Abenteuer begann, wurde bald schon zur gewohnten Lebensform[19]. Von nun an zog es ihn immer häufiger von Deutschland fort in die Ferne. Reisen und Schreiben, dies waren – und blieben bis zu seinem Tod – die beiden Passionen, die für Klaus Mann das Leben erst lebenswert machten.

Kaum hatte Kurt Enoch ihm seinen ersten Scheck für seine Erstveröffentlichung ausgehändigt, erfüllte sich Klaus Mann seinen lang gehegten Wunsch: Er tauchte ein in den »Glanz Europas«[20]. Im März 1925 ging es, zusammen mit W. E. Süskind, zunächst nach London. Aber eigentlich interessierte ihn die britische Hauptstadt gar nicht so sehr. Er »wartete auf Paris. [...] Paris, das noch unbekannte, schon vertraute, schon geliebte Paris auf der anderen Seite des Kanals, schien mir näher, realer als London mit seiner kolossalen Realität.«[21] In seinem Aufsatz *Der erste Tag*[22] hat er seine Eindrücke von dieser »überwältigenden« Stadt literarisch verewigt. Dort begann er erstmalig das ganze dramatische Ausmaß der politisch-historischen Situation zu erfassen – und zu artikulieren –, in die sich Frankreich und Deutschland, ja ganz Europa ein gutes Jahrzehnt zuvor verstrickt hatte:

»Und plötzlich, wie eine Schreckvorstellung, kommt der Gedanke über uns, daß alle diese Völker ja ›Krieg‹ geführt haben gegeneinander. Sie haben geschossen... Es ist keine pazifistische Lehrmeinung. Aber es ist eine Angst, ein plötzliches atemabschnürendes Grauen – vielleicht dem nur verständlich, der den ›Aufbruch‹-Tag vom August 1914 ›nicht‹ miterlebt hat, weil er damals ein Kind noch war. Es mag sein, daß dieser Tag, für alle, die er ergriff, eine Art ›Rechtfertigung‹ bedeuten konnte, später, für die vier Jahre. Aber uns fällt es plötzlich nur ein, im Caféhaus, zwischen den Völkern, wo alle Sprachen zum phantastischen Stimmengewirr sich treffen: sie haben geschossen... Und daß es welche gibt, die das wieder erreichen wollen, wagen wir kaum zu denken.«[23]

Noch blieben diese zeitkritischen Überlegungen die Ausnahme, und anstatt sich von solchen Gedanken weiter beirren zu lassen, überließ er sich
ganz seiner euphorischen Stimmung, in die ihn das kosmopolitische Flair
der Stadt versetzte. Nachdem er nun schon einmal im Ausland war, wollte er mehr sehen, noch mehr entdecken. Da fügte es sich gut, daß er sich
im März vom *Zwölf-Uhr-Mittagblatt* auf unbestimmte Zeit hatte beur-
lauben lassen. Die Eltern wurden gar nicht erst gefragt, ob sie etwas dagegen einzuwenden hätten, daß der Sohn seinen Auslandsaufenthalt
noch etwas ausdehnen wollte. So kehrte W. E. Süskind zum festgesetzten
Datum allein nach München zurück, während Klaus die Einladung eines
»älteren Freundes« zu einer ausgedehnten Mittelmeertour mit Freude
annahm. Dieser Freund, dessen Namen Klaus Mann im *Wendepunkt*
wohlweislich verschweigt[24], war der fast zwanzig Jahre ältere Doktor
Hans Feist. Erika und Klaus nannten ihn wegen seiner verschwommenen
Ausdrucksweise auch »Nebel« – ein wohlhabender jüdischer Kunst-
sammler, der sich in der Theaterszene mit Übersetzungen von englischen,
französischen und italienischen Stücken einen Namen gemacht hatte.
Die Geschwister hatten ihn Ende 1924 in München anläßlich Falcken-
bergs Inszenierung von Luigi Pirandellos *Sechs Personen suchen einen
Autor* kennengelernt. Seitdem traf man sich regelmäßig in Berlin oder
München – und nun eben in Paris. Hans Feist war auch mit Erika befreundet, Klaus hatte jedoch sein Herz im Sturm erobert. Kein Wunder:
Klaus war attraktiv, jung und scheinbar unbeschwert (nur manchmal etwas melancholisch), er war charmant, für sein Alter ungewöhnlich gebil-
det und er konnte ausgesprochen witzig sein. Daß Klaus Mann dem
Freund und Gönner in gleicher Weise zugetan war, kann man nicht un-
bedingt behaupten, allerdings wußte er im besonderen Maße dessen
Großzügigkeit zu schätzen.

Tatsächlich schien es Feist nichts auszumachen, Klaus immer wieder
– und das über Jahre hinweg – an seinem Reichtum teilhaben zu lassen.
Eine Verbindung mit Höhen und Tiefen, sind doch Mißhelligkeiten und
Animositäten auf Dauer kaum zu vermeiden, wenn in einer Freundschaft
auch erotische und finanzielle Abhängigkeiten eine Rolle spielen. In *Der
fromme Tanz* klingen die Schwierigkeiten einer solchen Beziehung an:
Hier ringt der alternde Doktor Dorfbaum verzweifelt um die Liebe des
jungen Andreas, der sich zwar von ihm finanziell aushalten läßt, eine
feste Bindung zu ihm jedoch ablehnt: »Ich brauche doch niemanden!«[25]

So wird auch die gemeinsame Reise zur »Qual«, die zwar nicht nach Nordafrika, sondern quer durch Deutschland führt, die Andreas jedoch schon bald am liebsten wieder abbrechen möchte, weil er der vielen »unfruchtbaren und offensichtlich hoffnungslosen Auseinandersetzungen«[26] allmählich überdrüssig ist. Die Wirklichkeit sah augenscheinlich etwas anders aus: Klaus Mann genoß nämlich seine Reise in vollen Zügen – trotz oder wegen seines Begleiters, bleibt dahingestellt. Leider dauerte sie nur »solange der ältere Freund irgend zahlen wollte – und sogar noch etwas länger«.[27] Immerhin war Hans Feist spendabel genug, um seinen ersten Auslandsaufenthalt schließlich länger als zwei Monate zu finanzieren. Gerade in Marseille angekommen, verspürte Klaus plötzlich das Bedürfnis, Afrika kennenzulernen. Also fuhren sie von der südfranzösischen Hafenstadt aus mit dem Schiff zur nordafrikanischen Küste. Hier standen zunächst die ebenso »schöne« wie »schreckliche«[28] Sahara-Wüste sowie die Oasenstädte Biskra und Kairouan auf dem Programm. Anschließend ging es weiter nach Tunis, das Klaus Mann schon wegen seiner orientalischen Atmosphäre am besten gefiel. Nur »widerwillig«[29] schiffte er sich schließlich für die Rückreise nach Palermo ein: Nach kurzen Aufenthalten in Neapel und Rom traf Klaus – ohne Hans Feist – schließlich mit seinen Eltern in Florenz zusammen, wo der Vater als Vertreter Deutschlands gerade an der Internationalen Kulturwoche teilnahm. Klaus behielt diese Tage in Florenz in guter Erinnerung; denn hier bewies ihm der Vater endlich, daß er die literarischen Ambitionen des Sohnes – wenngleich mit Einschränkungen – anerkannte. In einem Interview in der Turiner Tageszeitung *La Stampa* beschrieb Thomas Mann die Familie als eine Art Schriftsteller-»Dynastie«, die mit ihm und seinem Bruder Heinrich ihren Anfang genommen habe und nun von seinem achtzehnjährigen Sohn fortgeführt werde – auch wenn sich Klaus zweifellos eines ungleich farbigeren, leidenschaftlicheren und eindringlicheren Stils als er selbst bediene, wie er für die jüngere Generation eben charakteristisch sei.[30]

Während Katia und Thomas Mann anschließend noch ein paar Tage in Venedig Urlaub machten, um sich für die bevorstehenden anstrengenden Feierlichkeiten zu Thomas Manns 50. Geburtstag zu stärken, kehrte Klaus allein nach München zurück. Zeit, um über seine Reisen und sein Verhältnis zu Hans Feist nachzudenken, blieb ihm keine, denn inzwischen waren nämlich sein Novellenband *Vor dem Leben* und das Theaterstück *Anja und Esther* erschienen, und es galt, neue Projekte in Angriff zu nehmen.

»Ich bin allerorts groß plakatiert!«

»Man wird dieses Buch lesen. Man wird es lesen aus Neugierde und Kuriositätenlust: als das Werk eines Achtzehnjährigen und als das erste Werk von Thomas Manns ältestem Sohne. Aber man sollte darüber hinaus bei diesem Buch verweilen mit der Besinnlichkeit und Rührung, die eine Stimme der Jugend erwecken muß, mit der Fröhlichkeit und Trauer, die aus den bunten Geschehnissen hier spricht, und mit der erfreuten, ernsthaften Achtung, die einem starken Talente wie diesem gebührt. – Leichtestes Spiel mit Formen und Gedanken, aufgelöst bis ins Märchenhafte, vereint sich hier mit sachlicher, realistischer Schilderung zu Bild und Botschaft einer seltsam zwiespältigen, doch reichen neuen Jugend.«[31]

So lautete die breit angelegte und reißerische Anzeigenkampagne, mit der der Gebrüder Enoch Verlag auf Klaus Manns Erzähldebüt aufmerksam machen wollte. Mit Erfolg, denn *Vor dem Leben* wurde in nahezu allen wichtigen Tageszeitungen und literarischen Zeitschriften besprochen. Zudem fanden erstmals öffentliche Lesungen statt – wobei es sich die Veranstalter in München, Dresden oder Berlin natürlich ebenfalls nicht nehmen ließen, in ihren Vorankündigungen auf die besondere Beziehung zwischen dem Vortragenden und Thomas Mann hinzuweisen. Immerhin waren diese Lesungen für Klaus Mann eine gute Gelegenheit, sich seinem Publikum als ebenso eloquente wie charmante Persönlichkeit zu präsentieren – und für sich einzunehmen. »Ich bin allerorts groß plakatiert«, teilte er Erika sogleich stolz mit, »und überhaupt recht berühmt.«[32] Auch wenn er erst am Beginn seiner literarischen Laufbahn stand: Es schien Klaus Mann keine größeren Schwierigkeiten zu bereiten, in kürzester Zeit ein Rad im Getriebe des mächtigen deutschen Literaturbetriebs zu werden. Die fortschreitende Kapitalisierung der Gesellschaft und der technische Fortschritt führten zu einer ganz neuen und bis dahin völlig unbekannten Form der Massenkultur. Film und Fotografie waren jederzeit reproduzierbar und stellten die Einzigartigkeit der künstlerischen Produktion, wie sie für die traditionelle bürgerliche Kunst noch konstitutiv gewesen ist, radikal in Frage. Alles war käuflich, alles war überall verfügbar – Kunst wurde zur Ware. All diese Entwicklungen führten zwangsläufig auch zu einer verschärften Konkurrenzsituation.

Entscheidend war es nun, die Aufmerksamkeit von Presse und Öffentlichkeit auf sich zu lenken – »Werbung« lautete das neue Zauberwort. Klaus Mann hatte dies schnell begriffen: Erstaunlich professionell wußte er seine Person in der Öffentlichkeit zu präsentieren.

Da war ein berühmter Familienname natürlich sehr hilfreich. Vorteilhaft aber war es nicht nur, sich selbst ins Gespräch zu bringen, sondern auch mit anderen ins Gespräch zu kommen, sei es mit einem Schriftstellerkollegen wie Stefan Zweig, der bekannt dafür war, junge Autoren zu protegieren, sei es mit Kritikern wie dem jungen Erich Ebermayer, Feuilletonist bei den *Leipziger Neuesten Nachrichten*, der schon bald ein glühender Verehrer seiner Person und seiner Werke wurde. Erich Ebermayer, der schon im Hause Mann verkehrte, als Klaus noch in der Odenwaldschule weilte, lernte den sechs Jahre Jüngeren im November 1925 während einer Lesung in Dresden kennen und war sofort beeindruckt von dem »sehr zarten, sehr schlanken jungen Menschen«, der »Hof hielt«, ganz so, wie es sich für eine »wirklich ›berühmte‹« Person des öffentlichen Lebens gehörte:

»Er tat es in so unerhört sicherer, charmanter Art, daß ich verblüfft war. Nicht allein, daß er englisch und französisch, zwar noch gebrochen, aber mit reizender Frechheit sprach (was nötig war, denn der Salon war sehr europäisch) – er fand nach Art wahrer Repräsentier-Begabungen auch Zeit für jeden und ein zumindest glänzend gespieltes Interesse [...] Ich sah in sein Gesicht. Es war nicht eigentlich schön. Die Haut von erstaunlicher Blässe, die Augenlider leicht entzündet, – aber dies junge Gesicht strahlte einen Zauber aus, der einen sofort und jäh ergriff. Unordnung und frühes Leid. Ja – das war es. Und hinzu kam: der frühe Ruhm, die frühe Verpflichtung, die einsam machen. Hoheit und Liebe – ein strenges Glück. Noch einmal saß da ein später Prinz Klaus-Heinrich.«[33]

In der Tat war es keineswegs selbstverständlich, daß das Erstlingswerk eines so jungen Literaten derart von sich reden machte. Die Meinung der Presse war jedoch gespalten. Direkte Vergleiche mit dem Vater, der gerade mit seinem neuen Roman *Der Zauberberg* an den großen Erfolg der *Buddenbrooks* hatte anknüpfen können, blieben ebensowenig aus wie die Kritik einiger Rezensenten an der »geschmacklosen Betonung ausschweifender Sexualität«.[34] Anstoß nahm man vor allem an der skurrilen Erzählung *Der Vater lacht*, in der der Ministerialrat Theodor Hoffmann und seine Tochter Kunigunde die Kluft der Generationen nur überwinden können, indem sie ein inzestuöses Verhältnis eingehen. Auch die anderen sieben Prosastücke, allen voran die *Kaspar-Hauser-Legen-*

den, in der Klaus Mann das erste Mal eine historische Person dichterisch gestaltete, wurden Opfer zum Teil vernichtender Kritik: »Was sollen wir von dem Sohn denken, der räuspert und spuckt wie der Papa? Kein Charakter, sagen wir, und dieses Urteil bestätigt der Inhalt. – Eine traurige innere Welt voll aufgepeitschter, sinnloser Spezialitäten. Nichts Jugendliches, nichts Straffes, nichts Durchkämpftes; statt dessen Molluskenhaftes, Unsauberes – und dazu diese Handschuhe eines pretiösen Stils, mit denen das alles angefaßt wird. Es fehlt an Charakter; hinter Thomas Mann herschreiten, das kann jeder Esel.«[35] Nichtsdestotrotz macht Klaus Mann mit seinem Debüt einige renommierte Personen des öffentlichen Lebens auf sich aufmerksam, die seine weitere Karriere als Schriftsteller von da ab wohlwollend unterstützten. Zu ihnen gehörte Stefan Zweig, der Klaus Mann mit herzlichen Worten bestätigte, daß er sich auf dem richtigen Weg befände:

»›Nur so weitergemacht, lieber Freund! Manche mögen geneigt sein, Sie als den Sohn des berühmten Vaters abzutun. Kümmern Sie sich nicht um solches Vorurteil! Arbeiten Sie! Sagen Sie, was Sie zu sagen haben – es ist eine ganze Menge, wenn mich nicht alles täuscht... Ich erwarte mir viel von Ihnen. Schreiben Sie ein neues Buch! Und denken Sie an mich bei der Arbeit – an die Hoffnung, die ich für Sie habe; an das Vertrauen, das ich Ihnen entgegenbringe!‹«[36]

Indessen sah sich Klaus Mann ganz unvermutet mit massiven Vorwürfen aus dem eigenen Freundeskreis konfrontiert: Paul Geheeb, sein ehemaliger Lehrer in der Odenwaldschule, hatte sich nämlich – zu Recht – in der Beschreibung des Alten, der Hauptfigur der gleichnamigen Novelle, wiedererkannt und war nun zutiefst empört über »die große, gemeine Verleumdung«[37] seiner Person. Die Neigung des fiktiven Alten, sich seinen Schülerinnen sexuell zu nähern, ließ ihn befürchten, sein Ruf als Leiter eines renommierten Landerziehungsheimes könnte dadurch ernsthaft Schaden nehmen. Offenbar war Geheebs Zorn so groß, daß er sogar die Gebote der Höflichkeit außer acht ließ und seine Aufkündigung der Freundschaft nicht Klaus selbst, sondern dessen Vater schriftlich mitteilte. Thomas Mann indessen verteidigte seinen Sohn und bemühte sich, Geheebs Unmut mit dem Hinweis zu entkräften, Klaus habe »eben nur geglaubt, starke Eindrücke der Wirklichkeit mit Erfundenem dichterisch vermischen zu dürfen, ohne sich über die menschlichen Gefahren solchen Tuns klar zu sein«. Freilich konnte der Vater nicht umhin, dem Sohn »Artisten-Naivität« zu bescheinigen und Paul Geheeb für seine Reaktion Verständnis zu signalisieren: »Was die menschliche Wirkung auf Sie verschlimmert, sind die spezifisch modernen Kunstmittel, deren er sich zu bedienen versucht und deren eigentümliche Bizarrerie und Kälte der Sache für Sie etwas besonders Abstoßendes geben mußten.«[38] Dies schrieb ausgerechnet Thomas Mann, der zwar dank seiner dichterischen Virtuosität mühelos das Gleichgewicht von naiv-populären und artistisch-raffinierten Erzählelementen herzustellen wußte und schon allein deshalb über jede Kritik an der stilistischen Geschlossenheit seiner Werke erhaben war, der aber selbst keineswegs davor zurückschreckte, Kollegen, Freunde und sogar engste Familienangehörige um der Kunst willen literarisch zu verewigen.

Hinzu kam, daß Thomas Mann nur wenige Tage vor der Niederschrift des Briefes an Paul Geheeb seine Erzählung *Unordnung und frühes Leid* abgeschlossen hatte. Ein kurioser Umstand, durch die gleichermaßen wohl formulierte wie um Verständnis bittende Argumentation fast schon wie eine Rechtfertigung des eigenen Werkes klang. In der Tat, solange es um das eigene Werk ging, kannte Thomas Mann keine Rücksicht auf die Gefühle anderer. In *Unordnung und frühes Leid* beschrieb er nämlich ganz unverhohlen seine Kinder und deren Freunde – ausgeschlossen blieben allein die beiden ›Mittleren‹, Golo und Monika. Die Meinung der Familie war einhellig: Das Werk sei zu intim, zu indiskret geraten. Insbesondere Erika und Klaus, die in der Erzählung Ingrid und Bert heißen, wußten mit der ironisch-sarkastischen wie gleichermaßen herabwürdigenden Skizzierung ihrer Personen nicht viel anzufangen. Dabei konnte sich Erika über die vergleichsweise schmeichelhafte Beschreibung ihrer Person eigentlich kaum beklagen: Immerhin wird sie bzw. Ingrid vom alter ego des Autors, Doktor Cornelius, als ein »sehr reizvolles Mädchen« charakterisiert, das die Natur mit »einer wohltuenden Stimme und einem ausgesprochenen und sehr amüsanten parodistischen Talent«[39] gesegnet habe. Dagegen wird dem »armen« Bert öffentlich attestiert, daß er »nichts weiß und nichts kann und nur daran denkt, den Hanswursten zu spielen, obgleich er gewiß nicht einmal dazu Talent hat« – eine bittere Erkenntnis, die dem Vater in der Erzählung nichts als »Unruhe, Neid und Beschämung«[40] bereitet. War der Autor hier wirklich allein auf die künstlerische Wirkung bedacht? Die »Beunruhigung« des fiktiven Vaters nur ein Kunstgriff? Wohl kaum, denn zu exakt stimmt die Skizzierung der Protagonisten mit den realen

Personen überein, zu detailgetreu ist die literarische Situationsbeschreibung der Wirklichkeit entlehnt, als daß Thomas Mann in *Unordnung und frühes Leid* lediglich seinem dichterischen Impuls freien Lauf gelassen haben soll.

Kein Wunder, daß sich der Sohn durch das höhnische Porträt seiner Person, noch dazu aus der Feder des eigenen Vaters, gedemütigt fühlte. Verunsichert und aus Angst, sein Ruf als angehender Schriftsteller könne durch des »Zauberers Novellenverbrechen«[41] Schaden nehmen, vergaß Klaus Mann sogar für einen Moment die stillschweigende Übereinkunft, wonach jedes Familienmitglied Sorge zu tragen hatte, daß keine internen Zwistigkeiten nach außen drangen. Als er sich in einem Brief an Erich Ebermayer darüber beschwerte, daß der Vater die Geschichte nun auch noch »allerorts vorliest«[42], nahm er bewußt in Kauf, daß sein Unmut über den taktlosen Vater an die Öffentlichkeit drang. Ein Umstand, der in der Tat einmalig bleiben sollte, denn Diskretion in bezug auf brisante Familienangelegenheiten und ganz besonders in bezug auf das Vater-Sohn-Verhältnis war und blieb für Klaus Mann oberstes Prinzip, an das er sich auch in seinen Autobiographien strikt hielt. Die Aufregung um die Taktlosigkeit des Vaters legte sich jedoch mit der Zeit. Als die *Neue Leipziger Zeitung* eine Umfrage zu dem Thema »Phantasie oder Vorbild: Der Dichter und sein Modell« initiierte, konstatierte er süffisant, daß die Figur des »Knaben Bert« wohl »etwas zweifelhaft« und »daneben geraten, aber nicht uncharmant« sei. Doch dürfe man seine Charakterisierung keineswegs zu wörtlich nehmen, denn: »Kein Dichter photographiert die Wirklichkeit – er verdiente diesen hohen Namen sonst nicht...«[43]

Es bleibt dahingestellt, ob Klaus den in mancherlei Hinsicht verletzenden Inhalt des väterlichen Antwortschreibens an Paul Geheeb im Detail kannte. Nachdem er von seinem Auslandsaufenthalt zurückgekehrt war, nahm er die Sache jedenfalls sofort selbst in die Hand und wandte sich direkt an »Paulus«: »Wenn Sie mir meine ehrliche Verehrung für Sie je geglaubt haben, werden Sie mir glauben, wie *sehr* dieser Abschied, dieses Abreißen mich kränkt.« Zugleich verschwieg er seinem einstigen Förderer nicht, »daß auch in meinem Drama *Anja und Esther* die geheimnisvoll-spukhafte Figur jenes ›Alten‹ vorkommen wird, freilich noch mehr ins Märchenhafte, Groteske, Unsachliche transponiert«.[44] Nach dieser entwaffnenden Offenheit zeigte sich Paul Geheeb tatsächlich besänftigt, redete ihn in seinem Antwortbrief wieder mit »lieber Klaus« an und versicherte ihm seine »herzliche Gesinnung«[45].

Dichterkinder spielen Theater

Trotz der beachtlichen Resonanz auf seinen Novellenband *Vor dem Leben* dürfte für Klaus Mann der wohl größte persönliche Erfolg dieses Jahres die Uraufführung seines Stückes *Anja und Esther* im Oktober 1925 gewesen sein. Nicht nur als Autor konnte er sich profilieren, nein, auch als Schauspieler trat er gemeinsam mit Erika, Pamela Wedekind und Gustaf Gründgens auf namhaften Bühnen in ganz Deutschland auf. Man kann zwar nicht unbedingt behaupten, daß das Stück auf breite Zustimmung stieß. Im Gegenteil: Die Theaterkritiker und Schriftstellerkollegen reagierten überwiegend mit hämischen Verrissen. So bezeichnete Herbert Ihering das Drama geringschätzig als szenisch-homosexuelle Variante der Marlittschen Trivialromane, insofern doch »alles nur verzärteltes Auskosten, morbides Glimmern, undramatisch, unlebendig, von einem süßlichen Moderduft durchzogen«[46] sei. Ein anderer Kritiker mokierte sich über das weinerliche »Herumwühlen in sexuellen Entartungsmöglichkeiten«. Nichts, aber auch rein gar nichts würde »diese Jugend« bewegen außer der »Wirrnis pervertierter Liebesgefühle«[47]. Rudolf Schneider kam zu dem wenig schmeichelhaften Schluß, daß das »undramatische, ungestaltete Hin und Her jugendlicher Treppenhauserotik auch von einem Primaner hätte gemacht werden«[48] können. Das Stück wurde sogar zum Auslöser politischer Kontroversen: Anläßlich der Aufführung von *Anja und Esther* in Darmstadt hielt es ein hessischer Landtagsabgeordneter für nötig, eine Landtagsdebatte einzuberufen, bei der er sich vor allem über die »krankhaft perverse Weise« ausließ, mit der in dem Stück das »Weib auf die Stufe tierhafter Schamentblößtheit unter Verwendung kindlicher Mitdarsteller«[49] herabgesetzt würde. In der Tat muß die durchaus provokativ gemeinte Darstellung der Homosexualität, wie sie in der Liebesbeziehung von Anja und Esther zum Ausdruck kommt, vor allem für die ältere Generation, die noch vom konservativen Geist des wilhelminischen Zeitalters geprägt war, eine geradezu unerträgliche Attacke auf die bürgerliche Moral gewesen sein.

Wenig Begeisterung verspürte auch Thomas Mann über das Theater-projekt seiner »Großen«. In einem Brief an seinen langjährigen Freund Bertram klassifizierte er *Anja und Esther* als »unbeschreiblich gebrechliches und korruptes Stückchen« ab. Auf seine rhetorische Frage: »Soll, kann ich es verbieten?« gab er sich gleich selbst die Antwort: »Das wäre ein Unsinn in der neuen Welt, die freilich selbst Unsinn ist, aber das spricht nicht für mich. Sehen wir zu mit den besten Wünschen, aber aus der Ferne. Denn in die Premiere bringen mich keine zehn Pferde.«[50] Gegenüber seiner Tochter Erika zeigte er sich allerdings geradezu gönnerhaft und attestierte dem Stück einen »gewissen jugendlich-überjugendlichen Charme«.[51] Seine Absicht, sich vom Unternehmen seiner Sprößlinge fernzuhalten, mußte Thomas Mann allerdings schon bald aufgeben. Vor der Aufführung von *Anja und Esther* in Wien hatte nämlich die Lokalpresse behauptet, Thomas Mann weigere sich, Notiz von dem Stück zu nehmen, weil es ihm zu anrüchig sei. Weniger aus väterlicher Fürsorge denn aus ›Imagegründen‹ blieb ihm nun nichts anderes übrig, als in einem Leserbrief öffentlich zu dementieren: »Ich bin kein Stiftsfräulein.«[52] So wortgewandt die einzelnen Rezensenten ihre Ablehnung des Stückes auch zu begründen wußten, letztlich basierte die Kritik im wesentlichen auf zwei Argumentationsweisen: Während konservative Stimmen sich über Dekadenz und Unmoral ereiferten, nahmen andere nicht nur an der »Niveaulosigkeit« des Inhalts, sondern auch an den dramaturgischen Mängeln und den Schwächen im formalen Aufbau Anstoß. Die ideologisch begründete Absage konnte Klaus Mann verschmerzen, wenngleich er sich gegenüber seinem Vater über das »boshafte, gehässige und voreingenommene Mißverständnis, das fast die gesamte Presse mir entgegengebracht hat«[53], ziemlich verbittert zeigte. Anders verhielt es sich jedoch mit den Äußerungen, die auf die zweifelhafte literarische Qualität des Dramas anspielten, waren diese doch schon eindeutig prinzipieller Natur[54]. Auf das Infragestellen seiner schriftstellerischen Kompetenz reagierte Klaus Mann eiligst mit einer Art Rechtfertigungsversuch: Im Vorwort seiner nächsten Arbeit, dem Roman *Der fromme Tanz*, versicherte er, daß die »künstlerischen und artistischen Mängel« eines Werkes, »das aus unserer Jugend kommt [und] von unserer Jugend handelt«[55], angesichts des großen gesellschaftlichen Umbruchs, der Ungewißheit und des allgemeinen Werteverlusts, wie ihn Deutschland seit dem Ersten Weltkrieg erfaßt habe, nur zu verständlich seien. Als Chronist seiner Zeit könne er zwar die Authentizität der literarischen Aussage gewährleisten, als Repräsentant dieser »fragwürdigsten und hoffnungsseligsten Generation« bliebe es ihm jedoch versagt, »das Werk dieser Jugend zu gestalten«[56].

Doch bevor Klaus Mann als Essayist und Erzähler seinem eigentlichen Talent Rechnung tragen und in der epischen Gestaltung seine literarische Paradedisziplin zur Selbstdarstellung entdecken sollte, mußte er sich zunächst – aller Kritik zum Trotz – als Dramatiker und Schauspieler beweisen. Tatsächlich gab es hier und da auch einige weniger ablehnende Reaktionen, die zumindest das Sendungsbewußtsein des Autors ernst nahmen. So stellte ein Rezensent fest, daß Klaus Mann mit *Anja und Esther* die expressionistische »Mode des Vatermordes« literarisch weitgehend überwunden habe: »Auch bei ihm sind noch Spuren des Generationskampfdramas vorhanden, aber er wirft den Eltern nicht mehr Unterdrückung der Jugend vor, sondern einfach die Tatsache, daß sie die Kinder in die Welt gesetzt haben und so letzlich daran Schuld sind, daß diese Kinder einem Feind, [nämlich dem] ›Leben‹ gegenüberstehen, dem sie nicht beikommen können.«[57] Offenbar hatte auch Carl Sternheim »extremes Lob« für den Autor von *Anja und Esther* übrig, wobei sich Klaus selbst darüber wunderte, daß der Dramatiker mit dem »krankhaft schimpfsüchtigen Munde« sein Stück »nur mit [Büchners] ›Wozzek‹ (sic!) und [Wedekinds] ›Frühlings Erwachen‹ zu vergleichen wußte«.[58] Was aber wirklich zählte, waren die vollen Häuser, vor denen das Dichterkinder-Ensemble in den meisten Städten spielte. Außerdem: Warum sollte man sich über die dünkelhafte Kritikerzunft ärgern, wo doch das überwiegend jugendliche Publikum in den Theatersälen eher wohlwollend reagierte? In Wien konnte Klaus Mann sogar die Familie von Hofmannsthal unter den Zuschauern begrüßen. In seinem 1927 entstandenen Essay hat Klaus seine kurze *Begegnung mit Hugo von Hofmannsthal* festgehalten, wonach der große österreichische Schriftsteller und Liebhaber gelehrter Unterhaltungen ihm in der Pause seine Aufwartung gemacht und ihn mit den huldvollen Worten begrüßt haben soll: »Da sitzt der junge Dichter ja ganz allein.«[59] Am 20. Oktober 1925 hatte das Stück an den Münchner Kammerspielen, unter der Regie von Otto Falkenberg, seine Uraufführung; es folgte die Premiere an den Hamburger Kammerspielen am 22. Oktober, bei der Klaus Mann sein Schauspieldebüt gab. Weitere Aufführungen fanden in Frankfurt, Darmstadt, Wien und Berlin statt.

Klaus Mann hatte *Anja und Esther* im Winter 1924 verfaßt. Als Theaterkritiker hatte er während der Monate zuvor mehr als ein Dutzend Aufführungen besucht – Grund genug, sich selbst einmal als Dramatiker versuchen. Erika und Pamela Wedekind begrüßten das Vorhaben, bot sich dadurch doch die Gelegenheit, Freundschaft und Schaffensdrang miteinander zu verbinden. Nicht zu vergessen das öffentliche Aufsehen, das eine solche Aufführung erzeugen würde. Zudem hatten Klaus und Pamela den besonderen Charakter ihrer Freundschaft inzwischen durch ihre Verlobung bekräftigt. Thomas Mann erfuhr von den Heiratsabsichten seines Sohnes erst aus der Zeitung. Ja, der Sohn war mittlerweile so berühmt, daß sogar sein Privatleben der Presse schon eine Meldung wert war. Freilich konnte das eheliche Versprechen, das sich die beiden im Sommer 1924 gegeben hatten, nicht sofort juristisch legitimiert werden, denn das Münchner Vormundschaftsgericht weigerte sich, dem noch nicht volljährigen Bräutigam die vorzeitige Mündigkeit zu attestieren.[60] Die Braut trug es mit Fassung, daß die Hochzeit verschoben werden mußte. Vielleicht war sie im nachhinein sogar ganz froh darüber, denn im August 1927 löste Pamela Wedekind ihre Verlobung mit Klaus, um mit dem 30 Jahre älteren Dramatiker Carl Sternheim zusammenzuleben.

Bezeichnenderweise waren für Klaus Mann seine vermutlich platonische Liebe zu Pamela und seine Homosexualität, zu der er sich spätestens mit seinem Roman *Der fromme Tanz* auch öffentlich bekannte, kein Widerspruch. Auch in Zukunft sollte er – bewußt oder unbewußt – immer trennen zwischen nahezu rein sexuellen Beziehungen und engen Freundschaften, die von gedanklichem Austausch, seelischer Übereinstimmung und Herzenswärme getragen wurden. Die tragische Dimension seiner Unfähigkeit, körperliches Begehren und geistige Nähe als gleichwertige Aspekte einer erfüllten Partnerschaft zu erleben, liegt auf der Hand: Es sollte Klaus Mann in seinem Leben niemals vergönnt sein, eine dauerhafte Liebesbeziehung einzugehen.

Es bleibt zweifelhaft, ob der 19jährige diese persönliche Daseinsproblematik schon so bewußt erlebte und zu reflektieren in der Lage war. Dennoch bewegen sich die Figuren in *Anja und Esther* in dem Spannungsfeld von Liebesverlangen und Liebesverlust, Beziehungswunsch und Beziehungsunfähigkeit. Zu diesem Zeitpunkt definierte der Autor die Erfahrung der glücklosen Liebe allerdings als typischen Leidensdruck einer orientierungslosen Jugend, die noch nicht weiß und noch nicht wissen kann, in welche Richtung sie ihre Sehnsucht eigentlich lenken soll. In diesem »romantische[n] Stück in sieben Bildern« sollte daher von den »Träumen, Erinnerungen, Sehnsüchten und Begierden«[61] der Jugend die Rede sein. Ein sicheres und müheloses Unternehmen für einen Autor wie Klaus Mann, der hier ein weiteres Mal die Gelegenheit wahrnahm, sich als authentisches Sprachrohr seiner Generation zu profilieren. Auch hinsichtlich der Figurenkonstellation bemühte sich Klaus Mann gewissermaßen um Authentizität: Da klar war, daß Pamela und Erika in dem Stück die Hauptrollen übernehmen würden, versuchte er, Anja auf Erikas und Esther auf Pamelas Persönlichkeit abzustimmen. Im nachhinein fügte es sich gut, daß er Anja einen Halbbruder namens Kaspar zur Seite stellte, einen melancholisch gestimmten Heranwachsenden, der, im Gegensatz zu seiner Schwester, das abgeschiedene »Erholungsheim für gefallene Kinder«[62] schließlich verläßt, um in der Großstadt sein Glück zu (ver)suchen. Auf Anregung von Gustaf Gründgens übernahm der Autor nämlich den Part des Kaspar, eine Rolle, in der er ein wenig sich selbst spielen konnte und die für sein Debüt als Schauspieler deshalb bestens geeignet war. Im übrigen war es Gustaf Gründgens, der Klaus Mann dazu ermunterte, *Anja und Esther* schon kurz nach seinem Erscheinen zur Aufführung zu bringen. Der ehrgeizige junge Schauspieler aus Düsseldorf hatte sich zu jener Zeit an den Hamburger Kammerspielen bereits fest etabliert.

Das 1918 von Erich Ziegel gegründete Theater hatte sich durch spektakuläre Inszenierungen von zeitgenössischen Stücken zu einer literarischen Bühne ersten Ranges entwickelt. Bis dahin hatte Gustaf Gründgens auf dem Weg nach oben, zielstrebig und ruhmorientiert wie er war, nichts dem Zufall überlassen. Aus kleinbürgerlichen Verhältnissen stammend, arbeitete er sich unbeirrt von Engagement zu Engagement nach oben, bis er endlich den Sprung von der Provinzbühne nach Hamburg geschafft hatte. Möglich, daß Gustaf Gründgens den Wirbel, den die Schlagzeile »Dichterkinder spielen Theater«[63] verursachte, tatsächlich vorausgesehen hat, als er Klaus Mann in einem »stürmischen Telegramm«[64] den Vorschlag machte, die Regie des Stückes – und die Rolle des Jakob – zu übernehmen. Vielleicht war es auch weniger Berechnung als wirkliche Begeisterung, die ihn zu diesem Schritt veranlaßte. In einem Beitrag im Programmheft der Hamburger Kammerspiele, den er eigens zur Uraufführung von *Anja und Esther* verfaßte, sprach er von einem »erregenden Stück«, in dem ihn die »Gestalten«, die sich so schonungslos in all ihrer »wissenden Unwissenheit, ihrer gehemmten Hemmungslosigkeit, ihrer reinen Verworfenheit«[65] präsentieren, besonders beeindruckt hätten. Die Tatsache, daß er von allen Beteiligten der einzige sein sollte, der *nicht* vom werbewirksamen Presserummel profitierte, hatte er wohl ebensowenig wie die anderen vorausgeahnt. Im Gegensatz zu seinen neuen Freunden war Gustaf Gründgens eben kein Dichterkind.[66] Daran konnte auch die Tatsache nichts ändern, daß er auf der Bühne den anderen in Talent und Erfahrung objektiv überlegen war. Erstaunlicherweise schien die kränkende Ignoranz, mit der die Öffentlichkeit den hoch empfindlichen Gründgens bedachte, das Verhältnis zu Klaus, Erika und Pamela nicht zu belasten. Im Gegenteil, am 24. Juli 1926 heirateten er und Erika Mann in München – womit Klaus und Gustaf jetzt verschwägert waren. Erika Manns Biographin, Irmela von der Lühe, bezweifelt allerdings, daß diese Verbindung aus tiefer Zuneigung geschlossen wurde. Da Erika gewiß nicht die »Maske der Normalität und auch nicht die Illusion des strengen Glücks« suchte, verweist sie zu Recht auf die große Bedeutung, die der Beruf des Schauspielers im Leben von Erika Mann *und* Gustaf Gründgens einnahm. Allerdings profitierte vor allem Erika von dieser Verbindung, war der begnadete Schauspieler und hochbegabte Regisseur seiner Frau doch zweifellos ein hervorragender Lehrmeister: »Natürlich hatte sie ihn nicht ihrer Karriere wegen geheiratet, aber das Theater verband sie, und im Theater lernte sie von ihm.«[67] Im Gegenzug dürfte sich Gründgens von der Ehe mit Thomas Manns ältester Tochter den ersehnten Zugang zum sogenannten großbürgerlichen Intellektuellenmilieu erhofft haben. Solche Motive trugen natürlich nicht dazu bei, daß die Ehe für sie zu einer erfüllenden Partnerschaft wurde. Erschwerend kam hinzu, daß beide außerordentlich starke und komplexe, um nicht zu sagen komplizierte Persönlichkeiten waren, die es nicht gewöhnt waren, sich so ohne weiteres den Bedürfnissen eines anderen Menschen unterzuordnen. Es kam, wie es wohl kommen mußte: Schon nach ein paar Monaten folgte die Trennung, und die Ehe wurde in beiderseitigem Einverständnis schließlich am 9. Januar 1929 geschieden.

Vater und Sohn – Gegensätze und Gemeinsamkeiten

1925, dieses in vielerlei Hinsicht für Klaus Mann so bedeutsame Jahr, neigte sich allmählich dem Ende zu. So war es an der Zeit, eine erste Bilanz zu ziehen. Die Dinge hätten kaum besser laufen können: *Vor dem Leben* und *Anja und Esther* fanden inzwischen sogar jenseits der Landesgrenzen Beachtung. Im Dezember erschien Klaus Manns erster Roman: Zunächst als Vorabdruck in der renommierten Zeitschrift *Die literarische Welt* und ab Anfang 1926 dann im Buchhandel erhältlich, schickte sich *Der fromme Tanz* ebenfalls an, für Aufsehen zu sorgen.

Das *Abenteuerbuch einer Jugend*, so der Untertitel seines Prosawerks, soll, wie Klaus Mann in seinem Vorwort betont, als »Dokument« gelesen werden, »das aus unserer Jugend kommt, von unserer Jugend handelt, und nichts sein, nichts bedeuten möchte als Ausdruck, Darstellung und Geständnis dieser Jugend, ihrer Not, ihrer Verwirrung – und ihrer hohen Hoffnung vielleicht«[68]. Doch kann man das Schicksal eines jungen, homosexuellen Künstlers, der mit knapp achtzehn Jahren das Haus seines Vaters verläßt und nach Berlin zieht, um seine Schaffenskrise zu überwinden, als repräsentativ für eine ganze Generation bezeichnen? Dem Autor ging es jedenfalls um nichts weniger als um die Suche nach dem »Eigentlichen«[69]. Diese Suche führt die Hauptfigur des Romans, den Maler Andreas Magnus, in das Berlin der 20er Jahre. Dort, in der pulsierenden Metropole, taucht er ohne Wenn und Aber in das Leben und die Liebe ein. Drogen, Sex-Orgien, das ganze Repertoire der verruchten Vergnügungsviertel wird genüßlich ausgekostet. Grenzerfahrungen dieser Art werden dabei zu Alltagserlebnissen eines abenteuerlustigen Heranwachsenden heruntergespielt. Hinter dieser vermeintlich allgemeingültigen Suche verbirgt sich aber in Wahrheit die individualistische Sehnsucht eines Außenseiters nach Sinn und Perspektive. Zum proklamierten Gemeinschaftsgefühl steht diese Sehnsucht damit gänzlich konträr. Kurzum: Auch in seinem ersten umfangreichen Prosawerk setzten sich ein weiteres Mal die schon bekannten Leitmotive seiner bisherigen Arbeiten fort. Dennoch ist *Der fromme Tanz* ein mutiges Buch. Weder Themen wie der Selbstmord eines verzweifelten jungen Tänzers noch die persönlichkeitszerstörenden Tendenzen der Drogensucht oder die problematischen Facetten einer – einseitigen – homoerotischen Liebesbezie-

hung werden ausgespart. Auch die für diese Zeit ungewöhnlich versöhnlich klingende Variante des Vater-Sohn-Konflikts verblüfft durch ihre
Ernsthaftigkeit. Nicht die Elterngeneration trägt »Schuld«[70] an der Krisenerfahrung ihrer Kinder, sondern die besondere zeitgeschichtliche Situation der Übergangsepoche. Gewiß zeugen die oftmals allzu nüchternen, bisweilen fast kalten Beschreibungen von Menschen am Abgrund
ihres Lebens nur zu deutlich von mangelnder Lebenserfahrung. Wenngleich es ihm (noch) nicht gelang, menschliche Tragödien und soziale
Mißstände ihrer Tiefe und Komplexität entsprechend zu beschreiben,
bemühte sich Klaus Mann doch um eine farbenreichere, nuanciertere
Darstellung seiner Charaktere, wie etwa das stellenweise durchaus gelungene Porträt seines Protagonisten dokumentiert. Unübersehbar sind
allerdings die zahlreichen stilistischen Mängel, über die auch der manchmal unsäglich hochtrabende, schwülstig-mystische Erzählstil nicht hinwegzutäuschen vermag. Alles in allem also ein echtes Erstlingwerk.[71]

Die Arbeit für *Der fromme Tanz* hatte kaum ein halbes Jahr in Anspruch genommen, und während er die letzten Zeilen schrieb, warteten
schon die nächsten Projekte auf ihn. Abgesehen von einigen Artikeln, zumeist Buchbesprechungen, hatte er verschiedene Lesungen gehalten und
zahlreiche Kontakte geknüpft. Auch ein Filmprojekt war geplant, und einige Wochen schrieb er eifrig an einem Exposé, doch die Verhandlungen
mit der Ufa und dem Filmproduzenten Julius Sternheim verliefen im folgenden Sommer schließlich im Sande. Aller Arbeit zum Trotz entstanden
neue Freundschaften, von denen sich einige, wie etwa seine Verbindung
zu Erich Ebermayer oder zu Carl Sternheims Tochter Thea »Mopsa«, in
den folgenden Jahren auch in beruflicher Hinsicht als fruchtbar erweisen
sollten. Politische Entwicklungen nahm Klaus Mann hingegen nur am
Rande wahr. Die Tatsache, daß nach dem Tod von Friedrich Ebert der
Generalfeldmarschall und überzeugte Monarchist Paul von Hindenburg
zum Reichspräsidenten ernannt wurde und damit ein gefährlicher
Rechtsruck die noch junge Demokratie bedrohte, fand bei ihm keine Erwähnung. Seine neuen Verpflichtungen als gefragter Autor ließen ihm
auch gar keine Zeit, sich Sorgen über die Zukunft Deutschlands zu machen. Außerdem hatte ihn nach seinem ersten großen Auslandsaufenthalt im Frühsommer das Reisefieber gepackt. Fast ein zweites Zuhause
wurde dabei Paris, eine Stadt, die ihn nicht nur wegen ihrer »zauberhaften« Atmosphäre faszinierte, sondern auch wegen der »Fülle der Flirts

und Freundschaften« und des »Reichtums an intellektuellen Kontakten«[72], die ihn dort erwarteten.

1925 äußerte sich Klaus Mann erstmals vor einem breiten Publikum über das Verhältnis zu seinem Vater. Thomas Mann feierte in diesem Jahr seinen 50. Geburtstag, oder besser: ›man‹ feierte ihn, denn viele prominente Kollegen – und die Stadt München, die am 6. Juni zu einem Festakt ins Alte Rathaus geladen hatte – nahmen diese Gelegenheit zum Anlaß, den »großen Schriftsteller« mit überschwenglichen Lobreden zu würdigen. Auch Klaus Mann ließ es sich nicht nehmen, eine Laudatio auf den Vater zu halten. Geschickt nützte er dabei den Anlaß, um in seinem Beitrag *Mein Vater. Zum 50. Geburtstag* für das *Acht-Uhr-Abendblatt* noch einmal seine These von der »historisch« bedingten »Kluft der Generationen« zu erläutern, bevor er endlich auf »seinen Vater« zu sprechen kommt, dem auch die Jugend – und er selbst – viel »zu verdanken« habe. In seiner »Huldigung« drückt sich die Anerkennung eines jungen Literaten aus, der selbst noch auf der »Suche« nach der adäquaten »Form« sei, in der Hoffnung, damit den »wirren, großen, süßen Traum von einer neuen Zukunft« zu gestalten und zu »vollenden«. Er sei dem Vater schon allein deshalb zu »großem Dank« verpflichtet, weil dieser

»seine Melodie schon gesungen hat und singt, und in vielen neuen Liedern singen wird – so daß wir diesen seinen klaren und doch so verschlungenen Weisen immer wieder lauschen können und achtsam ihren strengen Aufbau verfolgen, damit wir es einmal, auf unsere andere Art, ebenso schön können. Denn lieben, aber über den geliebten Gegenstand hinaus und weiter drängen – immer auf ihn zurückschauend, immer an ihm lernend –: das heißt ja verehren«.[73]

Solche Worte hörte der Vater sicherlich gern, dennoch hegte er aber augenscheinlich seine Zweifel an der ›Lernbereitschaft‹ seines Sohnes. Gegenüber Ernst Bertram äußerte er jedenfalls, daß der Sohn zwar »nahe zum Stamme gefallen« sei, jedoch nur so, »wie es heutzutage möglich ist«. Auf seine ihm eigene Weise bestätigte er damit selbst die »Kluft der Generationen«: »Denn das ist im Ganzen ein wildes Geschlecht, nicht heilig ist ihm, was anderen hehr, unsereins versteht da wenig und verzichtet in dieser Einsicht klüglich auf Versuche, das Ding auf Autorität zu stellen, sondern sieht bescheiden und mit den besten Wünschen zu, wie es laufen kann und will.«[74] Wie hätte Thomas Mann seinen Sohn auch von seinen Grundsätzen überzeugen können, da dieser doch so offensichtlich alles daran setzte, sich gerade von jenen abzugrenzen?

Tatsächlich war die Stilisierung der Kontraste wohlüberlegt, und beide wußten sie für ihre Zwecke zu nutzen. Später bekannte sich Klaus Mann zu seinem Spiel mit den Gegensätzen, das er, immer auf der Suche nach dem »unvoreingenommenen Leser«, der nicht »instinktiv einen Zusammenhang«[75] zwischen seinem und dem väterlichen Schaffen vermutete, praktisch von Beginn seiner literarischen Tätigkeit an betrieb und von Werk zu Werk vervollkommnete. War der Vater-Sohn-Konflikt, den er in jenen Tagen so gern auf die besondere zeitgeschichtliche Situation zurückführte, also doch mehr privater Natur? Eine Ahnung, wie schwer es sein sollte, dem randständigen Dasein im Schatten des »Titanen« zu entkommen – die herablassenden Kommentare geben darüber ja beredtes Zeugnis ab –, überkam den Sohn schon früh. »Klaus Mann, ein talentierter junger Schriftsteller«, mochte wohl hier und dort geschrieben stehen – aber eben doch nur von Vaters Gnaden, so die mehr oder weniger einhellige Meinung der Kritiker. Konfrontierte man ihn persönlich mit dieser problematischen Vater-Sohn-Konstellation, reagierte Klaus Man meistens sehr ungehalten. So empörte er sich in *Kind dieser Zeit* über eine von ihm nicht näher beschriebene Dame der Berliner Gesellschaft, die ihn einst mit den Worten begrüßt hatte: »Ah – sehr interessant – im Schatten des Titanen.« Noch Jahre später konnte er sich eines bissigen Kommentars nicht enthalten: »Gott hat sie gestraft, indem er sie so ungehörig dumm sein ließ.«[76]

Die von ihm immer wieder beklagte »Voreingenommenheit« wurde allerdings nicht nur von außen an ihn herangetragen – der Sohn selbst hatte die Idee von der nahezu unerreichbaren Lichtgestalt des Vaters schon längst verinnerlicht: »Gerade damals, als ich intellektuell in vielem von meinem Vater abhängig war, versuchte ich heftig, das an mir herauszuarbeiten, was ich als ihm entgegengesetzt empfand. Während ich den Zauberberg, der seinem Ende zuwuchs, Stück für Stück kennenlernte und all seine früheren Werke wieder und wieder las, suchte ich mir klar zu werden, was ich jemals gegen den geschlossenen Block dieser Geistesleistung würde zu stellen haben.«[77] In *Kind dieser Zeit* benennt er diese Gegensatzpaare wie folgt: Katholizismus contra Protestantismus, Pathos contra Ironie, Plastizität contra Musikalität, der ›Siebente Ring‹ contra ›Tod in Venedig‹, »das Extravagante, Exzentrische, Anrüchige gegen das maßvoll Gehaltene; das irrational Trunkene gegen das von der Vernunft Gebändigte und Beherrschte. Während ich diese Gegensätze konstruierte und auch wirklich erlebte, war mir natürlich am Beifall keines Menschen wie an seinem gelegen.«[78] Der Beifall blieb jedoch aus, zumal die »Konstruktion der Gegensätze«, die der Sohn mit unbedenklicher Exzentrizität verfolgte, mit allerlei Peinlichkeiten auch für den berühmten Vater einherging. Reumütig bekannte Klaus Mann später im *Wendepunkt*: »Sein Name tauchte, wie sich von selbst versteht, in fast jedem der satirisch-polemischen Kommentare auf, mit denen die deutsche Presse mich damals so reichlich bedachte.«[79] Mag sein, daß Thomas Mann auf die boshafte Karikatur in der Münchner Zeitschrift *Simplicissimus* von Th. Heine – der Vater sitzend, der Sohn, der ihm gönnerhaft über die Schulter schaut und schnippisch bemerkt: »Man sagt, Papa, daß geniale Väter keine genialen Söhne haben. Also bist du kein Genie.« – noch mit Humor reagierte. Daß allerdings die scherzhaft gemeinte Widmung, die er Klaus am Weihnachtsfest 1925 in sein Exemplar des Zauberberg schrieb, – durch eine Indiskretion des Sohnes – den Weg in die Klatschspalten fand, dürfte mit Sicherheit Thomas Manns Unmut erregt haben. »›Dem geschätzten Kollegen – sein hoffnungsvoller Vater.‹«, so lautete das »halb skeptische, halb belustigte«[80] Bonmot, das Klaus Mann nicht zuletzt deshalb im *Wendepunkt* erwähnte, weil es typisch für die Haltung gewesen sei, die Thomas Mann ihm gegenüber in jener Zeit eingenommen habe. Indem er sein »indiskretes« und »kapriziöses« Verhalten nahezu kommentarlos hinnahm, habe er vor allem große Geduld bewiesen. Er fügte hinzu, daß der Vater dem »flitterhaften Glanz«, der seinen Start als Schriftsteller umgab, im wesentlichen mit »ironischem Wohlwollen« und »abwartender Reserviertheit« begegnet sei. Dank seiner »natürlichen Indifferenz und Detachiertheit« habe er sich niemals ernsthafte Sorgen um ihn gemacht. Das allerdings klingt freilich fast schon wie eine Entschuldigung – als sei es im Grunde selbstverständlich, daß der Vater die Anteilnahme verweigerte, an der dem Sohn so viel gelegen war. Nein, väterliche Aufmerksamkeit oder kollegialen Zuspruch konnte Klaus Mann nicht erwarten; zu schroff waren die Kontraste, zu problematisch die Gemeinsamkeiten, zu groß die künstlerischen und wohl auch die emotionalen Vorbehalte, als daß Thomas Mann seinem »Stammhalter« jene moralische Unterstützung und väterliche Herzenswärme hätte gewähren können, die dem Sohn die Suche nach dem »Lebenslied« wahrscheinlich erheblich erleichtert hätte. Es überrascht daher auch nicht weiter, daß der versöhnliche Unterton seiner Erinnerungen schon ein

paar Zeilen später wieder relativiert wird. Die vermeintliche Großmut
des Vaters sieht Klaus Mann nunmehr in seiner vollkommenen Gleichgültigkeit ihm gegenüber begründet: »Wußte er überhaupt, wo ich mich
aufhielt, was ich arbeitete, mit wem ich Umgang hatte, während der vielen Monate, die ich nun jedes Jahr fern von München, fern dem Vater-
haus verbrachte?«[81] Thomas Mann wußte in jenen Jahren über die Pläne
seines Sohnes, über seine Erlebnisse, seine Gefühls- und Gedankenwelt
wirklich nur wenig Bescheid. Wahrscheinlich interessierte es ihn auch
nicht sonderlich. Damit stand das Vater-Sohn-Verhältnis im krassen Gegensatz zur vorbehaltlosen Zuneigung, die er seiner Tochter Erika entgegenbrachte. Mit ihr stand er, wo immer er oder sie sich gerade aufhielt,
im regen Briefkontakt, ihr – und nicht Klaus – teilte er seine unmittelbaren Eindrücke mit, wenn er gerade ein neues Werk des Sohnes gelesen
hatte. Auf seinen Spitznamen »Zauberer« anspielend, schrieb er Erika
beispielsweise nach der Lektüre von Vor dem Leben: »Kläuschens Buch
las ich mit Anteil. Vieles ist ganz merkwürdig. Aber einen tüchtigen
Z.[auberer]-Komplex hat der Wackere, unter anderem.«[82] Trotz dieser
herablassenden Feststellung kam es offenbar zu keinem klärenden Gespräch zwischen Vater und Sohn. Auch Klaus, so scheint es, schreckte
davor zurück, sich seinem »Zauberer-Komplex« zu stellen und die Auseinandersetzung mit dem »Titanen« zu wagen. Nichts dergleichen ist bekannt: Weder offenbarte sich Klaus Mann dem Vater, wie schwer dessen
Ruhm auf seinen Schultern lastete, noch gab er ihm deutlich genug zu
verstehen, wie sehr ihm eigentlich die väterliche Anerkennung am Herzen lag.

Der Umstand, daß Thomas Mann schließlich doch Stellung bezog –
wenngleich auf denkbar indirektem Wege – und sich damit deutlich gegen eine wichtige Entscheidung aussprach, die Klaus gerade für sein
zukünftiges Leben getroffen hatte, kann freilich nur bedingt auf die typischen Hinwendungs- und Abgrenzungsbedürfnisse einer schwierigen Va-
ter-Sohn-Beziehung zurückgeführt werden. Möglicherweise wurde Thomas Mann in jenem Jahr jäh mit der Gewißheit konfrontiert, daß der
Sohn auch noch in anderer und – aus der Sicht des Vaters – ungleich pro-
blematischeren Hinsicht so »nahe zum Stamme gefallen« war. Tatsächlich hatte sich Klaus Mann, wie der Thomas-Mann-Biograph Klaus
Harpprecht seine homosexuelle Neigung dezent umschreibt, auf »jenes
Abenteuer des Lebens« eingelassen, »das sich der Vater zeit seiner Tage

angstvoll und streng versagte«[83]. In *Der fromme Tanz* legte er nun öffentlich seine »komplette Beichte«[84] ab: Der jugendliche Held Andreas stellt sich dem »farbig bewegten Mysterium« seiner Homosexualität. Der Autor hatte dabei auf seine Erfahrungen in der Berliner und Pariser Schwulenszene zurückgegriffen, denn schon allein das detaillierte Insiderwissen machte den autobiographischen Charakter des Buches deutlich. Zweifelsohne war es Klaus Manns intimstes Werk:

»Es drängte mich, der Welt ausführlich Mitteilung zu machen von all dem Schweren und Schönen, das mir widerfahren war und täglich widerfuhr; mein Ehrgeiz war, die Wirrnisse und Seligkeiten eines jungen Lebens, ja die Unruhe einer ganzen Generation erzählerisch zu gestalten. Das Leben, wie ich es damals kannte und verstand, war vor allem dies: schweifende Unrast, Suchen, unstillbare Sehnsucht des Herzens, kurzes sinnliches Glück.«[85]

Selbstbestimmung contra Selbstverleugnung – diesmal eine wohl eher unbeabsichtigte Fortführung des Prinzips der Gegensatzbildung zum übermächtigen Vater. Oder ahnte Klaus Mann vielleicht doch im tiefsten Innern, daß der Vater den Bekenntniswillen des Sohnes als Attacke auf seine eigene, ganz private Lebenskonstruktion auffassen mußte? Wie dem auch sei, ein Mann, der die »unstillbare Sehnsucht« *seines* Herzens zwar zu zügeln, nicht aber zu negieren wußte, mußte vor dem Mut und der Offenheit seines Sprößlings sehr beunruhigt sein. Nicht zuletzt, weil die intimen Details in *Der fromme Tanz* für die Öffentlichkeit natürlich eine Sensation waren und damit der Sohn wie auch der Vater einmal mehr im Rampenlicht standen. Empfindliche Gemüter zeigten sich entsetzt über Sätze wie:

»Andreas gab sich dieser Liebe ganz hin, die er nicht als Verirrung empfand. Ihm kam es nicht in den Sinn, sie vor sich zu leugnen, sie zu bekämpfen als ›Entartung‹ oder als ›Krankheit‹. Diese Worte berührten die Wahrheit so wenig, sie kamen aus einer anderer Welt. Gut hieß er diese Liebe vielmehr ganz und gar, er lobte sie, wie alles, was Gott gab und verhängte – sei es noch so leicht oder schwierig zu tragen.«[86]

Während einige die Deutlichkeit des Gesagten als herausragenden politisch-moralischen Befreiungsschlag bewerteten und begrüßten, ereiferten sich andere über den schamlosen Bruch mit den gesellschaftlichen Konventionen. Das ist nicht weiter verwunderlich, denn tatsächlich war gleichgeschlechtliche Liebe unter Männern in der Weimarer Republik verboten und wurde, gemäß § 175 des Reichsstrafgesetzbuches, mit einer Gefängnisstrafe geahndet.[87] Dagegen würdigte Magnus Hirschfeld,

der als Leiter des Instituts für Sexualwissenschaft seit der Jahrhundertwende Homosexualität erforschte und gegen ihre Diskriminierung in
Gesetz und Praxis ankämpfte, Klaus Manns Roman als ein Werk, das erheblich mit dazu beigetragen habe, »daß die Darstellung homosexueller
Verhältnisse in der modernen Belletristik ›hoffähig‹« geworden sei und
so immerhin zu einer »Sensibilisierung der Öffentlichkeit für homoerotisches Verhalten« beigetragen habe.[88]

Die Höhen und Tiefen der gleichgeschlechtlichen Liebe, die der Sohn
– allen sprachlichen Schwächen zum Trotz – in seinem ersten Roman
eindrucksvoll zu vermitteln wußte, dürften dem Vater wohl vertraut gewesen sein, zumal *Der fromme Tanz* auch die Geschichte einer unerfüllten Liebe ist, an deren Ende nur Verzicht stehen kann. Ob Thomas
Mann bereits wußte, daß sich Klaus Mann in seinem Roman öffentlich
zur Homosexualität bekennen würde, als er im Sommer 1925 seinen Essay *Über die Ehe* zu Papier brachte, bleibt dahingestellt. Möglich wäre es
gewesen, denn der Sohn hatte bereits während seines Aufenthalts in Tunis mit der Niederschrift begonnen und diese dann im elterlichen Haus
fortgesetzt. Als Beitrag in Hermann Graf Keyserlings Anthologie *Das
Ehe-Buch* erschien der Aufsatz jedenfalls ein paar Wochen, bevor *Der
fromme Tanz* im Buchhandel erhältlich war.

Über die Ehe wäre wohl kaum der Rede wert, wenn der Verfasser das
Thema nicht zum Anlaß genommen hätte, »eine prinzipielle Auseinandersetzung mit der Homoerotik«[89] zu leisten. Damit verschärfte er, ob beabsichtigt oder nicht, seinerseits die Trennlinie zum Sohn entscheidend. Aus
der Sicht des Ehemannes preist Thomas Mann zunächst die eheliche Verbindung von Mann und Frau als einzig wahrhaftige Institution, da nur
durch sie »das menschlich Ewige« hervortreten könne. Der Lobrede auf
die Ehe folgt schließlich die vernichtende Absage an die Männerliebe, in
der er nichts anderes als eine »sterile Libertinage«, als eine beschämende
Verirrung und Entartung erkennen mochte. Die Homosexualität sei ein
»metaphysischer Individualismus«, der nur »als Auflösung der sittlichen
Lebensform, als orgiastische Befreiung davon« begriffen werden könne,
»und dem erotisch die ästhetisierend-sterile Knabenliebe entspricht«. Daher sei »sie die ›freie‹ Liebe im Sinne der Unfruchtbarkeit, Aussichtslosig-
keit, Konsequenz- und Verantwortungslosigkeit. Es entsteht nichts aus ihr,
sie legt den Grund zu nichts, ist ›l'art pour l'art‹, was ästhetisch recht stolz
und frei sein mag, doch ohne Zweifel unmoralisch ist«.[90]

Die Homoerotik als das Urfeindliche, als der sündhafte Trieb, der am besten tabuisiert wird, weil er »verantwortungslos« ist und weil er vor allem die bürgerlichen Normen durchbricht – nein, Thomas Mann kannte keine Gnade, nicht für sich selbst und erst recht nicht für Klaus, der sogar in der Öffentlichkeit kein Hehl mehr aus seiner homoerotischen Neigung machte. (Im übrigen sollte sich später auch Golo, ebenfalls zum Mißfallen des Vaters, offen zu seiner Homosexualität bekennen. Hingegen scheint Thomas Mann Erikas gleichgeschlechtliche Beziehungen, etwa zu Pamela Wedekind, Therese Giehse oder Annemarie Schwarzenbach[91], offenbar weniger als Bedrohung empfunden haben.) Bis zu seinem Lebensende vertraute Thomas Mann allenfalls seinen Tagebüchern an, wie schwer es ihm immer wieder fiel, seine eigene »sterile Libertinage« zu zähmen.[92] Zugleich sollte das Ringen des Vaters um eine tadel- und makellose Erscheinung düstere Schatten auf das Verhältnis zum Sohn werfen, denn es bleibt zu vermuten: Je heftiger ihn die Liebessehnsucht und die Zügelung seines Begehrens in Anspruch nahmen, desto ablehnender mußte er denen gegenüberstehen, die ihre homoerotische Disposition nicht als Identitätsbruch empfanden. Hinzu kam, daß es offenbar eine Zeit gegeben hatte, in der Thomas Manns Begehren sich auch auf den Sohn gerichtet hatte.[93] Gut möglich, daß er Klaus – unterbewußt – für seine vermeintliche ›moralische Verfehlung‹ die Schuld gab. Es bleibt dahingestellt, ob Klaus Mann die zeitweilige Faszination, die er körperlich auf den Vater ausübte, registriert hat. Doch war es unter all diesen Umständen überraschend, daß Vater und Sohn nicht zueinander finden konnten?

Nach Gerhard Härle habe Thomas Manns »Triebschicksal« in die persönliche Lebensgeschichte von Klaus Mann »mit nachhaltiger zerstörerischer Konsequenz eingewirkt«[94]. In seinem Buch *Männerweiblichkeit* will Härle die Homosexualität bei Vater und Sohn als werkbestimmende Triebkraft verstanden wissen. Danach bleibe »für Thomas Mann das Homosexuelle ein kaum gelebtes, dämonisiertes Faszinosum, gegen dessen Sogwirkung er werkschaffend ankämpft«. Klaus Mann beziehe dagegen »aus dem realen, nicht-sublimierten Schwulenleben die Stoffe, Figuren und Intentionen seiner Werkgestaltung«[95]. Gut möglich, daß diese Sicht vielen – insbesondere den Thomas-Mann-Lesern – verkürzt erscheinen mag. Fest steht jedoch: Im Leben wie im Werk haben Vater und Sohn aus ihrer homoerotischen Neigung Konsequenzen gezogen, die diametral entgegengesetzt waren. Der Ältere verleugnete und ächtete die gleichgeschlechtliche Liebe – gegenüber sich selbst und anderen. Sein Realitätsprinzip hieß Verdrängen durch Schreiben. So gesehen mußte er das Werk zwangsläufig über die sexuelle Erfüllung – und wohl auch über menschliche Beziehungen – stellen. Der Jüngere bekannte sich als Privatperson und Autor zur Homosexualität. Damit nahm er wissentlich die Außenseiterrolle in Kauf, eine Position, die allerdings auch mit sehr viel Schmerz und Leid verbunden sein sollte. Allerdings richtete er sich nicht im Abseits ein, sondern ging zunehmend in die Offensive und begann zu kämpfen. Unter dem Eindruck der Homosexuellenverfolgung in der Sowjetunion appellierte er 1934 an die Gebote der Toleranz und der Menschlichkeit – klare Worte, die in ihrer Eindringlichkeit auch heute noch ihre Wirkung nicht verfehlen:

»Man begreife doch: es ist eine Liebe wie eine andere auch, nicht besser, nicht schlechter: mit ebenso vielen Möglichkeiten zum Großartigen, Rührenden, Melancholischen, Grotesken, Schönen oder Trivialen wie die Liebe zwischen Mann und Frau.«

»Die Homosexualität ist nicht ›auszurotten‹ – und wäre sie es, so hätte man die Menschheit ärmer gemacht um etwas, dem sie Unvergleichliches verdankt. Der Sinn eines neuen Humanismus [...] kann es nur sein, alles Menschliche, das die Gemeinschaft nicht verbrecherisch stört, nicht nur zu dulden, sondern einzubeziehen, sondern zu lieben, zu fördern und so der Gemeinschaft nutzbar zu machen.«[96]

Kindernovelle oder: Schwanengesang auf die verlorene Kindheit

Von aufwühlenden seelischen Konflikten und tiefgreifenden Leidenserfahrungen war Klaus Mann freilich noch weitgehend verschont geblieben, als er seinen Roman *Der fromme Tanz* niederschrieb. Weder erlebte er, wie seine Schwester Erika, seine sexuelle Identität als ambivalent – daran änderte auch seine Beziehung zu Pamela Wedekind nichts –, noch kannte er das quälende Leiden verdrängter »Lebenswünsche«, mit denen Thomas Mann immer wieder zu kämpfen hatte. Selbst Isolation und Einsamkeit, die für den gereiften Schriftsteller untrennbar mit dem Bewußtsein, *anders* zu sein, verknüpft waren, warfen noch keine nennenswerten Schatten voraus. Im Gegenteil, die Bohèmekreise von Berlin und Paris, in denen er in jenen Jahren verkehrte, traten nicht nur generell für eine Enttabuisierung der Sexualität ein, sondern sie standen auch der gleichgeschlechtlichen Liebe aufgeschlossen gegenüber. Im Gegensatz zu vielen anderen Homosexuellen seiner Zeit hatte er daher, wenn überhaupt, in jenen Tagen nur eine vage Vorstellung davon, wie es ist, in einem potentiell diskriminierenden Umfeld zu leben und massive Ressentiments und juristische Verfolgung befürchten zu müssen. Auf jeden Fall gab es für ihn keinen Grund, seine sexuelle Disposition zu verleugnen. Jugendfreunde wie Grete Weil-Jokisch und Herbert Schlüter berichteten später, daß Klaus Mann seine Homosexualität als eine Art Auszeichnung, als ein »Adelszeichen«[97], verstanden habe, zu dem er sich – im Leben wie im Schreiben – selbstbewußt und ohne Scham bekannte. Allerdings: Je älter er wurde, desto schwerer hatte er an ihm zu tragen.

Eine längerfristige erotische Beziehung mit einem Mann einzugehen – davor schreckte der knapp Zwanzigjährige jedoch noch zurück. Dennoch fühlte er sich schon als »Eingeweihter«, der mit dem Wesen der Liebe vertraut genug war, um mit diesem Wissen ein ganzes Buch zu füllen. Folgt man den Empfindungen und Gedankengängen seines autobiographischen Helden in *Der fromme Tanz*, dann scheint »Liebe« allerdings weniger als lebens- und sinnenfrohe Passion denn als abstraktes schwärmerisches Gefühl, als ein von Schwermut und Melancholie genährtes, fast schon metaphysisches Konstrukt denkbar gewesen zu sein. »Es kommt auf das Geliebt*werden* nicht an. Ich bin allein wie ein Tier«[98], postuliert Andreas in *Der fromme Tanz*. Wie wichtig es dagegen ist, »einen zu finden, dem man alles gab, ohne ihn zu besitzen, dem man helfend treu blieb bis zum Tod, ohne ihn zu besitzen«[99], erkennt er durch seine Liebe zu Niels, der, bindungsunfähig und heterosexuell, seine Gefühle nicht erwidern kann. Auch die Erfüllung des sexuellen Begehrens ist nur über das zweifelhaft-schmerzhafte Glück der Entsagung und des Verzichts möglich: »Vereinigung mit dem geliebten Körper ist uns niemals gegeben, des Menschen Körper ist alleine für alle Ewigkeit. Blieb aber diese Liebe, die also auf des Geliebten Besitz verzichtet hatte, groß genug, so konnte sie vielleicht dem geliebten Körper helfen in seiner Einsamkeit. Das war mehr, als sich sagen ließ.«[100]

Die Liebe primär als Akt der Einseitigkeit, als narzißtische Projektion der eigenen Empfindungen und weniger als Quelle der emotionalen Geborgenheit, der Freude und des Genusses – ahnte Klaus Mann, daß er im Schwelgen jugendlicher Idealisierung von Leiden und Entbehrung bereits wesentliche Aspekte jener komplexen Problematik vorwegnahm, die seine zukünftigen Liebesbeziehungen überschatten sollte? Wie auch immer; die kontroverse Debatte um seinen Roman war noch nicht verstummt, da zog es Klaus Mann schon wieder fort aus Deutschland: Am 1. April brach er erneut zu einer längeren Reise nach Frankreich auf. Nach kürzeren Aufenthalten in Marseille, wo er sich mit Erich Ebermayer verabredet hatte, und an der Côte d'Azur traf er schließlich in Paris ein. Hier galt es einmal mehr, auf den Spuren von Proust, Valéry, Larbaud und Giraudoux zu wandeln und die verborgensten Winkel der geliebten Stadt zu erkunden. Vertraut war die Stadt auch in anderer Hinsicht: Wie 1923 in Berlin, so bestimmten auch hier inzwischen Inflation und Korruption das Tagesgeschehen. Nicht nur, daß die Preise in den eleganten Geschäften und Luxusrestaurants mittlerweile auch für »nicht-kapitalistische Besucher«[101], zu denen sich Klaus Mann im *Wendepunkt* zählt, erschwinglich waren, sondern darüber hinaus lockte die Entwertung der französischen Währung jetzt auch zahlreiche finanzkräftige Ausländer unterschiedlicher Nationalitäten nach Paris. Der vergnügungssüchtige Besucher brauchte nur noch in das multikulturelle, gleichsam süßlich-verruchte Flair einer Stadt von Welt einzutauchen, die praktisch kurz vor dem wirtschaftlichen Ruin stand. Mit anderen Worten: Das Paris der zwanziger Jahre war für den Unternehmungslustigen der ideale Ort, das Leben in vollen Zügen zu genießen. »Mir kommt es vor, als ob ich nie wieder in meinem Leben so viele Menschen kennengelernt hätte, meist, um sie gleich wieder aus den Augen zu verlieren, wie damals in Paris«[102], erinnerte sich Klaus Mann später. Allen Unverbindlichkeiten zum Trotz lernte er in diesem Frühjahr auch Menschen kennen, mit denen er sich über Jahre hinweg eng verbunden fühlen sollte. Dazu gehörte Jean Cocteau, den Klaus Mann als »Fanatiker der Form, des Scheins, des Ausdrucks, der Gebärde«[103] bewunderte, dessen ästhetizistischer, unpolitischer Haltung er in den folgenden zwei Jahrzehnten allerdings zunehmend kritisch gegenüberstehen sollte. Entscheidende Denkanstöße, die in naher Zukunft insbesondere seine antifaschistische Arbeit prägen sollten, erhielt Klaus Mann von dem großen Philosophen und Humanisten Ernst Bloch. Wichtig aber war vor allem die Zusammenkunft mit dem jungen französischen Dichter René Crevel, dessen Roman *La Mort Difficile* (*Der schwierige Tod*) in Frankreich nur ein paar Wochen später herausgekommen war als *Der fromme Tanz* in Deutschland.

Es war wohl das, was man eine schicksalhafte Begegnung nennt: Zumindest Klaus Mann fühlte sich sofort von dem charmanten, eigenwilligen und sehr temperamentvollen jungen Mann, der knapp sechs Jahre älter war als er und Augen wie »weite, leuchtende Sterne«[104] hatte, magisch angezogen. »Er hatte wenig Ähnlichkeit mit dem Cliché-Typ des Pariser *hommes de lettres*, an dem die Phantasie des internationalen Spießertums so eigensinnig festhält«, beschreibt er René Crevel in *Der Wendepunkt*. Dabei sei er »weder glatt und elegant noch ›geistreich‹ im konventionellen Sinn« gewesen, vielmehr habe er die Menschen durch seinen »fulminanten Charme« für sich eingenommen. Klaus Mann fährt fort:

»Er war freundlich und generös, aber er konnte auch aggressiv, ja grausam sein. Seine fanatische Integrität empörte sich gegen alles Niedrige und Gemeine. Die Eigenschaften, die er am unerbittlichsten verabscheute, waren gerade jene, die er als typisch für die eigene Klasse empfand – die der Bourgeoisie der Dritten Republik. Kein Laster schien ihm so unverzeihlich wie der Geiz und die selbstzufriedene Beschränktheit, die er dem Milieu seiner Herkunft, den Eltern, Lehrern, Verwandten wütend zum Vorwurf machte. Seine Penchants und Aversionen, sogar sein äußerer Habitus waren durchaus bestimmt von diesem passionierten Ressentiment gegen die bourgeoise Familie, besonders gegen die Mutter. Da die alte Madame Crevel ausschließlich Schwarz trug, wählte René die grellsten Farben für seine Anzüge, Hemden, Socken und Krawatten. Oft sah er in der Tat recht exzentrisch aus; denn zum eigenwilligen Kostüm kam die eigentümliche Physiognomie – halb Erzengel, halb Boxer – mit kindlich dicken Lippen, wild zerzaustem Haar und den unglaublichen Augen.«[105]

Alles an René Crevel war Revolte, Revolte gegen das bürgerliche Milieu, dem er entstammte, gegen staatliche Institutionen und jede Art von Konventionen, gegen Gott und Vaterland, aber vor allem gegen die streng gläubige, nationalistisch gesinnte Mutter und alles, was für sie von Bedeutung war. Nicht immer konnte Klaus Mann die Radikalität, mit der sich René Crevel – in vollendeter Bürgerschreckmanier – ebenso beredt wie aggressiv über alles und jedes auszulassen pflegte, nachvollziehen. Ihm, der bis dahin vorwiegend schwärmerisch-pathetische Töne angeschlagen hatte, wenn es um Themen wie jugendlicher Weltschmerz, Generationengegensätze und überkommene Autoritätsstrukturen ging, muß Crevels rabiate Eloquenz zu jener Zeit noch wie eine Attacke auf seine empfindsame, dem offenen Protest gegen Staat und Gesellschaft noch gänzlich abgeneigte Künstlerseele vorgekommen sein. Es ist daher kaum verwunderlich, daß ihn der Freund, den er ansonsten gern »meinen Bruder« nannte, bei aller Bewunderung zutiefst befremden konnte: »Manchmal war ich verwirrt, ja entsetzt von der Rigorosität seiner Urteile, der Vehemenz seiner Reaktionen.«[106] Fremd war ihm auch Crevels Verehrung für André Breton, von dem er selbst nicht viel hielt. Unter dem Einfluß des Dichters verschrieb sich René Crevel ganz dem Surrealismus. Vor allem sein 1929 erschienener Roman *Êtes-vous fous? (Seid Ihr verrückt?)* gilt in Frankreich als eines *der* surrealistischen Werke. All dies hinderte Klaus Mann aber nicht daran, sich heftig in ihn zu verlieben, wenngleich dieser mit dem Pianist, Zeichner und Romancier Eugene Mac Cown liiert war und gar nicht daran dachte, diese Beziehung für den jungen deutschen Literaten aufzugeben. Alles in allem zählten für Klaus Mann jedoch mehr die Gemeinsamkeiten als die Gegensätze: Auch René Crevel hatte bereits im zarten Alter von vierzehn Jahren zu schreiben begonnen, und er wußte, was es bedeutet, in Schriftstellerkreisen und Öffentlichkeit als »frühreifes Talent« gehandelt zu werden. Wie er selbst, so hatte sich auch René Crevel schon im Schulalter mit seiner homoerotischen Neigung auseinandergesetzt und war gleichermaßen davon überzeugt, daß Homosexualität gleichsam zu »Höherem« verpflichtet, ob als Künstler oder als Privatperson. Er war also nur zu vertraut mit der Position des Außenseiters. Viele Gespräche der beiden jungen Autoren dürften sich daher auch um die tapfere Entschlossenheit gedreht haben, mit der beide den bisweilen recht zermürbenden Balanceakt zwischen Ruhm und Niedergang, Wohlwollen und Spott, Schaffensdrang und Erfolgsdruck praktizierten. Seelenverwandt fühlten Klaus Mann und René Clevel sich noch in ganz anderer Hinsicht: Beide waren vom Tod fasziniert und beide setzten ihrem Leben schließlich durch eigene Hand ein Ende. René Crevel, seit Jahren schwer an Lungentuberkulose erkrankt, vergiftete sich in der Nacht zum 18. Juni 1935 mit Gas – nur wenige Tage, bevor sich die beiden Freunde nach Monaten auf dem Internationalen Kongreß der Schriftsteller zur Verteidigung der Kultur in Paris wiedersehen wollten. Auf den Revers seiner Jacke hatte er einen Zettel geheftet: »Ich bitte darum, mich zu verbrennen. Ekel.«[107]

Gewiß hatten seine Empfindungen für den jungen Franzosen nur noch wenig mit der ebenso schwärmerischen wie flüchtigen Leidenschaft zu tun, die er einst Uto (und einigen anderen jungen Männern) entgegengebracht hatte. Die herzlichen Worte, die Klaus Mann auch noch Jahre nach dem Tod des Freundes fand, wenn er auf ihn zu sprechen kam, zeugen von echter Zuneigung und tiefer Verbundenheit. Auch setzte er ihm ein literarisches Denkmal, in dem er zunächst Till in der *Kindernovelle* und einige Jahre später Marcel Poiret in dem Emigrantenepos *Der Vulkan* seine Züge verlieh. Wie es scheint, ignorierte René Crevel, daß Klaus ihm mehr als freundschaftliche Gefühle entgegenbrachte. Aber er sah es gern, daß dieser mit literarischen Porträts und Rezensionen seiner Werke erheblich zu seiner wachsenden Popularität in Deutschland beitrug, so daß sich auch deutsche Verleger für ihn und seine Romane zu interessieren begannen. Auf seine Vermittlung hin übersetzte Hans Feist *La mort difficile* ins Deutsche, und daß der Roman 1930 unter dem Titel *Der schwierige Tod* erschien, ist nicht zuletzt Klaus' Initiative zu verdanken. Der Freund und Förderer führte René Crevel schließlich auch in seinen Freundeskreis ein, allerdings nicht ohne negativen Folgen, zumindest für Klaus Mann: Der junge Bohemien, der bisher ausschließlich zu Männern sexuelle Kontakte pflegte, verliebte sich in die Tochter von Carl Sternheim, Dorothea, genannt Thea, »Mopsa« oder »Moiby«, seit einiger Zeit eine enge Freundin von Klaus und Erika, und machte ihr sogar einen Heiratsantrag, den sie jedoch ablehnte, weil sie bereits mit dem österreichischen Maler Rudolf Carl von Ripper verlobt war. Für kurze Zeit kam es sogar zu einer *Menage à trois*, bei der auch die beiden Männer ihr erotisches Interesse füreinander entdeckten. Dies und viele andere kleinere und größere Demütigungen, die er durch seinen geistigen »Bruder« erfuhr, hinderte Klaus Mann aber nicht daran, sich weiterhin beruflich und privat für René Crevel zu engagieren. Freundschaft zählte für ihn sehr viel, sogar, wenn sie – wie in diesem Fall – letztlich kaum darüber hinwegtäuschen konnte, daß der Angebetete seine Liebe nicht erwiderte.

Herzleid hin oder her – ein neues Werk, das Klaus Mann in einem Brief an Pamela Wedekind als »meine weitaus schönste Novelle«[108] bezeichnete, mußte zu Ende geschrieben werden. Das aber sollte möglichst noch in Paris geschehen, denn nur dort fand er entscheidende Inspirationsquellen vor: die Idee eines vereinten Europas, abenteuerlustige junge Menschen – und natürlich René Crevel, dem er schließlich auch die kleine Arbeit widmete. Die *Kindernovelle* wird allgemein als Gegenstück zu Thomas Manns Erzählung *Unordnung und frühes Leid* verstanden, jenes kurze Prosastück, das bei Klaus Mann wegen der unverblümten Darstellung seiner Person so großes Unbehagen hervorgerufen hatte.

Hier wie dort ist der autobiographische Hintergrund unverkennbar, wobei sich in beiden Fällen die Anspielungen im wesentlichen auf die Familie beziehen, auf das Verhältnis der einzelnen Mitglieder zueinander und auf ihre charakteristischen Eigenschaften – jedenfalls so, wie die Autoren sie sahen. Im hintergründigen Spiel der beiden Erzähler durchdringen sich gekonnt Wirklichkeit und Imagination – eine Spezialität von Thomas *und* Klaus Mann, vor allem wenn es darum ging, reale Personen und Ereignisse über minimale Verschlüsselungen zu fiktionalisieren. Besonders pikant mutet dieses Spiel freilich an, wenn Personen durch Abwesenheit glänzen. So treten in *Unordnung und frühes Leid* Golo und Monika gar nicht erst in Erscheinung. Wenngleich die beiden – nach Selbstaussagen und Zeugnissen der Geschwister und Freunde vom Vater ohnehin wenig beachtete Kinder – sich über die Ignoranz des Autors noch damit hinweggetröstet haben mögen, daß es keineswegs immer von Vorteil ist, von diesem porträtiert zu werden. In der *Kindernovelle* existiert der Vater nur noch als Totenmaske: Vor einem schwarzen Samttuch über dem Bett beherrscht sie das Schlafgemach der jungen Witwe. (In der kurzen Erzählung *Spielende Kinder*, die am 21. April 1926 im *Berliner Tageblatt* abgedruckt wurde und die Klaus Mann kurze Zeit später umschrieb, um sie als erstes Kapitel in die *Kindernovelle* aufzunehmen, haben die Kinder interessanterweise noch einen Vater.) Klaus Mann gab später an, er hätte mit der Gestaltung der Totenmaske nichts anderes im Sinn gehabt, als die prägnanten Züge von Frank Wedekind zu verewigen. Ebenso soll die anmutige, fast nixenhaft wirkende Protagonistin Christiane nicht etwa der Mutter Katia, sondern Tilly Wedekind nachempfunden sein, die Klaus ebenfalls sehr verehrte. Doch läßt die genaue Beschreibung der Maske, die große Nase, der unerbittlich verkniffene Mund und der strenge, träumende Blick[109] nicht auch noch andere, näherliegende Rückschlüsse zu?[110]

Beiden, Thomas und Klaus Mann, ging es schließlich auch darum, das Thema Jugend – und damit auch den Gegensatz der Generationen – in den Vordergrund zu rücken. Während der Vater bewußt den konkreten zeitlichen Bezug zur Gegenwart der zwanziger Jahre herstellt, transponiert der Sohn sein Anliegen jedoch weitgehend ins Märchenhafte, Imaginäre, Zeitlose. Unterstrichen wird der unwirkliche Charakter der *Kindernovelle* durch die Aufspaltung der Erzählstruktur in zwei Handlungsstränge, wobei eine Liebesgeschichte kunstvoll in eine zauberhafte Idylle eingewoben ist, die gleichsam als Rahmenhandlung fungiert. Till, der nicht nur autobiographische Züge trägt, sondern auch René Crevel nachempfunden ist, tritt eines Tages unvermutet in den eng geschlossenen Kreis der vaterlosen Familie ein. Als Bewunderer ihres verstorbenen Gatten, der wegen seiner jungen Frau einst dem Priesterstand entsagt und sich schließlich vom Atheisten und Nihilisten gewandelt hatte, macht er ihr seine Aufwartung, als ihr Liebhaber führt er die schöne Witwe aus ihrer dumpfen Trauer heraus zurück ins Leben. Davon, daß er ein Kind mit ihr gezeugt hat, ahnt Till nichts, denn er verläßt Christiane wieder, bevor es zu einer Intensivierung der Liebesbeziehung kommen kann. Für die Zurückgebliebenen ist nach Tills Abreise die alte Ordnung nur scheinbar wiederhergestellt, denn so wie das seelische Gleichgewicht der werdenden Mutter nachhaltig erschüttert ist, so wird auch das kindliche Reich der Spiele nunmehr vom Geheimnis des Fremden, der Liebe und des Lebens überschattet.

Gegenüber seinem Freund und Kollegen Herbert Schlüter erwähnte Klaus Mann später, daß er sich bei der Niederschrift der *Kindernovelle* einer ganz speziellen Arbeitsweise bedient habe: Nicht der Chronologie des Geschehens, sondern eher der Launenhaftigkeit des schöpferischen Impulses gehorchend, habe er Späteres vor dem Früheren geschrieben und erst ganz zum Schluß die Kapitel so zusammengesetzt, wie man sie in ihrer Abfolge heute kennt.[111] Ein interessanter Hinweis, da diese Vorgehensweise das bisweilen eigentümlich anmutende Mit- und Nebeneinander der beiden Erzählebenen erklärt. Diese Struktureigenschaften des Textes lassen den Eindruck entstehen, als handele es sich um eine schwebende Erzählung, ohne Anfang und Ende, ohne Richtung und Ziel. Dies hat Walter Heinsius dazu veranlaßt, von einem »Kunstfehler« zu sprechen, der die »Komposition sprengt«[112]; ein voreilig getroffenes Urteil, denn die Kontrastierung der kindlich naiven Perspektive mit der erhabenen Schwermut der liebenden Mutter macht die Erzählung erst reizvoll und verleiht ihr Sinn. Was der Rezensent freilich nicht ahnen konnte: Hier schlägt der Autor bereits die Grundakkorde seiner späteren Schriften an. Die Gegenüberstellung von Unschuld und Wissen, Leben und Tod ist daher mehr als nur ein ungeschickter oder gar mißratener Kunstgriff, geht es Klaus Mann doch schon jetzt vor allem darum, der eigentlichen Bestimmung des menschlichen Seins auf die Spur zu kommen – eine Frage, die sich ihm mit wachsender Schwermut und Todessehnsucht immer tiefer in seine Seele eingraben sollte.

Das Märchenhafte der *Kindernovelle* korrespondiert mit der zeitlichen Perspektive. Der Erzähler richtet seinen Blick nicht nach vorn, sondern zurück, Ereignisse und Eindrücke vergangener Kindertage werden heraufbeschworen, erinnert als ein »Reich« der freien Seelen, wo die vier Geschwister in der Weltabgeschiedenheit der ländlichen Umgebung wie im Paradies aufwachsen. Ganz sicher greift hier Klaus Mann auf seine eigenen Erlebnisse, auf die unbeschwerte Zeit der Mann-Kinder im »Tölzhaus« zurück. So lassen sich in der idyllischen Szenerie mühelos das Landhaus, das Thomas und Katia Mann 1909 für ihre künftigen Sommeraufenthalte hatten bauen lassen, der weitläufige Garten mit den alten Bäumen und Sträuchern, der schwarze, moorige Weiher ganz in der Nähe des Grundstücks, die Berge, das Städtchen Bad Tölz erkennen. Selbst die einst so hingebungsvoll in Szene gesetzten Spiele, das »›Üse‹-Land«, in dem der alte Lieblingshund des Vaters König ist, oder »›Klie-Klie‹, die Monarchie der tückischen Gassenjungen«[113], wurden hier literarisch verarbeitet, vielleicht auch, damit der Leser Partei ergreife für die Kinder, die auf keinen Fall aus ihrem Paradies vertrieben werden wollen.

Von der programmatischen Glorifizierung der ›Jugend‹ als »biologischer Zustand« hatte sich Klaus Mann freilich noch immer nicht vollständig verabschiedet – auch wenn er im *Wendepunkt* etwas anderes behauptet[114]. Deutlich wird dies schon allein an der Figur des Till, einem »jungen europäischen Intellektuellen«, der sich trotz seines Selbstbewußtseins eher durch Widersprüchlichkeit, Sprunghaftigkeit und Ziellosigkeit denn durch ernsthafte politische Ambitionen und feste Überzeugungen auszeichnet. Man kennt es bereits: Auch in *Anja und Esther* oder *Der fromme Tanz* gehört es zu den Privilegien der Jugend, sich nicht festzulegen, von einem Ort zum nächsten ziehen, eine Beziehung gegen eine andere einzutauschen und sich so immer bereitzuhalten für das Neue, Unbekannte, für das Abenteuer. Daher ist es auch in der *Kindernovelle* nur konsequent, daß der Erzähler Till in eine ungewisse Zukunft entläßt, ein Schicksal, das der Autor seinen Protagonisten in dieser Schaffensphase generell auferlegt. Dennoch macht die Erzählung deutlich, daß Klaus Mann an einem ersten entscheidenden Punkt seiner Entwicklung angelangt war. Denn die Kinderwelt von einst mutet fast schon wie ein Schwanengesang an, insofern sie nur noch als Ideal, als Mythos, nicht mehr als erlebte, alltägliche Wirklichkeit Bestand haben kann. Dafür

steht auch die Verflechtung von Todes- und Lebenssymbolik – die Totenmaske, der tote Bäckergeselle oder der Ausspruch der Mutter: »Es gab
nur das Leben, das dem Tode entgegenwuchs«[115] auf der einen, das
kindliche Spiel und Christianes Liebe zu Till auf der anderen Seite: all
dies reflektiert die Vergänglichkeit des Augenblicks, eines Lebensab-
schnitts, eben des Lebens, aus der schließlich die Verpflichtung zum Wei-
tergehen, zum Fortschritt erwächst. So gesehen steht die *Kindernovelle*
auch für den endgültigen Abschied von der Kindheit und für den Aufbruch zu neuen Ufern.

Viererfreundschaft

Im Oktober desselben Jahres veröffentlichte der Enoch Verlag die *Kindernovelle*, und bereits einen Monat später waren mehrere tausend Exemplare verkauft. Schon am 22. Oktober berichtete der Autor Pamela
Wedekind stolz: »Die ›Kindernovelle‹ verspricht großen Erfolg zu haben,
ich unterhandle schon wegen amerikanischer und französischer Übersetzung.«[116] Tatsächlich erschien das Büchlein im darauffolgenden Jahr – in
jeweils ausgezeichneten Übersetzungen – sowohl in den USA als auch in
Frankreich. Die Kritiken waren überwiegend positiv, und vor allem die
große und überwiegend wohlwollende Resonanz auf den Abdruck in der
Literarischen Welt Anfang November entschädigte ihn für die vielen offenen Anfeindungen, mit denen er spätestens seit Erscheinen von *Anja
und Esther* konfrontiert worden war. Gewiß, die Liebesgeschichte zwischen Christiane und Till wurde allgemein als der schwächere Teil der
Arbeit angesehen. Klaus Mann sah jedoch keine Veranlassung, sich von
ihr zu distanzieren oder sie gar für die nächste Auflage umzuschreiben:
»Ich hänge an ihr, und ich liebe halt Till«[117], bekannte er in einem Brief
an Erich Ebermayer trotzig. Im übrigen verstand es der Autor glänzend,
für sein neues Werk, »diese komische Geschichte«, wie er sie in der Öffentlichkeit etwas kokett zu bezeichnen pflegte, die Werbetrommel zu
rühren: Mit höflichen Begleitbriefen, in denen er den Adressaten stets
seine »tiefe Verehrung« bekundete, scheute er sich nicht, die *Kindernovelle* unter anderem an Hugo von Hofmannsthal und Rainer Maria Rilke mit der Bitte zu schicken, ihm möglichst umgehend mitzuteilen, was
sie »von der ›Kindernovelle‹ halten«[118]. Ob die beiden Literaten dem

frommen Wunsch des jungen Kollegen nachkamen, ist nicht mehr zu ermitteln. Was Rainer Maria Rilke betrifft, so ist es allerdings mehr als wahrscheinlich, daß er zu diesem Zeitpunkt bereits nicht mehr die Kraft gehabt haben dürfte, das Buch oder den Brief zur Kenntnis zu nehmen: Nur zwei Monate später starb der an Leukämie erkrankte Dichter eines qualvollen Todes.

In jenen Tagen erwähnte Klaus Mann gegenüber Pamela Wedekind und Erich Ebermayer, daß er an einem neuen Werk arbeite. Die Niederschrift hatte fast den Charakter einer Auftragsarbeit, denn nach dem Bühnenerfolg von *Anja und Esther* war es für die Mann-Geschwister, Pamela Wedekind und Gustaf Gründens naheliegend, sich ein weiteres Mal der Öffentlichkeit als Theaterensemble zu präsentieren, zumal man im Juni Hochzeit gefeiert hatte. Im engsten Freundes- und Familienkreis hatten sich Erika Mann und Gustaf Gründgens das »Ja«-Wort gegeben. Noch bevor also die letzten Zeilen geschrieben worden waren, stand fest, daß Dichterkinder und -schwiegersohn wieder gemeinsam auf Tournee gehen wollten. Diesmal allerdings wurde der erlauchte Kreis um ein weiteres Dichterkind erweitert: Freundin Thea »Mopsa« Sternheim sollte die Gestaltung der Bühnendekoration übernehmen.

Längst war es Klaus Mann zur Gewohnheit geworden, überall dort zu arbeiten, wohin ihn seine »Angst vor Wiederholung, Monotonie und Überdruß«[119] führte. Auch die *Revue zu Vieren* entstand in den letzten Monaten des Jahres 1926 teils in Paris, teils in Hamburg und München. Allerdings ging ihm die Niederschrift alles andere als leicht von der Hand, ja »heimlich« litt er sogar »tierisch« unter der Arbeit, so daß er nach der Fertigstellung »bestimmt Jahre lang nichts mehr schreiben« wolle »als ab und zu ein wenig Philosophie«, wie er in einem Brief an Pamela Wedekind bekannte. Der muntere Ton, in dem Klaus Mann seiner Verlobten fast schon nebenbei von seiner ersten Schaffenskrise berichtete, konnte jedoch kaum darüber hinweg täuschen, daß die Entstehung des Stücks von den widersprüchlichsten Empfindungen begleitet wurde. Ein Grund war zweifellos die kapriziöse Launenhaftigkeit von René Crevel, unter der er gerade in dieser Zeit besonders stark litt. »Denke an mich als an den Sonderling, zwischen krauser Geselligkeit und philosophischer Einsamkeit schwankend, von Depressionen beunruhigt und von Tatendurst berauscht«[120], lenkt er kurz den Blick der Freundin auf seine innere Zerrissenheit, um dann allerdings gleich das

Thema zu wechseln, so als seien seine manisch anmutenden Gemüts-
schwankungen zwischen Euphorie und Niedergeschlagenheit kaum der
Rede wert.

Seine eher labile und schwermütige Empfindungswelt konnte in
kaum einem größeren Kontrast zu seiner begonnenen Arbeit stehen,
denn die *Revue zu Vieren* sollte ein lustig-vergnügliches Stück werden,
eine Komödie, in dem das inbrünstig vorgetragene Bedürfnis nach dem
großen Werk der Jugend nunmehr (selbst)ironisch kolportiert wird.
Doch gleitet die angestrebte humoristische Wirkung schnell ins Lächerli-
che ab: Zu stark sind die dramaturgischen Schwächen, als daß der – vermeintlich – heitere Charakter das Stück hätte retten können. Zwei junge
Paare, eine Hutmacherin und ein Dichter, eine Schauspielerin und ein
Regisseur, machen sich auf, um die paneuropäische Jugendbewegung ins
Leben zu rufen[121]. Michael, der junge Schriftsteller, trägt sich schon lange mit dem Gedanken, ein »philosophisches Jahrhundertwerk« mit dem
Titel »Die Situation« zu schreiben, in dem alle aktuellen Strömungen,
Stile und »Fragenkomplexe« seiner Zeit zu einem »großen Ganzen« ver-
einigt werden. Dagegen mißtraut der Regisseur Allan der Macht des geschriebenen Wortes: »Von Büchern kommen die Entscheidungen längst
nicht mehr!«[122] Die »Synthese aus Religion, Politik, Erotik und Kunst«
möchte er lieber als spektakuläre »Revue« auf die Bühne bringen. Gesagt, getan: Unter der Mitwirkung von Akrobaten, Boxern, Fotografen
und Journalisten wird nun »ein riesenhaftes-religiöses Fest« ausgerichtet, eine »gewaltige Darbietung«, die »halb den Charakter einer rus-
sisch-proletarischen Festlichkeit, einer kollektivistischen Massenfreude
trägt, halb als amerikanisches Music-Hall-Stück durch blendende Smart-
heit und Exaktheit fasziniert«. Mit diesem Stück hofft Allan, »die Jugend wieder ins Theater« zu holen, wo sie »endlich ihr wildes, vielfältiges, erschreckendes Antlitz wiedererkennen«[123] soll. Während sich das
Wir-Gefühl der Truppe in der Vorbereitungsphase durch hektische Betriebsamkeit und euphorische Aufbruchsstimmung fast wie von selbst
einstellt, ist es mit dem Gemeinschaftssinn ausgerechnet am Premieren-
tag vorbei: Getrieben von Mißgunst und Eifersucht, sorgt Ursula-Pia
durch eine Intrige dafür, daß Renate die Treppe hinunterstürzt. So geht
ihr pathetischer Aufruf an die europäische Jugend im Tumult unter. Angesichts der hämischen Reaktion des Publikums, das Anstalten macht,
unter Pfeifkonzerten und Androhungen von Prügel die Darsteller von

der Bühne zu holen, ergreifen die Vier die Flucht. Der Ernsthaftigkeit der jugendlichen Zielsetzung und dem Scheitern des Kollektivgedankens an persönlichen Rachefeldzügen folgt die endgültige Abkehr von der paneuropäischen Grundidee in der grotesken Schlußszene: Man befindet sich in einem Nobelhotel, das Beziehungsgeflecht ist neu geknüpft, Ursula-Pia ist nun mit Michael, Renate mit Allen liiert, und auch eine neue Identität haben sie sich aus Furcht vor der wild gewordenen Jugend verschafft: Als »Geheimrat Kunkenström« und Gemahlin bzw. als »Seine Hoheit Prinz Roderich von Droste-Fischerin«, der von seinem jungen Sekretär begleitet wird, verspotten sie nun gemeinsam diejenigen, die so naiv waren, an die große Zukunftsvision zu glauben. So verliert sich die Sehnsucht der Jugend nach dem großen Werk schließlich in Hochstapelei, Ulk und leeren Worten.

Hätte Klaus Mann sich mit der Fertigstellung des Stücks ein wenig mehr Zeit gelassen und die Kritik seiner Freunde ein wenig ernster genommen, wäre ihm wohl selbst aufgefallen, daß es dem Stück an inhaltlicher Geschlossenheit mangelt. Er hätte eingesehen, daß der unselige Hang zum Klamauk die wirklich interessanten Ansätze, wie etwa der angedeutete Konflikt zwischen Individuum und Gemeinschaft, im Keim erstickt. Kein Zweifel, die Qualen bei der Niederschrift hatten im Werk ihre Spuren hinterlassen. Auch der Druck des Erfolges lastete schwer, zu schwer auf Klaus Mann, und so konnte seine nervöse Hast, das Stück so schnell wie möglich zu Papier zu bringen, einer ausgereifteren Konzeption nur zuwiderlaufen. Immerhin konnte er seine *Revue* nach langen und zähen Verhandlungen in einem der führenden deutschen Theaterverlage, dem in Berlin ansässigen Verlag von Erich Osterheld, unterbringen. Erschwerend kam hinzu, daß die Mitwirkenden Schwierigkeiten hatten, Sinn und Zweck des dramaturgischen Konzepts zu erfassen, allen voran Gustaf Gründgens, der die Regie übernehmen sollte. Noch vor der Premiere gab er die Verantwortung an Pamela Wedekind ab: Er weigerte sich, eine Revue der Karikaturen zu inszenieren, der er nichts abgewann und die ihn womöglich sogar noch seinen guten Ruf hätte kosten können. Allerdings befürchtete auch die Wedekind-Tochter, daß ihre Mitwirkung ihrer Karriere mehr schaden als nützen würde. Noch fast fünfzig Jahre nach ihrem Auftritt als Ursula Pia fiel ihre Kritik vernichtend aus: »Klaus hatte da etwas hingeschmiert, was kaum spielbar war.«[124]

Auch später zog es der Autor vor, die tiefere Bedeutung seines frag-

würdigen Bühnenspektakels weitgehend für sich zu behalten. In seinen
Erinnerungen ist Klaus Mann die Thematik seines zweiten Stückes lediglich eine kurze Bemerkung wert. Die gewichtigen Probleme habe er wohl
»etwas leichtfertigerweise zu lösen«[125] versucht. Gewiß, auch in *Revue
zu Vieren* klingen seine jugendlichen Ansichten über Gott, Leben, Kunst
und Liebe an. Doch wird ihnen nun, wo vorher nur Pathos und Schwermut herrschte, durch gellende Geschmacklosigkeiten die Glaubwürdigkeit entzogen. Ein »überaus schwaches Stück unkritischer Selbstüber-
schätzung«, urteilte Golo Mann später in seiner Erinnerungsschrift, die
er kurz nach dem Tod des Bruders verfaßte. Demnach habe Klaus Mann
der »geschlossenen Viererfreundschaft«, die sie die Mann-Geschwister
mit Pamela Wedekind und Gustaf Gründgens zu dieser Zeit verband, eine viel zu große Bedeutung beigemessen, eine Bedeutung, die sie jedoch
»nicht hatte, nicht an sich selber, viel weniger für die weite Welt, die so
indiskret ins Vertrauen gezogen wurde«.[126] Ähnlich argumentierte auch
Herbert Ihering, der den Dichterkindern, insbesondere dem Autor vorwarf, sie würden ihr augenscheinlich hochexplosives Beziehungsgeflecht
»wie ein einziges Journal« vor der Öffentlichkeit ausbreiten: »Auf die
Neugier, die Klatschsucht des Publikums wird spekuliert. [Die Dichterkinder p]laudern geschmeichelt und taktlos über das Leben; machen Literaturgeschichte ohne Literatur. Nichts Privates existiert, das sie nicht
preisgeben. Ihr Leben ein einziges Interview. Ihre Tätigkeit eine einzige
Chronik.«[127]
In der Tat hatte sich Klaus Mann zu sehr von seinem jugendlichen
Geltungsbedürfnis – und wohl auch von dem der Mitwirkenden – leiten
lassen. Nein, er zweifelte augenscheinlich nicht am Unterhaltungswert
gestelzter Dialoge und einer unwahrscheinlichen Handlung, zumindest
jedenfalls nicht, wenn sie von ›Publikumslieblingen‹ in Szene gesetzt
wurden. Freilich beging er den Fehler, die werbende Publizität des Vierer-
ensembles zu überschätzen, und schließlich bedachte er nicht, daß sich
Kunst nicht zum Selbstzweck mißbrauchen läßt oder vielmehr nicht
mißbrauchen lassen sollte. Iherings bissiger Vorwurf, wonach Autor
und Darsteller in jenen Tagen »sich selbst« bereits als Institution, gleichsam als »historisch« begriffen hätten, noch »bevor das Werk da«[128]
war, traf den Kern. Dennoch, sein Gesamtwerk macht deutlich, daß sein
unverkennbarer Hang zur Selbststilisierung keinesfalls der einzige Beweggrund war, der ihn auch in Zukunft immer wieder dazu veranlassen

sollte, literarische Bestandsaufnahme des eigenen Daseins zu betreiben, sei es in bezug auf seine persönlichen Erfahrungen, Kontakte und Freundschaften, sei es in bezug auf seine komplexe Gedanken- und Gefühlswelt. Im Gegenteil: Für ihn, der niemals länger »an einem Ort, bei einem Freundeskreis, einer Beschäftigung verweilen« konnte, der »menschliche Beziehungen gefährdete (oder rettete), berufliche Chancen riskierte, Studien und Arrangements unterbrach«, weil sein »nervös-irrationales Bedürfnis nach Wechsel und Bewegung«[129] es so verlangte, für ihn war die künstlerische Bearbeitung der nahen und (für ihn) doch so flüchtigen Wirklichkeit kein eitles Kalkül, sondern eine Möglichkeit, sich der Authentizität des Erlebens zu vergewissern – und diese so für die Ewigkeit festzuschreiben. Folglich war mit dem Akt des Schreibens immer auch ein wichtiges, wenn nicht sogar entscheidendes Stück Selbsterfahrung verbunden. Und es ist gut möglich, daß dieses Streben nach Literarisierung des eigenen Lebenswegs sogar schon in jenen unbeschwerten Tagen des frühen Ruhms einer existentiellen Notwendigkeit gleichkam.

All dies änderte jedoch nichts an der Tatsache, daß der geplante Triumphzug auf den Bühnen Europas sich als Desaster entpuppte. Schon die Premiere am 21. April 1927 im Alten Theater in Leipzig stand unter keinem guten Stern. Nicht nur, daß sich die Kritiker einhellig in abwertenden Kommentaren ergingen: Von den Dichterkindern als »lebende Magazinbilder«, als »Schlagzeilen und Unterschriften illustrierter Sensationsblätter«[130] war die Rede, die besser daran täten, »von der Bühne abzutreten und die berühmten Kinderschuhe«[131] endlich abzustreifen. Klaus Mann reagierte verärgert: Sei es denn wirklich so absurd gewesen, einen »literarischen Sketch für bestimmte Schauspieler« zu schreiben?, fragte er in einer Glosse, die er im Juni 1927 unter dem Titel *Rückblick auf unsere Tournee* in der *Literarischen Welt* veröffentlichte. Mit jungen Leuten sein eigenes Ensemble bilden und ein »Stückchen« vorzuspielen, das »nur einen Ausschnitt aus einer zuinnerst durcheinandergeworfenen, rätselhaften Generation« habe sein wollen, nur dies hätten er und die Schauspieler im Sinn gehabt. Um so empörender sei die Voreingenommenheit der Rezensenten: »Warum ist es so arg, warum gab es so zur Gehässigkeit Anlaß? – Ich fürchte, was hier zur Gehässigkeit herausgefordert hat, war nicht die Unternehmung als solche, es war nicht einmal das Stück – es waren die Namen derer, die das Unternehmen riskierten.«[132] Noch demütigender und kompromittierender als die Schelte der Kritiker waren für den Autor und seine Truppe die Reaktionen der Zuschauer: Das Ensemble verspielte an einem einzigen Abend die Gunst des Publikums. »Man prügelte sich noch lange in den schon dunklen Fluren«[133], schrieb Erich Ebermayer – es zeigte sich, daß das Bühnengeschehen im Begriff war, jäh von der Wirklichkeit eingeholt zu werden. Diese Wirkung entsprach sicherlich nicht der Intention des Autors: Nein, sein Drama war keine Verweigerungskunst oder Bilderstürmerei. Provokation, Überwindung bürgerlicher Werte und Normen, wie es seinerzeit die übersteigerten Formspiele der Expressionisten oder die anarchistische Ästhetik der Dadaisten im Sinn gehabt hatten, all dies war keineswegs Klaus Manns Absicht gewesen. Wie konnte man ihn nur so mißverstehen?

Obgleich der Auftakt alles andere als erfreulich verlief, war der Autor nicht davon abzubringen, das Stück auch in anderen Städten aufzuführen. »Verfolgt von den Flüchen der sächsischen Kritiker«[134] begab sich die Truppe zunächst nach Cottbus, Magdeburg, Braunschweig, Dresden, Breslau und Hamburg, bevor sie Anfang Mai in Berlin gastierte. Wenigstens hatte sich Gustaf Gründgens nach langen Diskussionen schließlich doch dazu bereit erklärt, wenn schon nicht die Regie, so doch wenigstens die Rolle des Allan zu übernehmen. Er konnte wohl auch nicht anders, denn angeblich hatte Erika ihrem Gatten mit Trennung gedroht, falls er sich tatsächlich geweigert hätte, in der *Revue* mitzuwirken.[135] Bezeichnenderweise schied Gustaf Gründgens dennoch nach den Aufführungen im Deutschen Theater endgültig aus dem Ensemble aus: Sein Debüt in der Reichshauptstadt war allgemein zur Kenntnis genommen worden, und er hatte es nicht länger nötig, sich mit dem ungeliebten Stück abzugeben. Ohne Gustaf Gründgens – für ihn war Rudolf Amendt eingesprungen – folgten weitere Gastspiele in München, Wien, Prag, Budapest und schließlich in Kopenhagen. In Dänemark hielten sich die Kritiker zwar etwas zurück, doch von einem durchschlagenden Erfolg konnte auch hier keine Rede sein. »Manchmal waren unsere Vorstellungen eher ein Kampf mit dem Publikum als eine zivilisierte Lustbarkeit. Wir ließen's uns nicht anfechten«[136], versichert Klaus Mann – wider besseres Wissen – in seiner Autobiographie. In Wahrheit vermochte die Truppe nirgends zu überzeugen. Nur der Verbissenheit von Klaus Mann und der unbeirrbaren Solidarität seiner Schwester war es zu verdanken, daß die Tournee nicht vorzeitig abgebrochen wurde. Doch zu behaupten, die »Lustbarkeit« des Ensembles hätte keinen Schaden genommen, war schlichtweg Schönfärberei. Tatsächlich waren sie alle untereinander heillos zerstritten, als sie nach Deutschland zurückkehrten. Seit der Premiere hatte es viele häßliche Auseinandersetzungen gegeben, zwischen den Verlobten und dem Ehepaar Mann/Gründgens, aber auch zwischen den beiden Freundinnen – und natürlich zwischen Klaus Mann und dem treulosen Schwager. Vor allem für die Freundschaft zwischen Pamela, Klaus und Erika entwickelte sich das Theaterprojekt allmählich zur ernsthaften Belastungsprobe. Lediglich das Verhältnis der Geschwister blieb ungetrübt; so war es immer und so sollte es noch lange Zeit bleiben. So war es denn auch kein Zufall, daß im Sommer 1927, nur wenige Wochen nach Beendigung der Tournee, Pamela Wedekind ihre Verlobung mit Klaus löste. Sie war entschlossen, den Heiratsantrag des dreißig Jahre älteren Carl Sternheim anzunehmen. Klaus, Erika und Pamela hatten den Dramatiker und dessen damalige Frau Thea bereits im Sommer 1925 kennengelernt, als sie Mopsa Sternheim in ihrem Elternhaus in Uttwil am Bodensee besuchten. Später wirkte Pamela Wedekind in Sternheims Komödie *Die Schule von Uznach* mit, die im April 1927 in Berlin unter der Regie von Gustav Hartung uraufgeführt wurde. Das Stück war ein Erfolg: mehr als fünfzig Aufführungen in vollen Häusern, dazu der gefeierte Sternheim, der ihr in vollendeter Form den Hof machte – kein Vergleich also mit den mißliebigen Umständen, die sie in der *Revue zu Vieren* miterleben mußte.

Ob Pamela Wedekinds Entscheidung, die Verlobung mit Klaus zu lösen, wirklich nur mit dem unguten Verlauf der gemeinsamen Theaterarbeit zu tun hatte, bleibt dahingestellt. Ihrer Korrespondenz ist – sofern sie uns heute noch zugänglich ist – jedenfalls zu entnehmen, daß die Beziehung praktisch von Anfang an nie völlig unbelastet war. Ständig war von »Streit« oder »Mißverständnissen« die Rede, und immer wieder waren »Versöhnungstreffen« nötig, um die Wogen des Ärgers und des Zorns aufeinander zu glätten. Als etwa Klaus in einem Brief – unter dem Eindruck der Verlobung seiner Schwester mit Gustaf Gründgens – seinen Wunsch bekräftigte, daß Pamela und er »jetzt auch« so bald wie möglich heiraten mögen, so ließ er sie gleich darauf wissen, daß er in Zukunft auf einem friedvolleren Umgang miteinander bestehe: »Ein wenig von der [Idee, daß wir heiraten] abgekommen war ich, als Du mich in Wien so haßtest. Das muß möglichst selten vorkommen, zu viel werden wir ja auch gar nicht miteinander sein. Aber am Ende gehören wir doch zusammen.«[137] Wie sich zeigte, war für Pamela Wedekind die Liebe (oder welche Empfindungen sie dem alternden und psychisch kranken Carl Sternheim[138] auch immer entgegenbrachte) doch stärker als das Zusammengehörigkeitsgefühl mit einem vertrauten Weggefährten. Für Klaus Mann kam ihr Entschluß trotz aller Unstimmigkeiten überraschend. Obwohl er sicherlich schon längst wußte, daß eine dauerhafte Bindung, noch dazu, wenn diese heterosexueller Natur war, kaum mit seiner unsteten Art und seiner sexuellen Neigung zu vereinbaren war, zeigte er sich zutiefst erschüttert. Wenigstens hatte er in Erika weiter eine starke, kämpferische Gefährtin an seiner Seite, die ihm, wie sie gerade wieder bewiesen hatte, treuer ergeben war als jeder andere. So würde er den Verlust von Pamela sicherlich eines Tages überwinden, auch wenn dies für den zutiefst Gekränkten erst einmal kaum vorstellbar war.

»Und worauf kommt es nun an?«

»Und worauf kommt es nun an?«[139] – diese durchaus nicht rhetorisch gemeinte Frage beschäftigte Klaus Mann in jenen Tagen ernsthafter denn je. Während er in seinen früheren Schriften die Sinnfrage stets in Zusammenhang mit den Befindlichkeiten seiner Generation gebracht hatte, fokussierte er in seinem im März 1926 erschienenen Essay *Fragment von der Jugend* dieses Problem nun stärker auf seine Identität als Künstler. Der enge Kontakt mit der französischen Kunstszene, seine Freundschaft mit dem Gesellschaftskritiker René Crevel und vor allem seine Bewunderung für André Gide, dem Klaus Mann im Herbst 1926 (und nicht im Juni 1925, wie er später immer behauptete[140]) das erste Mal persönlich begegnet sein dürfte, zeigten Wirkung. Zeitweilig wurde auch Richard von Coudenhove-Kalergi zu seiner Leitfigur. Sein Paneuropa-Konzept rechtfertigte für Klaus Mann seine Hinwendung zu Frankreich – der nach wie vor latenten Franzosenfeindlichkeit in seinem Heimatland zum Trotz. All diese Begegnungen veränderten und fundierten seine theoretischen Positionen, und es drängte ihn, diese im regen Literaturbetrieb stärker zu behaupten, zumal die Angriffe der Kritiker und Schriftstellerkollegen immer heftiger wurden. Die polemische Feuilletonistik der Älteren, allen voran Herbert Ihering, Erich Mühsam, aber auch Siegfried Kracauer und Kurt Tucholsky, ließ keine Gelegenheit aus, ihn öffentlich ihre Verachtung spüren zu lassen. Zu ihnen gesellten sich nun auch bitterböse Kommentare der Jüngeren, etwa von Axel Eggebrecht oder Bertolt Brecht, die Klaus Manns Versuch, sich als authentischer Sprecher der Jugend zu etablieren, nur mit Hohn und Spott bedachten. Sachlich ging es dabei in den allerwenigsten Fällen zu, und das Ausmaß der feuilletonistischen Gehässigkeiten legt die Vermutung nahe, daß ihr Konfrontationskurs vor allem eines im Sinn zu hatte: Klaus Manns Demontage nicht nur als Schriftsteller oder Sprecher der Jugend, sondern auch als Person des öffentlichen Lebens.

Mit Bertolt Brecht war Klaus Mann bereits im Sommer 1926 aneinandergeraten. Auslöser war ein Inteview, das W. E. Süskind mit Thomas Mann führte und das später zusammen mit Klaus Manns Beitrag *Die neuen Eltern* unter dem Titel *Die neuen Kinder* in der Familienzeitschrift *Uhu* abgedruckt wurde.[141] Brecht reagierte auf den einmütigen Schulterschluß von Vater und Sohn mit einer derben Polemik, die er *Wenn der Vater mit dem Sohne mit dem Uhu*[142] betitelte. Darin bezichtigt Brecht Klaus Mann rundweg der »Arschkriecherei«, da dieser von dem längst überfälligen Bruch mit der Vätergeneration nichts wissen wolle und sich sogar dazu hinreißen ließe, das Werk des Vaters zu verherrlichen. Als überzeugter Marxist versuchte Brecht, seine gesellschaftspolitischen Einsichten produktiv umzusetzen. Er grenzte sich dabei vehement von den verschiedenen Formen ästhetisch-autonomer »Kunstliteratur« ab, die gesellschaftliche Zustände und Ungerechtigkeiten fortschreiben, anstatt sie zu kritisieren und auf ihre Veränderungen zu drängen (wohingegen er gerade dies mit seinen Lehrstücken im Sinn hatte). So nimmt diese Literatur entweder eine Position der Innerlichkeit bzw. der Weltabgewandtheit ein (z.B. Gottfried Benn, Franz Werfel oder auch Hermann Hesse) oder sie beschwören verloren geglaubte bürgerliche Werte und Normen. Gerade in Thomas Mann sah Brecht den Repräsentanten bürgerlicher Literatur, und mehr als einmal wurde dieser zur bevorzugten Zielscheibe seines beißenden Spottes. Es ist zu vermuten, daß Brecht seiner Schelte des Sohnes um so mehr Nachdruck verlieh, je heftiger ihn der Zorn auf den Vater erfaßte. Einige Literaturwissenschaftler lassen deshalb auch das Argument nicht gelten, daß Brecht von jeher nichts anderes im Sinn gehabt hätte, als in der Person Thomas

Manns die spezifisch bürgerliche Position zu attackieren. Sie sprechen sogar von »Haß«[143], der ihn immer wieder, auch im Exil, dazu verleitet habe, nicht nur Thomas Manns Werk, sondern auch seine Lebensweise öffentlich zu verurteilen.

Zu einem fairen Schlagabtausch zwischen Klaus Mann und seinen Kritikern kam es indes nur selten, lieber übte man sich in derben Sprüchen: »Ein Drama von [Arnolt] Bronnen, ein Roman von Klaus Mann – das gleicht einander wie ein geplatztes Kloakenrohr dem andern.«[144], war etwa im Juli 1926 in der Zeitschrift mit dem anmutigen Titel *Die schöne Literatur* zu lesen. Axel Eggebrecht bezeichnete ihn als »Führer« einer »Gruppe von impotenten, aber arroganten Knaben«, denen er den Rat erteilte, »uns [...] fünf Jahre lang in Ruhe zu lassen«.[145] Bertolt Brecht schreckte in besagtem ›Uhu-Artikel‹ – wohl in Anspielung auf die homosexuelle Neigung seines Widersachers – nicht einmal davor zurück, analerotische Vergleiche zu bemühen und Klaus »Kläuschen« Mann ein »stilles Kind« zu nennen, das »sich [sic!] wieder im Mastdarm des seligen Opapa [spielt]«.[146] Andere verzichteten zwar darauf, ihm explizit seine Männlichkeit abzusprechen, doch konnten auch sie sich nicht verkneifen, Klaus Mann als »Unglücksfall« zu bezeichnen oder ihm peinliches Unvermögen zu attestieren: »Man braucht nicht gleich auf das Niveau von Klaus Mann herunterzusteigen, der von Beruf jung ist und von dem gewiß in einer ernsthaften Buchkritik nicht die Rede sein soll«[147] oder: »Klaus Mann hat sich bei der Verabfassung seiner hundertsten Reklamenotiz den Arm verstaucht und ist daher für die nächsten Wochen am Reden verhindert«[148], so etwa die Äußerungen von Kurt Tucholsky. Nicht minder sarkastisch bezeichnete Erich Mühsam, der als erklärter Anarchist ohnehin keine Gnade kannte, wenn die politischen Vorzeichen nicht stimmten, den »Fall Klaus Mann« als exemplarisch für ein »stagnierendes Greisentum«, insofern dieser eben nicht auf das Neue, die Zukunft, sondern auf die Bewahrung des Alten, Überkommenen, Abgewirtschafteten abzielen würde: »Es geht nicht um den individuellen Fall Klaus Mann, es geht um den typischen Fall einer Sorte von Zwanzigjährigen, die nicht die Jugend repräsentieren, sondern das stagnierende Greisentum, das als klebriges Rudiment erledigter kultureller Ansätze mit unnützer Indolenz in die gärende, flutende, grundstürzende Gegenwart hineinschnarcht. Der Fall Klaus Mann ist nicht der Fall der Jugend und der Zukunft.«[149] Mit Klaus Manns Ansichten in *Fragment von der Jugend* konnte sich auch der junge Autor Otto Heuschele nicht so recht anfreunden: »Man schreibe dem Dichter nicht seinen Weg vor, man rede doch nicht von Generationen, wo es sich um einzelne handelt.«[150]

Einem Dichter den Weg vorzuschreiben oder, wie es in Klaus Manns Fall wohl besser heißen müßte, alles daran zu setzen, diesen von seinem Weg abzubringen – für manche war dies ein offenbar verlockender Gedanke, der sie zu bissig-polemischer Höchstform trieb. So nahmen denn auch Hohn und Spott kein Ende, und selbst als Klaus Mann sich anschickte, – als einer der ersten – einen neuen, den antifaschistischen Weg zu beschreiten, verstummten die kritischen Stimmen nicht. Noch in seinem letzten Jahr in Deutschland sollte Klaus Mann sich bei Erich Ebermayer bitterlich darüber beklagen, wie »anstrengend« es sei, »so viel gehaßt zu werden – auch wenn man die äußeren Gründe dafür kennt«. Es sei eine »reine Frage der Nervenstärke – dem widerlichen Ansturm der Gehässigkeiten standzuhalten«.[151] Richtig ist: Man spielte ihm bisweilen gar zu übel mit, und es spricht für Klaus Mann, daß er alles in allem der Versuchung widerstand, Gleiches mit Gleichem zu vergelten. Rundumschläge wie diese bildeten die Ausnahme: »Der Journalist hält zu denen, die schreien und aufbegehren [...] Lassen wir ihn, er wird nimmermehr unser Freund.«[152] In dem Maße aber, wie Klaus Mann, ob als Autor oder als Schauspieler, ob als Feuilletonist oder als Vortragender, ob als (homosexueller) Bohemien oder als Sohn des »Titanen« – es immer wieder verstand, die Aufmerksamkeit der Öffentlichkeit auf sich zu lenken, so wie er sich immer wieder daran berauschen konnte, berühmt zu sein, so hatte er wohl oder übel den raschen Wechsel von Applaus und Verdammnis zu akzeptieren. Dabei war es nicht nur Bosheit oder blanker Neid, der sicherlich einigen seiner Kritiker die Feder führte. Hier und da waren die kritischen Kommentare in der Sache nicht von der Hand zu weisen. In einer Zeit der Debatten und Kontroversen, in der – in programmatischer Abkehr von der gefühlsbetonten Metaphorik der Romantik und dem Ästhetizismus des Expressionismus – neben revolutionären Parolen eines Johannes R. Becher, Franz Jung oder Friedrich Wolf, die auf das sozialistische Ideal einer neuen Gesellschaftsordnung zielten, zeitweilig die Versachlichung der Kunst durch eine faktentreue, sozialkritische Schilderung der Wirklichkeit propagiert wurde und – man denke etwa an Egon Erwin Kischs *Der rasende Reporter* oder an

Bertolt Brechts frühe Prosastücke – nunmehr der unsentimentale, doku-
mentierende Blick der »Neuen Sachlichkeit« auf die Tatsachen der Gegenwart die literarische Gestaltung bestimmte, mußte Klaus Mann geradezu Befremden hervorrufen, wenn er sich als junger Autor als »Sprachrohr seiner Generation« bezeichnete, andererseits jedoch ästhetizistische
Sprachkünstler wie Rainer Maria Rilke oder Stefan George zu den »Göttern seines Olymp«[153] zählte – und damit, völlig »unzeitgemäß«, auch
noch dem grundromantischen Kult des Geniewesens huldigte. In diesem
Sinn mutet es recht naiv an, wenn Klaus Mann ausgerechnet »Stefan George [zum] Führer der Jugend«[154] erklärt und sogar einen Brückenschlag
zwischen Marxismus und Ästhetizismus wagt: »Mir ist ein geistiger
Mensch denkbar, welcher Marx liest und sich trotzdem als George-An-
hänger weiß.«[155] Diesen – damals doch recht verwegenen – Gedanken
äußerte er öffentlich im Oktober 1928 während eines Vortrags in der
Berliner Singakademie – so als ob ihn die gerade um diese Zeit besonders
hitzig geführten literaturtheoretischen Diskussionen und die Radikalisie-
rungstendenzen der einzelnen Lager kaum berührt hätten.

Daß, bei aller berechtigter Kritik, allerdings kaum einer seiner Widersacher bereit war, Klaus Manns Schriften im Spiegel der unterschwelli-
gen Krisenstimmung zu deuten, die für manche hellsichtigen Geister bereits zu diesem Zeitpunkt ihre Schatten deutlich voraus warf, hatte wohl
auch etwas mit jenem gefahrvollen Phänomen der kollektiven Verdrän-
gung zu tun, das in Deutschland erst mit Beginn der Weltwirtschaftskrise
jäh – und dann auch nur vorübergehend – seine Wirkung verlor. Immerhin sollte es sich mit Fortgang des Jahrzehnts immer stärker ins allgemeine Bewußtsein drängen und schließlich auch von Sigmund Freud, Walter
Benjamin oder Bernard Guillemin[156] – um nur einige zu nennen – zum
Ausgangspunkt ihrer Kulturkritik herangezogen werden.

Bis zu diesem Zeitpunkt nur wenig in Selbstkritik geübt, nahm sich
Klaus Mann den einen oder anderen Vorwurf tatsächlich zu Herzen.
Obwohl seine ästhetische Positionsbestimmung auf den ersten Blick etwas unbeholfen erscheint, kündigte sich hier ein ernst zu nehmendes
Unterfangen an, das Klaus Mann in den nächsten Jahren immer konsequenter und theoretisch fundierter zu formulieren wußte. Auf jeden Fall
war der neue Ton, der verhalten schon in der *Kindernovelle* und – wohlwollend betrachtet – hier und da auch in der *Revue zu Vieren* zu verneh-
men ist, zumindest in seinen Essays unüberhörbar. Sein neues Credo

hieß: Europa. In seinem *Fragment von der Jugend* gibt er sich denn auch überraschend energisch: »Deutsch sein heißt Europäer sein. Europäer sein, heißt sich allen Erdteilen öffnen. Deswegen gilt es nicht Europa zu verraten, es bleibt der neugierigste, möglichkeitenreichste Erdteil. Deswegen gilt es nicht Deutschland zu verraten, das rätselhafte Land in Europas Mitte.«[157] In seinem Ideal eines intakten Europas dokumentiert sich das Erwachen eines politischen Bewußtseins, das freilich noch nicht so weit entwickelt war, daß es für den Entwurf eines eigenen Konzepts gereicht hätte. Infolgedessen muß er eine Reihe von Zeitgenossen zur Unterstützung herbeizitieren. So geschehen in seiner Schrift *Heute und Morgen. Zur Situation des jungen geistigen Europas*, die Mitte 1927 als kleiner Buchband im Enoch Verlag veröffentlicht wurde. Dort bemüht er sich um eine Synthese von Graf Coudenhove-Kalergis Paneuropa-Programm, Heinrich Manns republikanischer Idee einer *Diktatur der Vernunft* und Ernst Blochs sozialistischen Vorstellungen vom *Geist der Utopie* – ein auf den ersten Blick abenteuerliches Unterfangen, das in einigen Punkten überraschenderweise aber recht überzeugend klingt. Bemerkenswert ist auch, daß er zum ersten Mal öffentlich dem rechtsextremen Potential im Europa der zwanziger Jahre besondere Aufmerksamkeit widmete:

> »Manche glaubten ja sogar schon ein Ziel gefunden zu haben. Nationalismus und Militarismus haben größere Anziehungskraft denn je für die Jugend, natürlich gibt es nicht allein in Italien junge Faschisten. Die Action Française in Paris hat Anhänger unter den begabtesten Intellektuellen, sprechen wir lieber nicht von unseren vaterländischen Verbänden! Manchmal täuschen wir uns und setzen Verschiedenes als selbstverständlich voraus, was wohl im Grunde immer noch Ausnahme ist. Wir vergessen zum Beispiel, daß es deutsche Jugend gibt, die mit Inbrunst und Überzeugung einen Krieg gegen Frankreich will. Es ist so toll, so unwahrscheinlich, daß wir nicht oft daran denken.«[158]

Fürs erste aber blieben solcherlei scharfsinnige Beobachtungen wie diese die Ausnahme, und er vermied es, sich eingehender mit den präfaschistischen Ansätzen auseinanderzusetzen, die spätestens mit der ökonomischen Krise im Jahre 1929 unübersehbar waren. Allerdings bewahrte ihn seine erhöhte Aufmerksamkeit seitdem vor jeglicher ›Tuchfühlung‹ mit völkischem oder nationalsozialistischem Gedankengut. Hierin bewies er sogar einen sichereren Instinkt als Bertolt Brecht, dem lange Zeit verborgen blieb, daß mindestens einer in seinem engeren Freundeskreis allmählich seine Sympathie für den Rechtsextremismus entdeckte: Arnolt Bronnen, einst als expressionistischer Dramatiker und Erzähler hochgelobt und zeitweilig ein treuer Weggefährte von Brecht, erwarb sich 1929 mit seinem völkischen Oberschlesien-Roman *O/S* einen Ruf als nationalistischer Schriftsteller.

Obschon Klaus Mann noch nicht bereit war, auf sein Generations-Pathos zu verzichten, erkannte er doch immer deutlicher, daß das literarische Programm »Jugend« so bedingungslos nicht mehr fortzuschreiben war. Wen hatte er überhaupt im Sinn, wenn er von *der* Jugend sprach? Bestimmt nicht die im August 1925 ins Leben gerufene »Gruppe 1925«, deren Ziel es war, junge, gesellschaftskritisch engagierte »Schriftsteller von Belang« zusammenzuführen, »die mit der geistesrevolutionären Bewegung unserer Zeit verbunden sind, dies in ihrer Haltung zu Staat und Gesellschaft bekunden und dokumentieren in Arbeiten auf künstlerischem, essayistischem, kritischem, allgemeinwissenschaftlichem Gebiet. [...] Die Gruppe bezweckt nach außen das endliche Hervortreten einer Repräsentanz dieser modernen geistesradikalen Bewegung«.[159] Das Besondere an dieser Schriftstellervereinigung war, daß sich hier ganz unterschiedliche politische Positionen zusammenfanden, die über alle Kontroversen hinweg ein literarisches Programm zu vertreten suchten. Zu den Mitgliedern gehörten radikal pazifistische bzw. sozialistische Autoren wie etwa Johannes R. Becher, Albert Ehrenstein, Walter Hasenclever und Ernst Toller, oder Dichter, die sich als gemäßigte »Linksliberale« bezeichneten, so u.a. Alfred Döblin, Hermann Kasack, Klabund, Joseph Roth oder Willy Haas, der Herausgeber der *Literarischen Welt*.

Nur ein einziges Mal, und dies fast zwanzig Jahre später, erwähnte Klaus Mann, daß er in dieser Zeit ebenfalls einer Art Gruppe angehört habe. Der Zirkel nannte sich »Jüngstes Deutschland«: Neben jungen Dichtern wie W. E. Süskind, Herbert Schlüter, Wolfgang Hellmert, Wolfgang Deutsch oder Erich Ebermayer waren auch Schauspieler wie Bert Fischel, Pamela Wedekind und Erika Mann oder der Maler Ricki Hallgarten an dem Unternehmen beteiligt. In *The Turning Point*, der ersten – in Englisch geschriebenen – Fassung von *Der Wendepunkt*, legt er jedoch Wert darauf, daß das »Jüngste Deutschland« keine Bewegung oder Gruppierung im traditionellen Sinn gewesen sei. Man habe sich lediglich gegenseitig rezensiert und porträtiert. Nicht ohne Selbstironie fügt er hinzu: Programmatisch seien höchstens die Ignoranz gegenüber den fundamentalen sozialen und moralischen Problemen gewesen, die sich in

Deutschland immer deutlicher abzuzeichnen begannen, und die Rast-
und Ruhelosigkeit, mit der man von einem Vergnügen zum anderen eilte.
Es ließe sich nicht leugnen, daß die meisten ihrer Aktivitäten von einer
»merkwürdigen Inkonsequenz«[160] geprägt gewesen seien. Mit anderen
Worten: Besondere Akzente waren von diesem erlauchten, aber völlig
unpolitischen Zirkel nicht zu erwarten. Ihr Enthusiasmus füreinander
reichte offenbar nicht aus, um einen neuen Stil oder eine neue Richtung
zu entwickeln. Um so eifriger versicherten sich die Mitglieder ihrer erge-
benen Zuverlässigkeit, indem sie sich gegenseitig hofierten und der eine
durch artige Kritiken für den anderen warb. War es unter diesen Umständen so verwunderlich, daß sozialkritische Autoren wie Bert Brecht
oder Erich Mühsam nicht eine Sekunde lang in Erwägung zogen, Klaus
Mann als Führer der Jugend anzuerkennen? Klaus Mann erkannte dies
wohl, und die ostentative Abneigung der ›Linken‹ bekümmerte ihn mehr,
als er zugeben wollte. So holte er zum Gegenschlag aus: Als Schriftsteller
sei es ihm besonders wichtig, sich mit jenem Teil der Jugend auseinanderzusetzen, den eine massive Buchfeindlichkeit erfaßt habe und der
überhaupt vom »Mißtrauen gegen den Geist« regelrecht affiziert sei.
Zwar handle es sich dabei um eine Erscheinung, die »tief begründet« sei,
denn »man hatte ja, während all der Jahre, ein gar zu gründliches Versagen des Gedankens erlebt«. Trotzdem müsse sie als Ausdruck für das
mangelnde Kunst- und Kulturbewußtsein der Jugend kritisch reflektiert
und alsdann schnellstmöglich überwunden werden: »Fangen wir rechtzeitig an, sonst geht es wahrscheinlich schief.«[161] So selbstbewußt er in
seinem Essay *Heute und Morgen* vor den Gefahren der wachsenden
»Geistfeindschaft« der neuen Massengesellschaft warnt, die er als »bösartige« Modeerscheinung brandmarkt, so streng hält er – für einen Moment – mit sich selbst Gericht: Natürlich sei es vermessen gewesen, die
kollektivistische Form »Wir« zu gebrauchen, wenn er doch eigentlich
von den Nöten und Beängstigungen seines »Ichs« hätte erzählen wollen.
Zudem habe er letztlich schon vorher gewußt, »wie alleine er war«. Habe er nicht trotzdem das Recht gehabt, zu hoffen, zu hoffen, daß es sie
doch irgendwann geben würde, diese »gewollte, erträumte Form der Gemeinschaft«? Er gibt sich selbst die Antwort: »Aber die anderen wollten
Klarheit, sogar die erträumte Gemeinschaft verbaten sie sich.«[162] Wenn
Klaus Mann einige Zeilen später auf die »ungeheure Bedeutung des
Sports« für die Literatur zu sprechen kommt und erbost den Schluß

zieht: »Wer Gedichte macht, und sie handeln nicht vom Sechstagerennen, ist bürgerlich und wird vom Literaten verhöhnt«[163], dann wird klar, daß er mit seiner strikten Absage an die »Gebrauchskunst« jemand ganz bestimmten im Auge hat: Bertolt Brecht. Ende des Jahres 1926 kam es zu einer zufälligen Begegnung, die jedoch sogleich von einer heftigen Kontroverse begleitet wurde. Beide, Klaus Mann und Bert Brecht, nahmen sich – wenn auch auf unterschiedliche Weise – der jungen deutschen Lyrik an: Klaus Mann, indem er zusammen mit Willi R. Fehse als Herausgeber die *Anthologie jüngster Lyrik* ins Leben rief (die als Buch allerdings erst im Herbst 1927 im Enoch Verlag erschien), und Bertolt Brecht, indem er von der *Literarischen Welt* als Juror für den zum einjährigen Bestehen der Zeitschrift ausgeschriebenen Lyrik-Wettbewerb ernannt wurde. Brecht traf eine provokante Entscheidung: Er sprach den Preis nicht etwa einem der 400 Einsender zu, sondern dem Song »He! He! The Iron Man« von Hannes Küpper, den er zufällig in einem »Radsportblatt« entdeckt hatte.[164] In seiner Begründung setzte er zum ideologischen Rundumschlag an: So habe er »hier eine [bourgeoise] Sorte von Jugend kennengelernt, auf deren Bekanntschaft« er gern und »mit größerem Gewinn verzichtet hätte«. Dagegen sei der »Gebrauchswert« des Songs, der einen Sechstage-Champion besingt, weit höher einzuschätzen als ein Gedicht der Einsender, die in ihrer »Sentimentalität, Unechtheit und Weltfremdheit« hoffnungslos unzeitgemäß seien. Ja, das Gedichtlein sei sogar »das Beste, was ein Verfasser zustande bringen konnte, und es hat, zumindest für mich, einen gewissen dokumentierenden Wert«.[165]

Brechts ironisches und provokantes Verdikt über die Realitätsferne des dichterischen Werks seiner Zeitgenossen hatte natürlich genau jene jungen Intellektuellen im Blick, die nach Ansicht des Jurors nicht dazu bereit waren, sich ohne Rückgriff auf die Metaphysik und Romantik mit der Gegenwart und ihren sozialen und politischen Aspekten konsequent auseinanderzusetzen. Entsprechend scharf waren die Reaktionen, und auch Klaus Mann meldete sich zu Wort: »Jede Zeit muß, jenseits ihrer sozialen Problematik, den Ausdruck ihres geheimsten Erlebens im Lied, im Gedicht finden. Behauptet einer im Ernst, das Erlebnis unserer Zeit sei so dürftig und dumpf, daß man es mit einem holprigen englisch-deutschen Song aussagen könnte, und alles andere sei blöde Sentimentalität? Bemitleiden wir Engstirnigkeit, die so urteilen mag.«[166] Dies schrieb er im April 1927 *Zum Erscheinen der Anthologie jüngster deutscher Lyrik*, und er wurde nicht müde, in den nächsten Monaten bei jeder sich bietenden Gelegenheit Brecht »Snobismus«, »Geschmacklosigkeit« oder »tödliche Interessenlosigkeit« vorzuhalten.

So unterschiedlich die jeweiligen Standpunkte innerhalb der literaturtheoretischen Debatten auch waren: Letztlich lag den Kontroversen immer auch die bange Frage nach dem tatsächlichen Stellenwert von Literatur in der Gegenwart zugrunde. Die Erfahrung, daß sich Literatur in ihrer Gesamtheit als unfähig erwiesen hatte, Wesentliches zur Lösung der großen Fragen der Zeit beizutragen, war nicht nur unter linken Autoren verbreitet, führte aber bei ihnen zu den stärksten Veränderungen ihrer literarischen Praxis und zu einer aufschlußreichen Diskussion über den Gebrauchswert von Literatur. Die jeweiligen Positionen waren je nach ideologischer Herkunft denkbar unterschiedlich und reichten von der marxistisch-sozialistischen bzw. anarchistischen Ästhetik eines Bertolt Brecht, Walter Benjamin, Siegfried Kracauer, Erich Mühsam oder Ernst Toller bis hin zu gemäßigten linksliberalen Ansätzen eines Lion Feuchtwanger oder Heinrich Mann. So machte sich die Mehrzahl der Autoren im tiefsten Innern wohl schon längst keine Illusionen mehr über die eher bescheidenen Wirkungsmöglichkeiten des geschriebenen Wortes im vergnügungs- und technikfreudigen Zeitalter der neuen Industriegesellschaft. Diese Einsicht trug jedoch nicht etwa zu einer Solidarisierung der ›geistigen Elite‹ bei, sondern genau das Gegenteil war der Fall: Im Fortgang der zwanziger Jahre polarisierten sich die Fronten zwischen ›Rechts‹ und ›Links‹, zwischen Kunst und Politik, Dichter und Staat, Individuum und Masse immer deutlicher, und das politische und gesellschaftliche Klima wurde zusehends rauher. Dies bekamen vor allem die Jüngeren zu spüren, die sich, wie Klaus Mann, ganz ihrem künstlerischen Selbstverständnis folgend, keineswegs als politische Weltverbesserer, sondern zuallererst als dichtende Intellektuelle begriffen und mit der industriellen Massenkultur ihrer Zeit in Wirklichkeit nur wenig anzufangen wußten. Gerade sie rangen um Orientierung, und bisweilen verirrten sie sich auch im unwägbaren Dickicht dieser pluralistisch-pulsierenden Phase des Übergangs, die nicht nur in der Kunst von einem Nicht-mehr und Noch-Nicht bestimmt wurde. So auch Klaus Mann, der in *Heute und Morgen* selbst zu dem Ergebnis kam, er habe als Schriftsteller lange, zu lange den »sozialen Fortschritt« zugunsten der »Hingabe an das Erotische und Religiöse« vernachlässigt. Doch nun zeigte er sich geläutert: »Die andere Seite ist unsere soziale Verpflichtung, unsere streng geforderte, notwendig zu erfüllende Aufgabe, als geistiger Nachwuchs Europas. Wir sind verloren, vergessen wir sie.«[167] Im gleichen Atemzug beharrt er allerdings weiterhin auf dem Recht und der Freiheit der Jugend (und des Geistes) auf Unverbindlichkeit, in dem er einmal mehr auf die ›historische Erklärung‹[168] verweist. Bemerkenswert dabei ist, daß in jenen Tagen bereits Klaus Manns sensibles Gespür für die drohende Gefahr, die auf Deutschland zukam, sichtbar wurde, das ihn schließlich zu einem der konsequentesten antifaschistischen Aktivisten machte: »Das ständige Gefühl, in einem Interim zwischen zwei Katastrophen zu leben, macht auf die Dauer leichtsinnig und verwegen. Wir hatten zwischen so vielen Extremen die Auswahl, daß wir uns in Wahrheit überhaupt noch nicht entschieden haben.«[169] Immerhin, dies sind die Worte eines Intellektuellen an der Schwelle des Jahres 1927.

Rundherum und Mittendrin

Das unfreundliche Klima, von dem Klaus Mann meinte, daß es ihm mittlerweile von allen Seiten entgegenschlug, blieb nicht ohne Wirkung. In Wahrheit hatte sein Ruf als erfolgreicher Schriftsteller kaum gelitten, wie sich etwa an den Umsatzzahlen seiner Bücher belegen ließ: Die Resonanz auf die *Kindernovelle* war mehr als beachtlich, auch *Der fromme Tanz* fand nach wie vor eine breite Leserschaft, und selbst der Verkauf von *Revue zu Vieren* hatte sich nicht allzu schlecht angelassen. Dennoch begannen sich so etwas wie ernsthafte Zweifel in Klaus Mann zu regen: War es möglich, daß sein Name einem Projekt eher schaden als nutzen konnte? In diesem Sinn äußerte er sich jedenfalls in einem Brief an Hans Rosenkranz, der Klaus Mann im Frühjahr 1927 dazu aufgefordert hatte, nach der *Anthologie jüngster Lyrik* mit ihm und Erich Ebermayer nun auch eine *Anthologie jüngster Prosa* herauszugeben. Da er selbst es mehr als »satt habe, angepöbelt zu werden«, bat er Hans Rosenkranz darum, sich »das Ganze« noch mal genau zu überlegen. Das neue Projekt drohe auf eine ähnliche »Voreingenommenheit« zu stoßen, wie das »Gedichtbuch«, und das nur, weil »sein Name auf dem Titelblatt«[170] stehe. Offenbar konnten Hans Rosenkranz und Erich Ebermayer seine Bedenken zerstreuen, denn im darauffolgenden Jahr erschien das Buch mit 13 Beiträgen junger Autoren im kleinen Berliner J. M. Spaeth Verlag – mit dem Namen »Klaus Mann« als Mitherausgeber. Im übrigen stieß die *Anthologie jüngster Prosa* überwiegend auf wohlwollende Kritik: Selbst Klaus Manns Widersacher Axel Eggebrecht bescheinigte dem Buch, es sei „sehr klug und bunt zusammengestellt« und mache seinen »Herausgebern alle Ehre«: »Und wenn Ebermayer und Klaus Mann dabei ausschlaggebend waren, dann ist das – für meine Begriffe jedenfalls – die erste verdienstliche und brauchbare literarische Tat dieser sonst allzu Beflissenen [...].«[171]

Auch wenn der Sommer 1927 nicht turbulenter als die letzten Monate verlief, war Klaus Mann immer weniger gewillt, sich für längere Zeit in seinem Heimatland aufzuhalten. Neue Reisepläne brachten ihn stets auf andere Gedanken, und so war es auch diesmal: Zunächst fuhr er nach Davos, wo er dem todkranken Dichter Klabund und René Crevel einen Besuch abstattete, dessen Schwindsucht ebenfalls wieder einmal stationär behandelt werden mußte. Nach Aufenthalten in Paris, wo er mit André Gide zusammentraf, im belgischen Westende, wo er die Erzählung *Abenteuer des Brautpaars* niederschrieb, und in Kampen auf Sylt, wo er einige Male mit Ernst Toller zu abend aß, verbrachte Klaus Mann den August mit Erika und einigen Münchner Freunden in einem Landhaus am Starnberger See. Er wollte ein bißchen Abstand gewinnen von den unangenehmen Geschehnissen der letzten Zeit: Der Stachel des Zorns und der Unsicherheit durch die Querelen um *Revue zu Vieren*, die Hetzkampagne der Presse und – noch schlimmer – Pamela Wedekinds Auflösung der Verlobung saßen immer noch tief. Doch Ruhe und Gelassenheit wollten sich nicht einstellen, zumal ihn seit einigen Tagen ein verwegener Gedanke beschäftigte: Was wäre, wenn Erika und er einfach für ein paar Wochen das Weite suchten? Weg von Europa, weg von der Familie, von Pamela, dem Freundeskreis, dem erbarmungslosen Literaturbetrieb. Auf die Idee, nach Amerika oder zumindest »zehntausend Meilen weg von hier« zu gehen, soll Erika gekommen sein. Obwohl die Schwester in jenen Tagen gerade mit Begeisterung an den Münchner Kammerspielen in Bruno Franks Stück *Zehntausend* mitwirkte, bedurfte auch sie ebenfalls dringend einer Orts- und Luftveränderung. Es hatte sich gezeigt, daß ihre Ehe mit Gustaf Gründgens nicht mehr zu retten war, und auch mit Pamela Wedekind stand – nach dem Bruch zwischen ihr und Klaus – nicht mehr alles zum Besten. »Es war eine tropisch warme Nacht Mitte August. Erika und ich spazierten an den malerischen Ufern des Starnberger Sees, nicht weit von Feldafing«, erinnerte sich Klaus Mann im *Wendepunkt*. An jenem romantischen Abend seien sich die Geschwister schnell darüber einig geworden, daß etwas geschehen müsse. Dabei habe Erika zuerst ihrem Unmut freien Lauf gelassen: »›Ich weiß nicht, was mit mir los ist‹, klagte sie. ›Alles geht nach Wunsch, aber ich habe keinen Spaß daran‹. Es gab ein Schweigen, ehe sie hinzufügte: ›Der Starnberger See ist hübsch, kann so bleiben. Aber ich will nicht bleiben. München ist hübsch, und es spielt sich nett an den Kammerspielen. Aber ich wär lieber anderswo. Zehntausend Meilen weg von hier...‹. ›Gar keine schlechte Idee‹, sagte ich. ›Es gibt genug Dinge, vor denen man davonlaufen möchte.‹«[172]

Gesagt, getan; schon am nächsten Tag telegrafierte Klaus an seinen New Yorker Verlag Boni & Liveright, Inc., der gerade die *Kindernovelle* auf dem amerikanischen Markt veröffentlicht hatte. Hocherfreut würde er auf die freundliche Einladung zurückkommen, die Mr. Liveright höchstpersönlich einige Tage zuvor in seinem Brief ausgesprochen habe, und mit der »bekannten Schauspielerin Erika Mann«, seiner Schwester, in etwa vier Wochen nach New York abreisen. Mr. Horace Liverights prompte Antwort, den geplanten Besuch doch lieber auf das nächste Jahr zu verschieben, ignorierten die Geschwister geflissentlich: Es bliebe dabei, Anfang Oktober würde man also in New York eintreffen. Den Eltern und den Freunden erzählte man, daß es eigentlich gar keine andere Möglichkeit gebe, als jetzt und sofort nach Amerika aufzubrechen. Gründe gab es mehr als genug: die von Klaus' Verleger organisierte Vortragstournee, die beide quer durch das Land führen würde, das eiligst ins Leben gerufene Projekt, des Vaters Erzählung *Königliche Hoheit* in Hollywood zu verfilmen und nicht zuletzt die guten Beziehungen zur deutschen Schauspielerkolonie, über die man dank der alten Freundin aus Kindertagen, Gretel Walter, verfügte. Die Reise könne demnach keinen Tag länger als nötig aufgeschoben werden. Überdies würde man in New York noch einen guten Freund wiedersehen: Ricki Hallgarten hatte nach seiner gescheiterten Beziehung mit Lucie (Luc) Schuler (jene ebenso heftige wie unglückliche Liebschaft, die Klaus Mann als Vorlage für seine Erzählung *Abenteuer des Brautpaars* diente) ebenfalls seiner Heimat den Rücken gekehrt. Seitdem versuchte er, ohne die finanzielle Unterstützung

der Eltern in New York Fuß zu fassen. Als Tellerwäscher und Blumen-
austräger lebte es sich jedoch mehr schlecht als recht, und es dürfte für
ihn ein Segen gewesen sein, als die Mann-Geschwister schließlich Ende
Oktober in Amerikas exklusiver Metropole eintrafen und ihm gleich an-
boten, mit ihnen das vorbestellte Doppelzimmer im Nobelhotel Astor zu
beziehen. Durch Erika und Klaus lernte Ricki später die Zeichnerin Eva
Herrmann kennen, die ihm sogleich ihr Quartier anbot. Die beiden Geschwister waren Eva Herrmann bereits flüchtig in Berlin begegnet; jetzt,
in New York, nutzten sie die Gelegenheit, eine enge, lebenslange Freundschaft mit ihr zu schließen.

Der folgende Monat war mit Reisevorbereitungen, Abschiedsfeiern
im Freundeskreis und – nicht zu vergessen – mit Finanzierungsplänen
ausgefüllt. Der Vorschuß, den der Verlag Boni & Liveright für die Vortragstournee bei Ankunft der Geschwister in New York in Aussicht gestellt hatte, reichte nicht aus. Also trat Klaus Mann in Verhandlungen
mit dem S. Fischer Verlag, dem ›Haus- und Hofverlag‹ des Vaters, und
fragte an, ob nicht Interesse an einem umfangreichen Bericht über ihre
Erlebnisse in Amerika als »literary Mann-twins« bestünde. Außerdem
vereinbarte er mit der Essener *Wochenschau*, eine Serie von Reiseberich-
ten zu publizieren, die später dann zu einer Buchfassung erweitert werden sollten. Schließlich erklärte sich auch das Berliner *Acht-Uhr-Abend-*
blatt bereit, für ein akzeptables Honorar regelmäßig seine Reisenotizen
aus dem fernen Amerika abzudrucken. Bereits am 27. November erschien in der *Wochenschau* sein erster Artikel *Vierzehn Tage in Neuyork*.
Nur wenige Monate nach ihrer Rückkehr, im Frühjahr 1929, kam das
zusammen mit Erika verfaßte Reisebuch *Rundherum* heraus.

Mit großem Gepäck, das insgesamt vierzehn Gepäckstücke und eine
Ziehharmonika umfaßte, verschiedenen gewichtigen Empfehlungsschreiben, dem Publicitygag, in Amerika als Zwillinge aufzutreten, und
einem großzügigen Vorschuß in der Tasche, den der S. Fischer Verlag für
das geplante Reisebuch den beiden gerade noch rechtzeitig hatte zukommen lassen, traten Klaus und Erika Mann am 7. Oktober 1927 ihre erste
Reise nach Übersee von Rotterdam aus mit dem Luxusdampfer »Hamburg« an, der sie quer über den Atlantik direkt nach New York brachte.
Insgesamt sollten neun Monate vergehen, bis die Eltern ihre fast noch
minderjährigen Sprößlinge wiedersahen, wobei Klaus und Erika die
längste Zeit, fast ein halbes Jahr, in Amerika verbrachten, zunächst in

New York und dann in Kalifornien. War es eine Fügung des Schicksals, daß sie sich ausgerechnet auf Anhieb gerade dort besonders wohlfühlten, wo sie ihr späteres Exil verbringen sollten? Freilich, noch ahnten sie nicht, was ihnen, ihrer Familie und vielen anderen Menschen, die aus rassischen oder politischen Gründen unerwünscht bzw. verfolgt waren, knapp ein halbes Jahrzehnt später bevorstand. Dennoch stellten sie auf ihrer Amerika-Tour unwissentlich bereits entscheidende Weichen für die Zukunft. Geplant war es nicht, daß sie schließlich auch noch in Honolulu, Japan, Korea, China und Rußland Station machten. Indes war die Gelegenheit, die sich ihnen bot, denkbar günstig: »So nahe wie heute waren wir noch nie an Japan!«[173] Wenn man schon dabei war, die »Neue Welt« zu erkunden, warum den Aufenthalt also nicht gleich zum »Abenteuer einer Weltreise« ausdehnen?

»Die Welt lachte uns, da wir ihr entgegenlachten. Wie gastfreundlich erschien uns die Fremde! Überall gab es offene Türen, freundliche Gesichter.«[174] Auch zwanzig Jahre später zieht Klaus Mann noch eine rundum positive Bilanz. Es waren tatsächlich neun Monate der Unbeschwertheit und des Glücks, neun Monate Abenteuer pur – auch der muntere Ton ihres Reiseberichts *Rundherum* läßt vermuten, daß die Autoren nach langer Zeit endlich wieder mit sich und der Welt im Einklang waren. Genaugenommen kannten die Mann-Geschwister während der gesamten Reise nur ein Problem: das der akuten Geldnot. Wenn die Situation ernsthaft prekär zu werden drohte, kam es zu einem »›Zusammensitzen‹ besonders konzentrierter Natur«, getreu dem Grundsatz: »Wer nicht telegraphiert, kriegt nichts.«[175] Also fragten Erika und Klaus, wenn es denn nötig wurde, höflich in Deutschland beim S. Fischer Verlag oder bei verschiedenen Zeitschriften, bei den Eltern oder guten Freunden an, ob es möglich sei, ihr Reisebudget mit einem Vorschuß oder einem kleinen Darlehen aufzubessern. Meistens mit Erfolg, und bisweilen waren die Geschwister selbst überrascht, wie mühelos es ihnen gelang, anderen Leuten das Geld aus der Tasche zu ziehen. Auch vor Ort blieb das Glück ihnen hold – und das bis zum Schluß. Dabei zahlte sich die flüchtige Bekanntschaft mit einem »wunderlichen« Literaturfreund oder einem flüchtigen Bekannten des Vaters ebenso aus, wie der »Small-Talk« mit einer reichen Mäzenin, die ihnen schließlich sogar eine wertvolle Aktie zukommen ließ und ihnen so die Überfahrt nach Asien ermöglichte.

Daß sie in schwierigen Situationen immer wieder auf großzügige Menschen trafen, die ihnen mit teilweise beträchtlichen Summen aushalfen, dürfte aber nicht allein ihrem bestechenden Charme, sondern mehr noch ihrem berühmten Familiennamen zu verdanken gewesen sein. Denn auch in Amerika schätzte man den Autor der *Buddenbrooks* über alle Maßen. Entsprechend würdigte die amerikanische Presse den Umstand, daß Sohn und Tochter des bekannten deutschen Schriftstellers Thomas Mann zu ihnen kommen und Vorträge halten wollten. So erschien etwa eine Notiz mit einem Foto der beiden, in der die Mann-Geschwister als ›Wunderkinder‹ präsentiert werden – Klaus, der bereits im zarten Alter von sechs Jahren zu dichten begonnen habe, und die ebenfalls blutjunge Erika, die in Deutschland schon längst eine gefragte Bühnenkünstlerin sei. Ein ausführliches Interview mit Thomas Mann, der den amerikanischen Reportern auch prompt versicherte, daß er das Vorhaben seiner Kinder stets begrüßt habe, zumal sie – ganz im Sinne der von ihm immer schon propagierten Verständigung zwischen den Völkern – auf ihrer Reise den Amerikanern etwas vom deutschen Geist übermitteln und ihrerseits Bekanntschaft mit dem geistigen Leben ihres Landes gewinnen könnten.[176] Diese und viele andere wohlwollenden Artikel trugen zweifellos dazu bei, daß Klaus und Erika praktisch überall ein herzlicher Empfang bereitet wurde. Dabei schien es keine große Rolle zu spielen, daß die »literary Mann-twins«, wie die Presse sie fortan nannte, ihr Pflichtprogramm, das in der New Yorker Columbia University beginnen sollte, erst rund zwei Monate nach ihrer Ankunft antraten. Für die Geschwister, die Bühnenauftritte normalerweise durchaus genossen, war dieser Teil ihres Aufenthalts, bei dem amerikanische Studenten und Professoren in ihnen nichts weniger als die Repräsentanten des »jungen geistigen Europas« sahen, eher lästig. Allemal interessanter waren ihre zahlreichen neuen Kontakte zu den bedeutenden und weniger bedeutenden Berühmtheiten, die Partys und die Teegesellschaften, die man ihnen zu Ehren veranstaltete. Lieber wollten sie Emil Jannings in seinem neuesten Film bewundern, Gershwins' *Porgy and Bess* auf der Bühne sehen oder live »typisch amerikanische« Football-Matches und Boxkämpfe verfolgen – kurz gesagt: lieber wollten sie sich amüsieren, als sich allzusehr mit dem (beruflichen) Ernst des Lebens beschäftigen. Sogar auf den »elenden Dichter-Kinder-Betrieb« brauchten sie nicht zu verzichten: Mit Raimund von Hofmannsthal und Gabriel Beer-Hofmann, die in

Hollywood ihr Glück mit »irgendwelchen jobs« bei den »movies«[177] zu machen versuchten, unternahmen sie Erkundungsfahrten oder gingen der Frage nach, welches Kaffeehaus das schönere Ambiente hätte: das in Paris oder das in Los Angeles. Dennoch waren die Mann-Geschwister routiniert und professionell genug, um auf ihrer Vortragsreise, die sie an die renommierten Universitäten und Colleges u.a. von New York, Boston, Princeton, Milwaukee, Chicago, Lawrence, Los Angeles und Stanford führte, Eindruck zu machen. (In Boston traf Klaus Mann zufällig Otto Schön-René, einen ehemaligen Mitschüler der Odenwaldschule, wieder und hatte eine kurze heftige Liebesaffäre mit ihm.) Wegen der Sprachprobleme hielten sie sich in der Regel genau an ihr einmal konzipiertes Programm: Zunächst eröffnete Erika die Lesung mit einer auswendig gelernten Ansprache, die sie auf englisch hielt. Es folgte Klaus' »kurze Rede zur Situation der jungen europäischen Generation«, bevor Erika dann moderne deutsche Lyrik von Rilke, Hofmannsthal, Werfel, Klabund, Benn, Brecht, Mehring oder Ringelnatz rezitierte.

Am 18. November wurde Klaus volljährig. Seinen Geburtstag feierten die Geschwister mit Ricki Hallgarten und der neuen Freundin Eva Herrmann in New York, Weihnachten und Silvester verbrachten sie, wie es sich gehört, in Hollywood. Als Gäste von Emil Jannings genossen sie mit Regisseuren und Schauspielern wie Friedrich Murnau, Connie Veidt, Ludwig Berger, Lothar Mendes und Dorothy Maccail einen beschaulichen Weihnachtsabend unter einem grünen Baum mit elektrischen Kerzen – letzteres eine Errungenschaft, die Klaus und Erika noch nicht kannten. Der Jahreswechsel gestaltete sich turbulenter. Erstens, weil sich bei Ludwig Berger alles versammelt hatte, was in Hollywood Rang und Namen hatte, also auch Greta Garbo, der neue Star am Glitzerhimmel, und Ernst Lubitsch, den Klaus und Erika bereits durch Emil Jannings kennengelernt hatten. Zweitens, weil der Gastgeber in »taunushafter Romantik« echte Kerzen dem elektrischen Lichterschmuck vorgezogen hatte, und nun der Weihnachtsbaum nebst Vorhängen und Teppich lichterloh brannte. Die Gäste bekümmerte es nur vorübergehend, daß beinahe das ganze Wohnzimmer in Flammen aufging – zu vorgerückter Stunde feierte man immer noch recht »orgiastisch«[178], wie im Reisebuch nachzulesen ist, und Klaus und Erika feierten, wie sollte es auch anders sein, fröhlich mit. Für das Filmprojekt *Königliche Hoheit*, für das Erich Ebermayer in Deutschland noch eiligst ein Exposé verfaßt hatte, fand sich in Hollywood allerdings kein Interessent. Besonders betrübt waren die Mann-Geschwister darüber jedoch nicht, zumal man ohnehin schon längst für sich beschlossen hatte, sich die Mühen doch lieber zu ersparen, die eine Realisierung des Vorhabens zweifellos mit sich gebracht hätte.

Rauschende Nächte erleben, vergnügliche Tage mit alten und neuen Bekannten verbringen und zwischendurch immer wieder mit dem Auto oder Zug Ausflüge unternehmen, um die abwechslungsreiche Landschaft Amerikas kennenzulernen – Erika und Klaus genossen das Leben in vollen Zügen. Doch bei aller Unbeschwertheit und allem Frohsinn schärfte ihre Entdeckungslust unmerklich den Blick für die Realität. Es blieb ihnen keineswegs verborgen, daß der »American way of life«, so amüsant und abwechslungsreich er war, auch seine Schattenseiten hatte: die Sensationsgier, die jeden Mord und jedes Verbrechen zum Medienereignis werden ließ, die Vorliebe für seichte Unterhaltungsshows und oberflächliche Revues, der Hang zu Militarismus und nationalistischem Pathos, der unverhohlene Rassismus der »Weißen« gegenüber den »Schwarzen« und die große Kluft zwischen Arm und Reich in den Großstädten. So findet sich in ihrem Reisebuch neben lustigen Erfahrungsberichten, Klatsch und Anekdoten auch scharfe Kritik an den bestehenden Verhältnissen. Beschreibungen wie diese bestechen durch ihre nüchterne Analyse:

»Das ist Chicago, wo täglich hunderttausend Tiere sterben und hunderttausend Menschen hungern, weil sie keine Arbeit haben – aber man könnte dasselbe von fast allen großen Städten sagen –, das neue, riesenhafte, schmutzige Chicago im Staate Illinois am Michigansee. Mit nach Süden und Norden sich weit erstreckenden Villenkolonien; mit Museen, dreckigen Vorstädten, Bahnhöfen, Stockyards. Mit Negermusik, Blutgestank, amerikanischen und deutsch-amerikanischen Spießbürgern. Starrend vor Luxus und Schmutz; verbindend zwischen Californien und New York. Wer Amerika kennen will, muß sich ›hier‹ umgesehen haben.« [179]

Die Rassentrennung nahmen die Autoren sogar zum Anlaß, zum ersten Mal das Ideal einer menschenwürdigeren Zukunft zu formulieren:

»Das Negerproblem ist für Amerika ein sehr ernstes. Mit Schrecken sieht man auf die unheimliche Fruchtbarkeit der Schwarzen. Man erkennt die jüngere, die vitalere Rasse. Welche Gefahr wächst hier den Weißen herauf? – ›Angst‹ mischt sich in die Verachtung, mit der der Weiße dem Dunkeln begegnet. Diese Verachtung ist stupide als Ausweg. Wer sich gegen etwas Nachrückendes stellt, muß feige sein oder dumm. Fremde Rassen – schwarze, braune oder gelbe – verachten, ist reaktionär, weil die Zukunft den gemischten Rassen gehört. Die Menschheit des nächsten Jahrhunderts wird lachen, wenn sie denkt, daß einmal weiße Männer schwarze unter sich stellten. Achten wir doch auf die Zeichen! Die Zeit bereitet sich vor, da Rassenunterschiede ebensowenig gültig wie Klassenunterschiede sein werden. – Die weiße Rasse ›allein‹ wird die Zukunft nicht tragen.«[180]

Keine Frage, die mannigfaltigen Eindrücke hatten die verwöhnten Dichterkinder tief in ihrem Innersten berührt. Sie ahnten es wohl selbst noch nicht, aber hier, in Amerika, schärfte sich ihr Gespür für die Gefahren, die aus bornierten Vorurteilen, sozialer Ungerechtigkeit und Inhumanität erwachsen. Schon allein deshalb war das Intermezzo in Übersee bedeutsam für ihre persönliche Entwicklung, begann sich doch langsam ein soziales Gewissen in ihnen zu regen. Sie wurden wachsamer, argwöhnischer, skeptischer – sich selbst gegenüber und gegenüber ihrer unmittelbaren Umgebung. Fast wie von selbst wußten sie plötzlich feste politische Grundsätze und moralische Überzeugungen zu formulieren, und so fiel es ihnen später leichter als anderen Zeitgenossen, unbeirrt und mit bestechender Konsequenz auf die radikalen Veränderungen der Verhältnisse in ihrer Heimat zu reagieren.

Noch war die Reise nicht zu Ende: Asien, insbesondere Japan, China, Korea und Rußland galt es zu erkunden. Daß der Zwischenstopp in Tokio für die Geschwister zeitweilig den Charakter eines Zwangsaufenthalts annahm, war wieder einmal Folge ihres notorischen Geldmangels. Seit Tagen wartete man nun darauf, daß sich der S. Fischer Verlag, wie so oft in den letzten Wochen, als gütiger Wohltäter erweisen würde und man die Hotelkosten bezahlen konnte. Nachdem die Überweisung endlich eingetroffen war, ging es weiter nach Kyoto. Dort fanden es die literary Mann-twins plötzlich schick, als André Gide und Annette Kolb aufzutreten. Doch der leere Geldbeutel und der Krieg ganz in der Nähe von Chinas Hauptstadt Peking ließen es kaum zu, die Reise noch weiter auszudehnen. Von Korea aus traten sie schließlich den Rückweg über Rußland und Polen an, nicht ohne sich, mitten in Sibirien, von einem netten Herrn aus Deutschland das Geld für die Spesen während der Fahrt mit der Transsibirischen Eisenbahn zu borgen, mit der sie von Harbin nach Moskau unterwegs waren. Wie der Zufall es wollte, erwies sich der großzügige Herr als S.-Fischer-Autor und alter Bekannter des Zauberers. ›Glück im Unglück‹ hatten Klaus und Erika auf ihrer Reise allerdings schon so häufig gehabt, daß selbst diese erstaunliche Begebenheit sie nicht weiter verwundern konnte. Immerhin war es nicht zuletzt dem

freundlichen Herrn Kellermann zu verdanken, daß Klaus und Erika
Mann im Sommer 1928 schließlich wohlbehalten in Berlin eintrafen.

Die Götter des Olymp

Nach Hause kommen, Wiedersehen feiern, schon oft erprobt und doch
fast nie von einem Aufatmen, einem freudigen »Ich bin wieder da!« begleitet – so war es immer gewesen, und so war es auch jetzt wieder, als
Klaus Mann nach immerhin einem Dreivierteljahr Abwesenheit nach
Deutschland zurückkehrte. Er ließ sich kaum Zeit, um sich wieder heimisch zu fühlen: Nach nicht einmal einem Monat in München, den er im
elterlichen Haus verbrachte, begab er sich schon wieder auf Wanderschaft, zunächst mit Erika zu den Salzburger Festspielen und anschließend für ein paar Tage an den Wolfgangsee, wo die beiden intensiv
an der Vollendung ihres Reisebuchs arbeiteten. Viel Zeit zu zweit blieb
ihnen nicht mehr, da Erika ab Herbst in Frankfurt Quartier beziehen
sollte, um dort die Rolle der Irene in Theodor Taggers Stück *Krankheit
der Jugend* zu übernehmen. Mitte August mußte die Arbeit an *Rundherum* jedoch kurzzeitig unterbrochen werden, denn es galt, für den verstorbenen Klabund einen Nachruf für eine Schweizer Zeitschrift zu verfassen. Klaus Mann hatte den jungen Dichter nicht nur wegen seiner Arbeiten, sondern vor allem wegen seines enormen Lebenswillens geschätzt,
mit der er tagtäglich seiner tödlichen Krankheit – er litt an Kehlkopftu-
berkulose – den Kampf ansagte. Auch war es das erste Mal, daß er sich
verpflichtet fühlte, Leben und Werk eines toten Freundes zu würdigen,
eine Aufgabe, die ihn sehr bewegte und ihm tatsächlich über Tage Kopfzerbrechen bereitete.

Herzschmerz bereitete ihm in jenen Wochen auch – oder besser gesagt,
immer noch – der Gedanke an Pamela Wedekind, die in der Öffentlichkeit schon längst keinen Hehl mehr daraus machte, daß sie ihren Platz
ausschließlich an der Seite von Carl Sternheim sah. Schon in Amerika
hatten Erika und Klaus aus der Zeitung von der offiziellen Verlobung der
Beiden erfahren. Ihre Hoffnung, es handle sich nur um ein Gerücht,
währte nicht lange: Mittlerweile lebte die Freundin zusammen mit dem
Dramatiker auf dessen Anwesen in Uttwil und dachte keineswegs daran,
ihr Eheversprechen wieder aufzukündigen. Dennoch zeigte sich Klaus

Mann fest entschlossen, Pamela Wedekind wiederzusehen. Vielleicht hoffte er darauf, sie zurückzuerobern, vielleicht ging es ihm wirklich nur darum, wenigstens die Freundschaft zu retten. Doch daraus wurde nichts. Zwar bemühte sich zunächst auch Pamela Wedekind, den Kontakt mit Klaus weiter aufrechtzuerhalten, aber die Differenzen zwischen ihrem ehemaligen Verlobten und ihrem zukünftigen Mann, die freilich weitgehend unausgesprochen blieben und sich nicht allein aus gegenseitiger Eifersucht nährten, machten eine erneute Intensivierung der Verbindung unmöglich. Dabei stand Klaus Mann Carl Sternheim nicht generell ablehnend gegenüber, bewunderte er ihn doch für sein Lebenswerk und für die avantgardistischen Impulse, mit denen er die Bühnenkunst seit der Jahrhundertwende neu belebt hatte. Für die eine oder andere Anregung, die der Ältere ihm gönnerhaft zu geben pflegte, war Klaus Mann sogar dankbar. (Carl Sternheim war es, der ihm bei ihrer letzten Begegnung im Baden-Badener Kurhaus empfahl, nach Heidelberg zu reisen und dort den Philosophen Heinrich Rickert aufzusuchen. Im Oktober machte sich Klaus Mann tatsächlich auf den Weg dorthin, doch die Begegnung verlief enttäuschend, da ihm Rickerts philosophischer Stil »vielfach überholt«[181] erschien. Immerhin nutzte er seinen Aufenthalt in Heidelberg, um in Ruhe an seinem neuen Roman zu arbeiten und seinen alten Lehrer Paul Geheeb zu besuchen.) Nichtsdestotrotz konnte Klaus Mann die Belehrungen, die Carl Sternheim sich ihm gegenüber offenbar bei jeder Gelegenheit herausnahm, nur schwer ertragen. Permanent einem Examen unterzogen zu werden, das nur geringe Aussicht hatte, von ihm bestanden zu werden, wie er in einem Brief an Pamela Wedekind beklagte, war schlicht und ergreifend demütigend. Außerdem lehnte er es ab, sich der »Sternheimschen Pädagogik«[182] so ohne weiteres zu unterwerfen.

Hinzu kam, daß sich Klaus Mann unvermutet in einen Loyalitätskonflikt verstrickt sah: Die Trennung von Carl und Thea Sternheim nach über 20 Jahren Ehe war zu einer regelrechten »Scheidungsaffäre« ausgeartet. Ungeniert stritt man sich über finanzielle und andere private Fragen in der Öffentlichkeit, wobei die Auseinandersetzungen »immer brutalere Formen«[183] annahmen. Thea Sternheim konnte die Entscheidung ihres Mannes für Pamela Wedekind lange Zeit nur schwer verwinden, und sie sah in Klaus Mann, dem guten Freund ihrer beiden Kinder Mopsa und Claus, einen willkommenen Leidensgenossen. Im Hause Heinrich Manns besprach sie mit ihm, was zu tun sei. Im Grunde aber blieb beiden nichts

anderes übrig, als die Situation zu akzeptieren[184], und so beschloß Klaus
Mann, Treffen zu Dritt in Zukunft zu vermeiden. So sind denn auch seine
Briefe an Pamela in den Wochen vor und nach ihrem Wiedersehen in Baden-Baden davon geprägt, die Unmöglichkeit einer Dreierkonstellation
deutlich zu machen: An ihr allein wäre ihm etwas gelegen; Carl Sternheim würde er zwar mit Respekt begegnen, tiefe freundschaftliche Gefühle könne er jedoch nicht für ihn aufbringen. Ein paar Jahre später, im Juni
1932, sollte Carl Sternheim gegen Klaus Mann zum Rundumschlag aus-
holen. In einem *Offenen Brief* an den S. Fischer Verlag mokierte er sich
unter »schallendstem Protest im Namen unserer geschändeten Literatur«
über die »teuflischen Schweinereien«[185], die Klaus Mann in *Treffpunkt
im Unendlichen* und seiner Autobiographie *Kind dieser Zeit*, die im übrigen gar nicht im S. Fischer Verlag, sondern im Transmare Verlag erschienen war, verfaßt habe. Damit war an eine versöhnliche Geste natürlich
nicht mehr zu denken; seine erste Reaktion, Pamela Wedekind hätte ihm
»diesen widerlichen Wahnsinns- und Schlußskandal [...] bei aller Besessenheit wohl ersparen können«[186], erwies sich jedoch als ungerecht, denn
ihr Mann hatte das Schreiben ohne ihr Wissen verfaßt.

Mit der Zeit begann er sich tatsächlich innerlich von Pamela Wedekind zu lösen. Sie war nicht mehr länger – nach Erika – die erste An-
sprechpartnerin, wenn es darum ging, private Erlebnisse auszutauschen
oder berufliche Erfolge zu vermelden. Und auch als sich Pamela Wedekind nach vier Jahren Ehe, die im April 1930 geschlossen wurde, von
Carl Sternheim trennte, dachten beide nicht mehr daran, den engen Kontakt von einst wieder aufleben zu lassen.

Es gab auch noch andere Gemeinsamkeiten, die Klaus Mann mit
Thea Sternheim verband. Sie war nämlich schon seit Jahren eine große
Bewunderin von André Gide; sie hatte alle seine Werke gelesen und war
inzwischen eng mit ihm befreundet. Sie schätzte ihn als Dichter und als
Mensch, wobei sie vor allem sein Charme und sein geistiger Esprit beeindruckte. Gide, der große Romancier und überzeugte Individualist, dessen Kulturbegriff von Anfang an universal war, ließ sich nur ungern von
einer Sache oder einer Person vereinnahmen. Er fühlte sich als moralisie-
render ›Immoralist‹ der radikalen Wahrhaftigkeit seines Wesens immer
mehr verpflichtet als der jeweiligen Zeitströmung oder Erwartungshal-
tung seiner Umwelt. So konvertierte er nicht zum Katholizismus, als
überzeugte Katholiken, wie Paul Claudel und andere Freunde, ihm die-

sen Schritt nahelegten, sondern schrieb statt dessen mit *Die Verließe des Vatikans* (1914) eine beißende Satire gegen heuchlerische Frömmelei und klerikale Allmachtsbestrebungen. Ebenso ließ er sich von dem Vorwurf nicht beirren, als Schriftsteller sei er zu intellektuell, zu elitär und zu kunstbesessen. Einzige Ausnahme: seine Hinwendung zum Kommunismus in den dreißiger Jahren unter dem Eindruck der Nazi-Diktatur, die allerdings nach einem Rußlandbesuch schon bald einer anti-stalinistischen Haltung wich. Auch dies erregte Unmut: Während die einen ihm nicht verzeihen konnten, daß er sich überhaupt jemals zur sozialistischen Idee bekannt hatte, empörten sich die anderen über seinen angeblichen Wankelmut und seine scharfe Polemik gegen die Sowjetunion. André Gide, als eine der schillerndsten Persönlichkeiten der französischen Literaturszene von vielen kritisiert, von nicht wenigen bewundert, zog auch Klaus Mann geradezu magisch in seinen Bann.[187] Es war wohl eine der großen Enttäuschungen in seinem Leben, daß der Autor von so bedeutenden und von ihm so geschätzten Werken wie *L'Immoraliste* oder *Les Faux-Monnayeurs*, dem er zahlreiche Artikel und Aufsätze widmete und dessen Leben und Werk er schließlich sogar ins Zentrum einer umfangreichen Monographie rückte, seine vielen Sympathiebekundungen nicht erwiderte – obwohl Klaus Mann im *Wendepunkt* wortreich einen anderen Eindruck zu erwecken versucht: »Wenn ich betone, daß die Begegnung mit den Schriften Gides mir bedeutsamer gewesen ist als die mit dem Menschen, so soll damit nicht gesagt oder auch nur angedeutet sein, er habe mich als Persönlichkeit enttäuscht: Im Gegenteil, ich zähle die Bekanntschaft mit ihm zu den kostbarsten und erfreulichsten meines Lebens. Aber ich wünsche nicht den Eindruck zu erwecken, als wäre ich ein intimer Freund des großen Mannes oder als hätte dieser jemals ein besonderes pädagogisches Interesse für mich an den Tag gelegt. Das Interesse war einseitig. Ich bewunderte ihn. Er ließ es sich gefallen.«[188] Nein, der trotzige Unterton vermag kaum darüber hinwegtäuschen, daß hier auch die Stimme einer gekränkten Seele die Feder führt, allerdings um den Preis der Selbstverleugnung und einer erschreckend wenig kaschierten Abwertung der eigenen Person.

Klaus Mann hatte André Gide im Herbst 1926 bei einem seiner häufigen Besuche in Paris das erste Mal seine Aufwartung gemacht und nicht, wie er in seiner 1943 erschienenen Monographie *André Gide und die Krise des modernen Denkens* und auch im *Wendepunkt* angibt, irgendwann »zwischen dem 7. und 13. Juni 1925«[189]. Das Treffen war durch ein herzliches Empfehlungsschreiben von Ernst Robert Curtius zustande gekommen. Darin beschreibt er Klaus Mann als sympathischen jungen Mann und hochbegabten Dichter, der als Repräsentant – zumindest eines Teils – der deutschen Jugend André Gide bestimmt interessieren würde.[190] Freilich vergaß er nicht, gleich zu Beginn des Briefes die Herkunft seines Protegés zu erwähnen. Curtius vermutete, daß dies das wohl entscheidende Argument für Gide war, Klaus zu empfangen, zumal der Franzose für Thomas Mann große Hochachtung empfand und mit ihm seit 1922 einen regen Briefwechsel pflegte. Daß Klaus Mann in einer Zeit, in der viele in Deutschland noch kaum etwas von ihm gelesen hatten, schon mit einem Großteil des Gideschen Oeuvres vertraut war, hatte er jedoch – wie schon oft – nicht auf Anregung seines Vaters (oder seines Onkels Heinrich, der seit der Lektüre von *Die Verließe des Vatikans* ebenfalls nicht müde wurde, André Gide öffentlich als einen der wichtigsten französischen Literaten zu bezeichnen)[191], sondern Ernst Robert Curtius zu verdanken. Der Heidelberger Romanist hatte als einer der ersten deutschen Geisteswissenschaftler in seiner 1919 veröffentlichten Studie *Die literarischen Wegbereiter des neuen Frankreich* ausführlich das bis dahin erschienene Werk André Gides besprochen. Seitdem er Klaus während dessen Aufenthalt im Stift Neuburg das erste Mal begegnet war, bemühte er sich stets, ihm die französische Kunst und Ideenwelt nahezubringen. Durch ihn lernte Klaus Mann die Arbeiten von jungen Künstlern wie Raymond Radiguet, Jean Desbordes, Julien Green und Jean Giraudoux kennen und schätzen. André Gide aber, der fast auf den Tag genau 37 Jahre älter als er selbst war, wurde für ihn zum uneingeschränkten Vorbild – und dies für den Rest seines Lebens. Als er ihn etwa 1928 enthusiastisch als den »reichsten und faszinierendsten Geist der europäischen Literatur unseres Jahrhunderts«[192] feierte, ließ Klaus Mann in seiner Begeisterung freilich außer acht, daß der Bekanntheitsgrad und die Verkaufszahlen seiner Bücher schon längst einen anderen Literaten zum uneingeschränkten ›Dichterfürsten‹ von Europa bestimmt hatten: seinen Vater. In der Tat gehörte Thomas Mann zu dieser Zeit weltweit zu den bekanntesten Autoren. Ja, man kann sagen, daß damals jeder bildungsbeflissene Bürger die *Buddenbrooks* oder den *Zauberberg* gelesen oder zumindest in seinem Bücherregal stehen hatte. Es war daher nur konsequent, daß bereits im folgenden Jahr die Jury des Stockholmer Nobelpreiskomitees sein Werk (und seine Popularität) mit der begehrten Auszeichnung würdigte, eine Ehrung, die André Gide erst rund 20 Jahre später zuteil werden sollte.[193]

Es dürfte Thomas Mann wohl nicht sonderlich bekümmert haben, daß sein Sohn nicht ihn, sondern André Gide zur Leitfigur für seine weitere persönliche und literarische Entwicklung auserkoren hatte. Im übrigen brachte auch er dem französischen Schriftstellerkollegen große Sympathie entgegen und suchte seinerseits den regelmäßigen Kontakt zu ihm, obwohl er bestimmte biographische Parallelen, so etwa die jahrelange Verleugnung der »sensuellen Passion«, wie Gide seine Leidenschaft für schöne Jünglinge zu umschreiben pflegte, geflissentlich nicht zur Kenntnis nahm. Ja, auch André Gide hatte sich zunächst vor seiner homoerotischen Neigung in die Ehe geflüchtet. Aber anders als Thomas Mann gelang es ihm auf Dauer nicht, seine sexuellen Vorlieben zu bezähmen und sich für den Rest seines Lebens von der bürgerlichen Etikette in seinem Drang nach Freiheit, Wahrhaftigkeit und Selbstverwirklichung knebeln zu lassen. Seine Begegnung mit dem jungen Pastorensohn Marc Allégret im Jahre 1917, mit dem ihn eine jahrelange enge freundschaftliche Beziehung verband, zwang ihn schließlich, seine Homosexualität der Öffentlichkeit preiszugeben, zumal sich gezeigt hatte, daß seine Frau Madeleine – und die Existenz seiner Tochter Catherine, deren Mutter, Élisabeth van Rysselberghes, sich ebenfalls keine Hoffnungen auf eine gemeinsame Zukunft mit André Gide machen durfte – an seinem wahren erotischen Interesse nichts ändern konnten. Es entsprach wohl ihrem sanften Gemüt und ihrer frommen Unschuld, daß Madame Gide nie ernsthaft versuchte, gegen ihre trostlose Rolle als stumme Dulderin zu rebellieren – auch wenn sie einmal in einem Anfall von Schmerz und Enttäuschung sämtliche Briefe ihres Gatten verbrannte. Dieser einzig bekannte Akt des Aufbegehrens, auf den André Gide mit blankem Entsetzen und starken Schuldgefühlen reagierte, änderte jedoch nicht wirklich etwas an ihrer Situation oder an der Einstellung ihres Mannes: Madeleine starb schließlich 1938 im Alter von 72 Jahren, ohne jemals ihre Ehe vollzogen zu haben.[194]

War es das, was Klaus Mann an André Gide so bewunderte? Daß er, trotz seiner puritanischen Erziehung und trotz seiner öffentlichen Position (und ganz anders als der Vater) es wagte, den bürgerlichen Konventionen unverhohlen die Stirn zu bieten? Im *Wendepunkt* bestreitet er ex-

plizit und »um jedem Mißverständnis vorzubeugen«[195], daß seine Verehrung etwas mit der gemeinsamen Erfahrung der Männerliebe zu tun gehabt habe. Tatsächlich sei er gerade im »Erotischen« kaum jemals auf
die Ermutigung eines anderen angewiesen gewesen. Demgegenüber sei
die Anziehungskraft, die André Gide und sein Werk von Beginn an auf
ihn ausgeübt hätten, immer »moralischer, intellektueller Art« gewesen:
»Die Begegnung mit ihm – nicht mit dem Menschen, sondern mit dem
Werk, in welchem diese reiche, komplexe Menschlichkeit sich offenbart
– hat mir mehr als irgendeine andere geholfen, meinen Weg zu mir selbst
zu finden.«[196] Den Weg zu sich selbst finden, bedeutete für Klaus Mann
vor allem, die »Dissonanzen« seines Wesens auf der geistig-moralischen
Ebene zu verstehen und miteinander in Einklang zu bringen. (Daß sie
freilich in seinem Wesen begründet waren und damit eher die psychologische als die geistige Ebene berührte, erwähnte er nicht.) So gesehen, habe denn auch kein anderer Schriftsteller, noch nicht einmal einer von den
»Göttern« seines jugendlichen »Olymps«, dem er im *Wendepunkt* immerhin so bedeutende Namen wie Sokrates, Nietzsche, Walt Whitman,
Novalis, Arthur Rimbaud, Stefan George, Rainer Maria Rilke, Hermann
Bang, Frank Wedekind, Thomas oder Heinrich Mann[197] zuordnet, ihm
»mehr zu bieten« gehabt als André Gide. Freilich sei sich sein »Meister«
kaum seiner enormen Wirkung auf ihn bewußt gewesen: »Wußte er Antwort auf meine Fragen? Offerierte er ein Programm? Nein, es war immer
nur sein ›Beispiel‹, das er zu bieten hatte, das Beispiel seiner geistigen Integrität und Tapferkeit, seiner Neugier und Wahrheitsliebe, seiner Geduld, seines Stolzes, seiner Leidenschaft, seines sittlichen Ernstes. Durch
ihn erfuhr ich, daß Erkenntnis und Glaube, Wissen und Liebe einander
nicht ausschließen [...].« So habe er erst durch ihn »die geistige Legitima-
tion und künstlerische Objektivierung meiner subjektiven Unrast und
Ungewißheit«[198] erfahren, meint er später im verklärenden Rückblick
auf seinen bisherigen Lebensweg – wobei er nicht darauf einging, daß die
angestrebte Harmonisierung jener »Dissonanzen« tatsächlich für ihn so
nicht erreichbar war.

In Anbetracht der überdeutlichen Lobpreisung seiner Person konnte
es André Gide über all die Jahre hinweg kaum verborgen geblieben sein,
wie groß die Identifikationsbereitschaft seines treuen Bewunderers
tatsächlich war. Klaus Mann nutzte jede Gelegenheit, um ihm seine fast
schon rührende Anhänglichkeit unter Beweis zu stellen, sei es öffentlich,

in einem seiner zahlreichen Essays[199], sei es privat, indem er versuchte, auf die eine oder andere Weise Anteil am Leben Gides zu nehmen. Immer wieder bemühte er sich darum, persönliche Treffen zu arrangieren – von denen letztlich freilich nur wenige zustande kamen – oder Möglichkeiten der literarischen Zusammenarbeit zu finden. Die rund 70 Briefe, Postkarten und Telegramme, die sich André Gide und Klaus Mann zwischen 1926 bis 1949 geschrieben haben, dokumentieren allerdings in krasser Weise die unterschiedliche Bedeutung, die beide ihrer Beziehung beimaßen: hier Gides ostentative Zurückhaltung, die bisweilen sogar die Grenzen der Höflichkeit außer acht ließ, dort Klaus Manns immer wieder zum Ausdruck gebrachtes Bedürfnis nach freundschaftlicher Verbundenheit und geistigem Austausch. In Wahrheit konnte Klaus Mann während der ganzen Jahre weder auf eine persönliche noch auf eine intellektuelle Auseinandersetzung hoffen. Der Umstand, daß gerade für Gide der langjährige schriftliche Kontakt mit Kollegen und Freunden nicht nur eine Selbstverständlichkeit, sondern vielmehr ein echtes Bedürfnis war, belegen die ebenso umfangreichen wie kunsttheoretisch bedeutsamen Briefwechsel mit Paul Claudel oder Paul Valéry, die Klaus Mann zweifellos als schmerzliche Bestätigung von Gides Interesselosigkeit an seiner Person wahrnehmen mußte. Hingegen beschränkte sich die Korrespondenz zwischen Gide und Klaus Mann vor allem in den ersten Jahren ihres Kontaktes auf mehr oder weniger offen vorgetragene Anfragen des Jüngeren um Stellungnahmen und Protektionen seiner Werke, denen André Gide allerdings nur gelegentlich entsprach. Häufiger zog er es vor, sich mit den zugesandten Manuskripten nur flüchtig zu befassen, sie gar zu ignorieren oder Klaus Mann davon abzuraten, Werke, wie etwa seine 1933 entstandene Erzählung *Letztes Gespräch*, in Frankreich erscheinen zu lassen. Selbst als Klaus Mann um Beiträge für seine 1933 ins Leben gerufene Exilzeitschrift *Die Sammlung* bat, mußte er sein Anliegen mehrmals schriftlich wiederholen, bevor sich Gide endlich dazu entschließen konnte, sein Gedicht *Traversée* zur Veröffentlichung freizugeben[200] – ein schon fast brüskierendes Verhalten, da Gide neben Aldous Huxley und Heinrich Mann immerhin das publikumswirksame Patronat für die erste deutschsprachige Literaturzeitschrift im Exil übernommen hatte. Auf der Titelseite jeder Ausgabe stand sein Name ganz oben an erster Stelle. Dennoch war Gide während der gesamten Erscheinungsdauer der Zeitschrift lediglich viermal mit eigenen Beiträgen vertreten.

Nur einmal zeigte André Gide gegenüber Klaus Mann so etwas wie echte Anteilnahme. Es war die Zeit, als die *Sammlung* im August 1935 wegen Geldmangels eingestellt werden mußte. Offenbar war es selbst Gide nicht verborgen geblieben, daß Klaus Mann, jäh seiner ersten ernsthaften antifaschistischen Aufklärungsarbeit beraubt, sich gerade mitten in einem zähen Kampf gegen seine Depression befand und verzweifelt um die Wiederherstellung seines seelischen Gleichgewichts rang. War es der freundschaftliche Impuls, Trost zu spenden? Oder dachte sich Gide in Wahrheit nichts weiter dabei, als er »mon cher Klaus« in seinem Brief versicherte, daß er ihn im Laufe ihrer Bekanntschaft immer mehr schätzen gelernt habe? Wie es sich wohl für einen »Meister« gegenüber seinem »Schüler« gebührt, ergänzt er seine ungewöhnliche Sympathiebekundung noch um die huldvolle Bemerkung: »Ich weiß, daß man sich auf Sie verlassen kann.«[201] Bezeichnenderweise nahm Klaus den herzlichen Ton sogleich zum Anlaß, vertraulich zu werden. Bekenntnisse wie »Mir geht es nicht besonders gut. Ich habe gegen die furchtbarsten Depressionen zu kämpfen, und immer gegen die Versuchung der Droge« – wobei er noch beschwörend hinzufügt: »Das sage ich Ihnen sehr im Vertrauen, und weil ich hoffe, Sie für meinen Freund halten zu dürfen. Bitte, sprechen Sie mit keinem Menschen darüber.«[202] – wurden jedoch von Gide prompt als grenzüberschreitende Annäherungsversuche verstanden und blieben daher erst einmal unbeantwortet. In einer verspäteten Erwiderung erklärte er ohne Umschweife, daß er sich von Klaus' intimen Geständnissen »bedrängt« und »genötigt«[203] fühlte und deshalb zunächst einfach nicht habe antworten können. Was mag wohl in Klaus Mann vorgegangen sein, als er diese Zeilen las? Weder in seinem Tagebuch noch in seiner Autobiographie findet sich ein Wort, das auf eine tiefer gehende Betroffenheit angesichts dieser brüsken Ablehnung von »le père Gide«[204], wie er ihn heimlich zu nennen pflegte, schließen läßt. Erst später zeigte sich, daß sich in ihm dennoch ein wachsender Unmut über Gides chronisches Desinteresse an seiner Person zu regen begann. Nach der Lektüre der Gideschen Tagebuchnotizen aus dem Jahre 1931 erhielt er schwarz auf weiß Gewißheit darüber, was er offenbar so lange Zeit kaum hatte wahrhaben wollen: André Gide fühlte sich mit ihm in keiner Weise verbunden, weder als Kollege noch als Freund. Oder wie sonst hatte er es zu verstehen, daß keine Begegnung mit ihm, auch nicht ihr erstes Zusammentreffen im Jahre 1926, dem Verfasser eine Erwähnung

Wert war? Tatsächlich taucht in den Notizen nur ein einziges Mal der Name »Klaus Mann« auf, und das auf denkbar belanglose Art: »[...] Autofahrt an den Starnberger See, wohin mich die Familie Thomas Manns mitnimmt, die wiederzusehen mir großes Vergnügen macht. Die beiden jüngsten, ausgesprochen schönen Kinder sind dabei und Klaus, den ich noch kaum kannte. Reizend alle, besonders Frau Mann [...].«[205] So notiert an einem Samstag im Juli 1931 – also rund fünf Jahre nach ihrem ersten gemeinsamen Mittagessen in Paris. Dieses eine Mal reagierte Klaus Mann, und zwar mit der Schärfe einer schon lange schwelenden Ernüchterung. Es sei, so schrieb er in einem Brief vom 4. Juni 1939, natürlich ein Ereignis für ihn gewesen, seinen Namen in Gides schönem Buch zu finden, doch welche Enttäuschung habe es ihm bereitet, über sich eine derart lapidare Bemerkung lesen zu müssen: »[...] den ich kaum kenne [...].« Immer und immer wieder habe er diesen Satz gelesen. Und wenn er sich nun vergegenwärtige, wie stolz er seinerzeit auf ihre Freundschaft gewesen sei, erfülle ihn dieser Satz mit bitterer Trauer. Dann kommt er auf den Punkt: Was könnten jetzt wohl die Leser, die seine Artikel über André Gide und dessen Münchner Tagebuchnotizen kennen, anderes denken als: »Nun ja, dieser junge Mann macht ziemlich viel Aufhebens um die ›große Rolle‹, die André Gide in seinem Leben gespielt hat, während Gide bloß feststellt, daß er ihn kaum kennt.«[206] Kein Zweifel, die Verletzung schmerzte und brachte zudem lang verdrängte Schamgefühle an die Oberfläche, denn immer wieder klingt zwischen den Zeilen die ungläubige Frage an: Wie konnte er sich in der Einschätzung ihrer Beziehung so getäuscht haben?

In der Tat fällt es schwer zu glauben, daß Klaus Mann, der durchaus in der Lage war, feine Zwischentöne wahrzunehmen, wirklich all die vielen unmißverständlichen Hinweise überhört haben soll, die ihm Gide während ihrer langjährigen Bekanntschaft gab. Der Verdacht liegt nahe, daß sein Blick in diesem Verhältnis zu sehr auf die eigene Person gerichtet war, daß es ihm in Wirklichkeit mehr darum ging, in seinem Enthusiasmus und seinen zahlreichen öffentlichen Kommentaren über Gide zu schwelgen, als sich den wahren Charakter ihrer Beziehung einzugestehen. Und überhaupt: Hatte er nicht schon lange genug darauf gewartet, eine Leitfigur zu finden, mit der er sich identifizieren, mehr noch, die ihm Halt und Sicherheit geben konnte? »Willkommen mein Führer! Hier bin ich – zu folgen bereit: mich kümmerts nicht, wem... Wer Du auch seist:

mit Deiner Hilfe finde ich am Ende – mich selbst«,[207] steht – fast schon
in der eindringlichen Diktion einer Beschwörungsformel – im *Wende-*
punkt geschrieben. So innig Klaus Mann hier sein Bedürfnis nach Spiege-
lung der eigenen Existenz und Ich-Werdung durch eine starke Persönlichkeit formuliert, so plausibel wird die stürmische Hinwendung zu Gide, die freilich unter der Last von derart hohen Erwartungen kaum
Raum für einen ehrlichen Umgang miteinander bieten konnte.

Indes: André Gide war kein Einzelfall. Die Unverbindlichkeit seiner
vermeintlich verbindlichen Beziehung zu dem französischen Literaten
stand in merkwürdiger Korrespondenz mit einer Reihe von ähnlich enttäuschenden Erfahrungen, die Klaus Mann im Laufe seines Lebens praktisch immer wieder mit anderen machen sollte. Diese Parallelen machen
deutlich, daß die Grundproblematik – zumindest aus psychologischer
Sicht – noch komplexer, noch komplizierter gewesen sein dürfte. Die vielen gescheiterten (Liebes-)Beziehungen und offensichtlichen Partnerver-
fehlungen auf der einen, die hingebungsvolle, teils mit großem Kraftauf-
wand betriebene Beschäftigung mit Personen, die ihn wie André Gide,
René Crevel und – besonders gravierend – wie der eigene Vater konsequent auf Abstand hielten, auf der anderen Seite – dahinter verbirgt sich
auch das Drama eines zutiefst bindungsängstlichen Menschen, der Zuneigung und Liebe vor allem ex negativo erlebt hat. Wer sich in einem
solchen Teufelskreis der widerstreitenden Gefühle von Sehnsucht und
Abwehr befindet, wer die Preisgabe seines Innersten so sehr fürchtet, daß
er sich lieber gar nicht erst auf eine tiefere Beziehung einläßt, der wird
über kurz oder lang die Vermeidung eines echten emotionalen Engagements zur einzig möglichen (Lebens-)Strategie erheben. Dabei erwächst
dieses Verhaltensmuster zweifellos aus der – unbewußten – Furcht, ver-
kannt, verletzt und verraten zu werden. Über die Gründe dieser Unfähigkeit, Beziehungen zu führen, die im Laufe seines Lebens fast schon den
Charakter einer schicksalsbestimmten Beziehungslosigkeit annahm, läßt
sich nur spekulieren. Gut möglich, daß diese (selbst-)zerstörerische Ver-
meidungsstrategie nicht zuletzt die Konsequenz frühkindlicher Erfahrungen und einer schwierigen Eltern-Sohn-Konstellation war. Die unnahba-
re Art des Vaters, die eine familiäre Atmosphäre der Wärme, Offenheit
und Geborgenheit allzu oft schmerzlich vereitelte, die kindliche Gewißheit, daß das hohe geistige Niveau des Elternhauses zwar ausgesprochen anregend war, jedoch immer auch zu intellektueller Höchstform

verpflichtete, ja selbst die krankheitsbedingte monatelange Abwesenheit der Mutter in den frühen Jahren der Kindheit oder die öffentlichkeitsbezogene Lebensweise einer Familie, die praktisch permanent im Rampenlicht stand – diese und andere Facetten einer ebenso ungewöhnlichen wie vielschichtigen Familienstruktur könnten in ungünstiger Weise die Persönlichkeitsentwicklung des hochbegabten, hochsensiblen und zweifellos hochgefährdeten Heranwachsenden geprägt haben. Wie dem auch sei, fest steht: Für Klaus Mann sollten sich die Mehrzahl seiner scheinbar intensiven Beziehungen, die, wie etwa die zu Pamela Wedekind, durchaus den Keim einer längerfristigen Verbindung enthielten, auf Dauer fast schon zwangsläufig als unbeständig und flüchtig erweisen. Wie überhaupt ein näheres, gleichberechtigtes Verhältnis für ihn nur mit wenigen Menschen, allen voran mit seiner Schwester Erika, möglich war. Lediglich aus der Ferne konnte er Gefühle der Verbundenheit und der inneren Anteilnahme zulassen. Es ist daher kein Widerspruch, daß Klaus Mann – aus der sicheren Distanz heraus – durchaus fähig war, Treue, Hingabe, Verständnis und Großzügigkeit zu entwickeln und Freundschaften (nicht Liebesbeziehungen) über Landesgrenzen und monatelange Trennungen hinweg zu pflegen und zu bewahren. Eigenschaften, durch die eine Begegnung mit ihm zum »größten menschlichen Gewinn«[208] werden konnte, wie es etwa Fritz Landshoff, der spätere Exilgefährte, einmal formulierte.

Tatsächlich kann auch jenes Schreiben an André Gide, diesmal auf französisch und nicht wie sonst auf deutsch verfaßt, nicht wirklich als rigorose Abrechnung mit einem Freund, der in Wahrheit freilich niemals einer war, verstanden werden. Trotz seiner Rastlosigkeit, die sich mit den Jahren zu einer Hetzjagd durchs Leben verdichten sollte, lag es nicht in Klaus Manns Naturell, Menschen, mit denen er sich – auf seine Art – emotional verbunden fühlte (und erst recht nicht, wenn er sie zu Leitfiguren seines Lebens auserkoren hatte), einfach die Freundschaft zu kündigen. So fand Klaus Mann auch in seinem Verhältnis zu André Gide über kurz oder lang zu den gewohnten Bahnen zurück und huldigte ihm ohne Umschweife wieder als »großen Menschen« und »genialen Dichter«, 1943 sogar in einer umfangreichen biographischen Darstellung. Als einer seiner engagiertesten Fürsprecher sollte er ihn ebenso vehement wie überzeugend öffentlich gegen die Anschuldigungen seiner Gegner verteidigen, so wie er es eben schon all die Jahre getan hatte.

All diese Aspekte läßt Peter Laemmle weitgehend unberücksichtigt, wenn er in seinem Nachwort zum ersten Band der erst 1989 erschienenen Tagebücher bemerkt, daß viele seiner Begegnungen, insbesondere die »mit all den kulturell so bedeutenden Personen seiner Zeit« letztlich seltsam ergebnislos geblieben seien, so daß zumindest der junge Klaus Mann wie einer wirken würde, »der nur die prominenten Namen sammelt. Er kannte alle und doch niemanden richtig«.²⁰⁹ Als Beleg führt Laemmle an, daß neben André Gide auch die von Klaus Mann bewunderten Kollegen Julien Green oder Jean Cocteau, der immerhin das Vorwort zu Klaus Manns *Alexander*-Roman verfaßte, ihn in ihren Tagebüchern entweder gar nicht oder – wie Jean Cocteau – eher abfällig erwähnt hätten. (Cocteau beschrieb Klaus Mann in der Tat als eine Existenz »ohne Richtung und Ziel«.)²¹⁰ Ein nicht unbedingt überzeugendes Argument, denn ein solcher Umgang unter Schriftstellern verweist nicht notwendigerweise auf die spezifische Problematik Klaus Manns, sondern eher auf die Kurzlebigkeit des Literaturbetriebs, wie sie in jenen Tagen der ausgehenden ›roaring twenties‹ und beginnenden chaotischen ›thirties‹ zweifellos besonders ausgeprägt war.

Schweifende Unrast

Berlin – Bad Sarrow – Berlin – Baden-Baden – Berlin – Heidelberg – Frankfurt: Das waren Klaus Manns Stationen bis Ende des Jahres 1928. Seine Heimatstadt stand nicht auf dem Programm, und auch den Jahreswechsel feierte er fernab vom Elternhaus, in Paris. Ließ es sich noch leugnen? Was auf manche schon längst wie ein »zwanghafter«²¹¹ Aktionismus wirkte, entsprang in der Tat dem gesteigerten Bedürfnis, der Monotonie des Alltags mit einem permanenten Szenenwechsel zu begegnen. Klaus Mann selbst nannte es zunächst »Freiheit«²¹², später dann »schweifende Unrast«²¹³, wenn er auf seine vielen Reisen von Ort zu Ort und Hotelzimmer zu Hotelzimmer zu sprechen kam, wobei er allerdings den Impuls für sein rasantes, in zunehmendem Maße auch kräftezehrendes Lebenstempo kaum jemals ernsthaft hinterfragte.

In seinem *Gruß an das zwölfhundertste Hotelzimmer*, den er irgendwann in den Anfangsmonaten des Jahres 1931 schwungvoll zu Papier brachte, hat er die Schattenseite seiner Ungebundenheit in jenen Jahren festgehalten. Hier zeigt sich, daß Gefühle wie Heimatlosigkeit, Wehmut – und wohl auch Verbitterung – sich schon lange vor der realen Exilerfahrung in seine Seele eingegraben hatten. Zwar präsentiert sich der Autor zunächst mit etwas spöttischem Augenzwinkern als Weltenbummler, der die Wanderschaft zum Leitmotiv seines Lebens gemacht hat. Doch wird mit jeder weiteren Zeile immer klarer auch das Zwiegespräch eines Menschen vernehmbar, der sich der ›Unbehaustheit‹ des Daseins wohl bewußt ist, der es allerdings nicht vermag, die selbstgewählte Einsamkeit zu durchbrechen – und damit den Schmerz zu lindern, der sich aus der tiefen Sehnsucht nach Stabilität und Ordnung, ja nach Geborgenheit und Herzenswärme nährt:

»Zwölfhundertstes Hotelzimmer – sei mir gegrüßt!/ Sei mir gegrüßt, mit mäßig gutem Bett, Spiegelschrank, Kommode, wackeligem Schreibtisch;/ Mit rosa Nachttischlampe, abgeschabtem Teppich,/ Wasserkaraffe, Briefpapier, Kofferständer./ Sei gegrüßt, Heimat seit einer halben Stunde,/ Heimat für zwei, drei oder vierzehn Tage –:/ Wirst du mir freundlich gesinnt sein?/Werde ich bei dir ausruhen dürfen?/Oder gibt es gleich Aerger, weil der Kellner mich neun geschlagene Minuten warten läßt, seit ich nach meinem Frühstück geklingelt habe?/ Neun bittere Minuten, die ich, zornig summend, zwischen Bett und Waschtisch spazierengehe;/ Neun verfluchte Minuten, zwischen Aufstehen und Café complet, die nicht mehr zur Nacht, noch nicht zum Tage gehören;/ Was kann ein Tag bringen, der so beginnt?/ Schlechte Heimat! Schon ist das Vertrauen dahin, das ich dir zunächst entgegenbrachte. –/ Werde ich nach Kleiderhölzern, Tinte, Aschenbecher, Papierkorb erst verlangen müssen, oder ist alles zur Stelle?/ (Was für eine Heimat wäre denn das, ohne Tinte und ohne Papierkorb!)/ Versuchest du ihn zu bluffen oder zu verblüffen, deinen Gast, deinen Schutzbefohlenen –/ Oder trachtest du vielmehr danach, sachlich für ihn zu sorgen?/ (Bluff scheint mir, wenn ich drei Glocken übereinander angebracht finde, für Kellner, Hausburschen, Zimmermädchen – noch dazu mit neckisch erläuternden Bildern, komisch flatterndem Frack des Kellners, Zimmermädchen, sich niedlich machend mit Besen:/ Es ist aber gleichgültig, auf welche Klingel man drückt, immer erscheint der Angestellte, der gerade nichts andres zu tun hat.)/ Wie ist der Nachtportier? Gestattet er mir, meinen Besuch mit aufs Zimmer zu nehmen, schaut höflich beiseite, wenn ich, mit gemachter Selbstverständlichkeit, vorbeischlendere an seiner Loge?/ Oder spielt er den Strengen – »bitte sich ins Schreibzimmer zu bemühen, gibt es noch was zu besprechen.«/ Wie verhält sich das Bett?/ Ist die Steppdecke ganz appetitlich, garantiert frisch bezogen –/ Oder ein wenig klebrig, nicht kühl genug, von verdächtiger Weichheit?/ Oberkellner, schwatzest du mir zuviel, Trinkgeldlüsterner?/ Oder erklärst du mir gar, daß nach zehn Uhr morgens kein Frühstück erhältlich?/ (Bin ich im Gefängnis?)/ O Heimat von drei, vier Tagen, sechs Wochen, zweieinhalb Monaten – wieviel Enttäuschungen hast du mir schon bereitet!/ Wie hart und peinlich hast du sie schon bestraft, meine Unruhe, Unrast, meinen Ehrgeiz und mein Abwechslungsbedürfnis./ Und es mich als Beschämung empfinden lassen, daß ich immer wieder zu dir zurückkehren mußte. –/ Aber freilich, wieviel Gutes hast du mir schon gewährt, wieviel

Rührendes, Sanftes, Aufmerksames./ Laßt mich euch danken, meine zwölfhundert kleinen Heimatländer!/ Ich schaue durch euch hindurch, Ihr reiht euch, eins hinters andere, in unendlicher Perspektive –/ Wie wenn man zwei Spiegel sich spiegeln läßt ineinander./ (Badezimmer wie Grotten der Operndekoration)./ Nein, nicht wie zwei Spiegel./ So ähnlich ihr euch nun scheint, so verschieden wart ihr euch doch. Ich sehe mich durch euch hindurchgehen, Kilometer um Kilometer./ Kleiner Punkt, winzige Figur, die hartnäckig wandert, ganz allmählich herankommt; / Dort länger verweilend, dort nur sehr flüchtig;/ Plaudernd mit Zimmermädchen, mit Kellnern, Portiers,/ Im Hotelzimmer lesend, schreibend, Freiübungen machend;/ Viel allein, manchmal mit Besuch Tee trinkend am Tischchen (schlechtes Gebäck)./ Einsame Nacht, da man über den Rand des Buches in eine Oede starrt, die den kleinen Raum ins Unendliche weitet./ Liebesnacht im Hotelzimmer – oh, welcher Töne bedürfte ich, um deine Reize zu schildern, die, bitterer, zärtlicher, unverbindlicher, als Liebesnächte in anderen Zimmern sie kennen, den Geschmack des Endes in jeder Umarmung hatten./ (Und draußen am Meer und eine mondbeschienene Promenade; oder die große Stadt; oder das schwarze Gebirg.)/ Ihr verlorenen zwölfhundert!/ Ich glaubte, jeden von euch ohne Schmerzen hinter mir zu lassen, ihn gleich zu vergessen./ Aber, ach, es waren zwölfhundert Abschiede –/ Ohne daß ich es merkte./ Nach jedem von euch ist mir eine winzig kleine Sehnsucht geblieben./ Ich trage eure Gerüche in meinem Herzen./ Ich gehe dahin, schwer von zahllosen unbeträchtlichen und doch schweren Erinnerungen. /[...]²¹⁴

Zwölfhundert Willkommensgrüße, zwölfhundert Abschiede – zwölfhundert Beispiele für die strikte Weigerung eines Menschen, sich festzulegen. Tatsächlich wollte und konnte sich Klaus Mann nicht vereinnahmen lassen, weder von einer Stadt oder einem Hotelzimmer noch von einer Person oder Gruppe. Nein, sich irgendwo dauerhaft heimisch zu fühlen, war nicht seine Sache, so wie es ihm überhaupt schwer fiel, eine tiefere Berührung seiner Seele zuzulassen. Gleichwohl gab es eine Konstante in seinem Leben: Wo immer Klaus Mann sich gerade befand, nichts und niemand konnte ihn daran hindern, seinen literarischen Schaffensdrang auszuleben. In jenen Jahren meistens am Vormittag, fast nie am Abend, da dieser der Geselligkeit, der vergnüglichen Zerstreuung und – nicht zu vergessen – den käuflichen Sexabenteuern mit jungen Männern vorbehalten war, setzte er sich an den Schreibtisch (mag er auch noch so »wackelig« gewesen sein) und schrieb. Die Freunde wußten Bescheid, so daß es nur selten vorkam, daß einer von ihnen schon vor der Mittagszeit bei ihm vorsprach. Sollte hier vielleicht ein Wesenszug seines gestrengen Vaters Pate gestanden haben, der mit sich und den Seinen bekanntermaßen keine Gnade kannte, wenn es darum ging, seinen Arbeitsablauf von Störungen frei zu halten? Möglich, daß sie sich gerade in diesem

Punkt näher standen als in vielen anderen. Zumal für beide das Schreiben nicht nur eine künstlerische Notwendigkeit, sondern vor allem ein elementares Bedürfnis war, das danach verlangte, Prioritäten zu setzen. Was ihre spezifische Arbeits*weise* betrifft, so trennten sie allerdings Welten. Was für den einen geradezu zwingend mit Disziplin und Verpflichtung, bisweilen auch mit Mühsal, quälenden Pausen, Nervosität und Selbstüberwindung verbunden war, bedeutete für den anderen die einzige Möglichkeit, Ruhe und innere Ausgeglichenheit zu finden. Und während der eine manchmal Tage benötigte, um die richtige Formulierung, den adäquaten Ton zu finden, darin gewissenhaft dem Gebot der Perfektion gehorchend, strömten dem anderen – in der Regel – die Worte fast wie von selbst aus der Feder. Im Unterschied zu seinem Vater hielt Klaus Mann – vor allem in den Anfangsjahren seiner literarischen Laufbahn – nicht viel davon, während des Schaffensprozesses das mitunter sinnvolle Regulativ der kritischen Distanz walten zu lassen. Obgleich dies nicht immer zum Wohl des Werkes geschah, bedeutete gerade Distanzlosigkeit für Klaus Mann die ursprünglichste Annäherung an seine dichterische Produktion, an das Leben, ja an die eigene Existenz. Insofern war die Arbeit für ihn, wie er es später einmal ausdrückte, von jeher seine »natürlichste Beschäftigung«: »Wenn irgendwelche Umstände mich vorübergehend am Schreiben verhindern, werde ich gleich recht unruhig und beinah krank.«²¹⁵

Der Fortgang seiner Arbeit wurde in jenen Jahren denn auch tatsächlich selten von der hektischen Betriebsamkeit seiner zahlreichen ›Stippvisiten‹ beeinträchtigt. So war sein Schaffensdrang in der Neige des Jahres 1928 stärker denn je: Hier stand er mit Willi Fehse in Kontakt, um den Folgeband der *Anthologie jüngster Lyrik* vorzubereiten, der im Frühjahr 1929 bei Enoch erscheinen sollte, dort verfaßte er seine Rede *Stefan George. Führer der Jugend*, die er anläßlich des 60. Geburtstages des Dichters am 28. Oktober in der Berliner Singakademie hielt. Zwischendurch schrieb er begeisterte Artikel, etwa über eine Münchner Ausstellung von Bildern des Malers Max Beckmann und André Gides *Faux-Monnayeur*, oder er nahm Anstoß an den faschistischen Tendenzen des früh verstorbenen Wolfgang Gräser, dessen letztes Buch *Körpersinn* er jedoch wegen seines sensualistischen Ansatzes durchaus für lesenswert hielt, wie er in einer Rezension für das *Acht-Uhr-Abendblatt* bemerkte. Außerdem schickte er das Manuskript seiner Novelle *Gegenüber von China* an Vel-

hagen und Klasings Monatshefte. (Mitte 1929 erschien *Gegenüber von China* dann, zusammen mit *Abenteuer des Brautpaars* und der Erzählung *Das Leben der Suzanne Cobiere,* die Klaus Mann ebenfalls in jenen Tagen zu Papier gebracht haben dürfte, in einem Novellenband unter dem Titel *Abenteuer* im Leipziger Verlag Philipp Reclam Junior.) Die kleine Geschichte von Peter, dem jungen Sohn eines deutschen Gymnasialprofessors, der nach Hollywood kommt, um dort Karriere zu machen, war noch in Amerika entstanden und greift – wie sollte es anders sein – Klaus' und Erikas eigene Erlebnisse auf ihrer ›Rundherum-Tour‹ auf: Der Druck der unbezahlten Hotelrechnung oder Erikas beherztes Aufsuchen einer Pfandleihe, als sie die akute Geldnot durch das Versetzen ihres kostbaren Pelzmantels erst einmal linderte, ja selbst die abenteuerliche Autotour, die sie mit Raimund von Hofmannsthal unternahmen, fanden Eingang in die Hollywood-Novelle – ohne allerdings den tatsächlichen Geschehnissen gerecht zu werden. In Stil und Sprache wiederum unausgewogen, vermochte er seine Absicht dichterisch kaum umzusetzen und etwas von der schillernden Atmosphäre der amerikanischen Filmstadt einzufangen. Dennoch zeigte sich der Verlag interessiert und kaufte *Gegenüber von China* schließlich für 1 000 Mark an, um sie im Februar des folgenden Jahres zu veröffentlichen. Anfang November waren auch endlich die wochenlangen Verhandlungen mit dem S. Fischer Verlag abgeschlossen. Sowohl die Rechte aller bis dahin von Enoch verlegten Arbeiten wurden auf den Berliner Verlag übertragen als auch die künftigen Prosawerke sollten von nun an hier erscheinen. Der Wechsel erwies sich als günstig: Abgesehen davon, daß es für einen jungen ambitionierten Schriftsteller immer von Vorteil war, einen anerkannten Verlag an seiner Seite zu wissen, konnte Klaus Mann mit dem Renommee, nun zum erlauchten Kreis der ›Fischer-Autoren‹ zu gehören, zufrieden sein. Außerdem stand Samuel Fischer, der nicht zuletzt dank seines wichtigsten Autors Thomas Mann sein Unternehmen seit der Jahrhundertwende kontinuierlich von Erfolg zu Erfolg geführt hatte, in dem Ruf, gute Honorare und großzügige Vorschüsse zu gewähren – was wollte er also mehr? Da schon sein nächster Roman vom S. Fischer Verlag herausgebracht werden sollte, machte sich Klaus Mann sogleich daran, sein neues Werk zügig zu Papier zu bringen.

Weniger ist manchmal mehr

Mit dem Vorsatz, nun sorgfältiger in Recherche und konzentrierter in Stil und Formulierung zu sein, ging Klaus Mann sogar für einige Zeit in Klausur, die nur von einigen kurzen Abstechern nach Berlin bzw. Baden-Baden und Frankfurt, wo er Erika besuchte, unterbrochen wurde. Die erste Station seiner intensiven Arbeitsphase war das Kurhaus Esplanade in Bad Sarrow, wo er Mitte Oktober vor allem das umfangreiche Material, das er für seinen ersten historischen Roman zusammengetragen hatte, sichtete. Später ging es dann weiter nach Heidelberg. Von der gelehrten Atmosphare der Universitatsstadt erhoffte er sich genau die geistigen Impulse, um die Vorarbeiten für das Buch schon bald abschließen zu können. Letztlich benötigte er jedoch noch fast drei weitere Monate, die er im neuen Jahr zunächst in Silvaplana im Engadin und dann in San Silvestro, einem kleinen Ort in der Nähe von Florenz, in Begleitung seiner alten Schulfreundin Gert Frank verbrachte, bis er im Februar seiner Schwester aus Nizza berichten konnte, daß er nun endlich mit der Niederschrift begonnen habe: »Ich arbeite jeden Tag, wenn ich nicht schreibe, gehe ich spazieren oder lese Stendhal.«[216]

Vermutlich angeregt durch die Lektüre von Ernst Blochs *Geist der Utopie*[217] wandelte Klaus Mann schon seit geraumer Zeit auf den Spuren des Makedonierkönigs Alexander. Während der Titel *Alexander. Roman der Utopie* schnell feststand, ging ihm die Arbeit an dem doch recht umfangreichen Thema nicht leicht von der Hand, und manchmal erschrak er selbst über die Kühnheit seines literarischen Unternehmens. Im *Wendepunkt* bekennt er freimütig, daß ihm »der ›Alexander‹ mehr Mühe«[218], aber auch »mehr Freude« gemacht habe als alle bisherigen Werke. Gewissenhaft ordnete er seine Studien der babylonischen Mythen und persischen Chroniken und seine Notizen zu Alexander dem Großen und brachte sie in Romanform. Dennoch war es für Klaus Mann eine völlig neue Erfahrung, sich des Lebenswegs eines anderen, noch dazu einer historischen Gestalt zu bemächtigen und dabei das Bedürfnis, bei der Konzeption eines Werkes primär auf seine eigenen Erlebnisse zurückzugreifen, hintanzustellen. Zu seinem Schaden (oder dem des Werkes) war es nicht, im Gegenteil, konnte er nun doch seiner Leserschaft und vor allem den kritischen Kollegen beweisen, daß seine künstlerischen Ambitionen nicht nur allein Ergebnis seines starken Hangs zur

Selbstdarstellung waren. Allerdings, in letzter Konsequenz kann er auf Bezüge zur eigenen Lebenswelt doch nicht vollständig verzichten. Auch das Porträt Alexanders trägt Züge seiner selbst: seine nervöse Unruhe, seine Gier nach Leben und sein Hang zur Lasterhaftigkeit, sein Hochmut und seine Unfähigkeit, sich in die menschliche Gemeinschaft einzufügen oder gar feste Bindungen einzugehen, aber auch seine Unschuld, eine gewisse Lebensfremdheit und seine enorme intellektuelle Begabung (selbst sein Lehrer Aristoteles vermag seinen Wissensdrang nicht zu stillen) – all diese Eigenschaften könnten ebenso das Zeugnis kritischer Selbstreflexion oder den Milieuschilderungen des Boheme-Kreises entnommen sein, dem Klaus Mann sich in jenen Jahren so verbunden fühlte, und wie sie immer wieder Eingang in seine Schriften gefunden haben. Dessen ungeachtet entsteht nicht der Eindruck, sein antiker Held sei sozusagen in eine fremde Welt versetzt worden, und das spricht für eine durchdachte, gleichsam um künstlerische Eigenständigkeit bemühte Konzeption, aus der nicht zuletzt der spezifische Reiz des *Alexander*-Romans erwächst.

Mit der literarischen Welt der Antike war Klaus Mann bereits seit seiner Jugendzeit vertraut. Dennoch fiel es ihm zunächst ungewohnt schwer, einen angemessenen Duktus zu finden. Immerhin galt es, die von Homer, Plutarch, Droysen und Aristoteles überlieferten Umrisse des hellenistischen Siegeszuges, das Reich der Mythen und die Bilder all der unbekannten Städte dichterisch zu gestalten, und zwar mit den erzähltechnischen Mitteln der Moderne. Klaus Mann ging es nicht allein darum, den gewichtigen weltgeschichtlichen Bezügen des Stoffes gerecht zu werden. Er hatte es sich zur Aufgabe gemacht, ein »Epos der Maßlosigkeit« zu verfassen, in dem die »beinah frevelhafte Ungenügsamkeit« von Alexanders Traum, »die enormen Dimensionen seines Abenteuers«[219], greifbar werden. Die Entstehung seines Imperiums, das sich nach zahlreichen erfolgreichen Eroberungszügen schließlich von Kleinasien, Palästina, Ägypten, Persien bis hin nach Indien erstreckte, und das Scheitern Alexanders, seinen utopischen Plan zu verwirklichen und den Völkern Frieden und Befreiung, ja ein goldenes Zeitalter zu bescheren, bilden dabei den zeitgeschichtlichen Rahmen. Konzentrierter und exakter im formalen Aufbau zu sein, funktionaler, nüchterner und knapper zu formulieren, das hatte sich Klaus Mann von Anfang an vorgenommen. Und so wirkt der *Alexander*-Roman denn auch tatsächlich wesentlich ausgereifter und in sich geschlossener als *Der fromme Tanz*. Nur gelegentlich, vor

allem gegen Ende des Buches, verliert er sich noch einmal in seinem jugendlichen Hang zu pseudo-poetischen Überfrachtungen. Doch das für
seine ersten Arbeiten so charakteristische schwülstige Pathos ist deutlich
in den Hintergrund getreten. In seiner *Alexander*-Rezension schreibt
W.E. Süskind, daß Klaus Mann »Krücken von sich geworfen habe«[220],
was seiner Prosa nur zugute käme: Es beginne sich nun ein eigener Stil
auszuprägen. Auch auf der inhaltlich-thematischen Ebene ist dieser literarische Reifeprozeß spürbar. In dem Bemühen, nunmehr – wie er ironisch anmerkte – »in planetarischen Maßstäben zu denken«[221], versuchte Klaus Mann erstmals übergeordnete Zusammenhänge herzustellen,
die über das Einzelschicksal seines Helden hinausweisen und grundsatz-
liche menschliche bzw. religiöse und sogar historisch-politische Fragen
berühren. So sehr sich Alexander einzig nach der Beherrschung des Unendlichen, des »Horizontes«, ja sogar des Paradieses sehnt (»Sein Vater
[Philipp von Mazedonien] wollte nur das Vernünftige, Begrenzte, ihn
[Alexander] zieht allein das Grenzenlose an.«[222]), so wenig Erfüllung findet er letztlich im realen Leben. Dabei deutet Klaus Mann die Verführung zur Despotie, die Lust an der Unterwerfung von anderen Völkern und den daraus resultierenden Machtmißbrauch als die großen Ver-
suchungen jedes utopischen Gesellschaftsentwurfs, zumal wenn sie mit
kriegerischen Mitteln durchgesetzt werden soll und ihre Ausführung
letztlich in der Hand eines einzelnen liegt. Für dieses Phänomen wird seine Hauptfigur zum Paradigma, und tatsächlich weiß der Autor Alexanders Zerrissenheit zwischen seinem Wunsch nach einer erneuerten Gesellschaft und seinem Drang zu diktatorischer Grausamkeit über weite
Strecken glaubhaft darzustellen.

Von noch größerem Interesse aber dürfte für Klaus Mann der zweite
Handlungsstrang gewesen sein, wenngleich er es sich, im Vergleich zu
anderen Werken, im *Alexander*-Roman noch am wenigsten zugestand,
durch seine Hauptfigur auch von sich selbst zu sprechen. Alexander findet die fast uneingeschränkte Sympathie des Autors. Die einfache Erklärung für seinen (selbst-)zerstörerischen Irrweg lautet schlicht: »Geliebt wollte er sein, nichts war ihm wichtiger.«[223] Dies bleibt dem Helden
jedoch versagt, denn ebenso wie Andreas' Selbstfindungsprozeß in *Der
fromme Tanz* von Liebesleid geprägt ist, ist Alexanders Geschichte die einer unerwiderten Liebe. Während Andreas sich jedoch klaglos das
»Ethos des Nichtbesitzens«[224] zu eigen macht und sich fatalistisch sei-

nem Schicksal fügt, begehrt Alexander dagegen auf, daß seine Zuneigung zu Kleitos, die schon bald Züge der Besessenheit annimmt, keinen
Widerhall findet. So nimmt die Katastrophe ihren unaufhaltsamen Lauf:
Der makedonische Herrscher ermordet schließlich den Angebeteten, als
dieser ihm einmal mehr den ersehnten Beifall verwehrt. Alexander stirbt
vereinsamt und verzweifelt, als gescheiterte Existenz. Weder hat er es
vermocht, das »Reich der Glückseligkeit«[225] zu errichten, noch ist es
ihm gelungen, für sich selbst Glück und Frieden zu finden. Lediglich ein
verwunderter Engel erbarmt sich seiner und bleibt bei ihm, bis er seinen
letzten Lebenshauch getan hat. Doch auch der Himmelsbote kann seine
brennende letzte Frage, ob er in einem nächsten Leben noch einmal eine
zweite Chance auf Erden erhalten werde, nicht beantworten.

Vermutlich erst im Juli 1929, als er mit Erika am Walchensee weilte,
schrieb Klaus Mann die letzten Zeilen des *Alexander*-Romans. Daß er
den ursprünglich für Mai vorgesehenen Abschluß mehrmals verschieben
mußte, war eine neue Erfahrung: Niemals zuvor hatte er von dem einmal
aufgestellten Arbeitszeitplan abweichen müssen. Auch wenn er selbst
das Ende ungeduldig herbeisehnte, zumal er schon längst wieder neue
Projekte plante – seine Umgebung wertete die Verzögerung eher positiv,
ließ sie doch offensichtlich auf eine sorgfältigere Arbeitsweise schließen.
Vor allem Thomas Mann äußerte sich über den für seinen Sohn ungewöhnlich zeitintensiven Schaffensprozeß von etwa einem dreiviertel Jahr
erfreut: »Eissi schreibt schlicht und gut, wie es in seiner einfachen, ge-
sunden, erdnahen Natur liegt. Daß der *Alexander* nicht so schnell fertig
wurde, scheint mir eher vertrauenerweckend«[226], ließ er Erika in einem
Brief wissen. Merkwürdig klingt es schon, ausgerechnet Klaus als »einfache, gesunde, erdnahe Natur« zu bezeichnen, und der Vater allein wird
gewußt haben, was ihn wohl zu dieser überraschenden Charakterisierung veranlaßt haben mag. Ansonsten entsprach die Bemerkung durchaus seiner festen Überzeugung: Schritt er nicht selbst immer wieder mit
gutem Beispiel voran, wenn es zu belegen galt, daß die Qualität eines
Werkes nicht unwesentlich davon abhing, wieviel Aufwand der Autor zu
leisten bereit war? Den bedächtigen Umgang mit der dichterischen Arbeit hatte er schon in jungen Jahren als Tugend definiert, das allerdings
nicht ohne Grund, gab es doch eine Zeit, da er sich – als Debütant – im
künstlerischen Wettstreit mit dem älteren Bruder Heinrich befand, der
bekanntermaßen seit seinen literarischen Anfängen zügig und von locke-

rer Hand Werk um Werk niedergeschrieben hatte, die er dann unbekümmert der Öffentlichkeit vorlegte.[227]

Weniger in thematischer Hinsicht (obgleich auch hier einige Parallelen erkennbar waren), wohl aber in bezug auf die Arbeitsweise, stand Klaus Mann dem Onkel zweifellos näher als dem Vater. Im Laufe der Jahre wurden noch andere Gemeinsamkeiten unübersehbar, so etwa ihre besondere Affinität zur französischen Kultur oder die rigorose Entschlossenheit, die beide in ihrem Engagement gegen das nationalsozialistische Regime an den Tag legten. Klaus brachte Heinrich Mann große Achtung entgegen, und es ist sehr wahrscheinlich, daß er sich auch mit der Lebensweise des Onkels, die ungezwungener, genußfreudiger war, enger verbunden fühlte als mit der des Vaters. Doch so unterschiedlich Heinrich und Thomas Mann in vielerlei Hinsicht waren, der Lust am Reisen gaben die Brüder schon seit ihrer Jugendzeit gleichermaßen gern nach, zumal beide die Fremde als ergiebige Quelle der Inspiration für ihre künstlerische Arbeit schätzten. Allerdings kannte keiner aus eigener Erfahrung die problematische Seite jenes rastlosen Daseins, wie es für Klaus Mann typisch war, in dem heimatliche Gefühle kaum noch existierten. Es wurde immer deutlicher: Seine innere Unruhe wuchs sich, je älter er wurde, zur chronischen Nervosität aus, und nichts und niemand vermochte es, sie nachhaltig zu lindern.

Auch jetzt hielt es ihn wieder nur für kurze Zeit an einem Ort: Der Reise von San Silvestro an die französische Riviera, wo er sich in Begleitung von Gert Frank im Februar 1929 mit Hans Feist traf, folgte, nach kurzen Abstechern nach Berlin und München, ein Aufenthalt in Paris, der sich immerhin über ein paar Wochen erstreckte. Eigentlich hatte er vor, in seiner Lieblingsstadt unbeschwerte Tage mit René Crevel zu verleben, doch durch die Kaprizen seines Freundes sah er sich einmal mehr einem permanenten Wechselbad der Gefühle ausgesetzt, das sich nicht gerade positiv auf seine allgemeine Verfassung auswirkte. Einmal bedachte René ihn mit einem Exemplar seines neuen Romans *Êtes-vous fous?*, das er mit einer reizenden Widmung versah, ein anderes Mal wollte er plötzlich nichts mehr davon wissen, daß er mit Klaus und Mopsa Sternheim eigentlich für den Juli verabredet hatte, gemeinsam nach Deutschland zu reisen. So fuhr Klaus Mann, mit dem immer noch unvollendeten *Alexander*-Manuskript im Gepäck, schließlich allein zurück nach Berlin. Dort hielt er sich jedoch nur ein paar Tage auf, um dann gleich weiter an den

Walchensee zu fahren, wo er – in Begleitung von Erika – in Ruhe sein
Werk beenden wollte. Hier erreichte ihn die Nachricht vom Tod Hugo
von Hofmannsthals.

Er verfaßte einen Nachruf, der unter dem Titel *Am Grab von Hugo
von Hofmannsthal* im September in verschiedenen Zeitschriften erschien.
Als erstes sprach er einem »Repräsentanten der älteren Zeit« die »Dankbarkeit der Jugend« aus, denn das »ungemein sinnliche und ungemein
geistige Werk«, das der Dichter der Nachwelt hinterlassen habe, sei in
»seiner Zartheit, Kühnheit und Erlauchtheit vielleicht das Kostbarste
[...], was die deutsche Sprache in diesem Jahrhundert hervorgebracht«[228]
habe. Es störte ihn offenbar nicht weiter, daß er in der Vergangenheit bereits ganz ähnliche, teilweise sogar identische Worte gefunden hatte,
wenn er etwa den Vater, Rainer Maria Rilke oder Stefan George[229] mit
Dankes- und Lobeshymnen bedachte. Gleichwohl war seine Betroffenheit über den Tod Hugo von Hofmannsthals, dem er bereits als kleiner
Junge im Elternhaus begegnet war, keineswegs aufgesetzt. Und sie wurde
noch verstärkt durch die tragischen Umstände seines Ablebens. Hofmannsthals ältester Sohn Franz hatte sich durch einen Kopfschuß einige
Tage zuvor das Leben genommen. Der Vater war gerade im Begriff, sich
Hut und Mantel anzuziehen, um den schweren Gang zur Beerdigung seines Sohnes anzutreten, als ihn ein tödlicher Schlaganfall ereilte. In Anbetracht der traurigen Ereignisse spricht Klaus Mann von einer »gleichnis-
haften Furchtbarkeit, die wir lange nicht fassen werden«, da der Tod des
Vaters einzig »durch den Zusammenbruch des Sohnes«[230] verursacht
worden sei. Diese Einschätzung hielt ihn jedoch nicht davon ab, die Entscheidung des lebensmüden Sohnes mit denkbar inniger Anteilnahme zu
kommentieren: »Er starb als einer von uns, als unser Bruder. Den Zusammenbruch, den dieser Sechsundzwanzigjährige erlitten hat, hätten
wir alle erleiden können; wir alle, das wage ich auszusprechen. Wo er
scheiterte, hätten auch wir scheitern können, sicher waren wir kaum
stärker als er. Da wir weiterleben, werden wir für seinen Tod mitverant-
wortlich; also auch für den des Vaters, der folgte.«[231] Es kam Klaus
Mann gar nicht in den Sinn, die deprimierende Tat des Sohnes als letzten
Ausweg in Frage zu stellen. Offenbar war für ihn, den gerade knapp 23-
jährigen, der Tod durch eigene Hand eine verständliche Reaktion, auch
wenn man »noch so sehr am Anfang«[232] stand. Er meinte es ernst, wenn
er – ganz ohne Vorbehalte – im Suizid eine ebenso legitime wie nahelie-

gende Möglichkeit sah, sich dem Schmerz des Lebens für immer zu entziehen. Zugleich zögerte er nicht, den einsamen Entschluß des Lebensmüden auf eine kollektive Ebene zu heben. Zwanzig Jahre später sollte er diesen Gedanken in seiner radikalsten Form wieder aufgreifen: In dem ergreifenden letzten Essay *Die Heimsuchung des europäischen Geistes* rief er die Intellektuellen zum gemeinschaftlichen Selbstmord auf. Zu diesem Zeitpunkt hatte ihn seine Lebenskraft endgültig verlassen. Doch was mag ihn in jenen Sommertagen dazu bewogen haben, sich mit der tödlichen Verzweiflung eines ihm nahezu Unbekannten zu identifizieren? Hatte er schon so viel persönliches Leid erlitten, sich schon so schwach gefühlt, daß auch er dem natürlichen Fortgang seines zukünftigen Lebens weniger Chancen einräumte als dem Freitod als einzig möglichem Akt der Befreiung? Es klingt nur wenig überzeugend, wenn er schließlich doch noch den möglichen Motiven für den »Zusammenbruch« des jungen von Hofmannsthal ihren privaten Charakter abspricht, indem er sie unvermittelt in die Nähe eines übergeordneten Vater-Sohn-Konfliktes und des Epochenumbruchs rückt, jene altbekannten Themen, die er immer noch gern heranzog, wenn er eine Krisenanalyse im Sinn hatte.

Knapp vier Wochen hielten sich Klaus und Erika Mann am heimischen Walchensee auf. Vermutlich, um Ricki Hallgarten und Eva Herrmann zu treffen, die inzwischen wieder aus Amerika zurückgekehrt waren und sich nun in der Nähe von Luzern niedergelassen hatten, verbrachten sie die Augustwochen im schweizerischen Sarnen. Hier entstand wahrscheinlich auch die Komödie *Gegenüber von China*. (Es war das einzige Mal, daß Klaus Mann zwei Werke mit dem gleichen Titel bedachte. Inhaltliche Parallelen mit der gleichnamigen Novelle gibt es allerdings nicht.) Das Theaterstück war ein Projekt, das Klaus Mann schon seit längerem beschäftigte. Die Niederschrift des *Alexander*-Romans hatte ihn jedoch bisher davon abgehalten, seine geplante Arbeit über die Unterschiedlichkeit von Amerikas und Europas Jugend literarisch zu gestalten. Ohnehin gehörte es nicht zu seinen Stärken, an größeren Werken gleichzeitig zu arbeiten. Im konkreten Fall befürchtete er jedoch, daß nach einer Unterbrechung des »Alexandern« derselbe ihn »nachher nur noch mehr ankotzen«[233] würde. *Gegenüber von China* scheint ihm indes geradezu aus der Feder geströmt zu sein. Schon nach wenigen Wochen war die Komödie in sechs Bildern niedergeschrieben und erschien noch im gleichen Jahr im Osterheld Verlag, der sich auch schon der Veröffentlichung von *Anja und Esther* und der *Revue zu Vieren* angenommen hatte. Das Stück kam sogar zur Aufführung. Am 27. Januar 1930 war am Bochumer Staatstheater Premiere. Die Reaktionen waren einhellig: Sowohl beim Publikum als auch bei den Kritikern fiel das Stück durch. Die Grundidee, eine Art politisch-gesellschaftskritische Gegenüberstellung der amerikanischen und europäischen Weltanschauungen zu leisten, überzeugte einfach nicht, zumal das vom Autor entworfene Amerika-Porträt über eine klischeehafte Darstellung kaum hinausweist. Hinzu kommt, daß die Konzeption an *Anja und Esther* erinnert: Eine europäische Intellektuelle, die sowohl in Berlin als auch in Paris zu Hause ist, kommt zu Besuch an eine Universität in Kalifornien, wo sie, nicht nur wegen ihrer Herkunft, sondern auch wegen ihrer erotischen Ausstrahlung für erhebliche Unruhe sorgt. Wie seinerzeit Erik in Klaus Manns erstem Drama konfrontiert Madeleine Selmanowich, so der Name der jungen Globetrotterin, einen eingeschworenen Kreis junger Leute mit neuen Denk- und Lebensanschauungen, wobei es sich diesmal freilich nicht um »gefallene Kinder«, sondern um ordinär »gesunde«[234] amerikanische College-Studenten handelt.

In der Tat muß die Komödie zu den schwächsten Arbeiten von Klaus Mann gezählt werden: zu belanglos, zu aufgesetzt, dramaturgisch zu wenig ausgefeilt wirkt die Handlung, zu flüchtig und ungenau war der Autor hier wohl ans Werk gegangen. Daher war es nicht verwunderlich, daß die Presse, soweit sie überhaupt von dem Stück Notiz nahm, einmal mehr keine Gnade kannte. Wie anders verhielt es sich dagegen mit dem wohldurchdachten *Alexander*-Roman, der im Oktober im S. Fischer Verlag erschien: alles in allem nur wenig Tadel und viel Lob, und dies sogar von Kritikern, die bis dahin kaum ein aufmunterndes Wort für den Autor übrig gehabt hatten. Zunächst wurde Klaus Manns Geduld jedoch auf eine harte Probe gestellt, denn, wie er in einem Brief an Stefan Zweig beklagt, reagierte die Presse auf den *Alexander* »auffallend langsam«. Dies sei auch der Grund, warum er sich nun an ihn mit der Bitte um eine Rezension wenden würde: »Eine ausführliche Besprechung gerade von Ihnen müßte jetzt gute Wirkung haben.« Zugleich scheute er nicht davor zurück, dem für seine Gutmütigkeit bekannten Literaten unverfroren seine Wünsche mitzuteilen, wo diese Besprechung denn am besten zu erscheinen habe: »Am allermeisten wäre ich Ihnen dankbar, wollten Sie es bei der *Literarischen Welt* versuchen, die, seit ich Zank mit einem gewissen Eggebrecht habe, sich besonders unangenehm gegen mich verhält. Glauben Sie, daß das zu machen wäre?«[235] Offenbar war dies für Stefan Zweig, der normalerweise nur zu gern seine jüngeren Kollegen unterstützte, erst einmal nicht »zu machen«, aus welchen Gründen auch immer. Jedenfalls äußerte er sich in den nächsten Monaten weder in der *Literarischen Welt* noch in dem von Leopold Schwarzschild herausgegebenen *Tagebuch* oder in einer anderen Zeitschrift öffentlich zum *Alexander*-Roman. Und dies, obwohl ihn bereits vier Tage nach dem Schreiben ein Telegramm von Klaus Mann mit der Botschaft erreichte: »das tagebuch ist bereit ihre besprechung zu bringen gruss und dank Klaus Mann.«[236] Dann, knapp einen Monat später, der erneute Versuch, Stefan Zweig zu einer öffentlichen Stellungnahme zu bewegen: »Mein Telegramm aus Berlin muß doch richtig zu Ihnen gekommen sein? Ich kaufe mir seither immer gierig das *Tagebuch*, und suche; bisher umsonst. Leopold Schwarzschild war doch bereit.«[237] Schließlich kann Klaus Mann seinen Unmut nicht mehr verbergen: »Lieber Stefan Zweig«, schrieb er am 8. Januar des neuen Jahres, »das ist ein ärgerliches und unverständliches Kuriosum; um so unverständlicher, als doch der S. Fischer Verlag die Besprechung mit der *Tagebuch*-Redaktion ausgemacht hatte. Nun, mich trifft der Schaden. Ich hoffe, der Artikel kommt doch noch an sichtbarer Stelle. Ich fahre morgen nach Villefranche. Im Süden ist das alles nicht mehr so wichtig.«[238]

Warum diese wütende Reaktion? Immerhin waren inzwischen die ersten Besprechungen erschienen, und ihr wohlwollender Tenor hätte Klaus Mann eigentlich besänftigen müssen. So erschien Anfang Dezember in der von ihm so gefürchteten *Literarischen Welt* eine ausgewogene Kritik von Hermann Kasack, der – wie W. E. Süskind in seiner *Alexander*-Besprechung – eine »neue Entwicklungsstufe des Dichters« konstatierte. Schon allein deshalb sei der Autor, der »die Gefahr, ins Gefällige, Feuilletonistische abzugleiten, mit wirklichem Ernst zu überwinden sucht«, nun offenbar »auf dem rechten Weg zu sich selber«: »Die Erstlingsbücher von Klaus Mann wollten mit ganzem Ehrgeiz und Einsatz der Jugend gleich alles erreichen. Das war zu viel. Der neue Roman will weniger – und ist mehr.«[239] Schließlich scheint Stefan Zweig sich im Frühjahr des folgenden Jahres doch noch zu einer Besprechung des *Alexander*-Romans durchgerungen zu haben.[240] Wohl in dem Bemühen, seine Ungeduld und den fordernden, fast schon beleidigenden Ton seiner letzten Briefe vergessen zu lassen, bedankte sich Klaus Mann jedenfalls in einem Brief von Anfang Juni bei Stefan Zweig überschwenglich für die »schöne und ehrenvolle Rezension«, die er nun »endlich kennengelernt« habe. Sich wieder ganz auf die Rolle des bescheidenen Protegés besinnend, fügt er hinzu: »Die Buchbesprechung ist bei uns heute im ganzen auf einem solchen Niveau, daß eine Kritik wie Ihre einen doppelt erfreut und stärkt. Sie werden mir's glauben, und Sie wissen ja selbst, wie dergleichen ermutigt und hilft; einfach auch, indem es ein so großes Gefühl von ›Verpflichtung‹ gibt; (nämlich den, der so hochherzig etwas von einem erwartet, nicht zu enttäuschen und weiter anständig zu arbeiten).«[241]

Auf du und du mit dem Teufel

Das Jahr 1930 – es war in vielerlei Hinsicht ein bedeutsames Jahr für Klaus Mann, sollten sich doch, wenngleich unmerklich und erst auf den zweiten Blick als Weichenstellung für die Zukunft erkennbar, bestimmte Vorlieben und Abneigungen, Bekenntnisse und Neuorientierungen ergeben, die seinen weiteren Lebensweg entscheidend prägten. Seine übliche Geschäftigkeit entsprach durchaus seinen gewohnten Bemühungen, Alltagstrott gar nicht erst aufkommen zu lassen: Neben Vorträgen, die er zunächst im März in Wien und Kattowitz hielt, verfaßte er die Liebesgeschichte *Rut und Ken* im Stil einer Anekdote[242] und seine *Nicht gehaltene Rede beim Hochzeitsessen einer Freundin* – gemeint war natürlich Pamela Wedekind, die am 17. April Carl Sternheim das Ja-Wort gab –, besuchte in Berlin die Premiere der französischen Boulevardkomödie *Die liebe Feindin* von André Antoine, in der Erika unter der Regie von Gustaf Gründgens eine Rolle übernommen hatte, und fand schließlich auch noch die Zeit, Fahrunterricht zu nehmen, um mit Erika in ihrem kleinen Ford ihre zweite »Rundherum«-Tour nach Afrika antreten zu können. Was seine Fahrkünste betrifft, so erwies sich Klaus im übrigen als nur mäßig begabt. Abgesehen von seiner eher ängstlichen Natur, wenn es darum ging, in rauschendem Tempo und mit lautem Getöse von einem Ort zum nächsten zu fahren, fehlte ihm wohl auch der nötige Ehrgeiz, um ein passionierter Autofahrer zu werden. Letztlich ließ er sich lieber fahren, als selbst am Steuer zu sitzen. Ganz anders dagegen Erika, eine begeisterte und offenbar auch talentierte Fahrerin, die für rasante Autofahrten, ob bei Tag oder bei Nacht, immer zu haben war.

Mit dem Auto eine Reise zu unternehmen, bedeutet Unabhängigkeit, ein ganz entscheidender Vorzug gegenüber anderen Fortbewegungsmitteln, den auch Klaus Mann zu schätzen wußte. Außerdem hatte er in Erika eine Fahrerin an seiner Seite, die sich sogar mit den technischen Details eines Fahrzeugs auskannte. Tatsächlich ließ sich Erika, von jeher umsichtiger und praktischer veranlagt als ihr Bruder, einige Wochen, bevor die Geschwister sich auf den Weg nach Afrika machten, zur Automonteurin ausbilden, so daß sie kleinere Reparaturen am nicht mehr ganz neuen Wagen selbst durchführen konnte.[243] Gut gelaunt traten sie Anfang April ihre Reise an: Zunächst in Begleitung von Bert Fischel, dem alten Freund aus den Münchner Inflationstagen, fuhren sie die spanische Mittelmeerküste entlang, wo sie das erste und offenbar das letzte Mal einem Stierkampf beiwohnten, um dann die verbleibenden drei Wochen zu zweit in Marokko zu verbringen. Da sie Ende Mai wieder in Deutschland sein wollten – für Klaus Mann galt es, endlich die Arbeit an seinem neuen Stück aufzunehmen –, verzichteten sie darauf, wie ursprünglich geplant, auch in den Kongo und von dort weiter nach New York zu reisen. In Fez vertrauten sie sich einem arabischen Führer an, der ihnen den »wahren Reiz des Orient« näherbringen sollte – eine Entscheidung mit verhängnisvollen Folgen. Durch ihn lernten sie nämlich das »Zauberkräutlein« Haschisch kennen, das, wie der Führer meinte, »etwas ganz besonders Köstliches« sei und dessen Genuß sie daher keineswegs versäumen dürften. Folgt man Klaus Manns heiter-anekdotischer Schilderung in *Der Wendepunkt*, in der er ihr schauriges Erlebnis eines regelrechten Horrortrips nach einer Überdosis des »grünlich-schwarzen Puders«[244] munter herunterspielt, so war dies für beide der erste Kontakt mit Drogen. Fredric Kroll geht jedoch davon aus, daß zumindest Klaus Mann sich bereits kurz zuvor, während seines Aufenthaltes in Berlin, Heroin gespritzt hat, und zwar mit Oskar Seidlin, mit dem er bisweilen Streifzüge durch das Berliner Nachtleben unternahm.[245] Magnus Henning, der Musiker, der zu Erikas Pfeffermühlen-Ensemble gehörte, so ist ebenfalls in Krolls Klaus-Mann-Schriftenreihe nachzulesen, schließlich vermutet, daß Klaus unter dem Einfluß von Hans Feist das erste Mal zu Rauschmitteln griff.[246] Wann und durch wen auch immer Klaus Mann zu seinen ersten Drogenerlebnissen verleitet wurde – fest steht, anders als Erika war er nicht in der Lage, seinen Rauschgiftkonsum unter Kontrolle zu halten. Ja es schien, als habe er endlich das ›passende‹, wenn auch denkbar fragwürdigste ›Spielzeug‹ gefunden, das der – im wahrsten Sinn des Wortes – trost-losen Nachtseite seiner Existenz am ehesten entsprach. Wenn er in seinem bemerkenswerten Essay, den er im Frühjahr 1934 für seine Exilzeitschrift *Die Sammlung* verfaßte, über den englischen Schriftsteller Thomas de Quincey (1785 – 1859) schreibt, daß dieser nicht aus »frivoler Genußsucht« zur Droge gekommen sei, sondern »um Schmerzen zu stillen, die aus seinem tiefsten Wesen stammten und die immer unheilbar sind«, dann gewährt der Autor dem Leser gleichsam einen Einblick in die Abgründe seiner eigenen Seele. Auch er begründet das wachsende Verlangen nach der Droge mit dem Wunsch, »die Problematik der Individuation, der Einsamkeit« aufzuheben, so daß schließlich »der Drang nach Aktivität erlischt, unser Ehrgeiz, der Fluch unserer Unruhe beschwichtigen sich. Das Ich-Gefühl steigert und besänftigt sich zugleich. Man wird asiatisch, man bleibt regungslos. [...] die Zeit [...] hat keine Schwere, keine Realität mehr«.[247]

Zu diesem Zeitpunkt hatte sich Klaus Mann längst in das grausame Spiel auf Leben und Tod verstrickt, das für seine Umwelt zunächst kaum mitleiderregender und in zunehmendem Maße wohl auch kaum unverständlicher hätte sein können und das für ihn selbst, je länger es währte, um so quälender und demütigender, um so selbstzerstörerischer wurde. In bezug auf die Wahl der Mittel zeigte sich Klaus Mann nur zu Beginn seiner Sucht recht wählerisch: Vom »Zauberkräutlein Haschisch«[248] schnell wieder abgekommen, hielt er sich in Zukunft lieber an ›härtere‹ Drogen wie Kokain und verschiedene Aufputsch- und opiumhaltige Mittel, wobei Eukodal neben Morphium, das er in Tablettenform einnahm oder sich intravenös verabreichte, schnell zur bevorzugten Droge wurde. Später schreckte er hin und wieder auch vor obskuren Drogenmixturen nicht zurück, Morphium blieb jedoch bis zu seinem Tod sein favorisiertes Suchtmittel. In aller Ernsthaftigkeit hat er sich in seinem Tagebuch einmal daran gemacht, detailliert die verschiedenen Rauschzustände zu beschreiben, die die einzelnen Drogen bei ihm hervorriefen:

Die K[okain]-Wirkung nicht prinzipiell verschieden von der M[orphium]-Wirkung. Beide das Leichter-und-rühriger-Werden. M-Wirkung stärker physisch – auch viel prompter einsetzend –; K-Wirkung mehr hirnlich, physisch nicht so euphorisch. Ein intensiver Schwebezustand beim Einsetzen. – Auch die leichte Magenübelkeit, Zigarette, die gut schmeckt, wie verzaubert.[249]

Daß enge Freunde, wie etwa seine langjährigen Gefährten Gert Frank und Wolfgang Hellmert, durch exzessiven Rauschgiftkonsum zu diesem Zeitpunkt bereits dem Tod näher standen als dem Leben, wollte er keineswegs als abschreckende Beispiele gelten lassen. So beteuerte er gegenüber den Geschwistern und Freunden und auch gegenüber den zunehmend besorgten Eltern – wobei dem Vater die Gefährdung des Sohnes lange Zeit verborgen blieb, während die Mutter den wachsenden Drogenkonsum des Sohnes erst einmal gern verharmloste und als »kleinbürgerliches Laster«[250] herunterspielte –, daß er der »Lust auf das Teufelszeug«[251] genügend Stabilität und Lebenskraft entgegensetzen könne, um tatsächlich abhängig zu werden. Ein törichter wie gleichwohl bezeichnender Irrtum, dem auch schon vor und nach ihm viele andere erlegen sind.

Immerhin, lange Zeit trübte der Drogenkonsum weder seinen scharfen Verstand und seine genaue Beobachtungsgabe noch hinderte er ihn am Schreiben – der Passion seines Lebens. Gerade aus Nordafrika zurückgekehrt, setzte sich Klaus Mann Anfang Juni in seinem Elternhaus an den Schreibtisch, um endlich ein lang gehegtes Vorhaben in Angriff zu nehmen: Jean Cocteaus 1929 erschienenen Roman *Kinder der Nacht* (*Les Enfants terribles*) zu dramatisieren. Das Buch, das der Dichter Anfang 1929 während einer Entziehungskur, die ihn von seiner Opiumsucht heilen sollte, geschrieben haben soll, war ein großer Erfolg: Vor allem die Jugend fühlte sich von *Les Enfants terribles* magisch angezogen, und es avancierte innerhalb kürzester Zeit zum Kultbuch. Vielleicht hat Cocteau deshalb nichts dagegen gehabt, daß Klaus Mann so kurz nach Erscheinen und noch bevor das Buch in deutscher Übersetzung vorlag, sich bereits mit dem Gedanken trug, es literarisch zu verwerten. Denkbar ist auch, daß er einem anderen das Einverständnis verweigert hätte. Tatsächlich konnte sich Klaus Mann Cocteaus uneingeschränkter Sympathie seit ihrer Begegnung im Herbst 1926 gewiß sein, schätzte der Ältere ihn doch vor allem wegen seiner frühen geistigen Reife und seiner Weltoffenheit. Anders als sein Freund André Gide scheute sich Cocteau keineswegs, Klaus Mann zeitweilig zu protegieren. Seine exzentrische Art versperrte ihm nicht den Blick für junge Talente, und immer wieder nutzte er seinen Einfluß in der literarischen Szene, um unbekannten Künstlern den Weg in die Öffentlichkeit zu ebnen.

Daß Klaus Manns *Alexander*-Roman 1931 in Frankreich erschien, ging auf seine Initiative zurück. Wohlwissend, daß ein Vorwort aus seiner Feder den Publikumseffekt noch vergrößert, machte es ihm zudem Freude, dem Werk ein paar freundliche Sätze voranzustellen. So verweist Cocteau zugleich auf die geistige Verwandtschaft, die er zwischen sich und dem jungen Verfasser ausgemacht zu haben glaubte und bezeichnete Klaus Mann als »einen meiner Landsleute, will sagen: ein junger Mann, der auf dieser Erde schlecht behaust ist und der geradewegs die Sprache des Herzens spricht«[252]. Fürs erste erwies sich Klaus Mann tatsächlich als ein würdiger Weggenosse, der seine Werke euphorisch besprach und sich tief beeindruckt von Cocteaus schillernder Persönlichkeit und seinen Talenten als Dichter, Zeichner und Regisseur zeigte. Auch zögerte er nicht, ihm zu bescheinigen, daß er mit dem »Geist der Zeit in einer lebendigen und festen Verbindung« stehe, »die niemals abreißen kann«, da »sein Nervensystem, sein Intellekt [...] zu sicher, zu fein« reagieren würden.[253] Erst als Klaus Mann mit aller Entschiedenheit die politische Arena betrat, distanzierte er sich vom »großen Virtuosen«[254]. Im Angesicht der faschistischen Bedrohung und der Tatsache, daß Cocteau diese in seinen Schriften – erst einmal – mit keinem Wort erwähnte, revidierte er seine Aussage, wonach Cocteaus »lebendige Verbindung« mit dem »Geist der Zeit »niemals abreißen« könne. Statt dessen bezeichnete er ihn nun als einen »Fanatiker der Form, des Scheins, des Ausdrucks, der Gebärde«, der allein »Stillosigkeit« und »Dilettantismus« als unverzeihliche Sünden betrachtete – eine Haltung, die für ihn von nun an nicht mehr zeitgemäß war.

Ende der zwanziger Jahre sah Klaus Mann allerdings noch keine Veranlassung, Anstoß an einem Kunstverständnis zu nehmen, das sich einem radikalen Ästhetizismus verschrieben hatte und jeden konkreten Bezug zur Wirklichkeit verweigerte. In diesem Sinn preist er in seiner Rezension *Les Enfants terribles* als vortreffliches Meisterwerk:

> »*Les Enfants terribles* sind die Abseitigen, die Lebensunfähigen, die rührend Unmöglichen. Das Pathologische wird ins Märchenhafte, das Märchenhafte ins Pathetische, zur Tragödie hinüberstilisiert. Cocteau hat, wie in der Zeichnung Picasso, zum Mysterium der klarsten Linie zurückgefunden. Der Roman der Geschwister Elisabeth und Paul ist von magischer Einfachheit, durchsichtig konstruiert, ein Haus aus Glas.«[255]

Die Taubenarie oder: das Ende einer Karriere

»Die Taube, die ich füttern wollte,
War ganz aus Glas;
So daß sie nicht gedeihen wollte,
Was sie auch fraß.
Es schien mir, daß sie trinken wollte –
Ich wußt' nicht, was.
Und als ich ihr Gefieder streicheln wollte,
Fand ich's von Tränen naß.
Tränen – Schnee – Taube – Glas.«[256]

Klaus Manns neues Stück sollte *Geschwister* heißen und war in weniger als fünf Monaten zu Papier gebracht; wie immer vermochten auch seine neuerlichen Aufenthalte in Berlin und Paris den Schreibfluß nicht zu beeinträchtigen. Außerdem galt es für eine Essaysammlung noch einige neue Aufsätze zu verfassen, die im folgenden Jahr unter dem Titel *Auf der Suche nach einem Weg* herausgebracht werden sollte. Aber auch diese Aktivitäten hinderten ihn nicht daran, eine Tragödie zu schreiben, die der Vorlage durchaus ebenbürtig wurde, ja die diese durch ihre inhaltliche und formale Geschlossenheit vielleicht sogar noch übertraf. Es war das erste Mal, daß Klaus Mann für ein Drama einen fremden Stoff adaptierte. Gleichwohl verstand er es meisterhaft, in *Geschwister* seine eigenen Vorstellungen dichterisch umzusetzen, ohne den vorgegebenen thematischen Grundgedanken preiszugeben. Freilich hätte er sich kaum eines besseren Erzählstoffs bedienen können, um noch einmal ungehemmt in ästhetizistischen Motiven wie Todessehnsucht, Liebesverzicht, kindliche Unschuld und inzestuöse Begierde zu schwelgen, wie sie für sein Frühwerk so charakteristisch sind. Indes ist *Geschwister* mehr als nur eine weitere Variation ein und desselben Themenkomplexes, denn nunmehr gelingt es Klaus Mann, ein ebenso stringentes wie eindrucksvolles Bühnenstück zu entfalten. In diesem Sinn besticht schon die – eingangs zitierte – Taubenarie, die Klaus Mann seinem Drama als Leitmotiv voranstellt, durch ihre straffe Reimstruktur und die schlicht gehaltene Symbolik, so wie der Autor in *Geschwister* überhaupt darauf verzichtet, das Handlungsgeschehen mit pathetischen Phrasen und stilistischen Schnörkeln zu überfrachten. Auch in *Les Enfants terribles* sind es, wie in *Anja und Esther* oder der *Revue zu Vieren*, vier Personen, die im Zentrum der Handlung stehen: Gérard und Agnes, zwei junge Menschen auf der

Schwelle zum Erwachsensein, geraten in den Bannkreis des elternlosen
Geschwisterpaars Elisabeth und Paul, die sich in eine kleine Wohnung in
der Pariser Rue Montmartre vor der Außenwelt zurückgezogen haben,
um sich ungestört ihrer fremdartig-bizarren Phantasiewelt aus kindlichen Spielen und selbsterfundenen Ritualen hinzugeben. Dabei ist die
zwanzigjährige Elisabeth die alles beherrschende Figur. Sie ist es, die den
Geschwistern durch ihre Heirat mit dem amerikanischen Geschäftsmann
Michael, der nur einen Tag nach der Hochzeit bei einem Autounfall ums
Leben kommt, materielle Unabhängigkeit sichert und damit ihre Weigerung, sich den Pflichten des Erwachsenseins zu stellen, manifestiert. Zugleich sorgt sie dafür, daß Pauls – erwiderte – Liebe zu Agathe unerfüllt
bleibt, indem sie durch eine Intrige Gérard dazu überredet, Agathe zu
heiraten. Und sie ist es schließlich, die das tragische Schicksal der beiden
Geschwister besiegelt, indem sie Paul zum gemeinschaftlichen Selbstmord animiert.

Um die Handlung dramaturgisch zu straffen, erlaubte sich Klaus
Mann selbstbewußt einige Änderungen. Dabei schreckte er auch vor
Kürzungen nicht zurück. Daß es ihm offenbar besonders am Herzen lag,
das Verhalten der Geschwister, ihre Gedanken- und Gefühlswelt diffe-
renzierter darzustellen, ergibt sich nicht zuletzt aus der Gestaltung der
Dialoge. Um etwa den Realitätsverlust kritisch herauszuarbeiten, der mit
Elisabeths und Pauls rauschhaften Obsessionen unweigerlich einhergeht,
fügt er kurzerhand seinem Stück eine weitere Szene hinzu: Als Paul Zei-
tungsausschnitte mit Reißnägeln an den Wänden ihres Zimmers befe-
stigt und seiner Schwester laut Nachrichten wie »Stalins Aufruf an die
Arbeiterschaft« und »Das Arbeitslosenprogramm in Amerika« vorliest,
herrscht Elisabeth ihn an: »Was willst du mit deiner ›anderen Welt‹? Die
gibt es überhaupt gar nicht.«[257] Es zeigt sich, daß die Flucht vor der
Wirklichkeit zumindest für Elisabeth ein elementares Bedürfnis ist, spürt
sie doch, daß die Mauer, die sie um ihre (Kinder-)Welt mit eigenen Gesetzen, Ritualen und Reliquien errichtet hat, bereits erste Risse bekommen
hat. Gérard bringt ihre Befürchtungen auf den Punkt, wenn er an Elisabeth appelliert, »daß wir uns auf die Dauer der Verpflichtung nicht entziehen können, die an uns die Allgemeinheit stellt«[258] und sie dazu überredet, Mannequin in einem Modegeschäft zu werden. Dabei hat er nicht
nur im Sinn, daß die Geschwister endlich finanziell unabhängig werden,
sondern auch, daß beide lernen, ihr Schicksal selbst in die Hand zu neh-

men, denn, wie Gérard beschwörend hinzufügt: »Wir sind doch keine Kinder mehr.«[259]

Auch andere Motive des Textes werden von Klaus Mann deutlich umgewertet. Während das Motiv Inzesttabu im Roman nur eine marginale Rolle spielt, bestimmt Klaus Mann es als das eigentlich schicksalbestimmende Moment für die Geschwister Elisabeth und Paul. Dies gelingt ihm durch symbolische Verweise und Andeutungen, wie etwa das gemeinsame – keusche – Bad der Geschwister als Sinnbild für den Reinigungs- und Läuterungsprozeß der Sündigen.[260] Bedeutsam auch die Szene, in der Elisabeth Michael, als dieser Anstalten macht, sie zu küssen, mit den vieldeutigen Worten vertröstet: »Laß! Warten Sie noch! So nah, wie mir jetzt Ihres war, ist mir noch nie ein Gesicht gewesen. Es gibt aber nur eines, das ich küssen darf; und auch das erst in einer ganz bestimmten Stunde.«[261] Dieses eine Gesicht ist in Wirklichkeit das geliebte Gesicht ihres Bruders. Und die »bestimmte Stunde« wird die ihres Todes sein, dann nämlich, wenn sie sich neben ihm mit dem Revolver die tödliche Kugel gibt, während Paul seinerseits eine tödliche Giftkugel verspeist, und zwar jene, die Dagelos ihm durch Gérard überbringen ließ. Erst in dem Moment wird der sterbende Paul den erlösenden Satz sprechen: »Jetzt dürfen wir uns endlich anfassen!«[262] Die schwarze Giftkugel – als Kontrast zum weißen Schneeball – wird übrigens von den Geschwistern auch als Apfel bezeichnet, womit der Autor nun das biblische Motiv aufgreift, das ebenfalls auf Verführung und Verlust der Unschuld verweist. Damit wird allerdings deutlich, daß nicht nur die inzestuöse Begierde, sondern auch die Entscheidung für den Tod als gleichermaßen verwerfliche Verlockung begriffen wird: Inzest wie Selbstmord sind demnach Todsünden. Unabhängig von dieser moralischen Kategorie geht es Klaus Mann aber auch um die psychologische Dimension des Inzesttabus. Da das Verbot des Inzests zu einem der fundamentalen Gesellschaftsverträge gehört, die das soziale Zusammenleben reglementierten bzw. eigentlich erst ermöglichen, wird eine Übertretung immer auch als Akt gegen die Gemeinschaft verstanden. Das Inzesttabu ist damit so grundlegend in der Gesellschaft verankert, daß selbst der Gedanke – und nicht unbedingt die eigentliche Tat – daran tiefe Ängste und Schuldgefühle heraufbeschwört. Auf Agathes Frage, weshalb Paul das »komische Wort ›anfassen‹« gebraucht, als er sich verzweifelt die mögliche körperliche Intimität zwischen Elisabeth und ihrem Bräutigam Michael vor Au-

gen führt, erklärt er ihr lapidar: »Als Kindern hat man Elisabeth und mir
eingeredet, daß wir sofort in die Hölle kämen – aber weißt du, sofort,
auf der Stelle –, wenn wir uns gegenseitig anfaßten; oder einen Kuß gä-
ben; oder uns sonst wie zu nahe kämen.«²⁶³ Die Verinnerlichung des
Verbots hat jedoch fatale Folgen für Elisabeth und Paul: Einerseits nährt
es die Sehnsucht nach dem anderen, andererseits verhindert es, daß die
beiden tatsächlich zueinander finden. Folgerichtig vollzieht sich in der
Ausweglosigkeit das Schicksal der Geschwister: Nur im gemeinsamen
Tod ist die Vereinigung möglich.

Keine Frage, Klaus Mann konnte mit seiner Arbeit zufrieden sein,
war es ihm doch – vielleicht das erste Mal als Dramatiker – gelungen, ein
Stück zu verfassen, das von Anfang bis Ende überzeugte. *Geschwister* ist
schließlich schon deshalb bemerkenswert, weil in ihm bereits die thematische Hauptlinie erkennbar ist, die von da ab sein Werk durchziehen
wird. Zwar klingen schon in seinem Erstlingswerk *Der fromme Tanz*
Motive an wie Verklärung der Kindheit, die Liebe als Quelle der unerfüllten Wünsche oder der Selbstaufgabe und vor allem der Tod als Erlösung, sei es vom Liebesleid, sei es generell vom peinigenden Mühsal der
irdischen Existenz, das Klaus Mann später auch als »Fluch der Individuation« bezeichnen sollte. Neu aber ist, daß er all diese Gedanken nun in
einen kausalen Zusammenhang setzt und damit ein Menschenbild ent-
wirft, wonach dem einzelnen in dem Maße, wie der Tod am Ende immer
die Oberhand über das Leben behält, allenfalls für den Augenblick Zufriedenheit und Glück beschieden sein kann. So gesehen leitete *Geschwister* einen für sein zukünftiges Werk wichtigen Entwicklungsschritt ein:
Über die thematische Verknüpfung von Kindheit, Eros und Tod im (un-
abwendbaren) Schicksal der Geschwister wirft der Autor erstmals die
Frage auf, ob das Scheitern an der Verwirklichung der individuellen
Träume, Wünsche und Hoffnungen ein Grundprinzip der menschlichen
Natur sein könnte – ein Gedanke, der ihn in der Tat so nachhaltig
berührte, daß er im Laufe der Jahre und unter dem Eindruck zahlreicher
Enttäuschungen und persönlicher Niederlagen zu einer Art bitterer Le-
bensweisheit für ihn werden sollte.

Indes, so bedeutsam *Geschwister* in der Gesamtheit des Mannschen
Œuvres auch ist, das Publikum mochte es nicht. Im Grunde war dies
auch nicht weiter verwunderlich, denn zum Zeitpunkt der Uraufführung
am 12. November 1930 – ein paar Tage vor Klaus Manns 24. Geburts-

tag – im Studio der Münchner Kammerspiele standen die politischen Zeichen der Zeit bereits auf Sturm. Und jeder, der in den Verdacht geriet, sie zu ignorieren, mußte sich schwere Vorwürfe gefallen lassen. Therese Giehse meint im Rückblick auf ihr Lebenswerk: »Zu dieser Zeit hatten die Leute andere Sorgen, als ein romantisch verträumtes Stück über eine Geschwisterliebe bedeutungsvoll finden zu können.«[264] Im NSDAP-nahen *Völkischen Beobachter* war ein paar Tage nach der Uraufführung zu lesen: »Wäre Klaus Mann nicht der Sohn des Thomas Mann, wäre dieses Stück sicher nie über die Bretter gegangen. Und hätte Klaus Mann je im Bersten der Granaten gestanden und im Sturm nach vorwärts sein Gewehr gefällt, er hätte dieses Stück nicht geschrieben.«[265]

Klaus Mann erlebte bei der Premiere denn auch eine herbe Enttäuschung: Schon während des ersten Aktes kam es fast zum Skandal, die Darsteller wurden mit Pfiffen und Buhrufen bedacht, und die Aufführung stand kurz vor dem Abbruch. Dabei hatte Klaus Mann bereits im Vorfeld streng darauf geachtet, Sensationsmeldungen jeglicher Art zu vermeiden, etwa indem er – schweren Herzens – darauf verzichtete, an der Seite von Erika die Rolle des Paul zu übernehmen. Diesmal hatte er vor allem eines im Sinn: Das Stück sollte allein kraft seiner selbst die Zuschauer in seinen Bann ziehen. Alles war unter der Regie von Richard Révy mit Bedacht arrangiert worden: Die Besetzung mit Erika als Elisabeth, Therese Giehse als derb-bayerische Hausangestellte Marietta und Wolfgang Liebeneiner als Paul unter der Regie von Richard Révy konnte kaum besser sein; sogar Pamela Wedekind hatte überraschend mit der hübschen Vertonung der Taubenarie dem Autor einen letzten Freundschaftsdienst erwiesen.[266] Ebenso kam die Entscheidung, das Drama in dem kleinen Studio der Münchner Kammerspiele auf die Bühne zu bringen, dem Charakter von *Geschwister* entgegen. Daß Zuschauer und Kritiker dem Stück schließlich dennoch ihre Anerkennung verweigerten, traf Klaus Mann völlig unvorbereitet und wirkte wie ein Schock. Er zog daraus folgenschwere Konsequenzen. Zum einen wollte er, daß nie wieder ein Drama aus seiner Feder in München, »diese große Provinz«, wie er seine Heimatstadt in einem Brief an Stefan Zweig verächtlich bezeichnete, uraufgeführt werde. Zum anderen werde er seine Bühnenmanuskripte fortan nur noch unter Pseudonym herausbringen, die »bösartige Voreingenommenheit der Theaterpresse« gegen ihn verlange es so.

Tatsächlich veröffentlichte er sein letztes in Deutschland verfaßtes

Drama *Athen*, das 1932 im Osterfeld Verlag erschien[267], unter dem Namen Vincenz Hofer, und er sorgte dafür, daß, jedenfalls zu Lebzeiten, niemand herausfand, wer sich dahinter verbarg. Dem Stück, das – sieht man von den konkreten Zeitbezügen ab – auch als eine Art Hommage an den von ihm verehrten Philosophen Sokrates gelesen werden kann, war so kurz vor der nationalsozialistischen Machtübernahme in Deutschland keine Aufführungsmöglichkeit mehr beschieden. Und auch im Exil sollte sich kein geeignetes Forum mehr finden. Den Autor konnte es kaum mehr bekümmern; sein verletzter Stolz hinderte ihn daran, sich noch weiter ernsthaft an der Gestaltung von Dramenstoffen zu versuchen oder sich um die Präsenz seiner Stücke auf europäischen Bühnen zu bemühen, so wie er es bisher getan hatte. Wenn er in jenem Brief an Stefan Zweig – immerhin aus der zeitlichen Distanz von zwei Jahren – etwas lakonisch bemerkt, daß ihn das Debakel von *Geschwister* »vielleicht doch etwas entmutigt« habe, dann hatte er sich in Wahrheit schon längst dazu durchgerungen, dem Ende seiner ›Karriere‹ als Dramatiker fest ins Auge zu blicken. Hieran konnte auch Stefan Zweigs freundliche Ermunterung, sich doch noch einmal im »Dramatischen«[268] zu versuchen, nichts ändern.

Nur noch zweimal sollte sich Klaus Mann nach *Geschwister* an den Schreibtisch setzen, um ein Theaterstück zu schreiben, wobei *Athen* im Exil nicht mehr neu aufgelegt wurde und das 1946 geschriebene Stück *Der siebente Engel* bis zu seinem Tode unaufgeführt blieb. Die Wunde, die das verschmähte Werk hinterlassen hatte, schmerzte jedoch mehr als er zugeben wollte, und wenngleich ihm durchaus auch in Zukunft Erfolge als Essayist und Romancier beschieden sein sollten, nagte von da ab immer wieder der Selbstzweifel an ihm: War es vielleicht möglich, daß ihm die große Anerkennung auf ewig versagt bleiben würde? Fest steht, daß seine Leidenschaft für das Theater eine »unglückliche Liebe« gewesen ist, der keine Erfüllung beschieden war.

Stürmische Zeiten

Nicht Klaus oder Erika, sondern Thomas Mann trat als erster der Familie an die Öffentlichkeit, um mit eindringlichen Worten vor den dramatischen Entwicklungen in seinem Heimatland zu warnen. Zwar hatte er sich in der Vergangenheit schon des öfteren gegen zweifelhafte politische und juristische Maßnahmen und vor allem gegen die zunehmenden staatlichen Eingriffe in den Bereich der Kunst und Publizistik ausgesprochen – wobei zu diesem Zeitpunkt die Ära der Notverordnungen noch bevorstand, die eine weitere massive Einschränkung der Meinungsfreiheit mit sich brachte. Jedoch, niemals zuvor waren seine Sätze schärfer – und bekennender – gewesen als die, die er für seine *Deutsche Ansprache* verfaßte. Mochte ihm das Kämpferische nach wie vor wesensfremd geblieben sein, und mochte er sich bis dahin jeder öffentlichen Parteinahme enthalten haben – dort, wo er die geistige Freiheit des Künstlers bedroht sah, scheute er sich nicht, Stellung zu beziehen. Er empörte sich über verschiedene Gerichtsverfahren gegen linksorientierte Schriftsteller, wie etwa den Mitte der zwanziger Jahre angestrengten Hochverratsprozeß gegen den kommunistischen Lyriker Johannes R. Becher, der 1928 nur aufgrund massiver Proteste von in- und ausländischen Autoren eingestellt wurde. Andere Autoren hatten weniger Glück. Besonders tragisch war das Schicksal des unbeugsamen Antimilitaristen und späteren Friedensnobelpreisträgers Carl von Ossietzky, der am 23. November 1931 wegen Landesverrats zu einem Jahr und sechs Monaten Haftstrafe verurteilt wurde, weil in seiner Zeitschrift *Die Weltbühne* am 12. März 1929 ein Artikel erschienen war, der sich kritisch mit dem nach dem Versailler Vertrag verbotenen Aufbau der Luftstreitmacht auseinandersetzte. Die Nazis nahmen das Urteil des Reichsgerichts zum Anlaß, Ossietzky noch in der Reichtagsbrandnacht am 28. Februar 1933 erneut zu verhaften und ihn bis zu seinem Tode am 4. Mai 1938 – auch nicht für die Entgegennahme des Friedensnobelpreises 1935 – nicht mehr freizulassen. Dieser und andere Vorgänge, die darauf abzielten, unter dem Deckmantel der Legalität die systematische Verfolgung vornehmlich der linken Avantgarde[269] zu betreiben, zeigten an, daß de facto schon lange vor der Machtübernahme durch die Nationalsozialisten das Klima in Deutschland immer repressiver, kulturfeindlicher und antidemokratischer geworden war – indes sahen letztlich nur wenige der besorgniserregenden Diskrepanz zwischen dem demokratischen Anspruch der Republik und der politischen Wirklichkeit offen ins Auge.

Auch bei Klaus Mann findet man 1930 noch kein Wort der Empörung oder des Erschreckens angesichts der Hochverratsprozesse gegen Schriftsteller, Verleger und Buchhändler, der Beschlagnahmung

von Büchern oder der Verbote von Theateraufführungen und Filmen.
Kein Kommentar, keine Sympathiebekundung, kein Hinweis darauf, daß
er in jenen Jahren bereits ein Gespür für die Bedrohung der Freiheit des
Geistes in Deutschland durch einen sich immer deutlich abzeichnenden
Rechtsruck entwickelt hatte. Daher war es zunächst nur konsequent,
daß nicht er, sondern der Vater als erster der Familie den Zorn der rechten Fanatiker auf sich zog, die das Ende der geschwächten Republik
schon längst ungeduldig herbeisehnten. Bezeichnenderweise empfanden
jedoch nicht nur – wie zu erwarten war – die »Hakenkreuzler«, sondern
auch einige Anhänger des linken politischen Flügels seinen *Appell an die
Vernunft*[270], den er am 17. Oktober 1930 im Berliner Beethovensaal an
die zahlreich erschienenen Zuhörer richtete, als Provokation. Dabei hatte Thomas Mann nichts weiter im Sinn gehabt, als vor den »schrillen Parolen« zu warnen, die inzwischen zur vermeintlichen »Rettung und Wie-
dererhebung des Vaterlandes« ausgegeben würden. Da auch er sich hineingezogen fühle in den »Wirbel aus Not und leidvoller Verbitterung«,
die durch »eine archaische und blinde Tributpolitik« noch verschärft
worden sei, wäre es »unter den heutigen Umständen« wohl kaum zu vertreten gewesen, wenn er »nach Berlin gekommen wäre, um ein Roman-
kapitel vorzulesen und, etwas Lob und Kritik in der Tasche [...] wieder
nach Hause zu fahren«. Dann kam er zum Wesentlichen: Man bräuchte
kein »materialistischer Marxist zu sein, um zu begreifen, daß das politische Fühlen und Denken der Massen weitgehend von ihrem wirtschaftlichen Befinden bestimmt« werde und »daß sie diese in politische Kritik«
umsetzten. Angesichts der Intensität und Richtung dieser neu erwachten
»politischen Leidenschaften« wolle er für eine gemäßigtere, besonnene-
re, eben für eine vernunftgeleitete Haltung eintreten und vor den möglichen fatalen Folgen für die Republik warnen, die allerdings weniger vom
»Anwachsen des Kommunismus« als vor allem vom Faschismus ausgin-
gen. Er halte die »Bewegung« des Nationalsozialismus, diese »Riesen-
welle exzentrischer Barbarei und primitiv-massendemokratischer Jahr-
marktsroheit«, für »ein Produkt wilder, verwirrender und zugleich nervös stimulierender, berauschender Eindrücke« und rief »das Volk, [...]
dem der Haß, das kranke Erzeugnis der Not, jede Unbefangenheit des
Blickes« raube, dazu auf, dem »Fanatismus als Heilsprinzip« umgehend
wieder zu entsagen und trotz »der neuen Welle wirtschaftlicher Krisis
[...] ein gesundes politisches Denken« walten zu lassen. Zugleich sprach

er sich in aller Deutlichkeit für die Sozialdemokraten aus, denen er, wenn überhaupt, noch am ehesten zutraute, daß sie eine politische Katastrophe in Deutschland verhindern könnten.

Wenn Thomas Mann geglaubt hatte, daß er mit seinem beherzten Engagement für die Demokratie die zukünftige Marschroute vorgegeben hatte, das drohende Versagen der deutschen Intellektuellen vor der sich zuspitzenden politischen Lage abzuwenden, so wurde er nun eines Besseren belehrt. Insbesondere die antibürgerlich argumentierende »Linksintelligenz«, wie sie etwa von Bertolt Brecht, Siegfried Kracauer oder Kurt Tucholsky vertreten wurde, verweigerte Interesse und Zustimmung. Thomas Mann mußte es sich gefallen lassen, daß ihm wegen seiner »bürgerlichen« Herkunft praktisch das Recht und die Kompetenz abgesprochen wurde, politisch aufzubegehren.

Thomas Manns entschiedenes Eintreten für die Republik, obwohl in seinem Kunstverständnis das offene politische Wort eigentlich nicht vorgesehen war, macht deutlich, wie bedrohlich er damals schon die Lage einschätzte und daß er sich in Wahrheit keineswegs sicher war, ob die Deutschen wirklich dem Vormarsch des Barbarentums würden widerstehen können. So bekannte er in seinem Vortrag, daß es »Stunden« gebe, »wo der Künstler von innen her nicht weiterkann, weil unmittelbare Notgedanken des Lebens den Kunstgedanken zurückdrängen, krisenhafte Bedrängnis der Allgemeinheit auch ihn auf eine Weise erschüttert, daß die spielend leidenschaftliche Vertiefung des Ewig-Menschlichen, die man Kunst nennt, [...] zur seelischen Unmöglichkeit« werde. Ein bewegender Satz – und ein Gedanke, der doch für manche Signalwirkung hatte, auch für den Sohn, der in Berlin ebenfalls unter den Zuhörern gesessen haben dürfte. Natürlich waren auch Klaus Mann die politischen Ereignisse nicht verborgen geblieben. Die Weltwirtschaftskrise und der New Yorker Börsenzusammenbruch am 25. Oktober 1929, der überraschende Tod von Gustav Stresemann drei Wochen zuvor, der als Außenminister und Friedensnobelpreisträger in der Welt wie kein anderer deutscher Staatsmann der Weimarer Republik nach Friedrich Ebert für politische Kontinuität und Glaubwürdigkeit gestanden hatte und dem es zeitweise sogar gelungen war, seine Landsleute davon zu überzeugen, daß es ohne den Frieden mit Frankreich auch in Deutschland nicht weiterginge; der Sturz des Reichskanzlers Hermann Müller wegen des unseligen Streites um die Erhöhung der Beiträge für die Arbeitslosenversicherung um

1/2 Prozent und – nicht zu vergessen – die hohe Zahl der Arbeitslosen, die Ende 1929 auf annähernd dreieinhalb Millionen und im Herbst 1930 bereits auf fast fünf Millionen gestiegen war (im Februar 1932 sollte sie schließlich mit 6,2 Millionen ihren Höchststand erreichen) – dies waren nur die Eckpfeiler einer sich rasant verschlechternden Situation, die Deutschland in den finanziellen Ruin und in eine politische Katastrophe zu treiben drohte. Daß es wirklich allmählich Zeit wurde, sich der »faschistischen Infektion« zu stellen, erkannte Klaus Mann – und mit ihm noch einige andere, die sich bis dahin geweigert hatten, »zuzugeben, daß irgendeine politische Partei, eine Bande von Abenteurern und Fanatikern, die sich prahlerisch als ›Nationalsozialisten‹ bezeichneten, dazu imstande sein sollte, den gesamten Bestand abendländischer Werte und Traditionen in Frage zu stellen«[271] – spätestens am 14. September 1930, als die NSDAP bei der Reichstagswahl gewaltige Stimmengewinne für sich verbuchen konnte und im Parlament nun statt mit 12 mit 107 Mandaten vertreten war: »Wer in politics bis gestern noch apathisch war, den hat das Resultat unserer Reichstagswahlen aufgerüttelt.«[272] Er stellte diese Äußerung im Herbst 1930 während eines Vortrags vor dem Wiener Kulturbund mit einer solchen Selbstverständlichkeit in den Raum, als habe er selbst schon längst das Gebot der politischen Initiative verinnerlicht. Genaugenommen war es jedoch das erste Mal, daß Klaus Mann öffentlich ein tagespolitisches Ereignis kommentierte. Immerhin markiert jene Rede zur Frage *Wie wollen wir unsere Zukunft?* – wie auch der offene Brief an Stefan Zweig, den er kurz darauf im November unter dem Titel *Jugend und Radikalismus. Eine Antwort auf Stefan Zweig* auf eine Anfrage der Zeitschrift *Zeitlupe* verfaßte – Klaus Manns endgültigen Verzicht auf den Repräsentanzanspruch seiner Generation. Hierin war zugleich eine politische Kampfansage an jene enthalten, die ihr Heil bei den Faschisten gefunden zu haben meinten. Mit Blick auf die zahlreichen jungen Wähler der NSDAP distanziert er sich in seinem Essay nun ausdrücklich von jenem Teil der Jugend, »deren Aktivitätsdrang, deren Radikalismus [...] sich auf eine so schauerliche Weise verkehrt und ins Negative verwandelt hat«.[273] Stefan Zweig hatte in einem Beitrag zur *Revolte gegen die Langsamkeit* in der Eröffnungsnummer der Zeitschrift *Zeitlupe* um Verständnis für die jungen Rechtsradikalen geworben, indem er ihr Votum als eine Art Protesthaltung gegen die Regierung verstand. Dem hielt Klaus Mann entgegen, daß es nicht anginge, den »grauenerregenden Ausgang der deutschen Reichstagswahlen« als »›eine vielleicht nicht kluge, aber im Innersten natürliche und durchaus zu bejahende Revolte der Jugend gegen die Langsamkeit und Unentschlossenheit der hohen Politik‹« zu bezeichnen. Faktisch käme es immer noch auf die »Richtung« einer Revolte an: »Radikalismus allein ist noch nichts Positives, und nun gar, wenn er sich so wenig hinreißend, sondern so rowdyhaft und phantasielos manifestiert wie bei unseren Rittern vom Hakenkreuz. Fensterscheiben einschlagen und mit Rizinusöl drohen kann jeder, dahinter braucht kein geistiges Pathos zu stehen.«[274]

Schon in seinem Vortrag in Wien hatte er darauf hingewiesen, daß von einer »naturgegebene[n] Front – Alter gegen Jugend –« keine Rede mehr sein könne; sie habe »jede Aktualität und jeden Sinn verloren«. Statt dessen ziehe sich die Trennlinie nun durch seine Generation hindurch, so daß der »Teil der Jugend, der denkt und deshalb auch eine Zukunft will, scharf gegen den anderen Teil der Jugend steht, der von Natur aus gar nicht denkt«. Mag diese allzu vereinfachende These von einer differenzierten Krisendiagnose noch weit entfernt sein, seine düstere Schlußfolgerung mündet in die Forderung, daß die Zeit der Passivität und hoffnungsvollen Illusionen nun ein Ende haben müsse, da die »Ansichten«, in die »jene mißleiteten Primitiven [...] leider [...] gedrängt worden« seien, »nur zu ›einem‹ Ziel« führen könne: »zu einem neuen Kriege und zum Untergang der europäischen Zivilisation.« Vor dieser »bitter traurige[n], unerträglich traurige[n] Situation« dürften sich die geistigen Führungsschichten nicht länger verschließen: »Wir müssen, wie die Dinge liegen, unsere tiefsten und eigentlichsten Geistesinteressen hintansetzen und Stellung nehmen.«[275]

Der fatale Gang der Ereignisse ließ sich hierdurch nicht aufhalten. Ob Klaus Mann zu diesem Zeitpunkt die drohende Gefahr tatsächlich schon in ihrem ganzen Ausmaß erfaßt hat, steht dahin. Zumindest scheint es, als habe er sich schon im Frühsommer 1931 mit Auswanderungsgedanken getragen. Dies behauptet er jedenfalls im *Wendepunkt*, wonach er am 25. Mai 1931 in sein Tagebuch notiert haben will: »Ernste Unterhaltung über die Notwendigkeit, Deutschland zu verlassen. Entsetzlicher Triumph des Wahnsinns.« Und einen Tag später: »Wieder langes Gespräch mit Mielein, unser künftiges Exil betreffend. Ist es in der Tat unvermeidlich?«[276] Ohne Zweifel ist das Thema »Exil« in der Familie noch lange vor der tatsächlichen Emigration erörtert worden, zumal in den uns heute zugänglichen Tagebüchern Klaus Mann am 19. November 1931 festgehalten hat, daß man beim Essen mit Bruno Walter über die aktuelle politische Lage diskutiert habe, wobei auch die Möglichkeit der Auswanderung angesprochen worden sei.[277]

Wie auch immer, selbst Klaus Mann, der inzwischen mehr als die Hälfte des Jahres im Ausland verbrachte, dürfte der Gedanke an eine Emigration nicht leichtfertig in den Sinn gekommen sein. Gewiß, das Gefühl, »ein Fremder in Deutschland«[278] zu sein, hatte ihn schon erfaßt, noch ehe ihn die »zerstörerische Massenhysterie« der Nationalsozialisten jäh aus seiner politischen Teilnahmslosigkeit riß. Doch war nicht auch er geprägt vom deutschen Geist eines Novalis, Nietzsche, Hölderlin oder George? Mußte nicht gerade er sich den Vorwurf des Epigonentums gefallen lassen, weil er sich vom Pathos der deutschen Romantiker immer wieder betören ließ? In der Tat sei er einst in das »Irrationale« verliebt gewesen, bekannte Klaus Mann später im *Wendepunkt*. Jahrelang hatte er bedenkenlos in Mythos, Rausch, Religion und Körperkult geschwelgt, ohne sich jemals die gefährliche Nähe zum reaktionär-verherrlichenden Ideengut des (nazistischen) ›Übermenschen‹, der moralisch verbrämten Glorifizierung des ›Natürlichen‹ und Archaischen oder der völkisch-nationalistischen Pamphlete von der ›heilen‹ Welt mit ihrer festen, unverrückbaren Ordnung bewußt gemacht zu haben. Auch war die Trennlinie zwischen seiner pessimistischen Zivilisationskritik des allgemeinen Werteverfalls, in der der Drang zur Wirklichkeitsveränderung ebensowenig wie positive Gegenbilder enthalten war, zu einer antimodernistischen Geisteshaltung, die wiederum einem chauvinistischen Traditionalismus Vorschub leistete, nicht scharf genug gezeichnet. Überdies sollte Klaus Mann der Faszination, die der Irrationalismus auf ihn ausübte, auch in Zukunft nicht völlig entsagen. Es waren vor allem die ›überzeitlichen‹, individualistischen Themen wie Liebe und Tod, Lust und Ekstase, Natur und göttliche Ordnung des Kosmos, von denen sich Klaus Mann niemals wirklich lösen konnte. Noch 1931, in einer Rezension des Romans *Der große Kamerad*, den der im Ersten Weltkrieg gefallene französische Dichter Alain-Fournier verfaßt hatte, vermag er den wehmütigen Unterton nicht zu verbergen, wenn er davor warnt, die Doppelbödigkeit des »›Irrationalen‹«, die er vom romantischen Geist des Buches ableitet, zu verharmlosen:

»Mit unserer Vernunft müssen wir die Romantik, diese verführerisch traurige Sphäre von Tod, Erde, Sehnsucht, Abenteuer und Musik ablehnen, wenn nicht hassen. Sie ist es, welche die Katastrophen einer sehr viel weniger idealen Welt ermöglicht hat und immer wieder ermöglichen wird. In einer geheimeren Gegend unseres Herzens lieben wir sie dennoch. Wir lieben sie mit großer Zärtlichkeit und Treue, wenngleich wir vor ihr ständig auf der Hut sein müssen, damit sie nicht allzu gefährliche Gewalt bekomme über unsere Gedanken, die morgen Taten sein könnten.«[279]

Gleichwohl traf Klaus Mann in jenen Tagen eine Entscheidung, die für seine weitere persönliche und literarische Entwicklung weitreichende Konsequenzen hatte. Von nun ab wollte er als Künstler Verantwortung übernehmen, er wollte zeit- und gesellschaftskritisch sein, er wollte politisch wirken und für die »Idee des Fortschritts«[280] und für die Etablierung einer »sittlich reineren Zukunft«[281] eintreten. Vor allem aber wollte er seine ablehnende Haltung gegenüber dem Faschismus vehement vertreten, sei es als Privatperson, sei es als Rezensent, Essayist oder Romancier. Er hatte erkannt, daß es nicht mehr ausreichte, sich in unbestimmten Formeln eines (durchaus berechtigten) Krisenbewußtseins zu ergehen, zumal es sich bei der Darstellung der jugendlichen Orientierungslosigkeit, der Kritik an bürgerlichen Moralbegriffen (der er bis dahin vornehmlich durch die Akzentuierung des Erotischen Ausdruck verliehen hatte) oder der apokalyptischen Vision einer dem Untergang geweihten Gesellschaft lediglich um Zustandsbeschreibungen gehandelt hatte, in denen progressive Aspekte zur Bewältigung der Krisensituation nicht vorgesehen waren.

Daß er es mit der angekündigten Neubestimmung seiner Position als kämpferischer Literat ernst meinte, mußte als erster Gottfried Benn erfahren, den er in seiner Rede vor dem Wiener Kulturbund im Herbst 1930 direkt angriff. Dem expressionistischen Dichter hatte sich Klaus Mann bis dahin stets verbunden gefühlt, ob als Freund, dem er schon allein deshalb Hochachtung entgegenbrachte, weil er es nicht unter seiner »Dichterwürde« fand, als Spezialist für Haut- und Geschlechtskrankheiten in einem Berliner Arbeiterviertel tätig zu sein, ob als Bewunderer des »großen Poeten«, dessen »dunkel suggestiven, tragisch kühnen Verse« sich ihm schon im Jugendalter auf eine Weise eingeprägt hatten, als wären sie »Zaubersprüche«.[282] Noch Anfang 1930 hatte Klaus Mann in seiner Rezension von *Gottfried Benns Prosa*[283] dem Werk des Formkünstlers bescheinigt, daß »hier eine dichterische und intellektuelle Energie von gespanntester Intensität ihren eigensten und unerbittlichsten Ausdruck« finde. Seine wohlwollenden Worte waren nicht zufällig gewählt und zielten darauf ab, die Wogen in einem Streit zu glätten, den Gottfried Benn gerade mit dem ersten Vorsitzenden des 1928 gegründeten Bundes Proletarisch Revolutionärer Schriftsteller (BPRS), dem sozialistischen Gegenstück zur bürgerlich-liberalen Sektion für Dichtkunst der Preußischen Akademie, Johannes R. Becher, austrug[284]. Während eines Rundfunkgesprächs[285] mit seinem Kontrahenten propagierte Becher, seiner kommunistischen Weltanschauung entsprechend, die Tendenzliteratur. Dagegen war Gottfried Benn, hierin unverdrossen seinem elitären Artismuskonzept folgend, nicht bereit, auch nur für einen Moment in Betracht zu ziehen, daß Kunst auch als Bestandteil eines gesellschaftlichen Veränderungsprozesses verstanden werden und so vielleicht doch als Mittel zur Krisenbewältigung, ja womöglich sogar als politisch-moralisches Regulativ wirksam sein könnte.

Auf ebendieser hohen Hoffnung beruhte jedoch Klaus Manns neu gefaßtes Kunstverständnis, das sich, obgleich zu diesem Zeitpunkt noch recht vage, am idealtypischen Modell einer auf Freiheit, Gleichberechtigung und Wohlstand ausgerichteten Zukunft für die Menschheit orientierte. In jener denkwürdigen Rede vor dem Wiener Kulturbund wagte er einen ersten Ausblick auf die »Zivilisation« von Morgen, die, insofern die heutige »nur ein ungenügend Vorläufiges« sei, eines Tages den »Erdball« ergreifen würde. Dieser Prozeß, dies sei seine feste Überzeugung, sei bereits in vollem Gange und nicht mehr aufzuhalten. Daher sei auch die Aufgabe des Künstlers klar definiert, ginge es doch vor allem darum, »diese Zivilisation zu vergeistigen, zu veredeln, nicht zu zerstören«.[286]

Leicht dürfte es ihm nicht gefallen sein, sich mit seinem Bekenntnis zur Idee des Fortschritts und – noch wichtiger – zur Aufhebung der Trennung von Kunst und Politik zugleich explizit gegen Gottfried Benn zu wenden. Er tat es dennoch, nicht zuletzt, weil gerade Benn ihm in bestechender Klarheit die Problematik des eigenen Weltbildes vor Augen führte. Davon verriet er seinem Publikum jedoch nichts. Statt dessen konfrontierte er Benn in seiner Rede *Wie wollen wir unsere Zukunft?*[287] mit der aktivistischen Positionsbestimmung von Heinrich Mann, der ein »besonders repräsentatives Beispiel« dafür abgebe, »wie man künstlerische Vereinsamung, artistische Passion nicht nur mit politischer Gesinnung, sondern sogar mit schärfster politischer Aktivität vereinigen« kön-

ne. »Nicht ohne Stolz« wolle er in diesem Zusammenhang auch den Vater nicht vergessen, der die »Hochherzigkeit und den Mut« besessen habe, »in die tagespolitische Arena zu steigen, sein höchst persönliches, eigensinnig und religiös persönliches Werk vorübergehend im Stich zu lassen« – gemeint war Thomas Manns Arbeit am ersten Band seines breit
angelegten *Joseph*-Epos –, »um dem deutschen Bürgertum, das nicht
mehr wo aus und wo an« wisse, zu erklären, daß die Sozialdemokratie
ihm näher stünde als »irgendein ›militanter Neonationalismus‹«.[288]
Gottfried Benn dagegen laufe Gefahr, mit seinem Geschichtspessimismus
und seiner Abwertung des sozialistischen Fortschrittsglaubens als »Zivi-
lisationsgejodel« in die Nähe des Faschismus zu geraten. Aufgabe des
Dichters sei hingegen der hehre »Dienst an der Vernunft«, denn er sei
zum »Führer in eine sittlich reinere Zukunft« befähigt.[289] Doch es wollte
Klaus Mann nicht so recht gelingen, den eingeschlagenen Konfrontationskurs gegenüber Benn in seinem Vortrag konsequent beizubehalten.
Er konnte sich der Anziehungskraft eines artistischen Programms, das
sein geistiges Fundament ausschließlich aus dem Mythisch-Irrationalen
bezog, nicht gänzlich entziehen. Schließlich rief er dem Publikum sogar
zu: »Wer dürfte sich Dichter nennen, der sich nicht mit wahrhaft mani-
scher Neugierde täglich und stündlich über den verlockenden Abgrund
dieser [nihilistischen] Dunkelheit neigte?«[290] Nein, in Wahrheit zögerte
er noch, der »artistischen Passion« ihr Existenzrecht abzusprechen,
dafür lag ihm die Autonomie der Kunst und des Künstlers nach wie vor
zu sehr am Herzen.

Daß er durchaus nicht immer um ein klares Wort verlegen war, wenn
ästhetizistische Dichter »die politische Tätigkeit [...] als unanständig«
empfanden, hatte Klaus Mann bereits im Frühjahr 1930 demonstriert,
als er, ebenfalls in Wien, vor der Paneuropäischen Jugendsektion sprach.
Mit Blick auf die angestrebte Etablierung eines vereinten (Pan-)Europa
ging es ihm hier vor allem darum, das Wechselverhältnis zwischen der
faschistischen Ideologie und dem völkisch-gewaltverherrlichenden Denken der Jugend aufzuzeigen. Dafür zog er das Werk eines jungen Literaten heran, um deutlich zu machen, daß es fatale Folgen haben kann,
wenn Irrationalismus, Militarismus und Nationalismus eine geistige Allianz eingehen. Es war Ernst Jünger, den er hierbei besonders im Auge hatte und den er höhnisch als »Läuterungs- und Blutbadprophet[en]«[291] bezeichnete. In ihm glaubte er einen der Verkünder ausgemacht zu haben,

der mit seiner »Blutromantik« der »Barbarei« den Weg ebnete und durch seine mystische Verklärung des Krieges Vorschub für den nächsten leistete. In dieser Hinsicht blieb Klaus Mann bemerkenswert konsequent. Auch in Zukunft, genaugenommen bis zu seinen Erlebnissen als Kriegsberichterstatter im Spanischen Bürgerkrieg, wandte er sich immer wieder vehement gegen eine »Heroisierung eines verbrecherischen Industrieunternehmens«[292], wie er die Kriegsverherrlichung durch Jünger in seiner Rede bezeichnete.

Die entscheidende Kontrollinstanz für jedes literaturtheoretische Programm ist immer das literarische Werk selbst – auch Klaus Mann war sich dessen bewußt. In der Tat plante er schon seit längerem, »die komplexe Problematik einer Gruppe von internationalen Bohemiens erzählerisch zu gestalten«[293], wobei er diesmal keinesfalls den kritischen Gegenwartsaspekt vernachlässigen wollte. Allerdings erwies sich die Niederschrift als ungewohnt schwierig; er war wohl mit dem ›Literarischen‹ ein wenig aus der Übung geraten, wie er im Mai 1931 Stefan Zweig gegenüber in einem Brief anklingen ließ: »Wenn man sich einige Zeit lang nicht mehr mit schon gestaltetem Leben, als mit dem Leben selbst (dem Rohmaterial) befaßt hat, ist es gar nicht so einfach, wieder den direkten, nicht theoretisierenden, sondern einfach erzählenden Ton zu finden.«[294] Der Ton zwischen den beiden war herzlich wie immer, daran hatte sich auch nach Klaus Manns öffentlichem Protest gegen Zweigs Verteidigung der rechtsradikalen Jungwähler nichts geändert.

Bis Ende des Jahres 1930 war Klaus Mann vornehmlich damit beschäftigt gewesen, Vorträge zu halten, Rezensionen zu schreiben und Essays für seine Aufsatzsammlung *Auf der Suche nach einem Weg* zu verfassen. In dieser Zeit entstand vermutlich auch seine Erzählung *Schauspieler in der Villa*, die allerdings erst 1990 postum veröffentlicht wurde. Diese boshafte kleine Satire von einem Kaufmann und seinen drei Kindern läßt sich durchaus als erneute Antwort auf Thomas Manns *Unordnung und frühes Leid* lesen[295]: hier der bürgerlich-autoritäre, verständnislose Vater, dort seine beiden älteren Kinder, die mit verbissenem Eifer als Komödianten auf Provinzbühnen tingeln. In der Tat könnte insbesondere das Vater-Sohn-Verhältnis kaum schlechter sein. Den Vater, Besitzer einer großen Trikotagenfabrik, und den Sohn verbindet – außer ihrer gegenseitigen Antipathie – praktisch gar nichts. Schließlich enterbt der reiche Herr Konstantin das Geschwisterpaar sogar: nicht nur, daß Franz und seine Schwester Hilde es gewagt haben, in seiner Abwesenheit vor dem »bürgerlichen Badepublikum« des heimatlichen Kurortes ein skandalöses Theaterstück, das »wirklicher als die Wirklichkeit sein sollte«²⁹⁶, zu inszenieren. Beim anschließenden Fest mit den Schauspielern in der väterlichen Villa beleidigt ein Gast auch noch des Vaters »Liebling«, den 10jährigen Gustl, ein verwöhntes, zänkisches Bürschchen. Die beißende Ironie des Autors macht jedoch auch vor den Schauspielern nicht halt. Am Ende werden alle als oberflächliche Möchtegern-Künstler entlarvt. Vielleicht fand er die Erzählung selbst etwas zu intim geraten, denn normalerweise stets darum bemüht, seine Werke möglichst umgehend zu publizieren, sandte er sie erst zwei Jahre später, Ende Oktober 1932, an die Zeitschrift *Die Bühne*, die jedoch offenbar kein Interesse an einer Veröffentlichung hatte.²⁹⁷

Seine Arbeit wurde durch den plötzlichen Verlust eines Freundes überschattet: Wolfgang Deutsch, ein alter Freund aus der Odenwaldschule, nahm sich im September in Cannes das Leben. Er nahm den Nachruf, den er unter dem Titel *Selbstmörder* im Februar 1931 in der *Vossischen Zeitung* veröffentlichte, zum Anlaß, noch einmal all der Toten in seinem Bekanntenkreis zu gedenken, die sich bis dahin durch eigene Hand »dem Schmerz [...], dem Urgrund alles Lebens«²⁹⁸ entzogen hatten: neben Wolfgang Deutsch und Franz von Hofmannsthal auch die Tochter von Arthur Schnitzler, Lilly Plato Skutari, und Andreas Walser, ein junger Maler aus der Schweiz, den Klaus Mann in Paris kennengelernt hatte. Er habe das »tödliche Lächeln« mißdeutet, das Wolfgang Deutsch bei ihrer letzten Begegnung unvermittelt über die Lippen gekommen sei. Doch was hätte er schon tun können, wenn er die Verzweiflung des Freundes tatsächlich rechtzeitig erkannt hätte? Wußte er nicht selbst nur zu genau, daß nichts und niemand etwas der Todessehnsucht des anderen entgegensetzen konnte, wenn das Leiden am irdischen Dasein übermächtig zu werden drohte? Auch Klaus Mann schien in diesen Tagen all seine Willenskraft aufzubieten, damit sein Lebensmut »nicht als ein armes Kartenhaus vom Wind«²⁹⁹ zusammenbreche. Es ist zu vermuten, daß ihm seine Depressionen schon erheblich zu schaffen machten; die Notizen zu Ereignissen, zur schriftstellerischen Arbeit, zur Gemütslage, ja selbst zum Drogenkonsum des Tages machen jedenfalls deutlich, daß sich seiner zu jener Zeit offenbar schon längst eine chronische Niedergeschlagenheit bemächtigt hatte.

Weihnachten 1930 verbrachte die Familie Mann gemeinsam in der Poschingerstraße. Auch Klaus Mann nutzte die friedlichen Tage, um sich von den Strapazen der letzten Wochen und von der Enttäuschung über den Mißerfolg von *Geschwister* zu erholen. Doch schon Ende Dezember zog es ihn wieder nach Paris, um von dort aus, zusammen mit Erika, weiter an die Riviera zu reisen. Die beiden waren mit dem Piper Verlag einig geworden, einen alternativen Reiseführer für die Reihe *Was nicht im Baedeker steht*, zu schreiben. Bücher über andere Länder hatten Konjunktur bei den reisefreudigen Deutschen, obwohl sich in Zeiten der ökonomischen Krise nur noch wenige einen teuren Auslandsaufenthalt leisten konnten. Wirklich notwendig waren die Recherchen vor Ort wohl nicht, kannte Klaus Mann zumindest die französische Côte d'Azur doch so gut wie kaum eine andere Gegend. Anschließend ging es nach Berlin, wo er sich erst einmal mit einer Grippe ins Bett legen mußte. Er und Erika waren nämlich auf die verrückte Idee gekommen, mitten im Winter im offenen Wagen von München nach Berlin zu fahren, was zur Folge gehabt hätte, daß »uns a.) dicht vor Wittenberg der Wagen entzwei ging – und wie! – b.) ich mit fast 40 Grad Fieber in Berlin ankam«[300], ließ Klaus Mann Erich Ebermayer in einem Brief vom 11. Februar 1931 wissen. Sehr viel Zeit für die Genesung nahm er sich allerdings nicht, denn schon einen Monat später reiste er wieder an die französische Riviera, diesmal in dem kleinen Ort Juan-les-Pins, wo er sich mit Gert Frank, Eva Herrmann und anderen Freunden traf. Hier, im angenehmen Mittelmeerklima, wollte er endlich die Vorarbeiten an seinem neuen Roman aufnehmen; in Berlin hatte er dazu nicht die nötige Ruhe gefunden. Indes wurde noch ein kurzer Abstecher nach Italien nötig. Der Piper Verlag bestand nämlich darauf, daß auch die italienische Riviera in dem Reisebuch gebührend gewürdigt wurde. Klaus Mann trat, ohne Erika, die Reise nach Italien jedoch nur widerwillig an; die reaktionäre Atmosphäre dort behagte ihm nicht. In den heiteren Reisenotizen findet man zu den realen politischen Verhältnissen in dem Land, wo der faschistische Diktator Mussolini schon seit Mitte der zwanziger Jahre regierte, allerdings nur den lapidaren Kommentar: »Kein Wort über Politik, sonst gäbe es viele und böse Worte.«[301]

Als er nach Deutschland zurückkam, erwartete ihn schon die Buchausgabe seiner Aufsatzsammlung, die der Berliner Transmare Verlag gerade herausgebracht hatte. Wie sich zeigte, war Klaus Mann gut beraten gewesen, auch seine verschiedenen Stellungnahmen zur Aufgabe des Schriftstellers, wie etwa in *Jugend und Paneuropa, Wie wollen wir unsere Zukunft?* oder *Jugend und Radikalismus* einzubeziehen. Die Mischung aus politischen und literaturtheoretischen Aufsätzen, Künstlerporträts, Buchbesprechungen und Selbstanzeigen traf den Nerv der Zeit. Sogar Siegfried Kracauer bescheinigte ihm, daß er nun offenbar »an einem wichtigen Punkt angelangt« und, »wie ich gerne unterstelle, von ernstem Willen erfüllt« sei.[302] Seine Erzählung *Katastrophe um Baby*, die er irgendwann in den vergangenen Monaten niedergeschrieben hatte und im August in *Velhagens und Klasings Monatshefte* erschienen war, fand indes kaum Beachtung. Dabei ist die traurige Geschichte von Baby, Freddy und anderen einsamen Menschen, die zufällig während eines Sommers auf der Nordseeinsel Sylt zusammentreffen und vergeblich nach Anerkennung, Liebe und Geborgenheit suchen, schon deshalb interessant, weil Klaus Mann sich hier – nach seiner frühen Erzählung *Nachmittags im Schloß* – erneut in der Technik einer mehrperspektivischen Erzählweise versucht, wobei er die inneren Erlebniswelten seiner Protagonisten geschickt miteinander zu verweben weiß.

Vorerst blieb Klaus Mann – abgesehen von einem kurzen Abstecher nach Berlin, wo er Erika und Ricki Hallgarten nach ihrer bravourösen 10 000-Kilometerfahrt begrüßte – in München, um seinen Roman fertigzustellen. Die Anfangsschwierigkeiten waren längst überwunden. Inzwischen hatte er auch einen Titel gefunden: Das Buch sollte *Treffpunkt im Unendlichen* heißen und möglichst noch in diesem Jahr im Fischer Verlag erscheinen. Und tatsächlich: Als er im August wieder nach Berlin abreiste, konnte Klaus Mann dem Verlag – nach knapp vier Monaten – das fertige Manuskript abliefern.

Vom Fluch der Individuation

Treffpunkt im Unendlichen, der im März 1932 erschien und Klaus Manns letzter in Deutschland verfaßter Roman war, wird heute allgemein als sein bedeutendstes Werk vor dem Exil verstanden, auch wenn ihm im Eifer der Niederschrift wieder einmal einige ›Flüchtigkeitsfehler‹ unterliefen.[303] Besonders die mehrsträngige, figurenreiche Erzählstruktur zeigt an, daß er auf dem besten Weg war, sich als Romancier einen Namen zu machen. Die zeitgenössische Kritik war allerdings überwiegend negativ. Noch zwanzig Jahre später ist die tiefe Kränkung unverkennbar, wenn Klaus Mann im *Wendepunkt* auf die »üblichen Schimpftiraden« zu sprechen kommt, mit denen die Presse seine Arbeiten in jenen Jahren notorisch bedachte – von einigen wenige Ausnahmen abgesehen. Was die hämischen Reaktionen auf *Geschwister* und *Treffpunkt im Unendlichen* betraf, so meinte er allerdings auch einen neuen Unterton herauszuhören:

»[...] dieser Mangel an populärer Anerkennung wäre an sich doch kaum genug gewesen, mich zu überraschen oder gar zu entmutigen. War ich es nicht gewohnt? Die beiden Produkte, die ich vorlegte [...], konnten wohl in der Tat nur für einen engen Kreis von Reiz und Interesse sein. Außerhalb dieses Kreises erregte sie Befremden, welches – wie die Dinge nun einmal lagen – beinah selbstverständlicherweise häßlich-gehässige Formen annehmen mußte. Als ob es mir etwas Neues gewesen wäre! Aber diesmal erschreckte es mich. Warum? Die Gehässigkeit – ich mußte es wohl bemerken – hatte sich vertieft, war böser, kälter, feindlicher geworden. Eine Gehässigkeit, die vernichten will. Erst quälen und dann töten. Eine mörderische Gehässigkeit, ein Nazi-Haß: Das war es nun, was mir aus den Spalten der Presse, der Miene des Theaterpublikums entgegengrinste. Dies war nicht mehr von der komischen Seite zu nehmen wie die Skandale meiner früheren Zeit. Es wurde Ernst.«[304]

Diese Einschätzung war tatsächlich nicht ganz von der Hand zu weisen. Die Rezensenten des *Völkischen Beobachters* und anderer NSDAP-naher Presseorgane wie der *Illustrierte Beobachter*, die *Front* oder *Die Brennessel* hielten sich mit Diffamierungen der übelsten Art gegen seine Person und seine literarischen Äußerungen nicht zurück – wobei fast noch schlimmer war, daß die marktschreierischen Verleumdungen, deren programmatische Niveaulosigkeit nicht mehr zu überbieten war, auch noch auf ein breites Echo stießen. Eine aufgeschlossenere Haltung der nazistischen Propagandapresse gegenüber Klaus Mann und seinem Werk hätte ihm allerdings wohl auch nicht gut zu Gesicht gestanden. In der Tat stand die Familie Mann spätestens seit Thomas Manns aufsehenerregendem *Appell an die Vernunft* auf der Abschußliste der Hitler-Fanatiker ganz oben. Die öffentlichen Auftritte von Thomas und Heinrich Mann wurden systematisch von organisierten Störtrupps unterbrochen, und Erika Mann hatte, nachdem sie am 13. Januar 1932 auf einer Versammlung der *Internationalen Frauenliga* als Rezitatorin aufgetreten war, in zunehmendem Maße Schwierigkeiten, ein Theater zu finden, das die »pazifistische Mägere«[305] unter Vertrag nehmen wollte – warum sollte also ausgerechnet Klaus von den Hetzkampagnen der Braunhemden verschont bleiben?

Zumal er sich zu den verleumderischen Artikeln gegen Erika, die der *Völkische Beobachter* im Anschluß an ihren Auftritt abdruckte, direkt äußerte, indem er eine Verteidigungsschrift für seine Schwester verfaßte, die am 4. Februar im *Acht-Uhr-Abendblatt* veröffentlicht wurde.[306]

Etwas anderes war es, daß ausgerechnet jene ihm konsequent ihre Achtung vorenthielten, mit denen er sich geistig und politisch verbunden glaubte. Siegfried Kracauer etwa, der kurz zuvor immerhin noch lobende Worte für Klaus Manns Aufsatzsammlung *Auf der Suche nach einem Weg* gefunden hatte, fand das Buch »einfach zum Kotzen«. Es reiche einfach nicht, »das schmierige Leben einfach« abzuschreiben, so seine vernichtende Kritik, die er schließlich mit den lapidaren Worten beschloß: »Ein verschmiertes Talent. Eine wendige Schmiererei«[307]. Indes, nicht nur Siegfried Kracauer übersah, daß in *Treffpunkt im Unendlichen* bereits im wesentlichen die Keime von Klaus Manns künftigem Romanwerk angelegt waren, wie Fredric Kroll in seiner Analyse Ende der siebziger Jahre treffend bemerkt.[308] Streng genommen griff Klaus Mann zwar auch in *Treffpunkt im Unendlichen* die altbekannten Themen seiner ersten Arbeiten wieder auf, die er hier jedoch deutlicher herausarbeitete und für die er nun prägnantere Formeln fand. So bewegen sich auch die zumeist künstlerisch ambitionierten jungen Protagonisten im Bohème-Milieu von Berlin und Paris; sie machen ganz ähnliche schmerzliche Liebes- und Leidenserfahrungen, wie etwa die Figuren in *Der fromme Tanz* oder *Anja und Esther*; wie in *Geschwister* spielen sie die verschiedenen Möglichkeiten durch, durch Rausch oder Todesbereitschaft die Flucht aus der Wirklichkeit anzutreten, und auch die Sinnfrage in bezug auf Leben und Kunst nimmt in *Treffpunkt im Unendlichen* einmal mehr breiten Raum ein. Daß der Roman dennoch kaum mit seinen früheren Prosawerken zu vergleichen ist, ergibt sich sowohl aus der spezifischen zeit- und gesellschaftskritischen Dimension, die dem Werk die Qualität eines Zeitromans verleiht, als auch aus der literarischen Technik, in der Klaus Mann sich hier das erste Mal versuchte. Er hatte sich seit einiger Zeit mit den Wirkungsmöglichkeiten befaßt, die Literatur, respektive der »Handlungsroman«, angesichts der wachsenden Beliebtheit der audiovisuellen Medien faktisch noch hatte. Die Diskussion um die Bedrohung der traditionellen Bücherliteratur durch Radio und Film (und auch durch die Presse) war nicht neu; letztlich blieb sie während der gesamten zwanziger Jahre (und darüber hinaus) in den theoretischen Auseinandersetzungen um die Funktion von

Kunst virulent. Im Vordergrund der theoretischen Debatten stand vor allem die Frage, inwieweit gerade der Film ein adäquates Ausdrucksmittel des modernen Massenzeitalters sei. In der Tat etablierte sich der Film in kürzester Zeit zu einem Massenmedium, das aus dem kulturellen Leben nicht mehr wegzudenken war und sowohl den Theaterbühnen als auch dem Büchermarkt empfindliche Einbußen bescherte. Einige Autoren, insbesondere jene, die sich als fortschrittliche Intellektuelle verstanden, versuchten denn auch den Sprung ins lukrative Filmgeschäft. Klaus Mann verhandelte in den Herbstmonaten des Jahres 1931 mit der Filmgesellschaft Tobis über die Möglichkeit einer Verfilmung seiner frühen Kaspar-Hauser-Erzählung. Seine Bemühungen waren jedoch vergeblich. Das Projekt erwies sich als zu kostspielig, und schließlich wollte Tobis kein Risiko mit einem Neuling eingehen, der nicht bereit war, sich rückhaltlos am Geschmack der Massen zu orientieren und der auch mit den technischen Voraussetzungen des Mediums keineswegs vertraut genug war, um ein ›filmreifes‹ Drehbuch zu liefern. Ähnlich erging es Brecht mit seinem Vorhaben, die *Dreigroschenoper* zu verfilmen, ein Werk, das durch seinen immensen Bühnenerfolg eigentlich geradezu prädestiniert gewesen wäre, ein großes Publikum in die Kinos zu locken.[309]

Sicherlich waren Klaus Manns Ambitionen, in der Filmbranche Fuß zu fassen, nicht allein auf finanzielle Erwägungen zurückzuführen; seine Experimentierfreude und die Faszination, die der Film immer schon auf ihn ausgeübt hatte, taten zweifellos ihr übriges. Fast als ein Kinogänger der ersten Stunde dürfte Klaus Mann keinen der großen deutschen Stummfilme jener Tage versäumt haben, von denen er einige mit wohlwollenden Rezensionen bedachte. Dennoch versperrte ihm seine Begeisterung für den Film nicht den Blick für dessen Konkurrenzverhältnis zur Literatur. In seiner Besprechung von Gides *Falschmünzern* im Jahre 1929 zieht er das nüchterne Fazit, daß der »Handlungsroman« durch das Kino gänzlich überflüssig geworden sei: »Ein sensationeller Kriminalfall ist viel amüsanter auf der Leinwand als im Buche darzustellen. Die Sendung des Romans ist nicht mehr, aufregende Geschichten zu erzählen, oder solche, die lustig sind. Es gibt, scheint mir, für den Erzähler von heute nur zwei Möglichkeiten: sachlichste soziale Reportage mit ethisch erzieherischer Endabsicht, herkommend von Zola (Fall einiger Amerikaner und moderner Russen) – oder, was André Gide den ›Ideenroman‹ nennt.« Dies sei die Kunstform, worauf er, worauf »alle mit großer Ungeduld gewartet« hätten, denn der »›fugenhafte‹ Ideenroman« erlaube genau jenes Nebeneinander und Ineinandergreifen von Themen und Motiven, die bis dahin nur der Musik – und inzwischen auch dem Film – vorbehalten gewesen seien: »Leidenschaften und Philosophien, erotische Anziehungen, Feindschaften, vielfältige Schicksale fügen sich sinnvoll zur Figur.«[310]

Nachhaltig beeindruckt zeigte er sich auch von Virginia Woolfs *Mrs. Dalloway*, einem Roman, dem er in einer Rezension bescheinigt, daß er mit »einer Exaktheit komponiert« und so ein Zeugnis wahrer »Meisterschaft« sei. Denn hier existiere »kein Ding vom anderen abgetrennt«; hier sei alles »Gewebe, Muster, Teppich und mystische Einheit«, um das Leben so zu zeigen, wie es »uns als Geruch, als Lärm, als Geschmack bestürmt«.[311] Aus dem deutschsprachigen Raum waren es vor allem zwei Werke, die Klaus Mann in ihren Bann zogen: Zum einen handelte es sich um Döblins furiosen Großstadtroman *Berlin Alexanderplatz*, der wegen seiner geschickt eingesetzten Montagetechnik stark an die Ästhetik des Films erinnert. Zum anderen zeigte sich Klaus Mann von Hans Henny Jahnns *Perrudja* fasziniert. Beide Bücher seien bei aller Verschiedenheit gleichermaßen vom lebendigen Wechselspiel »zwischen einer rasant vorüberschießenden Andeutung und einer plötzlich über einen Gegenstand haltmachenden, wie erstarrenden, mikroskopisch genau werdenden Ausführlichkeit«[312] gekennzeichnet.

Allen Vorbildern zum Trotz ging Klaus Manns Ehrgeiz nicht so weit, sich mit seinem neuen Roman, wie etwa Döblin, an einer völlig neuen formalästhetischen Richtung zu versuchen oder zu einer kompositorischen Geschlossenheit zu finden, wie sie Gides *Falschmünzer* auszeichnet. Immerhin setzte er für *Treffpunkt im Unendlichen* auf eine ungewöhnliche Romanstruktur, die in ihrem formalen Aufbau tatsächlich an eine Fuge erinnert. Das Nebeneinander der Handlungsstränge, die Vielzahl von Einzelschicksalen, wobei einige davon für das Geschehen freilich nur episodische Bedeutung haben, die vielen Dialoge und inneren Monologe, durch die die jeweilige Erlebnis- und Gedankenwelt der einzelnen Figuren vermittelt wird – diese und andere Erzählmittel dienen im wesentlichen der Variation eines Grundthemas: daß die Menschen, so individuell verschieden sie auch sein mögen, letztlich doch eines gemeinsam haben – sie sind einsam.[313] Das Schicksal des einzelnen bezeichnet Klaus Mann als »Fluch der Individuation«, denn trotz Einbettung in die

Gemeinschaft sei jeder auf sich selbst angewiesen und damit zwangsläufig dazu verdammt, isoliert zu bleiben.

Das Verhältnis zwischen Individuum und Gemeinschaft sieht Klaus Mann hier von unaufhebbaren Gegensätzen bestimmt, die er zugleich als das entscheidende Spannungsmoment der menschlichen Existenz kennzeichnet. Er kreiste zwar nicht das erste Mal um diesen Gedanken, doch es war das erste Mal, daß er ihn bis zur letzten Konsequenz zu Ende spann. Außerdem zeigt sich in *Treffpunkt im Unendlichen*, daß rauschhafte Erlebnisse als kompensatorische Mittel gegen die Empfindungen der Resignation und Einsamkeit auf Dauer versagen, ja daß sie sogar vernichten können, wenn man zu sehr auf ihre schmerzlindernde Wirkung vertraut. Dies wußte der Autor bereits aus persönlicher Erfahrung – indes: Die Möglichkeit des Scheiterns, auch des eigenen, vermochte er sich immer nur auf dem Papier einzugestehen.

In *Treffpunkt im Unendlichen* kann dem »Fluch der Individuation« nur mit einem extremen Individualismus, nämlich mit der Bereitschaft zum Tode begegnet werden – diese letzte Konsequenz zieht jedenfalls Richard Darmstädter, der – nach einer unerfüllten Liebesbeziehung – sich durch einen Schuß aus dem Revolver das Leben nimmt, wobei der Autor diesen finalen Akt der Selbstbefreiung mit den knappen Worten kommentiert: »Tiefste Niederlage – endgültigster Sieg.«[314] Kaum weniger dramatisch endet das Liebesverhältnis des jungen Autors Sebastian und der Schauspielerin Sonja. Ihnen gönnt Klaus Mann nur ein kurzes gemeinsames Glück, denn Sonja erliegt den Folgen einer Gehirnhautentzündung, so daß auch Sebastian schließlich wieder auf sich selbst zurückgeworfen wird. Daß Sonjas Erkrankung ein exzessiver Genuß von Haschisch – und das auch noch in der marokkanischen Ortschaft Fez – vorausgeht, ist eine jener Reminiszenzen, der sich Klaus Mann niemals völlig entsagen konnte, wenn er ein Stück niederschrieb. Hier drängte sich ihm offenbar ›zwingend‹ das kurios-gefährliche Haschisch-Abenteuer zur literarischen Verwertung auf, das ihn und Erika während ihrer Afrikatour beinahe das Leben gekostet hätte.

Wollte oder konnte Klaus Mann nicht gegen den Bekenntnischarakter anschreiben, der in der Skizzierung des Innenlebens einiger Figuren unüberhörbar ist? Die Niederschrift des Romans mag auch von dem Versuch bestimmt worden sein, ein wenig von seiner eigenen – nihilistischen – Lebenseinstellung preiszugeben. Daran ändert auch die Tatsache nichts, daß *Treffpunkt im Unendlichen* von vornherein als kritischer Zeitroman konzipiert war. Um ein facettenreiches Bild der aktuellen Situation zu entfalten, bedient er sich denn auch realer Schauplätze oder blendet fiktive Schlagzeilen ein. Er erwähnt prominente Namen, die wie Max Reinhardt oder Elisabeth Bergner in der Weimarer Republik zu den wichtigen Personen des öffentlichen Lebens zählten, und zitiert Sensationsmeldungen, etwa über die Hinrichtung einer Amerikanerin. Zu den herausragendsten tagespolitischen Ereignissen gehört aber der Aufmarsch der Faschisten in Italien oder die Auseinandersetzungen der Nationalsozialisten und Kommunisten in Deutschland. Seine Absicht, für eine konstruktive Verbindung von Kunst und Politik einzutreten, gelingt ihm jedoch, wenn überhaupt, nur über Negativbeispiele. Immer dann, wenn seine Figuren als Künstler oder Intellektuelle zum sozialen und moralischen Bekenntnis ansetzen, konfrontiert der Autor sie mit ihren persönlichen Schwächen, so daß letztlich keiner seine gesellschaftliche Repräsentanz dazu nutzt, der allgemeinen Krisenstimmung eine zukunftsweisende Botschaft entgegenzuhalten oder gar aktiv gegen die politische Bedrohung durch den Faschismus einzutreten. Kurzum, es fehlt das positive Gegenbild, das aktivistische Moment, das literarische Programm zur Krisenbewältigung. Damit gelingt es Klaus Mann in *Treffpunkt im Unendlichen* nicht, sein anscheinend so souverän entwickeltes Konzept von der politisch-moralischen Eigenverantwortung des Künstlers, der im und durch den kreativen Prozeß zu einer sozialen Verbindlichkeit findet, einzulösen; zu groß ist immer noch die Distanz des Künstlers zu Staat und Gesellschaft, zu gering sein Interesse daran, die Autonomie der Kunst ernsthaft in Frage zu stellen.

Es wurde viel darüber spekuliert, ob *Treffpunkt im Unendlichen* ein Schlüsselroman sei. Tatsächlich sind viele Figuren realen Personen nachempfunden, so etwa der diabolische Dr. Massis, der den seelenlosen Ästheten par excellence verkörpert und an Gottfried Benn erinnert, Sonja, die auf Erika und Richard Darmstädter, der auf Wolfgang Deutsch und Ricki Hallgarten verweist, oder Sebastian, der zweifellos autobiographische Züge trägt. Daß der skrupellose Tänzer Gregor Gregori nachweislich konzeptionelle Ähnlichkeiten mit dem machtbesessenen Komödianten Hendrik Höfgen aufweist, jene schillernde Hauptfigur in *Mephisto*, die nach dem Tode des Autors so lange Jahre die Gemüter erhitzen sollte, hat als erster Werner Rieck herausgearbeitet.[315]

Keine Frage, so wie für Hendrik Höfgen, so dürfte auch für die Figur des egozentrischen Gregor Gregori, der wie Dr. Massis zum Inbegriff einer karrieresüchtigen, amoralischen Künstlerexistenz wird, Gustaf Gründgens Pate gestanden haben. Nicht nur die Initialen der beiden Namen oder Riecks ausgemachte Parallelen in der Figurengestaltung und -konstellation sprechen dafür. Dieser Verdacht drängt sich jedenfalls auf, wenn man seinem Tagebucheintrag vom 24. Dezember 1931 folgt. Der Anlaß schien denkbar unbedeutend. So notierte er, daß an jenem Abend Erika mit Gustaf Gründgens telefoniert habe, und auch Ricki, der das Weihnachtsfest bei der Familie Mann verbrachte, wechselte ein paar freundliche Worte mit ihm. Er hingegen habe sich nicht zu einem Gespräch mit Gründgens durchringen können.

Es fällt schwer zu glauben, daß der Ärger über Gründgens' vorzeitiges Ausscheiden aus dem Stück *Revue zu Vieren* der Grund für Klaus Manns nachhaltigen Zorn gewesen sein soll. Auch daß Gründgens versuchte, seiner ehemaligen Frau die Afrika-Tour mit Klaus auszureden, damit sie weiter ihre Rolle in dem von ihm inszenierten Stück *Die liebe Feindin* spielen konnte, oder die finanziellen Querelen, die nach ihrer Scheidung zeitweilig das ansonsten offenbar bis 1932 eher freundschaftliche Verhältnis von Erika und Gustaf Gründgens belasteten, haben, dies ist gewiß, Klaus Manns Unmut erregt. Aber konnten all diese Vorfälle, die zum Teil noch nicht einmal ihn selbst betrafen, derartig provokant wirken, daß er in ihm einen Widersacher, einen »Gegenspieler« sah? Was wirklich in den Jahren 1926 bis 1931 zwischen den beiden vorgefallen ist, wird wohl für immer im Dunkeln bleiben. In diesem Punkt eine merkwürdige Eintracht demonstrierend, ließen weder Gustaf Gründgens noch Klaus Mann etwas über die genauen Hintergründe des Zerwürfnisses verlauten. Doch was immer es war – bei Klaus Mann hinterließen sie zutiefst verletzte Gefühle, die – wie in *Treffpunkt im Unendlichen* offenbar geschehen – nach einer literarischen Bewältigung verlangten. Anstoß hat hernach im übrigen keiner daran genommen, auch nicht der Gründgens-Biograph Curt Riess oder die Gründgens-Erben. Erst *Mephisto* sollte sie alle auf den Plan rufen, um, wie sie meinten, den Leumund des großen Schauspielers zu verteidigen.

Ruhe vor dem Sturm

Kurz nachdem Thomas Mann den Nobelpreis verliehen bekam, baute der Dichter von seinem stattlichen Preisgeld, das er erhalten hatte, für sich und seine Familie ein kleines Landhaus in Nidden an der Kurischen Nehrung. Die unberührte Natur der stillen Wälder und die unmittelbare Nähe zur See machten das ganz in Holz gehaltene Haus zu einer echten Idylle. Hier verbrachten er und Katia mit den beiden Jüngsten, »Medi« und »Bibi«, bis 1933 regelmäßig ihre Sommerferien; bisweilen kamen auch die »Großen« vorbei, um sich einige Tage Erholung zu gönnen. So auch im Sommer 1931, als Klaus Mann beschloß, dem Literaturbetrieb für einige Zeit den Rücken zu kehren, um ein wenig Abstand zu gewinnen, auch von der nunmehr allgegenwärtigen Krisenstimmung. In der Tat, der antibürgerlichen, antiartistischen Unsentimentalität, wie sie etwa von Brecht vertreten wurde, oder der sozialbewußten Haltung, die für Satiriker wie Karl Kraus, Kurt Tucholsky oder Erich Kästner charakteristisch war, folgte spätestens seit Beginn der dreißiger Jahre ein deutlicher Umschwung, der auf ein jähes Erfassen der eigentlichen politischen und sozialen Probleme der Zeit zurückzuführen war. Das Umschlagen der latenten Krise in eine offene war nicht mehr zu leugnen, eine Situation, die nunmehr in den unterschiedlichsten Zusammenhängen reflektiert wurde: Von Walter Benjamins Aufsatz *Krisis des Romans* (1930) oder Bernard Guillemins *Die Krisis der bürgerlichen Intelligenz* (1932) über Sigmund Freuds *Das Unbehagen in der Kultur* (1929/1930) bis hin zu den Zeitromanen wie Alfred Döblins *Berlin Alexanderplatz* (1929), Erich Kästners *Fabian* (1931), Lion Feuchtwangers *Erfolg* (1930) oder Robert Musils *Der Mann ohne Eigenschaften* (1930-1932) verweisen alle Texte auf einen tiefgreifenden gesellschaftlichen Wandel, der nicht nur in wirtschaftlichen und politischen Krisen seinen Ausdruck fand, sondern das Selbstverständnis der Intellektuellen zutiefst verunsicherte und dementsprechend eine wissenschaftliche oder literarische Bearbeitung notwendig machte. Klaus Mann sprach in diesem Zusammenhang auch gern von »Zeitwende«, wobei er es in Wahrheit kaum noch für möglich hielt, daß sich die Dinge in absehbarer Zeit zum Guten wenden würden. So zeigte er in seinem Essay *Dauerkrise*, den er bereits Anfang Dezember 1931 verfaßte[316], mit eindringlichen Worten die Möglichkeit auf, daß die »schreiende Unordnung« eines Tages durchaus in eine Katastrophe münden könnte, sofern man sich mit den gegenwärtigen Verhältnissen allzu leichtfertig arrangierte: »Eine Krise, die überhaupt nicht aufhören will, spannt unsere Kräfte so übertrieben lange, daß die Gefahr besteht, aus dieser Spannung könnte ein Gewohnheitszustand werden, etwas Alltägliches, was man hinnimmt.«[317]

Doch konnte von einem moralischen oder gar politischen Handlungsspielraum überhaupt noch die Rede sein? Gab es tatsächlich noch eine Chance, den »Triumph des Wahnsinns« abzuwenden, angesichts der politischen Schlitterpartie zwischen Diplomatie, Demokratie und Diktatur, die geradewegs auf den Abgrund zusteuerte, der zunehmenden Verarmung der Arbeiterschaft und des Mittelstandes und der wachsenden Gewaltbereitschaft vor allem der Jugend, die sich im Zeichen des Hakenkreuzes bzw. von Hammer und Sichel allabendlich immer brutalere Straßenschlachten lieferten? Erich Kästner sprach im Rückblick von einer »unheimlichen Stille vor dem Sturm«[318], und auch Klaus Mann sah die letzten Jahre vor der nationalsozialistischen Machtübernahme vor allem im Spiegel allgemeiner Auflösungstendenzen, angesichts derer »die eigene Betriebsamkeit zur makabren Farce« werde: »Man schwatzte, scherzte, warnte, predigte – und es gab keine Antwort.«[319] Nein, er fühlte sich nun endgültig nicht mehr wohl in Deutschland und seiner »vergifteten Atmosphäre«, von der er im *Wendepunkt* meint, daß sie in den letzten ihm noch verbleibenden Monaten seine Stimme erstickt und ihr jede Resonanz und Wirkung genommen habe. Ohnmacht und Ratlosigkeit bestimmten auch die Regierungsgeschäfte: Während sich die wirtschaftliche Situation unaufhaltsam verschlechterte – inzwischen waren weitere Banken zahlungsunfähig geworden, die Arbeitslosigkeit weiter gestiegen und der Produktionsindex auf 60 Prozent des Standes von 1929 abgesunken –, versuchte das Kabinett von Heinrich Brüning – mit Unterstützung der SPD – die Lage in Deutschland mit fragwürdigen Mitteln zu stabilisieren. Durch die Ende März 1931 beschlossene Notverordnung zur Eindämmung des politischen Extremismus, wonach es der Regierung erlaubt war, das Versammlungs- und Demonstrationsrecht einzuschränken und Druckschriften der KPD und NSDAP zu verbieten, rückte die Weimarer Republik allerdings immer weiter von demokratischen Grundprinzipien ab. Erst Ende des Jahres, nachdem sich in Bad Harzburg die rechtsradikalen Parteien zur *Harzburger Front* zusammengeschlossen hatten, bildeten die Sozialdemokraten zusammen mit den

Gewerkschaften und Arbeitersportverbänden die *Eiserne Front*, um den Organisationen der NSDAP (und dem *Roten Frontkämpferbund* der KPD) eine eigene Formation entgegenstellen zu können – wie sich zeigen sollte, zu spät, um die befürchtete Machtkonzentration der Rechtsradikalen abzuwenden. »Unheimlich leerlaufende Existenzen« hinter einer immer noch »intakten Fassade« seien er und seinesgleichen gewesen, die den Sinn der »blutroten Hieroglyphen am verfinsterten Horizont« nur halb begriffen hätten, beschrieb Klaus Mann später die Lage der Intellektuellen um 1931.[320] Noch allerdings ging das Leben weiter wie gewohnt, und vielleicht war gerade die bedrückende Endzeitstimmung jener Tage die Grundvoraussetzung für den politischen Elan, den Klaus Mann im Exil entwickeln sollte.

Es dürfte an einem der friedlichen Sommertage in Nidden gewesen sein, als Klaus Mann den Vorsatz faßte, seine Erinnerungen niederzuschreiben. Seine Biographie sollte kein Zeugnis der eitlen Selbstbespiegelung werden, vielmehr wollte auch er einen Beitrag zur Epochenkritik leisten, weshalb er eine enge Verknüpfung von Lebens- und Zeitgeschichte anvisierte. Doch hatte Klaus Mann wirklich geglaubt, daß seine Kindheit, die er selbst als eine »bürgerliche« bezeichnete, »charakteristisch genug« gewesen sei, um sie exemplarisch für die »Krise des Bürgertums« heranzuziehen? Nein, seine erste Autobiographie *Kind dieser Zeit* kann wohl kaum als schlüssiges Dokument verstanden werden, das die »abnormen, ungeheuren Umstände der Zeit«[321] nüchtern zu analysieren weiß. Die sentimental heraufbeschworenen Mythen einer Kindheit, die selbst in den Kriegsjahren kaum von gravierenden Entbehrungen getrübt war, die »moralischen Grübeleien« des Dreizehnjährigen, der schon längst »literarisch infiziert« ist und sich für seine jugendliche »Weltauffassung« an Lord Byrons *Don Juan*[322] orientiert, seine Erfahrungen als Schüler der Freien Schulgemeinden Bergschule Hochwaldhausen und Odenwaldschule, der frühe Kontakt mit der reizvollen Aura des Künstler-Milieus, seine ebenso ausschweifenden wie kostspieligen Unternehmungen während der Münchner Inflationstage und – nicht zu vergessen – das Erwachen des homoerotischen Begehrens – so amüsant und stilistisch überzeugend die Erlebnisse und Empfindungen seiner ersten achtzehn Jahre vor dem Hintergrund der Vorkriegs- und Kriegs- und unmittelbaren Nachkriegszeit auch geschrieben sind, so wenig lassen sie sich als allgemeingültige Bestandsaufnahme einer typisch deutschen Kindheit lesen.

Es steht dahin, ob Klaus Mann in Wahrheit nicht von einem ganz anderen und ungleich persönlicheren Verlangen getrieben wurde, seine Lebenserinnerungen innerhalb weniger Wochen zu Papier zu bringen. Die subjektive Darstellungsweise läßt zumindest darauf schließen, daß es ihm ein elementares Bedürfnis gewesen zu sein scheint, seine Entwicklung hin zur Volljährigkeit noch einmal vor dem inneren Auge an sich vorüberziehen zu lassen. Sich mit »Dankbarkeit« auf die Vergangenheit zu besinnen, sei kein »retardierendes Gefühlsmoment«, zumal die Erinnerung an das Gelebte dem »Kühnsten und Neuesten, auf das wir uns einlassen, nur förderlich« sein könne, meint er denn auch gegen Ende seiner Autobiographie.[323] Eine erstaunliche, gleichwohl eine verständliche Sichtweise für einen weltoffenen Intellektuellen, der mit seinen knapp 25 Jahren zweifellos mehr erlebt hatte und besser über die Irrungen und Wirrungen des Lebens Bescheid wußte als andere seines Alters. Gut möglich, daß er mit seinen Erinnerungen einen Schlußstrich unter seine turbulente Jugendzeit ziehen wollte, die im wesentlichen von einer merkwürdigen Scheu vor gesellschaftlichen Konventionen geprägt war. Und diese, davon berichtet *Kind dieser Zeit*, hatte offenbar danach verlangt, daß er schon früh außergewöhnliche Wege ging und auch vor Grenzerfahrungen nicht zurückschreckte. Bekanntermaßen ergab sich daraus eine abwechslungsreiche, wiewohl kräftezehrende Lebensform, die ihm zugleich die Möglichkeit bot, sich Schritt für Schritt an die Licht- und Schattenseite der eigenen Existenz heranzutasten. Scribo ergo sum – denkbar ist schließlich auch, daß Klaus Mann, der zum Entstehungszeitpunkt seiner Autobiographie seine Lebensmitte genaugenommen schon überschritten hatte, und der von sich selbst sagte, daß die Todessehnsucht Teil seines Lebensgefühls gewesen sei, immer auch von dem Drang beherrscht wurde, das, was gewesen war, zu rekapitulieren – dies nicht nur, um sich über das Schreiben seiner selbst zu vergewissern, sondern auch für den Fall, daß ihm keine allzulange Zeit mehr auf Erden beschieden sein sollte. Wie auch immer; daß er in *Kind dieser Zeit* den Blick streng auf sich selbst gerichtet hielt, empfand Klaus Mann jedenfalls nicht als Widerspruch zu seinem im Vorwort proklamierten Anspruch, Zeitgeschichte zu vermitteln – im Gegenteil: die Kunst verlangte es so. In diesem Sinn betont er in seinen Erinnerungen, daß für ihn immer schon ein enger Zusammenhang zwischen »Exhibitionismus« und dem Phänomen der künstlerischen Begabung bestanden habe, »die tiefe Lust jedes artistischen Menschen am Skandal, an der Selbstenthüllung; die Manie zu beichten«[324] – so gesehen war die Niederschrift von *Kind dieser Zeit* im Grunde nur konsequent.

Einen Tag vor seinem Geburtstag schrieb Klaus Mann in München die letzten Zeilen; im Frühjahr 1932 erschien die Autobiographie im Berliner Transmare Verlag. Dem Buch wäre sicherlich Erfolg beschert gewesen, denn in den wenigen Monaten bis zu Hitlers Machtübernahme, in denen es auf dem deutschen Markt noch erhältlich war, fand es eine breite Leserschaft. Das literarische Selbstporträt eines berühmten Sohnes aus prominenter Familie mit seinen Anekdoten, Konfessionen und Enthüllungen schien spektakulär genug, um die Neugierde des Publikums zu befriedigen.

»Leicht zerstörbar sind die Zärtlichen...«[325]

Am 8. Dezember 1931 notierte Klaus Mann in sein Tagebuch: »Immer Politik ausser den Geschäften – alles in Erwartung des III. Reiches, äusserst nervenzerstörender Zustand.«[326] Er hielt sich gerade wieder einmal in Berlin auf, denn noch hegte er die Hoffnung, hier eine Filmgesellschaft zu finden, die Interesse an einer Verfilmung des Kaspar-Hauser-Stoffes hatte. Nachdem Tobis das gemeinschaftlich mit Erich Ebermayer verfaßte Filmexposé in der Zwischenzeit endgültig abgelehnt hatte, war er nun mit Ufa und Emelka im Gespräch.[327] Es wurde nichts daraus, und die Enttäuschung darüber mag einer der Gründe für seine Gereiztheit gewesen sein. Hinzu kam, daß die allgemeine Stimmung jener Tage nicht gerade dazu angetan war, mit Zuversicht und Gelassenheit auf das neue Jahr zu blicken. Sollte es möglich sein, daß weitere Großbanken zahlungsunfähig wurden? Würde es neue Notverordnungen geben? Und vor allem: Wie würde die bevorstehende Wahl des Reichspräsidenten im März ausgehen? Abgesehen von der politischen Krisis plagten Klaus Mann jedoch noch andere Sorgen. Er war dabei, ernsthaft Gefallen an einem siebzehnjährigen Berliner zu finden. Nicht »Hans P.«, wie er im *Wendepunkt* angibt, sondern Willi Luschnat lautete sein Name. Willi war eine attraktive Erscheinung, und vor allem war er mit einer geradezu sinnlichen Vitalität gesegnet, die Klaus Mann als ausgesprochen erfrischend empfand. Als ein typischer Kleinbürger, der, wie Klaus Mann etwas überheblich bemerkt, ohne Beruf, ohne Heim, ohne Ambitionen und ohne Überzeugung war, konnte Willi Luschnat, soviel stand von vornherein fest, nicht mehr für ihn sein, als ein amüsanter Bett- und Reisegefährte, dem man in manch bitterer Stunde bedrückender Einsamkeit Liebesbriefe schreiben oder mit dem man auf angenehme Weise die Abende und Nächte verbringen konnte, wenn man gerade nichts Besseres vorhatte. Denn Willis geistiges Niveau entsprach leider nicht den Ansprüchen Klaus Manns. So manches Mal habe er sich, wie er nicht ohne Schuldgefühle im *Wendepunkt* bekennt, einen Spaß daraus gemacht, ihm tückische Fragen zu stellen, wie zum Beispiel: »›Du weißt doch, daß Johann Wolfgang von Goethe der tapfere General war, der uns im Jahre 1870 zum Siege gegen die Chinesen führte?‹« Darauf habe ihm der Unwissende grinsend entgegnet: »Klar Mensch!« Nein, dieser Beziehung konnte wohl keine Zukunft beschert sein; wer dem anderen so wenig Respekt entgegenbringt und nicht davor zurückschreckt, ihn der Lächerlichkeit preiszugeben, der konnte kaum ernstzunehmende Ambitionen haben. Kurze Zeit später soll Willi Luschnat der SA beigetreten sein. Klaus Mann wundert sich noch zwei Jahrzehnte später darüber, daß er sich nicht die Mühe gemacht habe, diese »haltlose und richtungslose, aber doch gewiß nicht wertlose Seele [...] auf den rechten Weg zu bringen«.[328] Die Antwort dürfte für ihn wenig schmeichelhaft gewesen sein. Es waren vor allem sein Standesdünkel und sein Elitedenken, die in der typischen Arroganz des Bildungsbürgers ihren nicht unbedingt sympathischen Ausdruck fanden. Zwar hinderte ihn diese Haltung nicht daran, regelmäßig das Berliner Strichermilieu aufzusuchen, doch ein Junge aus dem Kleinbürgermilieu konnte kaum damit rechnen, daß er seine Vorbehalte für eine engere Bindung überwand.

Über mangelnde Kontakte konnte sich Klaus Mann im Grunde nicht beklagen, im Gegenteil, erst im Frühsommer hatte er in Berlin zwei junge englische Schriftsteller, Brian Howard und Christopher Isherwood, kennengelernt, mit denen ihn von da ab eine lebenslange Freundschaft verband. Vor allem in Brian Howard fand Klaus Mann eine vertraute Seele und einen Gesprächspartner, dem die Zweifel an der Kunst und am Leben nicht fremd waren. Knapp ein Jahrzehnt nach Klaus Manns Tod sollte auch er, der vor allem unter seiner homosexuellen Neigung litt, freiwillig aus dem Leben scheiden. In Herbert Franz, einem jungen Homosexuellen, den er »Babs« zu nennen pflegte, fand Klaus Mann einen

Gefährten, mit dem man zwar nicht unbedingt tiefschürfende Gespräche führen, mit dem man jedoch amüsante Streifzüge durch das Berliner Nachtleben machen und erotische Abenteuer erleben konnte. Schließlich hatte sich auch eine neue Freundin eingefunden: Annemarie Schwarzenbach, eine junge Schweizerin, die er Anfang des Jahres durch Erika kennengelernt hatte, lebte inzwischen in Berlin, um dort Geschichte zu studieren. Mit der reichen Industriellentochter, die sich bis zu ihrem frühen Tod im Jahre 1942 als Schriftstellerin vergeblich zu behaupten suchte, verband Klaus und Erika schon bald eine ähnlich enge Beziehung wie bis dahin nur mit Pamela Wedekind und Ricki Hallgarten. Indes waren die Konflikte auch in diesem Dreiecksverhältnis vorprogrammiert: Annemarie war Erika mehr als nur in Freundschaft ergeben. Irritationen und Eifersüchteleien, etwa wegen Erikas engem Verhältnis zu Therese Giehse, waren an der Tagesordnung. Außerdem war sie labil, kapriziös und unberechenbar, Eigenschaften, denen zwar gerade die Mann-Geschwister mit viel Verständnis begegneten, die allerdings mit den Jahren ihre Beziehung ernsthaft belasten sollten. Noch allerdings herrschte eitel Sonnenschein: Für das kommende Frühjahr planten die drei Freunde eine ausgedehnte Reise nach Persien; Ricki Hallgarten sollte der Vierte im Bunde sein.

Nichts ist der Dynamik des Lebens förderlicher und nichts entspricht ihr mehr als das Reisen – so etwa könnte die Maxime lauten, der Erika und Klaus und – unter ihrem Einfluß – auch Annemarie Schwarzenbach immer dann folgten, wenn das Einerlei der täglichen Geschäfte, sozusagen der »Mief« der Gewohnheit sich allzu drückend bemerkbar machte und der leicht die Freude am Dasein trüben konnte. Diesmal bekam dieser Grundsatz einen ganz besonderen Sinn, denn es galt, den schwermütigen Ricki wieder aufzumuntern und ihn von seiner »Todespuschel«[329] abzulenken, die sein Leben, dies war für jedermann offensichtlich, schon seit längerem bestimmte. Doch die gut gemeinte Absicht verfehlte ihre Wirkung. Die Reise ermunterte Ricki Hallgarten schließlich gar dazu, das Datum seines Todes genau auf den Tag vor dem anberaumten Abreisetermin festzusetzen – mit einer Kugel mitten ins Herz zog er am 5. Mai 1932 um 12.00 Uhr mittags in seinem Landhaus in Utting am Ammersee einen Schlußstrich unter sein Leben. Einen Abschiedsbrief hinterließ er nicht, wohl aber einen Zettel, auf dem die Worte geschrieben standen: »Sehr geehrter Herr Wachtmeister! Habe mich soeben er-

schossen. Bitte Frau Thomas Mann in München zu benachrichtigen. Er-
gebenst – R. H.«³³⁰

»Es sollte eine Expedition in zwei Automobilen werden, durch den
Balkan und Kleinasien zum weitentfernten, locken exotischen und kolossalen Perserland«³³¹, schildert Klaus Mann im *Wendepunkt* ihre Reisepläne – weil Ricki, ebenso wie Erika, ein begeisterter Autofahrer war. Die
Fahrt, die mindestens zweite Monate dauern sollte, wollte gut organisiert
sein, und es war Ricki, der mit Begeisterung alles zusammentrug, was
man in Persien – vom Visum bis hin zu wasserdichten Overalls, Landkar-
ten, Sonnenbrillen und einer persischen Grammatik – benötigte. Auch informierte man die Medien über das bevorstehende Ereignis: Noch unmittelbar vor der Abreise drehte die Filmgesellschaft Emelka einen kleinen
Spot für die *Wochenschau*: Klaus, Erika, Annemarie und Ricki in ihren
brandneuen Overalls – die Mann-Geschwister starteten wieder einmal ein
waghalsiges Reiseunternehmen. Statt dessen erlebten sie einen Alptraum,
der Klaus und Erika noch lange Zeit gefangen nahm. Man habe gerade
den Mittagstisch verlassen und sich mit den Gästen – neben Annemarie
Schwarzenbach war auch Rickis ehemalige Lebensgefährtin Eva Herrmann anwesend – in die Diele begeben, um noch einmal die bevorstehende Reise durchzusprechen. Plötzlich habe das Telefon geläutet, die Mutter sei an den Apparat gegangen, und die Polizeiwache Utting am Ammersee habe ihr die schreckliche Nachricht überbracht, so wie es den Be-
amten aufgetragen worden war. Was dann folgte, sei erschütternd gewesen und habe sich für immer in sein Gedächtnis eingegraben: Jede der an-
wesenden Damen sei in Tränen ausgebrochen oder beinahe ohnmächtig
geworden, und der Vater habe alle Mühe gehabt, vor allem Erika zu beru-
higen, die einem Nervenzusammenbruch nahe war.

Auch zwanzig Jahre nach dem schrecklichen Ereignis lag ihm am
Herzen, die Szene so realistisch-intensiv zu schildern, als habe es sich erst
gestern ereignet. Dafür stellte er sein ganzes literarisches Können unter
Beweis, und wirklich: Dieser Nachruf auf seinen Freund und »Bruder«
Ricki Hallgarten gehört zum Besten, was Klaus Mann je zu Papier gebracht hat.³³² Warum Ricki sich das Leben nahm, konnte allerdings
auch er nicht eindeutig beantworten. Es stimmte: Bei all seinem Charme
und Humor war Ricki eine hochsensible, melancholische Natur, die von
einem auf den anderen Moment von tiefen Depressionen heimgesucht
wurden. Außerdem plagten ihn immer wieder Selbstzweifel. Daß er es

sich offenbar bis zum Schluß vorbehielt, für welche der beiden »Fahrten« er sich entscheiden wollte – die nach Persien oder die in den Tod –, von denen Klaus Mann meinte, daß wohl beide ihn »gleichzeitig lockten und für die er sich gleichzeitig in Bereitschaft hielt«, verweist jedenfalls auf eine innere Zerrissenheit, die für ihn offenbar nicht untypisch war. Wie auch immer, Klaus und Erika verloren ihren besten Freund, und es dauerte Monate, bis sie mit ihrem Schmerz über den tragischen Verlust einigermaßen umgehen konnten.

Klaus und Erika Mann ernannten sich zu Rickis Nachlaßverwaltern und regelten seine letzten Angelegenheiten. Ricki hatte die beiden in seinem Testament bedacht, schon vorher hatte er Andeutungen darüber gemacht: ob es Klaus Vergnügen machen würde, unvermutet eine größere Summe Geldes einzustreichen, einfach so, ganz ohne Gegenleistung? Nun erhielt jeder von ihnen die stolze Summe von 10 000 Mark. Diesmal konnte sie der unverhoffte Geldsegen allerdings kaum erfreuen. Trotzdem war das Geld schon bald wieder ausgegeben. Um Abstand zu gewinnen, beschlossen sie, ein paar Tage nach Venedig zu fahren – an die Möglichkeit, die Persien-Reise ohne Ricki anzutreten, war natürlich kein Denken mehr. Zusammen mit Annemarie Schwarzenbach und Bert Fischel machten sich Erika und Klaus Mann kurz nach Ricki Hallgartens Beerdigung am 17. Mai auf den Weg, und sie blieben bis Anfang Juni. So erfuhren sie nur aus der Zeitung, daß Brüning am 30. Mai wegen einiger umstrittener Gesetzesvorlagen hatte zurücktreten müssen. Dabei hatte seine Politik gerade erste Erfolge gezeigt: Die Wirtschaftskrise hatte ihre Talsohle durchschritten, die Zahl der Arbeitslosen war das erste Mal seit Ende 1929 wieder gesunken, und auch die noch am 13. April von ihm verabschiedete Notverordnung, die der Regierung das Recht gab, die SA und SS zu verbieten, zeigte Wirkung. Für einen Moment lang hatte es den Anschein gehabt, als habe sich die Staatsautorität gegen Gewalt und Straßenterror endlich behaupten können. Mit der Ernennung von Franz von Papen als neuer Reichskanzler und Kurt von Schleicher als Reichswehrminister aber wurde der Anfang vom Ende der Weimarer Republik vollzogen: Nicht nur, daß von Papen Ende Juni das Verbot von SA und SS wieder aufhob und am 20. Juli mit Hilfe einer weiteren Notverordnung die SPD-geführte preußische Regierung absetzte, sondern bei den von ihm ausgerufenen Neuwahlen am 31. Juli ging die NSDAP mit 37,5 Prozent der Stimmen erstmalig als stärkste Partei hervor; die SPD erhielt nur noch 21,6 Prozent.

Gab es unter den gegebenen politischen Umständen in Deutschland noch eine Zukunft? Selbst nach von Papens Staatsstreich habe niemand die apokalyptischen Zeichen der Zeit verstehen wollen, die schon längst, in Blut geschrieben, an der Wand gestanden hätten, meinte Klaus Mann im Rückblick. Statt dessen habe man sich, so schrieb er im *Wendepunkt*, über die eigene Tragödie nur amüsiert, sich buchstäblich zu Tode gelacht und die gellende Herausforderung des Horst-Wessel-Liedes für einen Ulk, die Schrift an der Wand für ein Witzblatt gehalten.333 Es war so etwas wie ein Abschied auf Raten, den Klaus Mann in diesen Tagen einleitete: Kaum zurück aus Italien, schlug er Erika vor, mit ihm eine ausgedehnte Skandinavientour zu unternehmen – vielleicht konnte man im Norden Europas ein wenig Abstand gewinnen, von der deutschen Misere, von der Trauer um Ricki. Außerdem lebte in Finnland ein neuer Freund, den er bei seinem letzten Paris-Aufenthalt Ende Januar kennengelernt hatte. Er hieß Hans Aminoff, und obwohl er kein Künstler, sondern Besitzer eines großen Gutes bei Pekkala war, verstand Klaus Mann sich auf Anhieb mit dem gutaussehenden, gebildeten und ausgesprochen sprachbegabten jungen Mann. Noch im April hatte Hans Aminoff mit Klaus einige Tage in Berlin und München verbracht, wo es zu einer ersten Annäherung gekommen war; nun – die Verbindung mit Willi Luschnat hatte sich inzwischen endgültig als Episode erwiesen – verlangte es Klaus danach, die Beziehung zu vertiefen. Doch bevor es zu einer erneuten Begegnung kam, galt es erst noch die Stockholmer Polizei davon zu überzeugen, daß Erika keine Hochstaplerin war. In seinem Tagebuch schildert Klaus Mann, wie am 22. Juli – sie waren gerade den zweiten Tag in Schweden – Kriminalbeamte früh am Morgen auf ihr Hotelzimmer kamen und Erika kurzerhand für ein Verhör mit auf das Polizeipräsidium nahmen. Dort stellte sich nach einigen bangen Stunden heraus, daß eine ›Erika Mann‹ ihre Hotelrechnung mit »falschen Tausendern« beglichen hatte. Ein Telefonat mit der Deutschen Botschaft habe jedoch genügt, um die »verzwickte Sache« wieder in Ordnung zu bringen. Den Nachmittag verbrachte Klaus Mann schon wieder recht entspannt in einem Dampfbad.334

Am 26. Juli, mitten in der Nacht, trafen Klaus und Erika in Pekkala ein. Auch Annemarie Schwarzenbach war dabei, sie hatte sich kurzerhand entschlossen, die Freunde einige Tage auf ihrer Reise zu begleiten. In seinem 1934 entstandenen Roman *Flucht in den Norden* hat Klaus viele seiner Eindrücke und Erlebnisse von Pekkala, der Familie Aminoff und der schroffen finnischen Seenlandschaft literarisch verarbeitet. Auch für einen Reisebericht machte sich Klaus Mann eifrig Notizen. Der Essay *Nördlicher Sommer*, den er vermutlich für die *Neue Rundschau* verfaßte, wurde jedoch nicht mehr abgedruckt. Zudem hatte er Mühe, den Ton des nüchternen Reisestils zu treffen. Bis er eine endgültige Fassung zu Papier gebracht hatte, verging fast mehr Zeit als während der Niederschrift von *Kind dieser Zeit*. Dies mochte wohl auch an der starken inneren Unruhe gelegen haben, die ihm in jener Zeit besonders zu schaffen machte. Die Trauer um Ricki, die ihn auch nachts in seinen Träumen verfolgte, und die allgemeinen Auflösungstendenzen in seiner Heimat, die selbst bei ihm, dem Weltenbummler, Spuren der Unsicherheit und der Verzagtheit hinterließen – vor allem sie zerrten an seinen Nerven und drängten unbarmherzig auf eine Entscheidung. Noch sah sich Klaus Mann außerstande, mit Entschlossenheit den folgerichtigen, den letzten Schritt zu tun, zumal auch die Familie noch zögerte, den Auswanderungsgedanken in die Tat umzusetzen. Der Vater, die Mutter, ja sogar Erika hegten immer noch die Hoffnung, daß sich alles zum Guten wenden möge. Ohne sie aber war an eine Emigration erst einmal nicht zu denken. In diesen Tagen kam er nicht umhin, sich offen einzugestehen, daß – trotz seines unablässigen Strebens nach Unabhängigkeit – der regelmäßige Kontakt mit den alten Freunden aus Kinder- und Jugendtagen, wobei Ricki freilich der engste Vertraute gewesen war, oder die Gewißheit, zumindest in München, im Haus der Eltern, immer willkommen zu sein, wichtige Bastionen gewesen waren, auf die er immer vertrauen konnte, wenn ihm nach Ruhe und Sicherheit zumute war.

War er deshalb so empfänglich für den Liebreiz, der von Hans Aminoff ausging? Tatsächlich wurde das Verhältnis der beiden in Pekkala zunehmend inniger. Daß er sich dennoch zur baldigen Weiterfahrt entschloß, anstatt der aufkeimenden Liebe eine Chance zu geben, war wohl unvermeidlich; dies gebot ihm schon allein sein ambivalentes Verhältnis gegenüber einer festen Bindung. Immerhin betrachtete er die Beziehung keinesfalls als beendet. Es war wohl nur so, daß sie ihm aus der Ferne erträglicher war. Und so setzte er in dem festen Glauben, daß Hans Aminoff ihm schon bald für einige Wochen nach Berlin folgen werde, Anfang August seine Reise durch den Norden Europas fort: Zunächst ging es mit dem Auto zum Nordkap, von wo aus die Mann-Geschwister – Annemarie Schwarzenbach war mittlerweile nach Deutschland zurückgekehrt – über Norwegen, Dänemark und Hamburg nach Westerland fuhren, wo sie sich für die ersten beiden Septemberwochen mit Therese Giehse verabredet hatten.

Wie sich jedoch bald zeigte, waren für Hans Aminoff gerade Ermutigung und Verbindlichkeit von größter Wichtigkeit, Aspekte, die in Anbetracht des sprunghaften Naturells seines Freundes nicht unbedingt große Erfolgsaussichten besaßen. Hinzu kam, daß es für Hans Aminoff – und ganz im Gegensatz zu Klaus Mann – keineswegs selbstverständlich war, sich offen zu seiner homosexuellen Neigung zu bekennen. So traf er denn schon bald nach Klaus' Abreise aus Pekkala eine ›bürgerliche‹ Entscheidung: Er wollte heiraten und eine Familie gründen. Klaus Mann reagierte mit Bitterkeit: »Worauf ich mich noch am weitesten eingelassen habe – Finnland – scheint auch nur wieder Trug und Höllengelächter«[335], meldete er Eva Herrmann am 27.4.1933 nach Amerika. (Zu dieser Zeit befand er sich schon seit mehr als einem Monat im Exil.) Erst ein paar Wochen später war er in der Lage, sich seine ›Mitschuld‹ am Scheitern dieser für ihn doch so wichtigen Beziehung einzugestehen. Nun konnte er auch seine Abreise in einem neuen Licht sehen: nein, er hätte ihn damals nicht allein zurücklassen dürfen, vertraute er am 5. Juli 1933 seinem Tagebuch an. In dieser Stunde der tiefsten Verzweiflung schien wohl der richtige Zeitpunkt gekommen zu sein, eine erste schonungslose Bilanz zu ziehen. Schon einige Tage zuvor hatte er zu einem Fazit angesetzt, das allerdings über eine nüchterne Bestandsaufnahme seiner tief empfundenen Vereinsamung nicht hinausging: Seit seiner Flucht aus Deutschland habe er »die Liebe nur für Barzahlung gemacht – Matrosen, Masseure, Strich«. Er fügte hinzu, daß er einfach nicht die Kraft gehabt habe, »irgendeinem einzelnen Fall inniger und ausführlicher nachzugehen«.[336] Doch nun fand er offenbar den nötigen Mut, um sein Selbstgespräch fortzuführen:

»Unterwegs; wie auch sonst oft tagsüber, sehr nachgedacht[,] wie ungehörig und traurig es ist, dass ich allein bin, wo ich so bereit wäre. [...] Ich überdenke all die missglückten und halb-geglückten Versuche. In einigen Fällen: deutlich das Scheitern am Sexuellen [...]. Noch bitterer die anderen, wo es ›nicht‹ daran lag. (Vor allem: René [Crevel] und Hans Aminoff). Die so vielen anderen. Da es ›Pech‹ in diesen letzten Dingen kaum gibt, muss eine Schuld, ein Versagen bei mir sein. Eine Erklärung: dass ich selten – immer seltener – auf Schwuhle [sic!] reagiere; das Zusammenleben mit im Grund Normalen auf die Dauer unmöglich. [...] Auch diese Erklärung genügt nicht; ich habe auch Fälle wie Babs [Herbert Franz] nicht durchgehalten.«

In Wahrheit hatte er die »Erklärung« jedoch schon einige Zeilen zuvor gefunden. Dort heißt es: »Der Zusammenhang mit E[rika]. Aber die hat Theres, hatte Pamela. Das Gesetz unserer Bindung würde es also gestatten, dass auch ich mich noch nach einer anderen Seite binde.«337 Eine überraschende, wenngleich eine bestechende Schlußfolgerung. Welcher tiefere Sinn dem »Zusammenhang mit E« zugrunde lag, diese schmerzhafte Frage stellte sich Klaus Mann wohlweislich nicht. Wie auch immer, die Beziehung zu seiner Schwester war und blieb die einzige echte Seelengemeinschaft, auf die sich Klaus Mann jemals eingelassen hat. Verblüffend auch, daß jener Eintrag unwillkürlich an das problematische Verhältnis der Geschwister in seinem gleichnamigen Drama erinnert. Schon Monate zuvor hatte er in einer »Stimmung nahe an Trauer« seinem Tagebuch anvertraut, daß »dies Leben, das eigentlich nur mit E.[rika] zu teilen wäre; uns nicht beschieden«338 sei. Hatte er vielleicht in Cocteaus fiktiver Tragödie seine eigene erkannt? Und wenn dem so war, mochte dann nicht gerade seine enge Verbindung zu Erika der Grund dafür sein, daß es ihm einfach nicht gelang, den Weg zu sich selbst (und damit womöglich zu einem erfüllten Leben) zu finden? Eine Verbindung, die von ihm – und auch von anderen – immer wieder als *die* stabilisierende Konstante in seinem ansonsten so rastlosen, flatterhaften und gefährdeten Dasein gekennzeichnet wurde. Eine Verbindung aber auch, in der die Rollen klar verteilt waren und die ihre Intensität in erster Linie aus der oft ungleichgewichtigen Beziehung von Stärke und Schwäche, Halten und Gehalten werden, bisweilen wohl auch von Macht und Ohnmacht bezog. Eine solche Verbindung vermag ebenso fruchtbar wie vernichtend sein, erst recht, wenn auch erlaubte und verbotene Anziehungskraft zu ihrem Wesen gehört. Alles nur Spekulationen? Die Antwort auf diese Frage wird wohl für immer im Dunkeln bleiben.

Triumph des Wahnsinns

Von Westerland aus reiste Klaus Mann zunächst wieder nach Berlin. Hier traf er – zufällig – in einem Kabarett Pamela Wedekind, die dort einen Auftritt hatte. Es war ihre letzte Begegnung. Der einstige Zauber war offenbar endgültig verflogen, denn Klaus schrieb hernach seiner Schwester, daß er es im nachhinein regelrecht bedauert habe, das Gespräch mit Pamela gesucht zu haben: »Sie war furchtbar stilisiert und gruselig. Augen und Stirne freilich wieder sehr groß.«[339] In Berlin nahm Klaus Mann vermutlich auch die Arbeit an seinem letzten größeren Werk auf, das er in Deutschland verfaßte. Es handelte sich um das Drama *Athen*, das er später unter dem Pseudonym Vincenz Hofer veröffentlichte. Anschließend stand ein kurzer Aufenthalt in München auf dem Programm, um den Eltern einen Besuch abzustatten, die er lange nicht gesehen hatte. Einen Tag nach seinem Geburtstag fuhr er jedoch zusammen mit Erika schon wieder weiter nach Paris und dann – allein – nach London. In Paris galt es, die ersten Vorbereitungen für ein neues Projekt zu treffen, denn Erika hatte vor, ein politisches Kabarett ins Leben zu rufen: die ›Pfeffermühle‹. Es war Magnus Henning, ein ehemaliger Barpianist und künftiger Musiker des Ensembles, der die Idee hatte, und es war Erika, die gleich die Initiative ergriff. Vermutlich an einem Abend im September oder Oktober 1932 waren sie in irgendeiner Schwabinger Kneipe zusammen gesessen und hatten über das langweilig-eingefahrene, schicke Einerlei im Münchner Kulturleben diskutiert. Im Verlauf dieses Abends schien für Erika alles klar gewesen zu sein. Sie wollte ein Münchner Theater gründen, das politisch motiviert sei und satirisch-witzig die aktuelle Lage, die faschistische Bedrohung und alles, was sonst in jenen Tagen die Gemüter erhitzte, persifliere. Altbekanntes und Neues; Gedichte, Lieder, Märchen, Balladen, scheinbar harmlose Kinder- oder Alltagsgeschichten – das bunt gemixte Programm war immer mit der Absicht zusammengestellt, politisch zu wirken und Stellung zu beziehen. Mit glänzendem organisatorischen Geschick wußte Erika das Vorhaben denn auch gleich in die Tat umzusetzen. Selbstverständlich setzte sie dabei auf die Unterstützung ihres Bruders, die meisten Stücke jedoch wollte sie selbst verfassen. Nicht unbedingt naheliegend war jedoch, daß auch Therese Giehse mit von der Partie sein wollte, immerhin war sie an den Münchner Kammerspielen eine gefragte Schauspielerin, und es gab fast keine Inszenierung von Otto Falckenberg, in der sie nicht mitspielte. Auch sie zeigte sich von der Idee sehr angetan, und sie erklärte sich sofort dazu bereit, Mitglied des Ensembles zu werden. Ihre Begeisterung hatte jedoch noch andere Gründe: Seit ihrer Begegnung im Jahre 1927, als Therese Giehse in Heinrich Manns *Das gastliche Haus* mitgespielt hatte, gehörten Erika und Klaus zu ihren besten Freunden. Doch auch andere ließen sich von Erika Mann begeistern. Neben Therese Giehse und Magnus Henning waren schließlich auch der alte Freund aus Jugendtagen, Bert Fischel, Sibylle Schloß und die Tänzer Claire Eckstein und Edwin Demby mit von der Partie.

Zum Auftakt des neuen Jahres, am 1. Januar 1933, war im berühmten Münchner Nachtlokal *Bonbonniere* Premiere. Die Kritiker und das zahlreich erschienene Publikum waren begeistert. Mit »Charme und Anmut, anrührender Ernsthaftigkeit und hinreißendem Witz« habe sie, so Irmela von der Lühe, die Zuschauer sofort in ihren Bann gezogen, dazu »der Klang ihrer Stimme und eine manchmal sympathisch merkbare Aufgeregtheit: das alles wirkte zusammen und eroberte die Herzen«.[340] Witzig, heiter, mit indirekten Anspielungen auf die politische Situation – so waren die Texte der Songs und Sketche, die Erika und Klaus schrieben. Durch den immensen Erfolg beflügelt, konzipierte man schnell ein zweites und ein drittes Programm. Auch eine Tournee durch die Republik war geplant. Es kam nicht mehr dazu; die politischen Ereignisse, der Beginn der Hitler-Diktatur, vereitelten das Vorhaben.

Am 30. Januar schrieb Klaus Mann in sein Tagebuch: »Die Nachricht, dass Hitler Reichskanzler. Schreck. Es nie für möglich gehalten. (Das Land der unbegrenzten Möglichkeiten.)«[341] Er hatte die Nachricht von Erich Ebermayer erfahren, den er an jenem Tag in Leipzig besuchte, um mit ihm die Arbeit an einer Dramatisierung der Novelle *Vol de nuit* von Antoine de Saint-Exupéry aufzunehmen. Doch aus dem gemeinsamen Projekt wurde nichts, weder zu diesem noch zu einem anderen Zeitpunkt. Als Klaus Mann an jenem Abend in den Nachtzug stieg, um nach München zu fahren, sahen sich die beiden zum letzten Mal.

Ein letztes Mal... Klaus Mann wußte es noch nicht, aber der Schatten des Abschieds lag so gut wie über allem, was er in den nächsten Wochen erlebte. Der letzte Friseur-Besuch, der letzte Stadtbummel, das letzte gemütliche Beisammensitzen im vertrauten Kreis der Münchner Freunde, die letzten Nächte in seinem Elternhaus... Auch war es das letzte Mal, daß er und Erika den Münchner Fasching miterlebten. Thomas und Katia Mann weilten gerade in der Schweiz, um sich von den Strapazen einer im übrigen sehr erfolgreichen Vortragsreise über Richard Wagner zu erholen. Die Abwesenheit der Eltern nutzte Erika, um einen rauschenden ›Pfeffermühlenball‹ in der Poschingerstraße zu veranstalten. Es sei noch einmal »hoch hergegangen« an jenem Abend, meint Klaus Mann im Rückblick, so wie man auch die folgenden Tage recht

ausgelassen gewesen sei. Dennoch waren die politischen Ereignisse allgegenwärtig:

»Zwischen einem Tango und einem Walzer erzählte man sich die neuesten
Schreckensnachrichten aus Berlin. Wir tanzten im Regina-Palast-Hotel, während in
der Hauptstadt das Reichstagsgebäude in Flammen stand. Wir tanzten im Hotel
›Vier Jahreszeiten‹, während die Brandstifter Unschuldige des Verbrechens bezichtig-
ten, das sie begangen hatten. Das war am 28. Februar – Faschingsdienstag –, und
tags darauf war Aschermittwoch. Als der Anarchist Erich Mühsam, der Pazifist Carl
von Ossietzky und der Kommunist Ernst Thälmann von der Gestapo verhaftet wurden, kehrte man in München Luftschlangen und Konfetti von den Straßen. Man war
verkatert. Der Fasching war vorüber.«[342]

Einen Tag später fuhren Erika und Klaus Mann zum Skifahren in die
Schweiz. Am 10. März kehrten sie nach München zurück. Am 13. März,
an dem Tag, als Hitler Joseph Goebbels das Reichsministerium für
Volksaufklärung und Propaganda übertrug, brachen sie erneut auf, doch
diesmal gab es keine Rückkehr mehr: Während Erika, mit dem *Joseph*-
Manuskript des Vaters im Gepäck, erneut in die Schweiz fuhr, um die Eltern, die sich noch immer noch in Arosa aufhielten, davon zu überzeugen, daß es auch für sie kein Zurück mehr gab, begab sich Klaus Mann,
wie sollte es anders sein, nach Paris, seiner ersten Exilstation.

DRITTES KAPITEL

EXIL IN EUROPA

(1933-1936)

Ausgesperrt

Nein, er hätte kein Empfinden für das »Traurige und Unwürdige an der Emigration«, schrieb Klaus Mann am 11. Mai 1933 in sein Tagebuch. Das kurze Zaudern am Abend seiner Abreise, das er in seinem Journal am 13.3. noch mit den Worten: »Jetzt leider halt packen; fahre nicht gern weg; Einsamkeitsgefühl –« festgehalten hatte, war wohl nicht mehr als eine wehmütige Stimmung gewesen, wie sie einen für einen Moment ereilen mag, wenn man im Begriff ist, den entscheidenden, den endgültigen Schritt zu tun. Es stimmte: Anders als der Vater und sogar anders als Erika, für die die (Münchner) Heimat, trotz ihrer Reiselust, immer Lebens- und Arbeitsbasis gewesen war, vermochte Klaus Mann sich wesentlich rascher mit den neuen Verhältnissen zu arrangieren. Er sehnte sich nicht nach seiner vertrauten Umgebung zurück, und es erfaßte ihn auch kein »krankhaftes Grauen« bei der Erkenntnis, daß eine »Lebensepoche« mit dem Beginn der Emigration unweigerlich ihren Abschluß gefunden hatte, wie der Vater tief erschüttert seinem Journal anvertraute.[1] Daß in Klaus Manns Tagebuchnotizen in jenen ersten Exilwochen gleichwohl ein depressiver Unterton unverkennbar ist, war denn auch nur bedingt auf seine Flucht aus Deutschland zurückzuführen und auf die Tatsache, daß der latente Krisenzustand, der in den letzten Monaten in Deutschland so an seinen Nerven gezerrt hatte, nun ein denkbar böses Ende genommen hatte. Es war das Leiden am Dasein, das ihn wieder einmal erfaßt hatte. Liebeskummer plagte ihn: Gerade hatte Hans Aminoff ihm mitgeteilt, daß er keine Möglichkeit sehe, Klaus Mann in absehbarer Zeit zu besuchen. Und er fühlte sich einsam, so wie er sich im-

mer einsam fühlte, wenn Erika nicht in seiner Nähe war. Mehr als einmal erwog er in jenen Tagen die Möglichkeit, der Sehnsucht nach dem
Tode nachzugeben.[2] Es war nicht das erste Mal, und es sollte auch nicht
das letzte Mal sein.

Daß Klaus Mann schließlich doch wieder neuen Lebensmut schöpfte,
mag auch damit zusammengehangen haben, daß die Entscheidung fürs
Exil, die im übrigen – dies stand für ihn von vornherein fest – unwider-
ruflich war, nach einem umfassenden Neuanfang verlangte. Ihn zu bestehen war reizvoller, als in diesen unsicheren Zeiten zu kapitulieren. Gewiß, in mancherlei Hinsicht waren ihm einige Wesensmerkmale des
Exildaseins schon vor der realen Erfahrung nicht fremd gewesen: sich
heimatlos und als Außenseiter zu fühlen – dies waren für ihn vertraute
Empfindungen. Dennoch: Lag zumindest als Künstler nicht auch eine
neue Aufgabe vor ihm? Bot sich ihm in der Emigration nicht die Möglichkeit, das Hadern mit sich selbst und dem »Fluch der Individuation«
ein wenig ruhen zu lassen und statt dessen den Blick nach außen, auf die
Forderungen des Tages zu richten? War es nicht das Gebot der Stunde,
den Kampf gegen Hitler und für eine bessere Zukunft aufzunehmen?
Und war im sozialen Engagement nicht zugleich ein identitätsbildender
Aspekt enthalten, der ihm neue Perspektiven vermitteln und die er vielleicht sogar wirksam der eigenen Todessehnsucht entgegensetzen konnte? Klaus Mann war sich dessen noch nicht bewußt, aber die Notwendigkeit einer eindeutigen politischen und moralischen Stellungnahme
sollte genau die lebensbejahenden Impulse enthalten, deren er selbst in
dieser Zeit so schmerzhaft entbehrte und die ihn – zumindest vorerst –
mit neuer Zuversicht erfüllten.

In diesem Sinn dürfte Klaus Mann die veränderte Situation zunächst
eher als Herausforderung, ja, wenn man so will, als eine Art neues Abenteuer begriffen haben. Einen Moment lang überlegte er noch, Europa für
immer den Rücken zu kehren und nach Amerika auszuwandern. Doch
ohne die Eltern und vor allem ohne Erika, die fest entschlossen war, die
›Pfeffermühle‹ weiterzuführen und sich deshalb in der Schweiz gerade
fieberhaft um neue Aufführungsmöglichkeiten bemühte, mochte er den
doch recht gewaltigen Schritt über den Ozean nicht antreten. Noch
nicht. So blieb er zunächst dort, wo er sich immer schon einigermaßen
heimisch gefühlt hatte: in Frankreich, genauer gesagt, in Paris und im Süden des Landes. Bezeichnenderweise verliefen die ersten Exilwochen in

Paris kaum anders als während seiner früheren Aufenthalte: Mittagessen mit Jean Cocteau oder André Gide, zum Tee bei Julien Green, abends ein Kinobesuch, Verabredungen in einer der typischen Pariser Nachtbars oder ein Tanzabend im Théâtre des Champs Elysées. Für die Nacht stand dann bisweilen das Eintauchen in die Pariser Stricherszene auf dem Programm, ein offenbar gleichermaßen unvermeidlicher wie entwürdigender ›Zeitvertreib‹, den Klaus Mann in dieser Zeit als besonders bedrückend empfand. Dazwischen immer wieder die Arbeit an kleineren Schriften und Rezensionen; manche davon schickte er zunächst noch an deutsche Zeitschriften. Später dann, als sein Name auf der ›Schwarzen Liste‹ stand und kein Verlag mehr bereit war, seine Arbeiten zu veröffentlichen, erschienen seine Artikel in der ausländischen Presse wie z. B. in der Baseler *National-Zeitung* oder der Wiener *Neuen Weltbühne*. Hier wurde auch sein Aufsatz *André Gide und Russland* abgedruckt, sein erstes größeres Werk in der Emigration, in dem er öffentlich Sympathie für den Kommunismus bekundete. Im *Prager Tageblatt* erschien Anfang April *Wert und Ehre*, eine kleine amüsante Erzählung über zwei Hochstapler, die Klaus Mann kurze Zeit nach seiner Ankunft in Paris niedergeschrieben hatte. Darüber hinaus fügte es sich gut, daß gerade die Veröffentlichung von *Kind dieser Zeit* in französischer Übersetzung im Pariser Verlag Aubier Editions Montaigne bevorstand. Ganze Vormittage verbrachte Klaus Mann mit Kürzungen und Korrekturen des Manuskripts. Er beherrschte die französische Sprache inzwischen immer besser, ein Umstand, der ihm auch das tägliche Leben in seiner neuen Wahlheimat erheblich erleichterte. Neu waren allerdings die »kleinen Emigranten-Treffen« im Pariser Café Deux Magots in St.-Germain-des-Prés oder im Restaurant Machaud mit Joseph Roth, Hermann Kesten, Franz Weißkopf und dem deutsch-französischen Dichter Joseph Breitbach sowie die unvermeidlichen politischen Diskussionen, an denen auch die französischen Schriftsteller regen Anteil nahmen. In der Tat war Paris, neben Südfrankreich, Wien, Prag und Zürich quasi über Nacht zu einem Fluchtpunkt deutscher Emigranten geworden. Im Laufe der folgenden Wochen trafen weitere alte Freunde aus der Heimat ein: Wolfgang Hellmert, Hans Feist, Peter de Mendelssohn, Mopsa Sternheim und ihr Mann Rudolf von Ripper. Auch Therese Giehse kam mit Erika für ein paar Tage nach Paris, doch sie zog schon bald weiter nach Zürich, wo sie am hiesigen Schauspielhaus ein Engagement angenommen hatte. W. E.

Süskind blieb dagegen in Deutschland und wurde Herausgeber der Zeitschrift *Literatur*. Entsetzt nahm Klaus Mann seine Entscheidung zur Kenntnis: Er sei fassungslos, schrieb er W. E. Süskind Anfang August, wie dieser sich so schnell und so gründlich von den neuen Machthabern habe korrumpieren lassen. Er habe ja noch nicht einmal mehr davor zurückgeschreckt, Thomas Mann öffentlich als »Prototyp des Entarteten« zu bezeichnen – »hättest Du damit nicht noch ein bißchen warten können?«, rief er ihm erbost zu. »Ich mag nicht mehr schreiben«, meinte er dann. »Du findest, doch nur, ich schimpfe; in Wirklichkeit bin ich so traurig, viel mehr traurig als ergrimmt – weil Du es bist, dem ich schreibe.« [...] »Stell Dir vor, was Ricki für eine Grimasse geschnitten hätte – Stell Dir vor – O verloren, Dein alter ...«³ Das alte Band der Freundschaft, es war durch die Umstände der Zeit für immer zerrissen. Dies galt auch für seine Beziehung zu Erich Ebermayer und noch für einige andere, die es vorzogen, in ihrem Heimatland zu bleiben. Erst Ende 1946 konnte sich Klaus Mann wieder dazu entschließen, ein paar freundliche Worte an W. E. Süskind zu richten; zu einer Wiederbegegnung kam es jedoch nicht mehr.

Von dem Schreiben an W. E. Süskind einmal abgesehen, liefert seine umfangreiche Korrespondenz, die er in jenen Tagen wie gewohnt weiterführte, indes kaum Hinweise auf eine grundlegende Änderung seines Lebens. So haben seine Briefe an die Freunde, an die Mutter und Schwester in den ersten Exilmonaten kaum etwas von der heiteren Diktion und der albern-infantilen Lust an verschrobenen Wortschöpfungen eingebüßt, wie sie für seinen privaten Schriftverkehr so charakteristisch waren. Und auch wenn er Ende April gegenüber Eva Herrmann einräumte, daß die Ungewißheit der »Verbannung«, dieses »schon auf eine phantastische Art in der Luft hängen«, seine Arbeit momentan etwas beeinträchtige, schätzte er doch die Möglichkeiten, seine literarische Tätigkeit auch in der Fremde schon bald wie gewohnt fortführen zu können, recht optimistisch ein: es sei gewiß, daß sich ihm in Paris durchaus »einige Chancen« böten. Und wirklich: Seine guten Kontakte zur französischen Literaturszene sollten ihm in den nächsten Jahren sehr hilfreich sein.

In jenem Brief an Eva Herrmann erwähnte Klaus Mann auch die Situation der »armen Eltern«. Für den Vater, so schrieb er, sei »es ja besonders scheußlich – er kann nicht umhin, sich irgendwie verantwortlich für Deutschland zu fühlen, und eigentlich kann er ja ohne Deutschland nicht leben.«⁴ Er selbst befand sich gerade in dem südfranzösischen Ort Le Lavandou, wohin er zusammen mit seinen Geschwistern Elisabeth und Michael vorausgefahren war, und erwartete in Kürze die Ankunft der Eltern. Die beiden jüngsten Sprößlinge der Familie (Elisabeth, »Medi«, war inzwischen fünfzehn Jahre alt, der Bruder, »Bibi«, um ein Jahr jünger) waren erst vor kurzem in Lugano eingetroffen, wo Katia und Thomas Mann nach ihrem Aufenthalt in Arosa Station gemacht hatten, um zu beraten, in welchem Teil Europas sie sich nun für die nächste Zeit niederlassen sollten. Die Schweiz war zwar nach wie vor das bevorzugte Land ihrer Wahl, doch die Bemühungen, dort ein geeignetes Haus zu finden, waren bislang ohne Erfolg geblieben.

Thomas Mann befand sich in der Tat in denkbar schlechter Verfassung. Er hatte Mühe, angesichts der ungewissen Zukunft, des Verlusts der Heimat und seiner gewohnten Lebensweise sein inneres Gleichgewicht wiederzufinden. So wie er empfanden die meisten der nach dem Reichtagsbrand geflüchteten Schriftsteller das Exil erst einmal als einen nur schwer zu ertragenden Zustand der Orientierungslosigkeit, auf den sie mit Niedergeschlagenheit, Resignation und manche gar mit Verzweiflung reagierten – auch wenn die Flucht vor den Nationalsozialisten in den meisten Fällen einer lebensrettenden Maßnahme gleichkam. Hinzu kommt, daß der jähe Verlust der Einkünfte und der Arbeitsmittel und vor allem die erzwungene Trennung von der deutschen Leserschaft eine radikale Neubestimmung des Selbstverständnisses als Schriftsteller notwendig machte, der jedoch zunächst nicht alle gewachsen waren. Kaum jemand war – wie Klaus Mann – mit den Gepflogenheiten und der Sprache des jeweiligen Gastlandes vertraut genug, um sich dort sofort heimisch zu fühlen oder sich gar selbstbewußt in den Literaturbetrieb einzufügen. Die meisten hatten – verständlicherweise – erhebliche Schwierigkeiten, sich von der lähmenden Ungewißheit über die Dauer der Hitler-Diktatur frei zu machen und längerfristige Perspektiven zur Erhaltung der literarischen und materiellen Existenz zu entwickeln. Der kämpferische Elan, zu dem sich schließlich auch Thomas Mann durchrang, um Seite an Seite mit dem Bruder, mit Erika und Klaus antifaschistische Aufklärungsarbeit zu leisten, stellte sich nicht nur bei ihm, sondern auch bei der Mehrzahl seiner Kollegen erst allmählich ein. Fest steht: Die »Säuberung« der Sektion für Dichtkunst der Preußischen Akademie (seinem eigenen Ausschluß, der zu erwarten war, kam Thomas Mann mit seinem freiwilligen Rücktritt zuvor), die »Aktion wider den undeutschen Geist«, die in der Erstellung von ›Schwarzen Listen‹ und den Bücherverbrennungen in zahlreichen deutschen Großstädten ihren makaberen Höhepunkt fand, und der Exodus von insgesamt mehr als zweitausend Schriftstellern und Publizisten in Deutschland, der mit Ausbürgerungen und sonstigen Schikanen durch die deutschen Behörden einherging, stürzten viele Betroffene in tiefe Depressionen. Erst allmählich lernten die Emigranten, sich mit den veränderten Verhältnissen mehr oder weniger zu arrangieren. Für andere, wie Kurt Tucholsky, Walter Hasenclever, Ernst Weiß, Ernst Toller, Walter Benjamin oder Stefan Zweig, war das Leiden an den Verhältnissen in Deutschland und das Gefühl der Heimatlosigkeit und gewiß auch die inhumanen Bedingungen des Emigrantendaseins auf Dauer unerträglich: sie nahmen sich im Exil das Leben.

Klaus Mann bedachte den flächendeckend inszenierten Akt der Bücherverbrennung vom 10. Mai 1933, bei dem die Deutsche Studentenschaft mit Unterstützung von Alfred Rosenbergs Kampfbund für Deutsche Kultur und des Propagandaministeriums den größten Teil der progressiven demokratischen Literatur der Weimarer Republik dem Scheiterhaufen übergab, in seinem Tagebuch nur mit wenigen, fast zynischen Zeilen. Am 11. Mai notierte er: »Gestern also sind auch meine Bücher in allen deutschen Städten öffentlich verbrannt worden; in München auf dem Königsplatz. Die Barbarei bis ins Infantile. Ehrt mich aber.«5 Um diese Zeit weilten Klaus Mann und seine Familie bereits in Sanary-sur-Mer, einem kleinen provenzalischen Ort in der Nähe von Toulon. Man hatte sich dort zusammengefunden, weil Thomas Mann nun mit dem Gedanken spielte, sich dort ein Haus zu mieten, eine Idee, die auf den Dichter René Schickele zurückging. Der gebürtige Elsässer hatte sich schon im Jahr zuvor wieder auf seine französische Staatsbürgerschaft besonnen und sich hier – ganz in der Nähe des großen englischen Romanciers Aldous Huxley – niedergelassen. Sein Haus war in den nächsten Monaten für viele Emigranten eine erste Anlaufstation; jetzt hatte er gerade Annette Kolb zu Gast. Auch Lion Feuchtwanger und seine Frau Marta, die vorübergehend Arnold Zweig aufgenommen hatten, bevor dieser dann nach Palästina auswanderte, hatten in Sanary ein großes elegantes Haus bezogen. Überhaupt wurde Sanary-sur-Mer in jenen Tagen der bizarre Ruhm zuteil, als französisches Zentrum der deutschen Literatur in die Geschichte einzugehen: Wilhelm Herzog und Lud-

wig Marcuse, zeitweilig auch Bertolt Brecht, Ernst Toller, Ernst Bloch,
Arthur Koestler, Alfred Kerr oder Sybille von Schönebeck, die später in
England unter dem Namen Sybille Bedford eine berühmte Schriftstellerin wurde, bezogen hier Quartier. Schließlich entschloß sich auch Heinrich Mann, der seit seiner Emigration am 27. Februar in Nizza weilte,
die Nähe zur Familie zu suchen: Während Thomas Mann am 12. Juni in
eine elegante Villa am Rand von Sanary umzog, reichten Heinrich
Manns Einkünfte jedoch nur für ein bescheidenes Appartement, in dem
er zusammen mit seiner Lebensgefährtin Nelly Kroeger lebte. In Südfrankreich, so hatte sich die Familie vorgenommen, wollte man nach den
Sorgen, Ängsten und Nöten der letzten Wochen etwas zur Ruhe kommen. Immer noch stand es um Thomas Manns Nervenzustand nicht zum
besten. Erst vor kurzem hatte er erfahren, daß die »Wagner-Stadt München«, wie die Osterausgabe der *Münchner Neuesten Nachrichten* vom
16./17. April 1933 berichtete, gegen ihn »Protest« eingelegt hatte, genauer gesagt, gegen seinen Wagner-Essay, für den er auf seiner Vortragsreise in Europa im Februar so große Anerkennung erfahren hatte. Unterzeichnet hatten neben dem mutmaßlichen Initiator, Hans Knapperts-
busch, unter anderem auch Richard Strauss und Hans Pfitzner. Mit
ihrem »Protest« wollten sie sich dagegen verwahren, daß der »große
deutsche Meister Richard Wagner« durch Thomas Manns »ästhetisie-
renden Snobismus« und seine »überhebliche Geschwollenheit« beleidigt
werde.[6] Diese massive Feindseligkeit, noch dazu von Künstlern, zu denen er zeitweilig sogar freundschaftliche Beziehungen gepflegt hatte, hatte Thomas Mann nicht erwartet. Und überraschend schnell zog er nachhaltige Konsequenzen: Nach dem »heftigen Choc von Ekel und Grau-
en«, den das »hundsföttische Dokument bewirkt« habe, erfuhr sein Entschluß, nicht nach München zurückzukehren, eine »entschiedene Befe-
stigung«, schrieb er am 19. April in sein Tagebuch. Von nun an wolle er
»mit aller Energie unsere Niederlassung in Basel betreiben.«[7]
Lange Zeit ging man davon aus, daß Klaus Mann die merkwürdige
Stimmung jenes ersten Exilsommers in Sanary in seiner Erzählung
Schmerz eines Sommers festgehalten habe und daß die 46-jährige Hauptperson, ein deutscher Schriftsteller, seinem Vater nachempfunden sei, der
in dem kleinen französischen Ort zweifellos einen ›schmerzlichen Sommer‹ verlebt hatte. Doch die Erzählung war bereits Anfang 1932 entstanden.[8] In der Tat erwähnte Klaus Mann am 6. Januar 1932 in seinem Ta-

gebuch, daß er sich Notizen zur »Sanary-Novelle« gemacht habe.[9] Zwar bleibt dies der einzige Hinweis auf den möglichen Entstehungszeitpunkt des – undatierten – Manuskripts, doch spricht einiges dafür, daß er mit seiner Anmerkung tatsächlich *Schmerz eines Sommers* im Sinn hatte. So bleibt etwa das Motiv für den Aufenthalt seiner Protagonisten in Sanary völlig unklar; ebenso wird kein Bezug zu konkreten politischen Ereignissen genommen. Hätte es sich bei *Schmerz eines Sommers* wirklich um eine seiner ersten in der Emigration entstandenen Erzählungen gehandelt, deren Handlungsort noch dazu als eines der wichtigsten Exilzentren in die Geschichte einging, dann hätte Klaus Mann wohl kaum auf eine literarische Verarbeitung der Emigration verzichtet. Es steht dahin, ob er das kleine Prosastück, das er im übrigen als einziges in Tagebuchform abgefaßt hat, bewußt nicht zur Veröffentlichung freigegeben hat oder ob sich zu seinen Lebzeiten keine Möglichkeiten zur Publikation ergeben hatten. So ist *Schmerz eines Sommers* erst 1990 postum erschienen.[10]

Verrat am Geist, Mangel an Versöhnung

»Halte dich nicht auf mit Widerlegungen und Worten, habe Mangel an Versöhnung, schließe die Tore, baue den Staat!« Mit diesen Worten beschloß Gottfried Benn seine erste öffentliche Rede, die nach der nationalsozialistischen Machtübernahme am 24. April im Berliner Rundfunk ausgestrahlt wurde. Fünf Tage später wurde der Vortrag unter dem Titel *Der neue Staat und die Intellektuellen* in der Morgenausgabe der *Berliner Börsen-Zeitung* abgedruckt – so erfuhren auch die Schriftstellerkollegen im Ausland von Benns politischer Parteinahme für die Hitler-Diktatur. Klaus Mann mochte das »Versagen Gottfried Benns«, wie er am 2. Mai erschüttert in seinem Journal notierte, zunächst kaum glauben. Konnte es möglich sein, daß der von ihm so verehrte Schriftsteller sich vom »mystischen Element« derart hatte verführen lassen, daß er sich nun zu einem Votum für Barbarei und Unterdrückung hinreißen ließ?[11] So schien es in der Tat zu sein, und das Bekenntnis konnte kaum deutlicher ausfallen. Gottfried Benn schreckte nämlich nicht davor zurück, das »riesige, eben aktivierte Reich« als notwendige Folge einer geschichtlichen Gesetzmäßigkeit zu begreifen, deren Formel heute hieße: »intranationale Sammlung, Rückzug auf die gemeinsam von einem Volk geschichtlich durchlebte Landschaft, auf die sprachliche und kulturelle Tradition.« Es sei nun einmal so, daß die Geschichte an ihren »Wendepunkten nicht demokratisch, sondern ›elementar‹« verfahre.[12]

»Was konnte Sie dahin bringen, Ihren Namen, der uns der Inbegriff des höchsten Niveaus und einer geradezu fanatischen Reinheit gewesen ist, denen zur Verfügung zu stellen, deren Niveaulosigkeit absolut beispiellos in der europäischen Geschichte ist und von deren moralischer Unreinheit sich die Welt mit Abscheu abwendet?«[13] Mit dieser Frage setzte Klaus Mann zum Gegenangriff an. Er hatte sich in Le Lavandou nach einigen Tagen der Unentschlossenheit dazu durchgerungen, Benn mit seiner Kritik direkt zu konfrontieren; am 9. Mai, nachdem er ihn erst noch einmal der Familie vorgelesen hatte, schickte er den, wie sich zeigen sollte, folgenschweren Brief an Benns Adresse in Berlin ab. Er habe den Gerüchten über Benns Stellungnahme »gegenüber den deutschen Ereignissen« erst einmal keinen Glauben schenken wollen, begann er das Schreiben. Als ihm jedoch zu Ohren gekommen sei, daß Benn »eigentlich als einziger deutscher Autor« nicht seinen Rücktritt aus der Sektion für Dichtkunst der Preußischen Akademie bekannt gab, habe er eine »gewisse Bestätigung dieser Gerüchte« nicht mehr ausschließen können. Was ihn bei der »protestantischen [Ricarda Huch] nicht verwundert« und was er von »[Gerhart Hauptmann], der seine Rolle als der Hindenburg der deutschen Literatur mit einer bemerkenswerten Konsequenz zu Ende spielt, nicht anders erwartet« habe, dies entsetze ihn bei Benn. Schließlich wiederholte Klaus Mann mit scharfen Worten noch einmal seine Warnung, mit der er Benn andeutungsweise schon im Herbst 1930 in seiner Rede *Wie wollen wir unsere Zukunft?* konfrontiert hatte: »Wer sich aber in dieser Stunde zweideutig verhält, wird für heute und immer nicht mehr zu uns gehören. Aber freilich müssen Sie ja wissen, was Sie für unsere Liebe eintauschen und welchen großen Ersatz man Ihnen drüben dafür bietet.« Hellsichtig fügte er hinzu: »Wenn ich kein schlechter Prophet bin, wird es zuletzt Undank und Hohn sein.«[14]

Es sprach für Gottfried Benn, daß er später, nach dem Ende der Hitler-Ära, zugab, daß Klaus Mann, der »damals Siebenundzwanzigjährige [...] die Situation richtiger beurteilt« habe als er selbst. Demgegenüber sei jene Rundfunkrede »romantisch, überschwenglich, pathetisch« gewesen, räumte Gottfried Benn in seiner »Selbstdarstellung« ein, die er 1950 unter dem Titel *Doppelleben* veröffentlichte.[15] Im Mai 1933 konnte von einem Einlenken des Älteren jedoch noch keine Rede sein. Im Gegenteil: Auf Klaus Manns privaten Brief reagierte er demonstrativ mit einer offenen *Antwort an die literarischen Emigranten*[16], die er zunächst über den Berliner Rundfunk veröffentlichte, bevor sie dann am 25. Mai 1933 in der *Deutschen Allgemeinen Zeitung* erschien. »Da sitzen Sie also in Ihren Badeorten und stellen uns zur Rede, weil wir mitarbeiten am Neubau des Staates, dessen Glaube einzig, dessen Ernst erschütternd [...] ist«, schmetterte Gottfried Benn Klaus Mann entgegen. Offenbar in völliger Ahnungslosigkeit über das, was den Autoren wohl widerfahren wäre, wenn sie nicht die Flucht ins Ausland angetreten hätten, meinte er die früheren Kollegen darüber belehren zu müssen, daß sie sich durch die Emigration sozusagen selbst ins ›Aus‹ begeben hätten.

Seiner Meinung nach habe es die jüngste Entwicklung ja wohl bewiesen: Die – humanistische – Fortschrittsauffassung vom Menschen, wie sie die Emigranten – Benn bezeichnete sie in diesem Zusammenhang als »Amateure der Zivilisation und Troubadoure des westlichen Fortschritts« – vertreten hätten, habe »Bankerott« gemacht, wohingegen das Irrationale sich behauptet habe, denn »irrational heißt schöpfungsnah und schöpfungsfähig.« Unversöhnlicher und abweisender konnte Benns Antwort kaum ausfallen. Vielleicht hatte er nicht wirklich im Sinn gehabt, mit seiner erklärten Bereitschaft zur Identifikation mit Staat und Volk – die er freilich schon bald wieder relativieren sollte – den definitiv trennenden Schlußpunkt zwischen sich und die einstigen Mitstreiter zu setzen. Vielleicht nahm er es aber auch bewußt in Kauf, daß ihm die Exilautoren von nun an jede Form von Verständnis und Sympathie verweigerten. Wie auch immer, in seiner blinden Verherrlichung des Hakenkreuzregimes hatte er sich das Kainsmal leichtfertig selbst auf die Stirn gezeichnet. Und es war Klaus Mann, der ihn als erster öffentlich einen »Verräter« nannte.

Ob beabsichtigt oder nicht – Gottfried Benn setzte mit seiner Polarisierung von Humanismus und Metaphysik immerhin eine Diskussion in Gang, die praktisch während der ganzen Exilzeit virulent war. Realismus contra Irrationalismus, Humanismus contra Faschismus – dies waren die Schlüsselworte, die in den folgenden Jahren die politischen und literaturtheoretischen Debatten bestimmten: über das Wesen des Faschismus, die Frage nach den sozialen und kulturellen Ursachen für seinen Sieg und die

Möglichkeiten der deutschen Exilschriftsteller, ihn zu bekämpfen. Klaus und Heinrich Mann gehörten zu den ersten, die sich an einer Positionsbestimmung des verbannten Literaten versuchten, und zwar in der Eröffnungsnummer von Klaus Manns Exilzeitschrift *Die Sammlung*, die Anfang September erschien: In einer Glosse über *Gottfried Benn* mit dem programmatischen Untertitel *Die Entwürdigung des deutschen Geistes* bezeichnete Klaus Mann Benns »Verrat am Geist« als charakteristisches Merkmal des »neuen Deutschen«; sein neues und verbindliches Diktum lautete: »Unversöhnbarkeit gegen die Verräter«.[17] Dagegen rief Heinrich Mann in seinem Essay *Sittliche Erziehung durch deutsche Erhebung* die emigrierten Schriftsteller dazu auf, die »Rückwärtserziehung einer ganzen Nation« durch die Bewahrung humanistischer Werte wie »Freiheit«, »Gerechtigkeit« und »Wahrheit«[18] zu bekämpfen. Einigen Mitautoren kam es äußerst ungelegen, daß Neffe und Onkel mit ihren Aufsätzen in *Der Sammlung* so offenkundig das nötige Gebot der Vorsicht mißachtet und politische Akzente gesetzt hatten. Zu diesem Zeitpunkt hatten sich noch nicht alle dazu durchgerungen, sich endgültig von den deutschen Bindungen zu lösen.

»Sammeln wollen wir, was den Willen zur menschenwürdigen Zukunft hat!«

»Eine literarische Zeitschrift ist keine politische; die Chronik der Tagesereignisse, ihre Analyse oder die Voraussage der kommenden macht ihren Inhalt nicht aus. Trotzdem wird sie heute eine politische Sendung haben. Ihre Stellung muß eine eindeutige sein. Wer sich die Mühe machen wird, die Hefte unserer Zeitschrift zu verfolgen, soll nicht zweifeln dürfen, wo wir, die Herausgeber, und wo unsere Mitarbeiter stehen. Von Anfang an wird es klar sein, wo wir hassen und wo wir hoffen lieben zu dürfen.«[19]

Mit diesen Worten vollzog Klaus Mann nicht nur eine eindeutige politische Positionsbestimmung, sondern er definierte explizit die gegenwärtigen Aufgaben der literarischen Publizistik: antifaschistisches Engagement.

Die Idee, eine Exilzeitschrift ins Leben zu rufen, ging auf eine Initiative von Annemarie Schwarzenbach zurück. Offenbar trug sie sich schon seit längerem mit diesem Gedanken. Noch bevor sie Klaus Mann den Vorschlag unterbreitete, hatte sie darüber schon mit einem Bekannten, dem jungen französischen Rundfunk- und Zeitschriftenredakteur Claude Bourdet, gesprochen, der sich auch sofort an dem Projekt beteiligen wollte. Am 3. Mai, so notierte Klaus Mann in seinem Tagebuch, habe sich »– hoffentlich – eine große Chance«[20] ergeben: Annemarie Schwarzenbach sei gerade in Le Lavandou eingetroffen und habe von der Möglichkeit gesprochen, zusammen eine Zeitschrift herauszugeben. Keine Frage, natürlich wollte auch er mit von der Partie sein. Mit Feuereifer machte sich Klaus Mann sogleich an die Arbeit: Schon ein paar Tage später schrieb er an Hermann Hesse, Stefan Zweig, Hermann Kesten und andere befreundete Autoren, daß ihm die Möglichkeit angeboten worden sei, Mitherausgeber einer Zeitschrift zu werden. Als Erscheinungsort nannte er Zürich, und auch den Namen wußte er schon: Sie sollte *Die Sammlung* heißen und als »literarische Halbmonatsschrift« erscheinen. Der Titel war programmatisch gemeint, wobei die Zeitschrift das geistige Forum aller Richtungen des Exils sein sollte:

> »Sammeln wollen wir, was den Willen zur menschenwürdigen Zukunft hat, statt den Willen zur Katastrophe; den Willen zum Geist, statt den Willen zur Barbarei und zu einem unwahren, verkrampften und heimtückischen ›Mittelalter‹; den Willen zum hohen, leichten und verpflichtenden Spiel des Gedankens, zu seiner Arbeit, seinem Dienst, statt zum Schritt des Parademarsches, der zum Tode durch Giftgas führt im Interesse der gemeinsten Abenteurer; den Willen zur Vernunft, statt dem zur hysterischen Brutalität und zu einem schamlos programmatischen ›Anti-Humanismus‹, der seine abgründige Dummheit und Roheit hinter den schauerlichsten Phrasen kaum noch verbirgt.«[21]

So Klaus Mann im Vorwort zur ersten Ausgabe der Zeitschrift, die am 1. September 1933 erschien, über Sinn und Ziel seines Unternehmens. Was die Konzeption betraf, so sollte das Exilorgan »ganz literarisch« sein, schrieb er seinen künftigen Mitarbeitern: »Natürlich muß sie in ihrer Grundhaltung oppositionell sein, aber nicht tagespolitisch – das müssen wir anderen überlassen –; vor allem wollen wir ein Forum für die ›europäische Jugend‹ – soweit diese noch existiert.« – »Fürstlich zahlen« könnten sie zwar nicht, aber wäre es trotzdem möglich, einen Beitrag für die erste Ausgabe zu erhalten? Zugleich versicherte er ihnen, womit auch immer sie sich beteiligen mochten, ob mit einem »Essay über einen literarischen Gegenstand oder einen über ›kulturpolitische‹ Themen; oder etwas Erzählendes – das wäre beinah noch schöner –, eine kleine Geschichte, ein Romanfragment« –, sie würden »in guter Gesellschaft stehen«.[22]

Es sollte sich jedoch schon bald zeigen, daß das Vorhaben sich in seiner ursprünglichen Form nicht verwirklichen ließ: Nicht Zürich, sondern Amsterdam sollte der künftige Erscheinungsort sein, die Erscheinungsweise nicht halbmonatlich, sondern einmal im Monat. Und schließlich fungierten nicht Annemarie Schwarzenbach und Claude Bourdet, sondern Fritz Landshoff neben Klaus Mann als Mitherausgeber. Die junge Schweizerin hingegen zog es vor, die Persienreise nachzuholen, die im Jahr zuvor durch Rickis Freitod nicht hatte stattfinden können. Als das zweite Heft der *Sammlung* erschien, weilte sie schon im Orient. Immerhin sagte Annemarie Schwarzenbach zu, die *Sammlung* durch die Übernahme der Autorenhonorare finanziell zu unterstützen. Auch in bezug auf die programmatische Zielsetzung entfernten sich die Herausgeber vom ersten Konzeptentwurf. Da Fritz Landshoff und Klaus Mann sich schnell darüber verständigt hatten, daß die Zeitschrift ein Sprachrohr für antifaschistische Autoren sein sollte, war eine stärkere politische Akzentuierung der versammelten Beiträge praktisch unvermeidlich und Konflikte mit den neuen Machthabern des Dritten Reiches vorprogammiert. Die Nationalität der Mitarbeiter, ihre Parteizugehörigkeit oder -unabhängigkeit und erst recht ihre künstlerischen Ambitionen waren hingegen zweitrangig; wirklich von Bedeutung war, daß sich ihre politische Überzeugung gegen Hitler richtete.

Klaus Mann hatte Fritz Landshoff schon 1930 kennengelernt, als der Potsdamer Kiepenheuer Verlag sein Drama *Geschwister* veröffentlichte. Fritz Landshoff, fünf Jahre älter als Klaus Mann, hatte sich bereits als junger Verleger in der Literaturszene der Weimarer Republik durch sein sicheres Gespür für Qualität und Erfolg einen Namen gemacht. Als Partner von Gustav Kiepenheuer hatte er in den letzten Jahren dem finanziell angeschlagenen Verlag zu neuem Aufschwung verholfen. So hatte er nicht nur sein gesamtes Vermögen investiert, sondern es war ihm auch gelungen, ehemalige Autoren wieder zurückgewinnen und junge Talente, wie etwa die damals noch unbekannte Anna Seghers, zu verpflichten. Bis der Verlag kurz nach dem Beginn der Hitler-Diktatur durch die Emigration der Mehrzahl seiner Autoren seine Existenzbasis verlor und seine Arbeit einstellen mußte, gehörten so erfolgreiche Künstler wie Heinrich Mann, Georg Kaiser, Bertolt Brecht, Lion Feuchtwanger, Arnold Zweig, Gottfried Benn, Joseph Breitbach, Jean Cocteau, Joseph Roth und der Psychoanalytiker Sigmund Freud zum festen Autorenstamm. Auch Fritz Landshoff entschied sich, nicht zuletzt wegen seiner jüdischen Herkunft, ins Exil zu gehen. Die Entscheidung wurde allerdings durch ein Angebot

des holländischen Verlegers Emanuel Querido erleichtert, eine deutschsprachige Abteilung für, wie Fritz Landshoff im Rückblick schrieb, »in
Deutschland verbotene oder unerwünschte Autoren« zu gründen, die
dem Amsterdamer Verlag angegliedert werden sollte. (In seinen *Erinnerungen* bezifferte Fritz Landshoff die Zahl der deutschen Bucherschei-
nungen bis April 1940 auf 124[23] – damit wurde Querido neben Allert de
Lange, Malik, Editions du Carrefour und der Verlagsanstalt Graphia
schließlich zum wichtigsten Exilverlag.) In den folgenden Wochen reiste
Fritz Landshoff quer durch Europa, um die einstigen Kiepenheuer-Auto-
ren für den Querido-Verlag zu gewinnen.

Irgendwann im Mai, kurz nach Klaus Manns Rückkehr aus Sanary,
suchte Fritz Landshoff in Paris auch ihn auf, um mit ihm einen Verlags-
vertrag für seine künftigen Bücher abzuschließen. Dieser nutzte gleich
die Gelegenheit, das Gespräch auf die Gründung der *Sammlung* zu lenken: ob nicht der Querido Verlag Interesse habe, eine Exilzeitschrift herauszugeben? Fritz Landshoff erkannte zwar sofort, daß sich hier die
Chance bot, wesentlich mehr exilierten Autoren ›Obdach‹ zu gewähren,
als dies in einem Buchverlag möglich war. Dennoch mußte er Klaus
Mann erst einmal vertrösten, denn eine endgültige Zusage konnte nur
Emanuel Querido geben. Zweifellos habe der Verleger selbst mit der
Entscheidung, dem ohnehin schon gewagten Verlagsprogramm nun auch
noch eine – deutschsprachige – Exilzeitschrift hinzuzufügen, großen Mut
bewiesen, meinte Fritz Landshoff im Rückblick. Schon unter normalen
Umständen sei es ein Wagnis gewesen, eine literarisch-kulturpolitische
Zeitschrift zu gründen. Nun, mit dem Ausfall des reichsdeutschen Mark-
tes, seien die Absatzmöglichkeiten so begrenzt gewesen, daß eine solide,
längerfristige Finanzierung kaum gewährleistet werden konnte. In der
Tat kämpfte *Die Sammlung* praktisch von Anfang an ums Überleben:
Sogar die vergleichsweise geringe Startauflage von 3000 Exemplaren,
von denen nur 2000 Stück verkauft wurden, erwies sich als zu hoch.
Dennoch hielten sie bis zum Schluß an der nun einmal vorgegebenen
Auflagenhöhe fest. Von Ausgabe zu Ausgabe reduzierten sich jedoch die
Umsätze, wobei Holland mit immerhin 700 festen Abonnenten vor
Österreich und der Schweiz noch das absatzstärkste Land war. Diese ne-
gative Entwicklung war nur teilweise darauf zurückzuführen, daß das
Ausland den exilierten Autoren verhältnismäßig wenig echtes Interesse
entgegenbrachte. In Wahrheit hatten die Umsatzeinbußen noch ganz an-

dere Gründe, die freilich nicht minder gravierend waren und dem Ansehen der *Sammlung* nachhaltig schadeten. Davon wird noch die Rede sein. Fest steht: So sehr sich Klaus Mann und Fritz Landshoff auch darum bemühten, immer wieder neue Interessenten für *Die Sammlung* zu gewinnen – die öffentlichen Proteste und Dementi, zu denen sich einige Exilschriftsteller, die ihre Mitarbeit in Aussicht gestellt hatten, bereits unmittelbar im Anschluß an das Erscheinen der Eröffnungsnummer genötigt fühlten, verhinderten, daß dem Exilorgan, trotz seines zweifellos hohen literarischen Niveaus, dauerhafter Erfolg beschieden war. In den letzten Monaten verzichtete Klaus Mann sogar auf eine Vergütung seiner Herausgebertätigkeit, und auch Fritz Landshoff opferte eigene Einnahmen. Daß *Die Sammlung* nach zwei Jahrgängen im August 1935 schließlich ihr Erscheinen einstellen mußte, war eine reine Vernunftentscheidung, die, zumindest aus der Sicht Emanuel Queridos, wohl kaum anders hätte ausfallen können, da durch das Verlustgeschäft auch die Existenz des Buchverlags ernsthaft gefährdet wurde.

Dennoch: *Die Sammlung* konnte sich als Forum von erklärten Nazi-Gegnern profilieren, und dies brachte ihr von seiten der ausländischen Presse, aber auch in Emigrantenkreisen viel Anerkennung ein. In Deutschland befürchtete man offenbar sogar, daß die Autoren mit ihrer antinazistischen Propaganda das Ausland ganz für sich einnehmen könnten. Obwohl offiziell keine einzige Ausgabe der *Sammlung* jemals ins Dritte Reich geliefert wurde, bedachten führende nationalsozialistische Zeitschriften Herausgeber und Mitarbeiter in den kommenden Monaten immer wieder mit derben Schimpfworten. Nicht zuletzt die Nachwelt würdigte schließlich Klaus Manns aufrichtigen Versuch, sein Exilorgan zum Kristallisationspunkt vielfältiger politischer Überzeugungen und ästhetischer Positionen gemacht zu haben. Als Ende 1986, sechzehn Jahre nach dem ersten Reprint, der Verlag Rogner und Bernhard bei Zweitausendeins die insgesamt 24 Ausgaben der *Sammlung* in zwei Bänden herausgab, in denen immerhin etwa 300 Autoren zu Wort gekommen waren, war die erste Auflage innerhalb kurzer Zeit vergriffen. Tatsächlich vermochte kaum eine andere Exilzeitschrift Autoren so unterschiedlicher Weltanschauungen zu »sammeln«.[24] Zu Vertretern des marxistischen und sozialistischen Lagers, wie Johannes R. Becher, Bertolt Brecht, Ernst Bloch, Ernst Toller oder Alfred Kantorowicz, gesellten sich parteilose Linke wie Oskar Maria Graf, Anarchisten wie Walter

Mehring, linksdemokratische Schriftsteller wie Alfred Döblin oder Heinrich Mann, Bürgerlich-Liberale wie Hermann Kesten oder Alfred Kerr und sogar gänzlich unpolitische Literaten wie Jakob Wassermann oder Else Lasker-Schüler. Auch wenn andere, wie Annemarie Schwarzenbach oder Fritz Landshoff, wichtige Hilfestellungen für das Gelingen des Unternehmens leisteten – so war *Die Sammlung* doch von Anfang an Klaus Manns Werk. Ein Werk, in das er mehr Zeit, Kraft und Elan als in irgendein anderes Projekt investierte – seine zweite in Amerika herausgegebene Zeitschrift *Decision* ausgenommen – , um es zu dem zu machen, was es dann auch tatsächlich wurde: ein Exilorgan, das allen, die sich dazu berufen fühlten, vorbehaltlos die Gelegenheit gab, auf ihre Art das Wort zu ergreifen und damit einen Beitrag zur Wahrung und Rehabilitierung demokratisch-humanistischer Überzeugungen zu leisten.

Zunächst aber galt es, das Unternehmen auf den Weg zu bringen. Am 14. Juni 1933 bat Fritz Landshoff Klaus Mann, nach Amsterdam zu kommen. Gesagt, getan und schon zwei Tage später notierte Klaus Mann in seinem Tagebuch lapidar »Vertragsunterschrift«.[25] Es war typisch für ihn, daß er keine Zeit verlor, sondern sich noch an demselben Tag mit dem Zug nach Amsterdam begab, um die Verhandlungen aufzunehmen. Wenn er einmal von einer Idee überzeugt war, kannte er kein Zögern und keinen Zweifel, und dann konnte er auch sehr überzeugend sein – dies hatte er in der Vergangenheit schon oft bewiesen. Wie sich zeigte, waren diese Eigenschaften auch jetzt wieder von Vorteil, denn Emanuel Querido war, trotz der hehren Absicht, mit der Gründung der Exilabteilung einen Akt der Menschlichkeit zu leisten, auch ein nüchterner Geschäftsmann. Bevor er schließlich sein Einverständnis gab, ließ er sich von Klaus Mann einen genauen Finanzierungsplan und eine Vorschau für die ersten drei Ausgaben geben. Neben dem Umstand, daß Annemarie Schwarzenbach, die treue Freundin, eine Garantieerklärung abgab, die die Finanzierung der Autorenhonorare bis Ende des Jahres sicherstellte, gab gewiß die eindrucksvolle Liste der künftigen Mitarbeiter den Ausschlag für das endgültige Ja-Wort des Verlegers. Zudem konnte Klaus Mann die Teilnehmerliste im letzten Moment noch um den werbewirksamen Namen des Vaters und den von René Schickele ergänzen. Am Ende waren auf der Ankündigung der ersten Ausgabe von *Die Sammlung* rund 50 namhafte Autoren vertreten, so u.a. Max Brod, Jean Cocteau, Alfred Döblin, Lion Feuchtwanger, Bruno Frank, Ortega y Gasset,

Jean Giraudoux, Claire und Yvan Goll, Ödön von Horváth, Alfred Kerr, Hermann Kesten, Egon Erwin Kisch, Emil Ludwig, Heinrich und Thomas Mann, Walter Mehring, Robert Musil, Gustav Regler, Romain Rolland, Joseph Roth, René Schickele, Anna Seghers, Ernst Toller, Jakob Wassermann, Ernst Weiß, Arnold Zweig und Stefan Zweig. Das Patronat hatten, dies wurde schon gesagt, André Gide, Aldous Huxley und Heinrich Mann übernommen. Gewiß, einige wichtige Namen fehlten: So war Bertolt Brecht zwar mit Beiträgen vertreten, aber erst im siebenten Heft. Das gleiche gilt für Johannes R. Becher und Ernst Bloch. Sogar Ernest Hemingway und Albert Einstein schickten Artikel. Anna Seghers, Leonhard Frank, Erich Maria Remarque und Franz Werfel, Autoren, von denen man unter den gegebenen Umständen wohl erwartet hätte, daß sie sich einer Mitarbeit nicht verweigerten, konnten sich dazu offenbar nicht entschließen. Auch Hermann Hesse bat Klaus Mann darum, seinen Namen »vorerst nicht zu nennen«; er müsse das »Blatt erst sehen«. Außerdem sei sein Befinden derart schlecht, daß er momentan nicht arbeitsfähig sei.[26] Offenbar fiel sein Urteil über »das Blatt« negativ aus – jedenfalls konnte Klaus Mann, trotz mehrmaliger Anfragen, Hermann Hesse auch zu einem späteren Zeitpunkt nicht dazu bewegen, an der *Sammlung* mitzuwirken. Mit der Bitte um Verständnis, daß er »prinzipiell an keiner Zeitschrift mehr mitarbeiten« wolle, »die sich (und sei's auch nur in Glossenform) mit Politik beschäftigt«[27], verzichtete Ödön von Horváth schließlich ebenfalls darauf, Beiträge zur Verfügung zu stellen.

In mancherlei Hinsicht war Klaus Manns ebenso leidenschaftliches wie unbeirrtes Engagement für *Die Sammlung* auch von dem Wunsch beseelt, aus dem Schatten des Vaters herauszutreten. Während Thomas Mann immer noch zögerte, den Gedanken an eine Rückkehr in seine Heimat endgültig aufzugeben, und sich sogar mit Plänen trug, die *Geschichten Jaakobs*, den ersten Band der *Joseph*-Tetralogie, im Herbst in Deutschland erscheinen zu lassen, hatte sich der Sohn, so schien es, schon längst in das Emigrantenschicksal gefügt und schwungvoll damit begonnen, seine neu gesetzten Ziele zu verwirklichen. Zu Recht weist Fritz Landshoff darauf hin, daß es schon eine »beachtliche Leistung« gewesen sei, innerhalb weniger Monate die Gründung der Zeitschrift voranzutreiben und genügend Material für die folgenden Hefte zusammenzustellen, um tatsächlich das geplante Erscheinen der Eröffnungsnummer und den monatlich wiederkehrenden Termin für die Abgabe aller weiterer Ausgaben einhalten zu können.[28] Er räumte ein, daß es in erster Linie das Verdienst von Klaus Mann gewesen sei, daß die Herausgabe alles in allem reibungslos funktioniert habe. In der Tat war Klaus Mann niemals darum verlegen, seine Verbindungen zu bekannten Künstlern zu bemühen. Unermüdlich warb er in Briefen um Abonnenten oder um Beiträge – beides war für die Existenz der Zeitschrift lebensnotwendig. Dabei war oftmals schon die Ermittlung von Adressen der über zahlreiche Länder verstreuten Autoren eine zeitaufwendige Angelegenheit. Ansonsten redigierte er Manuskripte, entwarf das Konzept der jeweiligen Ausgabe und bemühte sich um Lösungen, wenn redaktionelle Probleme auftraten. Natürlich hatte er in Fritz Landshoff jederzeit einen kompetenten Ansprechpartner, doch wenn es um wichtige Entscheidungen ging, so war er allein es, der sie traf und nach außen hin vertrat.

Anfang August war die erste Ausgabe der *Sammlung* redaktionell soweit fertiggestellt, daß mit dem Druck begonnen werden konnte. Inzwischen war Klaus Mann von Paris zunächst in das niederländische Nordseebad Zandvoort und von dort nach Amsterdam übergesiedelt, um das Unternehmen direkt vor Ort zu betreuen. Schon bald begann sich Klaus Mann in Amsterdam recht wohl zu fühlen: Der »verwunschene Reiz der Grachten mit ihren venezianischen Gerüchen und Perspektiven«, wie er später im *Wendepunkt* meinte, habe ihn sofort in seinen Bann gezogen. Es hätte eine schöne Zeit werden können, die vor Klaus Mann lag: Er und Fritz Landshoff bezogen Zimmer in einer kleinen Pension namens Huize von Eeghen in der van Eeghenstraat 181, unweit der Büroräume des Verlages. So kam es, daß die beiden in den nächsten Wochen und Monaten sehr viel Zeit miteinander verbrachten. Bisweilen gesellten sich auch Hermann Kesten und Walter Landauer dazu, die ebenfalls in Amsterdam, und zwar beim Allert de Lange Verlag, arbeiteten. Andere Autoren, wie Ernst Toller oder Egon Erwin Kisch, der inzwischen in Zandvoort lebte, versäumten es nicht, auf ihren Amsterdamer Stippvisiten den beiden einen Besuch abzustatten.

In Amsterdam war Klaus Mann zwar nicht vom hektischen Trubel umgeben, wie er es von Paris gewohnt war, dennoch boten sich ihm durchaus Gelegenheiten, auch hier Zerstreuung und Abwechslung zu finden. Es schien fast so, als ließe es Klaus Mann das erste Mal zu, daß sein Leben fast schon in ›geordneten Bahnen‹ verlief: Fritz Landshoff treu an seiner Seite wissend, hatte er vor, Amsterdam zu seinem ständigen Wohnort zu machen, um sich hier ganz auf sein neues und vielfältiges Aufgabengebiet zu konzentrieren. Mit gewohnter Disziplin und Kontinuität machte er sich also daran, in den folgenden Wochen seinen über die Jahre erprobten Arbeitsrhythmus wieder aufzunehmen. In der Regel waren die frühen Vormittagsstunden der Erledigung seiner umfangreichen Korrespondenz vorbehalten. Danach schrieb er Artikel für die *Sammlung* und für andere Zeitschriften, so u.a. für Willy Schlamms *Neue Weltbühne*, Leopold Schwarzschilds *Neues Tage-Buch* oder für die von Wladimir Poljakoff gegründete Tageszeitung *Pariser Tageblatt*, deren regelmäßiger Mitarbeiter er inzwischen geworden war. In dieser Zeit entstanden auch einige neue Texte für die ›Pfeffermühle‹, denn mittlerweile war es Erika gelungen, Aufführungen in Zürich zu organisieren. Sofern das Wetter gut war, holte er Fritz Landshoff nachmittags von seinem Büro ab, um dann mit ihm weite Spaziergänge durch die Stadt zu machen. Wenn sie nicht ein Konzert besuchten, einen Kinofilm ansahen, das Casino oder, meistens zu vorgerückter Stunde, noch eine Bar aufsuchten, verbrachten Klaus Mann und Fritz Landshoff die Abendstunden häufig in der Pension, wo sie oft bis tief in die Nacht Gespräche führten oder Klaus dem neuen Freund etwas aus seinen Arbeiten vortrug. Beide bekannten später, daß sie in jenen Tagen eine Freundschaft fürs Leben geschlossen hätten. Klaus Mann sprach, wie immer, wenn er eine tiefe Verbindung empfand, von Landshoff als seinem »brüderlichen Freund«; Landshoff wiederum schätzte Klaus nicht nur als engen Vertrauten, sondern bekannte auch, daß er ihm von Beginn an eine »unentbehrliche Stütze im Verlag« gewesen war.[29]

Der 1. September rückte näher und mit ihm der erste große Skandal, der die emigrierten Schriftsteller sogleich in verschiedene politische Lager spalten sollte. Er traf Klaus Mann zwar nicht gänzlich unvorbereitet, doch hatte er wohl kaum damit gerechnet, daß sich ausgerechnet der Vater zum Wortführer derer erhob, die ihm schließlich auf so rüde Weise in aller Öffentlichkeit die Loyalität entzogen. Vielleicht veranlaßten ihn auch ungute Vorahnungen, ein paar Tage vor dem Erscheinen der ersten Ausgabe, einige warnende Zeilen an den Vater zu richten. Er und Landshoff seien »ein wenig unruhig«, schrieb er dem Vater am 21. August aus Zandvoort, wie er wohl reagieren werde, wenn er gewahr würde, daß die erste Nummer der Sammlung »nicht gerade zahm geraten« sei; dies sei freilich auch das Verdienst des Onkels, fügte er, auf Heinrich Manns Essay *Sittliche Erziehung und deutsche Erhebung* anspielend, hinzu. Dann setzte er umständlich zu einer kleinen Verteidigungsrede an: Gut möglich, daß »sich in unserer Presse ein kleines Wehgeschrei« erheben wird; auch die Verantwortlichen des Fischer Verlages würden gewiß »trüb in die Zukunft schauen«. Er müsse aber »schon vorbeugend betonen«, daß er »eben in diesem Punkte so vorsichtig und zurückhaltend« gewesen sei »wie nur irgend möglich«. Habe er nicht sogar darauf verzichtet, an ihn direkt heranzutreten und statt dessen erst einmal »nur ein bißchen durch Erika sondieren lassen«, ob er sich nicht auch dazu entschließen möge, seinen Namen auf die Annonce zu setzen? Schließlich meinte er auch noch behutsam darauf hinweisen zu müssen, daß immerhin der Vater selbst es gewesen sei, der – bereitwillig – sein Einverständnis gegeben habe:

»Als dann gleich ein zusagendes Telegramm kam, wäre es doch wahrhaft übertrieben, ja schon etwas unangebracht gewesen, zu sagen: nein, er soll trotzdem nicht auf die Liste, wir wollen vorsichtiger sein als er selbst. Das konnten wir doch nicht tun, zumal die Holländer gleich so stolz und aufgeregt drüber waren, daß du nun mitspielen wolltest. Ich erzähle das alles ohne akuten Anlaß – nur, weil ich mir denken könnte, daß in den Unannehmlichkeiten, die unvermeidlicher Weise kommen werden, am Ende auch die Zeitschrift eine geringe Rolle spielen könnte – und diese Rolle wird vom Hause Fischer übertrieben werden.«

Wohlgemerkt, diesen Brief schrieb Klaus Mann an seinen Vater, noch bevor die kommenden Ereignisse jedes einzelne Wort seines Schreibens bestätigen sollten. In jenem Brief kam Klaus Mann auch darauf zu sprechen, daß Thomas Mann schon seit einiger Zeit von Emanuel Querido ein lukratives Angebot vorliegen hatte, den ersten *Joseph*-Band in seinem Verlag erscheinen zu lassen. Mit dem Hinweis, daß der Fischer Verlag im neuen deutschen Reich kaum die Möglichkeit habe, die Verkaufszahlen zu erzielen, die dem Buch zweifellos angemessen seien, appellierte er an Thomas Mann, er möge sich die Sache doch noch einmal reiflich überlegen:

»Einem Land, das man mit Abscheu verläßt, vertraut man doch nicht sein schönstes Gut an. Sie werden es ja auch zu Tode hetzen. Das ›schwebende Angebot‹ muß sehr unfreundlich empfangen werden. Man sieht diese Presse schon vor sich – wie die Frankfurter sich windet, wie der Völkische schäumt, wie die Neuesten Nachrichten nachweisen, daß es gekonnt, aber altmodisch ist, die Rundschau davon redet und singt, daß es ein hochkonservatives Werk wäre [...] – Im Ausland ist natürlich der

Markt ein beschränkter; dafür findet man aber eine Öffentlichkeit, die guten Willens ist, und einen Verleger, der das Honorar überweisen darf.« So zaghaft Klaus Mann seinen Brief begonnen hatte, so sicher fand er nun zu einem energischen Schluß-punkt: Die Sache sei ›furchtbar‹ wichtig – objektiv, aber auch mir persönlich. Ich hal-te das Erscheinen in diesem Deutschland für einen schweren Fehler. Die Situation von Fischer ist völlig hoffnungslos; entweder er muß sich noch radikaler gleichschal-ten, oder er wird glatt vernichtet.«[30]

In der Tat hatte Gottfried Bermann, der schon seit einiger Zeit kommis-sarisch die Verlagsgeschäfte für seinen Schwiegervater Samuel Fischer leitete, sich dazu entschlossen, den Verlag in Deutschland erst einmal weiterzuführen. Bis 1936 gelang es Gottfried Bermann, ungeachtet aller politischen, geistigen und moralischen Bedrängnisse, die Verlagsgeschäf-te in Deutschland weiterzuführen. Dann aber konnte auch er nicht mehr die Augen davor verschließen, daß seine Hoffnungen, er könne mit dazu beitragen, die literarische Kultur in Deutschland zu erhalten, sich als trü-gerische Illusionen erwiesen und ihm nichts anderes übrig blieb, als die Übersiedlung des Verlages nach Wien (und später dann nach Amerika) einzuleiten. Bis es soweit war, setzte er jedoch alles daran, seinen wich-tigsten Autor weiterhin fest an den Verlag zu binden. Doch Thomas Mann zögerte, dem Verleger eine verbindliche Zusage zu machen. Sollte er – trotz allem – seinem Heimatland, seinem Verlag und seinen Lesern die Treue halten? Sollte er nicht überhaupt nach Deutschland zurück-kehren? Und wenn er nun einen Schlußstrich unter Deutschland und un-ter sein bisheriges Leben setzen und den Neuanfang wagen würde? Tho-mas Mann war in jenen Tagen nicht mehr er selbst; er war verzagt, er war verunsichert, kurzum: er hatte seine Souveränität verloren. Dies spiegelte sich auch in seiner widersprüchlichen Haltung gegenüber den Vorschlägen seines Sohnes wider: Noch unter dem Eindruck der neuen Schreckensnachricht, die ihn gerade ereilt hatte – die neuen Machthaber hatten sein Haus in München nun endgültig beschlagnahmt –, war es ihm zunächst nicht schwergefallen, am 24. August dem Sohn eine beru-higende Antwort zukommen zu lassen. »Du hast ganz recht«, schrieb er an Klaus, »es ist der helle Unsinn. Ich habe B[ermann] schon mehr als einmal, verblümt und unverblümt, gefragt, was er sich eigentlich denke. Jetzt, heute morgen, habe ich ihm einen Brief geschrieben [...], worin ich ihm aufs Ernstlichste zugeredet habe, sich die Situation doch klar zu ma-chen und den Band Querido zu geben [...].« Einige Zeilen später dann der erlösende Satz: »Gegen mein Figurieren auf eurer Liste (der Prospekt

war ja recht lecker) habe ich garnichts. Soll ich noch den Loyalen spielen?«[31] Der Sohn nahm die Bekräftigung des väterlichen guten Willens
erfreut zur Kenntnis, so wie er es auch gern vernahm, daß Thomas
Mann noch am 1. September der *Sammlung* einen kleinen Bericht über
die Broschüre *Theologische Existenz heute!* des Schweizer Theologen
Barth in Aussicht stellte. Da hatte der Vater das gerade erschienene Heft
der *Sammlung*, das auch ihm bereits vorlag, noch nicht gelesen.

Wie Gottfried Bermann sich so schnell mit dem Inhalt der ersten Ausgabe der *Sammlung* vertraut machen konnte, obwohl die Zeitschrift
doch in Deutschland nicht erhältlich war, bleibt dahingestellt. Sicher ist,
daß er sofort das Schlimmste ahnte. Er verlor keine Zeit und schickte
umgehend den Lektor des Fischer Verlages, Samuel Saenger, mit einer
unmißverständlichen Botschaft nach Sanary: Thomas Mann möge bitte
sofort die Ankündigung seiner Mitarbeit an der *Sammlung* zurückziehen, da er ansonsten das Erscheinen des Buches in Deutschland nicht
mehr garantieren könne. Die gleiche Aufforderung erhielten René
Schickele und Alfred Döblin, der sogar schon mit einem Beitrag im ersten Heft der *Sammlung* vertreten war – beide hatten ebenfalls die Möglichkeit ins Auge gefaßt, ihre künftigen Werke erst einmal weiter im Fischer Verlag zu veröffentlichen. Alfred Döblin, als ›nicht-arischer‹ Autor
ohnehin im Dritten Reich ›unerwünscht‹, wollte das Leben seiner Familie, die sich zu diesem Zeitpunkt noch teilweise in Deutschland aufhielt,
verständlicherweise nicht wegen der Mitarbeit an einer Zeitung gefährden: er widerrief. René Schickele war wiederum auch aus finanziellen
Gründen darauf angewiesen, daß sein neuer Roman *Witwe Bosca*, der
schon bald als Vorabdruck in der *Vossischen Zeitung* erscheinen sollte,
in Deutschland nicht mit einem Veröffentlichungsverbot belegt wurde.
Seine Absage fiel besonders hart aus: »Bin von politischem Charakter
Sammlung peinlich überrascht, da gelegentlich Mitarbeit für rein literarische Zeitschrift in Aussicht gestellt war. Stehe mit Querido in keinerlei
Verbindung, halte mich auch weiterhin von allem Derartigem ausdrück-
lich fern.«[32] Ähnlich äußerten sich auch Robert Musil und Stefan Zweig,
der den Geschäftsführer des Insel Verlags, Anton Kippenberg, der seine
Werke in Deutschland noch bis 1934 herausgab, nicht brüskieren wollte.
Schließlich fügte sich auch Thomas Mann in das wohl Unvermeidliche:
»Muß bestätigen, daß Charakter ersten Heftes Sammlung nicht ihrem
ursprünglichen Programm entspricht«[33], kabelte er an Gottfried Ber-

mann. Dieser hielt die Formulierung allerdings für unzureichend und
drängte auf eine explizite Absage. Daraufhin fügte Thomas Mann die
nunmehr unmißverständlichen Zeilen hinzu: »Ergänzen Sie meine Erklärung logischerweise dahingehend, daß mein Name von der Liste ge-
tilgt wird – denn darauf läuft sie hinaus.« Die »Reichsstelle zur Förde-
rung des deutschen Schrifttums«, die inzwischen die Autoren des »geistigen Hochverrats«[34] bezichtigt hatte, schien mit den Erklärungen, die
kurz darauf im *Börsenblatt des deutschen Buchhandels* und in der Presse
abgedruckt wurden, zufrieden zu sein und zog ihre Anschuldigung
zurück.

Ein böser Schlag für den Sohn, ein fast vernichtender Schlag für die
Sammlung. Zutiefst gekränkt notierte Klaus Mann in seinem Tagebuch
am 15. September: »Post: grosser Brief vom ZAUBERER, die peinlichste
Situation: sein zweites Telegramm an Fischer, sein Abrücken von der
Sammlung, gleichzeitig das von Döblin – Schickele; sehr schmähliche
Angelegenheit; Trauer und Verwirrung. Dazu noch ein Brief von Stefan
Zweig – auch ein ganz feiger Rückzieher. Elend.« In jenem Brief vom 13.
September hatte Thomas Mann den Sohn darüber informiert, daß er
Bermann habe bestätigen müssen, »daß Charakter erster Nummer
Sammlung ihrem ursprünglichen Programm nicht entspricht« und mit
einem Seitenhieb auf den Bruder, der inzwischen von den neuen Macht-
habern kurzerhand ausgebürgert worden war, hinzugefügt:

»Das ist wahr, wie Du weißt. Die Zeitschrift sollte sich von der Emigrantenpublizistik durch Betonung des Positiv-Produktiven, ja durch die Beschränkung darauf ab-
heben, und daß Du's Dir nicht versagen konntest, H.[einrich] M.[ann]'s hochleiden-
schaftlichen Artikel in die erste, das Bild bestimmende Ausgabe aufzunehmen (es wäre ganz etwas anderes gewesen, wenn er in der dritten oder vierten erschienen wäre)
war die Rücksichtslosigkeit Eines, der vom ersten Tag an gründlich Schluß machen
durfte, eine Rücksichtslosigkeit gegen mehrere Schriftsteller, die nicht in dieser Lage
sind, und die Dir ihre Namen für die Mitarbeiter-Liste zur Verfügung gestellt hatten.«[35]

Es war typisch für Thomas Mann, daß er sich im Folgenden wortreich
über »die böse Lage« erging, in die der Sohn ihn angeblich gebracht hatte, anstatt ihn schlicht um Verzeihung zu bitten. Schließlich schreckte er
sogar nicht davor zurück, Wert und Effekt seines eigenen Buches, das –
jetzt war es beschlossene Sache – in Kürze in Deutschland erscheinen
sollte, gegen die Wirkungsmöglichkeiten der »Emigrantenpublizistik«
auszuspielen. Fehler zuzugeben oder gar die Möglichkeit in Betracht zu

ziehen, daß er anderen mit seiner ganz persönlichen Sicht der Dinge Schaden zufügen könnte, war noch nie seine Sache gewesen. Wie immer den Blick fest auf das eigene Wehe und Wohl gerichtet, kam Thomas Mann offenbar auch in diesem Fall das Naheliegende nicht in den Sinn, daß nämlich der Sohn seinen Widerruf nicht nur als Respektlosigkeit gegenüber seiner Arbeit, sondern auch als Zurückweisung seiner Person verstehen mußte. Später nannte Klaus Mann es »tiefe Uninteressiertheit« und »Eiseskälte«, die der Vater den Menschen im allgemeinen und ihm im Besonderen entgegenbrächte:

»Empfinde wieder sehr stark, und nicht ohne Bitterkeit, Z.'s völlige ›Kälte‹, mir gegenüber. Ob wohlwollend, ob gereizt (auf eine sehr merkwürdige Art ›geniert‹ durch die Existenz des Sohnes): ›niemals‹ interessiert; ›niemals‹ in einem etwas ernsteren Sinn mit mir beschäftigt. Seine allgemeine Interesselosigkeit an Menschen, hier besonders gesteigert. – Konsequente Linie von der ungeheuer ›oberflächlichen‹ – weil un-interessierten Schilderung in »Unordnung [und frühes Leid], bis zu der Situation: mich in dieser Zeitschriftensache glatt zu ›vergessen‹.«[36]

Voller Bitterkeit und Trauer notierte er dies am 26. Februar 1937 in sein Journal; da hatte er gerade erfahren, daß der Vater mit Konrad Falke ab September 1937 die literarische Zweimonatsschrift *Maß und Wert* herausbringen wollte und keinen Augenblick daran gedacht hatte, seinen Sohn in das Projekt mit einzubeziehen, obwohl Klaus Mann aufgrund seiner zweijährigen Arbeit als Herausgeber der *Sammlung* über genügend Wissen und Erfahrung verfügte, die seinem Vater sicherlich zugute gekommen wären.

Von all dem drang kein Wort an die Öffentlichkeit. Auch im *Wendepunkt* vermied Klaus Mann jede unbedachte Stellungnahme gegen den Vater, und einmal mehr warb er um Verständnis: Um Thomas Manns zögerliche Haltung in den ersten Exiljahren besser verstehen zu können, müsse man bedenken, daß die Trennung von der Heimat »bitter, viel bitterer für ihn, den in deutscher Tradition so Verwurzelten, als für seine international akklimatisierten Kinder« gewesen sei. Ihn zu drängen, so wie er und Erika es versucht hätten, sei wahrscheinlich ein Fehler gewesen: »Das bedächtige Tempo gehörte wohl essentiell zu seiner geistig-moralischen Persönlichkeit.«[37]

In der Tat: Thomas Mann gegen seinen erklärten Willen zu »drängen«, war nur selten mit Erfolg gesegnet. Im Konflikt um die *Sammlung* verzichtete Klaus Mann denn auch wohlweislich darauf, noch länger zu insistieren, sondern machte sich, zusammen mit Fritz Landshoff, daran, den Schaden so gut es ging zu begrenzen. Allerdings: Der blanke Zorn, vor dem der Sohn den Vater geradezu heroisch verschonte, suchte sich dennoch sein Ventil und führte Klaus Mann schließlich die Feder, als er am 30. September – von Paris aus – das Wort an Gottfried Bermann richtete: Der Verleger habe das Gerücht verbreitet, eine gegen ihn gerichtete Polemik in der *Pariser Zeitung* sei von ihm, Klaus Mann, initiiert gewesen. Dagegen wolle er sich entschieden verwahren. Tatsächlich hatte sich auch Gottfried Bermann mit massiven Anfeindungen gegen Klaus Mann nicht zurückgehalten. In einem Brief an Thomas Mann wollte er erkannt haben, daß »es eine grandiose Kurzsichtigkeit« von Klaus Mann gewesen sei, »seine Aufgaben auf einem Gebiet zu suchen, für das er nicht zuständig und nicht berufen ist. Er hat damit den ursprünglich begrüßenswerten Plan von vornherein diskreditiert. Ich hoffe, daß der Schaden, den er angerichtet hat, nicht größer wird als bisher.«[38] Indes: Die harten, ungerechten Worte des Verlegers dürften die seelische Erschütterung nur noch verstärkt haben, zu verantworten hatte sie jedoch ein anderer, der, so mußte es Klaus Mann erscheinen, ihn nicht nur als Kollege, sondern auch als Vater verraten und im Stich gelassen hatte.

Was die Zukunft der *Sammlung* betraf, so verfehlte die Absage von so prominenten Autoren natürlich nicht ihre – abschreckende – Wirkung auf die Öffentlichkeit. Hinzu kam der Druck, den die deutschen Behörden auf den Buchhandel, aber auch auf Privatpersonen ausübten, indem sie mit Repressalien drohten, wenn man das »gefährlichste Reptil«, wie Will Vesper in der nationalsozialistischen Zeitschrift *Die neue Literatur* die *Sammlung* bezeichnete[39], unterstützen würde. Daß sich schließlich auch der internationale Vertrieb schwieriger als erwartet erwies, trug ebenfalls nicht gerade zum erfolgreichen Gelingen des Unternehmens bei. All diese Umstände hatten zur Folge, daß schon vom zweiten Heft rund 800 Exemplare weniger verkauft wurden. In Österreich wurde die *Sammlung* sogar verboten.

Nicht alle konnten jedoch die öffentliche Diffamierung der *Sammlung* in der deutschen Presse durch Thomas Mann, René Schickele, Alfred Döblin und Stefan Zweig[40] nachvollziehen. Robert Musil zum Beispiel, der Klaus Mann am 19. Oktober selbst lapidar erklärt hatte, daß er sich »leider zu dem Verlangen gezwungen« sähe, »aus der Liste Ihrer Mitarbeiter gestrichen zu werden«, zeigte sich, wenngleich nicht öffentlich, verwundert über die Haltung seiner Kollegen.[41] Und er gab zu verstehen, daß sie schließlich sogar ausschlaggebend für seinen eigenen Rückzug von der *Sammlung* gewesen sei. (Daß er selbst ein international bekannter Autor war, dessen Abkehr ebenfalls große Beachtung finden mußte, wollte er offenbar nicht gelten lassen.) In einem Brief an Klaus Pinkus schrieb Robert Musil zwei Tage nach seiner Absage, daß es wohl wahr sei: Klaus Mann habe gleich »mit einem Taktfehler debütiert«. Was seine eigene Entscheidung betreffe, so habe er einfach nicht den Mut gehabt, »unabsehbare Ungewißheiten auf mich zu nehmen, für eine Sache, die schon keinen repräsentativen Wert mehr in dem Augenblick hatte, wo sie von wichtigen Leuten verlassen war.« – »Allerdings die Stimme der Tapferkeit spricht anders; sie kennt keine solchen Erwägungen, und der Tapfere schlägt sich, wo er angegriffen wird. Ihm hilft dann wirklich sehr oft das Glück. Ich habe mich in diesem Zwiestreit tagelang elend befunden.«[42]

Auch die Exilpresse war sich im wesentlichen einig: Die Absagen seien ein Dolchstoß in den Rücken der exilierten Literaten und als solche nur zu verurteilen, polemisierten etwa das *Neue Tage-Buch* oder das *Pariser Tageblatt* gegen die Abtrünnigen. Ähnlich argumentierten auch einige Zeitschriften der deutschsprachigen Auslandspresse. Die Wiener *Arbeiter-Zeitung* warf in ihrer Ausgabe vom 19. Oktober den »vier deutschen Schriftstellern« vor, sie hätten »zwar nicht ›geistigen Landesverrat‹ begangen, aber sie sind des ›Verrates am Geiste‹ schuldig geworden, da sie sich selbst richteten.«[43] Thomas Mann fühlte sich daraufhin genötigt, an die Zeitschrift eine ausführliche Erwiderung zu richten, in der er noch einmal bekräftigte, daß ihm »die Wirkungsmöglichkeit in Deutschland« wichtiger sei, als bei der Zeitschrift des Sohnes mitzuwirken, zumal, fügte er unbarmherzig hinzu, er dem Unternehmen ohnehin »von Anfang an wenig sachliche Bedeutung zugeschrieben«[44] habe. Mit dieser Äußerung brachte er auch das zweite Heft der *Sammlung*, das am 8. Oktober erschienen war, in Mißkredit. Unterdessen schickte der französische Literat Romain Rolland ein Telegramm, in dem er dem Unternehmen noch einmal seine volle Unterstützung zusagte:

>»Lieber Klaus Mann, ich habe gehört, daß Ihre erste Nummer der *Sammlung* Ihnen einige Desavouierungen von deutschen Mitarbeitern bereitet hat, weil Ihre Zeitschrift sich nicht auf rein literarischem Gebiet gehalten und das Gebiet der Politik berührt hat. Diese befremdende Neuigkeit hat mich sehr überrascht: Ich kann mir

nicht vorstellen, wie sich Victor Hugo in Guernsey aus der Politik hätte halten können, und wenn er es getan hätte, hätte ich ihn kaum achten können... – Sehr herzlich
Ihr Romain Rolland«.

Klaus Mann war gut beraten, als er – anstelle einer harschen Erklärung
des Vorfalls[45] – das Telegramm der dritten Ausgabe voranstellte und dieses nur um wenige Zeilen ergänzte:»Diese spontane Äußerung des
großen französischen Schriftstellers geben wir an unser Publikum weiter.
Man weiß, worum es sich handelt: Um die Erklärungen einiger deutscher
Autoren, betreffend ihrer Mitarbeiterschaft an der »Sammlung«, die in
die deutsche Presse lanciert wurden. Wir selber wollen uns, aus Rücksicht auf eben diese Autoren, jeder Äußerung in der Angelegenheit enthalten.«[46]
    Fritz Landshoff meinte im Rückblick, daß er »tief beeindruckt von
dieser noblen Haltung« gewesen sei, die seine »Bewunderung für Klaus
und meine Freundschaft zu ihm noch vertiefte.« Er selbst betrachtete den
Vorfall mit »gemischten Gefühlen«. Immerhin stehe fest, daß die Zeitschrift »nicht nur ein Opfer der Nazis, sondern auch der hoffnungslosen
Zersplitterung des Exils« gewesen sei, ein Faktum, das vom Dritten
Reich naturgemäß höchst erfreut zur Kenntnis genommen worden wäre.
Schließlich verbarg Fritz Landshoff seinen Unmut nicht länger: »Zweifellos war die Zustimmung dazu, die Telegramme abzusenden, äußerst
bedenklich, und es erwies sich für die Autoren ohnehin nur auf sehr kurze Zeit als nützlich. Kaum einer, der auf der Liste der zukünftigen Mitarbeiter der »Sammlung« stand, hatte die Aussicht, in einer innerhalb
Deutschlands erscheinenden Zeitung oder Zeitschrift gedruckt zu werden, ganz zu schweigen von möglichen Buchveröffentlichungen.«[47]
Bleibt hinzuzufügen, daß auch Thomas Manns Werk 1936 in Deutschland schließlich verboten wurde.

»Soviel Dummheit und Lüge!«

»Mittagessen mit Klaus im Restaurant. Stimmungsverfall im Lauf des
Nachmittags«, notierte Thomas Mann am 25. September 1933 in seinem Tagebuch zur ersten Unterredung zwischen Vater und Sohn nach
dem Eklat um die *Sammlung*. Klaus Mann erwähnte die Begegnung in
seinen täglichen Notizen mit keiner Silbe. So kann man nur vermuten,

daß das Gespräch nicht eben angenehm verlief. Vielleicht machte Klaus dem Vater schwere Vorwürfe, vielleicht versuchte er aber auch, seine Betroffenheit vor ihm zu verbergen und beschränkte sich auf sachliche Einwände gegen das väterliche Verhalten. Fest steht jedoch, daß er Thomas Mann – ob zu diesem oder einem anderen Zeitpunkt – unmißverständlich zu verstehen gab, daß er sich in seinem Vorhaben, weiterhin pünktlich zu Beginn eines jeden Monats eine neue Ausgabe der *Sammlung* herauszubringen, nicht beirren lassen wollte. Vater und Sohn waren in Zürich zusammengetroffen, denn Thomas Mann hatte sich inzwischen entschieden: Lieber wollte er die weitere Entwicklung in seinem Heimatland – und die Reaktionen auf den ersten *Joseph*-Band – erst einmal aus der sicheren Ferne beobachten. Er und Katia Mann hatten vor, sich nun endgültig in der Schweiz niederzulassen. Tatsächlich fanden sie in Küsnacht, einem kleinen Ort am Rande der Stadt, eine Unterkunft, die den Wünschen der Eltern entsprach. Am 27. September zogen Thomas und Katia Mann zusammen mit den beiden Jüngsten in das Haus in der Schiedhaldenstraße Nummer 33, das für die nächsten fünf Jahre ihr Domizil sein sollte. Die Schweiz hatte umfangreiche Einwanderungsbeschränkungen festgelegt. Doch Thomas Mann war nicht nur weltberühmt, sondern hatte auch bereits deutlich gemacht, daß von ihm ein kritisches Wort gegen das Hitler-Regime erst einmal nicht zu erwarten war. In der Familie stieß seine kategorische Weigerung, öffentlich eine klare antifaschistische Position zu beziehen, auf Unverständnis. Im Laufe der nächsten Jahre kam es deshalb immer wieder zu großen Auseinandersetzungen, vor allem zwischen Thomas und Erika Mann. Aber auch Klaus versuchte den Vater wiederholt zu einer eindeutigen Stellungnahme für die Emigranten und gegen das Regime zu bewegen. Es bereitete ihm offenbar großes Kopfzerbrechen, wie er dem Vater und seiner kategorischen Weigerung, sich zumindest offiziell in den Kreis der Exilautoren einbinden zu lassen, gegenübertreten sollte, zumal er doch als Herausgeber der *Sammlung* einer der führenden Repräsentanten der exildeutschen Opposition geworden war. Anfang Dezember erwähnte er in seinem Tagebuch, daß er »Krach mit [dem] Zauberer« gehabt habe. Resigniert fügte er hinzu: »Sein Nicht-hören-Wollen, Nicht-wissen-Wollen, Flucht in die Gereiztheit. Diese ganz unhaltbar. Ungewiß, was meinerseits zu tun.«[48] Der Anlaß: Gottfried Bermann hatte Thomas Mann schriftlich dazu aufgefordert, umgehend dem eben erst gegründeten

»Reichsverband deutscher Schriftsteller« beizutreten, da er andernfalls
für die weitere Publikation seiner Werke in Deutschland nicht mehr garantieren könne. Thomas Mann meinte sich schließlich aus der Affäre
ziehen zu können, indem er den beigefügten Antrag auf Mitgliedschaft
nicht ausfüllte und dem Präsidenten statt dessen freundlich, aber bestimmt mitteilte, daß er sich als einstiger Ehrenvorsitzender des Schutzverbandes automatisch als Mitglied der Organisation verstehen würde.
Nach einigem Hin und Her betrachteten die deutschen Behörden den
Fall offenbar als erledigt und behandelten Thomas Mann als ordentliches Mitglied des nazistischen Reichsverbandes.

Da nun ein Großteil der Familie in Küsnacht Quartier bezogen hatte
und auch für ihn ein Zimmer eingerichtet worden war, hielt sich Klaus
Mann, wann immer es ihm seine Herausgebertätigkeit erlaubte, die nächsten Jahre in der Schweiz auf. Amsterdam, Paris, Zürich – dies waren im
wesentlichen Klaus Manns Exilstationen, bis die Familie 1938 in die USA
umsiedelte. So auch im September 1933: Schon länger war es ihm ein
großes Bedürfnis gewesen, Erika wiederzusehen und mit ihr wieder einige
Zeit unbeschwert zusammensein zu können. Zudem genoß er es, nach
den Anstrengungen der letzten Wochen, die Arbeit am nächsten Heft der
Sammlung wenigstens für ein paar Tage ruhen zu lassen und sich für eine
Weile dem regen gesellschaftlichen Treiben der »Emigrantengrüppchen«
zu überlassen, das nicht nur die Pariser, sondern schon längst auch die
Zürcher Cafés erfaßt hatte. Mit Ernst Bloch, der ihn, wie er in seinem Tagebuch vermerkte, »wieder ziemlich beeindruckt«[49] habe, sprach er über
die metaphysische Dimension von Blochs *Geist der Utopie*, mit Joseph
Roth und Jakob Wassermann diskutierte er den Streit um die *Sammlung*,
mit Ernst Toller ging er dessen Autobiographie *Eine Jugend in Deutschland* durch, um für die Oktober-Ausgabe der *Sammlung* das Kapitel
Kindheit auszuwählen. Die Abende waren Erika, Therese Giehse und
Fritz Landshoff vorbehalten, der sich ebenfalls zu einem kurzen Aufenthalt in Zürich entschlossen hatte. Er hatte es sich in den Kopf gesetzt, Erika den Hof zu machen – vergeblich, denn Erika war in jenen Tagen Therese Giehse inniger denn je verbunden. Die Schweizer Premiere der ›Pfeffermühle‹ stand kurz bevor, und es galt, die letzten Details des Programms auszuarbeiten. Auch Magnus Henning und Sybille Schloß waren
in der Zwischenzeit in die Schweiz übergesiedelt und wieder dabei. Die
Existenz des Kabaretts schien vorerst gesichert zu sein.

Als Klaus Mann Ende des Monats aus Zürich abreiste, um – nach einem kurzen Abstecher nach Paris – wieder nach Amsterdam zurückzukehren, fiel ihm der Abschied vom vertrauten Kreis der Familie ungewohnt schwer. Keine Frage, die Aufbruchstimmung, die ihn erfaßt hatte, als er mit Emanuel Querido einig geworden war, unter seinem Dach die Exilzeitschrift zu publizieren, war schnell der Ernüchterung gewichen. Wer konnte es ihm nach den bitteren Enttäuschungen verdenken – zumal das nach Vertragsabschluß zunächst so sicher geglaubte Gelingen des Unternehmens durch die Querelen und die finanziellen Probleme bereits in der Anfangsphase mehr als einmal ernsthaft in Frage gestellt worden war. Klaus Mann und Fritz Landshoff setzten alles daran, Emanuel Querido davon zu überzeugen, daß der Exilzeitschrift mit Sicherheit schon bald bessere Zeiten bevorstanden. Daß es in diesen Wochen mit seiner Stimmung nicht zum besten stand, lag jedoch auch daran, daß ihn fast jeden Tag beunruhigende Nachrichten aus Deutschland erreichten. Viele bekannte Persönlichkeiten des öffentlichen Lebens, darunter auch – um nur die zu nennen, die Klaus Mann explizit in seinem Tagebuch erwähnte – der Intendant des Berliner Rundfunks, Hans Flesch, und der Sohn von Friedrich Ebert, die in Schutzhaft genommen worden waren. Der Schriftsteller Felix Ferchenbach war erschossen worden – die Zeitungen meldeten, man habe ihn »auf der Flucht« gestellt. Und sogar im Ausland waren die Nazi-Gegner vor dem Hitler-Regime nicht sicher: Im August wurde in der Tschechoslowakei der emigrierte Kulturphilosoph Theodor Lessing ermordet. Gewiß, Klaus Mann hatte es früher und klarer als manch anderer kommen sehen, daß mit Hitlers systematischer Zerstörung des demokratischen Rechts- und Parteienstaates eine Ära der Barbarei und Unterdrückung begonnen hatte, die von Beginn an davon geprägt war, den Totalanspruch des Regimes im geistigen und kulturellen Bereich – und weiß Gott nicht nur dort – so effizient und so schnell wie möglich durchzusetzen. Doch das Ausmaß und die Rigorosität des Unterdrückungsapparates, dem es innerhalb kürzester Zeit gelang, seine politischen Gegner zu eliminieren – von der Verfolgung und Vertreibung der jüdischen Bevölkerung ganz zu schweigen – und das Gros des deutschen Volkes propagandistisch zu indoktrinieren, ließen befürchten, daß kaum damit zu rechnen war, das Hitler-Regime in absehbarer Zeit zerschlagen zu können. Von wem auch? Denn soviel stand inzwischen fest: Von einem flächendeckenden Widerstand, wie ihn sich die Emigranten erhofft hatten, konnte nicht die Rede sein. Auch wenn die Informationen, die über die wahren Verhältnisse im Dritten Reich ins Ausland drangen, eher spärlich waren, wurde von Tag zu Tag immer deutlicher, daß an eine Rückkehr nach Deutschland in absehbarer Zeit nicht zu denken war.

Daß er auch sobald keinen deutschen Boden mehr betreten würde, darüber machte sich Klaus Mann schon mit Beginn seiner Emigration keinerlei Illusionen. Gegen Ende des Jahres mußte er jedoch feststellen, daß die Vorstellung, vielleicht nie wieder nach Deutschland zurückkehren zu können, selbst ihn einem unerwarteten Leidensdruck aussetzte. Bezeichnenderweise verdunkelte die Trauer um die verlorene »Basis« – das Wort »Heimat« vermied er in diesem Zusammenhang erst einmal konsequent – seine Seele praktisch von dem Moment an, als eine gewisse Normalisierung eingesetzt hatte und das Exildasein einen alltäglichen Charakter bekam. Gewiß, die vielen kleinen direkten und indirekten Geständnisse der Mutlosigkeit, die er seinem Tagebuch in jenen Wochen anvertraute, waren weniger explizit und verwiesen nicht auf derart existentielle Krisen, wie sie der Vater erlebte: Über Monate hinweg verzeichnete Thomas Mann in seinem Journal tränenreiche Zusammenbrüche und »choq«-artige Erlebnisse. Wenn Klaus Mann gegen Ende des Jahres in seinem »privaten Resumé von 1933« allerdings davon spricht, daß der »Zustand der Gefährdung« anhalte und diesem Bekenntnis hinzufügt: »Gewärtig jeder Katastrophe«, dann auch, weil es galt, die »Änderung der Lebensumstände, [den] Verlust der deutschen Basis, Wegfallen von München«⁵⁰ zu bewältigen. Hinzu kam, daß Klaus Mann, der bis dahin niemals müde geworden war, sporadisch von Ort zu Ort zu ziehen, plötzlich den Schmerz des Abschieds kennenlernte. Als er und Fritz Landshoff sich im Sommer 1934 genötigt sahen, die Pension, in der sie in Amsterdam Monate lang Quartier bezogen hatten, zu verlassen, weil ein Gast unverhohlen seine Sympathie gegenüber den Nationalsozialisten bekundet hatte, mochte sich Klaus Mann kaum von seiner gewohnten Umgebung trennen. Es bereitete ihm Mühe, seine persönliche Habe zusammenzupacken (»Alle Koffer zu klein. Masse der sich sammelnden Papiere. Weiß nicht, wohin damit.«), und das »Gefühl der Heimatlosigkeit« bemächtigte sich seiner. Unvermittelt sehnte er sich nach München, nach dem Elternhaus, nach ›zu Hause‹ (»Oh, Poschingerstrasse!«⁵¹). Das Reisen genoß er nicht mehr so unbeschwert wie früher. Ob

nach einem kurzen Ausflug nach Zandvoort ans Meer oder nach einem
längeren Aufenthalt in Zürich: Immer ist in seinem Tagebuch die Rede
davon, wie schwer es ihm fiele, seine Koffer zu packen, sich zu verabschieden, abzureisen. Einmal fügt er sogar den selbstironischen Kommentar hinzu: »Ein Entwurzelter, der leicht Wurzeln schlägt.«[52]

Schon bald stellte sich wieder der vertraut-beklemmende Zustand
ein: Einsamkeitsgefühle, depressive Stimmungen, Niedergeschlagenheit
und – damit einhergehend – das immer stärkere Verlangen nach Drogen.
Hier vermochte auch Fritz Landshoffs freundschaftliche Anteilnahme
kaum etwas auszurichten – im Gegenteil, auch er offenbar von eher me-
lancholischer Natur und dem »Teufelszeug« nicht eben abgeneigt, rang
seinerseits in jenen Wochen um sein inneres Gleichgewicht. Tagesnoti-
zen, wie »Essen mit L. Seine Depression. Dann immer die Ähnlichkeit
mit R.[icki Hallgarten]. Oh, verloren. Trauer, ansteckend«[53] oder »Mit
F.[ritz] nach Hause: Langes Gespräch über Selbstmord, das schlecht leben u.s.w. Wieder so sehr beunruhigt durch die Ähnlichkeit mit R.«[54],
kontrastieren mit den eher friedlich-beschaulichen Beschreibungen dieser alles in allem doch recht aufregenden ersten Exilmonate, wie sie –
freilich aus der zeitlichen Distanz von mehr als vierzig Jahren – Fritz
Landshoff in seinen Erinnerungen vornahm. Klaus Manns Tages-Proto-
kolle, spontaner und emotionaler zu Papier gebracht, dürften der Wahrheit dagegen näher gewesen sein: So sehr der Freund sich auch darum
bemühte, für Klaus eine moralische und seelische Unterstützung zu sein
– seine Solidarität während des Eklats um die *Sammlung* war zu keinem
Zeitpunkt in Frage gestellt –, so wenig war er in der Lage, in diesen
denkbar schwierigen Zeiten zur Linderung der Nöte seines Freundes beizutragen.

Wie immer, wenn die bedrückenden Empfindungen übermächtig zu
werden drohten, suchte Klaus Mann Halt und Zerstreuung im Schreiben. Bereits im Sommer hatte Klaus Mann die Arbeit an einem größeren
Werk aufgenommen: Er war auf die bizarre Idee gekommen, über den
von den Nationalsozialisten zum Märtyrer stilisierten Horst Wessel eine
Biographie zu schreiben. Ende Juli hatte er mit Fritz Landshoff einen
Vertrag abgeschlossen, wonach diese Anfang des Jahres im Querido Verlag erscheinen sollte. Sogar einen großzügigen Vorschuß hatte man ihm
gewährt. Es wurde nichts daraus: Der Versuch, ein ernsthaftes Gegenbild
zu den beiden verherrlichenden Wessel-Biographien von Horst Ewers

und Erwin Reitmann[55] zu entwerfen, scheiterte nicht zuletzt daran, daß Klaus Mann das Thema zu emotional und polemisch anging. So wußte er letztlich nur wenig Sachliches über den Lebensweg des Berliner SA-Sturmführers und über die komplexen Zusammenhänge zwischen Führerkult und Massendynamik, SA-Struktur und Männlichkeitsmythos zu berichten. Zu sehr brannte ihm selbst der »Haß« auf die Barbaren auf den Nägeln, als daß er seinem Vorsatz, an der Wessel-Figur exemplarisch das Wesen des typischen Nationalsozialisten zu analysieren, hätte gerecht werden können. Statt dessen erging er sich in sprachlichen Frivolitäten, abgegriffenen Platitüden und banalen Argumentationen: Weil schon sein Vater, ein »entchristlichter«, protestantischer Prediger, den Kriegsausbruch von 1914 jubelnd begrüßt habe, sei Horst Wessels Weg als überzeugter Nationalsozialist praktisch vorprogrammiert gewesen.[56] Letztlich handele es sich bei ihm jedoch um »einen unbedeutenden Menschen«, von dem es »Hunderttausende, so wie ihn« gäbe – also ein »Typus in Reinkultur«. Daß er zudem beste Kontakte zur Berliner Unterwelt gehabt habe, sei ein Faktum, daß die Nationalsozialisten jedoch lieber totgeschwiegen hätten. (Höchstwahrscheinlich wurde Horst Wessel aus Eifersuchtsmotiven um eine Dirne am 23. Februar 1930 von Ali Höhler erschossen.) Auf das ›männerbündische‹ Organisationsprinzip der SA anspielend verstieg er sich sogar zu der unseligen Vermutung, daß »das Homosexuelle« immer schon »zu den Grundlagen« der faschistischen Bewegung gehört habe – »so kompromittierend dies für die Homosexualität klingen« möge. Schon ein Jahr später wollte Klaus Mann von diesem Ansatz freilich nicht mehr viel wissen. Aufgeschreckt durch die Informationen über die der systematische Homosexuellenverfolgung in der Sowjetunion[57] und einen Satz von Maxim Gorki, der offenbar im Mai 1934 in einem Aufsatz geschrieben hatte: »›Rottet die Homosexualität aus – und der Faschismus verschwindet‹«[58], wandte sich Klaus Mann in seinem Essay *Homosexualität und Faschismus* nun vehement gegen Verurteilungen, die auf eine Diffamierung der Homosexuellen zielten. Wohl auch in Anspielung auf den Ende Juni in Berlin ermordeten homosexuellen SA-Führer Ernst Röhm schrieb er:

»Den Nazis steht es wohl an, teils homosexuelle Cliquen zu bilden, teils die Homosexuellen einzusperren, zu kastrieren oder zu erschießen. Die Linke aber sollte objektiver sein. Indessen ist sie, gerade in dieser Frage, von der spießbürgerlichsten Voreingenommenheit. Und dies, weil es immer vorkommt, daß junge Leute, die in Lagern zusammen leben, miteinander schlafen. Man erkundige sich doch, ob in proletarischen, linken Jugendbünden dergleichen ausgeschlossen war: die Antwort wird den überraschen, der die Homosexualität für eine Eigenart des Faschismus hält. [...] Zum Schluß pflegt man uns noch mit dem ›Führer‹ zu kommen: die Vergottung seiner Person habe, bewußt oder unbewußt, immer homosexuellen Charakter. Man frage einen Hitlerjungen, der sein Mädchen hat, ob er seinen ›Führer‹ begehre: er wird lachen oder antworten wie auf eine Beleidigung. Die Reaktion würde den unbewußten Komplex nicht ausschließen, der in manchen Fällen vorhanden sein mag. Die entscheidende Frage bleibt aber auch hier: *welcher* Führer auf solche Weise geliebt wird. Haben die Marxisten vergessen, daß Dogma und Typus des Führers, den wir vor allem bekämpfen, bestimmt werden vor allem durch ökonomische Tatsachen? Und daß Hitler – der übrigens von kleinbürgerlichen Frauen sicherlich heißer und hysterischer geliebt wird als von soldatischen oder effeminierten Männern – nicht deshalb zur Herrschaft kommen konnte, weil ›die deutsche Jugend homosexuell verseucht‹ ist, sondern weil Thyssen zahlte und weil bezahlte Lügen die Gehirne Hungernder verwirrte? Man ist im Begriff, aus ›*dem* Homosexuellen‹ den Sündenbock zu machen – etwa den ›Juden‹ der Antifaschisten. Das ist abscheulich. Mit ein paar Banditen die erotische Veranlagung gemeinsam zu haben, macht noch nicht zum Banditen [...].«⁵⁹

Bis zu dieser äußerst klarsichtigen Analyse homophober Tendenzen, die nicht nur Teil der reaktionären faschistischen Ideologie waren, sondern auch vor den ›eigenen Reihen‹ nicht halt machte, mußte noch einige Zeit vergehen. Im Spätsommer 1933 verstieg er sich noch zu schrillen Tönen und denkbar abenteuerlichen Analysen. (Freilich konnte er zu diesem Zeitpunkt nicht voraussehen, daß die Homosexuellen im Dritten Reich in den nächsten Jahren, ausgestattet mit dem berüchtigten »rosa Winkel«, zu Tausenden in den Konzentrationslagern umkommen sollten.) Die schon fast an Idiotie grenzende Niveaulosigkeit, die in den Erklärungen der faschistischen Ideologen offenbar wurde, war eine denkbar schlechte Voraussetzung für eine besonnene und Distanz haltende Gegendarstellung. So wußte er streckenweise wohl selbst nicht mehr genau, welchen Ton er anschlagen sollte. Dementsprechend stehen neben polemischen, mitunter sarkastischen Betrachtungen ungemein platte und triviale Äußerungen, die sich kaum von der Grobschlächtigkeit derjenigen unterschied, die er kritisch ins Visier zu nehmen gedachte. Bis Ende Oktober mühte sich Klaus Mann mit der Lektüre der beiden Horst-Wessel-Biographien und Hitlers *Mein Kampf* ab, um dann schließlich das eigene Œuvre nach einigen fragmentarisch gebliebenen Kapiteln unvermittelt abzubrechen. Mit fast schon rührendem Zartgefühl hatte Fritz Landshoff ihm nämlich mitgeteilt, daß der Verlag von einer Publikation des Werkes Abstand nehmen wolle.⁶⁰ Klaus Mann nahm die Absage offenbar gelassen hin. Später meinte er im *Wendepunkt*, vielleicht sogar mit leicht beschämtem Blick auf die mißlungene Horst-Wessel-Biographie, daß »der völlige Mangel an Kontakt mit der Nazi-Mentalität« es ihm zunächst schwer, wenn nicht sogar unmöglich gemacht habe, »eben diese Mentalität wirkungsvoll zu bekämpfen«.[61]

Im November wurde er durch die Nachricht von Gert Franks Tod jäh aus seiner Arbeit an der nächsten Ausgabe der *Sammlung* gerissen. Durch massiven Drogenkonsum war ihr Körper derart geschwächt, daß sie einer doppelseitigen Lungenentzündung nichts mehr entgegensetzen konnte; am 9.11.1933 war Klaus Manns alte Schulfreundin gestorben. Er eilte sofort nach Paris, wo sie beerdigt wurde. Kurze Zeit später galt es erneut einen Toten zu beklagen: Stefan George, dessen kühler und raffinierter Ästhetizismus Klaus Mann schon seit seiner Jugend fasziniert hatte, war im Alter von 65 Jahren überraschend gestorben. Gerade erst hatte er George im zweiten Heft der *Sammlung* einen Aufsatz gewidmet, in dem er sein »Schweigen« seit Hitlers Machtübernahme wohlwollend als eine Absage an das Dritte Reich gedeutet hatte. Allerdings räumte er ein, daß George durch den Verzicht auf ein entschiedenes öffentliches Wort Gefahr laufe, seine bis dahin unumstrittene Autorität einzubüßen und vom Propagandaministerium vereinnahmt zu werden. Man dürfe sich nichts vormachen: Einige »Fäden von George und seinem Kreis« würden direkt »ins Lager des Feindes« führen. Es sei bekannt, »daß von den jungen deutschen Faschisten die Besten, Geistigsten und deshalb Gefährlichsten den ›Stern des Bundes‹ wie eine Bibel auf ihrem Pult liegen hatten, und daß vielleicht sogar der eine oder andere übertrieben Gedankenvolle im braunen Hemd feierliche Mußestunden dazu benutzte, im ›Neuen Reich‹ zu blättern – sicher zum Befremden seiner Kameraden. Er wird vieles, ja das meiste in diesem Buch überschlagen, aber dann eben leider doch einiges finden, wobei er grimmig bestätigend nickt: etwa den berühmten Spruch an die Toten ›Wenn einst dies Geschlecht sich gereinigt von Schande...‹«. Vor allem in Georges letzten Büchern sei schon alles ausgeführt, »mit einem Glanz und einer Reinheit, vor der die Größen von Goebbels' Gnaden schweigend in die Knie brechen müßten: der Führergedanke in seiner radikalen Pointierung« ebenso wie der »Kult des heroischen Jünglings« oder »die Verherrlichung der Zucht« und des »heldischen Todes.«[62] Daß Stefan George – anders als Gottfried Benn –

zu keiner Zeit ein politisches Bekenntnis zum Nationalsozialismus hatte verlauten lassen, sondern sich in die Schweiz zurückgezogen hatte, wo er schließlich auch seine letzte Ruhestätte fand, wertete Klaus Mann jedoch als wichtiges Signal, das George über jeden Zweifel an seiner moralischen Integrität erhaben machte. In diesem Sinn würdigte er in seinem Nachruf auf den »großen, geliebten Dichter« den er für die Januar-Ausgabe der *Sammlung* verfaßte, daß es Stefan George – »trotz allem, was uns von ihm trennen mußte, eine der stärkeren Gegebenheiten dieser in der Grundfeste schwankenden Epoche«[63] – gewesen sei, der sich, durch seine Weigerung, im Dritten Reich beerdigt zu werden, zum Schluß schließlich doch noch zu einem eindeutigen politischen Akt durchgerungen habe.

Die Nachricht von Georges Tod hatte Klaus Mann am 4. Dezember in Küsnacht erreicht, wo er zusammen mit den Eltern und Geschwistern, Hans Reisiger, dem alten Freund von Thomas Mann, Therese Giehse und ihrer Schwester das erste Weihnachten im Exil verbringen wollte. Am ersten Weihnachtsfeiertag gesellte sich auch Fritz Landshoff dazu, der offenbar in denkbar schlechter Verfassung war. Thomas Mann notierte am 25. Dezember in seinem Tagebuch, daß seine »Schwerblütig- keit das Schlimmste« befürchten ließe. Er fügte seiner Beobachtung noch die nüchterne Feststellung hinzu, daß Landshoffs Selbstmord für Klaus zweifellos »auch eine berufliche Katastrophe« bedeuten würde.[64] Zwi- schenzeitlich waren auch die Großeltern für ein paar Tage aus Deutsch- land angereist, doch kehrten sie kurz vor dem Fest wieder in ihre Heimat zurück: Trotz der Boykott-Propaganda gegen jüdische Unternehmer und der antisemitischen Hetze, die den Alltag in Deutschland inzwischen im- mer massiver bestimmte, lehnten es Hedwig und Alfred Pringsheim kate- gorisch ab, ins Ausland überzusiedeln. Obwohl sie beide jüdischer Ab- stammung waren, weigerten sie sich, aus der drohenden Verfolgung die Konsequenzen zu ziehen und versuchten den Terror und die zahlreichen Maßnahmen, mit denen die neuen Machthaber Schritt für Schritt die völlige Entrechtung des deutschen Judentums betrieben, zu ignorieren. Klaus Mann schrieb im Wendepunkt, daß sie »verhutzelt, aber von eiser- ner Vitalität und bemerkenswertem Eigensinn« gewesen seien.[65] Die Pringsheims hatten sich vom jüdischen Glauben schon vor langer Zeit abgewendet; Hedwig Pringsheim war sogar protestantisch erzogen wor- den. Sie fühlten sich nicht als Juden und sie verspürten auch keine beson- dere Affinität zur Tradition und Kultur der jüdischen Religionsgemeinschaft. Das gleiche galt übrigens für Katia Mann: Sie und Thomas Mann legten ebenfalls keinen Wert darauf, daß die Kinder ein besonderes Bewußtsein für den jüdischen Glauben entwickelten. Auch Klaus Mann schrieb der Tatsache, daß er – laut der neuen ›Rassengesetze‹ – ein Halbjude war, keine nennenswerte Bedeutung zu. Daß der Antisemitismus Kern der nationalsozialistischen Weltanschauung und seines politischen Programms war, hatte er zwar zur Kenntnis genommen, doch waren die Diskriminierungen und Verfolgungen der Juden für ihn Teil des breit angelegten barbarischen Unterdückungsapparates. Erst später, als sich das unvorstellbare Ausmaß der systematischen Judenverfolgung und -vernichtung auch im Ausland abzuzeichnen begann, reagierte er zutiefst erschüttert – doch nicht als potentiell Betroffener, sondern als Zeitzeuge eines der grausamsten Verbrechen an der Menschheit.

Unterdessen ließ die Familie das alte und so ereignisreiche Jahr 1933 geruhsam ausklingen. Abgesehen von dem Streit um Thomas Manns Beitritt in den Reichsverband der deutschen Schriftsteller flammten die schwelenden Spannungen zwischen Vater und Sohn nur noch einmal auf. Gottfried Bermann und seine Frau Tutti waren Ende des Jahres nach Zürich gereist, um Thomas und Katia Mann einen Besuch abzustatten. Trotzig notierte Klaus Mann in seinem Tagebuch: »Auf dem Zimmer gegessen, weil *Bermanns* da sind, die ich nicht sehen will.«[66] Ihm stand nicht der Sinn danach, Gnade vor Recht walten zu lassen, auch wenn der Vater hin und wieder den vorsichtigen Versuch unternahm, den Sohn zu einer Versöhnung mit Gottfried Bermann zu bewegen. Solange der Verleger daran festhielt, in Deutschland zu bleiben, hatte Klaus Mann nicht die Absicht, mit ihm noch einmal freundschaftlich zu verkehren.

Am Nachmittag des zweiten Weihnachtsfeiertages las Klaus Mann im vertrauten Kreis seine neue Erzählung vor, die er kurz zuvor an einem Tag zu Papier gebracht hatte. *Letztes Gespräch*, so der Titel, ist eine bedrückende kleine Novelle, in dem Klaus Mann zweifellos die beiden antagonistischen Seiten seiner eigenen Gemütsverfassung eingefangen hat.[67] So stehen sich Aufbruchstimmung und Resignation in den Figuren von Karl und Annette unversöhnlich gegenüber. Das Paar ist erst seit kurzem in Paris, ihrer ersten Exilstation. Die beiden hatten sich zur Emigration entschlossen, um gemeinsam mit den »kommunistischen Genossen« den »heiligen«Kampf gegen »das Grauen und die Barbarei« in Deutschland aufzunehmen. Während Karl sich nun voller Enthusiasmus der antifaschistischen Bewegung anschließt, fühlt sich Annette nach den zermürbenden Wochen der Isolation und den finanziellen Entbehrungen »nicht stark genug, da mitzumachen«. Schon längst hat sie die Sehnsucht nach dem Tod gefangengenommen. Als sie die tödliche Dosis Veronal-Tabletten schluckt, hat Karl seine langjährige Gefährtin bereits verlassen, um sich endgültig den Genossen anzuschließen. Die Erzählung stieß auf ein großes Echo, als Klaus Mann sie im Februar-Heft der *Sammlung* veröffentlichte. Während Thomas Mann auf die Geschichte offenbar mit gemischten Gefühlen reagierte – es sei »eine hübsche, nur im Motiv etwas arme Emigranten-Novelle«, vermerkte er noch am Abend der Lesung in seinem Tagebuch[68] –, äußerte sich die Mutter schon wohlwollender: Sie fände nicht, daß dem Stück »die moralische Pointe« fehle; vielmehr sei es »menschlich ergreifend«, wie es dem Sohn gelungen sei, »in ganz knappem Raum dies ganze Leben der beiden Gestalten« einzufangen und dieses auch noch in einen »aktuell interessanten Zusammenhang«[69] zu stellen. Der kommunistische Reporter Egon Erwin Kisch fand die Novelle offenbar »schön, aber contrarevolutionär«. Er habe sich über die »ungleiche Gewichtsverteilung« mokiert, notierte Klaus Mann nach einem Treffen in einem Amsterdamer Café.[70] Ernst Bloch meinte, daß ihm die »ganz ausgezeichnete, bedeutende und erfahrene Erzählung im letzten Heft« der *Sammlung* so gut gefallen habe, daß er erst einmal wieder Abstand von seinen eigenen Plänen genommen habe, eine »kleine Emigrantenpsychologie« zu Papier zu bringen. Es müsse »einem das Problem durch und durch gehen wie der Frau [...] und ihrem Autor«. Er dagegen stehe »ihm zu sehr jenseits, zu entronnen und also zu untersuchend ›gegenüber‹«.[71] Ein großes Lob sprach ihm schließlich auch der französische Romancier und spätere Nobelpreisträger Roger Martin du Gard aus, den Klaus Mann bereits ein paar Jahre zuvor, im Zuge seiner zahlreichen Parisaufenthalte, persönlich kennengelernt hatte: »Der Mensch, der so viel menschliche Empfindungen zu einer derart einfachen, nackten Erzählung zu verdichten gewußt hat – ist für mich EIN FREUND.«[72] In seinem Dankesschreiben bekannte Klaus Mann, daß ihm die ursprüngliche Intention bei der Niederschrift wohl ein wenig entglitten sei:

»Ja, sie [die Erzählung] ist schmerzlicher geworden, als ich sie erst vorhatte. Sie sollte eine *Auseinandersetzung* zwischen dem Zukunftsgläubigen, dem Revolutionär und der Verzagten, der ›Todessüchtigen‹ werden. Ich fürchte nun aber selbst, die Todessüchtige hat den stärkeren Part bekommen – Darüber gab es, wie Sie sich denken können, schon viele Diskussionen mit kommunistischen Freunden, die mir vorwerfen, die Geschichte sei ›contre-revolutionär‹. Das sollte sie nicht sein. Und es ist nicht meine Schuld, wenn sie traurig werden mußte.«⁷³

In der Tat wandelt sich im Verlauf der Erzählung die Beziehung des Autors zu seinen Protagonisten: Gegenüber Karl, dem am Anfang noch seine ganze Sympathie zu gelten scheint, nimmt Klaus Mann eine zunehmend kritische Position ein, bis sein Engagement für die »gute Sache« zum Schluß sogar einen faden Beigeschmack erhält, angesichts der kühlen Gleichgültigkeit, mit der er Annette ihrem Schicksal überläßt. Kein Zweifel, in dem Widerstreit zwischen vitalem Impuls, wie er dem moralischen Aktivismus innewohnt, und dem nihilistischen Lebensgefühl, das in der Hingabe an den Tod seinen Ausdruck findet, spiegelt sich Klaus Manns eigene Zerrissenheit wider. In den letzten Tagen, die er in Küsnacht verbrachte, konnte er die inneren Bedrängnisse jedoch wieder ein wenig von sich abschütteln. Er hegte »neue Hoffnungen«, die »tröstlich« seien, meinte Klaus Mann im Ausblick auf das neue Jahr.⁷⁴ Die besinnlichen Tage mit der Familie hatten ihm zweifellos gut getan und die Schmerzen von Einsamkeit und Perspektivlosigkeit gelindert, unter denen er in den letzten Wochen in Amsterdam so stark gelitten hatte. Dennoch: Er war sich bewußt, daß die Zukunft noch manch qualvolle Stunde für ihn bereit halten würde und daß er sich vor weiteren seelischen Abstürzen wappnen mußte, damit seine Todessehnsucht nicht doch noch eines Tages übermächtig würde. Er ahnte zudem, daß die historischen Ereignisse ihn im folgenden Jahr nur noch tiefer ins Exil führen sollten.

Nordisches Idyll

Zurück in Amsterdam begann sich Klaus Mann Notizen für einen neuen Roman zu machen. Die Idee, die Erlebnisse seiner Skandinavien-Tour, die er noch im letzten Jahr von Deutschland aus mit Erika unternommen hatte, literarisch zu verewigen, hatte ihn schon länger beschäftigt; ein erster Versuch, den er noch während der Reise mit der Niederschrift von *Nördlicher Sommer* unternommen hatte, war nicht zu seiner Zufriedenheit ausgefallen. Zwischenzeitlich hatte er sich offenbar mit dem Gedan-

ken getragen, die Finnlanderlebnisse mit der – fiktiven – Geschichte einer
verarmten bürgerlichen Familie in einer deutschen Provinzstadt zu verknüpfen. Doch auch diese Idee, zu der er sich vermutlich bereits in Paris
erste Aufzeichnungen gemacht hatte, verwarf er wieder; einzig die Herkunft der Protagonistin ist von diesem ersten Entwurf in den Roman eingegangen. Der erneute Versuch mochte damit zusammenhängen, daß
ihn, nach Monaten des Schweigens, Ende Dezember ein Brief von Hans
Aminoff erreicht hatte. Darin unterrichtete dieser ihn über die Heirat mit
einer Malerin und erwähnte, daß er sich einer lebensgefährlichen Opera-
tion habe unterziehen müssen. Das Schreiben war dennoch sehr liebevoll
verfaßt: Er sehne sich nach Briefen, »weil daß das einzige Mittel ist, deine Anwesenheit richtig zu fühlen.«[75] Klaus Mann kam der Bitte gern
entgegen, zumal er die Hoffnung auf ein baldiges Wiedersehen niemals
aufgegeben hatte. Vorerst begnügte er sich damit, noch einmal in den Erinnerungen an jene gemeinsamen Stunden in Finnland zu schwelgen, um
sie als ›Rohmaterial‹ für seinen Roman, dem er den Titel *Flucht in den
Norden* geben wollte, heranzuziehen. Im *Wendepunkt* meinte er, daß er
den Roman mit »großer Leichtigkeit« geschrieben habe; die Figuren und
Situationen seien bereits »in ihm fertig und bereit« gewesen, so daß er sie
praktisch nur noch auf Papier habe bringen müssen.[76] Dabei hatte er
nicht nur die Familie Aminoff und hier vor allem Hans (Ragnar), dessen
Schwester Ingrid (Karin) und die Mutter im Sinn, sondern auch Annemarie Schwarzenbach. Johanna erinnert an die Freundin, wobei sie zugleich Züge seiner selbst trägt. Darüber hinaus ging es Klaus Mann darum, dem Thema, das seinem Leben und seiner Arbeit eine völlig neue
Richtung gegeben hatte, breiten Raum zu schenken: die Flucht aus
Deutschland, die Erfahrung der Heimatlosigkeit, das antifaschistische
Bekenntnis. Johanna, die Protagonistin in *Flucht in den Norden*, ist denn
auch eine Emigrantin der ersten Stunde: Als Mitglied einer kommunistischen Studentengruppe folgt sie ihren politischen Mitstreitern ins Exil,
um der drohenden Verhaftung in Deutschland zu entgehen. Ihre erste
Exilstation ist Finnland. Auf einem alten Gutshof, wo Karin – eine
Freundin aus der Studienzeit – lebt, findet sie zunächst Unterschlupf.
Hier lernt sie Karins älteren Bruder Ragnar kennen, in den sie sich heftig
verliebt. Die Leidenschaft der Liebe und die ruhige idyllische Schönheit
der finnischen Wälder und Seen lassen sie die bedrohliche Situation in
ihrem Heimatland und ihre politische »Pflicht« einen Augenblick lang

vergessen. Doch den intensiven Stunden der Zweisamkeit folgt der jähe Abschied: Durch ein Telegramm erfährt Johanna, daß ihr einstiger Gefährte Bruno in Köln auf der Flucht erschossen wurde. Nun zögert sie nicht mehr länger, sondern entscheidet sich gegen ihr privates Glück und für den aktiven Kampf gegen den Faschismus. Schon am nächsten Tag verläßt Johanna den Geliebten, um nach Paris zu gehen, wo sie eine ungewisse Zukunft erwartet.

Vor die Entscheidung zwischen dem »privaten Glück« und der politisch-moralischen Verpflichtung, aktiv gegen die faschistische Bedrohung einzutreten, sollte Klaus Mann seine Protagonisten von nun an immer wieder stellen. Nicht alle sind so resolut und konsequent wie Johanna und lösen Konflikte über eine eindeutige Entscheidung zugunsten des antifaschistischen Kampfes auf; Tilly, eine der Hauptfiguren in seinem Emigrantenepos *Der Vulkan* und – neben Annette in der Erzählung *Letztes Gespräch* – zugleich eine der tragischsten Figuren in Klaus Manns Werk, zerbricht an der Einsicht, daß ihr das individuelle Lebensglück angesichts der inhumanen Bedingungen der Gegenwart verwehrt bleiben wird. Auch Johanna zieht den Freitod für einen Moment in Betracht. Ihre Todessehnsucht ergibt sich jedoch nicht aus der aktuellen politischen Situation; vielmehr leidet sie als Liebende am »Fluch der Individuation« – wie schon Do in *Treffpunkt im Unendlichen* strebt sie nach Übereinstimmung, nach dem Einssein mit dem anderen. Doch so wie sich der Anspruch auf Totalität allenfalls im Moment der (sexuellen) Vereinigung erfüllt, so muß die Liebe als Quelle der Freude und Geborgenheit zwangsläufig versagen: Johanna begreift sich demnach nur als eine »einsame Liebende«, die die Liebe als einseitigen Akt erlebt, da es ihr – naturgemäß – verwehrt bleibt, die Grenzen der Individuation aufzuheben. Wie so häufig verknüpft Klaus Mann auch in *Flucht in den Norden* die Liebes- mit der Todessehnsucht, und es zeigt sich einmal mehr, daß für ihn beide Empfindungen letzten Endes identisch sind.

»Was blieb ihnen übrig, als sich in die Umarmungen zu werfen, wie sich ein verzweifeltes Liebespaar vor den Schnellzug wirft, damit es von ihm zermalmt werde; Hand in Hand, berauscht von der Nähe des andren wie von der Nähe des Todes, [...] ohne daß einer anschaut den andren – sie sind sich schon fremd, im Augenblick dieser grauenvollen Gemeinschaft –: stumm, es gibt keine Ausweg, und so stürzen sie sich in den Tod wie in die Liebesnacht – und so stürzen sie sich in die Liebesnacht wie in den Tod.«[77]

Die Liebe als zwiespältige Erfahrung, ihre Faszination, Lust und Steigerung des Lebens auf der einen und ihre Ausweglosigkeit und Heillosig-
keit auf der anderen Seite, insofern zu ihrem Wesen immer auch der
Schmerz der Trennung gehört – niemals hat Klaus Mann wohl etwas anderes als diese Form der Liebe kennengelernt. In diesem besonderen Fall
hatte er jedoch vor allem das Scheitern seiner Beziehung zu Hans Aminoff im Sinn. Gerhard Härle hat darauf hingewiesen, daß sich in Johan-
nas Entscheidung für den aktiven politischen Widerstand und gegen Ragnar der Triumph über den launenhaften Geliebten vollzieht, der dem Autor selbst im wahren Leben versagt blieb. Johanna »macht den, der sie
leiden läßt, selber zum Leidenden«.[78] Der Bemerkung ließe sich noch
hinzufügen, daß sich Klaus Mann mit der Figur der Johanna selbst frei-
schrieb, insofern er seine Beziehungsängste gegenüber Hans Aminoff
bzw. die Trennung von ihm zu einer politischen Notwendigkeit umdeu-
tete. In der Tat kann auch die Heterofizierung der Liebesbeziehung nicht
darüber hinweg täuschen, daß Klaus Mann hier auf das eigene – homosexuelle – Erlebnis zurückgreift, zumal er die geschlechtliche Polarität immer wieder bewußt aufhebt, so etwa nach der ersten gemeinsam verbrachten Nacht, in der Johanna zum »Knaben«, zum »kecken und erge-
benen jungen Kameraden«[79] wird. Dabei gerät die moralisch-politische
Motivation ihrer Entscheidung fast schon zur Nebensache. Auch wenn
dem Autor ursprünglich eine deutlichere Gewichtung des Zeitkritischen
vorgeschwebt haben mochte: zu einem konkreten Handlungsträger wird
es nicht. Alles bleibt vage: Die kommunistische Weltanschauung, über
die Johanna nur meint, daß ihr Ziel »die totale Änderung der Wirt-
schaftsform« sei, damit »diese Erde endlich ein vernünftiges Gesicht bekommt«, ist nur insofern von Bedeutung, als in ihrem Dienste die illegalen Widerstandskämpfer »für ein Flugblatt ihr Leben riskieren«. Ebenso
bleibt das Bild des nationalsozialistischen Deutschland abstrakt und erinnert an die schon in der Horst-Wessel-Biogaphie vorgenommene und
wenig differenzierende Gleichsetzung der faschistischen Bewegung mit
»Dummheit«, personifiziert im naiven deutschen Dienstmädchen des
Hauses (ihren »dummen Augen« und ihrem »blöden Gesicht«[80]) – ein
Aspekt, der kaum als ernstzunehmende Deutung der konkreten historischen Ereignisse herangezogen werden kann. Allein die Erfahrung, ein
Flüchtling zu sein, erhält überzeugende Konturen: die Trauer um die verlorene Heimat, das Unbehaustsein in der Fremde, die ungewisse Zukunft

– wobei sich in der Johanna-Figur bereits ankündigt, was dann für die Figurenkonzeption in *Symphonie Pathetique* und im *Vulkan* so charakteristisch sein sollte: daß sich das Exil als Inbegriff der Heimatlosigkeit nicht nur aus der historischen Konstellation, sondern auch aus dem Leben selbst ergibt.

Bereits Mitte April 1934 konnte Klaus Mann Fritz Landshoff das fertige Manuskript übergeben, Ende September erschien das Werk in einer Startauflage von 3000 Exemplaren im Querido Verlag, ab Oktober wurde es in mehreren Folgen im *Pariser Tageblatt* abgedruckt. *Flucht in den Norden* war einer der ersten Romane, der zum Thema Exil vorgelegt wurde. Mit der überwiegend positiven Resonanz konnte Klaus Mann zufrieden sein. Allein die »*blöden* Angriffe von links [...] ärgerten« und »verletzten« ihn, wie er am 3. November in seinem Tagebuch vermerkte.[81] Daß es auch noch zu privaten Mißstimmungen wegen des Buches kam, lag – zumindest aus der Sicht von Hans Aminoff – an den intim-pikanten Details, die der Autor ohne Scheu und, wenn man so will, ohne Rücksicht auf den einstigen Geliebten und seine Familie, für die inhaltliche Konzeption seines Romans herangezogen hatte. Ende des Jahres erreichte Klaus Mann ein Brief, in dem ihm Hans Aminoff schwere Vorwürfe für seine Indiskretionen machte: »Ich bin nicht böse – aber ich bin sehr aufgeregt gewesen, beleidigt und enttäuscht.«[82] Sein Unmut war verständlich: Das kritische Portrait einer großbürgerlichen Familie und ihr Hang zu Dekadenz und Oberflächlichkeit, die nicht immer schmeichelhaften Beschreibungen der einzelnen Familienmitglieder und ihre mehr oder minder konflikthaften Beziehungen untereinander – nein, mit besonderem Zartgefühl war Klaus Mann wirklich nicht zu Werke gegangen.

Es war wohl typisch für das Verhältnis der beiden, daß Hans Aminoff nicht aufschreckte, als Klaus Mann Mitte Februar in einem Brief vorsichtig anklingen ließ[83], er habe vor, über seine Reise nach Finnland einen Roman zu schreiben. Hätte Hans Aminoff ihn besser gekannt, wäre er mit den Neigungen und Gewohnheiten des Freundes besser vertraut gewesen, wäre ihm unschwer verborgen geblieben, daß Klaus Mann den schöpferischen Impuls kaum jemals anders verstand, als durch ihn das private Erleben und subjektive Empfinden – schonungslos – zu literarisieren. So hatte er ihm ohne weitere Bedenken sein Placet gegeben: »Schreibe was du willst und wie du es willst meinetwegen.«[84] Vermutlich fühlte er sich sogar ein wenig geschmeichelt, daß Klaus Mann ihrer leidenschaftlichen Begegnung ein literarisches Denkmal setzen wollte. Außerdem waren da noch die vielen zärtlichen Briefe, die in den letzten Monaten zwischen Pekkala und Amsterdam hin und her gesandt worden waren: Das Begehren hatte erneut von ihnen Besitz ergriffen – und dies, obwohl sie sich mehr als ein Jahr nicht mehr gesehen hatten.[85] Doch im Grunde waren die schwärmerischen Äußerungen eher Zeugnisse von Träumen, Wünschen, Vorstellungen, nicht aber von erlebter Wirklichkeit, die noch dazu aus der Feder eines ebenso wortgewandten wie bindungsscheuen Künstlers und eines frisch verheirateten Ehemannes strömten – hatten sie ernsthaft geglaubt, daß ihre Liebesschwüre vor den realen Gegebenheiten würden bestehen können?

Daß der schöne Schein des geschriebenen Wortes bisweilen ein trügerischer ist – diese Erfahrung blieb am Ende auch Klaus Mann nicht erspart, als er Ende August für vier Tage nach Pekkala fuhr, um Hans Aminoff wiederzusehen. Dabei hatten ihn alle vor einer Wiederbegegnung gewarnt: Die Mutter, Erika und selbst Fritz Landshoff hatten ihn darauf aufmerksam gemacht, daß Hans Aminoff, der inzwischen sogar Familienvater geworden war, wohl kaum für eine unsichere homoerotische Beziehung seine etablierten Verhältnisse aufs Spiel setzen und noch einmal an die trauten Stunden von einst anknüpfen würde. Klaus Mann entschied sich, trotzdem zu fahren. Doch es kam, wie es kommen mußte: Die Begegnung verlief ernüchternd und enttäuschend. Am Abend des lang ersehnten Wiedersehens notierte Klaus Mann voller Bitterkeit in seinem Tagebuch: »Die Problematik allen Wiedersehens. Das Gefühl des ›Unwiederbringlichen‹, des ›Zu spät‹. – HANS. Die Frau. Das Baby. [...] Allein am See gewesen. Herbstliche Stimmung. Wiedersehen mit dem dunklen Wasser. Wieder grosse Welle der Schwermut. Vergänglichkeit. Wie fühle ich den gnadenvollen Blick des TODES.«[86]

Exilalltag

Am 18. Januar fuhr Klaus Mann zusammen mit Fritz Landshoff nach Rotterdam, um dort einen Vortrag über die *Situation der deutschen Literatur, drinnen und draußen* zu halten. Die Rede durfte nicht politisch sein: Die neutralen Niederländer hatten den Exilierten jede Form der Agitation untersagt – gegen wen oder was auch immer. Wer sich nicht daran hielt, mußte mit seiner Ausweisung rechnen. Klaus Mann enthielt sich denn auch des Kommentars zu aktuellen tagespolitischen Ereignissen und antifaschistischen Zielsetzungen. Gegen eine Erörterung des Verhältnisses von »Geist und Tat« in der deutschen Literatur diesseits und jenseits der deutschen Grenze, so meinte er, würden die holländischen Behörden allerdings wohl kaum etwas einzuwenden haben. »Der Schriftsteller«, rief Klaus Mann dem Publikum deshalb zu, »der sein eigenes Land verlassen mußte – weil er dort nicht mehr geduldet wurde oder weil er seinerseits nicht dulden wollte, was dort vorging –« habe »naturgemäß zwei Tendenzen: die eine ist, einfach an seinem Werk weiterzubauen – was man ihn zu Haus nicht mehr tun ließ –, das ihm vom Schicksal Aufgegebene und seinem Talent gemäße möglichst zu vollenden, auch unter den neuen, sehr erschwerten Umständen; die andere muß sein: aufklären und kämpferisch zu wirken. Bei einigen ist diese Tendenz stärker als jene, bei anderen umgekehrt; bei wieder anderen decken sich beide, und das sind wohl die subjektiv und objektiv glücklichsten Fälle.«[87] Als Beispiele nannte er neben Vater und Onkel vor allem die Namen von Kollegen, die in den letzten Monaten zu Freunden geworden waren: Lion Feuchtwanger, Hermann Kesten, Joseph Roth, Gustav Regler und Egon Erwin Kisch – sie alle, so meinte er, hätten nicht immer vom selben Standort aus gekämpft. Doch unter dem Druck der Verhältnisse würden sich die »Verschiedenheiten« stärker »verwischen« und deutlich in den Hintergrund treten vor dem »Gemeinsamen, das immer stärker werde.«[88]

War es so? Waren die deutschen Exilautoren wirklich gerade im Begriff, eine selbständige Literaturbewegung zu etablieren und sich auf diese Weise im Ausland neue Wirkungsmöglichkeiten zu verschaffen, die sie aus dem geistigen und politischen Vakuum führen konnten? Irgendwann in jenen Tagen, entschloß sich Klaus Mann, Mitglied der PEN-Club-Gruppe der exilierten Deutschen zu werden, deren Konstituierung in den nächsten Wochen in London geplant war. Dem Schutzverband deutscher Schriftsteller, der in Paris bereits im Oktober 1933 von Rudolf Leonhard neu gegründet worden war – den Ehrenvorsitz hatte Heinrich Mann übernommen –, hatte er sich vermutlich bereits Ende des letzten Jahres angeschlossen. Daß die Emigranten so schnell wie möglich zu einem überparteilichen Konsens fanden, um gemeinsam die geist- und menschenfeindliche Politik des Dritten Reiches anzuklagen, war Klaus Mann von Anfang an ein wichtiges Ziel gewesen, und es wurde ihm nun, da die Zweiteilung der deutschen Literatur gezwungenermaßen erst einmal beschlossene Sache war, immer dringlicher. Er selbst hatte mit der Herausgabe der *Sammlung* bereits einen wichtigen Schritt getan, damit zumindest das Bewußtsein vieler Exilautoren für die Notwendigkeit, Stellung zu beziehen, geschärft wurde. Inzwischen erreichten ihn täglich Manuskripte von Schriftstellern aus aller Welt, die mit Beiträgen in der Exilzeitschrift vertreten sein wollten. Klaus Mann las und prüfte alle Artikel, Aufsätze, Glossen, Buchbesprechungen, Romanauszüge und Erzählungen gewissenhaft, viele nahm er auf, nicht wenigen mußte er jedoch eine Absage erteilen. Sie durften – aus Kostengründen – eine gewisse Seitenzahl nicht überschreiten, ebenso wie Fritz Landshoff und er peinlich genau darauf achteten, daß die abgedruckten Artikel nicht zu parteilich waren, sondern einen maßvollen Ton in der Auseinandersetzung mit zeitkritischen Themen und in der Formulierung antifaschistischer Bekenntnisse anschlugen. Wichtig war schließlich auch, daß sie in künstlerischer Hinsicht überzeugten. Auch wenn die ursprüngliche Absicht, ein ›ungefiltertes‹ Sprachrohr für alle politischen und literarischen Standpunkte zu sein, zu keinem Zeitpunkt in Frage gestellt oder gar revidiert wurde, sahen sich Klaus Mann und Fritz Landshoff dennoch im neuen Jahr zu einer gewissen Rücksichtnahme auf die publizistischen Vorgaben des Gastlandes genötigt. Zwar hatte sich die niederländische Regierung bislang ausgesprochen liberal verhalten und die zahlreichen literarischen Äußerungen, die seit Mitte 1933 in den deutschen Exilabteilungen der eingesessenen Verlage Querido und Allert de Lange gedruckt worden waren, nicht als politische Betätigung gewertet. Sie hatte auch nichts dagegen gehabt, daß die assoziierten Verlage von Emigranten geleitet wurden und ihnen, wie etwa Fritz Landshoff, eine unbefristete Arbeitserlaubnis gewährt, die es diesen wiederum ermöglichte, andere Exilierte legal zu beschäftigen. In den letzten Wochen hatte sich jedoch gezeigt, daß die Toleranz der niederländischen Behörden offenbar nicht grenzenlos war. Hinzu kam, daß das Hitler-Regime alles daran setzte, die Pressefreiheit in den befreundeten Staaten einzuschränken. Man wußte, daß deutsche Spitzel auf die Exilautoren angesetzt waren und daß wiederholt Versuche unternommen worden waren, die Emigranten einzuschüchtern oder – noch schlimmer – ihre Auslieferung zu bewirken. Auch vor Mordaufträgen schreckten die Nationalsozialisten nicht zurück.

Auf eine Denunziation geht vermutlich die Verhaftung des emigrierten Schriftsteller Heinz Liepmann am 12. Februar 1934 zurück, dessen kritischer Deutschlandroman *Das Vaterland* Ende des Jahres im Amsterdamer van Kampen Verlag erschienen war. Er wurde zu einem Monat Gefängnis ohne Bewährung verurteilt; der von den Deutschen geforderten Auslieferung kam das Amsterdamer Gericht jedoch nicht nach. Dieser Vorfall schreckte und verunsicherte die Verleger, Lektoren und Autoren der Exilverlage. Vor allem Fritz Landshoff, der im Querido Verlag gerade Heinrich Manns hochpolitische Essaysammlung *Der Haß* herausgegeben hatte, mahnte zur Mäßigung: Er befürchtete, daß die niederländischen Behörden früher oder später auch am Verlagsprogramm und den Beiträgen der *Sammlung* Anstoß nehmen und die Verantwortlichen zur Rechenschaft ziehen würden.

So schlimm stand es dann letztlich doch nicht um die Emigranten, die von der niederländischen Regierung Asyl gewährt bekommen hatten – jedenfalls nicht bis zum Einmarsch der Hitler-Truppen. Aus heutiger Sicht gehörte die Niederlande sogar zu den Ländern, die sich gegenüber den deutschen Emigranten – von vereinzelten repressiven Maßnahmen abgesehen – in erster Linie entgegenkommend verhalten haben. In jenen Tagen wollte Fritz Landshoff jedoch kein Risiko eingehen. Als »Akt der schlauen Höflichkeit« bezeichnete Klaus Mann gegenüber dem Vater etwas abschätzig Fritz Landshoffs Idee, aus der April-Ausgabe der *Sammlung* eine reine »Holland-Nummer«[89] zu machen, in der man ausschließlich holländische Literaten zu Wort kommen lassen wollte. In Wahrheit wurde es – nicht zuletzt dank Menno ter Braaks Essay *Geist und Freiheit* – ein hochkarätiges Heft, das nicht nur einen Einblick in die Literaturszene, sondern auch in die Musik- und Bühnenkultur der Niederlande gewährte.

Unterdessen wurde Klaus Mann durch den Ablauf seines deutschen Passes am 2. April 1934 in einen komplizierten und langwierigen Behördenprozeß hineingezogen, der früher oder später einen Großteil der Emigranten vor bisweilen unüberwindbare Probleme stellte. Ein Antrag auf Erneuerung des Ausweises kam für Klaus Mann nicht in Frage: Es war klar, daß kein deutsches Konsulat dem Gesuch eines »Staatsfeindes«, dessen Ausbürgerung gerade betrieben wurde, stattgegeben hätte. Obwohl er auf der neuen Ausbürgerungsliste, die Ende März 1934 veröffentlicht wurde, noch nicht vermerkt war, hatte das Auswärtige Amt in

Berlin gerade eine Akte über Klaus Mann angelegt. Darin heißt es unter anderem, Thomas Mann habe sich mit seinem Sohn überworfen, weil dieser »die berüchtigte in Amsterdam erscheinende Monatsschrift ›Die Sammlung‹ herausgibt. Thomas Mann verhält sich dem nationalsozialistischen Deutschland gegenüber völlig neutral. Über das Verhältnis zwischen den Geschwistern Klaus und Erika Mann war Bestimmtes nicht in Erfahrung zu bringen. Nach allerdings unkontrollierbaren Gerüchten soll zwischen den Geschwistern ein mehr als geschwisterliches Verhältnis bestehen. Die Geschwister Klaus und Erika Mann werden für das Unglück der Familie des Thomas Mann gehalten.« Des weiteren teilte der Präsident der Reichschrifttumskammer dem Reichsministerium für Volksaufklärung und Propaganda mit, daß Klaus Manns literarische Fähigkeiten »unbedeutend« seien: »Er schlägt lediglich Kapital aus dem Namen seines Vaters Thomas Mann.«[90] Freilich wußte Klaus Mann von diesem konkreten Vorgang nichts, doch war es mehr als naheliegend, daß die deutschen Behörden gerade seiner Person, dem gehaßten Herausgeber des »Schmutzblattes«, besondere Aufmerksamkeit schenkten.

Das Fehlen eines international gültigen Identitätsdokuments war nicht selten gleichbedeutend mit einer massiven Bedrohung der Existenz. In den langen Jahren der Emigration haben zahlreiche staatenlose Flüchtlinge diese leidvolle Erfahrung machen müssen. Dies wurde auch Klaus Mann allmählich bewußt, für den der abgelaufene Paß zunächst vor allem deshalb zu einer lästigen Unannehmlichkeit geworden war, weil er Einschränkungen der Reisefreiheit nach sich zog. Die Aufenthaltserlaubnis, die ihm die holländische Polizei am 14. Februar ausgestellt hatte, ermöglichte es Klaus Mann zwar, sich ungehindert in Amsterdam und anderen holländischen Städten aufzuhalten, doch gestattete ihm das Papier nicht automatisch, in einen anderen Staat zu reisen. In den folgenden Wochen spielte er arglos verschiedene Möglichkeiten durch, wie er sich aus der brisanten Affäre ziehen könnte. Eine Zeitlang überlegte er Brasilianer zu werden – das Land, in dem Thomas Manns Mutter Julia geboren worden war –, dann wieder wandte er sich direkt an den Hohen Kommissar des Völkerbundes, James G. MacDonald, in Lausanne, der ihm bitte »sehr eilig« einen »Staatenlosen-Paß« ausstellen möge.[91] Der Hohe Kommissar mußte Klaus Mann indes darüber belehren, daß das Flüchtlingskommissariat weder befugt sei, Pässe auszustellen, noch daß ihm jemals die Existenz eines »Staatenlosen-Paß« zu Ohren gekommen sei. Er müsse sich schon an sein Gastland wenden, wollte er einen neuen Paß beantragen. Nun bemühte sich Klaus Mann darum, einen »Gunst-pass« zu erlangen, auf den Visa ausgestellt werden konnten. Dabei han-delte es sich um eine Art Fremdenpaß, der seinem Besitzer faktisch kein-erlei Rechte einräumte, der jedoch auch von anderen Staaten als Perso-naldokument anerkannt wurde. Indes: Das Prozedere zog sich hin, und man verpflichtete ihn zu Aktivitäten, die deutlich machten, wie wenig die ausländischen Behörden zu diesem Zeitpunkt tatsächlich über den gefährdeten Status eines deutschen Emigranten Bescheid wußten. Man habe ihm geraten, zum Deutschen Konsulat zu gehen und sich eine Be-scheinigung darüber ausstellen zu lassen, daß sein deutscher Paß nicht verlängert werde, schrieb Klaus Mann der Mutter. Diese Bestätigung sei die Voraussetzung für das Gesuch, doch »dies sauer Gänglein in Feindes-land möchte ich natürlich nur höchst ungern tun – zumal mir ja dieser Consulatsbeamte aus Nizza, an den ich mich durch Vermittlung der Fränckchens [Bruno und Liesel Frank] gewendet habe, mir ausdrücklich bestätigte, daß ich den Paß nicht nur nicht verlängert bekomme, sondern daß ich sogar auf der Liste der Personen stehe, denen der Paß abgenom-men wird, wenn sie ihn einem Consulat einreichen«.[92] Mitte Juni war er immer noch nicht im Besitz eines »Gunstpasses«. Er teilte dem PEN-Club mit, daß er einer Sitzung in Edinburgh leider fernbleiben müsse, weil er keinen gültigen Paß mehr habe und kein deutsches Konsulat der Welt bereit gewesen sei, den alten zu verlängern. Am 21. Juni war es dann endlich doch soweit; Klaus Mann vermerkte in seinem Tagebuch: »Den *Gunstpass* bekommen – also grosser Tag.«[93]

Verraten und verloren

Klaus Mann hatte gerade seinen Aufsatz über Thomas de Quincey abge-schlossen, ein Essay, der ihm wegen seiner großen poetischen Kraft viel Lob einbrachte und der uns heute wie ein prophetisches Selbstzeugnis er-scheint: »Wie tief aber finden wir der kindlichen Welt jenen verhaftet, der sich von der realen, der ›erwachsenen‹ durch die Droge abschließt, nie zu ihr gehört, sie vielleicht haßt. Er baut die dunkle Mauer um sich. Drinnen bleibt die zauberische Landschaft seiner frühen Erinnerungen, seiner er-sten Qualen, die sich nur noch steigern, aber kaum noch verwandeln.« –

»Einsamkeit [...] unser Teil und unser gnadenloses Schicksal«⁹⁴. Derart in Reflexionen um Drogenrausch, Einsamkeitsgefühle und Todesgedanken verstrickt, erreichte ihn die Nachricht, daß Wolfgang Hellmert in eine Pariser Klinik eingeliefert worden war und mit dem Tode rang. Hochgradig drogenabhängig hatte er sich in diesem Jahr schon zweimal erfolglos einer Entziehungskur unterzogen; inzwischen war auch seine Gesundheit stark angegriffen. Die Ärzte hatten ihn schließlich vor die Alternative gestellt: Wenn er den Drogenkonsum nicht sofort aufgebe, würde er das Jahr nicht überleben. War es eine bewußte Entscheidung für den Tod? Oder konnte er gar nicht mehr anders, als der Verführungskraft des Rausches weiter und immer wieder aufs Neue zu erliegen? Am 28. Mai 1934 starb Wolfgang Hellmert; die offizielle Todesursache lautete Herzversagen. Diesem Tag widmete Klaus Mann in seinem Journal nur wenige Zeilen: »WOLFGANG's Tod ist in einer gewissen Weise schwerer zu ertragen als alles andere. Es sind zu Viele, die sich versammeln, die Rufe werden zu stark. – Viele Ablenkungen, aber keine lenkt ab.« In diesen Stunden der Trauer drängte es ihn plötzlich, sich zu vergewissern, daß eine weitere stark gefährdete Person in seinem engsten Freundeskreis wohlauf war: »Sorge um Annemarie. Telephon mit ihr.«⁹⁵

Klaus Mann hatte Wolfgang Hellmert, der eigentlich Adolf Kohn hieß, 1925 durch Erika kennengelernt. Damals hatte er zunächst eine Karriere als Bühnenschauspieler angestrebt, später entdeckte er sein lyrisches Talent und schrieb seitdem nur noch Gedichte. Wirkliche Anerkennung fand er jedoch weder als Schauspieler noch als Lyriker. Auch wenn sie sich manchmal monatelang nicht gesehen hatten: Wolfgang Hellmert war und blieb bis zu seinem Tod einer der wenigen Menschen in seiner unmittelbaren Umgebung, dem Klaus Mann auch die dunkle Seite seines Seelenlebens kaum jemals vorenthalten hatte. Um so erstaunlicher mutet die Zurückhaltung an, mit der Klaus Mann in jenen Monaten nur ab und an gegenüber seinen engsten Vertrauten, selten vor sich selbst, in seinen täglichen Notizen, des toten Freundes gedachte – welch ein Kontrast zu den ergreifenden Zeugnissen, die die tiefe Trauer um den Tod von Ricki Hallgarten dokumentieren. (Auch im *Wendepunkt* erwähnt Klaus Mann den einstigen Gefährten und die Umstände seines Todes nur am Rande.) Erst später, als Wolfgang Hellmert schon fast zwei Jahre tot war, fand er Zugang zu seinen Gefühlen und damit die Möglichkeit, seiner Betroffenheit Ausdruck zu verleihen:

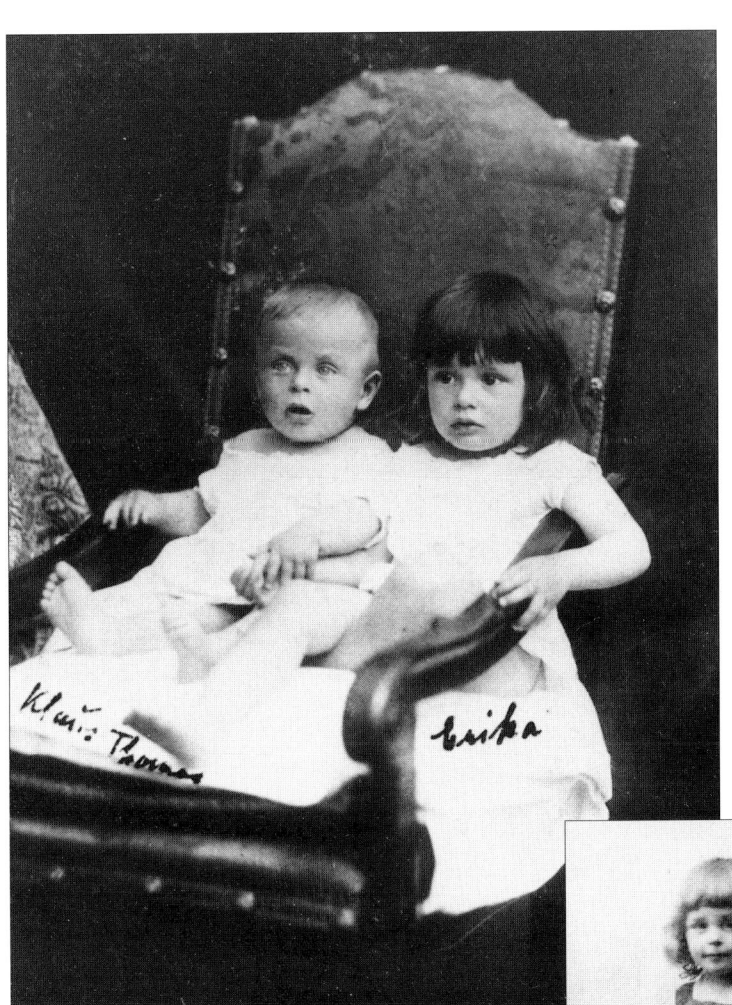

Klaus und Erika Mann 1907

Klaus Mann
als Dreijähriger

*von links: Monika, Golo, Michael, Katia, Klaus, Elisabeth und Erika Mann,
München ca. 1919*

von links: Klaus, Erika, Golo, Katia und Monika Mann, München 1915

Familie Mann 1932, München, von links: Klaus, Elisabeth, Michael, Katia, Thomas, Erika

Klaus Mann als 12jähriger   *Katia und Klaus Mann, München 1927*

*Klaus und
Erika Mann,
ca. 1930*

*Ende der zwanziger Jahre:
Klaus und Erika Mann nach
ihrer »Rundherum«-Tour
vor neuen Abenteuern*

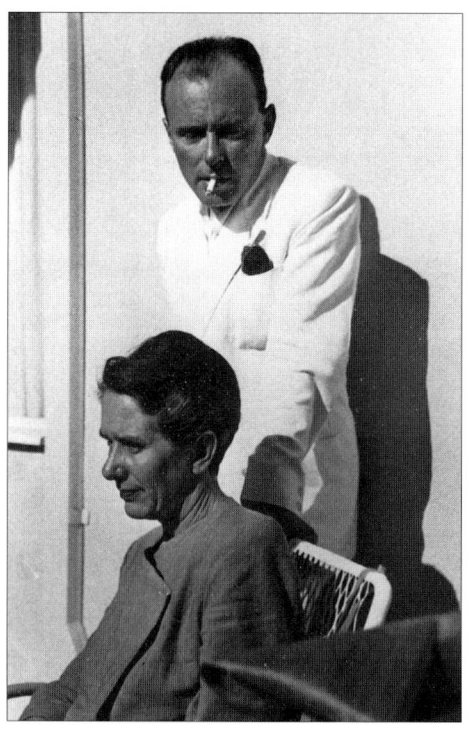

*Klaus und Erika Mann
in den vierziger Jahren*

Die literarischen
Mann-Zwillinge
bei Beginn ihrer
Weltreise 1927

Wien 1924 –
Das Verlobungsfoto
von Pamela Wedekind
und Klaus Mann

*Der Wohnsitz der Familie
Thomas Mann in
München-Bogenhausen,
Poschingerstraße 1
vor dem Krieg ...*

*... und nach dem Krieg:
Klaus Mann als
amerikanischer Soldat
im zerstörten Elternhaus,
Mai 1945*

von links: Hans Feist, Erika und Klaus Mann, Anfang der dreißiger Jahre

Pamela Wedekind,
Erika und Klaus Mann,
Mitte der zwanziger Jahre

Erika Mann und Pamela Wedekind,
Köln ca. 1925

Klaus Mann als
amerikanischer Soldat
in Italien, 1945 ...

... und als Zivilist
im Exil, Dezember 1934

Klaus Mann Anfang der vierziger Jahre in New York

Auf einem kleinen Friedhof in Cannes liegt Klaus Mann begraben

*Klaus Mann in Hollywood,
Ende der dreißiger Jahre*

*Klaus Mann bei
der US-Army,
Januar 1945
in Florenz (?)
als Leiter der
Flugabteilung der
»Psychological
Warfare Brasch«*

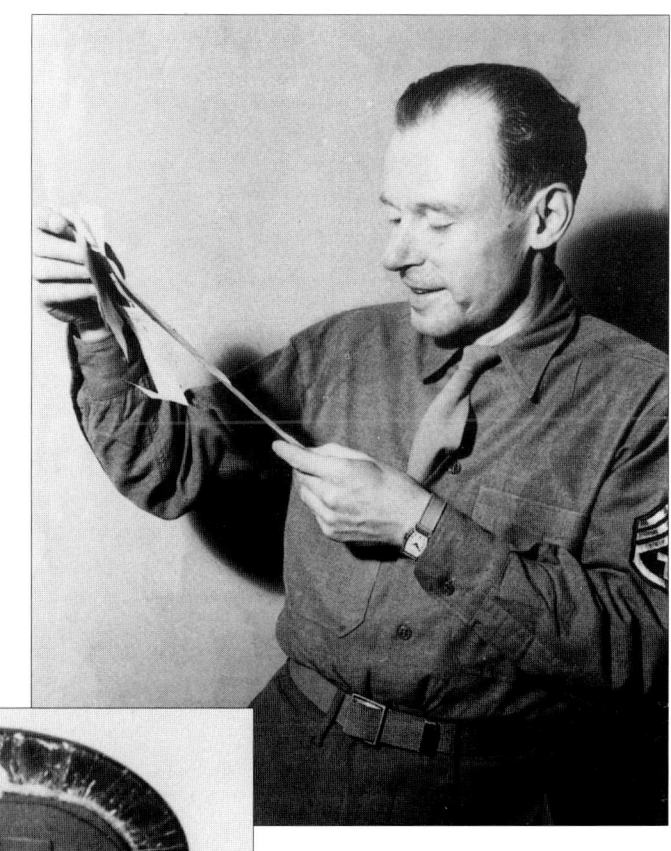

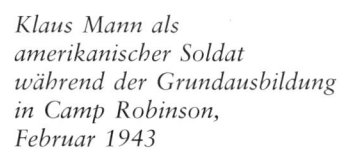

*Klaus Mann als
amerikanischer Soldat
während der Grundausbildung
in Camp Robinson,
Februar 1943*

Klaus Mann in seinem letzten Lebensjahr

»Wolfgang. Sehr stark der Gedanke an ihn. Wie gern ich ihn hatte! Wie befreundet ich ihm bin. Tausend Situationen mit vielen Landschaften, Wohnungen, Cafés. Sein Zimmer in der Fürther Strasse; Feists Münchener Wohnung, Pension Fasaneneck; Hotel Jacob; ›Le Coque Harda‹; die Berliner schwuhlen (sic!) Lokale. Teddy. Denby. Cocteau. Die Lyrik-Anthologie mit Fehse. Mitnehmen von Jungen, l'amour à trois. Die grossen Zankereien mit Nebel, Gert, Mops. Die fürchterlichen Spritzen in den Arm – das Blut im Instrument. Schlüter. Unterhaltungen über Kafka, Hemingway, die Psychoanalyse. Als er zum Alexanderplatz ging, um ›die Leute zu segnen‹. – Oh, Leben! – Der Gedanke an ihn drängt mir mehr Erinnerungen auf, als der an Ricki, Gert, René.«⁹⁶

Als er am 15. Februar 1936 der gemeinsamen Stunden mit Wolfgang Hellmert gedachte, hatte seine eigene Abhängigkeit inzwischen so stark von ihm Besitz ergriffen, daß der Vermerk »genommen« oder »Thun«, seine Kurzformel für Drogen, in seinem Journal fast täglich, bisweilen sogar mehrmals an einem Tag, erfolgte.

Indes: In den letzten Monaten war die Freundschaft nicht frei von Mißklängen gewesen. Zumindest bei Klaus machte sich ein gereizter Unterton bemerkbar, wenn er die Zusammenkünfte mit Wolfgang Hellmert erwähnte. Schon seit einiger Zeit lebte der Freund in einer festen Beziehung mit einem jungen Mann, der in Argentinien geboren und aufgewachsen war. Théo de Villeneuve, auch Teddy genannt, gutaussehend, charmant, belesen und drogenabhängig wie Wolfgang Hellmert, zeichnete sich zwar nicht immer durch besondere Zuverlässigkeit aus, doch hegten beide zweifellos innige Gefühle füreinander, die sie auch vor anderen nicht verbargen. Klaus Mann hatte vor allem während der ersten Exilmonate in Paris viel Zeit mit den beiden verbracht. Er fühlte sich wohl mit ihnen, gewiß, aber ihre »demonstrative Zärtlichkeit miteinander« bedrückte ihn. »Wehmut«⁹⁷ erfaßte ihn, wenn er gewahr wurde, daß dem Freund das Liebesglück zuteil geworden war, das er selbst schon so lange vermißte. Es war die Phase in seinem Leben, in der sich Klaus Mann schonungsloser als zu anderen Zeiten eingestand, daß für ihn die Aussicht auf eine feste Partnerschaft fraglicher denn je geworden war, nicht nur, weil ihm – nach Hans Aminoff – keine reizvolle Begegnung mehr beschieden war, sondern auch, weil ihm schmerzlich bewußt wurde, daß der Erfüllung seiner Hoffnungen nicht zuletzt die eigene Unfähigkeit im Wege stand, sich vorbehaltlos auf einen anderen Menschen einzulassen.

Einer der wenigen Männer, der in den kommenden Monaten sein

nachhaltiges Interesse weckte, war Teddy. Drei Monate vor Wolfgang Hellmerts Tod kam es zu einer Annäherung: Théo de Villeneuve besuchte Klaus Mann in Amsterdam und verbrachte mit ihm einige Tage und Nächte. Anschließend fuhren sie gemeinsam nach Paris zu Wolfgang Hellmert. Dieses eine Mal scheiterte es nicht an Klaus Manns Beziehungsängsten, daß das Verhältnis »innerlich konsequenzlos« blieb. Ihm blieb überhaupt keine Zeit, darüber nachzudenken, ob er tatsächlich für eine gemeinsame Zukunft mit Théo de Villeneuve bereit gewesen wäre, weil dieser sich für Wolfgang Hellmert und gegen Klaus Mann entschied. Tief gekränkt vermerkte er: »Wiedersehen Wolfgang – Teddy. Grosse Erregung auf Teddys Seite. Ich plötzlich unheimlich ausgeschaltet; abgeschnitten der Kontakt zwischen T.[eddy] und mir. Depression abzuwehren.«98

In den folgenden Wochen wurde er immer wieder von depressiven Stimmungen und Selbstmordgedanken heimgesucht. Als Wolfgang Hellmert und er sich am 24. April in Paris das letzte Mal begegneten – Klaus Mann war es trotz des abgelaufenen Passes gelungen, vom französischen Konsulat in Den Haag ein befristetes Visum ausgestellt zu bekommen –, schien die Freundschaft nach wie vor ungetrübt: Gemeinsam besuchte man eine glanzvolle Vorstellung von Cocteaus neuem Stück *La machine infernale* in der Comédie Champs-Elysées und traf sich anschließend noch mit Jean Cocteau in einem Café. Zumindest deuten die Eintragungen nicht an, daß das Verhältnis belastet war. Dennoch: Streng genommen hatte sich Klaus Mann des Verrats an ihm schuldig gemacht. Schlimmer noch, er hatte ihn im Stich gelassen, denn er wußte um die schlechte Verfassung von Wolfgang Hellmert. Doch er hatte nichts anderes im Sinn gehabt, als auf zweifelhafte Weise seinen persönlichen Vorteil zu suchen, durch den – wäre er erhört worden – der Freund das Nachsehen gehabt hätte. Schon allein deshalb dürfte es Klaus Mann kaum unberührt gelassen haben, daß ihm durch den Tod des langjährigen Gefährten keine Möglichkeit mehr beschieden war, ihn um Verzeihung zu bitten. Oder hatte ihn die Eifersucht so sehr gequält, daß er sich in jenem Augenblick der stummen Verzweiflung gewünscht hatte, der andere möge sich ›in Luft auflösen‹, ›das Feld räumen‹ oder zumindest doch ganz einfach beiseite treten für ihn und seine Träume von einer gemeinsamen Zukunft mit Teddy?

Ob Reue und Gewissensnot der notwendigen Trauerarbeit zuwiderliefen, oder ob die gewohnte Pein ihn in den folgenden Monaten mehr denn je bedrängte, wenn er all der Toten gedachte, die er in seinem kurzen Leben schon zu beklagen gehabt hatte – auf jeden Fall schien eine Veränderung in ihm vorzugehen. Die Verdunkelung seiner Seele habe zwar nicht erst mit dem Tod Wolfgang Hellmerts begonnen, obschon das tragische Ereignis nachhaltig dazu beigetragen habe, daß die Schwankungen seines Gemütszustandes zunahmen. So jedenfalls sah es Erika, die in einem Brief aus dem Jahre 1964 schließlich meinte: »Während er aber seit früher Kindheit mit dem Gedanken [an Selbstmord] vertraut war, begann er doch erst im Jahre 1935 [sic!] in vollstem Ernste mit der Absicht umzugehen. Damals hatte ein ihm sehr treuer junger Schicksalsgenosse, der Dichter Wolfgang Hellmert, sich in der Pariser Emigration absichtlich und tödlich zugrundegerichtet, und Klaus wollte nicht mehr weiterleben. Es bedurfte der ungewöhnlichen Tapferkeit, die ihm eignete, weitere vierzehn Jahre bei uns auszuharren.«[99] In der Tat: Klaus Manns künftige Lebensstationen ähnelten dem fatalen Entwicklungsgang, den der »treue junge Schicksalsgenosse« vorgegeben hatte, dem schließlich nur ein böses Ende beschieden sein konnte. Doch er vernahm die warnende Botschaft nicht, die im Tod des Freundes enthalten war. Die fordernde Pflicht, seinem Leben eine andere Richtung zu geben, bevor es zu spät sein würde, registrierte er nicht.

Im Schatten des deutschen Geistes

Mitte Juli, knapp zwei Monate nach dem Tod von Wolfgang Hellmert, erhielt Klaus Mann in Amsterdam Besuch von René Crevel. Er notierte, daß die Begegnung in entspannter Atmosphäre stattgefunden habe, René sei »sehr lieb und lebhaft«[100] und ihm wieder sehr zugetan. Die Versöhnung mit dem einstigen »Bruder« wurde überschattet durch die Sorge um Fritz Landshoff, der mit einer Lungenentzündung in einem Amsterdamer Krankenhaus lag. Zeitweilig ließ seine schlechte Verfassung Schlimmstes befürchten. Nach Tagen der Besserung trat eine Krisis ein, die Klaus Mann in Angst und Schrecken versetzte: »Sehr beunruhigt über F.[ritz]'s Zustand. Eine neue Bedrohung. Was würde ich tun?«[101] Zunächst tat er das, was er immer tat, wenn die seelischen Belastungen überhand zu nehmen drohten: er stürzte sich in die Arbeit. Er war gerade

dabei, die Beiträge für eine neue Ausgabe der *Sammlung* zusammenzustellen, als zwei literaturtheoretische Aufsätze seine Aufmerksamkeit er-
regten. In dem einen hatte sich Joseph Breitbach in der Pariser Zeitschrift
La Revue Hebdomadaire mit der Frage *Kennen die Franzosen wirklich
die deutsche Literatur von heute?*[102] beschäftigt. Sein überraschendes Fazit lautete, daß hierzulande fast alle bekannten deutschen Schriftsteller,
von Heinrich Mann bis Ernst Glaeser, in erster Linie nicht dem »deutschen«, sondern dem »französischen Geiste« verpflichtet seien. Lediglich
Rainer Maria Rilke, Thomas Mann und der inzwischen verstorbene Jakob Wassermann – Autoren von Weltruhm – nähmen eine Sonderstellung ein. Der wahre, der »echte deutsche Geist« aber sei in Werken von
Hermann Stehr, Hans Carossa oder Hans Grimm zu finden; Grimms
Volk ohne Raum etwa sei – »fatalement« – der »mächtige und endgültige Roman des tragischen deutschen Schicksals«. Die deutschen Autoren,
die wirklich zum »organischsten Ausdruck germanischen Lebens«
gehörten, gelte es für Frankreich erst noch zu entdecken.

Breitbachs Analyse entbehrte nicht eines gewissen Sachverstands.
Daß sie dennoch heftige Reaktionen unter den Exilautoren auslöste, war
allerdings nur zu verständlich: zum einen, weil alle genannten »deutschen Autoren« in der Heimat geblieben waren (und sich nicht gegenüber der Politik der ›Gleichschaltung‹ – zumindest nicht öffentlich – verweigert hatten), und zum anderen, weil es zu diesem Zeitpunkt bei den
vertriebenen Intellektuellen in der Tat Befremden hervorrufen mußte,
wenn einer der ihren die literarische »Klarheit« ausgerechnet des volks-
verbundenen deutschen Literaten rühmte und dann auch noch behauptete, nicht der Kosmopolit, sondern nur der »Schriftsteller des authentischen deutschen Geistes«[103] wisse sie zu erzielen. Thomas Mann prägte
in einem Brief an Joseph Breitbach das treffende Wort von »der sonder-
baren Gefühllosigkeit für die allgemeine Situation«,[104] und auch die Redaktion des *Neuen Tage-Buchs*, die am 21. Juli Breitbachs *Antwort auf
Klaus Mann* abdruckte, sparte nicht mit Kritik, indem sie Breitbach vorwarf, er habe »für seine dokumentarische Absicht, die Franzosen auf
›echt-deutsche‹ Autoren hinzuweisen – auf Kosten anderer Autoren, die
Goebbels zum Scheiterhaufen verurteilt hat – einen wenig glücklichen
Zeitpunkt gewählt.«[105] Viele Exilschriftsteller empfanden es als eine
Provokation, daß Joseph Breitbach – obgleich wohl eher aus politischer
Unbesonnenheit als aus erklärter Sympathiebezeugung für die national-

sozialistische Gesinnung – ihnen faktisch absprach, die deutsche Tradition zu repräsentieren: allen voran Hermann Kesten, Joseph Roth und Klaus Mann, die alle mit Joseph Breitbach bis dahin in einem herzlichen Einvernehmen gestanden hatten.

Klaus Mann meldete sich einmal auf französisch in der *Revue Hebdomadaire* und dann auf deutsch im *Neuen Tage-Buch* zu Wort.[106] In beiden, fast gleichlautenden Texten warf er Joseph Breitbach vor, er habe sich mit seinem »Propaganda-Artikel für Goebbels' Kulturpolitik« selbst diskreditiert, da er sich nicht zuletzt der unverzeihlichen Korrumpierung schuldig gemacht habe und dies wohl vor allem deshalb, weil er »um keinen Preis den Anschluß« an die neuen deutschen Verhältnisse habe verpassen wollen. Er habe Breitbach bisher geschätzt; seinerzeit habe er sogar seinen einzigen Roman im *Berliner Tageblatt* empfohlen: »Joseph Breitbach wurde jenem Deutschland zugerechnet – und rechnete sich ihm selber zu –, das er heute als das falsche bezeichnet und von dem er behauptet, daß die Welt sich zu Unrecht mit ihm beschäftigt.« Das hieße also, daß die Franzosen »bis nun beinah ausschließlich die falschen Autoren gelesen« hätten, »jene nämlich, die zwar deutsch *schreiben*, aber nicht deutsch *sind*«. In Wahrheit verhielte es sich jedoch so, daß das »›hundertprozentig‹ Deutsche« nicht nur nicht europäisch, sondern nicht einmal eigentlich deutsch sei: »Das große, das vorbildlich Deutsche bezieht das Überdeutsche, das, was es *nicht* in sich hat, von außen her als Bildungserlebnis in sich ein – ob auf dem Weg über Antike oder Christentum oder durch seine Verbindung mit anderen universalen Tendenzen. Das vorbildliche, das europäische Deutsche stand beinah immer in einer gewissen leidvollen Opposition zu ›Deutschland‹ als nationalem Begriff und als einer Summe oft verhaßter Eigenschaften.«

Polemischer argumentierte Joseph Roth, dessen Stellungnahme in der gleichen Ausgabe der *Revue Hebdomadaire* erschien: Jenen Autoren, die »sein Freund Joseph Breitbach« Frankreich als typische Vertreter des »deutschen Geistes« angepriesen habe, käme allenfalls der Rang eines »Regionalphänomens« zu. Schaeffer etwa sei so langweilig, daß ganz Frankreich von einem gigantischen Gähnen erfaßt würde, wenn es diese »deutsche Seele« denn wirklich eines Tages einmal zu lesen bekäme.[107] Joseph Breitbach sah sich daraufhin zu einer Klarstellung genötigt, die er ebenfalls einmal als *Antwort an Klaus Mann* im *Neuen Tage-Buch* und auf französisch unter dem Titel *Réponse* in der *Revue Hebdomadaire* ab-

drucken ließ. Dabei relativierte er seine rhetorische Gleichsetzung des
»deutschen Geistes« mit den daheimgebliebenen Dichtern des Dritten
Reiches und rief Klaus Mann zu, er glaube doch wohl nicht im Ernst,
daß er »all das« nur geschrieben habe, »um mir die Gunst der ›neuen
Herren‹ zu erschmeicheln?« Dennoch: An einem der letzten Tage des
Jahres notierte Klaus Mann gewissenhaft wie stets, wenn er der alljährli-
chen Rückschau auf die vergangenen zwölf Monate nachging: »Schluss
mit Breitbach und noch Geringeren.«[108] Das Dementi hatte seinen
Zweck verfehlt, auch der rege Austausch von – privaten – Briefen hatte
keine Aussöhnung bewirken können. Andere persönliche Unstimmigkeiten, die schon einige Zeit vor Breitbachs Artikel Klaus Manns Unmut erregt hatten, und vor allem Geldschulden, die er bei Joseph Breitbach
nicht rechtzeitig beglichen hatte, taten das ihrige, daß das Verhältnis auf
immer belastet blieb. Klaus Mann, der seit der schmerzhaften Auseinandersetzung mit Gottfried Benn äußerst empfindlich reagierte, wenn ein
vermeintlicher Mitstreiter in den Verdacht des Opportunismus geriet,
kannte in diesem Punkt keine Gnade, auch wenn es ihm nicht immer
leicht fiel – wie im Fall Joseph Breitbachs –, einen Schlußstrich unter eine
langjährige Freundschaft zu ziehen. Allein der wankelmütige Vater blieb
von dieser unerschütterlichen Sicht der Dinge ausgenommen.

Es kam nicht von ungefähr, daß Joseph Breitbach – und andere – in
jenen Tagen die Frage aufwarfen, wie das Wesen des deutschen Geistes
zu definieren sei und wer es repräsentiere. Freilich ließ Breitbach die existentielle Dimension außer acht, die sich mit ihr für die exilierten Autoren verknüpfte: Wie sollten sie sich fern der Heimat und der gewohnten
Leserschaft behaupten, wenn nicht sie als die eigentlichen Kulturträger
anerkannt wurden; wenn nicht sie für sich proklamierten, daß die Bewahrung und Kontinuität der deutschen Tradition, der Sprache und ihres geistigen Fundamentes, allein in ihren Händen lag; wenn nicht sie
sich auf das ›andere‹, ›bessere‹ Deutschland beriefen, um es vor dem
usurpatorischen Zugriff der Nationalsozialisten zu bewahren; wenn
nicht sie den Kampf um eine demokratische, freiheitliche Gesellschaft
aufnahmen? Dies waren die Grundsätze, auf denen alle künftigen
Bemühungen beruhten. Die vielen Einzelaktionen im Feldzug gegen Hitler, wie etwa das Engagement im Abstimmungskampf um das Saargebiet
ebenso wie die Gründung einer antifaschistischen »Volksfront«, wo unter der Schirmherrschaft von Heinrich Mann der Versuch unternommen

wurde, auch die sozialdemokratischen und parteilosen Schriftsteller in die ehemals sozialistische Bewegung mit einzubeziehen, entsprangen allesamt einer Motivation: Das Kollektivbewußtsein zu stärken und die literarische Emigration, trotz ihrer lokalen, politischen und ideologischen Zersplitterung, zu einer einheitlichen Bewegung zusammenzufassen. Daß all diese Bemühungen letztlich erfolglos blieben, lag auch daran, daß die etablierten Schriftsteller ihre ästhetischen und politischen Vorstellungen in der Regel lange vor dem Beginn der Emigration entwickelt hatten – die Kluft, die sich zwangsläufig aus den unterschiedlichen Weltanschauungen ergab, war schon in der Weimarer Republik unüberbrückbar gewesen und sollte auch jetzt wieder allen Konsensbestrebungen zuwiderlaufen. Ja, es zeigte sich, daß sich mit der Dauer der Emigration das Spannungsverhältnis zwischen den verschiedenen ideologischen Standpunkten noch verschärfte: Ende des Jahrzehnts standen sich die bürgerlichen, links-liberalen und sozialistischen Positionen in der literarischen Emigration unversöhnlicher denn je gegenüber.

Wie heterogen die politisch-literarische Exillandschaft in Wirklichkeit war, spiegelte sich auch in den Debatten um Ursprung und Wesen des Faschismus wider. Ein paar Wochen vor Breitbachs mißlungenem Versuch, »echt deutsche« Autoren auszumachen, hatte der ungarisch-marxistische Philosoph und Literaturwissenschaftler Georg Lukács im ersten Heft der Moskauer *Internationalen Literatur* zu einem Diskurs über *Größe und Verfall des Expressionismus*[109] angesetzt. Ausgehend von der innerhalb der Sowjetunion entwickelten Position einer marxistisch fundierten Literaturtheorie vertrat er die These, daß dem (deutschen) Expressionismus, insofern diese Richtung »extrem subjektiv« und »idealistisch« gewesen sei, kein echtes politisches Engagement zugrunde gelegen habe, sondern er müsse im Gegenteil als Ausdruck eines »dekadent«-überkommenen, imperialistischen Gesellschaftssystems verstanden werden. Auf ihn gehe letztlich die reaktionäre Grundtendenz der Nachkriegszeit zurück. Er löste damit, wenn auch mit einer zeitlichen Verzögerung von fast vier Jahren, die berühmte Expressionismusdebatte aus, in deren Verlauf sich zahlreiche emigrierte Schriftsteller zu Wort meldeten, darunter auch Ernst Bloch, der sich, obwohl selbst ein überzeugter Kommunist, explizit gegen Lukács' marxistischen Realismusbegriff wandte.[110] Auch Klaus Mann mochte der bisweilen etwas dogmatischen Argumentation von Georg Lukács nicht zuzustimmen. Vor allem seine Behauptung, daß der Expressionismus ein Vorläufer des Faschismus gewesen sei, rief seinen Widerspruch hervor. In seinem Essay *1919 – Der literarische Expressionismus*, den er Mitte Juli zu Papier brachte und den er als direkte Erwiderung auf Lukács Aufsatz konzipierte, räumt er zwar ein, daß das »enthusiastische« Moment des Expressionismus partiell in den Faschismus eingegangen sei: »Das Gefühl floß nach allen Seiten. Etwas davon fing der Faschismus auf.«[111] Doch wertet er gerade den »Überschwang des Gefühls« als »revolutionär«: »Die Fülle des Gefühls, die eine bestimmte Zeit lang konzentriert war im Expressionismus, hatte Eigenschaften, die der Revolution dienstbar zu machen gewesen wären. Man trug die Konzeption einer verbrüderten, nicht mehr unterdrückten Menschheit in den vom Kriege erschütterten Herzen. [Aber] kein Echo empfingen sie, wenn sie riefen.«

Den Wirkungsverlust des Expressionismus wertete er nicht, wie Lukács und andere Kommunisten, als zwingendes Resultat eines primär vom Gefühl getragenen, politisch unverbindlichen Ästhetizismus, sondern als Konsequenz einer historisch bedingten Interesselosigkeit gegenüber dem innovativen Potential expressionistischer Werke. Nur weil »die Republik versagte«, sei »die revolutionäre Bereitschaft dieser Intellektuellen« schließlich »unausgenutzt« geblieben. In diesem Sinn grenze es schon an »Ungerechtigkeit«, wenn Lukács selbst dem aktivistischen Flügel der expressionistischen Bewegung vorwerfe, eine Gesinnung zu vertreten, die faschistische Tendenzen aufweise, nur weil sie, wie etwa Kurt Hiller, ebenso von Nietzsche wie von Marx beeinflußt sei. »Vergessen wir nicht«, meinte er dann, »damals stand der Enthusiasmus links – wohin er gehört.« Der »›Irrationalismus‹« habe also einen Wert an sich, wiewohl er freilich »nur dem geistig Erfahrenen und Reifen« zugute käme. Eine Synthese aus »Überschwang« und »Verstand«, dies sei es, was die Kunst zu vermitteln habe, insofern sich erst auf ihr eine menschenwürdige Zukunft begründen könne. Demnach müsse die metaphysische Sehnsucht des einzelnen ebenso berücksichtigt werden wie der soziale Fortschritt der Gemeinschaft. Damit hatte er den Kerngedanken formuliert, auf den er sich von nun an immer wieder in seinen theoretischen und literarischen Schriften berufen sollte. Ein Jahr später, in seinen Vorträgen *Der Kampf um den jungen Menschen* und *Woran glaubt die europäische Jugend?*, akzentuierte er mit dem Begriff des »sozialistischen Humanismus« sein künftiges Credo.

Daß er den Aufsatz nicht zur Publikation freigab, hatte möglicherweise etwas mit seiner überraschenden Einladung zum ersten Allunionskongreß der Sowjetschriftsteller in Moskau zu tun, über den er hernach der Mutter schrieb, »man ist sehr aus auf ›Sympathisierende‹, das hängt mit den Einheitsfront-Bestrebungen zusammen.«[112] Gut möglich, daß er daher den Zeitpunkt für eine öffentliche Verteidigung des ›Irrationalen‹ gegenüber einem der exponierten marxistischen Wortführer für verfehlt hielt; immerhin war er, anders als ebenfalls geladene deutsche Literaten wie Johannes R. Becher, Willi Bredel, Albert Ehrenstein, Oskar Maria Graf und Ernst Toller, der einzige deutsche Schriftsteller, der der sozialistischen Lehre eher distanziert gegenüberstand. In einem Brief an den Lukács'-Schüler Hans Günther meinte er denn auch in jenen Tagen mit Verve sagen zu können, daß »weltanschauliche Differenzen eine gemeinsame politische Disziplin nicht verhindern« dürften – »von mir wenigstens kann ich mit gutem Gewissen sagen: ich bin gerne bereit, solcherlei Differenzen zurückstellen.«[113] Klaus Manns Verteidigung der expressionistischen Kunstrichtung als anti-bürgerliche Oppositionsbewegung war zugleich eine Absage an das materialistische Postulat der ›orthodoxen Marxisten‹. Schon seit einigen Monaten hatte ihn die Frage beschäftigt, ob er aktiv für die Errichtung eines sozialistischen Gesellschaftssystems als (utopisches) Gegenprogramm zum Faschismus eintreten solle. Noch Ende des Jahres hatte er in seinem Tagebuch notiert: »›Versöhnung‹ mit den Kommunisten.«[114] Doch wie sich zeigte, vermochte er sich nicht dazu durchzuringen – im Schulterschluß mit Bert Brecht, Georg Lukács, Johannes R. Becher oder Egon Erwin Kisch –, sich vorbehaltlos der marxistischen Dogmenlehre anzuschließen, in der für die Kunst nur eine soziale Funktion vorgesehen war. Im *Wendepunkt* meinte er – freilich auch unter dem Eindruck der stalinistischen Gewaltherrschaft –:

»Eine Weltanschauung, der jede Ahnung vom Metaphysischen fehlt, ein geistiges System, in dem es keinen Platz für die Kategorie des Transzendentalen gibt, bleibt mir Entscheidendes schuldig. Ich werde sie nie als mein absolutes Credo akzeptieren können. Genau dies fordert der autoritäre und totalitäre kommunistische Staat vom Intellektuellen: daß er die Marxsche Lehre mit all ihren Prämissen und Konsequenzen als absolut gültig und richtunggebend, als das alleinseligmachende Dogma, als Offenbarung und Evangelium anerkenne und befolge.«[115]

Seine Reise nach Moskau, auf der er von Annemarie Schwarzenbach, »Miro«, begleitet wurde, führte ihn am 13. August zunächst nach Wien.

Ein paar Tage zuvor, am 25. Juli 1934, hatte Hitler versucht, durch einen
Staatsstreich Wien zu erobern und den Anschluß Österreichs zu erzwingen. Dabei hatten österreichische Nationalisten, mit Unterstützung von
deutschen Nationalsozialisten, einen Aufstand angezettelt, bei dem der
Bundeskanzler, Engelbert Dollfuß, ermordet wurde. Doch der Staatsstreich mißlang: Mussolini ließ am Brenner Divisionen aufmarschieren,
so daß sich Hitler zum Rückzug gezwungen sah. Einen Tag später ent-
hob Hitler den deutschen Botschafter in Wien seines Amtes und schickte
den Vizekanzler Papen als deutschen Gesandten in Sondermission nach
Wien: Er verurteile den Akt der Gewalt und wolle die Verantwortlichen,
die sich auf deutscher Seite an dem Umsturz beteiligt hätten, strafrecht-
lich verfolgen. Auf die Nachricht von Hitlers Niederlage in Österreich
reagierte Klaus Mann zunächst mit gedämpftem Optimismus: »Man war
– oder ist? – *ganz* nahe am Krieg. Hitler *muß* bald hin sein!!!«[116] Doch
schon kurze Zeit später erwies sich Hitlers vermeintlicher Machtverlust
als Schimäre: Nach Hindenburgs Tod am 2. August übernahm er das
Präsidentenamt. Klaus Mann reagierte mit großer Enttäuschung: »Es
scheint also noch immer nicht so weit.«[117] Zu diesem Zeitpunkt war
Hitler im Begriff, das terroristische Fundament seiner Macht weiter aus-
zubauen: Gerade hatte er die Formation SS gegründet und sie Heinrich
Himmler unterstellt. Unter seiner Leitung avancierte die schwarz unifor-
mierte Truppe innerhalb kürzester Zeit zu Hitlers ›Eliteeinheit‹ für Unterdrückung und Gewalt. Bis zu dieser Stunde hatten die Exilierten in
den letzten Monaten ein Wechselbad der Gefühle erlebt: Gerüchte, wie
etwa die angeblich anhaltende Wirtschaftskrise, hatten für einen Moment lang die Hoffnung genährt, daß der ganze Spuk bald ein Ende haben würde, andere ließen befürchten, daß, wie Klaus Mann in einem
Brief an einen alten Freund, den Journalisten Franz Goldstein, meinte,
»sich alles noch ganz überraschend hinziehen und ganz anders enden«
könnte »als wir's uns wünschen. [...] Seien wir inzwischen froh, wenn
wir noch ein paar Jahre der Arbeit haben.«[118] Mit blankem Entsetzen
reagierten die deutschen Exilautoren, als sie die Nachricht erreichte, daß
Erich Mühsam am 11. Juli im Konzentrationslager Oranienburg von den
Wärtern zu Tode geprügelt worden war. Am 19. April hatte der Schutzverband Deutscher Schriftsteller noch eine Kundgebung für ihn, Carl
von Ossietzky und Ludwig Renn organisiert, um das Ausland auf das
schlimme Schicksal der drei streitbaren Literaten aufmerksam zu ma-

chen. In seinem Nachruf sprach Klaus Mann von Erich Mühsam und den anderen inhaftierten deutschen Schriftstellern als »Opfer eines Sadismus, der sich vor Torschluss noch einmal austoben möchte«. Dann stellte er bestürzt die Frage: »Schweigt die Welt?«[119]

Unter dem Eindruck der sich zuspitzenden politischen Verhältnisse glaubte Klaus Mann im Spätsommer 1934 die rettende Antwort auf die faschistische Bedrohung Europas in der Sowjetunion finden zu können. Schon allein deshalb hatte er sich vorgenommen, in Moskau und auch in Leningrad, wo er sich nach dem Kongreß noch ein paar Tage erholen wollte, ganz genau hinzuschauen und jedes kleine Detail der dortigen Verhältnisse, jeden Hinweis auf die Situation der Intellektuellen und die Stimmung des Volkes sorgfältig zu notieren. Die täglichen Tagebucheinträge – die er für seine in der Oktober-Ausgabe der *Sammlung* erschienenen *Notizen aus Moskau* heranzog – geben die Fülle der Eindrücke minutiös wieder: Schon am 16. August, dem Tag seiner Ankunft, stellte er mit Genugtuung fest: »Auftrieb und Lebendigkeit der Stadt – im Gegensatz zu Wien, über dem Düsterkeit und Furcht lag. Froh, hier zu sein.«[120] Doch schon zwei Tage später folgt die Ernüchterung: »Die störenden Züge: der Militarismus; die betonte Unterordnung (»ich gehe, wohin die Partei mich schickt«) – eben jene Züge, die an den Fascismus erinnern.«[121] Der in Moskau allgegenwärtige revolutionäre, ja begeisternde Elan auf der einen Seite, die restriktiven Ambitionen Stalins auf der anderen Seite – kaum jemand hat in jenen Tagen das janusköpfige Prinzip des sowjetischen Sozialismus so präzise auf den Punkt gebracht wie Klaus Mann.

Alle wichtigen und unwichtigen Ereignisse fanden Eingang in sein tägliches Protokoll, die »Geschmacklosigkeit durch die Valuta Gier« – Klientinnen eines Damenfriseurs, »die in Valuta zahlen, werden ausserhalb der Reihe bedient«[122] – ebenso wie »der grosse Abend bei *Gorki*«[123], in dessen Landhaus sich die Gäste bis zum frühen Morgen hitzige Wortgefechte lieferten, oder die »Schwierigkeit, Zigaretten zu kriegen«.[124] Sogar seine Eindrücke während eines Besuches im »Revolutions-Museum« vergaß er nicht zu vermerken. Der Kongreß selbst bot ebenfalls genug Anlaß für Randnotizen: hier die – in russischer Sprache gehaltenen – Referate von Ilja Ehrenburg und Maxim Gorki, dem ersten Vorsitzenden des sowjetischen Schriftstellerverbandes und Gallionsfigur der ›neuen‹ sozialrealistischen Literatur, dessen Auftritt Klaus Mann ironisch kommentierte: »Schon ins Patriarchalische stilisiert.«[125] Dort die engagierten Beiträge der französischen Delegation, die in Moskau durch André Malraux und Louis Aragon wichtige Akzente für die literarische ›Einheitsbewegung‹ setzten. Klaus Mann sah sich fürs erste lieber in der Rolle des Zuhörers und Beobachters, denn in der exponierten Stelle des Redners. Einen Moment lang überlegte er noch, ebenfalls einen Vortrag zu halten. Doch er hatte sich vorgenommen, seine Teilnahme am ersten Allunionskongreß der Kommunisten so ruhig und unauffällig wie möglich zu gestalten; abgesehen von seinen eigenen Vorbehalten, sich vereinnahmen zu lassen, fürchtete er, ob zu Recht oder nicht, daß man ihn später des Mitläufertums bezichtigen könnte. Indes: Mit seiner modisch-eleganten Erscheinung fiel er offenbar ein wenig aus dem ansonsten eher gesetzten Rahmen der sozialistischen Veranstaltung. Oskar Maria Graf jedenfalls merkte in der Beschreibung seiner *Reise in die Sowjetunion 1934* an, daß Klaus Mann schon allein deshalb aufgefallen sei, weil er »das vollendete Bild eines ›jungen gebildeten Mannes von Welt‹ verkörpert habe:

»Sauber, wie aus dem Ei gepellt, lässig, elegant gekleidet, schlank und rank sozusagen, mit einem gescheiten, rassigen Gesicht, mit nervösen Bewegungen und einer auffallend schnellen Aussprache. Alles an ihm schien ein bißchen maniriert, aber es wurde abgedämpft durch einen klug witternden Geschmack. Der ganze Mensch hatte etwas Ruheloses, überhitzt Intellektuelles und vor allem etwas merkwürdig Unjugendliches. Was ich von ihm bisher gelesen hatte, verriet die unverarbeitete Stiltradition, die er vom Vater und teilweise von Heinrich Mann übernommen hatte, alles war noch wenig eigen, zwar untadelhaft, aber kernlos. Nur in dem leichthingeschriebenen Reisebuch ›Rundherum‹ fand ich bis jetzt eine angedeutete Selbständigkeit. Das hatte mich damals gefreut. Wie lang, sagte ich mir, wird man ihn noch vorwerfen, daß er bloß ein verdünnter Aufguß von Thomas Mann ist!« Schließlich meinte er noch, in Moskau habe man sich ebenfalls »über diesen ›Sohn eines berühmten Vaters‹« mokiert – »Neid und Mißgunst sitzen überall.«[126]

Der »›junge gebildete Mann von Welt‹« wird in der Tat darüber nicht erfreut gewesen sein, daß der lange Schatten des Vaters selbst ins antibourgeoise Moskau reichte. Darüber schwieg Klaus Mann sich in seinem Tagebuch jedoch lieber aus. Statt dessen fand er in seinem privaten Resümée über »Rußland«, hierbei wieder einmal von seinem »klug witternden Geschmack« gelenkt, genau zu den Vorbehalten zurück, die schon früher einer Annäherung an die sozialistische Ideologie entgegengestanden hatten:

»RUSSLAND. Veränderung, Aufbau des Irdischen vor allem – und sie ist so dringend dringend nötig. Hier hundertprozentige Sympathie. Aber: durch ausschliessliche Konzentrierung auf das irdische Ziel – Vernachlässigung des Metaphysischen. Die Dichtung als rein soziale Funktion – während sie doch auch die geheimnisvolle überhaupt nicht mehr zweckgebundene Funktion ist. Sie kann nicht beschäftigt sein durch Fragen wie: Kollektivierung der Landwirtschaft u.s.w. – so wichtig diese sind. Ihre unergründlichen Themen bleiben doch auch: die Liebe, die Einsamkeit der Individuation, der Tod als Rätsel, Hoffnung, letztes Glück. (Die Arbeiter lachten, als Malraux sie nach ihrer Beziehung zum Tod fragte –) Die Trauer, Urgefühl des Lebendigen – hier Defaitismus. Man kann einwenden – und man wendet ein –: während des antifascistischen Kampfes u.s.w. – Einige aber bleiben während *jedes* Kampfes zugewandt jenen Dingen, die doch wohl mehr sind als nur getarnte kapitalistische Interessen. – Dieser optimistischen Generation wird eines Tages ein ›Werther‹ geschrieben werden. – Widerstände nicht gegen die Organisation, sondern gegen ihren Absolutismus. Ja, Vernunft gegen ›Irrationalismus‹. Aber – Dieser ›gute Wille‹ von gigantischem Ausmass.«[127]

»Ich soll kein Deutscher mehr sein«[128]

Kaum von seiner Reise in die Sowjetunion zurückgekehrt – auf der Rückfahrt hatte er noch in Finnland Station gemacht, wo es zu jener unglückseligen Wiederbegegnung mit Hans Aminoff kam – setzte er sich an den Schreibtisch, um einen Aufsatz über *Das Unvermeidliche an der Saar* niederzuschreiben.[129] Am 8. November erschien der Text in gekürzter Fassung unter dem Titel *Krieg und Saar* in der *Neuen Weltbühne*.[130] Darin bekräftigte er seinen Aufruf an die Saarländer, bei der Volksbefragung im Saargebiet am 13. Januar des folgenden Jahres gegen den Anschluß an Deutschland und für den Fortbestand der treuhänderischen Verwaltung durch den Völkerbund zu stimmen. (Die Bemühungen blieben jedoch erfolglos: 90,8 Prozent stimmten schließlich für die Zugehörigkeit zu Hitler-Deutschland.) Das erste Mal hatte er im Kampf um ein unabhängiges Saargebiet bereits am 21. April Stellung bezogen, als in der Saarbrücker Zeitung *Volksstimme* ein Aufruf gegen die Rückkehr nach Deutschland veröffentlicht wurde, den er und 27 weitere Intellektuelle unterschrieben hatten. Auf ebendieses Signum beriefen sich die deutschen Behörden, als sie am 1. November im *Preußischen Staatsanzeiger* bekannt gaben, daß sie Klaus Mann wegen seiner »Hetzkampagnen« gegen das Dritte Reich die deutsche Staatsbürgerschaft aberkannt hätten. Klaus Mann erfuhr von seiner ›Ausbürgerung‹ aus dem Schwei-

zer Rundfunk. Er verfaßte einen launigen Kommentar, den die Zeitschrift *Schweizer Mittwoch* unter dem Titel *Ich soll kein Deutscher mehr
sein* abdruckte. Heutzutage sei »es eine Ehre, verstoßen zu werden« aus
dem »großen und schönen Vaterland«. Er würde die »›Ausbürgerung‹«
wie »einen kleinen Ordensstern« behandeln, denn konkrete »Konsequenzen« habe sie für ihn nicht: »Was die Machthaber mir im Praktischen antun konnten, hatten sie mir natürlich schon vorher angetan.«[131]
    In jenen Tagen holte ihn auch das Paßproblem wieder ein: Der
»Gunstpass« war abgelaufen, und diesmal mochten die holländischen
Behörden ihm nicht so ohne weiteres einen neuen ausstellen. Eine Woche
lang mußte er jeden Tag Polizeiverhöre über sich ergehen lassen, wobei
man vor allem seinem Besuch in Moskau besondere Aufmerksamkeit
schenkte. Am 18. Dezember konnte er endlich den neuen Ausweis in
Empfang nehmen. Zu spät für eine Teilnahme an dem Vortragsabend,
den der Schutzverband Deutscher Schriftsteller für den 15. Dezember in
Paris geplant hatte: Klaus Manns Beitrag zur *Bedeutung des Moskauer
Schriftstellerkongresses für die zeitgenössische Literatur* wurde schließlich – unter großem Beifall – in Abwesenheit des Autors vorgetragen.
Von Mitte Oktober bis Mitte November weilte Klaus Mann in der
Schweiz. Er besuchte Fritz Landshoff in Davos, wohin dieser sich inzwischen begeben hatte, um sein Lungenleiden auszukurieren; den Rest der
Zeit verbrachte er hauptsächlich in Küsnacht. Am 20. November trat
Klaus Mann schließlich die Rückreise nach Amsterdam an, um die Arbeit am nächsten Heft der *Sammlung* aufzunehmen.
    Unterdessen sah sich die bis dahin in der Schweiz so erfolgreiche ›Pfef-
fermühle‹ unvermutet brutalen Attacken durch schweizerische Nationalsozialisten ausgesetzt. Nachdem am 12. November ein anonymes Flugblatt von den reaktionären ›Frontisten‹ in Zürich kursiert war, das die
›Pfeffermühle‹ als politisches Hetzkabarett denunzierte, mußte die Vorstellung im Zürcher Kursaal wegen gewalttätiger Störaktionen unterbrochen
werden. Obwohl Erika Mann sofort reagierte und den Saal von nun an
allabendlich unter Polizeischutz stellte, konnten die Randalierer dem Ensemble auch ein paar Tage später wieder ungehindert Parolen wie »Juden
raus« und »Die Schweiz den Schweizern« zurufen. Selbst auf der Straße
kam es zu Krawallen. Obwohl die Polizei zahlreiche Unruhestifter fest-
nahm, verfehlte der Tumult nicht seine Wirkung: Die bis dahin fast immer
ausverkauften Vorstellungen fanden plötzlich vor halbleeren Rängen

statt.[132] Erika Mann sah sich daraufhin genötigt, das Programm ein wenig zu entschärfen. Dennoch setzte sie sich, resolut wie immer, zur Wehr, wenn es darum ging, eine ihr wichtige Sache zu verteidigen. Sie vermutete eine Verschwörung der Eltern ihrer Freundin Annemarie Schwarzenbach. Die Schwarzenbachs machten Erika dafür verantwortlich, daß sich die Tochter in ihren politischen Ideen, in ihrem unkonventionellen Lebensstil und ihren sozialen Kontakten zu weit vom Milieu ihrer großbürgerlichen Herkunft und damit auch von der Familie entfernt hatte. Schon längst hatte die Mutter Erika Hausverbot erteilt und der Tochter mehr als einmal nahegelegt, den Kontakt mit den Mann-Geschwistern abzubrechen.

Was hätten die Eltern wohl gesagt, wenn sie erfahren hätten, daß Annemarie offenbar zeitweilig die Absicht hegte, Klaus Mann zu heiraten? Eher beiläufig läßt sich die überraschende Wendung im bis dahin von herzlicher Kameradschaft und stiller Besorgnis geprägten Verhältnis aus Klaus Manns Tages-Protokoll ablesen: Auf ihrer gemeinsamen Reise nach Moskau hatte sich, so legen die Eintragungen nahe, eine neue Form der innigen Vertrautheit ergeben. Am 16. August notiert er etwa: »Abends früh aufs Zimmer. Thun, mit Miro. Amitié«[133]; am 9. September: »Brief von Miro, noch aus Moskau (mit Bemerkungen über Heiraten)«[134], am 30. November schließlich der Eintrag: Telegramm von E.[rika]. (Miro soll sich mit dem französischen Legationsrat in Teheran verlobt haben, das wäre – wahrscheinlich – la fin de L'amitié.)«[135] Die Nachricht erwies sich als richtig. Annemarie Schwarzenbach heiratete am 21. Mai des folgenden Jahres den – ebenfalls homosexuellen – französischen Diplomaten Claude Clarac. Klaus Mann schwieg sich darüber aus, ob das gebrochene Eheversprechen mit zu seinem Seelenkummer beitrug, von dem das Tagebuch inzwischen fast täglich Zeugnis ablegte.

Was mochte Klaus Mann dazu bewogen haben – der Tatsache zum Trotz, daß er nur für einen Mann erotische Gefühle und sexuelle Begierde empfinden konnte –, den Gedanken an eine wenn auch wahrscheinlich ›offene‹ Ehe ins Auge zu fassen? Mit seinen nunmehr 28 Jahren längst der schwärmerischen Begeisterung und der Arglosigkeit der Jugend entrückt, wie sie einst für seine Verbindung mit Pamela Wedekind von Bedeutung gewesen waren, dürfte er das Für und Wider einer ehelichen Verpflichtung diesmal nüchterner erwogen haben. Da in seinem Journal niemals von den Vorteilen die Rede ist, die die Heirat mit einer Schweizerin für die leidige »Paßfrage« zweifellos bedeutet hätte, spielte dieses Motiv wohl eher eine marginale Rolle. Gewiß, Klaus und Annemarie standen sich schon seit einigen Jahren sehr nahe, beide pflegten einen unkonventionellen Lebensstil, beide liebten das Reisen, die Literatur und die Drogen, beide verspürten eine Affinität zum Tode, beide vergötterten Erika und beide – vor allem dies sprach für die Überlegung einer Legalisierung ihrer Schicksalsgemeinschaft – sehnten sich nach einem Menschen, der ihnen die Not der Einsamkeit lindern und gleichsam zum ›rettenden Anker‹ in ihrer oftmals verzehrenden Rast- und Haltlosigkeit werden konnte. Doch so frappierend die Ähnlichkeit ihrer Gewohnheiten und wohl auch ihrer Charakterzüge sein mochte, so wenig hätten sie vermutlich auf Dauer einander zu geben vermocht, wonach beide letztlich ihr Leben lang strebten: Stabilität, Zuverlässigkeit, Sicherheit und den nötigen Lebenswillen, um den Kampf für sich selbst und für den anderen auszufechten. Ein Jahr später, als Annemarie Schwarzenbach gerade wieder in die Schweiz zurückgekehrt war – ihre Ehe war gescheitert – erschrak Klaus Mann beim Anblick der abgemagerten und vom exzessiven Drogenkonsum gezeichneten jungen Frau. »Hätte ich mit ihr leben können? Könnte ich mit ihr leben?« schrieb er am 27. Oktober 1935 in seinem Tagebuch.[136]

Weihnachten und Silvester verbrachte Klaus Mann – man betrachtete es nun als Tradition – bei den Eltern zusammen mit den engen Vertrauten Hans Reisiger, Therese Giehse und Fritz Landshoff in Küsnacht. Auch diesmal machte er sich daran, sein jährliches Fazit zu ziehen, und wie immer ging er dabei schonungslos mit sich selbst ins Gericht. Ein paar Worte, ein knapper Satz genügten, um Höhen und Tiefen, Hoffnungen und Enttäuschungen, das Für und Wider von sich anbahnenden Entwicklungen präzise auf den Punkt zu bringen. »Neigung zum ›Thun‹ eher wachsend. Viel getrieben; selten par l'amour. Depressive Attacken – die ohne E.[rika] vielleicht unüberwindlich wären. – Ein überstandenes Jahr.«[137] Er hatte es »überstanden«, ganz recht, doch er war in diesem Jahr dem Abgrund ein Stück näher gekommen.

Innenansichten eines Künstlers

Als Klaus Mann in den ersten Tagen des neuen Jahres nach Amsterdam zurückkehrte, stand zunächst wieder einmal ein Umzug auf dem Programm: Er und Fritz Landshoff bezogen zwei kleine Zimmer in der Pension Hirsch, Jan-Willem-Brouwer-Straat 21. Seit dem demonstrativen Auszug aus der Pension Huize von Eeghen hatten sie immer wieder die Unterkunft gewechselt, jetzt meinten sie endlich, das Passende gefunden zu haben. (Auch Walter Landauer und Hermann Kesten bezogen hier Quartier.) Tatsächlich behielt Klaus Mann sein Zimmer in der Pension Hirsch – selbst nachdem das Erscheinen der *Sammlung* eingestellt wurde. Allerdings sollte er sich in Amsterdam von da an nur noch sporadisch aufhalten.

In dem von Erika Mann 1950 herausgegebenen Gedächtnisbuch für den toten Bruder schrieb Thomas Mann, Klaus habe, »wohin er kam auf seinen beständigen Wanderungen«, überall sofort eine »nette Ordnung hergestellt: ein paar Bilder gehängt, ein paar Bücher gereiht, Photographien verteilt, und er saß an seiner Schreibmaschine.«[138] So hielt es der Sohn auch dieses Mal: Nachdem er seine persönliche Habe in dem schmucklosen Pensionszimmer geordnet hatte, notierte Klaus Mann in seinem Tagebuch mit rührender Genauigkeit, auf wessen vertrautes Antlitz, auf welches Erinnerungsstück er niemals verzichten mochte:

»das große lebendige Bild von Mielein; Rickis Zeichnung mit den sich umarmenden Knaben, deren Münder die Linie eines Mundes bilden; E[rika], als Märchenerzählerin am Pult; Miro, an der Schreibmaschine; Wolfgang [Hellmert] und Babs [Herbert Franz], im Badeanzug an einem Photo-Apparat kniend; das Kind Skl.[enka], als ›Erfinder‹, mit einem Segelschiff, das er ernsthaft betrachtet; eine italienische Zeichnung – Jünglingskopf mit einem verführerisch lebendigen, atmenden, strengen und weichen Mund. Das klassische Kinderbild, von E[rika] und mir, mit Mielein.«[139]

Der Vater war nicht mit einer Fotografie vertreten, und auch die übrigen Geschwister nicht. Das Foto von dem »Kind« Hans Sklenka mit dem »verführerischen Mund« hatte Klaus Mann erst vor ein paar Wochen der Sammlung hinzugefügt. Hans Sklenka war von Erika Mann im vergangenen Herbst als neues Mitglied für die ›Pfeffermühle‹ verpflichtet worden: Als begabter Schauspieler mit einer abgeschlossenen Klavierausbildung sicherte er sich mühelos einen Stammplatz in Erikas hochkarätigem Ensemble. Manchmal, wenn sich bei ihm erotisches Interesse regte – vor allem dann, wenn sich dieses primär durch die attraktive Erscheinung der neuen Bekanntschaft nährte –, sprach Klaus Mann von dem anderen als dem »Kind«. So auch diesmal, als er sich gleich bei ihrer ersten Begegnung heftig in den charmanten, gut aussehenden jungen

Österreicher verliebte. Auch wenn Hans Sklenka fünf Jahre jünger als er war, das Alter war es sicherlich nicht, was Klaus Mann zu dieser Bezeichnung bewog. Dachte er etwa an das Kind als Sinnbild für Reinheit und Unschuld? Oder hatte er – seine negativen Erfahrungen lassen fast darauf schließen – vielmehr das genaue Gegenbild im Sinn: das Kind als Dämon, als unberechenbares janusköpfiges Geschöpf: zum einen spielerisch, vergnügt, spontan, unbekümmert und fröhlich, zum anderen aber auch unzähmbar und unbelehrbar, ja, bisweilen sogar grausam und rücksichtslos? Wollte er sich über die Andeutung auf das Kindliche, wobei er sich selbst zweifellos in der Rolle des Erwachsenen wähnte, im ungewissen Spiel der Liebe einfach nur seine Überlegenheit sichern? Wie auch immer; die Wahrnehmung und Akzeptanz des anderen als komplexe, eigenständige, vielleicht sogar selbstbewußte Persönlichkeit war – so oder so – nicht darin enthalten. In diesem Fall aber war das »Kind« wohl eher eine »armselige Täuschung«[140], da es sich der Beziehung mit einem Mann gänzlich verweigerte. Hans Sklenka mochte Klaus Mann, aber er konnte und wollte sich nicht auf ein homoerotisches Verhältnis mit ihm einlassen. Trotz vieler gemeinsamer Unternehmungen – einmal stand wahrhaftig der Besuch eines Kinder-Varietés auf dem Programm – war an eine erotische Annäherung zu keinem Zeitpunkt zu denken. Darüber hatte Hans Sklenka ihn niemals im unklaren gelassen, und so begleitete das Verhältnis praktisch von Anfang an Hoffnungslosigkeit und Trauer. Dennoch wurde Hans Sklenka – wie Klaus Mann notierte – zum »dürftigen Strohhalm«, an den er sich in den kommenden Monaten halten wollte, »um nicht gänzlich abzustürzen«.[141] Dies mag seinen tieferen Beweggrund darin gehabt haben, daß ihm das verzehrende, gleichsam aussichtslose Verlangen einer nicht gelebten Beziehung leichter erträglich war als eine gelebte Bindung in Liebe.

Erst im April 1936 folgte die jähe Ernüchterung. Die beiden hatten sich monatelang nicht gesehen, den Kontakt über Briefe jedoch nicht abreißen lassen. »Schliesslich Sklenka. Völlig verändert; dick geworden; entzaubert... Vorbei. »Wie schade, dass alles Schöne vergeht...« »Ach, was habe ich ausgestanden«, notierte Klaus Mann nach einem Treffen mit Hans Sklenka in Wien. Zudem hatte sich Hans Sklenka inzwischen als überzeugter Nationalsozialist zu erkennen gegeben und das Kabarett in Wien denunziert, so daß geplante Auftritte in Österreich nicht hätten stattfinden können, meinte Erika 1956 in einem Brief an Curt Bois.[142]

Über Hans Sklenkas nationalsozialistische Gesinnung findet sich indes kein Wort in Klaus Manns Tagebuch. Wohl aber in seinen Notizen zu *Mephisto*: In einem ersten Romanentwurf, den Klaus Mann vermutlich Ende 1935 zu Papier brachte, hat er das Vorbild für die Rolle des »kleinen Nazi, gutgläubig« mit »(Skl.)«[143] versehen. Tatsächlich sollte Hans Miklas, die Nazi-Figur in *Mephisto*, schließlich die Züge von Hans Sklenka tragen.

Wie das Jahr zuvor war Klaus Mann von Küsnacht nach Amsterdam mit dem festen Vorhaben zurückgekehrt, die Arbeit an einem neuen Roman aufzunehmen: Die Biographie von Peter Iljitsch Tschaikowsky war diesmal dichterisches Vorbild. Es verbinde ihn mit dem russischen Komponisten wohl eine Art Seelengemeinschaft, meinte Klaus Mann später sinngemäß in seiner unveröffentlicht gebliebenen *Selbstanzeige* zu *Symphonie Pathétique*: Immer wenn er Werke von Tschaikowsky höre, habe er das »sichere, untrügliche Gefühl«, daß sich »hinter diesen melodischen Klagen und Jubeltönen ein Menschenschicksal« verberge, das ihn »auf eine intime und besondere Weise etwas« angehe. Ja, dieses Wissen habe ihn schon erfaßt, noch ehe er mit dem Leben Tschaikowskys vertraut gewesen sei und ihn schließlich dazu bewogen, sich seiner tragischen, »schwermutsvollen«[144] Biographie anzunehmen. Und tatsächlich ist in keinem anderen Werk die Reflexion der eigenen Person so facettenreich präsent, das Neben- und Gegeneinander der eigenen persönlichen Schwächen und Möglichkeiten so aufrichtig entfaltet wie im Tschaikowsky-Roman. Die Idee für das Projekt gärte schon seit längerem in ihm; bereits Anfang des letzten Jahres hatte er im Amsterdamer Concert-Gebouw Tschaikowskys 4. Symphonie gehört und noch am gleichen Abend in seinem Journal vermerkt: »Lust über Tschaikowsky zu schreiben. (Tschaikowsky-Roman. Schwuhl.)«[145] Allerdings hatte es ihm zunächst einige Schwierigkeiten bereitet, eine angemessene Rahmenhandlung festzulegen. Es war zwar nicht das erste Mal, daß er sich des Lebenswegs einer berühmten Persönlichkeit annahm, doch die ihm bis dahin nur als Zuhörer vertraute Welt der Musik machte erst einmal Studien von musiktheoretischen und -historischen Schriften notwendig, eine ungewohnte Übung, die noch dazu mit einigem zeitlichen Aufwand verbunden war. Dafür begab er sich sogar einige Tage in eine Amsterdamer Bibliothek, um später festzustellen, daß er es sehr genossen habe, im Lesesaal in friedlicher Eintracht mit der »studierenden Jugend« zu sitzen

und in der behaglichen Atmosphäre des Lesesaals den Spuren Tschaikowskys zu folgen. Über die Leitmotive war sich Klaus Mann indes von Anfang an klar gewesen: die Künstlerproblematik, Schwermut, Einsamkeit,
Heimatlosigkeit und Todessehnsucht – dies waren die vertrauten Lebens-
formeln, die für seine eigene Existenz (und sein Frühwerk) von Anfang
an bestimmend waren, und die durch das Exil eine neue Aktualität erfahren hatten. Nichts lag daher näher, sie seiner Hauptfigur als charakteristische Eigenschaften zuzuschreiben. Daß er seine Tschaikowsky-Figur
schließlich auch mit den Licht- und Schattenseiten homoerotischen Erlebens konfrontieren wollte, ebenso wie er seinen Tod unbekümmert als
Selbstmord deutete, war für ihn gewiß mehr als nur eine konzeptionelle
Notwendigkeit; ohne sie wäre die literarische Bestandsaufnahme von
Tschaikowskys komplexer Persönlichkeit, so wie sie sich jedenfalls aus
dem subjektiven Blickwinkel des Autors darstellte, unvollständig geblieben. (Ob Tschaikowsky tatsächlich homosexuell war, ist bis heute um-
stritten, ebenso wie die genauen Umstände seines Todes niemals wirklich
aufgeklärt werden konnten.)

Auch diesmal, wie seinerzeit bei der Niederschrift des *Alexander*-Ro-
mans, gab es immer wieder Phasen, in denen ihm die Ausarbeitung des
Themas mehr Mühe als Freude bereitete. Als er nach einem Monat ge-
wissenhafter Arbeit endlich das erste Kapitel Fritz Landshoff und Walter
Landauer vortragen konnte, zeigte es sich, daß immer noch umfangreiche Korrekturen nötig waren. Er ließ sich jedoch in seinem Vorhaben
nicht beirren: Fast ein halbes Jahr schrieb er Zeile um Zeile – trotz nach
wie vor überbordenden Vorbereitungen für das allmonatliche Erscheinen
der *Sammlung*, der Ausarbeitung von zwei Vorträgen, die er jeweils in
Paris und Barcelona hielt, und trotz der immer noch anhaltenden Niedergeschlagenheit, die in jenen Tagen freilich schon fast ein gewohntes
Lebensgefühl für ihn geworden war. Es klingt überrascht, als Klaus
Mann kurz vor Fertigstellung am 13. Juli in seinem Tagebuch notierte:
»Der ›Tschaikowsky‹ ist ein *autobiographisches* Buch. Sicher mein be-
stes«. Dann fügte er noch die sarkastische Bemerkung hinzu, er hoffe,
daß »sein Erscheinen nicht mit dem Beginn des Weltkriegs zusammen«
fiele: »Wäre schad drum.« Unmittelbar nach der Fertigstellung bekräftigte er in einem Brief an seine Schwester Monika ein weiteres Mal, wie
sehr das Schicksal seiner Romanfigur auf ihn selbst zurückweise: »[...]
ich habe so merkwürdig viel aus meinem Leben hineinpacken können in

das Leben meines rührenden Peter Iljitsch.«¹⁴⁶ Die Niederschrift des
Schlußkapitels verlangte ihm noch einmal höchste Konzentration ab.
Am 3. August, zwei Tage, bevor das letzte Heft der *Sammlung* heraus-
kam, konnte er in seinem Journal endlich vermerken, daß er mit dem
»Tippen des zehnten Kapitels« befaßt sei – das Werk war vollbracht.
Klaus Mann hatte sehr sorgfältig gearbeitet: *Symphonie Pathétique*
war schlüssig konzipiert, er hatte streng darauf geachtet, daß ihm keine
stilistischen Ungenauigkeiten unterliefen (allerdings waren ihm die Worte »Mitleid« und »Leiden« wohl ein wenig zu oft aus der Feder geflos-
sen), und es war ihm gelungen, seine (freie) Interpretation der Tschaikowsky-Figur inhaltlich überzeugend zu gestalten. Er war klug beraten
gewesen, auf den Entwicklungsroman als Gestaltungsprinzip zu verzichten. Statt dessen legte er das Schwergewicht auf die sich langsam zuspitzenden inneren Konflikte seiner Hauptfigur. So spiegeln Tschaikowskys
Reflexionen den fortschreitenden Verlust seines Lebenswillens wider, als
dessen letzte Konsequenz schließlich nur der Selbstmord bleibt. Die
Handlung beginnt mit einer der vielen Europareisen, die Tschaikowsky
unternahm. Fern von der Heimat wird er von zwiespältigen Empfindungen bestimmt. So wie die Reisen zugleich lästige Pflichten des berühmten
Komponisten und Dirigenten wie Notwendigkeiten einer rastlosen Natur sind – »Tschaikowsky, der es nirgends sehr lange aushält«¹⁴⁷ –, so
schwankt auch seine seelische Verfassung zwischen kurzen Glücksge-
fühlen und tiefen Depressionen. Im Fortgang des Geschehens verstärkt
sich sein Leiden: Das langjährige Verhältnis zu seiner Mäzenin und
Freundin Frau von Meck zerbricht; die Liebe zu seinem Neffen Wladimir, den er liebevoll »Bob« nennt und dem er sein letztes großes Opus,
die Symphonie Pathétique widmet, wird ihm zwar zur Quelle der Inspiration für sein künstlerisches Werk, doch bleibt ihm ein dauerhaftes
Glücksgefühl versagt – ist die Endlichkeit des menschlichen Seins doch
allgegenwärtig: »Was der Trost dieses Lebens ist, was es überhaupt erst
erträglich macht – seine Vergänglichkeit, das Provisorische, Spukhafte,
Uneigentliche, fliehend Entgleitende seines Wesens – ist zugleich das
schlimmste, Bitterste an ihm, sein Fluch und der tiefe Grund all seiner
Traurigkeit.«¹⁴⁸ Schließlich vermag er auch seine Scheu vor den Menschen kaum mehr zu überwinden; immer häufiger zieht er auf Reisen die
Einsamkeit seiner Schlafgemächer dem regen gesellschaftlichen Treiben
der illustren Musikerzirkel vor. Wenn Tschaikowsky, z.B. in Leipzig, auf

seine Zeitgenossen trifft – hier sind es Johannes Brahms und Edvard Grieg –, dann wird deutlich: er ist ein Sonderling, er steht abseits, als Künstler wie als Persönlichkeit. Seine Abkehr von der Welt, sein eigener Auflösungsprozeß scheint unaufhaltsam geworden zu sein. Dennoch gelangt seine musikalische Entwicklung zur künstlerischen Reife, die in der Symphonie Pathétique schließlich ihren vollkommenen Ausdruck findet. So kennt der Antagonismus von Kunst und Leben letztlich nur ein Ziel: den Tod. Damit wird der – bewußte – Griff zu dem Glas, daß das mit Choleraerregern verseuchte Wasser enthält, zur erlösenden Geste eines Menschen, der den inneren Widerspruch seiner Existenz – in Erwartung des Scheiterns – in vollem Bewußtsein kultiviert hat.

In jener *Selbstanzeige* gab Klaus Mann an, daß für das Motiv der Heimatlosigkeit noch eine andere Perspektive bestimmend gewesen sei. So stehe seine »große Figur« vor dem »faszinierend reichen Hintergrund« des ausgehenden neunzehnten Jahrhunderts, einer kulturellen Epoche,

»nach der wir Heimweh haben wie nach einem schönen, verlorenen Land. Gewiß, wir kennen die Gebrechen und die Häßlichkeiten dieser so nahen und schon so versunkenen Vergangenheit. Aber haben wir das Recht oder auch nur die Lust, sie gar zu sehr hervorzuheben, angesichts einer Gegenwart, die um so vieles ärmer an Reizen, um so vieles reicher an Jammer ist? – Ja, ich gebe es zu: dieser Künstler-Roman wurde mir zum Ausflug in das an zauberhaften Überraschungen reiche Land des neunzehnten Jahrhunderts.«[149]

Es war dem Autor wohl bewußt, daß seine Motivwahl auch der Sehnsucht nach einem ästhetischen Programm entsprang, das aber angesichts der aktuellen politischen Entwicklungen nicht unbedingt zeitgemäß war. Das Dilemma eines Künstlers, der seine geistige Heimat in einer vergangenen Ära weiß, klingt in *Symphonie Pathétique* in der Konfrontation von Tschaikowskys musikalischem Romantizismus mit den modernen kompositorischen Ansätzen an, wie sie etwa in den Arbeiten des gefeierten Johannes Brahms enthalten sind. Klaus Mann war mit dieser Problematik selbst vertraut genug, um den Zwiespalt zwischen Neigung und Pflicht einfühlsam zu reflektieren.

Wohl zu Recht hat Martin Gregor-Dellin darauf hingewiesen, daß Peter Tschaikowsky, im Vergleich zu den »Titanen« Beethoven und Mozart, eher »ein Stern zweiter Größe« gewesen sei, ein »Umstrittener«[150], dem niemals die aufrichtige Bewunderung des deutschen Publikums zuteil geworden war. Schon allein deshalb habe sich Klaus Mann, der sich den Vergleich immer wieder mit dem allmächtigen Vater gefallen lassen mußte, auf ganz besondere Weise mit Tschaikowsky verbunden gefühlt. In diesem Sinn mag es ebenfalls zutreffend sein, daß, wie Uwe Naumann vermutet, auch die kritische Einsicht des Autors in die Grenzen der eigenen literarischen Leistung anklinge[151], wenn er seinen Protagonisten erkennen läßt: »Das meiste war gewiß nicht sehr gut, sondern eher mißglückt und durchaus nicht gemäß dem hohen und strengen Auftrag. Aber vielleicht gab es doch ein paar Melodien, ein paar kurze Stellen in all dem, die Bestand haben durften.«[152]

Mit *Symphonie Pathétique* konnte sich Klaus Mann indes der allgemeinen Anerkennung gewiß sein. Viel Lob und durchweg positive Kritiken in der deutschsprachigen Auslandspresse und den verschiedenen Exilzeitschriften; er registrierte es mit Genugtuung. Auch der Onkel war begeistert: Der »Tschaikowsky« sei ein »wahrhaft erstaunliches Buch«, tatsächlich könne er sich an »eine solche literarische Überraschung« kaum erinnern. Heinrich Mann lobte die »Komposition« und die »erstaunliche Erfassung des 19. Jahrhunderts«. Nach seiner Erfahrung käme es nur alle zehn Jahre einmal vor, daß man einer derart »glücklichen Stoffwahl« begegne. »Dies war nun die Hauptarbeit um Dein dreißigstes Jahr«, beglückwünschte er den Neffen.[153] In dieser Hinsicht irrte er allerdings. Als ihn der Brief des Onkels in den Weihnachtstagen in Küsnacht erreichte, war Klaus Mann gerade dabei, sich erste Notizen für seinen Roman *Mephisto* zu machen.

»Das arge Gesicht der Gespenster«[154]

Noch bevor die *Sammlung* im August – nach 2 Jahrgängen und insgesamt 24 Ausgaben – ihr Erscheinen einstellen und Klaus Mann Amsterdam als festen Wohnsitz aufgeben mußte, begab er sich wieder verstärkt auf Reisen. Er kam der Einladung des Schutzverbandes deutscher Schriftsteller zu einem zweitägigen Autorentreffen Anfang Februar in die französische Hauptstadt gern nach: Seit Wolfgang Hellmerts Tod war er nicht mehr in Paris gewesen. Die Tagung selbst, auf der man vornehmlich die Werke der geladenen Autoren besprach, verlief, er hatte es kaum anders erwartet, enttäuschend. Einzig das Referat des ungarischen Journalisten Arthur Koestler über *Flucht in den Norden* fand seine Zustimmung. Dagegen ärgerte ihn Gustav Reglers Kritik, daß Johanna keine »gute« Kommunistin sei, über alle Maßen: »Meine Beziehung zu ihm leidet«, notierte er später kleinmütig in sein Journal.¹⁵⁵ Zurück in Amsterdam nahm er die pompöse Hochzeit der Schauspielerin Emmy Sonnemann mit Hermann Göring am 10. April in Berlin zum Anlaß, eine polemische Glosse zu schreiben. Am 21. April erschien sein offener Brief *An die Staatsschauspielerin Emmy Sonnemann-Göring* im *Pariser Tageblatt*, später wurde der Text auch in der Tarnschrift *Deutsch für Deutsche* veröffentlicht, die von exilierten Schriftstellern und Journalisten verfaßt und illegal nach Deutschland geschickt wurde. Ob es Emmy Sonnemann gelänge, ihre Gedanken »– die erzogen sein sollten an den deutschen Klassikern, aber wohl schon verdorben sind durch eine neudeutsche Ethik –, von den Grausamkeiten fernzuhalten, die ihr »Märchengatte« im Namen des »Führers« tagtäglich gegen das deutsche Volk, gegen die deutschen Intellektuellen befehle? Sei sie wirklich schon so unempfindlich »gegen das arge Gesicht der Gespenster«: den schrecklich zugerichteten Carl von Ossietzky, den toten Dichter Erich Mühsam und andere, die Opfer ihres »mörderischen Gemahls« geworden seien? Sie würde es schon noch erleben: Es würde der Tag kommen, an dem »Lebende in die Räume ihres Schlosses« stürmten, die dann »keine Scherzreden« mehr mit ihr plauderten.¹⁵⁶

Von Mitte April bis Mitte Juli hielt sich Klaus Mann überhaupt nicht in Amsterdam auf. Ein längerer Besuch in Südfrankreich stand auf dem Programm: erst Marseille, dann Sanary, wo auch die Eltern ihren Sommerurlaub verbrachten, und schließlich Nizza, wo er Heinrich Mann besuchte. Es war offensichtlich, daß Onkel und Neffe sich in ihren Anschauungen immer stärker aufeinander zu bewegten. Ihr entschiedener Kampf gegen den Faschismus, den Heinrich Mann in jenen Tagen mit beißender Polemik zu führen wußte und der ihn schon bald zur allseits geachteten Integrationsfigur der deutschen Exilliteraten werden ließ; ihre ernsthaften Bemühungen, ihre Vorbehalte gegen den Kommunismus, Rußland und Stalin zugunsten einer antifaschistischen ›Einheitsfront‹ mit den sozialistischen Schriftstellern zurückzustellen; ja, selbst ihr Verhältnis zu Thomas Mann brachte sie einander näher: Obwohl sie beide seine zögerliche Haltung gegenüber der Hitler-Diktatur grundsätzlich mißbilligten, zeigten sie auch Verständnis für seine Lage, die ihm, da er sich nun einmal für die Publikation seiner Bücher im Dritten Reich entschieden hatte, in der Tat immer wieder neue Kompromisse abverlangte. Schließlich folgten Heinrich und Klaus Mann auch in bezug auf das antifaschistische Gegenprogramm einer ähnlichen Argumentation: Beide verstanden den Nationalsozialismus als große Perversion deutsch-europäischer Kultur, der nur über eine Rückbesinnung auf die humanistischen Werte der ›Aufklärung‹ zu bekämpfen war. Dies machte sie zu Verbündeten in einem Konflikt, der – in erster Linie – konsequent auf die Macht des Wortes setzte. Als Klaus Mann am 22. Mai in Barcelona eintraf, wo er als offizieller Delegierter der exilierten deutschen Schriftsteller am XIII. Internationalen Kongreß des PEN-Clubs teilnahm, führte er in seiner auf französisch gehaltenen Rede auch Heinrich Manns Wort der »geistigen Gesittung« an, um für kollegiale Solidarität mit den deutschen Regimekritikern zu werben: für die verfemten Literaten im Ausland, aber auch für die inhaftierten Intellektuellen in Deutschland. Klaus Mann war mit gemischten Gefühlen nach Barcelona gefahren: Die betont unpolitische Haltung des PEN-Clubs behagte ihm ebensowenig wie die Gewißheit, daß er dort auf italienische und deutsche Teilnehmer treffen würde, die sich die menschenverachtenden Parolen der Diktaturen ihrer Länder bedenkenlos zu eigen gemacht hatten. In dem Bericht über seinen Aufenthalt in Barcelona, der in der Juli-Ausgabe der *Sammlung* erschien, forderte er den PEN-Club dazu auf, so er denn wirklich ein Forum der Geistigkeit sein wolle, im Namen der »Freiheit« und der »Menschenwürde« eindeutig gegen die faschistischen Tendenzen in Europa Stellung zu beziehen.[157]

Mit ungleich größeren Erwartungen fuhr Klaus Mann zum Ersten Internationalen Schriftstellerkongreß zur Verteidigung der Kultur, der vom 21. bis 25. Juni in Paris stattfand. Insgesamt 250 Autoren aus 37 Ländern nahmen an der hochkarätigen Zusammenkunft teil; zu den deutschen Rednern gehörten neben Klaus und Heinrich Mann auch Bertolt Brecht, Egon Erwin Kisch, Johannes R. Becher, Anna Seghers, Ernst Bloch, Alfred Kerr, Alfred Kantorowicz und Gustav Regler. Doch bevor es zur ersten konstituierenden Sitzung kam, erreichte ihn am Morgen des 21. Juni in seinem Pariser Hotel die Nachricht, daß René Crevel in der Nacht zum 18. Juni Selbstmord begangen hatte. Er kenne »*alle* seine Gründe«, schrieb er daraufhin erschüttert in sein Tagebuch, »ich hab's so oft gedacht – dass es mich müde macht, es noch zu denken...« und: »Ich wusste es ja, dass dieser Frühling nicht ohne solch ein Ereignis vorbeigehen wird. Wen holt der nächste?« Er fühlte sich erbärmlich und kaum mehr in der Lage, der Tagung beizuwohnen. Einen Moment lang überlegte er, seine Teilnahme abzusagen. Er habe »Angst vor den Leuten« und empfinde »Ekel vor dem Kongress«.[158] Schließlich zwang er sich, mindestens zwei weitere Tage in Paris zu bleiben, damit er noch seine Rede zum *Kampf um den jungen Menschen* vortragen konnte. Erst danach wollte er nach Küsnacht abreisen. Anschließend bereute er seine Entscheidung: Der Vortrag sei nicht gut gewesen, und auch der »Kongress als Ganzes« habe ihn keineswegs überzeugt. Es war nicht das erste Mal, daß eine Debatte unter Schriftstellern nicht auf seine Zustimmung stieß. In Wahrheit waren ihm Massenveranstaltungen wie diese schon immer ein Greuel gewesen: der Zwang zum Kollektiv, das Niveau der Reden, die Auswahl der Teilnehmer – stets fand sich mindestens ein gewichtiger Kritikpunkt, über den er sich anschließend ereiferte (nicht selten führte er sie auch alle auf einmal an). »Wie vergeht einem die Lust an Organisationen,«[159] seufzte er etwa nach dem Pariser Schriftstellertreffen Anfang des Jahres. Oder: »Kisch hat die Frechheit, eine Dreiviertelstunde lang, auf deutsch, eine Rede knapp vom Niveau einer Gewerkschaftsversammlung, zu halten. Auch Musil sehr schwach«[160], lautete der wütende Kommentar zum ersten Tag des Schriftstellerkongresses zur Verteidigung der deutschen Kultur. Nein, Vereinsmeierei war nicht seine Sache, für welchen guten Zweck auch immer – diese Erfahrung hatte er schon als Schüler der Freien Schulgemeinden gemacht. Daß er die antifaschistische Einheitsbewegung dennoch mit großer Ernsthaftigkeit und einem Eifer unterstützte, die mancher seiner Kritiker von einst ihm kaum zugetraut hatte, zeigt an, wie sehr ihm als »Vertreter des Geistes« das Engagement gegen die Diktatur am Herzen lag.

Der exilierte Schriftsteller, der im Dienste der »geistigen Gesittung«, der Vernunft und einer besseren Zukunft für die Menschheit gegen den Faschismus eintritt – dieses utopische Gegenprogramm bestimmte auch seine Gedanken, als er seine Rede *Der Kampf um den jungen Menschen* für den Schriftstellerkongreß zur Verteidigung der deutschen Kultur vorbereitete. Dabei hatte er sich seit der Emigration das erste Mal dazu durchgerungen, öffentlich Kritik am Kommunismus zu üben – wenn auch auf moderate Weise. Ausgehend von der Frage, weshalb man die deutsche Jugend an den Faschismus »verloren« habe, gewährt er zugleich einen Einblick in die eigene spirituelle Haltung, wonach eine gottlose Existenz für ihn undenkbar ist. So gesehen, habe man den sozialistischen Begriff der Zukunft wohl »zu eng« gefaßt; man sei »zu exklusiv, zu dogmatisch« gewesen. Damit wäre man der europäischen Jugend jedoch »etwas schuldig geblieben«, so daß einige sich dem Faschismus zugewandt hätten, der ihnen zumindest eine Art »Scheinbefriedigung« verschafft habe.[161] Fest stehe, daß die jungen Menschen nur wenig Verständnis aufbringen könnten, solange sich »Pathos, [...] Propaganda [und] Prophetie [...] ausschließlich auf das Wirtschaftliche« konzentrieren würden. Die Jugend aber sei ihrem Wesen nach voller Leidenschaft und voller Träume und vor allem: sie habe eine »religiöse Veranlagung«. »Unruhe« erfülle ihr Herz, die sie schweifen ließe »zu jenem letzten, höchsten und geheimnisvollen Punkt«, den sie »ehrfurchtsvoll erschauernd *Gott*« nenne. Sie wolle empfinden, spekulieren, in mystischen Stimmungen schwelgen, bisweilen auch Ausflüge ins Transzendentale unternehmen können. Es gelte also für einen Zukunftsentwurf einzutreten, der beides berücksichtige: das menschliche Streben danach, dem »Sinn atmenden Lebens«, also dem »Rätsel der Einsamkeit, der Liebe, der Vergänglichkeit« auf die Spur zu kommen, und eine Wirtschaftsordnung zu errichten, die allen gemäß sei: »Die gerechte Wirtschaftsordnung ist doch nur die *Voraussetzung* für höheres Menschenleben – niemals sein Sinn.« Er nenne diesen Entwurf »sozialistischer Humanismus«, der für ihn zugleich der »komplexe und komplette Gegensatz des Faschismus« sei. (Später räumte im übrigen auch Ernst Bloch ein, daß die marxistische Botschaft zu »kalt, schulmeisterisch [und] ökonomisch« sei. Vor allem den »Träumen der Jugend« wäre sie nicht entgegengekommen.[162]) Erwartungsgemäß stieß Klaus Mann vor allem bei den sozialistischen Autoren nicht auf ungeteilte Zustimmung; einen großen Aufruhr verursachte er mit der Rede jedoch nicht.

Noch am gleichen Abend setzte sich Klaus Mann in den Zug und hoffte darauf, im elterlichen Haus bei Erika Zuspruch zu finden für seine Trauer über den neuerlichen Verlust eines Freundes. Von Küsnacht aus besuchte er gemeinsam mit ihr Annemarie Schwarzenbach, die sich – obwohl sie immer noch die meiste Zeit in Persien verbrachte, gerade ein neues Domizil im schweizerischen Sils Baselgia, nur ein paar Kilometer von St. Moritz entfernt, gekauft hatte. Hier in der ländlichen Idylle kam er wieder ein wenig zur Besinnung, bevor er sich – mit denkbar gemischten Gefühlen – zurück nach Amsterdam begab. Es war die Zeit, in der das Ende der *Sammlung* unausweichlich zu werden begann. Die Abonnentenzahl war von Monat zu Monat weiter gesunken; zum Schluß fanden sich nur noch 400 Interessenten. Zu wenig, meinten Emanuel Querido und Fritz Landshoff, um das ohnehin gewagte Unternehmen noch weiter fortzusetzen. Zwischenzeitlich erwog Klaus Mann noch, mit Ferdinand Lion eine Art Kollektiv-Redaktion zu gründen und die *Sammlung* mit der von Lion herausgegebenen Exilzeitschrift *Neue Deutsche Blätter* zusammenzuführen. Es wurde nichts daraus. Gut möglich, daß rein private Gründe Klaus Mann dazu bewogen, sich gegen eine Zusammenarbeit mit Ferdinand Lion zu entscheiden, denn ein erstes Gespräch der beiden war nicht sonderlich angenehm verlaufen. Der gute Freund des Vaters, der im übrigen später die Redaktion der von Thomas Mann Ende 1937 ins Leben gerufenen literarischen Zeitschrift *Maß und Wert* leiten sollte, hegte offenbar gewisse Ressentiments gegen ihn. Er habe den Verdacht, daß Klaus Mann dazu neige, sich zu übernehmen. Und: Er solle sich doch lieber auf seine »›Spezialität‹ bescheiden«, anstatt seine Kräfte für ein Projekt zu bemühen, für das er nur mäßige Begabung zeige. Hinsichtlich seiner Beurteilung von Klaus Manns Fähigkeiten bezüglich der Herausgabe einer Zeitschrift, ließ sich Ferdinand Lion auch zwei Jahre später nicht beirren. Er war es, der Thomas Mann schließlich dazu drängte, nicht den älteren, sondern den mittleren Sohn, Golo, mit den Aufgaben eines Ko-Redakteurs für *Maß und Wert* zu betrauen. Klaus Mann reagierte mit gekränktem Stolz. Schon das Gespräch der beiden über die Zukunft der *Sammlung* hatte ihn zu einem harschen Kommentar veranlaßt. Ferdinand Lion selbst »bescheide sich [mit] Sensibilität als Lebensinhalt«, jedoch bei »völliger Standpunktlosigkeit« und einer »sublimen Erfolgsanbeterei«.[163] Später fügte er dem wenig schmeichelhaften Urteil hinzu, Lions »Sensibilität« sei »ohne Substanz«, seine »Beeinflussbarkeit« eine »kokette Pose«, hinzu käme ein »totaler Mangel an Gesinnung«.[164] Nein, die beiden waren sich nicht sonderlich wohl gesonnen, ein Aspekt, der in der Tat nichts Gutes für die Fortsetzung der *Sammlung* unter einer gemeinsamen Federführung verheißen hätte. So kam es, wie es kommen mußte: Am 18. Juli begann Klaus Mann das »grosse Aufräumen für die arme sterbende ›Sammlung‹«.[165] Es war keine angenehme Tätigkeit, nein, bestimmt nicht, doch der Eindruck einer gewissen Indifferenz läßt sich, bei aller Trauer über das »Sterben« seiner Exilzeitschrift, nicht völlig entkräften. Fast schien es, als schmerze ihn die Aussicht, daß »die deutschen Agenten es gleich belustigt ans Propaganda-Ministerium melden«[166], wie er in jenem Brief an Monika meinte, mehr als der Verlust eines Projektes, das doch in mancherlei Hinsicht einem Lebenswerk‹ gleichkam. Es war allerdings wohl kein Zufall, daß seine melancholische Grundstimmung in den folgenden Monaten immer deutlicher die Symptome einer ausgeprägten Depression aufwies; es zeigte sich, daß er die mißlichen Gefühle, die mit der Auflösung der *Sammlung* zwangsläufig einhergingen, allzu schnell beiseite geschoben hatte.

Die *Sammlung* war von Anfang an ein Sorgenkind, das einen ungeheuren und kompromißlosen Einsatz all seiner Kräfte erfordert hatte. Die bitteren Stunden, die den Querelen um die Anfangsnummer gefolgt waren, waren wohl halbwegs vergessen, obschon auch sie unterschwellig weiter gärten. Zweifellos schwerer wog die Tatsache, daß die Herausgebertätigkeit für die *Sammlung*, die ihn immerhin zwei Jahre lang voll in Anspruch genommen hatte, ihm neben vielen neuen, anregenden und bereichernden Erfahrungen auch einige Einschränkungen abverlangt hatte. Abgesehen von seinen begrenzten Reisemöglichkeiten war es vor allem die ständige Rücksichtnahme – so etwa gegenüber den holländischen Behörden, den Interessen des Verlages und Fritz Landshoff, bisweilen auch gegenüber den Autoren, die ihn viel Energie und Nerven gekostet hatte. Und dazu gehörte schließlich auch, daß der immense Arbeitsaufwand ihn in seinem literarischen Schaffen, das er in jenen Tagen gern als seine »eigentliche Arbeit« zu bezeichnen pflegte, erheblich beeinträchtigte. Daß er dennoch in dieser Zeit der überbordenden Betriebsamkeit zwei große Romane fertigstellen konnte, ganz zu schweigen von den zahlreichen Essays, Artikeln, Glossen und Vorträgen, die er in dieser Zeit auch für andere Zeitschriften und Kongresse zu Papier brachte, macht deutlich, mit welcher Disziplin und Konzentration er zu Werke gehen konnte, mit welch großer Leidenschaft, ja Besessenheit er stets und überall seine künstlerische Kreativität entfaltete.

Allerdings, das tägliche Protokoll deutet es an, spätestens ab 1935 begann sich eine gefährliche Entwicklung abzuzeichnen, die Klaus Mann selbst beunruhigt registrierte: Die Drogen waren längst nicht mehr ›nur‹ ein willkommenes Mittel, um trübe Momente aufzuhellen oder mit Freunden den Kollektivrausch zu erleben. Der lapidare Satz »Gearbeitet, unter Wirkung«[167], der schon die Notizen über den Fortgang seiner Arbeit an dem Tschaikowksy-Roman begleitete, zeigt an, wie existentiell bestimmend der nunmehr tägliche Rauschgiftkonsum geworden war. Während der Niederschrift des *Mephisto* – seine übliche Ration hatte er gerade aufgebraucht – hatte er dermaßen unter Entzugserscheinungen gelitten, daß er am Abend Walter Landauer habe aufsuchen »*müssen*«, um sich »eine Spritze zu machen« – »wie ein Durstiger, der zu trinken bekommt«. Danach habe sich sofort wieder »ein guter Zustand« eingestellt. Der Vorfall habe ihn ausgesprochen »geärgert«, merkte er in seinem Journal an.[168] Wenn man bedenkt, daß seine Abhängigkeit mittlerweile weit fortgeschritten war und ihm sogar schon entwürdigende Bittgänge auferlegte – dies nicht zuletzt, um die literarische Produktion nicht zu gefährden –, dann hätte ihn wohl eher blankes Entsetzen erfassen müssen. Angst und Bange hätte es ihm werden müssen, als er feststellen mußte, daß die Sucht nun auch in jenen elementaren Bereich seines Daseins Einzug hielt, von dem er selbst einmal sagte, daß er für ihn der »melancholisch-insuffiziente Ersatz«[169] für seine Unfähigkeit sei, den Fortbestand der Menschheit zu sichern – andere bekamen Kinder, er schrieb Bücher –, und aus dem er seine Identität bezog. Scribo, ergo sum. Hätte er das enorme selbst auferlegte Arbeitspensum anders vielleicht nicht bewältigen können? Es ist müßig, eine Antwort auf diese Frage zu suchen; entscheidend ist, daß Klaus Mann *glaubte*, er könne es nicht anders zu Wege bringen, was wiederum vermuten läßt, daß nicht nur die Last der permanenten literarischen Präsenz zunehmend drückender wurde, sondern auch der schwelende Zweifel an den eigenen Fähigkeiten ihn zu verzehren begann.

Als er Ende August mit all seinem Hab und Gut in Küsnacht bei den Eltern eintraf, machte Klaus Mann das erste Mal den Versuch, ein paar Tage ohne Drogen auszukommen – offenbar nur halbherzig –, denn am vierten Tag verzeichnete er schon wieder den gewohnten Eintrag: »Genommen. Schlimmer und süsser Trost.«[170] Inzwischen war auch den Eltern nicht verborgen geblieben, daß des Sohnes »süsser Trost« immer deutlicher selbstzerstörerische Tendenzen aufwies. Vermutlich hatte Erika sich irgendwann hilfesuchend an die Mutter gewandt, um mit ihr zu beraten, was zu tun sei. Schon seit einiger Zeit beobachtete sie mit wachsender Sorge den steigenden Drogenkonsum des Bruders. Bis dahin war sie selbst häufig nicht abgeneigt gewesen, das Rauscherlebnis mit ihm zu teilen. Von jeher nüchterner und lebensbejahender als Klaus, ließ sie es jedoch nicht zu, die Kontrolle über den eigenen Drogenkonsum zu verlieren (diese Standhaftigkeit brachte sie allerdings nicht auf, wenn es darum ging, ihren enormen Nikotingenuß einzudämmen.). Wann sich das erste Mal der Verdacht in Erika regte, daß der Bruder ernsthaft gefährdet sein könnte, ist ungewiß. Sicher ist, daß es in jenen Monaten immer wieder zu »kleineren Auseinandersetzungen«[171] zwischen den Geschwistern kam; bisweilen hatte sie sogar versucht, ihm – unter Androhung von Liebesentzug – den Drogengenuß regelrecht zu verbieten. Es gab Zeiten, in denen sich Klaus Mann ihre Ermahnungen zu Herzen nahm und Tage der Abstinenz einlegte; hierbei mochte freilich vor allem die Angst, sie zu verlieren, der entscheidende Beweggrund gewesen sein. Das Triumphgefühl, das er empfand, wenn er zwei, drei oder vier Tage erfolgreich Enthaltsamkeit geübt hatte, war indes verräterisch genug. Als er sich im September für ein paar Tage in Prag, wo gerade die ›Pfeffermühle‹ gastierte, und hernach in Budapest aufhielt, stand er fast die ganze Zeit unter Drogeneinfluß. Ursprünglich hatte er vorgehabt, endlich seine Persien-Reise nachzuholen, doch sein ohnehin nur halbherzig gefaßter Entschluß, Annemarie in der Nähe von Teheran zu besuchen, scheiterte nicht zuletzt daran, daß er das russische Transitvisum nicht rechtzeitig erhielt. Auch hatte Erika dringend von der Fahrt abgeraten: der Zustand der Freundin sei einfach miserabel, es wäre für Klaus nicht gut, unter diesen Umständen so lange mit ihr zusammen zu sein.[172] Klaus Manns eigener Zustand schien in diesen Tagen jedoch nicht minder kritisch zu sein: Trotz der vielen Begegnungen fühlte er sich einsam wie nie zuvor. »Wieder ein zugleich überfüllter und leerer Tag. Ich bin es müde – möchte weg, gebe auch alles Geld aus; [...] bin es auch müde, die vielen Verabredungen aufzuschreiben. Heute vormittag, im Bad, ein sehr freundlicher Masseur; das Beste am Tage«[173] – schrieb er resigniert in sein Tagebuch; das Dasein, es widerte ihn an in diesen Tagen. Immerhin inspirierte ihn ein Erlebnis auf dem Prager Wenzelsplatz zu einer kleinen Erzählung. Bezeichnenderweise ist *Der Bauchredner*[174] eine traurige Geschichte über die Ungerechtigkeiten und entwürdigenden Seiten des Lebens: Ein junger Mann, der keine bessere Arbeit gefunden hat, als auf dem Wenzelsplatz aus Werbezwecken im unbequemen Gewand eines »Riesenkochs« auf und ab zu marschieren, wird von seinem Mädchen – Annemarie – verlassen, weil es sich schämt, mit einem »Ungetüm« verlobt zu sein.

Gegen Ende des Jahres kam es zur offenen Krise im elterlichen Haus. Am Abend des 22. November notierte Thomas Mann in seinem Tagebuch:

»Klaus unpäßlich. Morphin-Reaktion. Dr. Stahel bei ihm, der dem Entbehrungszustand natürlich nur mit einer Spritze steuern konnte. K.[laus] glaubt, der Drogue Herr bleiben und einen Schwebezustand von freier Gewöhnung und Gelegentlichkeit einhalten zu können. Der Weinkrampf wird ihn wohl über seinen Irrtum belehrt haben. Dennoch ist der Wunsch nach gänzlichem Bruch mit dem Mittel nicht vorhanden und äußert sich auch in der Absicht, Dr. Katzenstein zu konsultieren, kaum.«[175]

In der Tat: Der Sohn weigerte sich standhaft, seine Drogensucht als »pathologisch« einzustufen. Dies jedenfalls war die Kernaussage eines Briefes, den er kurz darauf an besagten Dr. Katzenstein schrieb. Jenes Schreiben enthielt schließlich auch einen – dürftigen – Erklärungsversuch, der für einen wortgewandten Literaten allerdings überraschend vage ausfiel: Es sei gewiß, daß »von den verschiedenen Dingen« die ihm zu schaffen machten, ihn doch kein Arzt »befreien« könne. Wenn Dr. Katzenstein sein jüngstes Buch (*Symphonie Pathétique*) lesen würde, das er ihm habe zukommen lassen, dann würde er »sicher spüren und wissen, welchen Komplex von Stimmungen und von Nöten« er meine...[176] Der Züricher Arzt, den Klaus Mann auf Drängen der Mutter einige Wochen zuvor das erste Mal konsultiert hatte, wußte ihm in der Tat nicht anders zu helfen, als ein Rezept für Eukodal auszustellen, offenbar in dem naiven Glauben, mit den Tabletten Klaus Manns Morphiumsucht einzudämmen und seine Depressionen lindern zu können. Auch vor sich selbst beharrte Klaus Mann zunächst darauf, daß der »Anfall«, ein Weinkrampf von mindestens einer halben Stunde, »bewusstseinsmäßig, *nicht* als Thun-Gier aufgetreten« sei. Er habe »vor Trauer *geschrien*.« (Stunden zuvor hatte er im Augenblick der höchsten Bedrückung vermerkt: »Dringlichster Sterbe-Wunsch.«[177]) Immerhin war er Ende des Jahres dann soweit, sich einzugestehen, daß das »Thun«-Problem immer bedenklicher und zentraler«[178] werde. Es sollte jedoch noch einige Zeit vergehen, bis er sich dazu entschließen konnte, eine Entziehungskur anzutreten.

Familienzwist

Daß Klaus Mann den elenden Zustand der letzten Wochen allmählich überwand und schließlich dem neuen Jahr mit gefaßter Zuversicht entgegensah, war nicht zuletzt der liebevollen Fürsorge der Mutter zu verdanken. In jenen Tagen der Krise hatte sie auf rührende Weise versucht, durch behutsame Gespräche und wohlmeinende Ratschläge das Ihre dazu beizutragen, daß sich die psychische Verfassung des Sohnes wieder stabilisierte. Schließlich hatte sie ihm gar das Versprechen abringen können, seinen Rauschgiftkonsum deutlich einzuschränken. Zumindest kam es auf einen Versuch an; dieser Notwendigkeit konnte sich auch der Sohn nun nicht mehr länger verschließen. In den ersten zwei Wochen des neuen Jahres gelang es Klaus Mann offenbar tatsächlich, weitgehend abstinent zu bleiben, ohne daß ihn Trübsal und Verdruß allzusehr belasteten. In Davos, wo er mit dem immer noch nicht vollständig genesenen Fritz Landshoff den Jahreswechsel feierte, und Sils Baselgia, wo er anschließend mit Annemarie Schwarzenbach in der beschaulichen Winterlandschaft des Schweizer Engadin zwei geruhsame Neujahrswochen verbrachte, ließ er es jedenfalls nicht zu, daß die depressiven Verstimmungen erneut übermächtig wurden. Die Entzugserscheinungen milderte er durch die Einnahme von stimmungsaufhellenden Medikamenten. Auch hatte er wieder ein festes Ziel vor Augen, auf das er sich ganz konzentrieren wollte, denn es galt, die Niederschrift seines dritten Exilromans aufzunehmen. Er stand bei Fritz Landshoff im Wort: Der treue Freund hatte sich Sorgen um Klaus' finanzielle Zukunft gemacht und ihm nach dem Ende der *Sammlung* für ein Jahr eine »Rente«[179] zugesichert. Auf diese Weise sollte der Wegfall der Lektoratseinkünfte, die Klaus Mann in den letzten Monaten seiner Herausgebertätigkeit allerdings schon längst nicht mehr regelmäßig und in voller Höhe erhalten hatte, aufgefangen werden. Als Gegenleistung sollte er im folgenden Jahr im Querido Verlag einen neuen Roman herausbringen.

Die ersten Notizen für den *Roman einer Karriere* – erst später entschied er sich für den Haupttitel *Mephisto* – waren noch in Küsnacht entstanden. Hier hatte er mit Eltern und Geschwistern an manchen Abenden zusammengesessen, um Zeitbezüge und Figurenkonstellationen zu erörtern. Auch in bezug auf einen geeigneten Namen für seinen Protagonisten holte er sich Rat bei der Familie ein. Vermutlich war er es jedoch selbst, der schließlich auf die Eingebung kam, seine Hauptfigur Hendrik Höfgen zu nennen: nicht den gebräuchlicheren Namen Heinrich oder Henri (das vermeintliche Vorbild hatte einst seinen eher gewöhnlichen Vornamen durch eine kleine Änderung – ein ›f‹ statt des üblichen ›v‹ – ein wenig aufgewertet), und Höfgen, weil er von vornherein Wert auf eine gewisse Klangähnlichkeit gelegt hatte. Ebenso war es ihm

wichtig gewesen, das Vor- und Zuname gleichlautende Initialen hatten:
H. H. eben wie G.G., ein Kürzel, das Klaus Mann, ob in seinen persönlichen Notizen oder in Briefen, immer anführte, wenn von Gustaf Gründgens die Rede war. Für die Darstellung des Daheimgebliebenen, der um
der Karriere willen einen Pakt mit dem Teufel schließt und sein künstlerisches Talent und seine Seele an die Nazis verkauft, wollte er, nach der Figur des Gregor Gregori in *Treffpunkt im Unendlichen*, ein weiteres Mal
auf die Züge seines ehemaligen Freundes und Schwagers zurückgreifen,
die dem fiktiven gewissenlosen Aufsteiger »lebensvolle«[180] Konturen
verleihen sollten. Diesmal allerdings hatte er ihm die uneingeschränkte
Hauptrolle zugedacht. Nach anfänglichem Zögern freute sich Klaus
Mann nun darauf, das Werk zu beginnen; es drängte ihn, der Welt die
Wesensverwandtschaft von faschistischer Macht und Komödiantentum
aufzuzeigen, indem er vom Ehrgeiz besessene Künstler und skrupellose
Machthaber eine besonders perfide Allianz eingehen lassen wollte. Iden-
titätsverleugnung, Lüge, Verrat und Gewissenlosigkeit werden dabei zu
den eigentlichen systemkonstituierenden Elementen, da sich nicht nur
die Herrscher, sondern auch die Beherrschten selbst die Gesetze der
Macht zueigen machen. Zugleich wollte er keinen Zweifel daran lassen,
wo die aufrechte, charakterfeste, unbeugsame Gesinnung des deutschen
Intellektuellen zu finden war: nicht im Dritten Reich, sondern draußen,
im Exil. Ein paar Tage vor seiner Abreise nach Amsterdam wurde die
Stimmung heiter-gelassener Erwartung jedoch empfindlich gestört.

Am 11. Januar 1936 druckte der Herausgeber der einflußreichen politischen Exilzeitschrift *Das Neue Tage-Buch*, Leopold Schwarzschild, eine Glosse über Gottfried Bermann. Schwarzschilds Behauptung, Bermann wolle in Absprache mit dem Reichspropagandaministerium »im
Ausland einen getarnten »Emigrations'-Verlag« eröffnen, gipfelte in der
Verleumdung, Gottfried Bermann sei ein »Schutzjude des nationalsozialistischen Verlagsbuchhandels.«[181] (Jahre später entschuldigte sich Leopold Schwarzschild bei Gottfried Bermann für seine haltlosen Anfeindungen.) Gottfried Bermann reagierte umgehend: Von London aus, wo
er tatsächlich gerade Niederlassungsverhandlungen führte[182], rief er
zunächst Thomas Mann in Arosa an, der dort seinen Winterurlaub verbrachte, um ihn – wie später auch Hermann Hesse und Annette Kolb –
darum zu bitten, eine öffentliche Ehrenerklärung zu seinen Gunsten abzugeben. Wie immer in den letzten Jahren zögerte Thomas Mann nicht

lange, wenn ihn sein Verleger um etwas bat: Er verfaßte einen kurzen Text, für den er sich die Zustimmung von Hermann Hesse und Annette Kolb einholte, und ließ ihn am 18. Januar in der erzkonservativen *Neuen Zürcher Zeitung* abdrucken. »Ausgerechnet in der N.[euen] Z.[ürcher] Z.[eitung]« – wie »unglückselig!«[183], kommentierte Klaus Mann die väterliche moralische Intervention. Thomas Mann hatte sich unmißverständlich geäußert: Selbstverständlich werde er Bermann auch in Zukunft seine Werke anvertrauen, und selbstverständlich seien dessen Haltung und Gesinnung über jeden Zweifel erhaben, weshalb er, weshalb sie alle drei, die infamen Unterstellungen entschieden zurückweisen würden, durch die dem Betroffenen schweres Unrecht zugefügt worden sei.[184] Thomas Manns Parteinahme für den Verleger war nicht völlig unbegründet; Stefan Zweig bemerkte später in einem Brief an Klaus Mann, daß ihm »dieses Gezänke um den Fischer Verlag« regelrecht »widerlich« sei. Er hasse »diese jüdische Profetenfanatik, wenn sie sich ins Journalistische übersetzt.« Die Herren in Paris sollten nun endlich von der »Anmaßung« ablassen, »immer Zensuren« zu schreiben.[185] Und auch Erika kam in ihrem Protestschreiben an den Vater nicht umhin einzuräumen, daß Schwarzschild sich womöglich ins Unrecht gesetzt habe: »Man soll einen Juden, der nun also emigrieren will, wohl draußen nicht ›denunzieren‹.«[186] Nichtsdestoweniger schlugen die Wogen hoch, so hoch, daß Erika ihrem Vater schließlich sogar mit Kontaktabbruch drohte: Seine Initiative zugunsten Bermanns in der *Neuen Zürcher Zeitung*, schrieb Erika, sei für sie dermaßen »traurig und schrecklich«, daß sie sich außerstande sähe, dem Vater »in näherer Zukunft« unter die Augen zu treten. Dann zog sie die unvermeidliche Parallele:

»Meine persönliche Freundschaft für Schwarzschild ist gleich Null. Meine Feindschaft für Bermann ist nicht persönlich. Ich habe für ihn den Haß, der nach meinem Dafürhalten der Rolle gebührt, die er spielt. Er selbst ist unbedeutend bis zum Rührenden. Sein Einfluß ist bedeutend [...]. Er bringt es nun zum zweiten Male fertig (das erste Mal anläßlich des ›Eröffnungsheftes‹ der ›Sammlung‹), daß Du der gesamten Emigration und ihren Bemühungen in den Rücken fällst, – ich kanns nicht anders sagen. Du wirst mir diesen Brief wahrscheinlich sehr übel nehmen, – ich bin darauf gefaßt und weiß, was ich tue. Diese freundliche Zeit ist so sehr geeignet, Menschen auseinanderzubringen – in wievielen Fällen hat sie es schon getan. Deine Beziehung zu Doktor Bermann und seinem Haus ist unverwüstlich, – Du scheinst bereit, ihr alle Opfer zu bringen. Falls es ein Opfer für Dich bedeutet, daß ich Dir, mählich, aber sicher, abhanden komme, –: leg es zu dem übrigen. Für mich ist es traurig und schrecklich. Ich bin Dein Kind E.«[187]

In ihrer Erwiderung auf die eilig verfaßten Briefe der konsternierten Eltern wiederholte sie noch einmal, wie unverzeihlich es gewesen sei, sich vom Unternehmen des Bruders so demonstrativ zurückzuziehen – damit habe er für Klaus mehr »verdorben«, »als je ein Nazi in ›idiotischer Rohheit‹ es habe tun können.«[188] Und Klaus? Auch er war empört und enttäuscht über die Haltung des Vaters, und auch er hatte sich schriftlich gegen dessen beabsichtigte Verteidigung Bermanns ausgesprochen. »Kürzer, milder, resignierter« sei sein Schreiben jedoch im Vergleich zu Erikas »besonders gutem« Brief ausgefallen, schrieb er in sein Tagebuch. Er ahnte wohl, daß seine Bemühungen, den Vater zur Räson zu ziehen, ungleich wirkungsloser waren, selbst wenn er, wie Erika, auch vor dem Letzten, dem endgültigen Liebesentzug, nicht zurückgeschreckt wäre. Die Mutter jedenfalls gab der Tochter in ihrem Antwortschreiben unumwunden den gewichtigen Aspekt der besonderen Verbundenheit des Vater zu ihr zu bedenken: »Du bist, außer mir und Medi [Elisabeth], der einzige Mensch, an dem Z.'s Herz ganz wirklich hängt, und Dein Brief hat ihn sehr gekränkt und geschmerzt.«[189] In Wirklichkeit war Erika, wie sich nun zeigen sollte, nicht nur in Herzensdingen für den »Zauberer« unentbehrlich: Von dieser Stunde an wurde sie gleichsam sein politisch-moralisches Gewissen oder, um es mit den Worten Hans Sahls auszudrücken, seine »Statthalterin auf Erden«, sozusagen »die letzte Instanz, an die der ewig Zaudernde und Zögernde sich wandte, wenn er nicht weiter wußte.«[190] Der Vater reagierte mit betont begütigenden Worten: »Zum sich-Überwerfen«, schrieb er, »gehören gewissermaßen Zwei, und mir scheint, mein Gefühl für Dich läßt dergleichen garnicht zu. Wenn ich denke, wie Du manchmal gelacht und Tränen in den Augen gehabt hast, wenn ich euch vorlas, so scheint mir Deine Ankündigung auch wieder unwahrscheinlich. Du bist viel zu sehr mein Kind Eri, und auch noch im Zorn auf mich, als daß sie sich so recht erfüllten könnte.« Man darf also vermuten, daß das Zerwürfnis nicht von allzu langer Dauer gewesen wäre. Allerdings wurde die Bindung von Vater und Tochter auch nicht ernsthaft auf die Probe gestellt – die folgenden Ereignisse machte aus ihnen wieder einträchtige Verbündete.

Leopold Schwarzschild hatte es sich nicht nehmen lassen, auf die Ehrenerklärung der drei Fischer-Autoren mit einem offenen Brief zu antworten. »Das einzige deutsche Vermögen, das – merkwürdigerweise – aus der Falle des Dritten Reiches fast komplett nach draußen gerettet werden konnte,« sei die deutsche Literatur. Gerade deshalb fordere er vor allem Thomas Mann auf, sich endlich zu einer öffentlichen Stellungnahme gegen die Nazis durchzuringen.[191] Bevor dieser sich eine angemessene Erwiderung zurecht legen konnte, erhielt er Schützenhilfe, allerdings in einem Ton und mit Argumenten, die freilich kaum seine Zustimmung finden konnten. Am 26. Januar setzte der Feuilletonchef der *Neuen Zürcher Zeitung*, Eduard Korrodi, zu einer scharfen Entgegnung an. Vor allem Schwarzschilds Behauptung, daß die gesamte deutsche Literatur emigriert sei, meinte er, auch im Namen von Thomas Mann, vehement widersprechen zu müssen:

»Wem trägt Herr Schwarzschild solchen Aberwitz vor? Ausgerechnet Herrn Thomas Mann, weil seine Werke bisher noch in Deutschland erscheinen konnten und der Dichter der ›Buddenbrooks‹ doch wohl diese Emigrantensprache als eine Unverschämtheit empfindet. Ein feiner deutscher Literaturkenner, den das Schicksal ebenfalls ins Ausland verschlagen hat, hat wohl das Recht, solche Äußerungen ›Ghetto-Wahnsinn‹ zu nennen. Hier hat man es schwarz auf weiß, daß ein Teil der Emigranten – wir hüten uns zu verallgemeinern – die deutsche Literatur mit derjenigen jüdischer Autoren identifiziert.«

Schließlich verstieg er sich zu der Behauptung, daß hauptsächlich die »Romanindustrie« ausgewandert sei und »ein paar wirkliche Könner und Gestalter von Romanen«, gewiß jedoch kein einziger deutscher Dichter. Eine »tolle und infame Entgleisung«[192] nannte Klaus Mann den absurden Versuch, ausgerechnet Thomas Mann für einen Feldzug gegen die deutsch-«jüdische Romanindustrie« zu vereinnahmen. Die zornigen Worte der Tochter beherzigend mochte Thomas Mann Korrodis Ausführungen, deren antisemitischer Unterton im übrigen offensichtlich war, nicht unkommentiert hinnehmen. Gut möglich, daß er diesmal auch für die Argumente des Sohnes zugänglich war, der, nach der Lektüre des Korrodi-Artikels, sofort erkannt hatte, daß für den Vater nun die Stunde einer expliziten politischen Stellungnahme gekommen war. Klaus Mann hatte noch kurz überlegt, Eduard Korrodi selbst zu antworten; erste Notizen zu einer Erwiderung hatte er bereits unmittelbar nach der Lektüre des Artikels zu Papier gebracht. Sodann hatte er dem Leiter des *Pariser Tageblattes*, Georg Bernhard, telegraphiert, daß er sich in einer der nächsten Ausgaben zu Wort melden wolle. »Schiebe es dann aber wieder auf, da erst versucht werden muss, den Zauberer zu einer Antwort zu kriegen«[193], schrieb er später in seinem Tages-Protokoll. Am nächsten Tag telefonierte er mit Bruno Frank, dem alten Freund der Familie: ob er den Vater nicht zu einer Antwort überreden könne? Vorsichtshalber setzte er noch zusammen mit Fritz Landshoff ein Telegramm auf, in dem er Thomas Mann »inständigst« bat, auf »Korrodis verhängnisvollen Artikel wie und wo auch immer zu erwidern«, denn diesmal ginge »es wirklich um eine Lebensfrage für uns alle«.[194] Einen Tag später dann das erlösende Telegramm der Mutter: »dass Zauberer antwortet.«[195] Schließlich war es auch Katia Manns Verdienst – die Tagebücher ihres Mannes bezeugen es –, daß Thomas Mann endlich zu der entschlossenen Haltung fand, auf die die Kinder und die emigrierten Kollegen so lange gewartet hatten. Sie war es, die den ersten Entwurf der Antwort auf Korrodis Artikel aufsetzte, und sie sorgte dafür, daß Thomas Mann die Bedenkzeit, die er sich nach einer sorgfältigen Überarbeitung ihres Konzepts von der Redaktion der *Neuen Zürcher Zeitung* noch erbeten hatte, nicht doch noch dazu nutzte, seinen offenen Brief zurückzuziehen.[196] Nach all den Ereignissen hatte Katia Mann eher als ihr Mann begriffen, daß ein weiteres Zögern ihn endgültig isoliert hätte, von den Seinen, aber auch vom Kreis der Exilschriftsteller. Am 3. Februar 1936 erschien Thomas Manns berühmt gewordener Brief *An Eduard Korrodi* in der *Neuen Zürcher Zeitung*. Endlich verwahrte er sich vehement gegen eine Diffamierung der Exilliteratur und brachte seine unbedingte Solidarität mit den Emigranten zum Ausdruck. Dabei versäumte er nicht, sich nunmehr in aller Deutlichkeit gegen das Dritte Reich auszusprechen:

> »Man ist nicht deutsch, indem man völkisch ist. Der deutsche Judenhaß aber, oder derjenige der deutschen Machthaber, gilt, geistig gesehen, gar nicht den Juden oder nicht ihnen allein: er gilt Europa und jedem höheren Deutschtum selbst; er gilt, wie sich immer deutlicher erweist, den christlich-antiken Fundamenten der abendländischen Gesittung: er ist der (im Austritt aus dem Völkerbund symbolisierte) Versuch einer Abschüttelung zivilisatorischer Bindungen, der eine furchtbare eine unheilschwangere Entfremdung zwischen dem Lande Goethes und der übrigen Welt zu bewirken droht.«[197]

Klaus Mann notierte am 4.2. erleichtert: »Zauberers grosse Erwiderung an Korrodi in der N.Z.Z. Sehr entscheidend für ihn, besonders durch den kühnen, die Nazis provozierenden Schluss. Es ist die erste entschlossene, rührende Tat von seiner Seite (Korrodi, das Ekel, ist freilich etwas sehr mit Glacéhandschuhen berührt...).«[198] Ebenso gab sich Erika, wie konnte es anders sein, versöhnlich: »Nun hat er alles gut gemacht und

steht klar und richtig da,« schrieb sie aus Prag an die Mutter.¹⁹⁹ Nach
seiner Entscheidung, den Brief nun endgültig drucken zu lassen – kurz
zuvor hatte er noch »eine heftige Nervenreaktion« erlitten –, notierte
Thomas Mann schließlich am 2. Februar: »Bin zufrieden und heiter«.²⁰⁰
Ganz so gelassen mochte er es – wer mag es ihm verdenken – allerdings
dann doch nicht aufnehmen, daß auch ihm, nach dem Bruder, nach
Klaus und Erika, am 2. Dezember 1936 die deutsche Staatsbürgerschaft
aberkannt wurde – auch wenn er mit dieser ›letzten Konsequenz‹ von
Stund' an gerechnet hatte.

Mephisto – ein Blick durchs Schlüsselloch

Derweil begann der Sohn seine Arbeit am ersten Kapitel des *Mephisto*-
Romans. Der erste Abschnitt, »H.K.« – Hamburger Künstlertheater, war
der ersten Etappe seiner Hauptperson auf dem Weg nach oben gewidmet. Die Niederschrift ging ihm leichter von der Hand, als er erwartet
hatte: Seine umfangreichen Notizen, vor allem in bezug auf die Gestaltung der Figuren, erwiesen sich als ausgefeilt genug, um ohne größere
Änderungen herangezogen zu werden. In dieser Zeit war auch seine Lektüre ganz auf die Arbeit abgestimmt: Maupassants *Bel Ami*, Goethes
Faust, Heinrich Manns *Der Untertan*, Prousts *Suche nach der verlorenen
Zeit*, Shakespeares *Hamlet* – jede dieser Schriften, vor allem aber der
*Untertan*²⁰¹ – erwiesen sich als fruchtbarer Zugewinn. Kein Zweifel, das
Thema lag ihm. Dennoch beschlich ihn immer wieder leichtes Unbehagen, weil er befürchtete, sein Buch könne gar zu boshaft und gar zu
gehässig werden.²⁰² Dies war eine neue Erfahrung für Klaus Mann: So
oft er sich in der Vergangenheit realen Ereignissen und Personen in seinem näheren und weiteren Umkreis dichterisch angenommen hatte, wobei er niemals, auch im *Mephisto* nicht, ein naturgetreues Abbild an-
strebte – von Skrupeln war er bis dahin kaum geplagt worden. Nein,
Mephisto war in vielerlei Hinsicht mit keinem seiner anderen Werke ver-
gleichbar: weder in bezug auf seine Entstehungsgeschichte noch in bezug
auf die Auswahl des Genres, des Themas, der Motive und der Romanfiguren. Abgesehen vom *Alexander*-Roman war es das erste Mal, daß
Klaus Mann nicht das eigene Erleben in den Mittelpunkt des Geschehens
stellte – wiewohl die sehr persönliche Einschätzung seiner Figuren und

seine Erfahrungen mit dem Theatermilieu der zwanziger Jahre Eingang fanden. Ein Novum war auch, daß er darauf verzichtete, seine üblichen Leitmotive zu verarbeiten: Der Zusammenhang von künstlerischem Karrierismus und politischem Machtstreben, verbunden mit einer expliziten antifaschistischen Stellungnahme ließ keinen Raum für die Darstellung der tragischen Dimension der gleichgeschlechtlichen Liebe und der Hingabe an den Tod. Der Ausnahmecharakter von Klaus Manns satirischem *Roman einer Karriere* ist schließlich in dem Bemühen begründet, einen authentischen ›Zeitroman‹ zu verfassen, dessen spezifische Eigenheiten sich allerdings nur aus der eingeschränkten Sicht eines Ausgeschlossenen, eines Exilanten entwickeln konnten. All diese Aspekte betrafen freilich – neben der eigentlichen Romanhandlung – den Teil der Geschichte, der direkt mit den konkreten Entstehungsbedingungen des Buches und der künstlerischen Intention des Autors verknüpft war. In den sechziger Jahren sollte die ungeheure Nachwirkung des Werkes den Stoff für eine zweite, ungleich dramatischere Geschichte liefern: die Geschichte des enormen Erfolgs von *Mephisto*, der ihn zu einem der meistgelesenen Romane der Nachkriegszeit machte und andere Künstler dazu inspirierte, die Romanhandlung für Theater und Film zu adaptieren, ebenso wie seine juristische Verfolgung, die schließlich zu jenem spektakulären Urteil des Bundesverfassungsgerichtes führte, das seine Publikation in West-Deutschland verbot.

Was die Entstehungsgeschichte des Buches betraf, hatte Klaus Mann – anders als bei seinen vorangegangenen Werken *Flucht in den Norden* und *Symphonie Pathétique* – lange nach einem geeigneten Thema suchen müssen: Die Ideen, einen »kleinen Roman über Toulouse-Lautrec«[203] oder einen »Roman der beiden Schwestern mit dem Knaben R.[icki Hallgarten] in der Mitte« zu schreiben, erwiesen sich als nicht zeitgemäß: Erste Überlegungen zu einem »Kleist-Roman«, zu einem utopischen Roman über das »zerstörte, anarchische Europa – in 200 Jahren«[204] – und, ein paar Tage später, zu einem »Familienroman, der aus Pringsheims-Manns zu machen wäre«[205], wurden alsbald wieder verworfen. Es war Hermann Kesten, der schließlich den entscheidenden Denkanstoß für den *Mephisto*-Roman gab, und es war Fritz Landshoff, der dafür sorgte, daß Klaus Mann die Anregung auch tatsächlich aufgriff. Am 15. November 1935 schrieb Hermann Kesten an Klaus Mann:

»[...] Nun zum entscheidenden Teil meines Briefes, für den ich mich gleich im voraus entschuldigen will. Da mir aber Landshoff sagte, Sie suchten nach einem neuen Stoff für Ihren neuen Roman, und da ich selbst für mich, für meinen neuen Roman, hin und her überlege, so überlegte ich mir, – für mich – dieses und jenes und kam an eine Sache, von der ich glaube, daß ich sie sehr schlecht und Sie sie sehr gut machen könnten. Um es kurz zu machen, meine ich, Sie sollten den Roman eines homosexuellen Karrieristen im dritten Reich schreiben, und zwar schwebte mir die Figur des von Ihnen künstlerisch (wie man mir sagt) schon bedachten Herrn Staatstheaterintendanten Gründgens vor. (Titel: ›Der Intendant‹) Dabei denke ich nicht daran, daß Sie eine hochpolitische Satire schrieben, sondern – fast – einen unpolitischen Roman, Vorbild der ewige ›Bel Ami‹ von Maupassant, der schon Ihrem Onkel das köstliche ›Schlaraffenland‹ entdecken half. Also kein Hitler und Göring und Goebbels als Romanfiguren, kein Agitprop, keine kommunistischen ›Wühlmäuse‹, keine Münzenbergiaden, aber doch – etwa – auch die Ermordung des Berliner Schauspielers, dessen Namen mir jetzt gerade nicht einfällt. Das Ganze im ironischen Spiegel einer großen versteckten, freilich spürbaren Leidenschaft. Keine politischen Darstellungen. Gesellschaftssatire. Satire auf gewisse homosexuelle Figuren. Satire auf den Streber, auf – vielleicht – viele Streber. Im ganzen: der Hauptstadt erzählt, wie man Intendant wird. Ich glaube, solch ein Stoff könnte Ihnen sehr gelingen und könnte durch die dritte Reich-Sphäre auch größere Chancen bieten. Ich sprach mit Landshoff darüber, und er ist gleichfalls meiner Meinung – wird es Ihnen auch wohl schreiben. Es würde mich sehr freuen, wenn ich Ihnen eine vage Anregung zu einem ›Theater‹-Roman damit gegeben hätte.«[206]

Während Klaus Mann zunächst kaum Ambitionen verspürte, den Vorschlag ernst zu nehmen, zeigte sich Fritz Landshoff sofort begeistert, so daß er an Klaus appellierte:

»Deine Zeilen mit dem Kleist-Vorschlag bekam ich grad. Das ist ein sehr deutsches Thema – mach es im vierten Reich. Draußen ist es – auch international – schwierig. Aber natürlich sehr schön! Ich finde – trotz allem den Kestenschen Vorschlag gut. Laß den Mann nicht schwul sein – es muß ja kein Gründgens werden – sondern irgendein ›Karrierist‹ –; das gäbe einen guten Zeitroman – der Widerstand gegen den biographischen Roman, der mißbraucht wird, ist zu zeigen. Und ich glaube, du kannst einen solchen Roman ausgezeichnet machen. Überleg es noch einmal.«[207]

1974 entdeckten Nachlaßverwalter die beiden Briefe, zu spät, um den größten Literaturskandal der Bundesrepublik zu entschärfen. So aber bestätigte das Bundesverfassungsgericht 1971 in letzter Instanz das seit 1964 bestehende und nur für einen kurzen Zeitraum aufgehobene Publikationsverbot des *Mephisto* in West-Deutschland durch das Hamburger Oberlandesgericht und den Bundesgerichtshof. Die Karlsruher Richter folgten der Argumentation des Klägers Peter Gorski, des Adoptivsohns und Alleinerben von Gustaf Gründgens, wonach *Mephisto* ein Schlüsselroman und kein literarisches Kunstwerk sei. Mit ihm habe Klaus Mann darauf abgezielt, aus privaten Haß- und Rachegefühlen dem öffentlichen Ansehen seines ehemaligen Schwagers bewußt zu schaden.[208] Das Recht auf Kunstfreiheit, die besondere zeitgeschichtliche Situation, in der das Werk entstanden war, das antifaschistische Potential des Textes – nein, für diese zweifellos auch aus juristischer Sicht stichhaltigen Argumente war die deutsche Gerichtsbarkeit in jenen Jahren nicht zugänglich. Statt dessen stellten sie den Persönlichkeitsschutz des – inzwischen verstorbenen – Gustaf Gründgens über alles: Das »›Abbild‹« sei dem »›Urbild‹« zu deutlich nachempfunden und das »Individuelle, Persönlich-Intime zugunsten des Allgemeinen, Zeichenhaften der ›Figur‹« nicht genügend »objektiviert« worden, als daß zweifelsfrei ausgeschlossen werden könne, daß Ruf und Andenken des Betroffenen Schaden nehme.[209] Es sollten noch einmal fast zehn Jahre vergehen, bis das Buch endlich den westdeutschen Lesern vorgelegt werden konnte – in der ehemaligen DDR war *Mephisto* schon seit 1956 erhältlich – und in einer ›illegalen‹ Ausgabe auf den Markt kam.[210]

Nicht im Traum wird der Autor an diese Wendung gedacht haben, durch die sein Œuvre in die Annalen der Literatur- und Justizgeschichte der deutschen Nachkriegszeit eingehen sollte, als er in den nächsten Monaten mit gewohnter Konzentration sein Werk vollendete. (Manchmal allerdings beschlich ihn ein ungutes Gefühl. Im April schrieb er der Mutter, wahrscheinlich würde ihm der Roman »furchtbar *schaden*, ich persönlich finde, daß es ein zwar häßliches aber keineswegs uninteressantes Buch ist.«[211]) Nachdem er sich einige Wochen vergeblich um ein Visum nach London bemüht hatte – wegen des Todes des englischen Königs, Georg V., durften die britischen Konsulate vorübergehend keine Visa erteilen – begab er sich am 19. Februar zunächst nach Luxemburg, wo er noch einmal seinen Vortrag *Woran glaubt die europäische Jugend?* hielt. Dann ging es weiter nach Paris. Dort las er fünf Tage später den Autoren des Schutzverbandes deutscher Schriftsteller sein inzwischen fertiggestelltes ›Vorspiel‹ vor. Für den Prolog hatte er seinen kleinen satirischen Beitrag zum deutschen Gesellschaftsereignis des Jahres herangezogen, den er seinerzeit als offenen Brief *An die Staatsschauspielerin Emmy Sonnemann-Göring* veröffentlicht hatte. Klaus Mann war mit der Reaktion der Zuhörer nicht zufrieden: Der Saal sei zwar gut besucht gewesen, doch das Publikum habe »ungeheuer zäh, müde und böse« gewirkt; nur langsam habe er aus ihnen »die ersten Gelächter holen« können, notierte er anschließend in seinem Tagebuch.[212] Der eigentliche Zweck seines Paris-Aufenthaltes aber war die Recherche für sein Buch.

Thea Sternheim, die inzwischen mit Tochter »Mopsa« in Paris lebte – ihnen war er nach wie vor in herzlicher Freundschaft verbunden –, hatte ein Gespräch mit einer Bekannten vermittelt, die mit dem Theaterbetrieb des Dritten Reiches bestens vertraut war. Von ihr erhoffte sich Klaus Mann Informationen über Gustaf Gründgens und den Betrieb am Preußischen Staatstheater, dessen Intendant Gründgens seit Juli 1934 war – von Hermann Göring höchstpersönlich berufen. Das Treffen hatte fast den Charakter einer konspirativen Zusammenkunft: Die »ernste deutsche Dame«, von der Klaus Mann nur wußte, daß sie die Freundin des Theaterregisseurs Jürgen Fehling war, wollte ihm partout ihren Namen nicht nennen, offenbar schloß sie eine spätere Denunziation nicht aus. Der Kontakt mit Emigranten, selbst wenn er fernab des Dritten Reiches zustande kam, war gefährlich. Auch dies war die Konsequenz eines totalitären Regimes, dessen Machtapparat inzwischen selbst bis in die Intimsphäre der Familie vorgedrungen war: Spitzel allerorten und auf allen Ebenen, die nur darauf lauerten, daß jemand sich als Abtrünniger von der nationalsozialistischen Gesinnung erweise. Kein Wunder, daß die arme Frau auf ›Nummer Sicher‹ gehen wollte und keinem über den Weg traute, auch nicht einem emigrierten Schriftsteller, der gerade im Begriff war, unerschrocken und mit gespitzter Feder die Mächtigen des Reiches als Schmierenkomödianten zu entlarven. Nach der Begegnung schrieb Klaus Mann, die »Dame« sei »typenmäßig« eigentlich »*un*politisch«, wiewohl es »sehr charakteristisch« sei, daß sie eine tiefe Verbitterung »über die Gleichgültigkeit der Welt gegenüber den Nazi-Greueln« hege. Er fügte hinzu man habe auch über einen »Boykott der *Olympiade* gesprochen, der zweifellos die wirkungsvollste moralische Bestrafung des Regimes gewesen« wäre. Indes: »Die feine Welt trifft sich [...] in Garmisch-Partenkirchen.«[213] Klaus Mann stand immer noch unter dem Eindruck der erschütternden Berichte jener ›namenlosen‹ Dame, als er am nächsten Tag vermerkte: »Der KRIEG – ›la prochaine dernière‹. Man *weiss*, dass er kommt – er ist beinah *ganz* unvermeidlich, und glaubt irgendwo doch nicht daran. (Ähnlichkeit mit der Stellung zum Tod.)«[214] Die Staatsmänner, die bedenkenlos ihre besten Sportler als Vertreter ihres Landes und als Boten des Friedens ins Dritte Reich geschickt hatten, »wußten« dies offenbar nicht.

Von Paris fuhr Klaus Mann zurück nach Amsterdam, wo er in der Pension Hirsch bis Mitte April zügig mit der Ausarbeitung des *Mephisto* vorankam. Das Gespräch war sehr hilfreich gewesen. Er hatte das ›echte‹ Theaterleben am gleichgeschalteten Staatstheater, der Renommierbühne des Dritten Reiches, nun genauer vor Augen. Über die Person des Intendanten glaubte er dagegen selbst genau genug Bescheid zu wissen, um das Psychogramm eines aufstrebenden Künstlers mit genialischer Begabung entfalten zu können, der sich auf die Seite der Faschisten schlägt, und zwar nicht, weil er ihre politische Gesinnung teilt, sondern weil er bedenkenlos und mit aller Macht nach Ruhm und Erfolg strebt. Beseelt von dem Wunsch, seine kleinbürgerliche Herkunft hinter sich zu lassen, hatte er sich geschworen, ganz nach oben zu kommen, wenn es sein mußte, um den Preis der künstlerischen Integrität. So gesehen, sollte sein Held kein »typischer« Nationalsozialist, sondern vor allem ein Karrierist par excellence sein: klug, charmant, charismatisch, aber seinem Wesen nach sozial und politisch vollkommen indifferent, nicht ohne Gewissen, aber doch skrupellos. Und: Er sollte ein begnadeter Komödiant sein – wobei Klaus Mann die Trennlinie zwischen einem Komödianten und einem Schauspieler sehr genau zog: Höfgen, der Komödiant, weiß sich – wie ein Chamäleon – bravourös auf die sich verändernden politischen und gesellschaftlichen Verhältnisse einzustellen, um seinen eigenen Vorteil zu suchen und seine Position zu behaupten. Otto Ulrich, der die Züge der Schauspieler Hans Otto und Gustav von Wangenheim trägt, ist hingegen ein Schauspieler, der sich politisch gegen den Faschismus engagiert und sich mutig der Gleichschaltung widersetzt. Schließlich sollte Klaus Mann der *Schauspielerin* Therese Giehse seinen Roman widmen, nicht nur, weil sie eine enge Vertraute war, sondern weil sie als talentierte Charakterdarstellerin in Erikas antifaschistischem Kabarett auch Zivilcourage besaß.

Was die Auswahl des restlichen – und zahlreichen – Figureninventars im Hinblick auf die inhaltliche Konzeption seines Romans betraf, so war für Klaus Mann hauptsächlich ein Kriterium entscheidend: auf welche Weise und mit welchen Argumenten sich die intellektuelle und künstlerische Elite mit den neuen Machtverhältnissen zu arrangieren wußte. Gewiß waren nicht, wie später Peter Gorski und andere behaupten, niedrige Motive wie persönliche Rachegefühle und Neid des erfolglosen Emigranten auf den erfolgreichen Intendanten und andere ehemalige Bekannte ausschlaggebend. Allerdings machten sich schon Klaus Manns Zeitgenossen, wie etwa Kurt Hiller, gern einen Spaß daraus, herauszufinden, welche reale Person sich womöglich hinter welcher Romanfigur verbergen mochte. Neben Gustaf Gründgens, seiner Mutter und Schwester waren dies – um nur einige zu nennen – Pamela Wedekind (Nicoletta von Niebuhr, die zweite Frau von Hendrik Höfgen), Carl Sternheim (Theophil Marder), Gottfried Benn (Benjamin Pelz), Hans Sklenka (Hans Miklas), Emmy-Sonnemann-Göring (Lotte Lilienthal) und Hanns Johst (Cäsar von Muck). Andere Gestalten trugen die Züge von mehreren Personen, so etwa Rolf Bonetti (Bernhard Minetti und Victor de Kowa) oder Professor Bruckner (Thomas und Heinrich Mann) und Hedda von Herzfeld (Therese Giehse, Luzy von Jacoby und Mirjam Horwitz).²¹⁵

Die Gestaltung einer Figur, die erste Ehefrau von Höfgen, Barbara Bruckner, bereitete Klaus Mann zunächst einiges Kopfzerbrechen: »Barbara. Sie macht mir am meisten Mühe – weil sie *nicht* E[rika] werden soll, und natürlich doch E *ist*«²¹⁶, notierte er Anfang Februar in sein Journal. Er zog sich aus der Affäre, indem er zumindest auf äußere Ähnlichkeiten weitgehend verzichtete: das oval geschnittene Gesicht, die madonnenhafte Anmut ihres Antlitzes, das Höfgen an ein Frauenbild von Leonardo (freilich auch an einen Jüngling) erinnert, das füllige aschblonde Haar, das im Nacken zu einem schief sitzenden Knoten zusammengebunden ist – so skizzierte er schließlich seine Barbara-Figur. Barbara war Erika und gleichzeitig war sie es nicht. An genau diesen Grundsatz hielt er sich auch bei der Gestaltung der übrigen Romanpersonen. Klaus Mann hatte wirklich keine authentische Abbildung von Bekannten und Freunden im Sinn gehabt, als er die Charakterzüge so vieler Personen des öffentlichen Lebens der Weimarer Republik und des Dritten Reiches adaptierte. Er sagte es später klar und deutlich, als die *Pariser Tageszeitung*, in der ein Vorabdruck des Romans erschien, am 19. Juni 1936 das Werk als Schlüsselroman ankündigte und Fritz Landshoff ihm ans Herz legte, er möge doch umgehend dementieren:

»Mir lag *nicht* daran, die Geschichte eines bestimmten Menschen zu erzählen, als ich ›Mephisto. Roman einer Karriere‹ schrieb. Mir lag daran: einen *Typus* darzustellen und mit ihm die verschiedenen Milieus (mein Roman spielt keineswegs nur im ›braunen‹), die soziologischen und geistigen Voraussetzungen, die seinen Aufstieg erst möglich machten.« Und einige Zeilen später: »Nein, mein Mephisto ist nicht dieser oder jener. In ihm fließen vielerlei ›Züge‹ zusammen. Hier handelt es sich um kein ›Portrait‹, sondern um einen symbolischen Typus – der Leser wird beurteilen, ob auch um einen lebensvollen, dichterisch geschauten und gestalteten Menschen.«[217]

»Lebensvoll« ja, aber eben doch nicht ›lebensecht‹. So sehr er es Gründgens (und anderen ehemaligen Freunden) übelnahm, daß er Verrat an des Künstlers höchstem Ideal, der Freiheit des Geistes, geübt hatte, und so wenig Klaus Mann im *Mephisto* von Anfang an seinen Groll und seine Verachtung hierfür zu verbergen suchte – Lion Feuchtwanger nannte es später den »schöpferischen Haß des Autors«, aus dem die Gestaltung erst seine »faszinierende Überwirklichkeit«[218] beziehe –: haß*erfüllt* war Klaus Mann nicht. Nein, er lüftete nicht Gründgens' – bis dahin – gut gehütetes Geheimnis. Er verbat sich diese Indiskretion nicht nur, weil er jede Diskreditierung von Homosexualität vermeiden wollte, sondern auch, weil er wußte, daß er ihm damit ernsthaft hätte schaden können. Die Ereignisse gaben ihm recht: Klaus Mann war gerade mit dem letzten Kapitel seines Romans beschäftigt, als ihn das Gerücht erreichte, man habe Gustaf Gründgens seines Amtes enthoben und ihn in ein Lager verschleppt. Die Nachricht erwies sich als falsch, wie Klaus Mann im übrigen sofort vermutet hatte[219], aber sie entbehrte nicht völlig einer Grundlage. Offenbar war Gustaf Gründgens kurzzeitig zwischen die Fronten der Macht geraten, als Goebbels und Göring um die Leitung der Preußischen Staatstheater rangen, die bis dahin Görings Verantwortung unterstand. Um seinen Widersacher zu kompromittieren, hatte Goebbels vermutlich – so stellte es später jedenfalls Gustaf Gründgens dar – Berichte über Gründgens' homosexuelle Affären an die Öffentlichkeit lanciert. Gründgens stand Göring in der Tat sehr nahe, nicht zuletzt, weil es ihm in den beiden Jahren seiner Amtszeit gelungen war, das Staatstheater zu einer der renommiertesten deutschen Bühnen zu machen. Hätte Göring nicht seinen ganzen Einfluß für seinen Intendanten geltend gemacht, wäre die Angelegenheit für Gründgens wahrscheinlich lebensbedrohlich geworden.

Mit Erleichterung vernahm Klaus Mann, daß sich – wie er von Fritz Landshoff erfuhr – »sein Modell« bester Gesundheit erfreute und er im Staatstheater nach wie vor an den Schalthebeln der Macht saß. Hätte die Angelegenheit ein anderes Ende genommen, dann wäre der *Mephisto* zweifellos kaum mehr zu vermitteln gewesen. Dennoch: Die Eintragungen, die die Niederschrift des Romans begleiteten, dokumentieren eine merkwürdige Reserviertheit gegenüber dem eigenen Œuvre, die sogar bis hinein in seine nächtlichen Träume wirkte. Ein »kaltes und böses Buch« werde der »›Mephisto‹«, dem am Ende womöglich »der harte Glanz des Hasses« anhafte. Sein *Tschaikowsky*-Roman habe dagegen »Melodie und Liebe...«, schrieb er Anfang April ein wenig abschätzig in seinem Tages-Protokoll.[220] Das Wort vom »bösen« Buch führte er immer wieder an, auch in Briefen, die er in dieser Zeit an Freunde und Familienmitglieder schrieb. Zwei Monate nach Fertigstellung des Manuskriptes notierte er schließlich: »Ausführlich und lebendig von Gustaf geträumt. (Das schlechte Gewissen!)«[221] War es möglich, daß er sich ausgerechnet mit dem Werk, daß mit Abstand sein erfolgreichstes werden sollte, am wenigsten identifizieren konnte? Dabei gibt es im *Mephisto*-Roman durchaus Szenen und Figuren, die eher von »Liebe«, denn von »Haß« getragen werden. Dazu gehören natürlich die Auftritte, die den Familienmitgliedern nachempfunden waren, die – neben Otto Ulrich – als positive Gegenfiguren zum »aasig lächelnden« Hendrik Höfgen oder zum geist- und kulturlosen faschistischen Dramatiker Cäsar von Muck konzipiert waren. Echte Anteilnahme bestimmt auch die Zeichnung der Figur des jungen Nazi Hans Miklas. Von den faschistischen Demagogen mißbraucht und um seine Ideale betrogen, bezahlt er am Ende seinen Irrtum mit dem Leben. Auch Hans Miklas ist von einem bestimmten Typus inspiriert; in seiner Rede *Der Kampf um den jungen Menschen* auf dem Pariser Kongreß zur Verteidigung der Kultur knapp ein Jahr zuvor hatte er ihn bereits klar umrissen: den »Typus von jungem Menschen, dem ursprünglich revolutionären«, dem der Faschismus genau das versprochen habe, »wonach sein schwärmerisches Herz, mangels lebenswerter anderer Ziele, am meisten« verlange – »den *Opfer*tod.«[222]

Fritz Landshoff, Walter Landauer, Erika Mann, Annemarie Schwarzenbach und auch Eva Herrmann – sie alle zeigten sich von Klaus Manns Arbeit sehr angetan, als er – diesmal in Sanary –, wie gewohnt und jeweils kapitelweise, in regelmäßigen Abständen aus seinem Manuskript vorlas. Es war keine Koketterie, daß er – auch davon ist des öfteren in seinem Tagebuch die Rede – auf das positive Echo mit Überraschung reagierte. Trotz der vielen Zusprüche vermochte er die seltsame Distanz zu seinem Werk nicht abzuschütteln. Abgesehen von den zwiespältigen Gefühlen gegenüber dem »harten Glanz« seines »schöpferischen Hasses« befürchtete er offenbar, daß ihm Deutschland und die Deutschen schon zu fremd waren – er sprach in diesem Zusammenhang von den »unwirklichen« Daheimgebliebenen und dem »versunkenen Land«[223] – um das gelebte, das reale Leben im Dritten Reich noch angemessen dichterisch nachempfinden zu können. In der Tat haben ihm vor allem die Kritiker der Nachkriegszeit vorgeworfen, er sei zu »oberflächlich« und zu »nachlässig« ans Werk gegangen. Den mangelnden Kontakt zum Land seiner Geburt habe der emigrierte Schriftsteller damit zu kompensieren versucht, daß er verstärkt auf Kolportage-Elemente zurückgriff. Schon allein deshalb könne man den Roman, wie etwa Marcel Reich-Ranicki meinte, kaum als »bedeutendes literarisches Kunstwerk«[224] bezeichnen. Der alte Freund aus Jugendtagen, W.E. Süskind, sprach sogar von einer unqualifizierten »Schlüssellochguckerei« – der Autor schreibe ohne »Stichhaltigkeit« und ohne »Sachkenntnisse«, die er durch einen »allzu flach gelegenen Speicher seiner Phantasie ersetzt«. Auch er kommt zu dem Schluß, daß der Roman künstlerisch wenig überzeuge.[225] Mag sein, daß Klaus Mann in dem beherzten Versuch, nicht nur den Faschismus, sondern auch die in Nazi-Deutschland gebliebenen Künstler und Intellektuellen allesamt als korrumpierte Mitläufer zu brandmarken, das gesellschaftliche Panorama etwas einseitig ausgeleuchtet hat. Wie viele andere Emigranten war er zu diesem Zeitpunkt nicht gewillt, die Möglichkeit in Betracht zu ziehen, daß sich im Dritten Reich auch so etwas wie eine ›stumme Front‹ von Künstlern gebildet haben könnte, die sich durch den Rückzug aus dem öffentlichen Leben still und leise der Gleichschaltung entzogen hatten. Wie aber hätte er diese Aspekte in seinem Roman auch berücksichtigen können, da ihm doch nun schon seit drei Jahren jeder persönliche Blick ins Innere des Deutschen Reiches verwehrt war?

Unruhige Zeiten

Trotz aller Skepsis, Skrupel und Zweifel – die zügige Ausarbeitung seines Werkes war zu keinem Zeitpunkt gefährdet. Nachdem er etwas mehr als die Hälfte des Romans zu Papier gebracht hatte, begab er sich am 17. April nach Südfrankreich. Zunächst machte er in Marseille ein paar Tage Station, denn er liebte es, in die verruchte Sphäre des Hafenviertels einzutauchen: die fein herausgeputzten Matrosenjungen hatten es ihm ebenso angetan wie die professionellen Stricher, von denen er einige inzwischen so gut kannte, daß er sie immer aufsuchte, wenn er sich in der Stadt aufhielt. In seltsamer Arglosigkeit notierte er auch, kaum verklausuliert, daß offenbar auch ein wichtiger Drogenlieferant in Marseille ansässig war. Darin dem Vater nicht unähnlich, für den die täglichen Bekenntnisse eine geradezu lebenswichtige Passion waren und der ebenfalls bedenkenlos alle Details seines Alltags zu notieren pflegte, berücksichtigte auch Klaus Mann in seinem Tagesprotokoll die vielen großen und kleinen Begebenheiten oftmals mit einer nahezu naiven Unbekümmertheit. Auf die Idee, daß sich eines Tages ein Unbefugter seiner Hefte bemächtigen könnte, schien er nicht zu kommen. Es waren wahrlich nicht die Zeiten, in denen man blind darauf vertrauen konnte, daß man im Ausland vor dem Mißtrauen gegenüber Fremden verschont blieb, schon gar nicht, wenn man ein deutscher Emigrant ohne gültigen Paß war. Eigentlich wußte er es, zumindest waren ihm derlei Vorfälle schon einige Male zu Ohren gekommen: mit der Wahrung der Privatsphäre eines Flüchtlings wurde es schon längst nicht mehr so genau genommen. Überraschende Paßkontrollen, Verhöre, Zimmerdurchsuchungen, oft genug ohne nähere Angabe von Gründen – all dies gehörte inzwischen zum Exilalltag. In vielen Ländern, so auch in Frankreich, galt das Handeln und der Besitz von Drogen als schwere Straftat. Dessen ungeachtet notierte Klaus Mann mehrere Tage voller Ungeduld, daß ein »Paketchen aus Marseille«[226] ihn immer noch nicht erreicht hatte. Als seine Entzugserscheinungen immer unerträglicher wurden, setzte er sich kurz entschlossen in den Zug, um es abzuholen. Zu diesem Zeitpunkt befand er sich schon in Sanary, also doch einige Zugstunden von der Großstadt entfernt. Aber seine Arbeit am *Mephisto* drohte ins Stocken zu geraten, ganz zu schweigen von seinem schlechten körperlichen und seelischen Befinden – noch am gleichen Tag, auf der Rückfahrt im Zug, verschaffte er sich die ersehnte Erleichterung.

Überhaupt war in jenen Wochen der schriftliche Selbstdialog intensiver denn je. Ganze Abende verbrachte Klaus Mann damit, seine Gedanken zu Papier zu bringen. Voller Schwermut sprach er immer wieder von seinem »starken und bewegendem Gefühl für das Mysterium des Lebens«. »Geniessend und leidend« suche er »GOTT« und daß er jede »Verschwendung«, die er mit seinen »Kräften getrieben habe und treibe« aus tiefstem Herzen »bejahe«. Dazu gehöre ebenso die »wahllose Unzucht, als auch die Neigung zum Gift«. Dann wieder meinte er, er denke »viel an die Vergangenheit« und beweine »bitterlich« jeden Augenblick, in dem er »geizig« mit sich selbst gewesen sei.[227] Dem trotzigen Bekenntnis zum Leben folgte die jähe Ernüchterung: »Es gehört eine gewisse Disziplin dazu, sich *nicht* hinzulegen und *nur* noch zu weinen«[228], lautete der Eintrag ein paar Tage später. Und dazwischen, wie gehabt, immer wieder die dämonische Formel: »genommen«, »genommen«, »genommen.« Einmal, es war der Ankunftstag in Sanary, machte sich Klaus Mann sogar die Mühe, sorgfältig und überraschend genau die Ereignisse, Begegnungen und Lebensstationen der Jahre 1925 bis 1931 zu notieren. Weil er »ein Pedant sei« wolle er sich »rasch mal einen kleinen Rück- und Überblick«[229] machen, leitete er selbstironisch seine Chronik ein. In Wahrheit fühlte er sich wieder einmal sehr einsam. Das »sehr stille Leben«[230], das er freilich selbst für sich so bestimmt hatte, um in aller Ruhe seinen Roman fertigzustellen – es behagte und es bekam ihm nicht. Zu allem Überfluß wurde er eines Abends von einem Stricher zusammengeschlagen und ausgeraubt. Auf dieses Ereignis reagierte er mit einer Flut von Selbstvorwürfen. Wie konnte er so naiv und gutgläubig sein; durch die merkwürdigen Umstände der Begegnung hätte er gleich erkennen müssen, worauf es der »reizlose kleine Bursche«[231] in Wirklichkeit abgesehen habe. Dabei habe er ihn noch nicht einmal sexuell attraktiv gefunden, fügte er mürrisch hinzu.

Als am 24. Mai endlich Erika in Begleitung von Fritz Landshoff und Annemarie Schwarzenbach eintraf, hatte die selbstgewählte Einsamkeit endlich ein Ende. Vier Tage zuvor hatte er immerhin zufrieden protokollieren können: »Gestern – am 19.V. – das Manuskript von ›Mephisto. Roman einer Verführung‹ abgeschlossen. (Bleibt die Arbeit des Diktierens, Korrigierens usw.)«[232] Gemeinsam brach man am 1. Juni nach Mallorca auf. Nach zwei erholsamen Ferienwochen folgte ein längerer Aufenthalt in Küsnacht. Hier wartete er, wie die Eltern und Golo, auf die Eröffnung des Einbürgerungsverfahrens, das sie zu Staatsbürgern der tschechoslowakischen Republik machen sollte. (Monika Mann sollte kurze Zeit später ihrem Beispiel folgen. Erika hatte sich durch die Blitzheirat mit dem englischen Dichter Wyston Auden bereits ein Jahr zuvor die britische Staatsbürgerschaft erworben.) Am 6. August unterschrieben sie den Antrag, der ihnen in der Gemeinde Prosec Heimatrecht verschaffte. Diese Möglichkeit hatte sich ergeben, als Thomas Mann während einer Vortragsreise nach Brünn und Prag von Präsident Beneš zu einem privaten Mittagessen eingeladen worden war. Beneš hatte dem berühmten Literaten das Angebot mit dem Hinweis unterbreitet, daß es eine Ehre für sein Land bedeute, wenn Thomas Mann und seine Familie sich dazu entschließen könnten, tschechische Staatsbürger zu werden. Die Einbürgerung – und der damit einher gehende automatische Besitz eines tschechischen Ausweises – erwies sich als überraschend unkompliziert: Es genügte, das Bürgerrecht einer tschechischen Gemeinde zu erwerben; die tatsächliche Niederlassung wurde hingegen nicht vorausgesetzt. Am 25. März 1937 war es soweit: Klaus Mann leistete im tschechoslowakischen Konsulat den Eid, immer den Gesetzen der C.S.R. treu zu sein – »nun bin ich Bürger der tschechoslowakischen Republik«, notierte er feierlich in sein Tagebuch.[233]

Des leidigen Paßproblems endlich enthoben zu sein, bedeutete eine enorme Erleichterung. Doch es wollte sich bei Klaus Mann in jenen Tagen keine rechte Freude einstellen; schon längst war er wieder in das aufreibende Hin und Her zwischen »Genommen« und »Abstinenz« verstrickt. Neu war indes der schuldbewußte Ton, wenn er sich wieder einmal einen Rückfall eingestehen mußte. Kaum zu ertragen waren die physischen und psychischen Reaktionen auf die »Abstinenz«. Körperliche Entzugserscheinungen waren mit depressiven Stimmungen verbunden, wobei er oftmals kaum mehr zu sagen vermochte, was ihm mehr zu schaffen machte: die schlimmen Schmerzen, das Zittern und die Schweißausbrüche oder die seelischen Qualen totaler Hoffnungslosigkeit. Schon seit einiger Zeit hatte er eine Einladung für eine Vortragsreihe aus Amerika vorliegen. (Anfang des Jahres war im New Yorker Verlag von Alfred Knopf die amerikanische Ausgabe von *Flucht in den Norden* erschienen, die sich überraschend gut verkaufte und Klaus Mann einen Achtungserfolg beschert hatte.) Unter anderen Umständen hätte er ohne Zögern zugesagt, diesmal überlegte er tagelang, ob er das Angebot annehmen sollte. Daß er schließlich doch seine Zusage gab, in der letzten Septemberwoche in New York einzutreffen und dort seinen ersten Vortrag zu halten, ging nicht zuletzt auf seine Schwester zurück. Erika hatte den beherzten Entschluß gefaßt, die ›Pfeffermühle‹ als »peppermill« in den Staaten zu etablieren und gemeinsam mit dem Bruder nach Amerika zu fahren. Seit sich in der Schweiz für ihr Kabarett wegen der zuneh-

mend fremdenfeindlichen und reaktionären Stimmung kaum mehr Auf-
trittsmöglichkeiten boten, sah sie keinen Grund, noch länger im brodelnden Europa zu bleiben. So war es beschlossene Sache: Neun Jahre nach
ihrer ersten gemeinsamen Amerika-Reise begaben sich die Mann-Geschwister ein zweites Mal ins Land der unbegrenzten Möglichkeiten.
Diesmal jedoch nicht als »literary Mann-twins«, sondern als etablierte
Exilkünstler, die im fernen Kontinent antifaschistische Aufklärungsarbeit leisten wollten. Die Formalitäten waren schnell erledigt: Da er dem
amerikanischen Konsulat eine offizielle Einladung vorlegte, bekam
Klaus Mann – noch war er ohne gültiges Identitätsdokument – anstands-
los ein befristetes Besuchervisum ausgestellt. Einen Platz an Bord der
»Statendam« konnte er von Zürich aus buchen: Rotterdam – New York
und retour – ja, noch sollte es eine Rückkehr nach Europa geben.

Bis zum 19. August hielt sich Klaus Mann in Küsnacht auf, um dann
anschließend nach Amsterdam zu fahren, von wo aus er seine Reise nach
Übersee antreten wollte. Entsetzt verfolgte er die sich zuspitzende politische Situation in Europa: Der Putsch in Spanien und die Moskauer
Schauprozesse gegen die angebliche Verschwörung der ›Trotzkisten‹, denen Massenverhaftungen unvorstellbaren Ausmaßes folgten, ließen keinen Zweifel mehr daran, daß sich die politische Lage dramatisch verschärft hatte. Klaus Mann konnte kaum glauben, was sich in der Sowjetunion gerade abspielte. Er vermutete – fast schon entschuldigend –
schwerwiegende »innenpolitische Gründe, die Stalin zu diesem schlimmen Akt genötigt haben könnten«. Dennoch zog er in seinem Tagebuch
die »bittere Parallele zum deutschen 30. Juni«[234] 1934, dem Tag, an dem
der SA-Führer Röhm und seine Kumpane von Hitler ermordet worden
waren. In der Tat: Der erste von drei Moskauer Prozessen war der Auftakt einer umfassenden ›Säuberung‹, die Stalins absolute Vormachtstel-
lung festigen sollte und die zwischen 1936 und 1938 wenigstens 8 Millionen Sowjetrussen aller politischen und geistigen Richtungen mit Ge-
fängnishaft, Zwangsarbeit oder gar mit dem Tod bezahlten. Davon ahnte Klaus Mann – und viele andere – freilich nichts. Und so war er – trotz
seiner Vorbehalte gegenüber der orthodoxen marxistischen Ideologie –
immer noch guten Willens, das totalitäre System auf der linken gegenüber jenem der rechten Seite zu verteidigen. Der Faschismus war und blieb
der Hauptfeind, von ihm ging die unmittelbare Bedrohung aus, nicht
aber von der Sowjetunion, deren geschlossenes Weltbild er zwar nicht

prinzipiell akzeptieren konnte, zu dem es jedoch vorerst keine bessere Alternative zu geben schien.

Unterdessen tobte in Spanien der Bürgerkrieg: Unter der Führung des Generals Franco putschten Teile des Militärs am 18. Juli 1936 gegen die Volksfrontregierung. Franco, von Italien und Deutschland unverhohlen mit Flugzeugen, Bodentruppen und Waffen unterstützt, konnte die Regierungstruppen rasch in die Defensive drängen. Innerhalb von wenigen Wochen nahmen seine Truppen den östlichen Teil Südspaniens ein und marschierten bis vor die Tore Madrids. Die Westmächte konnten sich nur zögernd dazu durchringen, der legitimen Volksfrontregierung Hilfe zu gewähren. Einzig die Sowjetunion intervenierte zunächst mit der Entsendung von Waffen und Freiwilligenverbänden zugunsten der Republik. Im Februar 1937 stellte Stalin allerdings – mit Rücksicht auf die Westmächte, um deren Anerkennung er sich in jenen Tagen verstärkt bemühte – seine Hilfsmaßnahmen ein. Es war der Beginn des Endes: Die Regierungstruppen und die Internationalen Brigaden waren schon bald nicht mehr in Lage, dem Druck der gut ausgerüsteten Franco-Truppen standzuhalten und die spanische Demokratie vor dem Übergriff des faschistischen Generals zu bewahren. Immerhin dauerte es noch ein weiteres Jahr, bis Franco als neuer Machthaber im März 1939 in Madrid einzog.

Durch den spanischen Bürgerkrieg verschärfte sich der schwelende ideologische Konflikt und spaltete Europa endgültig in zwei Lager. Es schien, als gebe es praktisch nur noch diese beiden Alternativen: Faschismus oder Kommunismus. Während das konservative Bürgertum sich von seiner tiefsitzenden Furcht vor dem Kommunismus leiten ließ und sich lieber auf die Seite der faschistischen Diktaturen schlug, war die Mehrzahl der antifaschistischen Intellektuellen davon überzeugt, daß nur der Kommunismus eine Überwindung der totalitären Rechten und eine Befriedung der spannungsgeladenen europäischen Gesamtsituation bewirken könne. Viele von ihnen beschlossen spontan, sich im Schulterschluß mit den sowjetischen Freiwilligen, den Anarchisten und Republikanern aus allen europäischen Nationen zu Internationalen Brigaden zu organisieren, um für den Fortbestand der spanischen Republik zu kämpfen. Auch Klaus Mann dachte daran, am »grossen Bürgerkrieg« teilzunehmen. Allerdings faßte er diese Möglichkeit das erste Mal ins Auge, als er »die Sinnlosigkeit des Lebens« gerade wieder einmal besonders

»bitter«[235] empfand. Er schrieb diesen Satz in Amerika, ein paar Tage nach seinem dreißigsten Geburtstag. Nach Feiern war ihm nicht zumute gewesen: An diesem Tag spülte er mit Whisky den trostlosen Beigeschmack des Älterwerdens hinunter. Er war nun schon seit fast zwei Monaten in Amerika. Er und Erika hatten im Emigranten-Hotel Bedford Quartier bezogen, sie hatten, wie bei ihrem letzten Aufenthalt, täglich Einladungen zu Empfängen, lunch meetings und dinner parties angenommen. Schon längst hatte sich auch in New York ein illustrer Emigrantenkreis zusammengefunden, der sie sofort herzlich aufgenommen hatte: Ernst Toller, Kurt Weill und Lotte Lenya, Erwin Piscator, der Journalist Curt Riess, der Arzt und Schriftsteller Martin Gumpert, der sich leidenschaftlich in Erika verliebte. Auch Annemarie Schwarzenbach hatte sich mittlerweile in New York niedergelassen: Als Fotojournalistin schrieb sie für verschiedene Schweizer Zeitschriften sozialkritische Artikel über das Leben der Armen im amerikanischen Süden. Im – halbherzig geführten – Kampf gegen die Morphiumsucht hatte sie indes schon längst kapituliert: Gerade in jenem Winter 1936 ging es ihr besonders schlecht, und Klaus und Erika bemühten sich vergeblich, sie wieder ein wenig aufzurichten.

Der eigentliche oder doch zumindest offizielle Grund seines Besuches, seine Vortragsreihe, hatte Klaus Mann in Long Island mit dem Thema *Is a friendship between France and Germany possible?* eröffnet. »*Enorm anstrengend*« habe er es empfunden, auf englisch zu sprechen und das Publikum bei Laune zu halten, das immer dann von großer Unruhe ergriffen worden sei, wenn er »literarisch«[236] wurde. Nein, als ›lecturer‹ vor Herren-Clubs, Collegestudenten und Deutsch-Amerikanern seine Reden über das faschistische Deutschland, die antifaschistische Bewegung und das bedrohte Europa zu halten, war nicht unbedingt dazu angetan, seine düstere Stimmung aufzuhellen. Zwei amouröse Begegnungen, von denen die eine ohne Bedeutung, die andere, mit dem Hotelboy Emery, zu seinem Bedauern ohne Folgen blieb, sorgten ebenfalls nur kurzzeitig dafür, daß Klaus Mann etwas Abstand zu seiner Todessehnsucht gewinnen konnte. Anfang des neuen Jahres hatte er sich – dank der schwesterlichen Fürsorge – jedoch wieder soweit gefangen, daß er sich vorstellen konnte, im kommenden Herbst wiederzukommen und ein weiteres Mal eine ›lecture‹-Tournee zu unternehmen. Am 5.1.1937 unterschrieb er den Vertrag, den sein amerikanischer Literaturagent, Wil-

liam B. Feakins, für ihn ausgehandelt hatte. Ein paar Tage später trat er
die Rückreise nach Europa an. Er tat es schweren Herzens, denn es war
klar, daß er sich diesmal für länger von Erika trennen mußte. Nachdem
ihre ›Mühle‹ beim amerikanischen Publikum durchgefallen war, wollte
sie nun ebenfalls als ›lecturer‹ in New York ihr Glück versuchen. Sie hatte nicht lange überlegt und nicht nur ihre ›peppermill‹-Pläne aufgegeben,
sondern auch – nach vier Jahren und 1034 gemeinsamen Vorstellungen –
kurzerhand das Ensemble aufgelöst. Therese Giehse und Magnus Henning kehrten noch im Februar nach Europa zurück. Die beiden anderen
Mitglieder, Sybille Schloß und Lotte Goslar, blieben erst einmal in Amerika und bemühten sich um Engagements an einem New Yorker Theater.

»Jahr der Entscheidung? Welcher?« – diese Zeilen stellte Klaus Mann
im Journal seinen künftigen Einträgen des Jahres 1937 voran. Nein, das
ganz große Jahr der Entscheidungen sollte es nicht werden; noch hielt er
es sich offen, ob er in Europa bleiben oder nach Amerika auswandern
sollte, und noch zögerte Hitler, der Welt den Krieg zu erklären.

VIERTES KAPITEL

ZWISCHEN DEN FRONTEN

(1937-1939)

Bekenntnisse und Vorbehalte

Seine erste Station, als Klaus Mann an Bord der »Lafayette« nach Europa zurückkehrte, war Paris. In New York war er plötzlich auf die Idee gekommen, daß der Stoff seines Lieblingsbuches *Symphonie Pathétique* eigentlich eine ideale Filmvorlage sei. Nun wollte er mit dem jungen Filmregisseur Marc Allégret, dem engen Freund von André Gide, darüber beraten, wie er seine Pläne verwirklichen könne. Kaum angekommen, erreichte ihn die Nachricht, daß während seiner Abwesenheit André Gide bei den Kommunisten und bei vielen seiner Kollegen in Ungnade gefallen war. Es war André Gide selbst, der ihn noch am Tag seiner Ankunft während eines gemeinsamen Mittagessens über seine mißliche Lage informierte. Klaus Mann hatte das Erscheinen von Gides Bericht über seine Rußland-Reise (*Retour de l'U.R.S.S.*) in New York zwar registriert, nicht aber seine Brisanz erkannt. Nun erzählte ihm André Gide, daß er seitdem fast täglich wüste Beschimpfungen über sich ergehen lassen müsse, die alle darauf abzielten, ihn des Verrats an der Sowjetunion und am Kommunismus zu bezichtigen. Sogleich beschloß Klaus Mann, eine Verteidigungsschrift aufzusetzen. Die Filmpläne konnten warten. Tagelang ging er sorgfältig die einzelnen Polemiken gegen Gide durch, den meisten von ihnen sprach er in seinem Aufsatz *Streit um André Gide*[1] schließlich vehement das Recht ab, »mit dieser ungerechten Aggressivität« gegen »den großen Schriftsteller« vorzugehen, der doch nichts anderes getan habe als »ruhig, sachlich, ohne jede Nuance von Gehässigkeit« ein System zu kritisieren, das offenbar die Freiheit des einzelnen »reduziert« habe. Es scheine, als seien Gide auf seiner »etwas romantisch-vertrauensvollen Pilgerfahrt« keine selbständig denkenden und urteilenden Persönlichkeiten begegnet, sondern »Conformismus« überall, »der höchstens die Kritik am Detail, niemals aber die Kritik an der ›Linie‹« dulde. Klaus Mann erwähnte indessen nicht, daß er während seines Aufenthaltes in Moskau ganz ähnliche Beobachtungen gemacht hatte. Dagegen hielt er den Kritikern vor, man habe in der Sowjetunion doch gewußt, wen man in jenem Sommer 1936 »mit so weit geöffneten Armen empfing«. Nie habe André Gide einen Zweifel daran gelassen, daß er kein »Kollektivist« sei, sondern »durchaus ein Individualist«, der immer auf die Unabhängigkeit des Geistes gepocht habe. Er sprach auch von sich selbst, als er meinte, Gides ganze Gedankenarbeit während der letzten Jahre habe der Frage gegolten, wie der »›Individualismus‹ – d.h. der geistige Stolz und die sittliche Selbständigkeit des einzelnen – gleichsam im sozialistischen Weltbild« unterzubringen sei. Damit sei er zu einer Integrationsfigur geworden: Gerade weil Gide eine »Einordnung des Individuums in eine sozialistische Gemeinschaft für möglich« gehalten habe, seien nicht wenige seinem Beispiel gefolgt und hätten sich nun ebenfalls »mit allen Kräften vorbehaltlos einer gemeinsamen Kampf-Front, einem geistigen Front Commun zur Verfügung gestellt.« Nun freilich dränge sich der Verdacht auf, daß man ihn »nur benützt, nur ausgenützt« habe: »Hatte man ihn nur um seines Ruhmes willen nach vorne geschoben, nur weil er nützlich sein konnte, nur weil sein Name sich gut auf Einladungen zu Kongressen und unter publizistischen Manifesten machte?« Die Frage war mehr als berechtigt; ähnliches sollte im übrigen auch Heinrich Mann widerfahren, der gerade im Begriff war, die »Volksfront«-Bewegung der Linken und Ultralinken auch für jene ›hoffähig‹ zu machen, die bis dahin einen allzu engen Kontakt mit dem Kommunismus vermieden hatten. Tapfer wandte sich Klaus Mann schließlich auch gegen die Polemik seiner Freunde, insbesondere Lion Feuchtwanger und Egon Erwin Kisch, die André Gide »nicht nur wie einen Verräter, sondern wie einen etwas geistesschwachen, genußsüchtigen alten Sünder« dargestellt hätten. Was habe Feuchtwanger nur dazu bewogen, »an der Echtheit, an der inneren Legitimität des sozialen Interesses bei Gide zu zweifeln?« In aller Unschuld fragte er dann, ob man denn »im kommunistischen Lager« wirklich alle zu »Faschisten-Knechte« verdamme, die es wagten, an ihnen Kritik zu üben? Ganz recht, so war es, die stalinistische Auslegung des Kommunismus gestattete keinen Einwand gegen die Ideologie, das System und erst recht nicht

gegen den Diktator Stalin. Genau das aber hatte André Gide getan: Er
hatte sich in seinem Reise-Bericht auch gegen den Personenkult gewandt,
der dem Machthaber allerorten als uneingeschränktem Staatsoberhaupt
huldigte und der nicht die leiseste Kritik an seiner Person duldete. Wenn
er auch das Ausmaß der stalinistischen Tyrannei nicht erfaßte – und wohl
zu diesem Zeitpunkt auch nicht erfassen konnte, denn, wie man heute
weiß, waren die Säuberungsprozesse erst der Anfang des Schreckens –, so
war sich Klaus Mann doch darüber im klaren, daß seine Verteidigungsschrift durchaus den »Bruch mit den Kommunisten« zur Folge haben
konnte. Sei's drum, meinte er in seinem Tagebuch, die »Sache« und André Gide seien ihm zu wichtig, ja der »Bruch« vielleicht sogar »notwendig« und »unvermeidlich«.[2]

Neben dem »Fall André Gide« hatte vor allem das »Undurchsichtige,
Trübe, tief Verdächtige«[3], das die Moskauer Prozesse begleitete, seinen
Blick für den sowjetischen Diktaturstaat soweit geschärft, daß er kritischen Fragen nun nicht länger auswich. In seinem Journal sprach er von
den »quälenden« mysteriösen Begleitumständen eines weiteren Moskauer Schauprozesses, der Anfang des Jahres gegen den engen Vertrauten
Lenins und ehemaligen außenpolitischen Sprecher der Regierung, Karl
Radek, eröffnet wurde. Er hatte ihn während seines Aufenthaltes in Moskau kennengelernt. »Wird soeben in Moskau die Revolution ›liqui-
diert‹?«, schrieb er am 7. Februar 1937 in sein Tagebuch. Er wußte
nicht, was er davon zu halten hatte, daß die Angeklagten sich angeblich
freimütig schuldig bekannten, obwohl ein solches Schuldbekenntnis
gleichbedeutend mit langen Gefängnisstrafen, wenn nicht gar dem To-
desurteil war (Karl Radek wurde schließlich zu zehn Jahren Zwangsarbeit verurteilt und gilt seit 1939 als verschollen). »Wie kommen diese
Geständnisse zustande?«[4], rief er bestürzt aus. Mit Ernst Bloch diskutierte er, ob es möglich sei, eine ›revolutionäre Demokratie‹ zu errichten.
Ernst Bloch, in dieser Hinsicht der gestrenge Marxist, bestritt dies, wiewohl er selbst immer sein utopisches Konzept eines freiheitlichen Sozialismus verteidigte.[5] Fürs erste beließ es Klaus Mann dabei, die verbrecherischen Machenschaften in der Sowjetunion vornehmlich im privaten
Kreis zu erörtern. Noch zögerte er, eine Kooperation mit den Kommunisten öffentlich in Frage zu stellen. Ebenso sah er keinen Grund, dem
Bündnis der antifaschistischen »Volksfront« seine Unterstützung zu entziehen. Das vorrangige Ziel lautete immer noch, den Faschismus zu

bekämpfen und – eines Tages – zu besiegen. Wenn dieses Ziel ohne die Kommunisten nicht zu erreichen war, wollte er der Letzte sein, der sich einer Zusammenarbeit verweigerte. Auf den Gedanken, daß es auch die Möglichkeit gab, gegen die eine wie die andere Diktatur Widerstand zu leisten, schien er in jenen Tagen noch nicht gekommen zu sein.

Von Ende Februar bis Mitte April hielt Klaus Mann sich in Küsnacht auf. Es ging ihm zwar nach wie vor nicht besonders gut, aber seine Streitschrift für André Gide belebte seine literarische Produktion, die er in den vergangenen Monaten doch ein wenig vernachlässigt hatte. Die Ausarbeitung der Vorträge für seine amerikanische ›lecture‹-Tournee, aber auch seine Depressionen hatten ihn viel Kraft gekostet. Nun entstanden in rascher Folge drei weitere Aufsätze – *Rainer Maria Rilke, Die Harfe* und *Wiederbegegnung mit Knut Hamsun* – sowie einige Rezensionen. Zunächst eher probeweise machte er sich eines Abends daran, den Entwurf eines Romans zu Papier zu bringen, von dem er noch nicht genau wußte, ob er die anvisierte Stoffülle auch dichterisch würde bewältigen können. Er hatte sich diesmal ungewöhnlich langsam an das neue Projekt herangetastet. Schon am 20. August des letzten Jahres hatte er in sein Tagebuch notiert:

»Mein nächster Roman. Grosse Komposition aus Emigranten-Schicksalen: ›Die Verfolgten‹, oder so. Laufen nebeneinander her, jedoch durch irgendeine Klammer miteinander verbunden. In vielen Städten: Paris, London, Prag, New York, Hollywood, Zürich, Amsterdam, Palma, Florenz, Nice, Sanary u.s.w. Salzburg. Wolfgang [Hellmert], E.[rika] Treuberg. Sundheimer. Junger Prolet. Brentamo. Regler. F.[riedrich]. Ferdinand Lion. Kommunisten. Katholiken. Gründung einer neuen Partei. Pass-Schwierigkeiten. Geldnot. Sexualnot. Der Hass. Die Hoffnung. Das Heimweh. Kriegsangst (und Hoffnung...) Politik: Saar; Spanien, Olympiade. Verbindung zu Illegalen im Reich. Melancholie. Les sans-patrie... Das werde ich können.«[6]

Dennoch hatte es mehr als ein halbes Jahr gedauert, bis er sich das erste Mal daran machte, »zusammenhängende Stücke aus dem Emigranten-*Roman*«[7] niederzuschreiben. Nun, einen Monat später, benötigte er kaum eine Woche, um das »Abel-Kapitel« fertigzustellen. Benjamin Abel, der gutmütige, unglückliche, von Heimweh geplagte deutsche Literaturprofessor, der zunächst nach Amsterdam emigriert und dem dann später doch noch das späte Glück der Liebe zuteil wird – ihn hatte Klaus Mann als erste Romanfigur vor seinem geistigen Auge gehabt, als er in jenen ersten Monaten des Jahres 1937 die Arbeit an seinem letzten großen Epos *Der Vulkan. Roman unter Emigranten* aufnahm. Am

Abend des 8. März las er sein »Abel-Kapitel« den Eltern, der jüngsten Schwester und Fritz Landshoff vor, der gerade für ein paar Tage zu Besuch nach Küsnacht gekommen war. Offenbar waren die Reaktionen nicht ganz zu seiner Zufriedenheit ausgefallen, auch wenn er anschließend vermerkte: »Ganz fruchtbare und ermutigende Unterhaltung darüber.« Denn er fügte noch den Satz hinzu: »Resultat: ich werde mir diesmal ZEIT lassen; den Roman, wahrscheinlich noch *nicht* diesen Herbst herausbringen.«[8]

Ein paar Tage später rezensierte er ein Buch über Ludwig II. von Bayern. Die Figur des sagenumwobenen ›Märchenkönigs‹, der am 13. Juni 1886 unter mysteriösen Umständen am Starnberger See ums Leben gekommen war, zog ihn sofort in seinen Bann. Er wolle aus dem »Ludwig-Stoff eine Novelle oder vielleicht sogar »etwas Dramatisches für Amerika machen«: »Analyse der Romantik. Eros. Rausch und Untergang. Das Ende in Starnberg. Da liessen sich grosse Reize finden...«[9] – notierte er am 14. März in seinem Tagebuch. Mit Feuereifer machte er sich sogleich daran, alles – im Ausland – zur Verfügung stehende Material über den Bayernkönig zusammenzutragen. Dafür wandte er sich auch an den Schweizer Verleger Emil Oprecht, der ihm tatsächlich mit einigen Studien behilflich sein konnte. Er selbst besorgte sich die Biographie von Fritz Linde, *Ich, der König*. Die folgenden Tage waren ganz dem Schreiben gewidmet: Im Wechsel arbeitete er seinen Vortrag *Hoffnung auf Amerika* aus, den er am 16. April in Brünn und danach noch in weiteren Städten seines neuen ›Heimatlandes‹ halten wollte, und machte sich erste Notizen für die *Ludwig*-Novelle.

Zwischendurch glaubte Klaus Mann sich auch noch in eine undurchsichtige Affäre einschalten zu müssen, bei der er jedoch, wie sich später herausstellen sollte, einem folgenschweren Gerücht aufgesessen war, das den Beteiligten großen Schaden zufügte. Im Herbst 1936 hatte es plötzlich geheißen, der Verleger des antifaschistischen *Pariser Tageblatts*, Wladimir Poljakoff, habe versucht, seine Zeitung einem Strohmann des Reichspropagandaministeriums in die Hände zu spielen, eine gezielt in die Welt gesetzte Lüge, wie später ein jüdisches Ehrengericht, die Vereinigung der Pariser Auslandspresse und schließlich auch die französische Justiz befanden. Hans-Albert Walter hat in seiner Studie *Deutsche Exilliteratur 1933-1950* die Hintergründe aufgezeigt, die lange Zeit im Dunkeln geblieben waren. Danach war der weißrussische Verleger im Frühsommer 1936 in finanzielle Schwierigkeiten geraten, weshalb er einen Geldgeber gesucht hatte, der bereit war, Kapital zu investieren. Offenbar waren seine Bemühungen erfolgreich gewesen. Allerdings hatte es der Investor zur Bedingung gemacht, daß die redaktionelle Leitung – für die bis dahin Georg Bernhard verantwortlich gewesen war – abgelöst werden sollte. Von dem Ausschluß aus der Redaktion waren auch einige enge Mitarbeiter von Bernhard betroffen. Die Juristen ermittelten später, daß die abgesetzte Redaktion jene bösartige Verleumdung in die Welt gesetzt hatte, durch die Poljakoff nicht wieder gutzumachender Schaden zugefügt wurde. Außerdem wurde, als »Gegenzeitung«, die *Pariser Tageszeitung* gegründet – jene Exilzeitschrift, in der im Jahr zuvor der Vorabdruck von *Mephisto* erschienen war. Georg Bernhard war der neue Chefredakteur. Aus der Angelegenheit gingen schließlich zwei Verlierer hervor: Obwohl Poljakoff durch das anschließende Gerichtsverfahren von allen Vorwürfen freigesprochen wurde, gelang es ihm nicht, seine Zeitschrift zu retten: Am Ende hatte er seine Reputation verloren, er war wirtschaftlich ruiniert und ging wohl auch seelisch an dem Rufmord zugrunde. Georg Bernhard mußte – als mutmaßlicher Drahtzieher des Betrugsmanövers – kurz nach Prozeßende die Redaktion der *Pariser Tageszeitung* verlassen. Die Affäre hatte, wie Martin Gregor-Dellin in seinen Anmerkungen zur Korrespondenz von Klaus Mann angab, einen »doppelten Boden«[10]: Bernhard stand in enger Verbindung mit den exilierten Kommunisten, er selbst engagierte sich aktiv für die »Volksfront«. Daß die Idee, seinen ehemaligen Chef auf diese Weise auszubooten, allein Bernhards Initiative gewesen sein soll, dürfte denn auch mehr als zweifelhaft sein. Vielmehr geht man heute davon aus, daß die Demontage des *Pariser Tageblatts* – und der Reputation des Herausgebers – sowie schließlich Bernhards Entlassung auf eine Intrige der Kommunisten zurückgeht. Als der Skandal offenkundig geworden war, ließ ihn die »Volksfront« jedenfalls sang- und klanglos fallen – er nützte ihnen nichts mehr.

Völlig ahnungslos, was jenen »doppelten Boden« der Angelegenheit betraf, setzte Klaus Mann im März an den Redakteur des *Neuen Tage-Buchs*, Konrad Heiden, ein Schreiben zur Verteidigung von Georg Bernhard auf. Heiden hatte in einem Artikel präzise die einzelnen – wahren – Fakten aufgeführt und Bernhard sowie die *Pariser Tageszeitung* scharf unter Beschuß genommen. Klaus Mann berief sich in seiner Argumentation vor allem auf die antifaschistische Gesinnung der *Pariser Tageszeitung* und ihres Chefredakteurs: das Presseorgan und Bernhard seien schon allein deshalb über jeden Zweifel erhaben, weil sie ebenso unermüdlich wie leidenschaftlich gegen Hitler eintreten würden. Es ginge nicht an, glaubte er Heiden belehren zu müssen, daß jetzt der eine Leidensgenosse gegen den anderen »mit einer hysterischen Gereiztheit« zu Felde ziehe, nachdem man immerhin vier Jahre lang leidlich Frieden gehalten habe.[11]

Mit seiner Intervention für Bernhard und die *Pariser Tageszeitung* hatte Klaus Mann zweifellos die besten Absichten verfolgt, aber sie trübten ihm den Blick für die wahren Zusammenhänge. Weniger das prompte Antwortschreiben von Konrad Heiden, sondern der ergänzende Brief von Leopold Schwarzschild, dem streitbaren Herausgeber des *Neuen Tage-Buches*, bewog Klaus Mann jedoch schließlich dazu, von einer weiteren Einmischung Abstand zu nehmen. Schwarzschild scheute sich nicht, die Poljakoff-Affäre mit der »Dreyfus Sache« gleichzusetzen: »genau dieselben Argumente«, meinte er, würde Klaus Mann nun bemühen. Im übrigen habe die ›Liga der Menschenrechte‹, die seinerzeit »während und wegen des Falles Dreyfus gegründet« worden sei, »den Fall Poljakoff offiziell zu dem ihren gemacht«. Dann fragte er Klaus Mann, ob er tatsächlich »in diesen großen Fragen mit zu den Vertuschern und den unausbleiblich Diskreditierten von Morgen gehören« wolle, »oder zu den Rechtschaffenen und den Mitgliedern der gesitteten Welt.«[12] Klaus Mann war in der Tat klug beraten, klein beizugeben – er sehe ein, schrieb er an Leopold Schwarzschild, daß es wohl nicht angemessen wäre, »um dieser einen – für mein Empfinden – fehlenden ›versöhnlichen Nuance‹ willen mich zum Verteidiger von Leuten aufzuwerfen, die durch die Gewagtheit ihrer Streiche sich wohl selber in eine Situation manövriert haben, in der keine Verteidigung ihnen mehr nützt«.[13] Abgesehen davon, daß er wirklich gerade im Begriff gewesen war, die ›falsche‹ Seite zu verteidigen, wäre es für Klaus Mann – nicht zuletzt im Hinblick auf künftige Publikationen im *Neuen Tage-Buch* – keineswegs von Vorteil gewesen, sich mit dem Herausgeber eines der einflußreichsten Exilorgane ein hitziges Wortgefecht zu liefern.

Es sollte nicht das letzte Mal sein, daß Klaus Mann Gefahr lief, zwischen die Fronten zu geraten. Anfang Juni erreichte ihn ein weiteres Schreiben von Leopold Schwarzschild. In diesem forderte er ihn auf, sich für den Vorstand eines »Bundes« zur Verfügung zu stellen, von dem er meinte, daß die künftigen Mitglieder »wirklich an die Prinzipien« glaubten, »deren Verletzung sie Hitler vorwerfen«. Diesen exil-deutschen Journalisten und Schriftstellern, zu denen u.a. auch Hermann Kesten, Bruno Frank, Konrad Heiden, Walter Mehring, Hans Sahl, Fritz von Unruh, Ernst Toller und Frank Leonhard gehörten, ginge es darum, »innerhalb der deutschen Emigration selbst jene Segen der Demokratie und der Meinungs-Freiheit [zu] erhalten [...], ohne die es nur Verblödung und Verlumpung«[14] gebe. Ihre Wahl sei auf ihn gefallen, weil sie »absolut« davon überzeugt seien, daß »Sie zu uns gehören und daß Sie den Mut haben, es auszusprechen.« Dann fügte er noch die schönen Worte hinzu, daß Klaus Mann ein Schriftsteller sei, »der jeden anderen in Ruhe lassen will, der jedem das Recht gibt zu schreiben, was er will und wie es sein Gewissen ihm vorschreibt, und Sie wollen selbst in Ruhe gelassen werden, selbst schreiben, was Ihnen Ihr Gewissen diktiert.« Kurz entschlossen sagte Klaus Mann zu – wie hätte er dieser schmeichelhaften Werbung auch eine Absage erteilen können. Allerdings hatte er sein Einverständnis wohl etwas voreilig gegeben; denn schon ein paar Tage später nahm er mit wachsendem Unbehagen zur Kenntnis, daß er als Mitglied des »Bundes Freie Presse und Schriftsteller« zwangsläufig in eine politische Richtung gedrängt wurde, zu der er sich – jedenfalls zu diesem Zeitpunkt – noch nicht endgültig hatte durchringen können. Daß Schwarzschild und Heiden ihm nur zu gern die Rolle des ›Zugpferds‹ zuwiesen, störte ihn dabei noch am wenigsten. Sein Pflichtgefühl ließ es jedoch nicht zu, am Ende gar all jenen in den Rücken zu fallen, die, wie Heinrich Mann, Lion Feuchtwanger oder Ernst Bloch, gerade dabei waren, durch die »Volksfront« ein politisches Ideal zu verankern, das für alle deutschen Emigranten Gültigkeit haben und ihre Geschlossenheit gegenüber dem Hitler-Staat, aber auch gegenüber dem Ausland demonstrieren sollte.

In der Tat hatte Schwarzschild von Anfang an keinen Zweifel daran gelassen, daß seine Initiative vor allem als eine ›Gegenbewegung‹ zur »Volksfront« gedacht war: Seit den Moskauer Schauprozessen hatte er, darin hellsichtiger als manch ein anderer, unbeirrt einen antikommunistischen Kurs eingeschlagen. Die »Volksfront« hatte zwar – nicht zuletzt dank der freiheitlich-liberalen Haltung ihres Vorsitzenden Heinrich Mann – eine weitgespannte weltanschauliche Grundlage angestrebt, die es auch bürgerlichen Mitgliedern ermöglichen sollte, sich mit den Ideen des Ausschusses zu identifizieren. Schon bald aber zeigte sich, daß in Wahrheit die Kommunisten bei allen Aktionen und Beschlüssen federführend waren. Auch Klaus Mann hatte – noch von New York aus – den Aufruf vom 21. Dezember 1936 zur Bildung der deutschen »Volksfront« unterschrieben, in dem erstmals die Grundzüge einer – sozialistisch geprägten – Staats-, Rechts- und Wirtschaftsordnung für Deutschland nach der Hitler-Ära entworfen worden war. Durch seinen Beitritt in Schwarzschilds »Bund« mußte er sich zwangsläufig die Frage stellen, ob er das Zweckbündnis mit den Kommunisten tatsächlich weiterhin unterstützen durfte. Hinzu kam, daß der Onkel über Klaus Manns Engagement ernsthaft verstimmt war. In einem Brief vom 26. Juli 1937 nannte es Heinrich Mann »peinlich« und »folgenschwer«, daß der Neffe seine Warnung vor Schwarzschilds Initiative in den Wind geschlagen habe: »Das hat schon jetzt zur Folge, daß wertvolle Mitglieder der Volksfront überlegen, ob sie nicht zu Deiner Gruppe übergehen sollten.« Wie könne er sich nur für eine Bewegung engagieren, deren erklärte Absicht es sei, der »Volksfront« zu schaden. Sollten die Diffamierungen Früchte tragen und die »Volksfront« zerstört werden – was, seiner Einschätzung nach, sehr leicht passieren könne –, »bliebe wahrhaft nichts mehr übrig von einer deutschen Opposition«.[15]

Dies war der Schlüsselsatz: Jede Argumentation und jede Aktion, die nur annähernd in den Verdacht geriet, dem vereinten Kampf der Emigranten gegen den Faschismus zu schaden, rief in Klaus Mann sogleich Unbehagen und Widerstand hervor. Dabei war auch er weit davon entfernt, die Zustände in Sowjetrußland zu verherrlichen, und auch er beobachtete mit wachsendem Argwohn, daß einige gerade dabei waren, Moskaus Dogmenkodex mit aller Gewalt für die Exilpolitik zu instrumentalisieren. Als sich die deutschen Exilschriftsteller im Juli in Paris zur Weltausstellung »Kunst und Technik im modernen Leben« (*Exposition internationale des Arts et de Technique dans la vie moderne*) einfanden, die der *Schutzverband Deutscher Schriftsteller* mit begleitenden Veranstaltungen ausgerichtet hatte, notierte Klaus Mann, der Onkel habe seine französische Eröffnungsrede umgeben von Piscator, Brecht, Ilja Ehrenburg, Anna Seghers und Claire Goll gehalten. Irritiert fügte er hinzu: »H.[einrich] M.[ann] den Kommunisten durchaus hörig.«[16] Doch schon am nächsten Tag, nach einem Mittagessen mit Erika (die für einen Kurzbesuch nach Europa gekommen war, um ihre Übersiedelung nach Amerika perfekt zu machen), Fritz Landshoff und Leopold Schwarzschild, korrigierte er sich: »die extrem anti-kommunistische Haltung« von Schwarzschild erscheine ihm »noch falscher, als Heinrich's kritiklos sympathisierende«[17] Einstellung. Er nutzte die Tage in Paris, um im Café »Deux Magots« mit Heiden die »Komplexe: Kommunismus-Konformismus« zu erörtern und beim »Lunch« mit Schwarzschild darüber zu debattieren, ob Stalin, wie Schwarzschild behauptete, tatsächlich »schlimmer als Hitler« sei. Dem Onkel ging er in diesen Tagen tunlichst aus dem Weg; noch schwankte er, welche antifaschistische »Front« die richtige für ihn sei: die eine, die sich explizit dem freiheitlichen Liberalismus verschrieb, aber den Antikommunismus zur Glaubensfrage erklärt hatte, oder die andere, mit deren Kerngedanken er sich durchaus identifizieren konnte, die offenbar jedoch von der kommunistischen Ideologie stärker unterwandert war, als sie nach außen hin den Anschein gab.

Einen Monat später drängte Heinrich Mann ihn erneut dazu, sich nun umgehend von Schwarzschild loszusagen – wobei der Onkel auch auf seine regelmäßige Mitarbeit am *Neuen Tage-Buch* anspielte. Heinrich Mann sprach von der »Spaltung« der Emigranten, die wohl über kurz oder lang unvermeidlich werden würde, und davon, daß Klaus spätestens dann einem konkreten Entschluß nicht mehr länger aus dem Weg gehen könne. Schonungslos müsse er ihn auf diese Entwicklung hinweisen, »unsere Verwandtschaft« und »Dein Talent« verlangten es so. Schließlich glaubte er dem Neffen versichern zu müssen, daß jene Geständnisse der Moskauer Prozesse, die Klaus Mann so sehr zu denken gegeben hatten, sicherlich nicht auf menschenunwürdige Weise zustande gekommen seien: »Ich habe den Prozeß Radek und Genossen genau gelesen: das genügt mir, um in diesen Hinsichten manches zu verstehen und zu wissen.«[18] Heinrich Mann war tatsächlich von der Rechtmäßigkeit der Prozesse überzeugt – und in seinen 1945 entstandenen Erinnerungen *Ein Zeitalter wird besichtigt* sollte er seine fatale Fehleinschätzung noch einmal bekräftigen. Dieses unselige Argument war sicherlich nicht ausschlaggebend dafür, daß Klaus Mann sich schließlich doch dazu entschloß, auf Distanz zu Schwarzschilds »Bund Freie Presse und Schriftsteller« zu gehen – was die Moskauer Prozesse betraf, so hatte er sich selbst ein eigenes Urteil gebildet, daß dem des Onkels diametral entgegengesetzt war. Wohl aber hatte er eingesehen, daß er sich dem Drängen von Heinrich Mann nicht länger entziehen konnte – nicht zuletzt um des Familienfriedens willen.

Am 24. August, einen Tag nachdem er den Brief des Onkels erhalten hatte, setzte er Leopold Schwarzschild davon in Kenntnis, daß er aus dem Bund ausscheiden wolle. Seine Entscheidung habe nicht nur politische Gründe – obgleich er tatsächlich »innere Hemmungen und Vorbehalte« gegen ein Unternehmen hege, das so offenkundig »der Devise des Antikommunismus« verpflichtet sei –, sondern seiner Absage lägen auch persönliche und »familiante« Bedenken zugrunde. Er hätte sich schon früher aus der Gruppe zurückgezogen, wenn ihn nicht »besondere Sympathie« für die Person Schwarzschilds, die »besondere Achtung vor Ihrer Arbeit« zunächst davon abgehalten hätten. Seinen Austritt wolle er »möglichst leise vollziehen«, damit er von niemandem als ein »feindlicher Akt« gegen Schwarzschild ausgelegt werden könne.[19] In diesem Sinn sei es nicht notwendig, sein Ausscheiden publik zu machen, es rei che aus, wenn sein Name fortan nicht mehr auf der Mitgliederliste geführt werde. Seine Worte waren nicht ganz aufrichtig: Schon ein paar Tage danach schrieb er gut gelaunt an Lion Feuchtwanger, er möge doch bitte Ludwig Marcuse und den anderen »literarischen Freunden« berichten, daß er aus der »›Gruppe der Unabhängigen und Sauberen‹« ausgetreten und also »wieder ein Unsauberer und ein Abhängiger« sei – in diesem »altvertrauten Zustand« würde er sich »ziemlich wohl fühlen«.[20] Leopold Schwarzschild nahm Klaus Mann seinen Austritt scheinbar nicht weiter übel. Der Schein jedoch trog, wie sich schon bald zeigen sollte – die heftigen Angriffe, die er ein Jahr später gegen Klaus Mann zu richten begann und die zweifellos die Züge eines Racheaktes aufwiesen, machten deutlich, daß er ihm seinen Rückzug in Wahrheit keineswegs verziehen hatte.

Vergitterte Fenster

Während der Streitereien um seinen Beitritt in den »Bund Freie Presse und Schriftsteller« mußte sich Klaus Mann ein weiteres Mal mit seinem angegriffenen Gesundheitszustand auseinandersetzen. Als Leopold Schwarzschild um seine Mitgliedschaft warb, hatte er sich gerade in das Budapester Sanatorium »Siesta« begeben, um seine erste Entziehungskur anzutreten. Gut möglich, daß sein Urteilsvermögen, das ihn ansonsten nur selten im Stich ließ, nicht zuletzt durch die bitteren Erfahrungen der letzten Wochen noch ein wenig getrübt war, als er Schwarzschild nur wenige Tage nach seiner Entlassung so leichtfertig sein Einverständnis gab. Der Einsicht, daß er seine Drogensucht ohne ärztliche Hilfe wohl nicht mehr in den Griff bekommen würde, konnte er sich nicht mehr länger verschließen, zumal die tägliche Dosis, die sein Körper nunmehr verlangte, fast nicht mehr zu beschaffen war. Hinzu kam, daß ihm eine Vortragsreise, die ihn kurz zuvor quer durch die tschechoslowakische Republik und nach Wien geführt hatte, wenig Zeit zum Atemholen gelassen hatte. Trotzdem hatte er sich bis zuletzt darum bemüht, sich nach außen hin nicht anmerken zu lassen, daß er in Wahrheit mit seinen Kräften am Ende war. Doch Mitte Mai – er hatte sich gerade nach Budapest begeben, um die wohlhabenden Freunde seiner Eltern, Jolan »Loli« und Baron Lajos Hatvany zu besuchen – war das Unvermeidliche eingetreten: Nach mehreren physischen Zusammenbrüchen war auch den Hatvanys nicht länger verborgen geblieben, daß ihr Gast dem Tod näher als dem Leben stand. Offenbar waren sie es, die den Kontakt zwischen Klaus Mann und Dr. Robert Klopstock herstellten. Klaus Mann faßte zu dem jungen Arzt und Schriftsteller, der ein enger Freund von Franz Kafka gewesen war, sogleich Vertrauen. Dr. Klopstock drängte ihn dazu, umgehend mit einer Entwöhnungskur zu beginnen – andernfalls könne er für nichts garantieren. Dieses eine Mal verweigerte sich Klaus Mann nicht dem Versuch seiner Umgebung, ihn vor dem Schlimmsten zu bewahren: Er gab Dr. Klopstock die Zusage, sich noch vor Ablauf des Monats in das Sanatorium »Siesta« einweisen zu lassen, um unter seiner Anleitung den Kampf mit dem »Teufelszeug« aufzunehmen.

In jenen Tagen in Budapest machte Klaus Mann die Bekanntschaft eines jungen amerikanischen Theaterkritikers, über den er in seinem Tagebuch freilich erst einmal in gewohnt abschätziger Manier bemerkte, »der kleine *Curtiss*« sei zweifellos ein »hübsches, etwas blasiertes und hochnäsiges Kind«.[21] Thomas Quinn Curtiss, ein Jahr jünger als Klaus Mann und von diesem später zärtlich »Tomski« genannt[22], schien offenbar keinen Anstoß daran zu nehmen, in welchem Maße der massive Drogenkonsum seine neue Bekanntschaft auch äußerlich gezeichnet hatte. Die Einstiche an den Oberschenkeln waren inzwischen chronisch entzündet, er hatte stark abgenommen, und er sah blaß und elend aus. Die permanenten Entzugserscheinungen, von denen das häufige Erbrechen und die Schweißausbrüche ihm besonders arg zusetzten, hatten ein übriges getan. Noch bevor er sich am 27. Mai in das Budapester Sanatorium begab, war es zu einer ersten Annäherung gekommen. Klaus Mann sprach, unter dem Eindruck der ersten gemeinsamen Tage und Nächte, schlicht vom »Glück und Rätsel einer neuen Begegnung«.[23]

Die Entziehungskur begann, wie Klaus Mann am ersten Tag noch recht gelassen notierte, als »eine melancholische Komödie«: das Zimmer mit den vergitterten Fenstern, die gewohnte Fotosammlung, die er sofort in unmittelbarer Nähe des Krankenbettes aufgestellt hatte, die Ärzte, die Krankenschwestern – später dann die »Schreie der Tobenden aus dem ›Unruhigenhaus‹.«[24] Ein paar Tage lang wähnte er sich der Situation noch gewachsen: Seine »gute und eigentlich *starke* Natur (für die ich so gar nicht dankbar bin)« bewähre sich, notierte er. Es folgte, wie konnte es auch anders sein, der Absturz: Weinkrämpfe, völlige Erschöpfung, starke körperliche Schmerzen, die ebenso verzweifelten wie entwürdigenden Versuche, sich Drogen zu verschaffen. Einmal fragte ihn Dr. Klopstock, warum er eigentlich Rauschgift genommen habe. Er habe geantwortet, weil er gerne sterben wolle, vermerkte Klaus Mann später lakonisch in seinem Journal. Vermutlich wird Dr. Klopstock ihn behutsam darauf hingewiesen haben, daß Ursache und Wirkung in diesem Fall wohl kaum mehr so einfach voneinander zu unterscheiden waren. Zumindest dürfte die Sucht nach Drogen seine Sehnsucht nach dem Tod zweifellos noch verstärkt haben. Es war eine schwere Zeit, die Klaus Mann zu bestehen hatte. Immerhin, er war nicht völlig allein; Thomas Quinn Curtiss besuchte ihn täglich. »Werde ich den lieben Th.[omas] C.[urtiss] genug lieben? – Ich bete darum, dass ich ihn genug lieben kann... Es gehört so viel Kraft dazu, *sehr* zu lieben. Ich fürchte die Anfechtungen der Müdigkeit. Und er – liebt ja selber den TOD mehr als mich«[25] – die Angst vor der Bindung, vor der Nähe und vor einer erneuten Enttäuschung machte ihn anfällig für trübe Gedanken. Vielleicht wäre er auch diesmal wieder seinem üblichen Fluchtimpuls gefolgt, wenn er nicht in jenem Krankenzimmer mit den vergitterten Fenstern wie ein Gefangener hätte ausharren müssen, bis er die Nähe zum Abgrund erfolgreich überwunden hatte. So aber konnte er nichts anderes tun, als sich der Zuneigung und Fürsorge eines Menschen zu überlassen, der ihm große Anteilnahme entgegenbrachte und offenkundig von nichts anderem als der freundschaftlichen Absicht geleitet wurde, ihm die anstrengende Zeit so erträglich wie möglich zu machen. Knapp einen Monat später verließ Klaus Mann das Sanatorium. Zusammen mit Thomas Quinn Curtiss begab er sich sofort nach Sils Baselgia, um einige Wochen in Annemarie Schwarzenbachs Domizil zu wohnen – er brauchte jetzt nichts als Ruhe. Trost und Zuspruch erfuhr er auch von seinen engsten Vertrauten: Nach Erika, die, als sie von Klaus' Entziehungskur erfahren hatte, umgehend nach Europa gereist war, trafen zunächst Therese Giehse und – einige Tage später – auch Annemarie Schwarzenbach ein. Sie alle wollten das Ihre dazu beitragen, daß Klaus wieder zu sich selbst fand.

Im vertrauten Kreis erholte sich Klaus Mann rasch – vielleicht zu rasch – von den Strapazen der letzten Wochen. Schon einen Monat später, am 17. Juli, vermerkte er in seinem Tagebuch einen »leichten ›Rückfall‹«, von dem er hoffe, daß er »ohne Konsequenzen« bleiben würde. Es blieb bei diesem frommen Wunsch – es war wohl bezeichnend, daß in der Bemerkung von einem festen Entschluß nicht die Rede war. Schon bald zeigte sich: In dem Maße, wie »Schwermut und Mutlosigkeit« immer wieder von ihm Besitz ergriffen, konnte er auf Dauer auch dem drängenden Verlangen nach Drogen nicht widerstehen. Dr. Klopstock hatte die ärztliche und psychologische Betreuung zweifellos sehr ernst genommen, aber war es ihm während der täglichen Gespräche tatsächlich gelungen, einen Blick hinter die gut geschützte Fassade seines Patienten zu werfen? Ein Monat der – schrittweisen – Abstinenz und der physischen Entwöhnung erwies sich jedenfalls als zu kurz, um wenigstens annähernd dem komplexen Geflecht des Enthüllens und Verbergens auf die Spur zu kommen, das Klaus Mann in den letzten Jahren so meisterhaft zu knüpfen verstanden hatte. (Daß entwaffnende Offenheit und Selbsttäuschung, Hellsichtigkeit und – zumeist unbewußte – Verdunkelungsmanöver einander keineswegs ausschließen, bezeugen nicht zuletzt seine täglichen Notizen.) Dieses zu entwirren hätte womöglich den Schlüssel zu jenem Konfliktpotential geliefert, das sich aus den inneren Widersprüchen zwischen Hoffnung und Resignation, Schwäche und Stärke, Langeweile und Rastlosigkeit, Liebesverlangen und Bindungsscheu und vor allem Lebenswille und Todestrieb ergab, wie sie so charakteristisch für Klaus Mann waren. Welche seelischen Verletzungen hatten ihm diesen aufreibenden Existenzkampf auferlegt? Hatten sie sich schon so tief in sein Inneres eingegraben, daß keine Aussicht auf Linderung mehr bestand? Nein, dieser eine Monat konnte nicht ausreichen, um sich all den Irrungen und Wirrungen zu nähern, die Klaus Manns

Biographie über die Jahre auf zermürbende Art und Weise geprägt hatten.

Es war verständlich, daß bei all den Aufregungen das Manuskript der *Ludwig*-Novelle lange hatte ruhen müssen.[26] Nun, in der Abgeschiedenheit der ländlichen Idylle, wollte Klaus Mann sein Werk endlich vollenden. Immerhin hatten ihm seine Erlebnisse in dem »›Unruhigenhaus‹« den Titel eingegeben, dessen Suche ihm zunächst einiges Kopfzerbrechen bereitet hatte: *Vergittertes Fenster* – so sollte das Prosastück heißen. Täglich schrieb Klaus Mann mehrere Seiten, dann, knapp zwei Wochen später, am 10. Juli, vermerkte er in seinem Journal, daß er den »›Ludwig‹« soeben fertiggestellt habe. Die Novelle beginnt mit den letzten Momenten des kurzen, aber bewegten Lebens, das für Ludwig II. – so sah es Klaus Mann – vor allem von Einsamkeit und Leiden bestimmt war. Noch bevor er die letzten Sätze der Erzählung niedergeschrieben hatte, erschien sein Aufsatz über *Ludwig II., König von Bayern* in der Zürcher Zeitung *Die Weltwoche*. Darin wandte er sich zunächst gegen die einschlägige Literatur, die durch ihre »Süßlichkeit, Geschmacklosigkeit« und »abgrundtiefe Verlogenheit« verblüffe und bei deren Lektüre »einem übel« werden könne. Dann kam er auf seine Interpretation des Ludwig-Mythos zu sprechen. Er sehe die ärmliche Szene vor sich, schrieb Klaus Mann, wie der Bayernkönig während seiner letzten Stunden in Schloß Berg am Starnberger See sein »unschön gewordenes, verfallenes Gesicht gegen die Gitterstäbe seines Fensters gepreßt« und über sein Leben nachgesonnen habe: »daß es verfehlt war, und wie er alles verlieren mußte«.[27] Wenn er sich dieses Elend und dieses Leiden vergegenwärtige, dann fülle sich sein Herz mit einem Erbarmen, das keinen Spott und keine Ironie mehr aufkommen lasse. Nicht zuletzt deshalb zähle er ihn zu den ergreifendsten Gestalten des späten neunzehnten Jahrhunderts, »dieser fragwürdigen und reichen Epoche«. Er fügte hinzu: »Sein Blick, in dem so viel echte Flamme ist neben so großer Not und Qual, läßt mich nicht los.«[28] In der Tat bezieht die *Ludwig*-Novelle ihre Überzeugungskraft nicht zuletzt aus der großen Sympathie, die der Autor für seine – homosexuelle – Hauptfigur empfand. Ludwig II., der – depressiv und paranoid – in seinem Schloß am Starnberger See wie ein Gefangener in einem Zimmer mit vergitterten Fenstern eingesperrt wird, ist an jener Stelle angelangt, »wo es ganz und gar nicht mehr weitergeht«. Er läßt noch einmal sein Leben an sich vorüberziehen, bevor er sich selbst und seinen

Arzt, den Medizinalrat Doktor von Gudden, im nahegelegenen See ertränkt. Daß er es nicht vermochte, sich Freude und Glück zu bewahren, macht ihn zur tragischen Gestalt: »Ach, nur Verluste bleiben mir in der Erinnerung. Verluste, wohin ich schaue, wohin ich denke. Weh mir: Verloren«.[29] Auf die Bilanz des Scheiterns folgt der Entschluß, sein Leben zu beenden.

Im *Wendepunkt* schrieb Klaus Mann später, mit der *Ludwig*-Novelle habe er sich »einen munteren Ausflug ins Melancholisch-Ästhetizistische, ins liebe, alte, traulich-morbide Märchenland« erlaubt. Zweifellos habe es etwas »Wunderliches«, wenn ein Autor, der seine politisch-moralische Verpflichtung kenne und anerkenne, »sich plötzlich eine solche Eskapade« leiste. In diesem Sinn sei seine Novelle ein »fragwürdiger«, wenn auch »künstlerisch nicht ganz reizloser« Versuch, ja ein »übermütig-schwermütiges kleines Wagnis«[30] gewesen, das nicht zuletzt auf seine Affinität zum Romantizismus der Jahrhundertwende verweise. Aber vor allem war *Vergittertes Fenster* »in reiner Form das Produkt seines morbid-romantischen Lebensgefühls.«[31]

Mitte Oktober erschien die *Ludwig*-Novelle im Querido-Verlag. Fritz Landshoff hatte sich bei dem Verleger für das Prosastück des Freundes eingesetzt, das im Rahmen des üblichen Verlagsprogramms zweifelsohne eine Sonderstellung einnahm. Indes wurde *Vergittertes Fenster* mit ungewöhnlich positiven Kritiken bedacht. Der emigrierte Filmregisseur Max Ophüls zeigte sich von der Novelle derart begeistert, daß er sogleich daran dachte, sie zu verfilmen. Es wurde nichts daraus, nicht zuletzt der Ausbruch des Zweiten Weltkrieges vereitelte auch dieses Vorhaben.

Paris, Sanary, anschließend wieder Paris – den Rest des Sommers verbrachte Klaus Mann zusammen mit »Tomski« an jenen vertrauten Orten, wo er sich nach wie vor besonders wohl fühlte. Anschließend stand ein Besuch bei den Eltern in Küsnacht auf dem Programm. Hier begann er mit der Arbeit an einem Aufsatz über die *Wiederbegegnung mit den deutschen Romantikern*. Der Essay war eine Auftragsarbeit für Thomas Manns inzwischen etablierte Kulturzeitschrift *Maß und Wert*: Ferdinand Lion hatte Klaus Mann um eine Rezension des Sonderheftes zum Thema »Romantisme Allemand« gebeten, das die französische Zeitschrift *Cahiers du Sud* gerade herausgebracht hatte. Prompt kam es zu Irritationen: Ferdinand Lion lehnte den Essay, den Klaus Mann erst Ende September in Amerika fertigstellte, ab. Für eine Rezension sei er entschieden zu lang geraten, für einen Beitrag zur deutschen Romantik sei er nicht sachkundig genug. Der Autor müsse umfangreiche Kürzungen vornehmen, eine Veröffentlichung dieser Fassung käme jedenfalls nicht in Frage. Klaus Mann, der es nicht gewohnt war, daß man seine Artikel derart kritisierte, bat um ein klärendes Wort des Vaters. Thomas Mann schloß sich jedoch vorbehaltlos der Meinung seines Redakteurs an. In einem Brief teilte er ihm ohne Umschweife mit, daß auch er den Beitrag für mißraten hielt. Er gab Klaus zu verstehen, daß er dem Thema wohl nicht recht gewachsen gewesen sei: eine »umfangreiche Plauderei«, die »doch recht unfundiert« sei. In Anspielung auf die *Ludwig*-Novelle meinte er schließlich, »Romantik zu *machen*, statt darüber zu reden«[32], stehe dem Sohn viel besser zu Gesicht. Die Worte waren schon allein deshalb nicht eben feinfühlig gewählt, weil Klaus immer noch darunter litt, daß der Vater ihn bei der Zusammensetzung des Redaktionsteams einfach übergangen hatte. Nun scheute sich Thomas Mann nicht, den Sohn ein weiteres Mal bedenkenlos zurecht- und zurückzuweisen. Klaus Mann reagierte auf gewohnte Weise. Anstatt den offenen Schlagabtausch mit dem Vater zu wagen, richtete er seinen Groll gegen Ferdinand Lion. Hier hatte er nichts zu befürchten und nichts zu verlieren, zumal Lion seit seiner hochmütigen Kritik an der *Sammlung* ohnehin nicht mehr auf seine Sympathie zählen konnte. Daß er seiner Verärgerung Luft machte, war sicherlich begründet, in der Wahl des angemessenen Tons hatte er sich jedoch zu sehr von seinem Zorn leiten lassen. Peinlich genug, daß er seine Unmutsbekundungen mit der erneuten Bitte um eine Veröffentlichung des Aufsatzes verbinden mußte. Seine Bemühungen, den Text bei der kommunistisch orientierten Moskauer Zeitschrift *Das Wort* unterzubringen, waren ebenfalls erfolglos geblieben: An einer Auseinandersetzung mit der deutschen Romantik waren die parteitreuen Herausgeber Johannes R. Becher und Willi Bredel nicht interessiert – hatte Klaus Mann tatsächlich etwas anderes erwartet? Gespickt mit wütenden Kommentaren und bissigen Seitenhieben gegen Lions Person und gegen die Zeitschrift des Vaters, nahm Klaus Mann unwillig seine ursprüngliche Forderung zurück, wonach der Artikel auf keinen Fall gekürzt werden durfte. Doch meinte er wirklich Ferdinand Lion, als er ihm böse zurief: »Sie haben mich, wenn es sich um ›Maß und Wert‹ handelte, von Anfang an, und immer wieder, gekränkt; Sie haben sich denkbar unkameradschaftlich, unaufmerksam, uninteressiert, oft sogar unkorrekt gegen

mich verhalten. Hinzu kommt, daß ich von der Zeitschrift enttäuscht bin
– und ich nicht allein.«[33] Nein, der Brief zeugte nicht gerade von Souveränität und nobler Zurückhaltung – und erst recht nicht von dem adäquaten Umgang mit schwelenden Konflikten, die er doch besser mit dem
Vater direkt ausgetragen hätte. Immerhin erschien der Aufsatz in der
nächsten Ausgabe von *Maß und Wert* in stark gekürzter Fassung. Somit
hatte er sich für seine Arbeit zumindest eine Vergütung gesichert.

Mitte September bereiteten sich Klaus Mann und Thomas Quinn
Curtiss auf eine gemeinsame Reise nach Amerika vor – am 12. Oktober
sollte Klaus Mann in Detroit seine Vortragstournee antreten. In den vergangenen Monaten hatte sich die Beziehung der beiden zweifellos gefe-
stigt. Nach der zunächst ungewohnten Situation, kaum mehr allein in
der Öffentlichkeit oder im privaten Kreis aufzutreten, war es für Klaus
Mann inzwischen selbstverständlich, fast keinen Augenblick ohne
»Tomski« zu sein. Im *Wendepunkt* meinte Klaus Mann, es sei eine
glückliche Zeit gewesen, die er an der Seite von Thomas Quinn Curtiss
verlebt habe. Mehr noch: In die unbekümmerte Stimmung der ersten
Verliebtheit mischten sich durchaus ermunternde Anzeichen, daß diese
Beziehung von Dauer sein könnte. Dennoch vermochten sie es nicht, die
Partnerschaft frei von Spannungen zu halten. Eher beiläufig bezeugen
Klaus Manns Eintragungen ab September größere und kleinere Auseinandersetzungen, manche davon waren schwerwiegend genug, um das
Liebesglück ernsthaft zu trüben. Auf der Zugfahrt von Amsterdam nach
Le Havre – von dort aus bestiegen sie am 15. September die »Cham-
plain«, die sie nach New York bringen sollte – löste Thomas Quinn Curtiss' »kapriziöse Aversion gegen Licht« bei Klaus Mann klaustrophobi-
sche Empfindungen aus. »Die Dunkelheit und die Enge« hätten ihn
»beängstigt« – »Gefühl wie im Grab«, notierte Klaus Mann. Nein, er
schätzte das Gefühl der räumlichen Beengtheit und des Eingeschlossen-
seins ganz und gar nicht; schon in der Assoziation an das dunkle enge
»Grab« zeigt sich das beklemmende Ausmaß seiner Abneigung.

Belastender als die unterschiedlichen Schlafgewohnheiten – der eine
mit, der andere ohne Beleuchtung – war zweifellos Klaus Manns
»›Thun-Neigung‹«. Es zeichnete sich ab, daß Thomas Quinn Curtiss
nicht gewillt war, sein Leben mit einem Drogenabhängigen zu teilen. In
der Tat hatte sich Klaus Mann wieder soweit an die tägliche Dosis Gift
gewöhnt, daß sich sofort deutliche Entzugserscheinungen einstellten,

wenn er den zumeist halbherzigen Versuch machte, seine Abhängigkeit unter Kontrolle zu bringen. »Tomski« habe ja Recht, schrieb Klaus Mann nach einem schlimmen Streit, der auf hoher See schließlich sogar zu einem kleinen Handgemenge ausgeartet war: Der Freund hatte ihm schließlich das »›Zeug‹ aus der Tasche« gestohlen – ein verzweifelter Akt der Ohnmacht, das Unvermeidliche doch noch abzuwenden. Kühl merkte Klaus Mann später an, daß »Tomskis« »›pädagogische‹ Maßnahmen«[34] ihm auf die Nerven gingen. Immerhin verfehlten Thomas Quinn Curtiss' Bemühungen nicht gänzlich ihren Zweck. Gerade in New York angekommen, unterzog sich Klaus Mann einer zweiten Entziehungskur, wobei er sich jedoch diesmal der Fürsorge von Erika und ihrem Freund, Martin Gumpert, überließ. Martin Gumpert nutzte seine Erfahrung als Arzt und arbeitete ein Programm aus, das auf eine allmähliche Reduzierung der täglichen Dosis setzte und vorsah, die Entzugserscheinungen zunächst mit starken Beruhigungsmitteln zu mildern. Ein paar Tage später ergab eine ärztliche Untersuchung, daß Klaus Mann sich einen Bandwurm zugezogen hatte – die Erklärung für seine anhaltenden starken Darmbeschwerden, die er zunächst als Folge des Drogenkonsums gewertet hatte. Die Behandlung des Parasiten und die Entwöhnungskur setzten Klaus Mann arg zu. Völlig entkräftet hütete er tagelang das Bett. Als er sich soweit erholt hatte, daß er wieder Verabredungen treffen konnte, kam es zur Nervenkrise. In der festen Absicht, den tödlichen Sprung zu wagen, stellte er sich eines Abends auf das Fensterbrett seines Hotelzimmers. Ein Weinkrampf, der Gedanke an die Schwester und daran, sich am Ende gar nur ein Bein zu brechen, verhinderten das Schlimmste. Hernach bemühten sich Martin Gumpert und »Tomski« mit rührender Besorgnis darum, daß er seine Fassung allmählich wiederfand. Daß er rechtzeitig zu Beginn seiner ›lecture‹-Tournee wieder zu Kräften kam, grenzte an ein Wunder.

Von Mitte Oktober bis Mitte Dezember war er – mit kurzen Unterbrechungen – unermüdlich auf Reisen: Detroit, Rochester, Richmond in Virginia, Boston, Westtown Pa., Durham in North Carolina und schließlich Hollywood, wo er mit »Tomski«, aber das erste Mal in seinem Leben ohne Erika, das Weihnachtsfest verbrachte – dies waren bis Ende des Jahres die Stationen einer ebenso ermüdenden wie erfolgreichen Tour. In Hollywood jagte, wie immer, wenn er sich in Amerikas Filmstadt aufhielt, ein Termin den anderen: Mittagessen mit Billy Wilder und Ernst

Lubitsch, ein paar Tage später Lunch mit Fritz Lang, eine Party in den Selznick-Studios, die beiden Silvesterparties von Vicky Baum und Else Heims, der geschiedenen Frau von Max Reinhardt. Verabredungen mit George Cukor, der ihnen Probeaufnahmen zum Film *Vom Winde verweht* zeigte, nutzte Klaus Mann, um seinem Freund ein Entrée zu verschaffen: Thomas Quinn Curtiss spielte mit dem Gedanken, Filmregisseur zu werden. Zwischendurch telefonierte er mit seinem Agenten William B. Feakins, um über eine mögliche Verlängerung seiner ›lecture‹-Tour zu verhandeln. Sein Vortrag *A Family against a Dictatorship*, den er für die Tournee geschrieben hatte, kam an beim Publikum. Um den bis dahin nur mäßig interessierten Amerikanern die faschistische Bedrohung durch Nazi-Deutschland eindringlich vor Augen zu führen und ihre Aufmerksamkeit für die Ereignisse im fernen Europa zu wecken, hatte er sich nicht gescheut, die eigene Familiengeschichte in Deutschland und im Exil, ihre (halb-)jüdische Abstammung ebenso wie die künstlerischen Ambitionen der einzelnen Mitglieder und ihre allmähliche Politisierung heranzuziehen:

»Für nichts in meinem Leben bin ich dankbarer als für den Tropfen jüdischen Blutes, den wir in den Adern haben. Es ergab sich in unsrem Fall das merkwürdige Phänomen, daß zwei recht überzüchtete, recht reife Familien sich regenerieren, indem sie sich vermischten. Mein Vater – es kann gar keine Frage sein – bewies einen sehr viel besseren Instinkt für Rasse-Dinge als alle Nazi-Theoretiker, als er sich die Frau nahm, mit der er seit über dreißig Jahren glücklich lebt und die unsere Mutter ist. [...] Die Ehe meines Vaters mit meiner Mutter ist wahrscheinlich die glücklichste Ehe, die ich überhaupt jemals gesehen habe. Während gerade in den intellektuellen deutschen Zirkeln Ehetragödien jeder Art an der Tagesordnung waren – und es wohl auch noch sind –, gab es im Zusammenleben meiner Eltern nie einen Schatten. Ich glaube, es ist keine Eitelkeit und kein Irrtum, wenn ich sage: Ein Ausländer, der ein typisches deutsches, bürgerlich gebildetes Haus sehen wollte, konnte kein typischeres finden als das unsere.«[35]

»Ich exekutiere überall den gleichen Speech, ›A Family against a Dictatorship‹ – und der ist so verklatscht und privat einerseits, so pathetisch andererseits, wie die Leute es haben wollen«, schrieb Klaus Mann an Lajos Hatvany.[36] Keine Frage, als engagierter Zeitkritiker war Klaus Mann wieder einmal ganz in seinem Element, zumal er mit seiner neuen Aufgabe klar umrissene Ziele verfolgte. Denn jetzt galten seine Bemühungen nicht mehr allein der Mobilmachung gegen den Faschismus, sondern nun verknüpfte er seine politische Botschaft auch mit der eindringlichen

Warnung vor dem Expansionstrieb der deutschen Machthaber, die zweifellos über kurz oder lang auch vor einem Militärschlag nicht zurückschrecken würden.

Ein Etappensieg

Bis Mitte Februar blieb Klaus Mann in Amerika. Wohl, um noch länger
mit »Tomski« zusammensein zu können, hatte er seine Vortragsreise
kurzentschlossen auf Fresno, San Francisco, San Diego, Des Moines und
Chicago ausgedehnt. Am 15. Januar hielt er sich noch einmal für ein
paar Tage in Hollywood auf. Es war Zeit, Abschied zu nehmen, denn
Thomas Quinn Curtiss hatte sich endgültig entschieden, als Filmregisseur in Amerikas ›Traumfabrik‹ sein Glück zu versuchen; Klaus Mann
hatte von den amerikanischen Behörden bei der Einreise kein Immigra-
tions-, sondern nur ein Besuchervisum ausgestellt bekommen – die Trennung war demnach unausweichlich. »Ich kann mich an einen bittereren
nicht erinnern«, schrieb Klaus Mann in seinem Tagebuch über den trä-
nenreichen Abschied, und: »Ich war mit keinem so sehr zusammen, wie
mit ihm. Schmerz.«37 Die Arbeit half ihm über die trostlosen Stunden ein
wenig hinweg, zumal am 23. Januar ein kurzer Aufenthalt im kanadi-
schen Montreal auf dem Programm stand, wo der PEN-Club für seinen
»›Guest of Honor‹« ein »grosses Lunch« ausrichtete. Der herzliche Empfang, dem man ihm überall bereitete, war in der Tat bemerkenswert.
Nicht ohne Stolz erwähnte Klaus Mann in seinem Journal die »überfüll-
ten Häuser« und die »dinnerparties«, die man ihm zu Ehren gab.
     Inzwischen hatte er auch zwei neue Vorträge ausgearbeitet. Beide,
Germany and the World und *My Father and his Work*, waren ebenso wie
A Family against a Dictatorship ganz darauf ausgerichtet, die Amerikaner über »die deutsche Gefahr« aufzuklären. Publikum und Presse waren sich einig: Klaus Mann verstand es, die Menschen für sich einzunehmen. Die Amerikaner registrierten es mit Genugtuung, daß er sich jedes
kritischen Kommentars enthielt, der ihre nationalen Belange berührte.
Seine Zurückhaltung war wohl nicht nur ein Akt der Höflichkeit: Sein
Amerikabild war überwiegend positiv, wobei sich für ihn die Notwendigkeit einer gründlicheren Auseinandersetzung mit den politischen und
gesellschaftlichen Verhältnissen freilich erst einmal nicht stellte – in die-

sen Tagen nahm das gefährdete Europa noch seine ganze Aufmerksamkeit in Anspruch. Hinzu kam, daß Klaus Mann auf einen dauerhaften Aufenthalt in Amerika erst einmal nicht hoffen konnte. Kein Verlag – auch der Verleger Alfred A. Knopf nicht, der gerade die *Joseph*-Bände des Vaters auf den amerikanischen Markt gebracht hatte und an den Klaus Mann direkt herangetreten war – war bereit, ihm ein Affidavit auszustellen. Ohne diese Bürgschaft konnte man keinen Einwanderungsantrag stellen. Schweren Herzens trat Klaus Mann am 13. Februar zusammen mit Annemarie Schwarzenbach auf der »Ile de France« die Rückreise nach Europa an – die Trennung von Erika und die Ungewißheit, ob seine Beziehung zu »Tomski« eine Trennung auf ungewisse Zeit überdauern würde, riefen bei ihm ein Gefühl großer innerer Leere hervor.

Noch an Bord erreichte ihn die Nachricht, daß Hitler sich am 12. Februar mit Kurt von Schuschnigg getroffen hatte, um – gegen den Willen des österreichischen Kanzlers – die Annexion des kleinen Nachbarlandes einzuleiten. Und »die Demokratien schauen zu«, schrieb Klaus Mann verbittert in seinem Tages-Protokoll.[38] In der Tat griffen die europäischen Mächte auch dann nicht ein, als am 12. März deutsche Truppen in Österreich einrückten, um den Anschluß zu erzwingen. Im Gegenteil: Am 2. April wurde das »Großdeutsche Reich« von Staaten wie Frankreich, England, der Tschechoslowakei und Polen diplomatisch anerkannt. Klaus Mann bezeichnete die Annexion Österreichs als das »wahrscheinlich Furchtbarste, was in Europa seit 1918 geschehen ist.«[39] Die Tage zuvor, die er, nach einem kurzen Zwischenstopp in Paris, in Amsterdam verbracht hatte, um sich mit Fritz Landshoff zu treffen und Verlagsangelegenheiten zu regeln – ein englisches Filmstudio hatte Interesse an der Verfilmung des *Tschaikowsky*-Romans bekundet und Klaus Mann für das Optionsrecht gleich einen Vorschuß ausgezahlt –, hatte er noch tapfer versucht, gegen den »politischen Pessimismus« anzukämpfen. Nun aber, angesichts »Europas schwärzester Stunde«[40], ließ ihn der Gedanke nicht mehr los, daß es allmählich Zeit wurde, den brodelnden Kontinent zu verlassen. Dies galt natürlich für die gesamte Familie: für die Eltern wie für die Geschwister. Thomas und Katia Mann hielten sich ohnehin gerade wegen einer Vortragsreise in Amerika auf. Sofort eilte Klaus nach Küsnacht, um mit Golo darüber zu beraten, »was geschehen soll«: »Gleich Amerika? Bleiben Eltern und E.[rika] dort? Und die Auflösung hier?«[41]

Es traf sich gut, daß die Universität Princeton dem Vater im Mai 1938 eine Art Ehrenprofessur antrug: Für 6000 Dollar im Jahr, eine für damalige Verhältnisse recht stattliche Summe, sollte er als ›Lecturer in the Humanities‹ im Jahr vier Vorlesungen halten. Hinzu kam, daß Thomas Mann in Agnes E. Meyer, die mit Eugene Meyer, dem Inhaber der *Washington Post* verheiratet war, eine einflußreiche Gönnerin gefunden hatte. Auch sie drängte darauf, daß die Manns sich in Amerika niederließen, nur hier könne sie ihren Einfluß für die Familie geltend machen. Im Juni brach Katia Mann nach Princeton auf, um ein Haus zu suchen. Sie fand schon bald ein großzügiges Anwesen, fast vis à vis des Hauses, in dem Albert Einstein und seine Frau wohnten: ›The Mitford House‹, 65 Stockton Street. Im September sollten die künftigen Mieter das Haus beziehen.

Unterdessen hielt sich Klaus Mann in Paris auf. Unmittelbar nach seiner Ankunft war er – nach fünf Monaten Abstinenz – erneut rückfällig geworden. Innerhalb von ein paar Tagen hatte ihn die Sucht wieder so stark gepackt, daß er auf der Suche nach einem Dealer bis zum frühen Morgen den Montmartre durchstreifte, um dann schließlich um 4 Uhr morgens Thea »Mopsa« Sternheim aus dem Bett zu klingeln, die ihn denn auch prompt mit dem »Zeug« versorgte. Als er am 18. März in Küsnacht eintraf, stand es um seinen Gesundheitszustand wieder einmal nicht zum Besten: Er mußte sich häufig übergeben, er war tagsüber ständig müde, des Nachts aber konnte er nicht schlafen. Sogar das Schreiben fiel ihm schwer, kurz: er litt sehr unter dem »reduzierten Zustand«, in dem er sich befand. Früher, schrieb er in seinem Journal, habe ihn der Drogenkonsum wenigstens »bei der Arbeit geholfen«, jetzt bereite er ihm tatsächlich »mehr Verdruss als Spass.«[42] Als Golo ihn am 2. April in die Zürcher Privatklinik »Eos« brachte, wo er unter der Aufsicht des Psychiaters Ludwig Binswanger seine dritte Entziehungskur antrat, sah er dem Kommenden einigermaßen gefaßt entgegen. Doch auch diesmal blieben der »grosse Schmerz«, die Tränen und die Verzweiflung nicht aus: »Durch die Hölle gegangen«, notierte er am 6. April. Es zeigte sich, daß er für den psychoanalytischen Ansatz seines Arztes nicht zugänglich war. Fast verächtlich zählte er die möglichen Erklärungsansätze auf, mit denen Dr. Binswanger ihn während ihrer täglichen Sitzungen konfrontierte: »Heimweh zur Erde, zur MUTTER?, Tod? Lust? [...] Unzufriedenheit mit dem Sexuellen? (Kastrations-Komplex?)«[43] und ein paar Tage später: »Selbstmord-Komplex und Drogue. Tod und Mutter-Trieb.

Die Rolle E[rika]'s als Mutter-Ersatz«, um dann schließlich nüchtern festzustellen:»Es hilft mir auch nicht recht weiter.«⁴⁴ Den ›Vater-Komplex‹ hatte der Arzt auf seiner Suche nach den psychologischen Motiven offenbar unbeachtet gelassen. Zwei Tage bevor Klaus Mann seine Entziehungskur angetreten hatte, hatte er in seinem Tagebuch noch – in Anspielung auf Thomas Manns überwältigenden Erfolg in Amerika – geschrieben:

»Verschiedenes spricht dafür, dass Z.[auberer] in Hollywood wirklich grossen Abschluss tätigt. Meine Reaktion – mir selbst überraschend und eigentlich fatal –: ich muss mir zugeben, Neid und eine sinnlose *Gekränktheit* überwiegen. Er siegt, wo er hinkommt. Werde ich *je* aus seinem Schatten treten? Reichen meine Kräfte so lang? [...] ›grosse Männer‹ sollten doch wohl keine Söhne haben...«⁴⁵

Dennoch: daß er es nicht vermocht hatte – aller bisherigen Anstrengungen zum Trotz – den langen »Schatten« des Vaters abzuschütteln, war gewiß nicht das »Grundverhängnis seiner Existenz«.⁴⁶ Die offenkundigen und die tief verborgenen Schwierigkeiten, auf die seine selbstzerstörerischen Tendenzen verwiesen, waren fraglos komplexerer Natur. War nicht auch das Verhältnis zur Mutter und sogar zu Erika bisweilen von – unausgesprochenen – Mißtönen, enttäuschten Erwartungen und falschen Voraussetzungen belastet? Gerade in jenen Tagen mußte sich Klaus Mann mehr denn je mit Erikas Unabhängigkeit auseinandersetzen: Für ihre Existenzgründung in Amerika hatte sie die monatelange Trennung auch von ihm ohne weiteres Zögern in Kauf genommen. Der Mutter hätte er bei einem offenen Gespräch vielleicht vorgehalten, daß sie sich kaum jemals dazu hatte durchringen können, sich bei einem Disput gegen den Vater zu stellen und für ihn Partei zu ergreifen. War es nicht vielmehr so, daß sie, als praktisches Oberhaupt der Familie von jeher sehr beschäftigt, die Nöte des Sohnes vor allem in der Vergangenheit oftmals gar nicht zur Kenntnis genommen hatte? Warum aber hatte er, den es bereits im frühen Jugendalter von zu Hause fortgezogen hatte, sich niemals sonderlich um seine finanzielle Unabhängigkeit von den Eltern bemüht? Die monatlichen Überweisungen wurden Klaus Mann nach wie vor pünktlich zugestellt, wo immer er sich gerade befand. Da er notorisch über seine Verhältnisse lebte, war in der Tat an ein Auskommen ohne diesen Zuschuß nicht zu denken, wobei er auch in diesem Punkt keine Veranlassung sah, die Beweggründe näher zu beleuchten. Kurzum, das Netz von Abhängigkeiten, Inkonsequenzen und Ambiva-

lenzen, in das sich Klaus Mann verstrickt hatte, war dichter geknüpft, als
er wahrhaben wollte. Daß mit Selbsttäuschung freilich immer auch eine
Restriktion der Persönlichkeit einhergeht, lag auf der Hand. Er kompen-
sierte sie letztlich auf zweierlei Weisen: mit dem lebensbejahenden Drang
zu schreiben und dem tödlichen Hang zur Droge.

Selbst, was sein Verhältnis zu seinem Heimatland betraf, verspürte
Klaus Mann kaum jemals Ambitionen, ernsthaft die Widersprüche zu
hinterfragen, die es bestimmten. Gewiß, er hatte schon früh den Drang
verspürt, Deutschland regelmäßig für eine Weile den Rücken zu kehren.
Das deutsche Großbürgertum, die geistige Tradition Deutschlands, die
Mentalität der Deutschen – kurzum, die Welt des Vaters –: mit all diesen
Aspekten seiner Herkunft hatte er sich, solange er in Deutschland gelebt
hatte, kaum jemals ernsthaft auseinandergesetzt. Im Exil aber lastete die
Sorge um Deutschland schwerer auf ihm als alles andere. In Wahrheit
hatte es sich schon längst gezeigt, daß es ein Irrtum war, seine deutsche
Identität nicht als integrativen Bestandteil seines Daseins zu betrachten.
Immer noch gehörten die deutschen Schriftsteller zu seiner bevorzugten
Lektüre: ob in Paris oder in New York, ob als Kriegsberichterstatter im
Spanischen Bürgerkrieg oder als ›Lecturer‹, der quer durch Amerika reiste. Ebenso waren es vornehmlich deutsche Autoren, deren Nähe er
suchte und mit denen er in der Emigration herzliche Freundschaften
schloß: Lion Feuchtwanger, Hermann Kesten, Egon Erwin Kisch, Ernst
Bloch, Joseph Roth, Ernst Toller, Kurt Hiller, seit März 1938 auch Franz
Werfel. Nicht zu vergessen Fritz Landshoff und Walter Landauer, die
zwar selbst keine Bücher schrieben, die aber mit der deutschen Literatur
aufs engste verbunden waren. Schließlich war er für die sich zunehmend
zersplitternden Exilgruppen so etwas wie eine Integrationsfigur geworden: Hier wie dort schätzte man ihn ebenso als streitbaren Antifaschisten
wie als zuverlässigen und sympathischen Menschen, an dessen aufrichti-
ger Gesinnung niemand zweifelte. Wilfried F. Schoeller spricht in diesem
Zusammenhang von einem »Bindungsleiden an Deutschland«, das Klaus
Mann niemals habe überwinden können. (Ein Aspekt, der im übrigen
nicht nur typisch für Klaus Mann, sondern ein Charakteristikum des gesamten literarischen Exils war.) Danach habe »alles Politische« jener Tage einen regelrechten »Zwang« auf ihn ausgeübt, wobei er dieses Phänomen freilich selbst kaum wahrgenommen habe. Diese »Selbstverken-
nung« sei nichts anderes als die »psychologische Abwehrreaktion« einer

– deutschen – Existenz gewesen, die sich »vor der Übermacht Hitlers vergeblich zu schützen« gesucht habe.47

Eben diese Dimension seines Grundleidens erörterte Klaus Mann
auch mit Ludwig Binswanger, als er in jenem April 1938 in der Zürcher
Privatklinik seiner Drogensucht Herr zu werden versuchte. Er verwarf
jedoch auch diesen Gedanken gleich wieder: »Politisches kaum eine Erklärung, [...] da schon vorher angefangen«, notierte er am 4. April in seinem Tagebuch. Dies war nicht zu leugnen, allerdings hatten sich die exzessiven Auswüchse seines Drogenkonsums erst im Exil eingestellt. Nach
weniger als zwei Wochen verließ Klaus Mann die Klinik wieder; er hatte
die Therapie vorzeitig abgebrochen. Dr. Binswanger sei ja ein »braver
Mann«, doch seien die Gespräche für ihn »ergebnislos« geblieben. Zwei
Tage später erfolgte der erneute Rückfall. Immerhin gelang es ihm Ende
des Monats, mit Hilfe von Golo und Dr. Katzenstein, der ihn schon Ende
1935 bei seinem ersten Nervenzusammenbruch ärztlich behandelt hatte,
die Entwöhnung doch noch zu einem erfolgreichen Abschluß zu bringen.
Die Drogenlieferung, die er sich noch von Paris – per Post – hatte
schicken lassen, ließ er ungeöffnet »Mopsa« Sternheim zukommen. Fürs
erste hatte er seine Sucht tatsächlich in den Griff bekommen.

»Schreiben ist mir die eigentlich natürliche Beschäftigung...«

Während in Europa die politischen Zeichen auf Sturm standen, gelang es
Klaus Mann, sein seelisches Gleichgewicht wieder herzustellen und neu-
en Lebensmut zu schöpfen. »ARBEITEN –: unter dem ständigen Druck
dieser Angst vor dem KRIEGE – der morgen da sein kann, oder in ein
paar Wochen, oder in einem Jahr...«48 – mit dem bedrückend-bedrohli-
chen Gefühl, kurz vor der entscheidenden Katastrophe, der finalen Eska-
lation zu stehen, begründete er in seinem Tagebuch seinen wieder erwachten Elan, der ihn in den folgenden Wochen und Monaten von früh
bis spät an den Schreibtisch fesselte, um Zeile für Zeile niederzuschreiben. Die Herausgeber der Tagebücher zählen fast hundert Artikel, Rezensionen, Essays, Nachrufe und Vorträge, die Klaus Mann – neben der
Arbeit an der Text-Sammlung *Escape to Life* und dem Emigranten-Roman *Der Vulkan* – bis Ende 1939 verfaßte. Es zeigte sich, daß sich die

Arbeit als gute Möglichkeit erwies, die seelischen Spannungen der letzten Monate allmählich abzubauen: der künstlerische Selbstausdruck
auch als ein Mittel, die privaten wie die allgemeinen Bedrängnisse einer
hochexplosiven Zeit zu objektivieren und für den kreativen Prozeß nutzbar zu machen. Zugleich beflügelte es ihn festzustellen, daß die ›anregen-
de‹ Wirkung der Drogen nicht mehr notwendige Voraussetzung seiner
künstlerischen Produktion war – zumal sich diese ohnehin zuletzt nicht
mehr eingestellt hatte. (Allerdings griff er schon bald regelmäßig zu Benzedrin, einem Aufputschmittel, das er zur Steigerung seiner Arbeitslei-
stung einsetzte.) Beschwingt notierte Klaus Mann denn auch in seinem
Tagebuch: »Wie merkwürdig leicht mir oft das Schreiben fällt! Es scheint
so von selbst zu gehen, wie bei anderen das Atmen«[49]; und ein paar Tage
später, am 3. August: »Schreiben ist mir die eigentlich natürliche Beschäftigung«. Lebenskraft und Arbeitsenergie waren in diesen Tagen
mehr denn je untrennbar miteinander verbunden: er schrieb sich seine
Zukunftsangst gewissermaßen von der Seele.

Klaus Mann hatte sich in der Tat viel vorgenommen: Neben der Niederschrift seines Emigrantenromans[50], die er gleich nach der Rückkehr
aus dem Sanatorium wieder aufgenommen hatte, galt es eine Auftragsarbeit fertigzustellen, die noch im Laufe des Jahres in Amerika erscheinen
sollte. Anfang Februar, kurz vor seiner Abreise, hatte er mit dem Bostoner Verlag von Houghton Mifflin einen Vertrag über ein dokumentari-
sches Buch abgeschlossen, das Einblick in die Lebenssituation der deutschen Flüchtlinge geben sollte. Der Verlag hatte, wie Klaus Mann im
Wendepunkt schrieb, »eine Art ›Who's Who in Exile‹« im Sinn. Dabei
sollten vor allem die künstlerischen, politischen und wissenschaftlichen
Repräsentanten der deutschen Emigration »möglichst umfassend, möglichst informativ«[51] dargestellt werden. Erika unterschrieb als Mitauto-
rin. Da das Manuskript am 21. Juni dem Verlag vorliegen sollte, machten sich die beiden sofort an die Arbeit: Erika in New York, Klaus in
Küsnacht. Sie schrieben zunächst auf Deutsch, später sollte die schotti-
sche Schriftstellerin Mary Hottinger-Macki den Text ins Englische übersetzen. Schnell stellte sich heraus, daß sich der vertraglich festgelegte Ab-
gabetermin nicht einhalten ließ. Allein um den sich zuspitzenden politischen Ereignissen Rechnung zu tragen – dem Anschluß Österreichs an
Deutschland, der militärischen Entwicklung in Spanien im Juli 1938,
den Unruhen in der Tschechoslowakei und dem Münchner Abkommen

Ende September, das den Anschluß des Sudetenlandes an das Deutsche Reich sowie die Autonomie Litauens und der Karpato-Ukraine vorsah – wurden umfangreiche Recherchen nötig, die Erika und Klaus Mann schließlich sogar an die Schauplätze des Spanischen Bürgerkriegs führten. Schließlich verschob der Verlag den Erscheinungstermin um ein halbes Jahr, so daß sie das Manuskript erst im Dezember fertigzustellen brauchten.

Escape to Life sollte ein ›work in progress‹ werden: ein zeitgeschichtliches, am aktuellen Tagesgeschehen orientiertes Dokument, das dem Leser durch seinen authentischen Charakter die akute faschistische Bedrohung Europas und die Lebensumstände in der Verbannung anschaulich vor Augen führt. Der Titel der Text-Sammlung, *Escape to Life – Deutsche Kultur im Exil,* war programmatisch gemeint. Im Vorwort schrieben Erika und Klaus Mann, sie hätten versucht, einen

»Querschnitt durch die Vielschichtigkeit der deutschen Emigration – ein möglichst lebendiges Bild von der Vielfalt ihrer Gesichter und ihrer geistigen Kräfte zu geben. Wir wollten zeigen und anschaulich machen: es sind nicht einzelne Personen, die aus irgendwelchen Gründen vertrieben wurden. Opfer des Nazi-Fanatismus ist vielmehr eine ganze, komplexe Kultur – die wahre Kultur, die immer ein schöpferischer Teil der europäischen Kultur und der Welt-Kultur war.«[52]

Dabei konnten sie auf eine Fülle an Material zurückgreifen, die sie gewissermaßen als ›Exil-Experten‹ auswies. Sie waren auf engste mit den Kreisen der Emigration verbunden, sowohl mit den kommunistischen als auch mit den liberalen und konservativen, mit den politisch engagierten Gruppen ebenso wie mit den erklärten ›Einzelkämpfern‹; sie kannten viele prominente Exulanten persönlich – auch die, wie etwa die emigrierten Schauspieler und Regisseure, die nicht zu ihrem unmittelbaren Wirkungskreis gehörten; keine der Exilstationen, von denen in dem Buch die Rede ist – Paris, Prag, Wien, Amsterdam, London, New York – war ihnen fremd; und aus eigener Erfahrung wußten sie, mit welchen Alltagsschwierigkeiten die Exulanten konfrontiert waren. Zugleich verfügten sie über die journalistische Routine, um den richtigen Ton eines Buches zu treffen, das trotz seines hohen Informationsgehalts von leichter Hand, anekdotenreich und anschaulich geschrieben sein sollte. Hierfür kam ihnen zugute, daß sie durch ihre ›lecture‹-Tours ihre künftige Leserschaft sehr genau kannten: Gefragt waren keine langatmigen theoretischen Überlegungen und moralisierenden Bekenntnisse, sondern eine verständliche und bildhafte Sprache. Der Vorliebe der Amerikaner für ›personal storys‹ entsprachen sie mit lebensnahen Porträts, fiktiven Tagebucheintragungen und Interviews. Auf diese Weise versuchten sie, Vorurteile gegenüber den Emigranten zu entkräften und deutlich zu machen, daß die internationale Solidarität für die verfemten Intellektuellen durchaus eine Frage des Überlebens war. Gleichwohl enthielten sie sich nicht der – im wesentlichen sehr emotional vorgetragenen – Stellungnahme gegen das deutsche Terror-Regime, die sie mit der deutlichen Warnung verbanden, daß man Hitler und seinen Expansionstrieb keinesfalls unterschätzen dürfe.

Wie schon seinerzeit für die Mitarbeit an der *Sammlung,* so wurde auch in *Escape to Life* vorbehaltlos jeder berücksichtigt, der sich als Gegner des Nationalsozialismus zu erkennen gegeben hatte; ideologische Unterschiede innerhalb des Exils – hierin blieb Klaus Mann seinem Grundsatz des »Sammelns« aller Kräfte der »wahren«, der »eigentlichen« deutschen Kultur treu – waren für ihn nicht von Bedeutung. Niemand sollte in der illustren »Emigranten-Galerie« fehlen: Von deutschen Schriftstellern, Verlegern, Journalisten, Kritikern, Malern, Theater- und Filmschauspielern, Regisseuren, Musikern, Dirigenten, Komponisten, Architekten, Pädagogen, Ärzten und Wissenschaftlern waren alle von Rang und Namen vertreten. Gleichwohl wurde auch auf Schicksale von deutschen Flüchtlingen aufmerksam gemacht, die nicht im Rampenlicht standen. Intellektuelle wie Erich Mühsam, Carl von Ossietzky oder Theodor Lessing, die von den Nationalsozialisten ermordet wurden. Daheimgebliebene wie Gottfried Benn und Gerhart Hauptmann, die sie nicht in einem Atemzug mit den nazistischen Schriftstellern genannt wissen wollten, und vor allem ausländische Künstler wie René Crevel, André Gide, Aldous Huxley, Julien Green, Sinclair Lewis, Wystan Auden, Stephen Spender oder Thomas Wolfe, die aktiv den Kampf der Emigranten gegen den Faschismus unterstützten – sie alle durften schließlich ebensowenig fehlen wie jene, die in den sechs Jahren der Verbannung aus Verzweiflung gestorben waren: Kurt Tucholsky, Max Alsberg, der in der Weimarer Republik ein erfolgreicher Anwalt gewesen war, Jakob Wassermann und einige andere, deren Lebenswillen mit der Flucht ins Ausland erloschen war. Es war ein ehrgeiziges Projekt, das Erika und Klaus Mann sich mit *Escape to Life* vorgenommen hatten. Sie meisterten es mit Bravour. Als das Buch Mitte April 1939 erschien, lagen bereits für 2200

Exemplare Bestellungen vor; so konnte der Verlag gleich eine zweite Auflage drucken. Mit dem Buch trugen sie dazu bei, die öffentliche Aufmerksamkeit auf das ungewisse Schicksal der Emigranten zu lenken und die Leser mit einer Realität vertraut zu machen, die für sie bis dahin praktisch kaum existiert hatte.

Der Spanische Bürgerkrieg

Am 2. Juni erreichte Klaus Mann die Nachricht, daß Ödön von Horváth in Paris von einem Baum erschlagen worden war. Noch zwei Wochen zuvor hatte er mit ihm in Zürich zusammen zu Abend gegessen. In seinem Nachruf, den er für das *Neue Tage-Buch* schrieb, nannte Klaus Mann die Umstände seines Todes

»so finster kraß, absurd und unwahrscheinlich, daß es schwerfiel, sie für wahr zu halten. Seit wann stürzen die Bäume auf den Champs-Elysée und zerschmettern vorüberschlendernden Dichtern das Haupt? Sind wir denn schon mittendrin im Weltuntergang? Suchen sich die Gewitterstürme dieses gefahrenschwangeren Sommers ihre Opfer mit diabolischer Sicherheit unter unseren Besten? – Denn Ödön von Horváth ist einer unserer Besten gewesen.«[53]

Es war bereits das zweite Mal innerhalb weniger Wochen, daß er einen Nekrolog verfassen mußte. Am 4. Mai war Carl von Ossietzky an den Folgen der langjährigen Haft im Alter von 48 Jahren in einem Berliner Lungensanatorium gestorben. Auf einer Gedenkveranstaltung äußerte sich Klaus Mann auch zu der Schwierigkeit, in einer Zeit für den Pazifismus einzutreten, in der »Tyrannen [...] die Stimmen [derer] ersticken, die da zeugten für den Frieden, die Gerechtigkeit und die Freiheit.«[54] Er selbst hatte sich bis dahin noch nicht dazu durchringen können, den bewaffneten Widerstand grundsätzlich gutzuheißen, selbst wenn er gegen den Faschismus gerichtet war. Abgesehen von jenem flüchtigen, freilich aus der blanken Verzweiflung geborenen Gedanken kurz nach seinem dreißigsten Geburtstag, in den Spanischen Bürgerkrieg zu ziehen, um dort womöglich den Heldentod zu sterben, hatte er sich bis dahin geweigert, auf der Seite der republikanischen Volksarmee zu den Waffen zu greifen. Noch im Februar 1937 hatte er seinem Freund Brian Howard geschrieben, daß ihm die Idee, nach Spanien zu gehen, »natürlich« gefalle – »aber: ich kann es nicht, ich habe zu arbeiten, und ich fühle, daß es

jetzt besser für mich ist, an einem Ort zu bleiben, wo es weniger aufre-
gend und ein *bißchen* friedlicher zugeht«[55]. Einen Monat später, im
März 1937, räumte er in einer Kritik von Aldous Huxleys Roman *Eye-
less in Gaza* allerdings ein, es gebe Situationen, in denen man »keine
Wahl« habe, da die »Mittel des Kampfes« vom Feind vorgegeben seien:
»Bei einer Auseinandersetzung *um Leben und Tod* muß man sich der
Waffen bedienen, von denen der Gegner mit einer so unüberbietbaren
Grausamkeit und Hinterlist Gebrauch macht.« So gesehen, sei das Postulat der absoluten Gewaltlosigkeit – zumindest angesichts des »waf-
fenklirrenden« Faschismus – eine »kindlich-simplifizierende Heilsleh-
re.«[56] Nun, ein Jahr später, bekräftigte er in seinem Nachruf auf den Pazifisten und Friedensnobelpreisträger Carl von Ossietzky, daß das Gebot
der Stunde sein müsse: »Wer aber wirklich für den Frieden ist, kennt keine Versöhnlichkeit mehr gegenüber denen, die zum Kriege treiben. Zum
wirklichen Pazifismus gehört heute nicht nur die Sanftheit, sondern auch
der Mut.«[57]

Seine Worte hatten einen konkreten Hintergrund: In Kürze wollte
Klaus Mann sich an den bislang einzigen Ort begeben, an dem die Menschen zu den Waffen gegriffen hatten, um dem Faschismus Einhalt zu gebieten. Nicht zuletzt, um in *Escape to Life* als Augenzeugen vom Spanischen Bürgerkrieg berichten zu können, waren Klaus und Erika Mann
im Frühjahr 1938 überein gekommen, im Juni zusammen in das Kriegs-
gebiet zu reisen. Vorher vereinbarten sie noch mit der *Pariser Tageszeitung* und anderen Zeitschriften, sozusagen als Kriegsberichterstatter eine
Artikelserie über das Geschehen an der Front zu schicken. Mit einem
Teil der Vorschüsse und Honorare wollten sie die Reise finanzieren. Es
war ein gewagtes Unternehmen, auf das sie sich eingelassen hatten: Flie-
ger- und Bombenalarm war auch in den Großstädten inzwischen an der
Tagesordnung – der Krieg hatte längst das ganze Land erfaßt. Nach Meinung der Experten war die Niederlage der republikanischen Volksarmee
nur noch eine Frage der Zeit. Die Eltern, die immer noch in Amerika
weilten, und die Freunde, allen voran Fritz Landshoff, rieten den Geschwistern von der Reise ab. Sie wollten trotzdem fahren: Wenn das erste und bislang einzige (militärische) Aufbegehren gegen den Faschismus
schon verloren gegeben werden mußte, dann wollten sie der Welt zumindest noch einmal die genauen Umstände und die Akteure dieses heroischen Kampfes vor Augen führen.

Am 31. Mai traf Erika aus New York in Zürich ein. Bis Mitte Juni verbrachten sie und Klaus damit, einzelne Kapitel für *Escape to Life* auszuarbeiten und ihre bevorstehende Reise vorzubereiten. Ganz wohl war ihm nicht bei dem Gedanken, möglicherweise ihr Leben aufs Spiel zu setzen. Noch am Abend vor seiner Abreise nach Spanien sprach er sich selbst Mut zu: Sein »Instinkt« sage ihm, so schrieb er in sein Journal, »es wird *nichts* passieren. Das Ende wird zugleich trivialer und überraschender sein.« – »By the way« fügte er auf englisch hinzu, gerade jetzt wolle er eigentlich nicht sterben. Gern würde er noch die Möglichkeit haben, ein paar mehr oder weniger gute Stücke zu schreiben.[58]

Am 19. Juni machten sich Klaus und Erika Mann auf den Weg nach Paris. Nachdem sie dort ihre Visa für Spanien ausgestellt bekamen, fuhren sie zunächst mit dem Zug und dann mit dem Auto nach Barcelona. Drei Wochen, vom 23. Juni bis 14. Juli, hielten sie sich in Spanien auf. Sie sprachen mit Journalisten und Politikern, so etwa mit dem Außenminister der spanischen Volksfront, Alvarez Del Vayo, dessen Persönlichkeit sie tief beeindruckte. Sie besuchten die Internationalen Brigaden, in denen sie alte Bekannte aus Deutschland trafen, und sie lernten Hans Kahle kennen, den Kommandanten der 45. Division, den beide auf Anhieb sympathisch fanden. (Trotz der Kriegswirren ließ sich Erika auf eine kurze heftige Liebesbeziehung mit »General Hans« ein, auf die der Bruder mit Eifersucht reagierte.) Auch scheuten sie sich nicht, die einzelnen Kriegsschauplätze zu besuchen, an denen teilweise erbittert gekämpft wurde. Von Barcelona aus bereisten sie die Ebro-Front. Dort wurden sie Zeugen der großen Offensive der republikanischen Volksarmee und erlebten die Luftangriffe der Faschisten. Sie flogen nach Alicante, reisten von dort aus weiter nach Valencia, wo sie unverletzt die Bombardements überstanden, besichtigten die völlig zerstörte Stadt Tortosa, und sie besuchten Madrid, das »schlagende Herz« der Republik, das jetzt schon seit zwei Jahren vom »Feind« belagert wurde.

In seinem Artikel *Das Wunder von Madrid*, der am 3. August im Rahmen der Artikelserie *Aus dem spanischen Tagebuch* in der *Pariser Tageszeitung* erschien, meinte Klaus Mann, was er dort gesehen habe, »werde ich mein Leben lang nicht vergessen«. Er war überwältigt von der Furchtlosigkeit der »Männer, Frauen und Kinder«, die – hungernd – »die tägliche Beschießung ihrer Häuser und Straßen durch schwere Artillerie« aushielten und dennoch nicht müde würden, siegesgewiß »mit der

emporgehobenen Faust« zu grüßen.⁵⁹ So enthusiastisch er in seinen Artikeln den Heroismus und die Einheit der Antifaschisten rühmte, so deutlich bezeugen die persönlichen Notizen sein wachsendes Unbehagen,
dort, an vorderster Front, zu sein und mit all den vielen Menschen, denen er auf seiner Reise begegnete, nur ein Thema zu erörtern: den Krieg.
Er war noch nicht ganz eine Woche in Spanien, als er am 1. Juli in seinem Journal vermerkte, daß ihn ein »nervös sich steigerndes Bedürfnis
nach Abreise« erfaßt habe. Er grollte ein wenig mit Erika, die nicht daran dachte, ihre Mission vorzeitig abzubrechen. So harrte auch er weiter
aus; zum Schluß hatte er sich an den Alltag des Krieges soweit gewöhnt,
daß er in Barcelona sogar ein schweres Bombardement verschlief, anstatt
einen Schutzkeller aufzusuchen. Nein, noch vermochte er nicht, seine
Vorbehalte gegenüber dem bewaffneten Kampf endgültig aufzugeben –
auch wenn er im Grunde genommen ahnte, daß dies der einzige Weg
war, dem Vormarsch der Faschisten Einhalt zu gebieten. Immerhin veränderte das Spanien-Erlebnis seine Ansichten in einer Weise, die es ihm
nicht mehr länger gestattete, gegen Hitler und die Barbarei allein auf die
Macht des Wortes zu setzen, so wie er es all die Jahre zuvor getan hatte.
So sollte Klaus Mann in seinem Emigranten-Roman *Der Vulkan* der pazifistischen Losung des konsequenten, aber gewaltlosen künstlerischen
Aufbegehrens gegen die Hitler-Diktatur die Notwendigkeit zur »Tat« an
die Seite stellen und nunmehr für eine Synthese von Geist und Aktion im
Kampf gegen den Faschismus eintreten.

Der unerschütterliche Mut der spanischen Soldaten, die an der Front
ihr Leben für Demokratie, Freiheit und Humanität riskierten, brachte
nicht nur Klaus Manns pazifistisches Weltbild ins Wanken, sondern ließ
ihn auch neue Hoffnung schöpfen. In seinem *Fazit einer Spanienreise*,
das am 11. August 1938 in der *Pariser Tageszeitung* erschien, rief er
denn auch den Emigranten voller Enthusiasmus zu: »Der Fascismus
(sic!) muß wissen, daß wir nicht nachgiebig und schwach sind, sondern
zum äußersten Widerstand fest entschlossen; daß wir nicht entzweit und
zanksüchtig sind, sondern einig. Nur wenn der Fascismus dieses weiß,
wagt er den Angriff nicht mehr. Dann – nur dann werden wir endlich be-
freit und gerettet sein.« Einige Zeilen später präzisierte er, weshalb seine
Begegnung mit der Realität des Spanischen Bürgerkrieges auch für ihn
selbst so wichtig war: »Zum ersten Mal seit dem Tage unserer Emigration haben wir gefühlt, daß wir siegen können. Dies Erlebnis, das spani-

sche Volk im Kampf zu sehen gegen die Feinde seiner Freiheit, die die unseren sind – dies Erlebnis ist unaustilgbar, und es ist das schönste, was
uns in der Verbannung begegnet ist.«[60]

»Between War and Peace...«[61]

Am 30. August 1938 notierte Klaus Mann in seinem Tagebuch: »Die
Packer im Haus. Unordnung und Lärm. Alles verschwindet in Kisten.
Ein kleiner Tod. — Ordnen von Büchern und Papieren. Erinnerungen
....« Und ein paar Tage später, am 5. September: »Grosse Niedergeschlagenheit wie seit längerem nicht. Lähmende Betrübnis. Aller Aufwand
umsonst, jede Anstrengung ein Misserfolg. Käme der Tod!...« Es waren
die letzten Stunden in Küsnacht, die letzten Tage in Europa, bevor er die
›journey of no return‹ nach Amerika antrat. Die Eltern, deren Einwanderung bereits am 2. Mai von einem amerikanischen Konsulat in Toronto
beglaubigt worden war, waren noch einmal für zwei Monate nach Europa gekommen, um selbst die Auflösung des Hausstandes zu regeln. Offenbar war die Stimmung etwas gereizt, denn am 25. August notierte
Klaus Mann voller Zorn: »Mehrere ärgerliche kleine Dinge bestätigen
mir mein altes Gefühl: dass ich mit Z.[auberer] unter dem gleichen Dach
auf eine längere Weile nicht leben kann –.«[62] Drei Tage später traf der
Onkel ein, um sich von der Familie zu verabschieden. Heinrich sei ihm
»sehr alt, beinah greisenhaft« vorgekommen. Er fügte hinzu, er selbst
habe Angst davor, »so alt zu werden«. Gegenüber dem Onkel, der im
übrigen »sehr rührend« sei, sei der Vater »oft gedankenlos-grausam«. In
Klammern bemerkte er noch: »Wem gegenüber *nicht*?«[63]
　Am 11. September reisten sie alle gemeinsam ein letztes Mal nach Paris. Hier hoffte Klaus Mann noch einmal André Gide zu treffen. Es wurde nichts daraus. Zu seiner Enttäuschung mußte Klaus Mann erfahren,
daß dieser gerade die Stadt für ein paar Tage verlassen hatte. Am 17.
September ging er – in Begleitung von Robert Klopstock, unter dessen
Obhut er in Budapest seine erste Entziehungskur angetreten hatte und
der sich ebenfalls in Amerika niederlassen wollte – an Bord der »Cham-
plain«. Am 25. traf er in New York ein. Der Bordzeitung entnahm er,
daß der britische Premierminister Neville Chamberlain nach einem ersten persönlichen Gespräch mit Hitler in Berchtesgarden sein Einver-

ständnis signalisiert hatte, sollte das Sudetenland dem Deutschen Reich angegliedert werden. »Politik –: *niederschmetternd.* Die kalte Opferung der C.R.R. Der neue Erfolg von Hitler [...] Deprimierend«[64], schrieb er in seinem Tagebuch. Später meinte er, die »innere Spannung wegen der politischen Ereignisse« steigere »sich sonderbar mit der Spannung,« die der »Liebes- und Sehnsuchts-Gedanke« mit sich brächte. In der Tat fieberte er – nach mehr als einem halben Jahr Trennung – ungeduldig dem Wiedersehen mit Thomas Quinn Curtiss entgegen. Doch zwei Tage, bevor das Schiff in den Hafen einlief, erreichte Klaus Mann ein Telegramm, in dem »Tomski« ihm mitteilte, daß er sich gerade auf dem Weg nach Mexico City befände und daher erst in zwei Wochen in New York eintreffen würde. »Sehr wütend, traurig und enttäuscht. *Muss* das sein? Mit *wem* fährt er? Weiss er nicht, wie sehr ich warte? – Ach...«[65], notierte Klaus Mann in seinem Journal, die Ankunft in New York sei ihm nun verleidet. Es sollte nicht das letzte Mal sein, daß er wegen Thomas Quinn Curtiss Tränen vergoß.

Die »Sehnsucht nach Tomski«, die »politische Hochspannung«, die durch weitere deprimierende Nachrichten aus Europa noch verstärkt wurde – nein, besonders wohl fühlte sich Klaus Mann in den ersten Wochen seiner neuen Wahlheimat nicht. Es kam ihm so vor, als lebten sie alle in jenen Tagen in einem seltsamen Zwischenzustand: Krieg oder Frieden? Das Münchner Abkommen am 28. September nannte er eine »schmutzige Liaison« und einen »Verrat der Demokratien: Ihre totale Entwürdigung. Das Klasseninteresse der City, der Pariser Finanz (und ihrer Repräsentanten Chamberlain – Daladier) siegt über alles. Die Ausschaltung Russlands. Hoffnungen schwinden. Trübes beginnt.«[66] Er fragte sich, ob die »›grossen Demokratien‹« nicht letztlich mehr »Angst vor Hitlers Sturz«[67] hätten als davor, ihn an der Macht zu wissen. Diesen Gedanken griff er in seinem Epilog zu *Escape to Life* wieder auf:

»Der Münchner ›Friede‹ ist unvergleichlich ärger, als jener ›Krieg‹ gewesen wäre, den Hitler und Mussolini niemals hätten führen können: der Tag seines Ausbruches wäre der Tag ihres Sturzes geworden. Gerade dies wollten die ›konservativen‹ Herren in Paris und London vermeiden – um jeden Preis. Das Ende des internationalen Faschismus – so meinten diese – könnte auch in ihren Ländern der Anfang von Veränderungen sein, die ihnen unbequem wären. Aus diesem Grund favorisieren sie Franco durch die Farce der ›Nicht-Intervention‹. Aus diesem Grund schonten und beschirmten sie Hitler. Nicht aus Angst vor dem Krieg, sondern aus Angst vor dem Sturz der faschistischen Diktaturen hat man die Tschechoslowakei kalten Blutes geopfert,

Frankreich zu einer Macht zweiter Ordnung erniedrigt. Diese Herren in Paris und London, denen wir den Münchner ›Frieden‹ zu danken haben, sind schlechte Patrioten; sie haben Ansehen und Zukunft der ihnen anvertrauten Länder unabsehbar geschädigt; sie sind schlechte Konservative, denn durch ihr Bündnis mit den Faschisten tragen sie nicht zur Erhaltung der europäischen Kultur bei, vielmehr zu ihrer Zerstörung; sie sind schließlich schlechte Pazifisten, denn der Krieg mit Hitler wird auf die Dauer keinesfalls zu vermeiden sein; 1940 aber muß er grauenvoll werden, während er 1938 gar nicht hätte stattfinden können.«[68]

Die Hellsicht seiner Argumentation war nicht ganz von der Hand zu weisen. Obwohl das Münchner Abkommen den Frieden sichern sollte – in Wahrheit machte es den »totalen Krieg« nur noch wahrscheinlicher.

Als Klaus Mann am 5. Oktober in Princeton eintraf, um in dem neuen Haus der Eltern sein Zimmer einzurichten, hatte er Thomas Quinn Curtiss noch immer nicht wiedergesehen. Die verhinderte Begegnung nahm allmählich Züge eines kleinen Dramas an: Als der Freund telegrafierte, daß er vorerst in Mexiko City bleibe, erlitt Klaus Mann einen »völligen Zusammenbruch: Weinkrampf und Selbstmordpläne.«[69] Später stellte sich heraus, daß »Tomski« kein Geld für die Reise nach New York hatte. Klaus Mann bat die Mutter um eine ›Spende‹, die er umgehend »Tomski« zukommen ließ. Doch es dauerte noch einmal fast einen Monat, bis sie sich in New York endlich wieder gegenüber standen. Während dieser langen Zeit des Wartens lernte Klaus Mann Ury Cabell kennen, einen jungen Russen, mit dem er sogleich eine Affäre begann. Mochten zunächst auch vorwiegend Rachemotive im Spiel gewesen sein, erwies sich die Beziehung doch als beständig genug, um Klaus Mann in Entscheidungsnöte zu bringen. Fürs erste zog er den Status Quo vor und blieb mit beiden befreundet.

Bis zum Ende des Jahres war Klaus Mann mit der Fertigstellung von *Escape to Life* beschäftigt. Die »Reichskristallnacht« am 9. November versetzte die Familie in Angst und Schrecken: Tagelang herrschte Ungewißheit über das Befinden der Großeltern. Es war das schrecklichste Pogrom, das die moderne Welt bis dahin erlebt hatte: In einer Nacht wurden zahlreiche jüdische Geschäfte zerstört, jüdische Friedhöfe geschändet und nahezu alle Synagogen in Brand gesetzt; einunddreißigtausend jüdische Bürger wurden verhaftet und in Konzentrationslager verschleppt; mehr als neunzig jüdische Geschäftsleute wurden von der SA und SS auf offener Straße ermordet. Schließlich erfuhren sie, daß die »Urgreise«, wie die Kinder die Eltern von Katia Mann nannten, das

Grauen unbeschadet überstanden und sich nun doch zu einer Emigration entschlossen hatten. Es sollte allerdings fast noch ein ganzes Jahr vergehen, bis die deutschen Behörden ihnen die Ausreise gestatteten.

Anfang Dezember stand eine weitere Vortragsreise auf dem Programm: Zusammen mit Erika referierte Klaus Mann in der Oper in San Francisco sowie in Fresno über das Thema *To Fight or Not to Fight*. Auch lasen sie das erste Mal einige Kapitel aus *Escape to Life* vor. Weihnachten verbrachte er im Haus seiner Eltern, wo fast die ganze Familie vollständig versammelt war. (Auch Golo war, nach einigen Schwierigkeiten bei der Einreise, noch rechtzeitig eingetroffen. Nur Monika fehlte: Sie hatte sich – inzwischen war sie mit dem ungarischen Kunsthistoriker Jenö Lányi verheiratet – in London niedergelassen.) Auch fern von der Heimat ließ es sich die Familie nicht nehmen, mit einem – echten Tannenbaum ihrer gewohnten Tradition treu zu bleiben und das Fest besinnlich zu begehen. Am letzten Tag des Jahres traf Klaus Mann die »Schwermut« noch einmal »wie ein Keulenschlag«. Sarkastisch notierte er in seinem Tagebuch: »1939. Wird auch nichts Besonderes sein.«

Von ›schöner‹ Literatur in schlechten Zeiten

In den ersten Monaten des neuen Jahres setzte Klaus Mann zunächst seine ›lecture‹-Tour fort: Mitte Januar hielt er in Memphis, Tennessee, und Anfang Februar in Chicago noch einmal seinen Vortrag *Family against a Dictatorship*. Für seinen Auftritt in Toronto am 9. Februar arbeitete er eine neue Rede aus: *The Reich and the German Minorities*. Am 15. April trat er in der New Yorker Carnegie-Hall auf, wo die American Group for Race Tolerance eine Veranstaltung organisiert hatte. Alle Vorträge waren Variationen des immer gleichen Themas: der Warnung vor einer Verharmlosung der Hitler-Diktatur, die er mit dem Aufruf zum antifaschistischen Engagement verband. In seinen täglichen Notizen kommentierte er die alarmierenden Entwicklungen in Europa mit zunehmender Resignation: Zum »Fall Barcelonas« – im Januar war es Franco gelungen, Barcelona einzunehmen und damit den Spanischen Bürgerkrieg für sich zu entscheiden – notierte er lapidar: »Die Tragödie geht weiter.«[70] Und als Mitte März deutsche Truppen Prag besetzten: »Übermass neuen Leidens. Und wie grauenvoll *geschwind* alles geht? Und wie *glatt*!«[71] In der Tat: Hitler war gerade dabei, den Osten Europas einzunehmen, und die Großmächte schauten zu. Die Annexion der Tschechoslowakei hatte auch für ihn Konsequenzen: Es war zweifelhaft, ob sein tschechischer Paß noch einmal verlängert werden würde. Da sein Aufenthaltsrecht in Amerika nach wie vor befristet war – auch die Einwanderung der Eltern hatte daran nichts ändern können –, mußte er sich umgehend um die Verlängerung seiner Aufenthaltsgenehmigung kümmern. Seine Immigration beantragte er allerdings erst am 10. September 1940.

Wenn Klaus Mann nicht gerade unterwegs war, schrieb er im Hotel Bedford oder im Haus der Eltern in Princeton an seinem Emigranten-Epos. Am 17. Februar war es soweit: Noch in der Nacht hatte er die letzten Korrekturen vorgenommen, bevor er am nächsten Morgen das fertige Manuskript an Fritz Landshoff nach Amsterdam abschickte. Fast auf den Tag genau zwei Jahre waren inzwischen vergangen, seitdem er die Arbeit am ersten Kapitel aufgenommen hatte – eine für ihn ungewöhnlich lange Zeit, in der ihm das ehrgeizige Projekt nicht nur sein ganzes literarisches Können, sondern auch viel Geduld abverlangt hatte. »Oft diesen furchtbaren Widerwillen gegen die Arbeit am Roman. I have to force my-self... Also gearbeitet,«[72] – Stoßseufzer dieser Art hatten den Schaffensprozeß von Anfang an begleitet. Auch plagten ihn Zweifel an der Qualität des Werks: Wie viel taugt es nun?, vermerkte er in seinem Journal, kurz nachdem er das Manuskript abgeschickt hatte. Später, im *Wendepunkt*, bezeichnete er den *Vulkan* allerdings als seine »vielleicht beste Arbeit«. Es lag wohl auch ein wenig Trotz in seinen Worten: Angesichts der akuten Kriegsgefahr hatten sich für das Buch, das Anfang Mai im Querido Verlag erschien, trotz guter Kritiken nur wenige Käufer gefunden. Vor allem in Europa hatten die Menschen anderes im Sinn, als sich für einen breit angelegten Roman zu interessieren, in dem – aus der Sicht eines Betroffenen – Rechenschaft über die ersten sechs Exiljahre abgelegt wurde. Die Zeichen standen auf Sturm, und vor allem für die Emigranten begann spätestens in jenem Sommer 1939 der Kampf ums nackte Überleben: Deutsche Flüchtlinge, auch wenn sie vom Dritten Reich schon längst zu ›Staatsfeinden‹ erklärt worden waren, konnten in den von Hitler bedrohten Nachbarstaaten kaum noch auf Unterstützung zählen. Eben für diese Leidensgemeinschaft habe er auf ein großes »Echo« gehofft, schrieb Klaus Mann im *Wendepunkt*. Doch es sei ausgeblieben, »die Eruption des wirklichen Vulkans« habe seine »stillere Botschaft« übertönt. Er habe sich bemüht, »das wirre, reiche, trübe Exil-Erlebnis in epische Form zu bringen«:

> »Erinnertes und Geahntes, Traum und Gedanke, Einsicht und Gefühl, der Todestrieb, die Wollust und der Kampf (Kampf, physische Gewalt, Mord, Opfer als paradox-desperate Konsequenz moralischer Entscheidung), Musik und Dialektik, die Entwurzelungsneurose, das Heimweh als Geißel und Stimulans, befreundete Gesichter und geliebte Stimmen, Landschaften meines Lebens (Paris, Prag, Zürich, Amsterdam, das Engadin, New York, die Insel Mallorca, Wien, die Côte d'Azur), die Fratze der Infamie, die Glorie des Erbarmens (warum keine Engel, da es Teufel gibt?), viele Formen der Flucht, Escapism (tödlicher Balsam des Opiats! Ekstase und Qual der Sucht!), viele Formen des Heroismus (Spanien! Und wußte man nicht auch von Beispielen des Heldentums im Dritten Reich?), Begegnungen, Abschiede, Ängste, Einsamkeit, Umarmung und Empfängnis, die Geburt eines Kindes, und wieder Kampf, und wieder Abschied, wieder Einsamkeit, das Pathos des ›Umsonst‹, der Entschluß zum ›Trotzdem‹: All dies galt es erzählerisch zu arrangieren, hineinzuweben in den wortreichen Teppich. Nicht fehlen durfte dem Ganzen die düster-fahle Farbe der Gefahr, schwefliger Reflex nahender Feuerbrände, phosphoreszierende Aura des Verhängnisses.«[73]

Wie immer hatte sich Klaus Mann für sein facettenreiches Exilpanorama vor allem von seinen eigenen Erlebnissen und Erfahrungen inspirieren lassen. Gleichwohl ging es ihm darum, über eine Vielzahl von Künstler- und Intellektuellenschicksalen, von unterschiedlichen Lebenswegen, Weltanschauungen und Arbeitsbereichen eine Phänomenologie des Exils auszuarbeiten, die die politische Verbannung als grundsätzliche Erfahrung kenntlich machte. So gesehen, steht *Der Vulkan* wie der *Mephisto* in der Tradition des zeitgeschichtlichen Gesellschaftsromans: Während Hendrik Höfgen und die Mehrzahl seiner Künstlerkollegen im *Mephisto* zum Paradigma für die breite Basis des ›Mitläufertums‹ mit den nationalsozialistischen Machthabern in Deutschland werden, repräsentieren die Hauptfiguren in *Der Vulkan* – als Opfer und Opponenten dieses opportunistischen Karrierismus – das humanistische Gegenmodell. Solchermaßen thematisch als ›These‹ und ›Antithese‹ konzipiert, liegt auch dem *Vulkan* das ästhetische Prinzip einer epochen- und gesellschaftskritisch angelegten Darstellung der Wirklichkeit zugrunde. Die zentrale Botschaft des Emigranten-Romans ist jedoch – deutlicher als in *Mephisto* – globaler gefaßt: Durch den Faschismus wird nicht (mehr) allein der einzelne existentiell bedroht, sondern jetzt steht der Weltfrieden auf dem Spiel.

Hier die menschenunwürdigen Machenschaften der faschistischen

Diktaturen in Europa – allen voran die Schreckensherrschaft der deutschen Nationalsozialisten –, dort die illegalen, öffentlichen oder militanten Formen des antifaschistischen Widerstands – das ist das Spannungsfeld, in dem die Handlung eingebettet ist und das zugleich den zeitgeschichtlichen Rahmen bildet. Konkret umfaßt das Erzählgeschehen den Zeitraum von April 1933 (Prolog) bis zum 1. Januar 1939 (Epilog). Dabei greift der Autor auf eine »metaphysische Instanz« zurück, um am Ende die vielen Einzelschicksale und Handlungsstränge zu verknüpfen: den »Engel der Heimatlosigkeit«, der alles überblickt und alles kommentiert und in einen übergeordneten, den »göttlichen« Zusammenhang stellt. Überhaupt ist *Der Vulkan* ein Buch der kontrastiven Gegenüberstellungen und Synthesen: So wie das metaphysische Element, das nicht zuletzt in zahlreichen Anspielungen auf christliche Motive und religiöse Symbole offenbar wird, in reizvoller Opposition zum dokumentarischen Charakter der realistischen Darstellung des Exilalltags steht, so nähert sich der Autor auch dem Künstlerthema bewußt aus unterschiedlichen Blickwinkeln, um die verschiedenen gegensätzlichen Positionen deutlich zu machen. Dennoch läßt er keinen Zweifel daran, daß die Hauptaufgabe nicht nur des Intellektuellen, sondern auch des aufrechten Europäers letztlich nur eine sein kann: der Kampf gegen den Faschismus und für eine menschenwürdige Zukunft.

Klaus Mann reflektierte die sich zuspitzende politische Situation im Spiegel des – weitgehend authentischen – Tagesgeschehens: Erwähnung finden der Röhm-Putsch, die Oppositionsgruppen in Deutschland, der Spanische Bürgerkrieg, die deutsche Annexion des Saarlands und Österreichs, die Gewalttaten der Judenverfolgung und – nicht zu vergessen – die verschiedenen Einwanderungs- und Ausbürgerungspraktiken der europäischen Gastländer. Es lag ihm am Herzen, über die literarische Gestaltung des Exilalltags hinaus eine realistische, epochenkritische Bestandsaufnahme des Exils zu leisten. Dazu gehörte auch, die einzelnen Exilzentren wirklichkeitsgetreu zu schildern. Ein authentisches Moment liegt schließlich auch der Figurenkonzeption zugrunde: Abgesehen von den Anspielungen auf Politiker und andere zeitgenössische Persönlichkeiten sind praktisch alle auftretenden Personen Freunden und Bekannten nachempfunden. Das galt selbst für die Protagonisten: Mit der antifaschistischen »Vortragskünstlerin« Marion von Kammer, die mit Rezitationen der Werke deutscher Klassiker das »›andere‹, ›bessere‹ Deutschland« lebendig hält und von der Thomas Mann meinte, sie sei die einzige »wirklich geliebte und bewunderte, ernste und starke und kämpferische Figur, die dem Ganzen das Rückgrat gibt, die im Zentrum steht und zu der der ganze Schwarm sozusagen hilfesuchend hinstrebt«[74], setzte Klaus Mann Erika ein literarisches Denkmal. Marcel Poiret, der im »großen Kampf« für die »Freiheit« und die »Sache des Fortschritts« im Spanischen Bürgerkrieg sein Leben läßt, erinnert an René Crevel. Der Südamerikaner Kikjou ist Théo de Villeneuve nachempfunden: Unter dem Einfluß des Götterboten macht der gleichermaßen unbekümmerte wie gefährdete Bohémien einen radikalen Politisierungsprozeß durch. Sein Freund schließlich, der Schriftsteller Martin Korella, steht für Wolfgang Hellmert, wobei diese Figur auch autobiographische Züge trägt: Nicht zuletzt seine Drogensucht und die detailliert beschriebene Entziehungskur in Zürich weisen ihn als ›alter ego‹ des Autors aus.[75] Sie alle konfrontiert Klaus Mann mit der Notwendigkeit, sich den politischen und sozialen Anforderungen dieser »Wander- und Wartejahre« zu stellen, in der man das Dasein nur mehr als ein »Provisorium« auffassen kann – so Klaus Mann im *Wendepunkt* –, um sie auf Dauer entweder zu bewältigen oder an ihnen zu scheitern. Dabei sind es nicht nur die Nöte der Staatenlosigkeit und der Aufenthaltsgenehmigungen, der materiellen Unsicherheit und der wechselnden Quartiere oder die psychischen Belastungen der Heimatlosigkeit, der Isolation oder Arbeitsunfähigkeit, die er in *Der Vulkan* als die Wesensmerkmale des Exils kennzeichnet. Die tragischen Schicksale von Tilly von Kammer, die erst im (Frei-)Tod »Erlösung« von ihren »irdischen Schmerzen« findet, und Martin, der schließlich an seiner Rauschgiftsucht zugrunde geht, weisen ebenso über die spezifische Exilproblematik hinaus wie das Leitmotiv des Romans: der drohende Vulkanausbruch. Klaus Mann hat der Vulkan-Metapher einen doppelten Sinn verliehen: Gemeint ist zum einen die Tatenlosigkeit des Volkes, dessen »Blindheit« »das Scheußliche rasen, zerstören, sich austoben [lasse] – als wäre es eine Naturkatastrophe! Als lebten wir auf einem Vulkan, der Feuer speit«.[76] Damit wird der bevorstehende Krieg nicht als schicksalhaftes, unabwendbares Naturereignis, sondern als eine von Menschen herbeigeführte Katastrophe dargestellt, die wohl hätte verhindert werden können, wenn die Völker (und die Politiker) entschiedener Widerstand gegen Unterdrückung und Barbarei geleistet hätten. Zum anderen aber geraten die Protagonisten immer dann, wenn sie sich dem Rausch des Liebeserlebnisses hingeben, an den Rand des »Abgrunds«, von dem aus sie »in den Krater des Vulkans« hinabblicken. Weniger der sexuelle Akt, als vielmehr die durch ihn hervorgerufene Intensität der Emotionen birgt die eigentliche Gefahr: der Ausbruch der Leidenschaft, die die Liebenden zu verzehren bzw. zu »verbrennen« droht. Man kennt es aus seinen früheren Romanen: Die Sehnsucht nach der totalen Verschmelzung mit dem anderen scheitert am »Fluch der Individuation«. So erweist sich die Aussicht auf eine erfüllte Liebe einmal mehr als Illusion: »Das Glück ist heftig, weil es flüchtig bleibt.« (S. 427)

In *Der Vulkan* setzte sich Klaus Mann das erste und einzige Mal in einem literarischen Werk ausführlich mit den Wirkungsmöglichkeiten der Kunst in politischen Krisenzeiten auseinander. Letztlich vermag er die Frage, inwieweit das geschriebene Wort vor der sich zuspitzenden politischen Situation noch als wirksames Mittel der Krisenbewältigung bestehen kann, nicht eindeutig zu beantworten. Kikjous Ausruf: »Das Wort ist immer noch eine gute Waffe!«(S. 529) stellt Klaus Mann den militärischen Widerstand gegen den Faschismus als mögliche Alternative gegenüber. Der Dichter Marcel leidet an der Kluft zwischen Kunst und Lebenspraxis, aber auch an der Entfremdung des Menschen von sich selbst und von der Gemeinschaft; er entscheidet sich schließlich für eine Teilnahme am Spanischen Bürgerkrieg und damit für die »Tat«. Für ihn steht fest, daß die »Krise der großen Worte«(S. 260) angesichts der inhumanen Bedingungen der Gegenwart nicht mehr überwunden werden kann. Ebenso kommt Martin zu dem Schluß, daß der Primat des Geistes angesichts der antizivilisatorischen Wirklichkeit seine Gültigkeit verloren hat. Diese Erkenntnis geht mit dem Verlust des künstlerischen Selbstausdrucks einher: Martin ist nicht mehr in der Lage, sein Emigranten-Epos zu vollenden. Statt dessen sucht er Trost in der Lyrik seines »›verruchten Lieblingsdichters‹«(S. 227) Gottfried Benn, dessen Verse immer dann zur geistigen Zufluchtsstätte werden, wenn Leiden und Resignation ihn zu überwältigen drohen. Allein Marion wagt schließlich die Synthese von Geist und Tat, von ästhetischer Vermittlung und politischem Engagement: Als Rezitatorin der Werke deutscher ›Klassiker‹ reist sie von Stadt zu Stadt, um ihre antifaschistische Botschaft zu verkünden. Das Publikum ist begeistert von ihrer Fähigkeit, über Mimik, Gestik, Stimme und Körpersprache die geistigen Werte der »verewigten Meister«(S. 190) »lebendig« werden zu lassen. So gelingt es ihr – im Gegensatz zu Marcel und Martin –, die Interaktion zwischen Künstler und Rezipienten wieder herzustellen und damit erfolgreiche Aufklärungsarbeit zu leisten.

Auch wenn man Klaus Mann später vorgeworfen hat, er habe sich in seinem Roman zu sehr mit den »Auswüchsen und Grenzsituationen«[77] der Emigration beschäftigt – unbestritten ist, daß *Der Vulkan*, neben Lion Feuchtwangers 1940 erschienenem Roman *Exil* und Anna Seghers Buch *Transit*, das 1944 veröffentlicht wurde, die einzige bedeutende literarische Bestandsaufnahme der Exilwirklichkeit geblieben ist, die von deutschen Autoren in der Verbannung hervorgebracht wurde.

Klaus Mann erlebte das rege Interesse an seinem Emigranten-Epos nicht mehr, das erst mit der deutschen Neuauflage im Jahre 1956 einsetzte. Immerhin äußerten sich die Kollegen in jenem Sommer 1939 rundweg positiv, allen voran Lion Feuchtwanger, der dem *Vulkan* bescheinigte, daß es wohl das »weitaus Beste« sei, was Klaus Mann »gemacht habe«: Es »rückt seinen Autor in die erste Reihe derjenigen, die heute in deutscher Sprache schreiben.«[78] Auch Thomas Mann fand lobende Worte. Dieses eine Mal hatte er sich überraschend gründlich mit einem Werk des Sohnes auseinandergesetzt. In einem Brief an Klaus gestand er, »insgeheim« habe er die »tückische Absicht« gehabt, erst einmal nur »vorläufig« mit dem Buch »Kontakt« aufzunehmen. Freundlich setzte er hinzu: »Wurde aber nichts daraus. Es hat mich so gehalten, amüsiert und bewegt, daß ich's in einigen Tagen, manchmal bis spät über Mieleins Lämplein hinaus, Wort für Wort durchgelesen habe.« Dann schrieb er unvermutet die wohltuenden Sätze, auf die der Sohn so lange gewartet hatte:

»Sie haben Dich ja lange nicht für voll genommen, ein Söhnchen in Dir gesehen und einen Windbeutel, ich konnt es nicht ändern. Aber nun ist wohl nicht mehr zu bestreiten, daß Du mehr kannst, als die Meisten – daher meine Genugtuung beim Lesen, und die anderen Empfindungen hatten auch ihren guten Grund. Schon mitten drin war ich vollkommen beruhigt darüber, daß das Buch als Unternehmen, also als Emigrationsroman, vermöge seiner persönlichen Eigenschaften ganz konkurrenzlos ist, und daß Du keine andere Erscheinung dieser Art, auch Werfel nicht, zu fürchten brauchst. Es wird sich nach und nach mancher an der großen und schmerzlichen, auch kläglichen Aufgabe versuchen, aber die leichte fromme verderbte Kikjou-Weis', die singt Dir keiner nach, sie ist einmal Dein Reservat, und wer Sinn hat für diese Art, dem Leben Schmerzlichkeit und Phantastik und Tiefe zu geben (für meinen Teil erkläre ich, daß ich Sinn dafür habe), der wird sich eben an Dein Gemälde und Panorama halten, ein Bild deutscher Entwurzelung und Wanderung, gesehen und gemalt à la Jean Cocteau [...].«[79]

Unter den »wenigen Äußerungen zu diesem Buch« sei ihm der »sehr schöne Brief« von Thomas Mann der »kostbarste«, schrieb er später im *Wendepunkt*. Dem Vater antwortete er: »[...] wenn es für den Vater eine Genugtuung ist, den Sohn sich vor der Welt bis zum gewissen Grad bewähren zu sehen – so empfindet le fils, umgekehrt, die Genugtuung, dem ›großen Vaterauge‹ zu beweisen, daß man mehr als nur ein ›Söhnchen und ein Windbeutel‹ ist. Dies umso mehr, als ja auch der väterliche Blick zeitweise etwas besorgt und spöttisch spähte...«[80]

»Was wissen wir voneinander?«[81]

Es war nicht leicht, sich als deutscher Exilautor in Amerika zu behaupten – diese Erfahrung mußte auch Klaus Mann machen. Gewiß, der schöne Erfolg von *Escape to Life* versprach gute Aussichten, auch für künftige Vorhaben einen amerikanischen Verlag und eine interessierte Leserschaft zu finden. Es folgte jedoch schon bald die Ernüchterung: Der Bostoner Houghton Mifflin Verlag, der seinerzeit *Escape to Life* in Auftrag gegeben hatte, wollte den *Vulkan* nicht in sein Programm aufnehmen, weil er ersterem in thematischer Hinsicht angeblich zu ähnlich war. Auch andere amerikanische Verlage konnten sich nicht zu einer Publikation entschließen. Vorerst ließ sich Klaus Mann jedoch nicht darin beirren, weitere ehrgeizige literarische Unternehmungen in Angriff zu nehmen. Schon seit längerem plante er eine achtbändige Ausgabe seiner Werke. Noch überlegte er, ob er sich mit seinem Plan an den Querido Verlag oder an einen amerikanischen Verlag wenden sollte. Am Ende ließ sich das Vorhaben weder auf die eine noch auf die andere Weise realisieren: Während mit Kriegsausbruch der Querido Verlag seine Tätigkeit einstellen mußte (so auch – mit Ausnahme der sowjetischen – alle anderen europäischen Exilverlage), fand sich in Amerika kein Verlag, der bereit gewesen wäre, sich einer Übersetzung seines Œuvres anzunehmen. Anders als der Vater – oder die Schwester, die mit ihrem Buch über die Jugenderziehung im Dritten Reich mit vierzigtausend verkauften Exemplaren innerhalb weniger Monate in Amerika überraschend zu einer gefragten Autorin avanciert war –, stand Klaus Manns Bewährungsprobe als Schriftsteller auf dem amerikanischen Markt noch aus. Immerhin gelang es Erika, mit dem Modern Age Verlag, der *School for Barbari-*

ans verlegt hatte, einen Folgeauftrag zu vereinbaren, der auch dem Bruder zugute kam. *The other Germany*, so der Titel des »politischen«[82] Buches, war ein ehrgeiziges Unternehmen, denn die beiden hatten sich vorgenommen, den »Nationalcharakter« des deutschen Volkes zu beleuchten. »Das andere Deutschland«, das Deutschland der Dichter und Denker, der Idealisten und Gesinnungslosen, denen der politische Realitätssinn fehlt, sollte zugleich das Vorurteil widerlegen, wonach der Hang zum Faschismus in der deutschen Geschichte und im deutschen Wesen begründet sei. Für den historischen Teil sollte Klaus zuständig sein, für die aktuellen Zeitbezüge Erika. Klaus Mann betrachtete das Projekt mit gemischten Gefühlen: Es behagte ihm nicht, daß diesmal nicht er, sondern Erika sowohl bei den Verhandlungen als auch bei der Festlegung des Konzeptes und schließlich sogar – wie sich im Fortgang der Arbeit zeigen sollte – in der Frage nach der angemessenen Diktion und dem adäquaten Ton, federführend war. Kurzum: Es war ein Projekt, das von Anfang an für reichlich Konfliktstoff zwischen den Geschwistern sorgte. Am 21. Mai notierte er in sein Tagebuch, er habe an dem Buch »ohne viel Freude und Zutaten« gearbeitet. Er fügte hinzu: »Schliesslich soll das Buch ja vor allem E[rika]'s bewährten Stil haben; nicht meinen. (Bitterlich vermerkt).« Offenbar machte ihm der unerwartete Erfolg der Schwester als Autorin mehr zu schaffen, als er zugeben wollte.

Das vereinbarte Honorar für *The other Germany* war unter seinen Erwartungen geblieben. Schon allein deshalb blieb Klaus Mann nichts anderes übrig als, wie gehabt, sich den verschiedenen Organisationen, Komitees und Vereinen des Gastlandes als »Vortragskünstler« zu empfehlen. Er gab seinem Agenten das Placet, die Route für die nächste ›lecture‹-Tour festzulegen, die im kommenden Herbst stattfinden sollte. Inzwischen war er auch mit einigen amerikanischen Zeitschriften ins Gespräch gekommen, für die er – in englischer Sprache – Buchbesprechungen verfassen sollte. Seine Kontakte zu den deutschsprachigen Exilorganen waren unverändert gut, so daß er – vorerst – nicht um seine gewohnten Publikationsmöglichkeiten in Europa bangen mußte. Mit gewohnter Disziplin bewältigte er in den folgenden Wochen sein tägliches Arbeitspensum. In rascher Abfolge entstanden mehrere Aufsätze, darunter auch sein Aufruf *An die Schriftsteller im Deutschen Reich*, den er in den ersten beiden Maiwochen 1939 fertigstellte. Der Aufsatz war als Beitrag für ei-

ne Schriftenreihe gedacht, die auf illegalem Weg nach Deutschland ge-
langen und das Volk über die wahre weltpolitische Lage aufklären sollte.
Zudem hatte Klaus Mann eine Liste von Künstlern und Intellektuellen
aufgestellt, an die der Aufruf geschickt werden sollte, unter ihnen auch
Gottfried Benn, Ernst Bertram, Ernst Robert Curtius, Erich Ebermayer,
Gustaf Gründgens, Ricarda Huch, Ernst Jünger, Erich Kästner, Gustav
Kiepenheuer, Hans Reisiger und W. E. Süskind. Die meisten kannte
Klaus Mann persönlich, nicht wenigen von ihnen hatte er sich – zumindest bis 1933 – freundschaftlich verbunden gefühlt. An sie appellierte er,
daß nun, nach »sechs schweren und ereignisreichen Jahren [...] eine Verständigung zwischen euch und uns zur Notwendigkeit« werde.

»Findet Ihr«, fragte er, daß der »totale Krieg,« den Hitler vorbereite, »verhindert
werden muß, um Deutschland willen, um Europas willen, um der Menschheit willen? Meint ihr – wie wir es meinen –, daß die Kriegs-Katastrophe auf die Dauer nicht
verhindert werden *kann*, wenn die Nazis an der Macht bleiben? Wenn Ihr dies meint
und findet – und ich bin davon überzeugt, daß Ihr als gute Intellektuelle, gute Deutsche, gute Europäer gar nichts anderes denken könnt –, dann drängt die nächste Erkenntnis sich auf, scheint gar nicht abzuweisen und bekommt große Kraft: *Hitler
muß fallen.*«[83]

Die Niederschrift hatte ihm unerwartet große Mühe bereitet: Tagelang
hatte er nach geeigneten Formulierungen und dem angemessenen Ton
gesucht, um seinem Aufruf zum geistigen Zusammenschluß die nötige
Verve zu verleihen. (Zu guter Letzt kam die Tarnschrift nicht zustande.)
Es kam Klaus Mann nicht ungelegen, daß er in jenen Tagen seine Arbeit
für kurze Zeit unterbrechen mußte, um im Rahmen des Internationalen
Schriftsteller-Kongresses einen Vortrag zu halten, den der amerikanische
PEN-Club anläßlich der New Yorker Weltausstellung organisiert hatte.
Bei dieser Gelegenheit lernte er auch den amerikanischen Präsidenten
Franklin D. Roosevelt persönlich kennen, der die PEN-Gesellschaft am
12. Mai nach Washington zum »Lunch im ›White House‹« einlud, sowie
das Ehepaar Agnes und Eugene Meyer, das sich auf so rührende (aber
auch bestimmende) Weise um das Wohl der Familie Mann gekümmert
hatte. Zusammen mit Ernst Toller habe man ihn nach der Begegnung im
großen Kreis noch »zum Abendessen da behalten« und ihnen sogar die
»neuen Pullman-Tickets« bezahlt, die sie für die Rückreise nach New
York benötigten – in der Tat eine großzügige Geste, wie sie für Agnes
Meyer wohl charakteristisch war.

Zu diesem Zeitpunkt hatte er seinen Beitrag zum Thema *Wie kann die deutsche Kultur das Exil überleben?* schon geleistet: Gleich am Tag nach der Eröffnung hatte er seine Rede vor großem Publikum gehalten und ein durchweg positives Echo erhalten. Ohne Umschweife war er auf die doppelte Funktion zu sprechen gekommen, mit der sich über kurz oder lang jeder deutsche Exilschriftsteller konfrontiert sehe. Danach sei es zum einen seine »große« und »schwere Pflicht« zu beweisen, daß »die vornehme deutsche Tradition – die schöne Überlieferung Lessings, Goethes und Heines – noch immer schöpferisch am Leben« sei. Zum anderen habe er »Mittel und Wege zu finden, um von unseren unglücklichen Landsleuten gehört und verstanden zu werden« – heutzutage könne diese Mission freilich nur noch »geheim und ›illegal‹ erfolgen.«[84] Dem heimatlosen Literaten obliege es, in seinem (künstlerischen) Selbstverständnis gleichermaßen der fremden wie der eigenen Kultur gerecht zu werden: »Wir haben uns der kulturellen Atmosphäre unserer Gastländer dankbar anzupassen und dürfen doch den innigen Kontakt zur tragischen Heimat keinesfalls verlieren.« Der Vortrag war betont optimistisch gehalten: In dem Maße, wie die Exilerfahrung nicht nur eine »Heimsuchung«, sondern auch eine »ungeheure Chance« bedeute, so werde schließlich auch »die deutsche Kultur stärker sein als all das Furchtbare, wovon sie heute bedroht ist, denn die Kultur ist fast so zäh wie das Leben selber.«

Ein paar Tage später wurde Klaus Mann – unvermutet und mit brutaler Härte –, einmal mehr damit konfrontiert, daß es nicht allen beschieden war, der rauhen Wirklichkeit des Exils immer und immer wieder aufs Neue standzuhalten. Am 22. Mai notierte er zutiefst betroffen in seinem Tagebuch: »[...] die Nachricht vom Selbstmord *Tollers* – die sich in den Zeitungen ausführlich-schrecklich bestätigt. (Die macabren quasi-criminellen Details, die immer im Zusammenhang mit dem Selbstmord sind...) Grosses Grauen; grosse Erschütterung. Erinnerungen; Vorwürfe; all das Versäumte – was nie wieder gutzumachen ist. – Das Grauenhafte für uns alle. Ich will es nicht tun. Es ist zu grauenvoll. Man muss aus allen menschlichen Bindungen treten, *ehe* man es tut.« Seine Sekretärin hatte Ernst Toller am 22. Mai erhängt in seinem Badezimmer gefunden. Es war ein schwerer Schlag für Klaus, und es war ein fast unerträglicher Verlust für Fritz Landshoff, der in Berlin jahrelang mit Ernst Toller eine Wohnung geteilt hatte. Eine Geschäftsreise hatte ihn, wenige Tage, bevor sich die Tragödie ereignete, nach New York geführt. Eine Zeitlang schien es, als bestehe die Gefahr, daß er dem Beispiel des Freundes folgen wolle. Klaus und Erika kümmerten sich rührend um ihn: Tagelang saßen sie abwechselnd an seinem Bett, um ihn zu trösten – und um das Schlimmste zu verhüten. Für eine Weile diskutierten sie voller Verzweiflung, »wer« und »was schuld«[85] sei – eine zufriedenstellende Antwort fanden sie nicht. In seinem Nachruf *Der letzte Tag mit Ernst Toller* schrieb Klaus Mann denn auch, daß für ihn die Vorstellung »beinah unerträglich« sei, wie sehr er »gelitten haben muß, ohne daß wir es merkten. Und quälender als der Schmerz um einen verlorenen Menschen wird die hilflose Frage, die uns Lebenden bleibt: Was wissen wir voneinander?«[86] Auch die amerikanischen Medien widmeten dem Tod des deutschen Dramatikers und einstigen Revolutionärs zahlreiche Beiträge – seine Ankunft hatten sie seinerzeit kaum zur Kenntnis genommen. »*Ihm*« hätte die »ziemlich grosse Aufmachung des Falles sicherlich Freude gemacht«, schrieb Klaus Mann in seinem Tagebuch: »Er *brauchte* den Ruhm – als Ersatz für so vieles...«

Krieg

Der Tod Ernst Tollers machte Klaus Mann eine ganze Weile schwer zu schaffen. Ein falsches Wort oder eine unbefriedigend verlaufende Diskussion genügte, und es war um sein seelisches Gleichgewicht geschehen. Eines Abends erörterte er mit Golo und Martin Gumpert die Frage, ob die Emigranten wohl eine Rolle im Nachkriegs-Deutschland spielen würden: »Ich sage: Ja; Golo-Gumpert: Nein«, notierte er in seinem Tagebuch. Zornig fügte er hinzu, bei Gumpert schwinge viel »jüdischer Masochismus« mit. Dem Bruder bescheinigte er gar »konservativ-›asphaltliterarische‹ Neigungen«, die nicht ohne »Blubo«-Einschläge seien – wobei »Blubo« das Kürzel für ›nazistische Blut-und-Boden-Ideologie‹ war. Der Vorfall regte ihn so auf, daß ihn die ganze Nacht Weinkrämpfe heimsuchten. Kurz darauf erreichte ihn die Nachricht, daß Joseph Roth am 23. Mai im Delirium tremens gestorben war – die Folge seiner exzessiven Alkoholsucht. Er habe früher oder später durchaus mit seinem Tod gerechnet, doch »weshalb gerade *jetzt*? *Sehr* viel auf einmal...«, klagte er, wieder den Tränen nah, in seinem Tagebuch. An jenem Tag – es war der

6. Juni – hatte er die Eltern, Erika und Fritz Landshoff am frühen Morgen zum Hafen begleitet, von wo aus sie – allen Gerüchten vom unmittelbar bevorstehenden Krieg zum Trotz – noch einmal die weite Reise nach Europa antreten wollten. Der Aufenthalt sollte nicht von langer Dauer sein. Dennoch empfand Klaus Mann den »Abschied bitterer« als jemals zuvor.

Einen Monat später hatte Klaus Mann die »furchtbare Empfindlichkeit für alles Schmerzliche im Leben der Menschen«[87] weit genug zurückgedrängt, daß er wieder Reisepläne schmieden konnte. Ury hatte ihm vorgeschlagen, Ferien in Kalifornien zu machen. Einige Tage zögerte er, das Angebot anzunehmen – wegen Thomas Quinn Curtiss, wie er nicht zu notieren versäumte. Dann sagte er zu: Er brachte für die inzwischen allzu häufigen und »sinnlosen Auseinandersetzungen« mit »Tomski« – wörtlich schrieb er: »Dass er alles herabsetzen, missverstehen, nicht-verstehen muss, was ich will und versuche!« – einfach keine Geduld mehr auf. Am 20. Juli befand er sich schon mit Ury auf der »grossen langen Auto-Reise«; ihr Ziel war Santa Monica, wo sie sich ein Haus mieten wollten. Fast zwei Monate hielt sich Klaus Mann in Kalifornien auf. Schnell stellte sich heraus, daß Ury auf Dauer wohl auch nicht der passende Gefährte für ihn war: »Die seltsam idiotischen Einschläge im Wesen Ury's quälen mich oft. Seine Langsamkeit. Seine schläfrige Renitenz. Die Selbstgefälligkeit des sehr Dummen...«[88] – herablassende Bemerkungen wie diese notierte er in den folgenden Wochen noch häufiger. Immerhin fand er hier die nötige Ruhe, um die Arbeit an *The other Germany* wieder aufzunehmen, das nach wie vor ungeliebte Werk, das er und Erika bis Ende des Jahres fertigstellen sollten. Zwischendurch faßte und verwarf er Pläne für künftige Vorhaben. Er habe Lust, ein Buch über Gide zu schreiben, notierte er am 12. August, an einem anderen Abend schrieb er, einer plötzlichen Eingebung folgend, einen Entwurf für ein Filmprojekt, das er »The United States of Europe« oder »Paneuropa« nennen wollte. Ein paar Tage war er von der Idee so angetan, daß er den amerikanischen Filmregisseur John Huston sogar im Krankenhaus aufsuchte, der sich gerade einer Ohrenoperation unterzogen hatte, um ihn für das Projekt zu gewinnen. »Er scheint interessiert...«[89], vermerkte er nach dem Gespräch enthusiastisch. Es wurde nichts daraus – trotz guter Kontakte zu Schauspielern und Filmemachern war es Klaus Mann auch diesmal nicht vergönnt, im Filmgeschäft Fuß zu fassen.

Unterdessen nahm die unheilvolle Entwicklung in Europa ihren Lauf. Am 21. August erfuhr Klaus Mann aus dem Radio vom ›Deutsch-sowjetischen Nichtangriffspakt‹. Die Nachricht schien ihm so ungeheuerlich, daß er sie zunächst für einen »Schwindel« hielt. Erst einige Tage später gewahrte er das Ausmaß des Abkommens, das auch, soviel stand nun fest, für die Exilgemeinschaft nicht ohne Folgen bleiben würde. »Der *moralische* Schock der Hitler-Stalin-Alliance«, schrieb er fünf Tage vor Kriegsausbruch in seinem Tagebuch, sei »nachhaltiger und tiefer, als im ersten Moment geahnt [...] Die brutale Zerschlagung der Volksfront, im nationalen Interesse Russlands. – Die Desavouierung jeder ›antifascistischen Einheit‹. – Viel ›Disciplin‹, viel ›Realismus‹ nötig, um dies hinzunehmen... ›Der ganze Krieg macht mir keine Freude mehr‹ (und wird wohl, gerade deshalb kommen...).«⁹⁰ Er konnte zu diesem Zeitpunkt noch nicht ahnen, daß die ›Allianz‹ in Wahrheit den Ausverkauf des Ostens vorsah: Während in einem geheimen Zusatzprotokoll Hitler ein Teil Polens ›zugesprochen‹ wurde, sollten Estland, Lettland, Finnland und das östliche Gebiet Polens an die Sowjetunion ›angegliedert‹ werden. Sozusagen mit Stalins ›Segen‹ überschritten deutsche Truppen am frühen Morgen des 1. September die polnische Grenze. Die französische und die englische Regierung forderten Hitler ultimativ auf, seine Truppen wieder zurückzuziehen – vergeblich. Am 3. September erklärten England und Frankreich Deutschland den Krieg – der Zweite Weltkrieg hatte begonnen.

Im fernen Kalifornien saß Klaus Mann inzwischen ununterbrochen am Radio – meistens zusammen mit Bruno und Liesl Frank oder mit dem Filmregisseur Fritz Lang – und verfolgte die Ereignisse. Er fühlte sich wie von Sinnen, unfähig, einen vernünftigen Gedanken zu fassen. Seine Gefühle waren gespalten: So sehr er den Krieg fürchtete, so sehr wünschte er ihn doch auch herbei – auf daß dem Vormarsch der Barbarei und Unterdrückung endlich Einhalt geboten werde. Am 3. September notierte er: »Eine fast unheimliche Euphorie bei uns allen –: als wäre, physisch, ein ungeheurer Druck von uns genommen; eine lange Krankheit endlich überwunden...« – die »äußerste Spannung« der letzten Tage, ja, der letzten Jahre hatte sich mit einem Schlag gelöst. Für einen Augenblick dachte Klaus Mann nicht daran, welche verheerenden Folgen der Krieg für die betroffenen Völker haben sollte. Es schien sein Vorstellungsvermögen zu übersteigen, daß durch den militärischen Konflikt das Leben von Millionen auf dem Spiel stand.

Klaus Manns Hauptsorge in den nächsten Tagen galt den Eltern und Erika, die nicht rechtzeitig vor Kriegsausbruch aus Europa hatten zurückkehren können. Erst am 19. September trafen sie wohlbehalten in New York ein. Zu dieser Zeit mühte sich Klaus Mann immer noch mit der Fertigstellung von *The other Germany* ab. Die jüngste Entwicklung hatte es erforderlich gemacht, das fast fertige Manuskript noch einmal zu bearbeiten. Mitte November konnten er und Erika jedoch endlich die Arbeit abschließen. Inzwischen hatte er seine dritte Vortragsreise in Folge angetreten, die ihn wieder quer durch das Land führte. Bis Mitte Dezember war er unterwegs. Er unterbrach seine Tournee nur für einen kurzen Aufenthalt in New York, wo es – nach weiteren harten Auseinandersetzungen – zur endgültigen Trennung von »Tomski« kam; außerdem nahm er Mitte November in Princeton an der Hochzeit seiner jüngsten Schwester Elisabeth teil, die Giuseppe Antonio Borgese, Professor für italienische Literatur und politische Wissenschaften, heiratete. Die ›lecture‹-Tours waren für ihn inzwischen zu einer lästigen Pflichterfüllung geworden. Der Reiz des Neuen hatte sich verflüchtigt. Routiniert trug er *A Family against a Dictatorship* und den Vortrag *After Hitler – What?* vor, den er nach dem Ausbruch des Krieges noch in letzter Minute neu verfaßt hatte. Auch von den anschließenden Diskussionen versprach er sich nicht mehr allzu viel; mehr als höfliches Interesse war in der Regel nicht zu erwarten. Abgesehen von den anstrengenden, oft tagelangen Anfahrten empfand er es als besonders ermüdend, immer wieder mit anderen, fremden Menschen zusammenzutreffen und dabei stets mit der gleichen freundlichen Unverbindlichkeit ›Small-talk‹ führen zu müssen.

»Ich bin kein Sowjet-Agent!«

Er war wieder einmal in keiner besonders guten Verfassung, als er im November zu seiner Überraschung feststellen mußte, daß ihn ein alter Weggefährte im fernen Europa in einer wichtigen, wenn nicht sogar für die Emigranten entscheidenden Kontroverse zur Zielscheibe seines Spotts gemacht hatte. Leopold Schwarzschild hatte in seinem *Neuen Tage-Buch* einem anonymen Verfasser die Gelegenheit gegeben, eine üble Polemik gegen Klaus Mann zu veröffentlichen (fast zeitgleich erschien sie auch im *Neuen Vorwärts*). Ausgerechnet in dem Exilorgan, für das Klaus Mann selbst jahrelang Beiträge verfaßt hatte, wurde ihm nun vorgeworfen, ein Agent des Kommunismus zu sein:»Man würde mit Fassung warten, was der junge Mann ohne ernstliche Reife, ohne erarbeitetes Wissen und wetterfeste Kriterien, der so viele Urteile schon passend fand, während er diesmal ein Urteil unpassend findet, demnächst wieder passend finden wird. Man würde ohne Spannung darauf warten, flößte die Tatsache, daß er sich in seiner Rolle als Sowjet-Agent hier nur definitiv beglaubigt, nicht Gedanken über die Dienste ein, die in der Planwirtschaft von ihm erhofft werden.«[91] Es war klar: Jedes spöttische Wort war darauf angelegt, zu beleidigen und zu verletzen – aus welchen Gründen auch immer.

Der vorgegebene Anlaß der Anschuldigung war Klaus Manns Reaktion auf eine Umfrage zum Hitler-Stalin-Pakt, die der Journalist Julius Epstein im September für die in New York erscheinende sozialdemokratische *Neue Volkszeitung* durchgeführt hatte. Klaus Mann hatte sich an der apodiktischen Formulierung gestört, mit der Epstein die Exilautoren zur Stellungnahme aufgefordert hatte: ein »Ja oder Nein« sollte im wesentlichen als Antwort genügen. Am 13. September 1939 hatte Klaus Mann geschrieben:

»Ich hätte mich gern bemüht, über dieses enorm komplexe und höchst bedeutende Problem ein paar Sätze – oder Seiten – zu schreiben. Indessen wird mir dies ganz unmöglich gemacht durch Ihre Bedingung, die erste, entscheidende Frage ›mit Ja oder Nein‹ zu beantworten. Ich würde ein ›Ja oder Nein‹ in diesem heiklen Zusammenhang als eine unaufrichtige Vereinfachung empfinden. – Übrigens bleibt alles sehr unentschieden, fließend und geheimnisvoll; niemand kennt noch die eigentlichen Hintergründe und Absichten des Paktes. Wir können hoffen, fürchten, deuten, kalkulieren, prophezeien, erklären, warnen – aber nicht ›Ja oder Nein‹ sagen. Mir käme das unpassend vor.«[92]

Dieses eine Mal hatte Klaus Mann tatsächlich nicht das Gebot der Stunde erkannt. Nicht nur, daß vier Tage später, am 17. September, sowjetische Truppen den Ostteil Polens besetzten und sich damit spätestens jetzt der Welt als Eroberungsmacht zu erkennen gaben. Sondern sein Bild von Amerika als eines großzügigen, weltoffenen, liberalen Landes hatten ihn blind gemacht für die Anzeichen von Nervosität, die in seiner neuen Wahlheimat allerorts zu spüren waren. Seit Kriegsausbruch befürchteten die Amerikaner zu Recht, daß ihr Land nun von einer Flüchtlingswelle großen Ausmaßes erfaßt werden würde. Die Stimmungsmache erzkonservativer Kräfte gegen die »Rote Gefahr« (sowie ein mehr oder weniger latenter Antisemitismus) schürte Argwohn und Ängste. Trotz der zweifellos vorhandenen Bereitschaft, humanitäre Hilfe zu leisten und die Neuankömmlinge an ihrem ›american way of life‹ teilhaben zu lassen, hegten breite Teile der Bevölkerung grundsätzliche Vorbehalte gegen die europäischen Emigranten, erst recht, wenn sie sich der kommunistischen Ideologie verschrieben hatten. In diesem Sinn wurde der Hitler-Stalin-Pakt in jenen Tagen in der Tat zu einer ›Gewissensfrage‹: Wer sich nicht eindeutig gegen ihn erklärte, geriet in den Verdacht, Kommunist und damit ›subversiv‹ zu sein. Kurzum: Klaus Mann hätte entschiedener sein, mehr noch, er hätte das ›Nein‹ zum Bekenntnis machen müssen. Schwer gefallen wäre es ihm nicht; die Eintragungen bezeugen, daß er sich in dieser Frage schon längst zu einer eindeutigen Haltung durchgerungen hatte. So aber lief er Gefahr, seine Einwanderungspläne aufs Spiel zu setzen. (Er wußte es nicht, aber das FBI hatte bereits eine erste Aktennotiz über ihn vorliegen.) Vor diesem Hintergrund erwies sich der Artikel im *Neuen Tage-Buch* als geradezu fatal: Da man ihn nun auch noch öffentlich der Spionage für die Sowjetunion verdächtigte, hatte er zu befürchten, daß die amerikanischen Behörden im Zweifelsfall nicht vor einer Ausweisung zurückschrecken würden. Ein sofortiges Dementi war also notwendig, und unverzüglich machte er sich daran, eine Gegendarstellung aufzusetzen. Noch am gleichen Tag, am 10. November, schickte er sie mit der ausdrücklichen Bitte um Veröffentlichung per Air Mail nach Paris. Leopold Schwarzschild druckte sie nicht, weder zu diesem noch zu einem späteren Zeitpunkt. Immerhin erschien seine Erklärung gleich zu Beginn des neuen Jahres in Gerhart Seghers *Neuer Volkszeitung*, dem Klaus Mann umgehend »für die Unvoreingenommenheit und Loyalität, die er beweist, indem er meinen Argumenten in seinem Blatt Publizität gewährt«[93], dankte. Kategorisch stellte er klar:

»Ich bin kein Kommunist und kein ›Agent der Sowjetunion‹ und bin weder das eine noch das andre jemals gewesen: weder ›objektiv‹ noch ›subjektiv‹, weder bewußt noch unbewußt, weder direkt noch indirekt. Ich habe weder von den Kommunisten noch von irgendwelchen Mittelsleuten der Kommunisten jemals irgendwelche Bestechungs- oder Unterstützungs-Gelder angenommen oder auch nur offeriert bekommen. Ich bin im Laufe der letzten Jahre ein einziges Mal in der Sowjetunion gewesen, als Gast eines Schriftsteller-Kongresses, der auch von Nicht-Kommunisten aus verschiedenen Ländern besucht wurde. [...] Ich bin weder in meinen politischen noch in

meinen kultur-politischen Gesinnungen und Äußerungen von den Kommunisten beeinflußt worden. Mehrere der Autoren, die ich gerade während der letzten Jahre am
häufigsten und nachdrücklichsten gepriesen habe, sind bei den Kommunisten ›in Ungnade‹ – zum Beispiel Stefan George und André Gide. In meiner gesamten Produktion ist kein einziges Wort der Bewunderung für Josef Stalin zu finden. Ich bewundere ihn nicht.«[94]

Klaus Mann vermutete, daß Willi Schlamm, ein früherer Redakteur der
Neuen Weltbühne, das infame Gerücht in die Welt gesetzt hatte. Ohne
Umschweife kam er in einem Brief vom 30. November zur Sache: »Der
phantastische Artikel im ›Neuen Tage-Buch‹, in dem ich als ein ›Sowjet-
Agent‹ entlarvt wurde, war mit drei feigen Sternchen signiert. Diese
Maskierung ist ebenso sinnlos wie sie elend ist. Natürlich weiß ich, daß
Sie der Verfasser des Artikels sind.«[95] Sein Schreiben bestach durch Eloquenz und polemischen Scharfsinn. Indes: Er hatte den Falschen ver-
dächtigt. Willi Schlamm konnte später glaubhaft versichern, daß er nicht
der Verfasser des Artikels war. Nur widerwillig setzte Klaus Mann sein
Entschuldigungsschreiben auf; er war immer noch voller Zorn und
Empörung, und so betonte er, daß er sich lediglich »formal im Unrecht«
fühle, denn: »Meine Vermutung, daß Sie selbst der Verleumder waren,
konnte Sie nicht dazu bringen, das Gegenteil durch irgendein Wort, irgendeine Geste zu beweisen. So sehr sympathisieren Sie mit dem, der ver-
leumdet hat. Es tut mir leid, daß meine Bitte um Entschuldigung nicht
enthusiastischer ausfallen will.«[96]

Auch später gelang es Klaus Mann nicht, den wahren Autor des verleumderischen Artikels zu ermitteln: die Redaktion des *Neuen Tage-Buches*
hüllte sich in Schweigen. Inzwischen geht man davon aus, daß es wohl
Leopold Schwarzschild selbst war, der die böse Glosse verfaßte; jedenfalls lasse der Sprachstil keine andere Schlußfolgerung zu.[97] Wie auch
immer: spätestens mit seiner Weigerung, Klaus Manns Rechtfertigung
abzudrucken, machte Leopold Schwarzschild unmißverständlich deutlich, daß er weder an einer Aufklärung des wahren Sachverhalts noch an
einer fairen Behandlung des Betroffenen interessiert war. Seine in der Sache durchaus berechtigten Vorbehalte gegen den Kommunismus hatten
allmählich fanatische Züge angenommen, die ihn blind und taub für feine Zeichen und Zwischentöne gemacht hatten. Im konkreten Fall mag
ihm – wohl auch infolge der persönlichen Kränkung – der Spürsinn
dafür abhanden gekommen sein, welcher Gefahr er Klaus Mann mit sei-

ner Verleumdungskampagne tatsächlich aussetzte – vermutlich hatte er Klaus Manns Austritt aus seinem 1937 ins Leben gerufenen »Bund Freie Presse und Schriftsteller« nicht verzeihen können.[98] Das Zerwürfnis mit Schwarzschild ließ sich nie mehr ganz beheben. Praktisch über zwei Jahre zog der Streit sich hin; zeitweilig erwog Klaus Mann gerichtliche Schritte wegen Verleumdung gegen die Redaktion des *Neuen Tage-Buchs*. Einige Freunde, darunter auch Hermann Kesten und Curt Riess, versuchten zwischen den beiden Kontrahenten zu vermitteln. Auch Erika meldete sich zu Wort, allerdings war ihre Polemik, bei der sie ihrerseits vor haltlosen Anschuldigungen gegenüber Schwarzschild nicht zurückschreckte, nicht eben dazu angetan, das gute Einvernehmen wiederherzustellen. Erst ein beherztes Schreiben von Bruno Frank an Leopold Schwarzschild brachte Klärung. Schwarzschild rang sich schließlich zu einer formalen Entschuldigung durch, die Klaus Mann, wohl des langen Streites inzwischen überdrüssig, akzeptierte. Immer noch ein wenig indigniert erwiderte er am 2. Januar 1941: »Es ist gut, daß Sie mir endlich geschrieben haben. Die Affäre fing ja in der Tat schon an, absurd zu werden. [...] Ob wir uns zanken oder versöhnen – wir sitzen in einem Boot. Schon aus diesem Grunde ist mir das Ende des Zankes willkommen – wenngleich ich mir ihre Versöhnung noch etwas rührender und großartiger hätte vorstellen können.«[99]

Der Vorfall – wiewohl er bisweilen einer Privatfehde gleichkam – war zugleich charakteristisch für die allgemeine Stimmungslage der Exilkreise. Der Hitler-Stalin-Pakt spaltete die Emigranten endgültig in zwei unversöhnliche Lager: Die einen, die unter allen Umständen Stalins Kooperationsbereitschaft mit dem Erzfeind zu rechtfertigen suchten und den von Großbritannien und Frankreich gegen Deutschland geführten Krieg als ›imperialistischen Raubkrieg‹ ablehnten, und die anderen, die das Abkommen als bitteren Verrat empfanden und fortan vor jeder engeren Berührung mit dem Kommunismus zurückschreckten. Die »Volksfront« hatte sich Ende 1939, noch ehe sie ihre eigentliche Arbeit aufnehmen konnte, ebenso zerschlagen wie der »Schutzverband Deutscher Schriftsteller«. Letzterer wurde ein direktes Opfer der Kommunistenhatz: Kurz nach Ausbruch des Krieges wurden die kommunistischen Mitglieder von den französischen Behörden kurzerhand zu feindlichen ›Sowjet-Agenten‹ erklärt. Die meisten von ihnen wurden in Lager interniert und warteten teilweise monatelang darauf, bis die humanitären Hilfsorganisationen ihre Entlassung erwirken konnten. Auch die in den Vereinigten Staaten als Nachfolgeorganisation des »Schutzverbandes Deutscher Schriftsteller« gegründete »German American Writers Association« stürzte die Polarisierung in eine Krise. Laut ihren Statuten verstand sich die Organisation als überparteilicher Verband, in dem alle politischen Richtungen vertreten waren. Anhänger der kommunistischen Parteilinie hatten sich jedoch wiederholt positiv über den Hitler-Stalin-Pakt geäußert, was von den amerikanischen Behörden mit wachsendem Mißtrauen registriert wurde. Um sein Aufenthaltsrecht nicht zu gefährden, ging Klaus Mann auf Distanz und erklärte im Mai 1940 dem Vorstand der »Association« seinen Austritt. Thomas und Erika Mann, Curt Riess, Bruno Frank und einige andere ›bürgerliche‹ Autoren folgten seinem Beispiel. Im Frühsommer leitete der Vorstand schließlich seine Selbstauflösung ein – die ideologischen Differenzen waren unüberbrückbar geworden.

Durch die sich zuspitzenden Konflikte und Intrigen innerhalb der Exilkreise ging eine Veränderung in Klaus Mann vor. Vieles von dem, woran er geglaubt hatte und wofür er die letzten Jahre mit einer bewundernswerten Energie eingetreten war, sah er nun zerstört – zerrieben zwischen den Fronten. Er hatte seinen Glauben an die »Volksfront« verloren, und er zögerte nicht länger, sich eindeutig von den Kommunisten zu distanzieren, von denen er einst geglaubt hatte, daß sie Verbündete im Kampf gegen Hitler seien. Er fühlte sich einmal mehr verraten und verloren – seine Ideale und angestrebten Ziele hatten sich als trügerische Illusion entpuppt. Am zweiten Weihnachtstag 1939 saß Klaus Mann in seinem Zimmer im elterlichen Haus und schrieb mit einer Mischung aus unterdrückter Wut und Verzweiflung in sein Tagebuch: »Jetzt ist es jedenfalls so, dass zu der nationalen und politischen Isoliertheit eine fast komplette persönliche Einsamkeit dazukommt.« Er hatte gerade seinen Aufsatz über *The Hundred Faces of Pablo Picasso* für eine amerikanische Zeitschrift (die ihn jedoch nicht abdrucken sollte) versandfertig gemacht. Es war der erste Essay, den er in englischer Sprache verfaßt hatte, und er hatte mehrere Wochen benötigt, ihn zu Papier zu bringen. Es sei »eine nicht ganz unwichtige Arbeit«, vermerkte er mit Stolz. Gerade deshalb käme es ihm »seltsam« vor, seine Arbeiten abzuschicken, ohne daß vorher ein »mir-naher Mensch« sie »geprüft und ›genehmigt‹ hätte« [...] »ohne dass irgendwer am Schicksal des Geschriebenen Anteil nähme.« Dann schwelgte er in Erinnerungen: »Die Zeit, da E[rika] meine ›kleinen

Sachen‹ abtippte. (Weltreise). Die Anteilnahme von Ricki, Süskind, Gert, Pamela, selbst Gustaf... Später noch das kameradschaftliche Zusammenleben mit Friedrich [Landshoff]; sein Interesse. Alles dies – vorbei.« Zwar sei die Schwester nach wie vor »bemüht«; »aber völlig abgelenkt durch eigene Aktivität, eigenen Ehrgeiz, und die Bedrängnis anderer Menschen, die sich penetranter manifestiert als meine.«[100] Kein Zweifel, er fühlte sich einsamer denn je.

FÜNFTES KAPITEL

EIN WELTBÜRGER IN DER U.S. ARMY

(1940-1945)

Neuanfang auf schwankendem Fundament

Das neue Jahrzehnt begann Klaus Mann mit einem Experiment. Am 30. Dezember reiste er aus Princeton ab, um das erste Mal in seinem Leben allein ein kleines Appartement zu beziehen: ein relativ großes Zimmer mit Bad und Kochnische in der 111 East 39th Street für 55 Dollar im Monat. Hier nahm er unverzüglich die Arbeit an einer Anthologie auf. Bereits in Santa Monica war ihm die Idee gekommen, einen »Zyklus traurig-grotesker Künstler-Novellen zu machen«.[1] In Pittsburgh, der fünften Station seiner Vortragstournee, hatte sein Plan konkrete Formen angenommen. Hier war die große italienische Charakterdarstellerin Eleonora Duse im April 1924 während einer Tournee überraschend gestorben. Ehrfürchtig hatte er am 30. Oktober 1939 in seinem Tagebuch notiert: »*Pittsburg* – wo die Duse in ihrer Garderobe gestorben ist...«[2] Er hatte sein Leitmotiv gefunden: Sein neues Buch, das er *Distinguished Visitors*[3] nennen wollte, sollte eine historische Porträtsammlung von prominenten Europäern und ihrer Begegnung mit Amerika werden. In den nächsten Monaten wandelte er auf den Spuren von so unterschiedlichen Persönlichkeiten wie »der Duse«, Harriet Martineau, Leo Trotzki, Friedericke und Friedrich von Riedesel, Hermann Bang, Adelbert von Chamisso, Sarah Bernhardt, Peter Iljitsch Tschaikowsky, Chateaubriand, Lajos Kossuth, Georges Clemenceau, Tomáš Masaryk, Antonin Dvořák und dem schwedischen ›Schwindlerkönig‹ Ivar Kreuger. Mit Karl May und Franz Kafka berücksichtigte Klaus Mann auch zwei Schriftsteller, die in ihren Büchern – wenngleich auf denkbar unterschiedliche Weise – voller Enthusiasmus auf »die Neue Welt« Bezug genommen hatten, ohne jemals dort gewesen zu sein. Freilich bereitete es einige Mühe, all die Fakten zusammenzutragen, die er für die Rekonstruktion der verschiedenen Erfahrungen und Perspektiven benötigte. Doch der zeitaufwendige Umfang der Recherchen schreckte ihn nicht; im Gegenteil: Es belebte und beflügelte ihn, auf der Suche nach brauchbarem Material zahlreiche Gespräche zu führen, öffentliche Bibliotheken aufzusuchen und in den Privatbibliotheken von Freunden und Bekannten und nicht zuletzt der Eltern herumzustöbern. Etwas mehr als acht Monate benötigte Klaus Mann für die Niederschrift. »Die Arbeit an den ›Distinguished Visitors‹ beschäftigt, reizt, amüsiert, foltert mich«, schrieb er am 5. März in sein Tagebuch. Am Ende überwog jedoch »die permanente Verpflichtung und Verlockung des wachsenden Manuskriptes«4 – er hatte das Buch, trotz allem, gern geschrieben.

Klaus Mann hatte *Distinguished Visitors* mit großen Erwartungen begonnen: Er wollte sich dem amerikanischen Publikum als englisch schreibender Autor empfehlen, mehr noch: er wollte als Schriftsteller endlich wieder erfolgreich sein. Ende Dezember hatte er in einem Rundfunkinterview das nüchterne Fazit gezogen: »Deutsche Bücher haben jetzt keinen Markt: wir sollten uns darüber nichts vormachen. Von meinem letzten Roman, den ich auf deutsch habe erscheinen lassen, sind, den Abrechnungen zufolge, knapp tausend Exemplare verkauft worden.«5 In den folgenden Monaten nahm er, mit der ihm eigenen Disziplin, den »Kampf um das Englisch-Schreiben« auf, dem »quälenden Gefühl der Unsicherheit« zum Trotz, das ihn wieder zum »Anfänger« machte, dem jedes Wort, jedes Idiom, »jeder Satz Kopfzerbrechen« bereitet, wie Klaus Mann später im *Wendepunkt* meinte. Anfangs ging ihm bei der Überarbeitung des Manuskriptes noch eine Amerikanerin zur Hand, die sich um den sprachlichen und stilistischen ›Feinschliff‹ kümmern sollte. Schnell wurde er der ambitionierten Übersetzerin jedoch überdrüssig: Ann Persor hatte sich erlaubt, auch inhaltliche Korrekturen vorzunehmen – womit sie ihre Kompetenzen entschieden überschritten habe, wie Klaus Mann ungehalten befand.6 Von da ab machte er im wesentlichen allein weiter; nur der amerikanischen Redakteurin Eleanor Clark und Thomas Quinn Curtiss, mit dem ihn – seit der Trennung – eine spannungsreiche, aber doch beständige Kameradschaft verband, gab er hin und wieder das eine oder andere abgeschlossene Kapitel zu lesen. Das »Chateaubriand-Kapitel« bereitete ihm besonders große Mühe:

»Tomski« fand die erste Fassung »miserabel«.7 Sein vernichtendes Urteil brachte Klaus Mann an den Rand der Verzweiflung, doch nach einigen Tagen hatte er sich wieder soweit gefangen, daß er die Niederschrift des Porträts erneut in Angriff nehmen konnte. Am Ende waren mehrere Fassungen nötig, um den Stoff »zu beleben, zugleich zu lockern und zu konzentrieren«.8 Als Klaus Mann noch einmal in seiner Rezension von Gides *Journal 1889-1939* blätterte, die er Ende des Jahres für Thomas Manns Zeitschrift *Maß und Wert* geschrieben hatte, brach es aus ihm heraus: »Mit Wehmut. Das letzte, was ich deutsch geschrieben habe... Wie viel reicher ist da mein Stil. (Soll ich das Einzige verlieren, was ich je besessen haben -: meine Sprache?)«9 Es sprach für ihn und seine Standfestigkeit, daß er dennoch unbeirrt an seinem Vorhaben festhielt: daran konnten weder die Anflüge von Mutlosigkeit etwas ändern, noch die Tatsache, daß sich – trotz intensiver Bemühungen – kein Verleger fand, der das Buch herausgeben wollte.

Nein, es war keine leichte Übung, die Klaus Mann sich seit Anfang des Jahres Tag für Tag abverlangte. Die Verbissenheit, mit der er zu Werke ging, zahlte sich schließlich jedoch aus: Spätestens mit seiner Gide-Monographie, die 1943 in den USA erschien, demonstrierte Klaus Mann, daß er – als einer der wenigen deutschen Exilschriftsteller – die fremde Sprache mittlerweile soweit beherrschte, daß er seinen literarischen Stil wieder voll entfalten konnte.

Nicht nur der Sprachwechsel, dem vor allem pragmatische Erwägungen zugrunde lagen, machte deutlich, daß Klaus Mann einen umfassenden Neuanfang im Sinn hatte. Der Ausbruch des Krieges, die Spaltung der Emigranten durch den Hitler-Stalin-Pakt, ja selbst die unerwartete Feindseligkeit, die ihm in der von Schwarzschild angezettelten Denunziationsaffäre entgegengeschlagen war, verlangten nach einer Umorientierung, die es ihm gestattete, ein »Weltbürger amerikanischer Nationalität« zu werden. Im *Wendepunkt* schrieb er, in jenen Tagen seien plötzlich Werte und Prinzipien ins Wanken geraten, an deren Gültigkeit er niemals zuvor gezweifelt habe.10 Jahrelang hatte er seine Aufgabe darin gesehen, vor Hitler und seinen Kriegsplänen zu warnen. Als deutscher Intellektueller hatte er die Welt darauf aufmerksam zu machen versucht, daß es ein »anderes«, ein besseres Deutschland gäbe, das von den deutschen Emigranten repräsentiert werde und dessen Bewahrung im Zentrum aller Anstrengungen stehen müsse. Nun gebot ihm die massive Ver-

schärfung der Lage, die Bemühungen um die Vermittlung und den Erhalt
des deutschen Kulturguts zurückzustellen und sich ganz darauf zu konzentrieren, die Alliierten ohne Wenn und Aber im militärischen Kampf
gegen Deutschland zu unterstützen. Seine Überlegungen waren vernünf-
tig und zeugten nicht nur von geistiger Flexibilität, sondern auch von einer nach wie vor tief empfundenen Verpflichtung, den dramatischen
Wendungen in der Weltpolitik mit einer klaren politischen Haltung gerecht zu werden. Doch die Tagebucheintragungen bezeugen, daß seiner
Kursänderung nicht allein rationale Einsichten zugrunde lagen. An einem Abend im März 1940 hatte er in einer amerikanischen Kleinstadt
seinen Vortrag *The Two Germany* gehalten. Anschließend notierte er un-
wirsch: »To be honest – interessiert es mich überhaupt noch so sehr??
Dieses ›Exil‹ dauert nun 7 Jahre, und schon etliche Tage drüber. Deutschland wird mir immer fremder, ferner, gleichgültiger; immer noch beängstigend – aber etwa so, wie es für einen Engländer oder Holländer
beängstigend sein mag –.«[11] Er, der in den vergangenen Jahren als engagierter Antifaschist zu einer der wichtigsten Integrationsfiguren im europäischen Exil geworden war, konnte für den Kampf um und für das
›wahre‹ Deutschland keine rechte Begeisterung mehr aufbringen. Es schien,
als habe er den Bezug zum Land seiner Herkunft verloren – oder als habe
er zumindest die feste Absicht, Deutschland nicht mehr als einzige geistige Heimat zu begreifen. Zugleich war er der Konflikte und Intrigen unter
den Emigranten überdrüssig: sie ärgerten und langweilten ihn. Die logische Konsequenz war, daß er auf Distanz zu den politischen Organisationen und den privaten Zusammenkünften der einstigen Weggefährten
ging, wohlwissend, daß er sich damit politisch, künstlerisch und gesell-
schaftlich ins Abseits begab. Er nahm die Isolation bewußt in Kauf – in
Wahrheit entsprach sie seinem Lebensgefühl inzwischen weitaus mehr
als die hektische Betriebsamkeit, mit der er jahrelang von einem Termin
zum anderen geeilt war. Klaus Mann suchte die Einsamkeit, und zugleich
fürchtete er sie. Einmal schrieb er: »Anfälle von enormer Traurigkeit.
Immer wieder das niederdrückende Gefühl *völliger* Losgelöstheit, Isoliertheit – in *every* respect«[12], und dann wieder: »Am Schluss wird man
mit allen alten Bekannten – oder doch mit allen Deutschen auseinander
sein [...] Mir soll's recht sein.«[13]
    Es läßt sich nicht leugnen: Sowohl in beruflicher als auch in privater
Hinsicht gab es wenig Anlaß zur Freude. Darüber konnte auch das beru-

higende Gefühl nicht hinwegtäuschen, daß er wenigstens in seiner Arbeit, die bisweilen zu einer regelrechten ›Schreibwut‹ ausartete, vor all den Mißlichkeiten des Daseins Zuflucht fand. »Arbeit – ohne die dies alles unerträglich wäre«[14], vertraute er in den ärgsten Stunden seinem Tagebuch an. Indes konnte auch die (Selbst-)Bestätigung durch Triumphe über die Widrigkeiten der fremden Sprache und anschwellende Manuskripte auf Dauer nicht verhindern, daß sich die Stimmungsschwankungen in den folgenden Monaten zu einer chronischen Niedergeschlagenheit zu verdichten begannen, die schließlich auch seine unmittelbare Umgebung zu spüren bekam. Bezeichnenderweise versperrte er sich in der Regel beharrlich der Einsicht, daß auch er mit wachsender Ungeduld reagierte, wenn es darum ging, am Leben anderer Menschen teilzunehmen oder sich mit ihnen auseinanderzusetzen. Der konservative Schriftsteller Hubertus Prinz zu Löwenstein etwa mußte Anfang April überrascht zur Kenntnis nehmen, daß ihm Klaus Mann, mit dem er jahrelang eng befreundet gewesen war, ohne Vorwarnung und ohne zuvor ein klärendes Gespräch zu suchen, per Brief die Freundschaft aufkündigte. Auslöser war ein Artikel über die *Gefahren der Vernichtungspolitik* in der erzkonservativen *New Yorker Staatszeitung*, in dem Löwenstein vor einer »Zerstückelung« Deutschlands nach dem Ende des Krieges warnte, weil sie mit Sicherheit »die Grundlage für den dritten Weltkrieg« lege, »bevor der zweite vorüber ist«.[15] Mitten im Krieg die Pläne der Alliierten für künftige Maßnahmen gegen das besiegte Deutschland derart zu kritisieren, war zweifellos der falsche Zeitpunkt. Dennoch: Klaus Mann schoß mit seiner schneidenden Entgegnung sowohl inhaltlich wie auch im Ton über das Ziel einer angemessenen Kritik hinaus. Er sprach in seinem Brief vom »Turnhallen-Pathos« und davon, daß Löwenstein in seiner Gesinnung durchaus in das »dubiose Milieu« eines »Dreiviertel-Nazi-Blattes« passe. Letztlich stehe Löwensteins »offene Propaganda gegen die Mächte, die das Abendland vor der Hitler-Aggression verteidigen« würden, den zweifelhaften Äußerungen der Kommunisten in nichts nach. Er fügte hinzu: »Ich habe mich, seit dem Oktober verstrichenen Jahres, von meinen kommunistischen Freunden trennen müssen – was mir in manchen Fällen Schmerz bereitet. Es fällt mir nicht leichter, Ihnen zu sagen, daß ich zwischen uns jene Übereinstimmung nicht mehr finde, die wir wohl beide für die Voraussetzung einer produktiven Kameradschaft halten. Ihr Artikel [...] macht mir erschreckend klar, daß zwischen

Ihnen und mir die notwendige Basis für eine ergiebige Diskussion nicht mehr existiert.« Schließlich meinte er ihn noch des Opportunismus verdächtigen zu müssen: »Sie sind ehrgeizig, und Sie gehen den Weg, der Ihnen am ehesten eine Karriere im ›Vierten Reich‹ zu garantieren scheint. Ob dieses Vierte Reich nun kommunistisch ist oder deutsch-national: Sie werden sich schon einzufügen wissen.«[16]

Gleich zu Beginn seines Schreibens hatte er Löwenstein wissen lassen, daß er im Grunde ausgesprochen »anhänglich«, »tolerant« und »gutmütig« sei. Es gebe allerdings Augenblicke, »wo der Spaß und mein wohlwollendes Verständnis aufhört.« Diese rhetorische Volte war wörtlich zu nehmen und bestimmte in zunehmendem Maße auch sein Verhältnis zu anderen. Tatsächlich dokumentieren die Tagebuchnotizen auch eine wachsende Entfremdung gegenüber seinen engsten Vertrauten Erika, Annemarie Schwarzenbach und Fritz Landshoff, der erst vor kurzem ein englisches Internierungslager hatte verlassen können und inzwischen ebenfalls im amerikanischen Exil weilte. Von ihnen allen fühlte er sich vernachlässigt, vor allem von der rührigen Schwester, die von Erfolg zu Erfolg, von Ort zu Ort und – mittlerweile war sie eine gefragte Kriegsberichterstatterin – zwischen den Kontinenten hin und her hetzte. Einmal fragte er sich: »Ich muss doch Fehler schauerlicher Art begangen haben. Warum sonst wäre ich so *ganz* im Stich gelassen? – Nur noch Busse. Wie lange dauert sie? –– Trostlosigkeit. Eisiger Trost des Todes. (Dass ich dies aufschreiben muss: Beweis meiner äussersten Armut. Kein menschliches Ohr. Immer nur das Papier.)«[17]

In Wahrheit fühlte er sich freilich nicht nur von seinen Gefährten, sondern vor allem vom Leben selbst verraten. Seit seiner Einreise in die Vereinigten Staaten hatte er um die öffentliche Anerkennung als Schriftsteller gerungen. Abgesehen von seinem Achtungserfolg als Mitautor von *Escape to Life* hatte man seine Bücher jedoch kaum zur Kenntnis genommen. (Der Absatz des mit Erika gemeinsam geschriebenen Buches *The other Germany* ließ ebenfalls zu wünschen übrig.) Mit anderen Worten: Während Erika sich als Autorin, Publizistin und Rednerin hatte behaupten können, während der Vater – um es mit den Worten Ludwig Marcuses auszudrücken – von den Amerikanern innerhalb kurzer Zeit zum »Kaiser aller deutschen Emigranten« gekrönt worden war, von dem alles erwartet wurde, ohne den »nichts mehr ging« und »der für alles verantwortlich war«[18], drohte Klaus Mann über kurz oder lang in Vergessenheit zu geraten – eine zweifellos nur schwer zu ertragende Erfahrung für einen Autor, der es von Beginn seiner literarischen Karriere an gewohnt gewesen war, im Rampenlicht zu stehen. Da der europäische Buchmarkt über Nacht praktisch außer Kraft gesetzt worden war – so gut wie alle wichtigen Exilverlage und -zeitschriften hatten ihre Tätigkeit inzwischen eingestellt, lediglich die von Thomas Mann in der neutralen Schweiz herausgegebene Kulturzeitschrift *Maß und Wert* konnte bis Herbst 1940 erscheinen – war Klaus Mann jedoch schon allein zur finanziellen Sicherung seiner Existenz mehr denn je darauf angewiesen, in seinem Gastland beruflich Fuß zu fassen. Er mache sich Sorgen wegen seiner Zukunft, notierte Klaus Mann bereits Mitte Februar. Zu Recht, wie sich zeigte. Sogar auf seine wichtigste Einnahmequelle, die ›lecture‹-Tours, mußte er nunmehr verzichten; denn abgesehen von einigen wenigen Ausnahmen, zu denen auch mehrere Zeitungs- und Rundfunkinterviews gehörten, war seine Meinung kaum mehr gefragt. Daß es nicht schon 1940 zu einem finanziellen Debakel kam, hatte er der großzügigen Intervention von Agnes Meyer zu verdanken, die – auf Bitten des Vaters – den Kontakt zum *Reader's Digest* herstellte, für den er eine Weile dann auch tatsächlich Recherchen vornahm und Artikel redigierte. Seine neue Tätigkeit war ihm jedoch von Anfang nicht mehr als eine lästige Pflichterfüllung. Immerhin gestattete sie ihm, daß er in Ruhe seine literarische Arbeit fortsetzen konnte.

Manchmal regten sich Zweifel in ihm, ob er überhaupt das Recht habe, sich über die eigenen Schwierigkeiten zu beklagen, drangen doch aus Europa fast täglich neue Schreckensmeldungen nach Amerika. Am 18. Februar 1940 notierte er: »Grotesk, dieses Fixiert-sein auf die eigenen kleinen Sachen – während ... ja die Finnen gehen zurück; die Türken machen sich bereit; die Nazis drohen mit uneingeschränktem U-Boot-Krieg... Aber inmitten der Kollektiv-Katastrophen trägt jeder sein eigenes Kreuz, and ›every eye must weep alone‹.« Während er die Invasion Skandinaviens noch mit unverhohlenem Sarkasmus kommentierte, stürzte ihn die Nachricht von Frankreichs Zusammenbruch in eine tiefe Depression: »Die dunkelsten Tage« notierte er am 17. Juni. Die monatelange Sorge über das ungewisse Schicksal von Golo und Heinrich Mann und später dann auch von Lion Feuchtwanger und Walter Landauer, die in Europa als verhaftet, interniert oder vermißt galten, konfrontierte nunmehr auch ihn – und seine Familie – im fernen Amerika unmittelbar mit der realen Bedrohung des Krieges. Im Sommer 1940, den Klaus Mann mit Katia und Thomas Mann in Kalifornien verbrachte, stellte er mit den Eltern und Bruno Frank für das ›Emergency Rescue Committee‹ eine »Liste besonders wichtiger und besonders gefährdeter Emigranten« zusammen. Die Organisation, die es sich zur Aufgabe gemacht hatte, Flüchtlingen, denen eine Auslieferung nach Deutschland drohte oder die in einem der französischen Lager interniert waren, Einwanderungsvisa zu besorgen, hatte erst vor kurzem Thomas Mann und Hermann Kesten zu ›Beratern‹ ernannt, die die Interessen der in Europa bedrohten deutschsprachigen Autoren vertreten sollten. Neben Golo und Heinrich Mann, Lion Feuchtwanger und Walter Landauer wurde offenbar auch Leopold Schwarzschild berücksichtigt. »Ich gebe ihm nie mehr die Hand (er ist ein Verleumder); aber in den Händen der Nazis möchte ich ihn doch nicht wissen«, schrieb Klaus Mann im *Wendepunkt.*[19] (Golo und Heinrich Mann sowie Lion Feuchtwanger und Leopold Schwarzschild konnten den Nazis schließlich entkommen und trafen im Herbst 1940 wohlbehalten in den Vereinigten Staaten ein. Walter Landauer aber wurde von den Deutschen 1941 in das Konzentrationslager Bergen-Belsen verschleppt und dort später ermordet.) Tief betroffen reagierte Klaus Mann auf den furchtbaren Schicksalsschlag, den seine Schwester Monika traf. In der Nacht vom 17. September 1940 wurde das Schiff, das sie und Jenö Lányi von England nach Amerika bringen sollte, von einem deutschen U-Boot versenkt. Von den 400 Passagieren (unter ihnen auch 92 Kinder) konnten nur wenige gerettet werden; auch Monikas Mann kam ums Leben. »Wie muss es ausschauen im Herzen, im Kopf der armen, unbarmherzig geschlagenen, zerschmetterten, vom Schicksal weggeschmissenen Moni ...«, schrieb Klaus Mann in seinem Journal.[20] Für einen Moment vergaß er sein eigenes Leid und überlegte sich, wie er der Schwester beistehen könne.

The last Decision

Im August – seine Arbeit an *Distinguished Visitors* näherte sich zügig dem Ende – brachte er innerhalb weniger Wochen eine kleine Erzählung zu Papier. Die Geschichte des drogenabhängigen jungen Amerikaners *Speed*, der sich mit List und Tücke die Sympathie des jüdischen Emigranten Karl Kroll aus Wien erwirbt, ihn zum Marihuana-Genuß verleitet, um ihn erpressen zu können, trägt autobiographische Züge: Anfang Februar hatte Klaus Mann den jungen zwielichtigen »Buddie« kennengelernt, der sich zunächst in seinem Appartement einnistete, ihn wieder mit der »›chose infernale‹«²¹ in Berührung brachte – was offenbar zunächst ohne Folgen blieb – und im Laufe der folgenden Tage versuchte, ihn um eine größere Summe Geldes zu erleichtern. Als die Lage prekär zu werden drohte – »Buddie« und sein Cousin Jim behaupteten, die Polizei wäre hinter ihnen her und Klaus Mann müsse ihnen, wenn er nicht als Drogendealer denunziert werden wolle, die Fahrt nach Washington finanzieren –, wußte er sich nicht anders zu helfen, als seinerseits die Flucht zu ergreifen und zurück ins Hotel Bedford zu ziehen – den Mietvertrag kündigte er. Damit war das ›Experiment‹ mit der eigenen Wohnung gescheitert, noch ehe es richtig begonnen hatte.

Klaus Mann war mit seiner Arbeit nicht zufrieden: Immer noch hatte er Schwierigkeiten, in der neuen Sprache seinen eigenen Stil zu finden. Schon ein paar Tage später machte er sich Notizen für eine neue Erzählung. *Le Dernier Cri* – der letzte Schrei, der »letzte Aufschrei einer Epoche« – so bezeichnet sich die alternde Baronin de La Motte-Tribolière, eine »Kurtisane«, die ebenso vom Verfall gezeichnet ist wie die Zeit, in die sie vor »neunzig oder hundert«²² Jahren hineingeboren wurde. Der Ich-Erzähler kann sich dennoch der eigentümlichen Faszination, die von ihr ausgeht, nicht entziehen: Für einen Moment ist er tatsächlich versucht, sich auf ein (bezahltes) Rendezvous mit ihr einzulassen. Immerhin bot sich für den bizarren Erzählstoff schon bald eine Publikationsmöglichkeit: Im Mai 1941 druckte ihn das exklusive New Yorker Herrenmagazin *Esquire* ab. Abgesehen von seinen Romanen *Flucht in den Norden*, dessen amerikanische Ausgabe bereits 1936 erschienen war, und *Symphonie Pathétique*, den 1948 der Allen Verlag in New York herausgab – sowie den beiden Büchern, die Klaus Mann gemeinsam mit Erika geschrieben hatte –, blieb *Le Dernier Cri* bis zu seinem Tod das einzige literarische Werk, das nach 1933 von einem amerikanischen Verlag unter Vertrag genommen wurde.²³

Im Sommer 1940 entschloß sich Klaus Mann, eine Zeitschrift zu gründen. In den vergangenen Monaten hatte er oft daran gedacht, sich erneut als Herausgeber »einer literarischen Revue« zu versuchen. Einzig die Ermahnungen der Eltern und Erikas, daß das Unternehmen in diesen unsicheren Zeiten gewiß keine Aussicht habe, auf längere Sicht finanziert zu werden, hatten ihn bislang davon abgehalten, die Verwirklichung seiner Idee ernsthaft in Erwägung zu ziehen. Nun aber lockte ihn die neue Aufgabe mehr denn je; wenn er sich der amerikanischen Öffentlichkeit schon nicht als Schriftsteller präsentieren konnte, dann wenigstens als Verleger, Herausgeber und Redakteur einer englischsprachigen Kulturzeitschrift, die dem »weltbürgerlich-amerikanischen Geist«[24] verpflichtet war. Ihm schwebte ein internationales Forum vor, das zur Klärung und Erneuerung der moralischen Grundbegriffe einer demokratischen Weltordnung beitragen konnte. Essays zu aktuellen politischen, gesellschaftlichen und geistesgeschichtlichen Themen; Glossen, Kommentare, Film-, Buch-, Musik-, Kunst- und Theaterkritiken, Kurzprosa und -gedichte von namhaften europäischen und amerikanischen Autoren – all diese Beiträge sollten nicht nur eine allgemeine Diskussion anregen, sondern auch eine geistige Brücke zwischen den beiden Kontinenten und ihren unterschiedlichen Kulturen schlagen. Auch legte er Wert auf ein modernes Layout mit Reproduktionen von Gemälden, Zeichnungen, Karikaturen und Photos, das den Anspruch der Zeitschrift auf ein breites kulturelles Spektrum unterstreichen sollte. Er hielt sich nicht lange damit auf zu prüfen, ob die Voraussetzungen für ein Gelingen seines Unternehmens überhaupt gegeben waren – Fragen nach der Konkurrenzsituation und den realen Marktchancen interessierten ihn, wenn überhaupt, nur am Rande. Wie hoch auch immer das Risiko sein mochte, er wollte das Wagnis auf sich nehmen – weil er wieder in seinem Element sein, weil er wieder in die Welt treten wollte. Noch in Kalifornien, wo er sich mit den Eltern bis Mitte September aufhielt, machte er sich auf die Suche nach potenten Geldgebern. Im Laufe der nächsten Wochen sprach er bei wohlhabenden Geschäftsleuten, Bankiers und Mäzenen (auch bei Agnes Meyer), bei Bewunderern seines Vaters sowie bei einigen Organisationen und Institutionen vor, um sich das Startkapital für sein Projekt zu sichern. »Ich scheue vor nichts zurück«, schrieb Klaus Mann an die Mutter.[25] In San Francisco setzte er sich ans Krankenbett der – ihm bis dahin unbekannten – reichen alten Mrs. Koshland, in Pittsburgh verabredete er sich mit dem Warenhausbesitzer Edgar Kaufmann, in New York suchte er die Bankiers Lewis und Rosendahl auf. Auch Freunde und Bekannte bat er um Mithilfe; Thomas Quinn Curtiss – längst waren die Zeiten vergessen, als dieser das Geld für die Reise nach New York nicht hatte aufbringen können – steuerte für die erste Ausgabe tausend Dollar bei. Neben der Finanzierung galt es, mit künftigen Autoren und Redakteuren ins Gespräch zu kommen, einen Rechtsbeistand und eine Sekretärin zu verpflichten sowie einen »Business Manager«[26] zu engagieren. Bis Jahresende waren die Wochen mit einer umfangreichen Korrespondenz, mit Geschäftigkeiten und Geselligkeiten ausgefüllt, um das ehrgeizige Projekt auf den Weg zu bringen. Klaus Mann ging in seiner neuen Aufgabe vollkommen auf: Er käme sich vor, wie »eine Biene Maja mit Bencedrin-Flügelchen«[27], schrieb er gut gelaunt an Bruno Frank. Gegenüber Eva Herrmann bezeichnete er sich als »eigensinnige Nudel«, die das Magazin »schon durchsetzen« wolle: Nun werde eine »Corporation gegründet – mit shakes and stocks, und einem treasure und allem.« Übermütig fügte er hinzu: »Dann kann ich endlich mal richtig ›Bankrott erklären‹ – wie wir es uns als Kinder immer so großartig vorgestellt haben.«[28] Wie recht er behalten sollte.

Zugleich galt es, verschiedene Behördengänge zu erledigen, um die juristischen Voraussetzungen zur Gründung eines Unternehmens zu schaffen. Klaus Mann mußte sich eine Arbeitserlaubnis besorgen und die Einwanderung außerhalb der gesetzlichen Einwanderungsquote beantragen. Doch die Genehmigung zur Geschäftstätigkeit auf amerikanischem Boden wurde ihm schließlich verweigert, ein Umstand, den Klaus Mann wohl allzu leichtfertig ignorierte: Der Verstoß hätte gut und gern seine Ausweisung nach sich ziehen können. Offenbar verhinderte nur ein Erlaß des Präsidenten Roosevelt, der Emigranten die Erwerbstätigkeit mit Rückwirkung gestattete, daß es nicht soweit kam.[29]

Als ihn im Dezember die Nachricht erreichte, daß ihm die Einwanderungsbehörde die Arbeitserlaubnis verweigerte, befand sich das erste Heft der Zeitung schon im Satz. Es war Klaus Mann tatsächlich gelungen, Kapital zu beschaffen. Er hatte großen Wert auf ein kompetentes Gremium von Redaktionsberatern, ein ›Board of Editorial Advisors‹, gelegt. Acht Amerikaner und acht Europäer hatten sich schließlich bereit erklärt, ihm mit Rat und Tat zur Seite zu stehen, unter ihnen die beiden amerikanischen Dramatiker Sherwood Anderson und Robert Sherwood, der Autor Robert Nathan sowie seine beiden Schwager Wystan Auden und Giuseppe Antonio Borgese, Julien Green, Somerset Maugham, der tschechische Exilpräsident Edvard Beneš, Stefan Zweig und Thomas Mann. Die illustren Namen waren publikumswirksam genug, um der

Startnummer tatsächlich die gebührende Aufmerksamkeit zu sichern.
Am 7. Januar 1941 erschien die erste Ausgabe von *Decision*, die mit
Beiträgen von Heinrich Mann, Aldous Huxley, Stefan Zweig, dem Dirigenten Bruno Walter, Jean Cocteau, Wystan Auden, dem Lyriker Stephen
Vincent Benét, Sherwood Anderson, Ernest Boy und der Journalistin Ja-
net Flanner eine Glanznummer wurde. Für den Titel der Zeitung hatte
Klaus Mann sich erst in letzter Minute entschieden: Nach »Zero Hour«,
»Solidarity«, »Europe«, »New World« und »Cross Road« schien ihm
der Name *Decision* – Entscheidung – ideologisch neutral genug, um dem
offenen Konzept der Zeitschrift gerecht zu werden. In seinem ersten Editorial gab er an, daß es ihm und seinem Team nicht um ein »fest umrisse-
nes politisches oder geistiges Programm« gehe:

>»Vielmehr bedeutet der Titel, daß wir uns vorgenommen haben, ein Programm zu
>suchen, weiterzumachen, der Herausforderung zu begegnen, die der gegenwärtige
>Rückgang an Menschlichkeit bedeutet, und die allgemeine Verzweiflung mit den
>Waffen konstruktiven Denkens zu besiegen. Schon die Tatsache, daß wir gerade jetzt
>das Wagnis eingehen, eine literarische Zeitschrift – eine Zeitschrift, die der freien
>Kultur gewidmet ist – zu gründen, ist eine Geste des Protestes und der Hoffnung.«[30]

Decision war als Monatszeitschrift mit etwa 90 Seiten Umfang und einer
Auflage von 5000 Stück geplant, wobei Klaus Mann fest mit einer erheblichen Steigerung rechnete. Doch im Schnitt dürften nur etwa 3000 Exemplare pro Ausgabe verkauft worden sein, nicht genug, um die Kosten
zu decken, wie sich bald herausstellte. Schon nach Auslieferung der März-
ausgabe war klar, daß der finanzielle Aufwand erheblich höher war, als
Klaus Mann ursprünglich angenommen hatte. Die Autoren verlangten
ihr Honorar, die Druckkosten mußten beglichen, die Mitarbeiter und die
Miete für das Büro pünktlich bezahlt werden. Also machte sich Klaus
Mann erneut daran, Geldgeber zu finden. Im April nahm er Kontakt mit
Mr. A. A. Strelsin auf, einem »vermögenden Juden«, in der Hoffnung,
dieser sei bereit, zwanzigtausend Dollar für das Magazin bereitzustellen.
Mr. Strelsin machte es jedoch zur Bedingung, daß nicht Klaus, sondern
Thomas Mann als Chefredakteur fungiere, so wie er auch mit dem Vater
und nicht mit dem Sohn die Details besprechen wollte, wie sein künftiges
Engagement aussehen könnte. In dem Brief, in dem er dem Vater den
»langweiligen aber bedeutsamen Besuch« von Mr. Strelsin ankündigte,
meinte Klaus Mann allerdings, daß eine solche plötzliche »Umbeset-
zung« für den Vater eine »lästige Verantwortung« und für ihn eine »Bla-

mage« sei – schon allein deshalb sei der Vorschlag »durchaus *nicht* diskutabel«. Doch es helfe alles nichts: er »brauche« den Geldgeber. Eine Lösung sehe er darin, daß der Vater künftig – zusammen mit einem anderen »erstklassigen Amerikaner« – als »Editorial Advisor« fungiere. Dann brauche Thomas Mann nur drei- oder viermal im Jahr ein »Editorial« zu schreiben und alle wären zufrieden. Solchermaßen in die Pflicht genommen zu werden, behagte Thomas Mann zunächst überhaupt nicht. »Durchaus abzuwehren«[31] vertraute er seinem Tagebuch an; dem Sohn gegenüber signalisierte er jedoch seine Bereitschaft, alles zu tun, um seinen Beitrag für das Gelingen der Zeitschrift zu leisten. Ein paar Wochen später übernahm er tatsächlich zusammen mit dem amerikanischen Schriftsteller Carl Sandburg die Herausgeberschaft von *Decision*. Auch zu dem Treffen mit Mr. Strelsin erklärte er sich bereit, dem sogar ein weiteres folgte. Am Ende gab Mr. Strelsin zwar das Versprechen, eine angemessene Summe zur Verfügung zu stellen, doch eingelöst hat er es nie.

Thomas Mann hatte von Anfang nicht daran geglaubt, daß der Zeitschrift eine Zukunft beschert sei. Er hatte den Sohn immer wieder gewarnt und ihm deutlich zu machen versucht, daß es kaum möglich sein werde, in Amerika genug Abonnenten zu finden, um das nötige Kapital zur Abdeckung der monatlichen Kosten erwirtschaften zu können. Es sprach für ihn, daß er dennoch alles daran setzte, Klaus unter die Arme zu greifen. Vielleicht wollte er sich – in Erinnerung an die *Sammlung* – nicht noch einmal dem Vorwurf aussetzen, seinem Sohn bei einem wichtigen Projekt die Unterstützung verweigert zu haben; vielleicht spürte er aber auch, daß Klaus schon längst das eigene Wehe und Wohl an die Existenz der Zeitschrift geknüpft hatte: ein erneutes Scheitern, soviel stand fest, würde er nicht ertragen. Erika schrieb dem Vater denn auch am 13. April 1941, wenn der Bruder »von einem Tag auf den andern die Bude zumachen« müsse, »hätte das, im Psychischen wie im Finanziellen ganz *abscheuliche* Folgen für ihn.« Auch für sie sei das ganze Vorhaben wie »ein Stück aus dem Tollhaus«, doch nun gehe es vor allem darum, eine Katastrophe abzuwenden: »Ihm jetzt Vorwürfe zu machen, ist aber natürlich, bei der sehr verdüsterten Seelenlage, in der er sich zu Recht befindet, gänzlich unratsam und kann nur dazu führen, daß er die Nerven verliert.«[32]

Kein Zweifel, Klaus Mann war dem zermürbenden Kampf um das

Überleben seiner Zeitschrift auf Dauer nicht gewachsen. Die demütigende und oft auch vergebliche Suche nach Geldgebern, an der sich auch der Vater beteiligte, zerrte an seinen Nerven und trug mit dazu bei, daß er den kreativen Teil seiner Aufgabe mit der Zeit immer mehr vernachlässigte. Mit welcher Umsicht und Souveränität hatte er einst die Geschicke der *Sammlung* gelenkt – und welche Mühe bereitete es ihm jetzt, seinen Pflichten als Herausgeber gerecht zu werden und für einen reibungslosen Ablauf der täglichen Redaktionsarbeit zu sorgen. Einer seiner Mitarbeiter aus jenen Tagen, Richard Plant, schilderte Klaus Mann »als den nervösesten Menschen«, dem er je begegnet sei: »Er sprach zu schnell. Er flatterte ständig herum, um sich plötzlich ans Telefon zu hängen, dann wieder sich hinzusetzen und zu stöhnen, ›Mir geht es fürchterlich‹, und dann wieder weitläufig von irgendetwas anderem zu erzählen. Er war aufgeregt und unsicher, immer reizbar, ungeduldig.« Immer wieder habe er zum Wasserglas gegriffen und Benzedrin geschluckt. »Es war, als ob er von einer nervösen Maschinerie ständig angekurbelt wurde, völlig außer Kontrolle. Ich wußte nie, wie er es überhaupt schaffte, sich einmal hinzusetzen und zu schreiben.«33

Vermutlich um den 17. Juni 1941 versuchte Klaus Mann sich mit einer Überdosis Schlaftabletten das Leben zu nehmen.34 Schon seit Jahren hatte er – die Tagebuchnotizen und die leitmotivische Verarbeitung der Todesthematik in seinen Werken bezeugen es – Zuflucht im Erlösungsgedanken durch den Tod gesucht. Lange Zeit war es ihm gelungen, sich die oft beschworene Todessehnsucht buchstäblich von der Seele zu schreiben. Inzwischen hatte die Imagination des Todes jedoch ganz reale Formen angenommen – die Skrupel vor dieser letzten Konsequenz waren durch die Sorgen mit der Zeitschrift, massive Versagensängste und vor allem durch das nachhaltige Gefühl, von allen »im Stich gelassen« zu werden, verblaßt. Er überlebte den Suizidversuch. Ein Mitarbeiter der Zeitschrift, der junge amerikanische Kunstkritiker Christopher Lazare, fand ihn rechtzeitig in seinem Hotelzimmer. Es bleibt unklar, ob er sich, vielleicht sogar mit der unbewußten Hoffnung, im letzten Augenblick doch noch gerettet zu werden, in jener Nacht zu einer Art ›Kurzschlußhandlung‹ hinreißen ließ. Einiges spricht dafür, daß die tödliche Entschlossenheit (noch) nicht vom prinzipiellen Nein zum Leben, sondern vom Nein zu *diesem* Leben getragen wurde. Fest steht: In seiner Tat drückte sich äußerste Verzweiflung, abgrundtiefe Enttäuschung und

Hilflosigkeit aus – und genau in dieser Weise wollte Klaus Mann sie auch verstanden wissen. So jedenfalls äußerte er sich in seiner Anklageschrift, die er, kurz bevor er Hand an sich legte, anstelle eines persönlichen Abschiedsbriefes unter dem Titel *The last Decision* verfaßt hatte. Blinder Haß führte ihm die Feder, als er gegen die amerikanische Gesellschaft im allgemeinen und gegen die Reichen des Landes im besonderen zu Felde zog. Er habe mit seiner Zeitschrift »nicht weitermachen« können, wetterte er, weil »dieselben Gläubiger, die ein Auge zudrücken, wenn es um Hunderttausende von Dollars geht, ungehalten und unnachgiebig werden, wenn von weniger eindrucksvollen Verpflichtungen die Rede ist.«[35] Ja, inzwischen habe er das wahre Gesicht der Amerikaner, der sogenannten »Vorhut des Liberalismus« kennengelernt: »Sie sind gefühllos, snobistisch, egoistisch. Gelähmt von ihrer Eitelkeit, besessen von ihrer Sucht, Geld zu scheffeln. Mich haben sie gedemütigt, geschnitten und zugrunde gerichtet: Das verdanke ich ihrer grenzenlosen Trägheit und Überheblichkeit und ihrem bestürzenden Mangel an Mitgefühl und schöpferischer Einbildungskraft.« Zum Schluß schrieb er: »Ich mußte die Zeitschrift aufgeben. Und ich will sterben, weil ich unfähig war – unfähig *bin* –, die grenzenlose Anhäufung von Mittelmäßigkeit und bösem Willen, von ehrsüchtiger Ignoranz und egoistischer Faulheit zu akzeptieren und zu ertragen, von der die Welt und dieses Land regiert werden.« Kein Zweifel, in jener Stunde der bitteren Verzweiflung, aber auch des grenzenlosen Selbstmitleids fühlte sich berechtigt, starrsinnig und rachsüchtig zu sein. Er wollte nicht einsehen, daß es jeder Grundlage entbehrte, wenn er den (reichen) Amerikanern vorwarf, sie hätten sträflich ihre Pflicht vernachlässigt, indem sie ihm und seiner Zeitschrift nicht zur Seite gestanden hätten. Hatte er ernsthaft geglaubt, daß das Gebot der Nächstenliebe die Geschäfte regiert? Dachte er, daß die Reichsten der Reichen sofort zur Stelle sein würden, wenn er nur laut genug rief?

Klaus Mann erholte sich erstaunlich schnell. Schon ein paar Tage später schien er das Elend wieder soweit verdrängt zu haben, daß er den zähen Kampf um die Erhaltung seines Magazins wieder aufnehmen konnte: Bereits am 26. Juni – vier Tage, nachdem deutsche Truppen in Rußland eingefallen waren – schrieb er an den Vater, daß er spätestens in einer Woche eintausendfünfhundert Dollar benötige, um die dringendsten Schulden zu begleichen und die nächste Ausgabe herauszubringen.[36]

Immerhin gelang es Klaus Mann, daß *Decision* auch in den darauffolgenden Monaten pünktlich erscheinen konnte. Alle in seiner engsten Umgebung steuerten kleinere und größere Beträge bei: der Vater, die Mutter, Erika, Thomas Quinn Curtiss. Selbst Gottfried Bermann Fischer, der gerade mit Fritz Landshoff in New York den Aufbau des L. B. Fischer Verlages vorantrieb, ließ sich nicht lange bitten und stellte einen Betrag von 150 Dollar zur Verfügung. Leicht dürfte es Klaus Mann nicht gefallen sein, dem einstigen Kontrahenten, mit dem er niemals mehr ein persönliches Wort hatte wechseln wollen, nun auch noch zu Dank verpflichtet zu sein. Mit Bermanns künftigem Partner drohte Klaus Mann sich allerdings zu überwerfen. Er konnte und wollte nicht einsehen, daß der gute Freund nicht mehr für ihn tun konnte, als ihm einen Raum im Büro des neuen Verlages anzubieten. Diesen Vorschlag unterbreitete Fritz Landshoff Klaus Mann freilich erst im Dezember – solange hatte sich die Verlagsgründung hingezogen. Doch selbst vor dieser simplen Einsicht verschloß sich Klaus Mann: daß kein Verlag der Welt eine Zeitschrift in sein Programm aufnehmen kann, solange er nicht existiert.

Kaum weniger realistisch war Klaus Manns Idee, seine Zeitschrift Ende des Jahres der amerikanischen Regierung für Propagandazwecke anzubieten. Amerika war – nach dem Angriff auf Pearl Harbor am 7. Dezember 1941 – in den Krieg eingetreten. Bis zuletzt hoffte Klaus Mann, daß sich »die wundersamsten Entwicklungen blitzartig ergeben«[37] würden, die das Aus für sein Magazin hätten verhindern können. Noch in seinem letzten Editorial behauptete er, daß »die Existenz der Zeitschrift nicht so unmittelbar gefährdet sei« und forderte seine Leserschaft auf, »Ermutigung und Hilfe« zu leisten: »Es liegt auch in den Händen unserer Leser, ob es diesem Magazin gegeben sein wird, seine Möglichkeiten auszuschöpfen.«[38] Dennoch: Im Februar 1942 erschien die letzte Ausgabe von *Decision*; die Januar- und Februarausgabe waren zu einer Doppelnummer zusammengefaßt. In jenem letzten Leitartikel verteidigte er noch einmal Sinn und Zweck der Zeitschrift. So habe Amerikas Kriegseintritt den Horizont von *Decision* erweitert, seine Ziele jedoch nicht verändert. Deshalb könne die Antwort auf die Frage, warum »noch ein literarisches Magazin« nur lauten: »Ja! Ein neues Forum für den schöpferischen Geist – gerade *jetzt*, in dieser Zeit schicksalhafter Entscheidungen, und gerade *hier*!«[39] – Schwanengesang des Gescheiterten.

»Ich *möchte* genommen werden«⁴⁰

Die Eltern, die Schwester, Golo, Thomas Quinn Curtiss, sie alle hatten
mit denkbar gemischten Gefühlen dem Tag entgegengeblickt, an dem
Klaus Mann das Unvermeidliche würde einleiten müssen: die Liquida-
tion seiner Zeitschrift. Die Entscheidung, dem Schrecken ein Ende zu
machen und sich des »Schmerzenskindes« – um das Wort von Thomas
Mann anzuführen – zu entledigen, war notwendig und richtig. Doch es
stand dahin, ob und wie er mit dieser Niederlage den Weg zurück zu den
weniger aufreibenden Mühen des täglichen Einerleis finden würde. Zumindest der Familie schien es, als sei ihre Sorge unbegründet gewesen:
Noch Jahre später meinte Golo Mann im Rückblick, der vergebliche
Kampf um die Zeitschrift habe den Bruder zwar »trübe« gestimmt und
ihn »verwundet«, doch habe er ihn nicht »gebrochen«.⁴¹ War es so? Die
Tagebucheintragungen jener Tage vermitteln ein anderes Bild: Freilich
schon längst nicht mehr mit der Regelmäßigkeit der früheren Jahre – gerade erst hatte er mit den täglichen Notizen fast ein ganzes Jahr ausgesetzt – beschrieb und kommentierte er über weite Strecken mit dem Sarkasmus des Verzweifelten die vielen kleinen und größeren Ärgernisse, die
nunmehr seinen Alltag bestimmten: Tristesse eines Menschen, der sich,
im Schatten seines Scheiterns als »Außenseiter«, minderwertig, ohne Anerkennung, ohne Aufgabe und Perspektive fühlt. »Warum schreibe ich
all diesen trübsinnigen Schund auf? Weil heute einer dieser düsteren,
schwülen, einsamen Sonntage ist, und ich nichts zu tun habe, und ich
möchte mich beklagen, jammern, irgendjemandem, irgend etwas – bezie-
hungsweise jedem und allem, mich mit eingeschlossen, Schuld zuwei-
sen«, notierte er Anfang Juni.⁴²

Klaus Mann hatte sich in der Tat ins Abseits manövriert: Weder in die
amerikanische Künstlerszene noch in den Kreis der Exilanten fühlte er
sich noch eingebunden. Seine Texte wurden abgelehnt, für seine Ideen
fand sich keine Möglichkeit der Realisierung, Verträge wurden gebrochen, es gab keine ›lectures‹ und keine Lesungen mehr, auf Einladungen
und Veranstaltungen war er kein gern gesehener Gast mehr, und selbst
die Bittsteller wandten sich inzwischen an andere, Einflußreichere. Die
wenigen Lichtblicke wollte Klaus Mann freilich kaum zur Kenntnis nehmen: Etwa, daß seine Beziehung zu dem Strichjungen Johnny Fletcher
ihm sehr wohl einige angenehme Stunden bescherte, oder daß Thomas

Quinn Curtiss, ebenso wie Christopher Lazare, aufrichtig darum bemüht war, ihm zur Seite zu stehen, wenn er Unterstützung und Anteilnahme brauchte. Statt dessen ereiferte er sich – noch Monate nach dem Ende seines Magazins – über das »schwache« und »selbstsüchtige« Verhalten seines alten Freundes Fritz Landshoff, der ihm in der »schmerzvollsten Zeit« seines Lebens die brüderliche Hilfe versagt habe. Allen Ernstes hegte er den bösen Verdacht, daß der Freund ihn lieber Selbstmord begehen lassen werde, als seine Pflichten als Geschäftsmann zu vernachlässigen.[43]

Unter dem Einfluß seiner Jugendfreundin Eva Herrmann suchte er zeitweilig Zerstreuung in der Beschwörung von Geistern. Zeitweilig dachte Klaus Mann sogar daran, einen spiritistischen Roman zu schreiben. Auch nahm er die Arbeit an dem Drama *The Dead Don't Care* und an einer – schließlich Fragment bleibenden – Kurzgeschichte auf, die den Titel *Ghost Story* haben sollte. Anschließend machte er sich daran, den lang gehegten Plan einer Monographie über *André Gide und die Krise des modernen Denkens* zu verwirklichen. Er schilderte André Gides Leben und Werk aus der Sicht eines Bewunderers und Freundes, der mit den Gideschen Denkweisen vertraut genug ist, um die persönlichen und künstlerischen Schlüsselerlebnisse seiner Entwicklung zu deuten und in einen kausalen Zusammenhang zu setzen. Anhand von Anekdoten, pointierten Beschreibungen, Vergleichen mit zeitgenössischen französischen Schriftstellern, fingierten inneren Monologen (für die er auf Gides bereits veröffentlichte Journale zurückgriff) und persönlichen Begegnungen versuchte Klaus Mann den Lesern die schillernde Persönlichkeit und die genialische Begabung seines Vorbildes näher zu bringen. Zugleich ging es ihm darum, die Schwierigkeit eines Intellektuellen zu beleuchten, der seine künstlerische, gesellschaftliche und politische Position in einer krisenhaften Zeit immer wieder neu definieren muß. Diesmal schien sein Vorhaben unter einem glücklichen Stern zu stehen: Der kleine New Yorker Verlag Creative Age hatte Interesse bekundet, das Werk unter Vertrag zu nehmen: *André Gide and the Crisis of Modern Thought* erschien Anfang 1943 auf dem amerikanischen Markt.

Klaus Mann hatte schwer an den Schulden zu tragen, die ihm sein Magazin hinterlassen hatte. Er, der es all die Jahre mit der Finesse des Lebenskünstlers vermocht hatte, trotz chronischen Geldmangels einen extravaganten Lebensstil zu pflegen, lernte zum ersten Mal in seinem Leben echte Armut kennen. Es gab Tage, an denen es ihm nicht gelang, die fünfzig Cent aufzubringen, die er für eine Mahlzeit und eine Zeitung benötigte. Schließlich ergab im Juni eine Blutuntersuchung, daß er sich bei Johnny mit Syphilis infiziert hatte. »Es wäre schwierig, wenn nicht unmöglich, die emotionalen Höhen und Tiefen – die Anfälle von Verzweiflung, relativer Zuversicht und Apathie zu beschreiben, die ich seit dem Tag durchgemacht habe, an dem Gumpert mir meine Krankheit mitteilte. Mehrere Nächte sehr nah am Selbstmord. Es scheint töricht, daß ich es letztlich nicht fertigbrachte. Ausschließlich der Gedanke an E.[rika] und Mielein hielt mich davon ab. Und doch, ich verletze sie vielleicht mehr, wenn ich am Leben bleibe, als ich es vielleicht durch mein Sterben getan hätte...«, schrieb Klaus Mann kurz nach Beginn der Therapie in sein Tagebuch.[44] Er hatte Glück: Es gelang Martin Gumpert, die oftmals tödlich verlaufende Krankheit mit Salvarsan-Injektionen, dem damals einzigen wirksamen Mittel, zu heilen. Die Behandlung war allerdings sehr schmerzhaft und langwierig. Er »fühle sich unbeschreiblich elend«, schrieb er. Und: »Habe genug vom Leben wie noch niemals zuvor. Verlange nach dem Tod wie ein Durstiger nach einem Schluck Wasser.«[45] Es bleibt dahingestellt, weshalb ihn Erika – zweifellos auf Weisung des Vaters – ausgerechnet in der Stunde der größten Not darum bat, »unter diesen Umständen« von einem Besuch in Kalifornien abzusehen (seit Februar wohnten die Eltern in Pacific Palisades, wo sie sich ein Haus gebaut hatten). Ahnten sie und die Eltern wirklich nicht, wie wichtig es gerade jetzt für ihn gewesen wäre, seinem bedrückenden Dasein in New York für eine Weile zu entkommen? Klaus vermerkte, sie hätte die Absage »so nett wie möglich« formuliert. Er setzte hinzu: »Ich weiß nicht, was ich tun soll. Kein Ort, an den ich gehen könnte. Nichts, auf dass ich mich freuen könnte. Blackout.«[46] Schließlich ließ die Mutter ihm zwei Monate später doch noch das nötige Fahrgeld zukommen, so daß er – inzwischen wieder auf dem Weg der Besserung – im August die so dringend herbeigesehnte Reise nach Kalifornien antreten konnte.

Es war verständlich, daß Klaus Mann in jenen trüben Monaten den Zustand der Staatenlosigkeit in dem Land, in dem er sich einst mit so großen Hoffnungen niedergelassen hatte, besonders zermürbend empfand. »Wenn die Flüchtlinge Probleme ihrer ›new community‹ ansprechen, sind die Einheimischen stets geneigt, sie mit der Bemerkung abzufertigen: ›Was wissen *Sie* schon...?‹ etc. Wenn sie sich mit Themen beschäftigen, die mit ihrer eigenen Vergangenheit zusammenhängen, lautet die verletzende Formel: »Wer will das schon wissen...? Wenn sie unter sich bleiben: ›Sie sondern sich ab...‹ Wenn sie die Gesellschaft Einheimischer suchen, werden sie wie Außenseiter behandelt...«, notierte er verbittert in seinem Journal.47 Nichts davon findet sich in seiner zweiten Autobiographie, die er noch vor dem Ende von *Decision* begonnen und bereits Ende Mai 1942 – nach nur knapp sechs Monaten – vollendet hatte. Klaus Mann wollte *The Turning Point* nicht nur als Lebensbericht, sondern auch als zeitgeschichtliches Dokument verstanden wissen: »Fünfunddreißig Jahre in diesem Jahrhundert« – so lautet der Untertitel. Offenbar verlangte sein stark erschüttertes Selbstbewußtsein danach, sich – schreibend – noch einmal die vielen erfreulichen, abwechslungsreichen und kuriosen Stationen seines Lebens zu vergegenwärtigen: vor allem die Stunden des Erfolgs (mehr als die der Niederlagen), die einstigen Weggefährten und die wenigen ihm noch verbliebenen Freundschaften und vor allem: die unbeschwerten Stunden der Kindheit, den Lärm, der seine ersten literarischen Versuche begleitet hatte, den Theaterskandal der Dichterkinder, den politischen und moralischen Niedergang Deutschlands, die Entstehungsgeschichte seiner einzelnen Werke, das Exil in den Nachbarländern Deutschlands, Amerika als neue Zufluchtsstätte, den Ausbruch des Krieges... Zwischen 1947 und 1949 sollte er die englische Fassung ins Deutsche übersetzen. Stark überarbeitet und erweitert wurde *Der Wendepunkt* jedoch erst drei Jahre nach seinem Tod veröffentlicht.

Im September erschien *The Turning Point* im L. B. Fischer Verlag, der inzwischen mit einigem Erfolg seine Verlagsgeschäfte aufgenommen hatte. Wie gehabt, blieb die Resonanz auf dem amerikanischen Markt dürftig, nur wenige hundert Exemplare konnten verkauft werden. Immerhin, auch das war nicht neu, äußerten sich Presse, Kollegen und Freunde enthusiastisch. Bruno Frank schrieb, er sei über das Buch »*hoch* entzückt«: »Dies Inventarium Deiner selbst und unserer Epoche scheint mir eine runde, wichtige, glückliche Sache. Es liest sich ausgezeichnet, ich war gefesselt from cover to cover – und *das* ist der Maßstab, denn vom Persönlichen weiß ich mehr als Dein Durchschnittsleser, und vom Allgemeinen mindestens ebensoviel. Aber Dein Vortrag, individuell und doch nirgends zu privat, anmutig und doch niemals zu leichtfüßig, macht auch das Bekannte neu reizvoll. Auch ich bewundere Deine Kunst, das Erlebte, Selbstgesehene, sich mit dem Hintergrund verbinden zu lassen.«48

The Turning Point endet mit der Ankündigung des Autors, in die amerikanische Armee einzutreten. Schon in seiner *Erklärung zum Kriegseintritt der USA*, verfaßt am 11. Dezember 1941, hatte Klaus Mann anklingen lassen, daß er bereit sei, die »Seite der gerechten Sache« aktiv zu unterstützen: »Ich bin stolz, mich in einem Land aufzuhalten, das dem apokalyptischen Monster den Todesstreich versetzen wird. Meine bescheidenen Kräfte stelle ich der amerikanischen Regierung zur Verfügung.«[49] Vom konsequenten Pazifismus über seine Erfahrungen im Spanischen Bürgerkrieg bis hin zu der im *Wendepunkt* formulierten Einsicht, daß die unbedingte Ablehnung von Gewalt angesichts des »unvermeidlich gewordenen Krieges« nicht mehr generell vertreten werden könne, hatte er einen weiten Weg zurückgelegt. Die langen Jahre des Exils, die Erkenntnis, daß Hitler nur militärisch zu besiegen sei, die Angst davor, daß die Nationalsozialisten schließlich gar triumphieren und die Weltherrschaft übernehmen könnten – dies alles ließ in ihm die Bereitschaft wachsen, notfalls die Waffe auch gegen das Volk zu richten, das einmal seines gewesen war. Die rigorose Entschlossenheit, mit der er nun für den militärischen Kampf gegen Hitler eintrat, hatte indes seine humanitären Bedenken nicht ausgelöscht. Noch am 22. März 1942 notierte Klaus Mann in seinem Tagebuch: »Wie oft bin ich gleichsam gelähmt durch die unendliche Traurigkeit des Krieges. Die Tatsache, daß er sein mußte, ist so niederschmetternd, daß es fast übermenschlicher (oder unmenschlicher?) Gefühllosigkeit bedarf, an seinem Ausgang gebührend interessiert zu bleiben.« Im *Wendepunkt* beschwor er die Gefahr, durch die uneingeschränkte Befürwortung des Krieges gleichermaßen Gewalt und Elend zu verharmlosen, die mit ihm unweigerlich verbunden sind. In seinen *Erinnerungen* erwähnt Golo Mann, daß der Vater und der Bruder sich in jenem Sommer 1942 in einen bösen Disput verstrickten, der zu einer tagelangen Verstimmung zwischen den beiden geführt habe: »Thomas Mann bejahte den Krieg, wie er es 1914 getan hatte. Klaus nicht: eben gerade nicht mehr, seit die USA interveniert hatten. Der Krieg, meinte er, verdumme und brutalisiere das Volk. Übrigens sei er nicht populär – worin er ganz recht hatte; die Leute wußten oder ahnten, daß Franklin Roosevelt sie mit höchster, langwieriger Kunst in etwas hineinmanövriert hatte, was sie nicht wollten, und zwar entgegen seinem eigenen heiligsten Versprechen. Worüber also zwischen den beiden schwer gestritten wurde.«[50] Es stimmte: Den Krieg in sicherer Entfernung wissend, hatte Thomas Mann kaum Mühe, das grauenhafte Schicksal der Opfer ins Abstrakte zu rücken. Ganz anders der Sohn, der es kaum ertragen konnte, wenn er die Kriegsbilder in den Zeitschriften betrachtete.

Daß Klaus Mann dennoch Soldat zu werden gedachte, empfand Golo Mann nicht als Widerspruch. Er habe mit seiner Entscheidung wohl auch eine Art Befreiungsschlag im Sinn gehabt, zumal er sich durch den Eintritt in die Armee wahrhaftig »allerlei Verlegenheit«[51] hätte entledigen können. In der Tat erhoffte sich Klaus Mann vor allem, mit einem Schlag von all seinen privaten Problemen erlöst zu werden. In seiner prekären Lage, so glaubte er, würde er dieses Ziel in diesem Land nur mehr mit der Aufnahme in den militärischen Dienst erreichen können. »Das Seltsame ist«, gestand er der Mutter in einem Brief vom 21. Mai 1942, »ich *möchte* gern genommen sein. Mehr aus Überdruß und Masochismus, als aus eigentlich honorigen Gründen. Gerade bei meiner ›eminent pazifistischen‹ Einstellung – um den seligen Stez [Stefan Zweig] zu zitieren – denke ich mir den ganzen Zwischenfall belehrend-gruslig, und vielleicht grad das Richtige, für meine jetzige Größe – weißt Du zu *was*? Ich weiß nämlich, unter uns gesagt, nicht ganz genau, was jetzt gerade schreiben, denken, und wie mein Brot verdienen. Fühle mich gelähmt und angewidert. Von Dorothy Thompson bis Curt Riess hängt mir die ganze schleimige, blutdürstige Bande zum Halse heraus. Da geschieht es ihnen dann ganz recht, wenn ich mir die Hände erfriere.«[52] Ein paar Tage später vermerkte er in seinem Tagebuch, daß er »ungeduldig« der Aufnahme in die »Army« entgegenfiebere, »als ob die amerikanische Uniform ein Talisman gegen die bösen Geister wäre, die mich verfolgen und quälen.«[53]

»Sein Leben lang hatte er darunter gelitten, daß er von der Masse nicht verstanden wurde. Nun da er tot war, huldigten sie ihm. [...] Er hatte gekämpft, gelitten und sich geopfert; deshalb reckten sie nun die Fäuste, ihm zu Ehren und im Gedenken an ihn«, hatte Klaus Mann im *Vulkan* geschrieben.[54] Schwebte auch ihm der ›Heldentod‹ vor, den er seiner Figur Marcel zugedacht hatte? Fest steht: Er, der sich all die Jahre als Einzelgänger empfunden und sich stets der Vereinnahmung durch eine Gruppe entzogen hatte, sehnte sich nun nach der Aufnahme in die (militärische) Gemeinschaft. Vor seinem tristen Alltag hatte er fürs erste kapituliert – lieber stürzte er sich in die gefahrvollen Wirren des

Krieges, als sich der privaten Misere noch einen Tag länger als nötig auszusetzen.

Warten

Am 24. April 1942 hatte Klaus Mann sich freiwillig zum militärischen Dienst gemeldet, am 28. Mai trat er sein erstes »Physical Examination« an, die obligatorische militärärztliche Musterung. Vermutlich bei dieser Gelegenheit wurde seine Erkrankung an Syphilis festgestellt – Grund genug, ihm den Eintritt in die Armee zu verweigern. Sofort beantragte Klaus Mann die Wiederaufnahme seines Falles. Nach einer erneuten umfassenden Untersuchung am 6. September wurde er wiederum abgewiesen. Klaus Mann ließ sich jedoch nicht beirren und setzte eine weitere Untersuchung durch, die für den 14. Dezember anberaumt wurde. Diesmal attestierten ihm die Militärärzte seine Diensttauglichkeit. Drei Wochen später, am 4. Januar 1943, erfolgte seine Einberufung.

Klaus Mann konnte nicht ahnen, daß die Gründe, mit denen die Behörden seinen Eintritt in den militärischen Dienst immer wieder verzögert hatten, nur vorgeschoben waren. Ohne es zu wissen, war er – wie so viele andere Schriftsteller des deutschen Exils – in den Verdacht geraten, gegen die politischen und moralischen Grundbegriffe der Vereinigten Staaten zu verstoßen: als links-politischer Künstler wie als Homosexueller. Ein erster Report war bereits im Juni 1940 über ihn verfaßt worden. Seit dem Frühjahr 1941 lag dem FBI jedoch auch eine anonyme Denunziation vor, wonach Klaus Mann ein aktiver Sowjet-Agent in Paris gewesen sei. Diese Information, die freilich nicht durch konkrete Beweise belegt wurde (wiewohl sie möglicherweise auf jenen Artikel im *Neuen Tage-Buch* Ende 1939 zurückging), reichte aus, um die ›Special agents‹ auf den Plan zu rufen. Schon wenige Tage später war Klaus Mann ein ›subject‹ im engmaschigen Überwachungsnetz des FBI.[55]

In den folgenden Monaten fand in das Dossier, das unter dem Aktenzeichen 65-17395 registriert war, alles Eingang, was die Agenten über ihn – unter Rückgriff auf jede erdenkliche Quelle – in Erfahrung bringen konnten. Hotelangestellte, Freunde, Bekannte und Verwandte wurden ›interviewt‹, Briefe abgefangen und gelesen, Telefonate abgehört. Der Besuch beim Arzt wurde ebenso gewissenhaft vermerkt wie seine Geldschwierigkeiten, seine Herausgebertätigkeit von *Decision* und die Aufnahme von *The Turning Point* in die öffentliche Bibliothek von New York. Schon bald stand er nicht mehr nur im Verdacht, enge Beziehungen zu Kommunisten und ›Communist Front organizations‹ zu unterhalten, sondern er galt auch als ›sexuell pervers‹. Ein Informant hatte gemeldet, daß Klaus Mann regelmäßig nächtlichen Männerbesuch und obendrein mit seiner Schwester Erika eine sexuelle Beziehung habe (über die der Vater mit *Wälsungenblut* eine Schlüsselerzählung geschrieben habe). Kurzum: Die Akte war gefüllt mit üblen Denunziationen, absurden Gerüchten und falschen Mutmaßungen, die ihn als Kommunisten oder gar als kommunistischen Agenten, als homosexuell (das einzige Faktum, das stimmte) und inzestuös ausweisen. Es war typisch, daß sich die Agenten nicht die Mühe machten, zwischen den politischen Strömungen des parteitreuen Kommunismus, des liberalen Sozialismus und der Sozialdemokratie zu unterscheiden, so wie sie auch keine Trennlinie zwischen politischem und humanitärem Engagement zogen: Klaus Manns zeitweilige Unterstützung des »German-American Relief Committee for Victims of Fascism« galt bereits als verdächtig. Zwar konnten die Beobachtungen der Informanten weder Klaus Manns Aufnahme in die Armee noch seine Einbürgerung verhindern. Doch sie trugen wesentlich dazu bei, daß sich beide Verfahren immer wieder verzögerten.

Nach seiner Rückkehr aus Pacific Palisades begannen Monate qualvollen Wartens. Klaus Mann zählte buchstäblich die Tage bis zum nächsten Untersuchungstermin, unfähig, darüber nachzudenken, welche Richtung und welches Ziel er seinem Leben geben sollte, wenn die Armee ihm die Aufnahme tatsächlich verweigerte. Selbst aus seiner Arbeit konnte er keinen Lebensmut mehr schöpfen. Dabei ging ihm die Gide-Monographie, die er Anfang Juni begann, wie gewohnt leicht von der Hand; letztlich benötigte er kaum mehr als drei Monate, um sie fertigzustellen. Im Herbst trug ihm Fritz Landshoff ein Projekt an. Zusammen mit Hermann Kesten sollte er eine Anthologie europäischer Literatur herausgeben. 141 Autoren aus 21 Ländern fanden schließlich Aufnahme. Immerhin linderte der Vorschuß für *Heart of Europe* mit dem Untertitel *An Anthology of creative writing in Europe 1920-1940*, die Ende 1943 mit einem Vorwort von Klaus Mann im L. B. Fischer Verlag erschien, die akute finanzielle Not ein wenig.

Am 15. November 1942 erlag Annemarie Schwarzenbach in einem

Schweizer Krankenhaus ihren schweren Verletzungen, die sie sich durch einen Fahrradunfall in Sils Baselgia zugezogen hatte. Den Verlust der Freundin, mit der er mehr als zehn Jahre Freud und Leid geteilt hatte, erwähnte er in seinem Journal mit keinem Wort: kein Ausruf der Trauer, kein Kommentar zu den tragischen Umständen ihres Todes – nichts. Im *Wendepunkt,* allerdings erst unter dem Datum vom 1. Juli 1945, nannte er ihren Tod ein »makaber-ausgefallenes Martyrium, verhängt von schaurig unergründlicher Instanz!«⁵⁶

Die Tagebuchnotizen lassen darauf schließen, daß Klaus Mann in der Nacht vom 25. auf den 26. Oktober erneut versuchte, Hand an sich zu legen.⁵⁷ Gerade hatte er erfahren, daß sein Freund Johnny als Deserteur verhaftet worden war. Nun sollte über sein Schicksal das Kriegsgericht entscheiden. Er schien tatsächlich am Tiefpunkt seines Daseins angekommen zu sein. Der geringste Anlaß genügte, um seinen Lebenswillen auszulöschen.

In der Armee

Am 10. März 1943 setzte der einstige Nachbar aus der Poschinger Straße und langjährige Freund der Familie, Bruno Walter, einen enthusiastischen Brief an Klaus Mann auf: Er sei überrascht, daß Klaus es fertig gebracht habe, »sozusagen auf der Brücke zwischen Literatur und Soldatentum«, ein derart »konzentriertes Buch« zu schreiben. Der Brief war an das »Camp J. T. Robinson, Arkansas« adressiert, wo Klaus Mann gerade seine Grundausbildung absolvierte. Er wolle ihn nur schnell wissen lassen, schrieb Bruno Walter, daß ihn seine Gide-Monographie »innigst« interessiere, ja fessele und er seine »warmherzige und tief gehende Darstellung« genieße: »Falls Deine Phantasie nicht gänzlich von Schlachtenlärm, militärischer Strategie, Taktik, Ballistik und ähnlichen Dingen dieser Welt erfüllt ist, wird es Dich vielleicht ein wenig erfreuen, durch mich an Sanfteres erinnert zu werden.«⁵⁸ Zwar war Klaus Mann noch nicht wirklich mit dem »Schlachtenlärm« in Berührung gekommen, doch hatte er in den letzten Wochen kaum die Muße gefunden, die überwiegend positiven Reaktionen auf sein neues Buch zu verfolgen. (Auch den heftigen Disput, den Thomas Mann gerade mit Agnes Meyer ausfocht, weil sie Anstoß an Klaus Manns angeblicher Verunglimpfung

des französischen Schriftstellers und strengen Katholiken Paul Claudel[59]
genommen hatte, registrierte er nur am Rande.) Marschieren, Schieß-
übungen, Nachtwache, Küchendienst, der rauhe Befehlston, Ausgangs-
sperren, die schmale Pritsche im Gemeinschaftsschlafsaal – klaglos hatte
er sich in die Hierarchie und die Notwendigkeiten des Soldatenlebens
eingefügt, bisweilen sogar mit einem Anflug von Vergnügen, wie er er-
staunt konstatierte. Es war bestimmt nicht ironisch gemeint, als auch der
Vater ihm attestierte: »Du bewährst Dich nun [...] ganz richtig und tapfer wie ein Mann.«[60] In diesen Tagen wartete Klaus Mann nun, so berichtete er dem Vater, täglich auf den »geheimen Marschbefehl«[61], der
ihn an die vorderste Front, nach Übersee bringen sollte. Er wartete vergeblich: Als seine Truppe abkommandiert wurde, war er der einzige, der
sich nicht einschiffen durfte: Im letzten Moment hatte man seine Einbürgerung abgelehnt. Die folgenden Monate verbrachte er – inzwischen war
er zum »Staff Sergeant (vier Streifen)« befördert worden – zunächst im
›Camp Ritchie‹ (Maryland) und anschließend in ›Camp Crowder‹, einem
gottverlassenen Nest in Missouri, wohin er Mitte Juni überraschend versetzt worden war. Offenbar lag ein Irrtum vor. Später meinte er im *Wendepunkt*, er sei als Angehöriger der ›First Mobile Radio Broadcasting
Company‹ »leider ›misplaced‹« worden. »Da sitze ich nun also, und niemand weiß etwas mit mir anzufangen« und das nur, weil man ihn für einen Radio-Techniker gehalten habe.[62] In Wahrheit handelte es sich bei
der »First Mobile« um eine spezielle Propagandaeinheit, die für die psychologische Kriegsführung zuständig war. Immerhin fand er bald eine
Aufgabe im ›Public Relations Office‹, wo er Artikel für die Camp-Zei-
tung »The Message« schrieb, so unter anderem eine Porträtserie über europäische Städte (*Cities in the News*), und eine Werbekampagne für
Kriegsanleihen ausarbeitete. Zu diesem Zweck organisierte er in Kansas
City sogar eine viel beachtete Versteigerung mit signierten Manuskripten, Büchern und Fotografien, die er sich zuvor bei Freunden und Kollegen erbeten hatte. Tatsächlich wurden bei der Aktion am Ende mehr als
1 Million Dollar für den großen Kampf gegen Hitler erzielt.

In der Zwischenzeit wartete Klaus Mann auf seine Einbürgerung. Am
1. Juli 1943 schrieb er in sein Tagebuch, »SELBSTMORD wäre in der Tat
[...] die einzig logische, fast unvermeidliche Reaktion«, wenn seine erneute »Bewerbung geradewegs *abgelehnt* werden« sollte. Er fügte hinzu,
daß der Suizid dann »mehr eine Geste politischen Protests und nicht eine

Geste extremen Überdrusses«[63] sei. Es war eine harte Geduldsprobe, die ihm das FBI und der Military Intelligence Service im Jahr 1943 auferlegten: Die Vorgesetzten, die Behörden – sie alle vertrösteten ihn von Woche zu Woche, von Monat zu Monat. Er schrieb Briefe, verfaßte eidesstattliche Erklärungen, daß er kein Kommunist sei und noch niemals einer gewesen sei; er stand Rede und Antwort, wenn die Agenten des Military Intelligence ihn ins Verhör nahmen; er leugnete seine Homosexualität und seine depressiven Neigungen, kurz: er setzte alles daran, die amerikanische Staatsbürgerschaft so schnell als möglich zu erlangen, um endlich in den Krieg ziehen zu können. Von der Jugendfreundin Lotte Walter erbat er sich ein Porträtphoto, »weil ich meine Stuben-Genossen mit einem schönen Girl Friend impressionieren möchte. Schicke mir also ein recht verführerisches, mit nackten Schultern, schwülem Blick und allem«[64] – Schicksal eines Soldaten der US Army, der jeden Verdacht, homosexuell zu sein, zerstreuen mußte, um nicht ›unehrenhaft‹ entlassen zu werden.

Manchmal meinte Klaus Mann, daß er die Ungewißheit nicht mehr länger ertragen könne. Dann erging er sich in wilden Ausbrüchen gegen ein Land, das ihn so unbarmherzig spüren ließ, wie gleichgültig es ihm war, ob er dazugehörte oder nicht. Als er aus der Zeitung über die Rassenunruhen in Detroit erfuhr, notierte er in seinem Tagebuch aufgebracht: »Aber wie leicht ist es, ihre atavistischen, destruktiven, anti-humanistischen, anti-kulturellen Gefühle anzustacheln! ... In diesem Lager fällt mir immer wieder wie auch sonst überall, das völlige Fehlen jeden politischen Bewußtseins auf. Was vorherrscht ist Zynismus und Überdruß.«[65] Gewiß, in jenen dunklen Augenblicken waren ihm die Schwächen des amerikanischen Systems ein willkommener Anlaß, seinem Unmut über seine eigenen enttäuschenden Erfahrungen freien Lauf zu lassen. Die Lektüre von Proust weckte ihn ihm gar längst vergessene Gefühle: »Heimweh nach Europa. Ich habe dieses Land satt. ([...] Aber werde ich es wiederfinden?)...«[66] Doch durch den Dienst in der Armee fand er allmählich zu einer differenzierteren Sichtweise. Überrascht registrierte er, daß er dabei war, seine Vorbehalte gegenüber dieser von ihm in den letzten Monaten so oft gescholtenen Gemeinschaft zu relativieren: »Wie merkwürdig! – selbst ein Teil dieser amorphen, anonymen Masse zu werden! Schlicht einer dieser Soldaten, die im Bus reisen; warten, schwitzen...«, notierte er nach einem Kurzurlaub auf der langen Zugfahrt zurück ins Camp.[67] Sein Blick für das ebenso komplexe wie widersprüchliche Wesen des »American way of Life« schärfte sich: die freundliche Unbefangenheit der Amerikaner, mit Fremden in Kontakt zu treten, ihre Offenherzigkeit und Lebensfreude, aber auch, im harten Kontrast zu ihrer demokratisch-freiheitlichen Gesinnung, der latente Antisemitismus, die Diskriminierung der Schwarzen, die Elendsviertel der Armen. Mit anderen Worten: Klaus Mann hatte wieder begonnen, am Leben teilzunehmen, er interessierte sich wieder für die Menschen in seiner Umgebung und für das, was um ihn herum geschah. Dies belegen auch die Eintragungen: Trotz aller Anfechtungen, die ihn nicht selten in tiefe Verzweiflung stürzten, hatte sich der bittere, selbstbezogene, bisweilen auch selbstmitleidige Ton, der sich in den letzten Jahren in sein Journal eingeschlichen hatte, fürs erste verflüchtigt.

Klaus Manns Alltag im Camp war mehr von Langeweile als von den Anstrengungen militärischer Pflichterfüllung geprägt. Er verfügte über viele freie Stunden, doch nicht immer wußte er sie produktiv zu nutzen. Über einige Monate hinweg verfaßte er verschiedene Romanentwürfe, die er dann doch nicht weiter verfolgte. Im Juli zog er schließlich das ernüchternde Fazit: »Ich habe keine Lust zu arbeiten: Ich weiß nicht, worüber ich schreiben soll.«[68] Immerhin verfaßte er einige Aufsätze, setzte ein neues Vorwort zur Anthologie *Heart of Europe* auf und schrieb eine Erzählung – die letzte, die er vollendete. *Der Mönch*, so der Titel des postum veröffentlichten Textes, handelt von einem Soldaten, der eigentlich Bildhauer ist und dem es nicht gelingt, sich in das Gemeinschaftsgefüge der Armee einzugliedern. Der Mönch ist ein »miserabler Soldat«, der seine Gewehrgriffe nicht beherrscht, so wie er auch von keinen »Frauengeschichten« berichten kann, während die anderen sich »Anzüglichkeiten« erzählen.[69] Erst als er auf einem Patrouillengang eine betrunkene Prostituierte festnimmt, bringen ihm seine Kameraden so etwas wie Achtung entgegen, weil sie glauben, er habe sich auf ein sexuelles Abenteuer mit ihr eingelassen. Zweifellos griff Klaus Mann auch hier auf persönliche Erfahrungen zurück. Die Außenseiter-Erfahrung des ›Mönchs‹ in der Armee war auch seine eigene.

Am 25. September – exakt fünf Jahre nach seiner Ankunft – wurde Klaus Mann Bürger der Vereinigten Staaten. Seine Einbürgerung war bis zuletzt ungewiß gewesen. Man hatte seinen Namen auf der Liste der Aspiranten vergessen. Gleich nach der »feierlichen« Zeremonie auf dem

Paradeplatz telegrafierte er dem Vorgesetzten seiner Einheit und bat darum, sofort »angefordert« zu werden. In der Tat ließ der Marschbefehl nicht mehr lange auf sich warten: Am 2. Januar 1944 landete Klaus Mann mit einem Truppentransport in Casablanca, um am Feldzug der alliierten Streitkräfte gegen die deutschen Truppen in Nordafrika und dann in Italien teilzunehmen. Anfang Dezember trafen die Eltern und Erika in Kansas City ein, um Klaus zu verabschieden. Anschließend notierte er in seinem Tagebuch: »Beim Abschied umarmt [der Vater] mich – was noch nie zuvor geschehen ist. Mieleins Augen, voller Tränen.«[70]

»Für Hitler sterben – oder für die Heimat leben?«

Klaus Mann war für das Soldatenleben nicht geboren. In der Tat mag man sich ihn, diesen empfindsamen und empfindlichen Intellektuellen, der ganz und gar unsportlich, auch eher ängstlich war und bisweilen zur Hypochondrie neigte, kaum als hartgesottenen, heldischen Kameraden mit Stahlhelm denken, der im Eifer des Gefechts militärische Kampfparolen im Munde führt, der sich schließlich gar todesmutig an der Frontlinie postiert, um den Feind zu stellen und auszulöschen. Es kam seinem Naturell entgegen, daß ihm die direkte Berührung mit dieser beklemmenden Seite des Krieges weitgehend erspart blieb, als er sich am 15. Februar 1944 im Hauptquartier der »First Mobile« in Neapel meldete, um seinen Dienst anzutreten: als Angehöriger einer Spezialeinheit für psychologische Kriegsführung. In den folgenden Monaten verfaßte er mehrere Dutzend Flugblätter – ab August als Leiter der Flugblattabteilung –, er schrieb Radioansprachen und Reden für die Grabenlautsprecher, durch die die deutschen Soldaten dazu animiert werden sollten, die Front zu wechseln. Das Repertoire war weit gefaßt und reichte von Schlagworten wie »Für Hitler sterben – oder für die Heimat leben?«[71] bis hin zu ganzseitigen Agitationen, die darauf abzielten, den Glauben der deutschen Truppen an Hitler und an den Sieg zu erschüttern:

»An die Soldaten der 16. SS Division »Reichsführer« – Bedeutet SS Sinnloser Selbstmord?

Es gibt Situationen, selbst für den tapfersten Soldaten, wo das Weiterkämpfen sinnlos und selbstmörderisch wird. Eure Führung verlangt von euch, dass ihr bis zur letzten Patrone Widerstand leistet, auch wenn keine Aussicht auf Erfolg mehr besteht. Man mutet euch zu, jetzt noch, kurz vor Feierabend, am Schluss eines verlorenen Krieges, euer Leben wegzuwerfen. Um euch zu einem solchen Wahnsinn zu bewegen, will man euch weismachen, dass alle Soldaten der Waffen-SS in anglo-amerikanischer Kriegsgefangenschaft erschossen werden! So ein Schwindel!«[72]

Klaus Mann hatte tatsächlich eine Aufgabe zugewiesen bekommen, die seinen Fähigkeiten einigermaßen entsprach, und es war ihm durchaus bewußt, daß er es hätte schlechter treffen können. Dennoch hatte er bald genug vom Soldatenleben, von den kalten Nächten in Zelten und wechselnden Unterkünften, dem stundenlangen Waten im Schlamm, dem Artillerielärm, den Luft- und Bombenangriffen, der provisorischen Existenz des Armeeangehörigen, der ständig auf Abruf steht, der Monotonie des Dienstes – ganz abgesehen von dem Anblick zerstörter Städte und traumatisierter Menschen. Noch keine drei Monate war Klaus Mann an den Kriegsschauplätzen in Neapel, Rom, Civitavecchia und Florenz, da spielte er schon mit dem Gedanken, die Armee wieder zu verlassen. An Hermann Kesten schrieb er am 1. März 1944, daß es seltsam und aufregend sei, wieder in Europa zu sein und dies noch unter derart ungewöhnlichen Umständen. Er sei glücklich, daß er gekommen sei; auch seine Arbeit habe sich bislang als sehr interessant erwiesen. Er setzte hinzu: »Aber ich wünschte, die ganze Schweinerei wäre endlich vorbei, und ich könnte in mein Hotelzimmer und an meinen Schreibtisch zurückkehren und über den Krieg schreiben, anstatt an ihm teilzunehmen.«[73]

Im August stellte Klaus Mann ein Gesuch auf Entlassung aus der US Army: Er wolle doch lieber als Zivilist im Dienste der ›Psychological Warfare Branch‹ tätig sein und in dem von den Alliierten besetzten Teil Deutschlands oder in Österreich als Radiokommentator, Journalist, Herausgeber einer Zeitschrift oder als Berater für kulturelle Fragen eingesetzt werden. Als sein Gesuch abgelehnt wurde, bat er den Vater, für ihn beim Leiter des Informationsamtes in Washington, Elmer Davis, zu intervenieren. Aber auch diesem Vorstoß war kein Erfolg beschieden. Die aktuelle Kriegslage gestattete erst einmal keine Versetzung in den zivilen Stand.

Einst hatte Klaus Mann sich geschworen, daß er niemals das Wort an ein ›Braunhemd‹ richten wolle. Es kam anders: Als Soldat der US Army mit Deutsch als Muttersprache lag es in seinem Verantwortungsbereich, deutsche Kriegsgefangene zu verhören – hartgesottene SS-Offiziere, skrupellose, opportunistische oder auch verängstigte junge Männer in

Wehrmachtsuniform. Viele von ihnen hielten auch dann noch am militärischen Tugendkatalog mit Gehorsam, Treue, Einsatzbereitschaft, Kameradschaft und Disziplin fest, als der Untergang des Dritten Reiches schon längst besiegelt war. »Scheußlich«, »recht hoffnungslos« oder »sehr ermüdend« kommentierte Klaus Mann die stundenlangen Vernehmungen der Unbelehrbaren in seinem Tagebuch, und er notierte »interessant« oder »ganz ermutigend«, wenn er auf einen Gefangenen traf, von dem er glaubte, daß er ein »Anti-Nazi« sei. Ein junger Wehrmachtssoldat, der Münchner Schauspieler Hans Reiser und ein »Anti-Nazi«[74], wie Klaus Mann gewissenhaft in seinem Journal vermerkte, weckte sofort sein Interesse, auch in erotischer Hinsicht. Eine Zeitlang zog Klaus Mann ihn sogar für die Radio- und Lautsprecheraktionen zu Rate. (Nach Ende des Krieges pflegten die beiden eine herzliche Brieffreundschaft, dann verloren sie sich aus den Augen.) Im *Wendepunkt* meinte Klaus Mann später, es sei immer die gleiche Formel und der gleiche larmoyante Ton gewesen, mit der die Kriegsgefangenen versucht hätten, sich von jeder »Schuld« freizusprechen: »Ich bin doch nur ein kleiner Mann, ein Niemand!« und: »Ich kann nichts dafür... Befehl von oben, von noch höher, von der höchsten Spitze! *Befehl vom Führer ...*«[75] Er, der es bis dahin vehement abgelehnt hatte, die »Mysterien der Nazi-Seele und des Nazi-Jargons« zu verstehen, mußte nun SS-Zeitschriften lesen und Nazi-Biographien studieren, um sich mit der Geistesverfassung der Gefangenen vertraut zu machen. Anschließend wertete er die Ergebnisse der Gesprächsprotokolle systematisch aus, um die richtigen Argumente für die Aufklärungsarbeit zu finden und den adäquaten Ton zu treffen, mit dem die deutschen Soldaten an der Front zur Aufgabe aufgefordert werden sollten. Manche Vernehmungsprotokolle wurden auch im Radio verlesen. Es zeigte sich, daß die gewünschte Wirkung weniger durch politische Agitation, Appelle an die Vernunft oder Demonstrationen der militärischen und materiellen Überlegenheit erzielt wurden (einmal wurden Flugblätter mit je 5 Zigaretten abgeworfen), sondern vor allem durch betont emotional gehaltene Texte, die auf die zunehmend schlechtere Stimmungslage der deutschen Soldaten zielten, also: Ängste schüren (»In deiner unmittelbaren Nähe kann jeden Augenblick eine Alliierte Bombe krepieren oder ein Geschoss einschlagen. So was geht leicht schief. Jeder Tag im Einsatz kann dein letzter sein...«[76]), die Hoffnungen auf ein baldiges Ende des Krieges bestärkten und Solidarität bekundeten

(»Wir wissen, wie euch zumute ist; wir verstehen Eure Niedergeschlagenheit. Wieder einmal werdet ihr auf verlorenem Posten gesetzt, wieder
einmal sollt ihr als Kanonenfutter herhalten.«[77]). Auch die Zusicherung,
daß der Soldat als Gefangener der Alliierten nichts zu befürchten habe,
erwies sich als erfolgversprechende Taktik: »Gemäss dem Genfer Abkommen stehen dir in alliierter Gefangenschaft die folgenden Vergünsti-
gungen zu: 1. Du wirst sofort aus der Kampfzone entfernt. 2. Du erhältst
die gleiche Kost wie alliierte Truppen. 3. Als Kranker wirst du in demselben Lazarett behandelt wie unsere Soldaten. 4. Und nach Kriegsende –
die möglichst baldige Heimkehr!«[78]

Im August 1944 begann Klaus Mann mit der Arbeit an einem größeren
Artikel. Er hatte eine Art pädagogisches Konzept im Sinn, das dazu beitragen sollte, die Deutschen zu einem demokratisch denkenden, sozial be-
wußten Volk »umzuerziehen« (das jahrelang angeführte Wort vom ›sozialistischen Humanismus‹ vermied er wohlweislich). Die Verhöre hatten ihn
nachdenklich gestimmt: Wie sollte ein Wiederaufbau vonstatten gehen,
wenn die Mehrheit der Deutschen kein Empfinden für die Untaten des Regimes hatte; wenn sie sich weigerte, Verantwortung für die Greueltaten zu
übernehmen, mit denen sie ganz Europa ins Unglück gestürzt hatte? Auf
welcher Grundlage sollte sich eine nachkriegsdeutsche Kultur entwickeln?
Würden die Deutschen aus eigener Kraft die notwendigen politischen
Konsequenzen ziehen? War es statthaft, wenn führende Exilpolitiker und -
intellektuelle jetzt schon jegliche Kollektivschuld des deutschen Volkes in
Abrede stellten und aus diesem Grunde Umerziehungs- oder auch Straf-
maßnahmen gegen die Deutschen – wie sie von den Alliierten geplant waren – rundweg ablehnten? Klaus Mann war skeptisch, was den Willen der
Deutschen zur Erneuerung betraf, mehr noch: er glaubte nicht (mehr) daran, daß sie den Mut und die Entschlossenheit aufbringen könnten, ohne
fremde Hilfe eine moralische und politische »Umerziehung« in Gang zu
setzen, deren Ziel es war, einen Neubeginn einzuleiten. Eine tiefgreifende
Änderung der »Geistesverfassung« aber sei die Grundvoraussetzung
dafür, daß aus dem »Volk der Verbrecher und Größenwahnsinnigen« wieder das »Volk der Dichter und Denker«[79] werde, schrieb Klaus Mann in
seinen Notes about Re-Education of the Germans.[80] »Leer von Unwissenheit und Erstaunen die einen; andere dreist, starrköpfig und aggressiv,«
so erlebe er die deutschen Kriegsgefangenen, wenn es hieß, Deutschland
sei »erledigt«. Dennoch würden sie weiter kämpfen, und zwar

»nicht nur, weil man sie dazu zwingt, sondern hauptsächlich deswegen, weil sie sich eine Welt ohne Hitler und ohne Krieg nicht vorstellen können. Für sie sind Krieg und Nazismus der natürliche Ablauf der Dinge; das Ende der Feindseligkeiten und der Sturz des Nazi-Regimes wären der Beginn von Chaos. Da sie keinerlei positive Zukunftsvorstellung haben, glauben sie an Goebbels' Prophezeiung, eine deutsche Niederlage käme einer apokalyptischen Katastrophe gleich – und zwar nicht nur für Deutschland, sondern für das ganze Universum.«[81]

Dann kam er zum Wesentlichen: Als »schuldbeladene Komplizen eines unseligen Systems« seien die Deutschen zweifellos auch »als kollektives Ganzes bis zu einem gewissen Grad verantwortlich für die Greueltaten des Nationalsozialismus. Aber bis zu welchem Grad? Und wieso? Und was kann man tun, um sie von ihrer moralischen Perversion zu heilen?« Ihm seien diese »komplexen Probleme nur allzu vertraut.« Das »deutsche Rätsel« habe ihn »geplagt«, seit er zu denken begonnen habe. Gewiß, das »berühmte ›andere Deutschland‹« gebe es, so wie es unbestritten sei, daß es »anständige Deutsche« gebe, die »erbitterte Gegner des Nazismus« seien. Dennoch: »Eine realistische Politik kann und wird sich nicht auf die sentimentale Unterscheidung zwischen ›guten Deutschen‹ und ›bösen Nazis‹ gründen.« Es sei grundverkehrt, zumal das Dritte Reich noch immer den europäischen Kontinent verwüste, daß Politiker und Publizisten im Exil darauf beharrten, die Deutschen hätten eigentlich nichts mit Hitler zu tun und verdienten es, mit »Vorsicht und allem Respekt« behandelt zu werden. Die Wahrheit sei: »Die große Mehrheit des deutschen Volkes stellt täglich ihre hündische und idiotische Loyalität der regierenden, kriminellen Bande gegenüber unter Beweis.« So gesehen, habe es in der Zeit nach Hitler vor allem darum zu gehen, daß das deutsche Volk wieder »geistig geheilt« werde. Dies sei die eigentliche Herausforderung der Zukunft, dagegen seien die »Probleme des physischen Wiederaufbaus und Aufschwungs – so wichtig eine Lösung für das zerstörte, ausgelaugte und verarmte Land zweifellos sei – fast schon zweitrangig; denn, so meinte er hellsichtig:

»Ich wage [...] zu behaupten, daß die Deutschen verblüffend wenig Zeit benötigen werden, diesen chaotischen Zustand zu überwinden. Sie hassen Anarchie. Als ordentliches und hart arbeitendes Volk wird es ihnen gelingen, ihre zerbombten Städte wiederaufzubauen und ihr Wirtschaftsleben neu zu organisieren. Sie können sich allerdings ohne Hilfe von außen als unfähig erweisen, ihr psychologisches und moralisches Gleichgewicht wiederzuerlangen.«

In diesem Sinn sei die »Umerziehung des deutschen Volkes« eine »der wichtigsten Maßnahmen in unserem Streben nach Frieden« und bedürfe »der genauen Planung und Vorbereitung.« Er schlug vor, das gesamte Lehrpersonal an deutschen Schulen und Universitäten »einer strengen und gründlichen Untersuchung in bezug auf politische und moralische Qualifikation« zu unterziehen. Ebenso müsse man alle Medien der Information, Propaganda und Unterhaltung »überwachen und gemäß einer neuen Kulturpolitik ausrichten.« Dann führte Klaus Mann das große Wort von der unpolitischen Tradition der Deutschen an, in der er den Ursprung des nazistischen Übels zu erkennen glaubte:

»Die dringlichste und schwierigste Aufgabe wird freilich darin bestehen, dem deutschen Volk die Grundelemente politischen Denkens beizubringen. Es besteht Grund zu der Annahme, daß die Deutschen – denen es traditionell an politischem Instinkt mangelt – nunmehr einen Zustand völliger Apathie erreicht haben. Wo andere Völker politische Ideen und Ambitionen entwickeln, scheint im Geist des durchschnittlichen Deutschen Leere zu herrschen. Sie kommt einem pathologischen Defizit gleich. So wie andere Menschen farbenblind sind, ist der durchschnittliche Deutsche unfähig, sich politische Probleme und Realitäten zu vergegenwärtigen.«

In seinen Gesprächen mit den deutschen Kriegsgefangenen habe er diese These praktisch immer wieder bestätigt gefunden: »Neun von zehn Soldaten sagen – nicht ohne einen gewissen absurden Stolz –, daß sie an Politik nicht interessiert sind und es auch nie waren. Sie haben nicht die geringste Ahnung, nicht einmal das geringste Interesse, was für eine Regierungsform nach Hitlers Sturz in Deutschland eingeführt werden könnte. Auf eine entsprechende Frage lautet ihre stereotype Antwort: ›Das ist mir egal – solange es kein Kommunismus ist!‹ (Dabei erübrigt es sich zu bemerken, daß keiner von ihnen erklären könnte, was ›Kommunismus‹ eigentlich ist.)« Sein Fazit: »Die Deutschen werden die Grundlagen sozialen Bewußtseins und sozialer Verantwortung – das Abc des wahrhaft zivilisierten und demokratischen Lebens – lernen müssen.«

Dieses eine Mal schreckte Klaus Mann auch nicht davor zurück, die ideologischen Stützen des deutschen Nationalsozialismus kritisch ins Visier zu nehmen. Kurz kam er auf Alfred Rosenberg, den »vom erzieherischen Standpunkt aus [...] gefährlichsten Mann in Nazi-Deutschland« und auf Joseph Goebbels zu sprechen, der dagegen vergleichsweise »harmlos« sei. »Seine hemmungslosen Lügen werden bald in Vergessenheit geraten,« prognostizierte er. Für einen Augenblick fand er wieder zurück zum geistigen Repräsentanzanspruch des ›anderen Deutschland‹

und führte noch einmal die großen deutschen Schriftsteller und Komponisten an, deren kulturelle und geistige Botschaften für die Umerziehung in Nachkriegsdeutschland nutzbar gemacht werden sollten. Abschließend rief er sich noch einmal die Gesichter der zahlreichen Kriegsgefangenen ins Gedächtnis:

»Ja, es gab ein paar schlimme Burschen darunter – dumpf, brutal, selbstgefällig, unfähig jeder höheren Regung oder eines ehrlichen, unabhängigen Gedankens. Sind sie erziehbar? Werden sie jemals empfänglich sein für einen Appell an Vernunft und Anständigkeit? Ehrlich gesagt, ich glaube nicht daran; und ich weiß auch nicht, was man mit ihnen anfangen soll. Das einzige Argument, das sie verstehen, ist rohe Gewalt. Wir werden sie in vielen Fällen anwenden müssen. Aber ich erinnere mich auch an die Hilflosen und Verwirrten unter ihnen, die eher Opfern als Tätern gleichen. Sie werden sich unserem erzieherischen Anliegen nicht verweigern. Vom Nazismus enttäuscht, scheinen sie sich in einer Art von intellektuellem Vakuum zu befinden – sie warten auf einen Rat, auf moralische Unterstützung und Anleitung. Ihre Sehnsucht ist unklar und wirr – und es wird unsere Aufgabe sein, diesen rudimentären Impuls zu wecken und zu entwickeln – fort von Barbarei und Rückschritt, hin zu höheren und besseren Formen des zivilisierten Lebens.«

War er sich bewußt, daß seine Vorstellung von den künftigen Bürgern des neuen deutschen Staates auch einer Rückbesinnung auf die eigene Jugendzeit gleichkam? Hatte er nicht einst selbst für sich und seine Altersgenossen die unbestimmte »Sehnsucht« nach Richtung und Ziel beschworen, jenes Phänomen, das, wie er damals immer wieder betont hatte, nicht losgelöst von der zeitgeschichtlichen Situation betrachtet werden könne? Hatte er nicht jahrelang seiner eigenen Generation attestiert, daß die Wirren des Krieges sie in ein ethisches Niemandsland verwiesen habe? Schon in seinem ersten Roman *Der fromme Tanz* hatte er das Leiden der Jugend auf die besonderen Umstände einer Epoche des Übergangs zurückgeführt, die statt fester Werte nur Unverbindlichkeiten bereithalte und die Jugend damit in einen Zustand der Orientierungslosigkeit entlasse. Diesmal freilich ging es um wesentlich mehr als um die Überwindung einer Kultur- und Gesellschaftskrise. Jetzt galt es, vor der Welt Verantwortung für die schrecklichsten Verbrechen an der Menschheit zu übernehmen und dafür zu sorgen, daß in Deutschland die geistigen, politischen und sozialen Voraussetzungen geschaffen wurden, damit ein erneuter Rückfall in die Barbarei für alle Zeiten ausgeschlossen sei. Dies war die zentrale Aufgabe all jener, die sich als geistige Vordenker verstanden: die »absurde Doktrin des Nazismus« zu widerlegen und die

»Grundprinzipien« zu erklären und darzustellen, die »in dieser Krise unserer Zivilisation auf dem Spiel« ständen. Klaus Mann sah sich selbst jedoch nur für einen Moment in der Rolle des Präzeptors, der den Deutschen eine »höhere Form zivilisierten Lebens« näherbringt. Es zeigte
sich, daß sein jahrelanger Kampf um Richtung und Ziel ihn am Ende all
seine (Lebens-)Kraft gekostet hatte.

Es war Klaus Mann nicht leichtgefallen, seine Überlegungen zur *Umerziehung der Deutschen* zu Papier zu bringen: Die Eintragungen bezeugen, daß er den Artikel, den er eigentlich in einer amerikanischen Zeitschrift veröffentlichen wollte, immer wieder korrigierte und schließlich
sogar eine völlig neue Fassung schrieb. (Die Mühe war schließlich vergeblich, denn eine Publikationsmöglichkeit fand sich nicht.) Es war un-
gewohntes Terrain, auf das er sich begeben hatte. Während er all die Jahre in seinen Schriften und Vorträgen damit beschäftigt gewesen war, seine Vision einer besseren Gesellschaft zu vermitteln, galt es nun, konkrete
Schritte aufzuzeigen, wie das utopische Ideal in die Wirklichkeit über-
führt werden könne.

Unterdessen trieb der Krieg in Europa auf eine Entscheidung zu.
Während die Westalliierten durch ihre Landung in der Normandie und
einige Wochen später an der Riviera immer weiter ins Innere Europas
vordrangen, brachte die sowjetische Sommeroffensive die Rote Armee
bis vor die Tore Ostpreußens, an die Weichsel und an die Donau. In der
Ardennenoffensive am 16. Dezember 1944 versuchte Hitler noch einmal, an der Westfront die Initiative zurückzugewinnen. Doch nach an-
fänglichen Überraschungserfolgen brach die Offensive bald zusammen:
Das war der Anfang vom Ende. Zu diesem Zeitpunkt bemühte sich
Klaus Mann gerade darum, Sonderberichterstatter für die Armeezeitung
The Stars and Stripes zu werden. Nein, die amerikanische Uniform hatte
sich nicht als »Talisman gegen die bösen Geister«[82] bewährt, im Gegenteil, er hatte versucht, den Teufel mit dem Beelzebub auszutreiben. Als er
sich Ende August wegen einer Malariaerkrankung ins Armeehospital begeben mußte, war er froh, dem Soldatenleben wenigstens für ein paar
Tage entfliehen zu können. Er, der es haßte, krank zu sein, schrieb in seinem Tagebuch, daß das Krankenhausleben nicht unangenehm sei. Ein
paar Tage nach seiner Entlassung dann schon wieder der gewohnte Eintrag: »ziemlich deprimiert«.[83] Immerhin, noch gab es Ziele, noch gab es
Lichtblicke. Ende Dezember schrieb Klaus Mann für die römische Aus-

gabe von *The Stars and Stripes* den Artikel *Meine alten Landsleute (My old Countrymen)*. Darin bezeichnete er sich als »Amerikaner deutscher Abstammung«, dem es nichts ausmache, als Soldat gegen seine »ehemaligen Landsleute zu kämpfen«. Er sei überzeugt, daß er im »Namen Tausender ehemaliger Deutscher spreche, die gegenwärtig in den verschiedenen Armeen der Vereinten Nationen Dienst tun, wenn ich sage, daß unsere militante Entschlossenheit eine zweifache psychologische und moralische Ursache hat: erstens die selbstverständliche Loyalität unserem neuen Heimatland gegenüber, in dessen Schuld wir stehen; und zweitens unser genaues, unmittelbares Wissen um die Todesgefahr, die Hitler für die Zivilisation«[84] bedeute. War es so? Es war gewiß nicht verkehrt, sich in patriotischem Eifer zu üben und seine Treue gegenüber Amerika zu bekräftigen, erst recht nicht, wenn man unter allen Umständen Mitarbeiter des wichtigsten Presseorgans der US Army werden wollte.

»Es gibt keine Heimkehr!«[85]

Am 20. Februar 1945 flog Klaus Mann von Florenz nach Rom. Man hatte ihn als Berichterstatter von *The Stars und Stripes* abkommandiert. Er atmete auf: »Nach den Monaten in der Schlamm- und Felsen-Wildnis« fühle er sich in Rom wie im Paradies, schrieb er – in einem fingierten Brief an Thomas Quinn Curtiss – im *Wendepunkt*.[86] Seine Unterkunft, das Albergo Internazionale in der Via Sistina, unweit der Redaktionsbüros von *The Stars und Stripes*, war zweifellos komfortabler als die Zelte, Garagen und zerstörten Bauernhäuser während der letzten Monate. Zwar durfte er noch nicht die Uniform ablegen, doch er konnte wieder ein halbwegs zivilisiertes Leben führen: Verabredungen treffen, sich mit der italienischen Künstlerszene vertraut machen, interessante Menschen wie Leonor Fini, Alberto Moravia, Giorgio de Chirico, Roberto Rossellini oder Luchino Visconti kennenlernen, in das Stricher-Milieu Roms eintauchen. Auch seine Arbeit machte ihm Spaß, wenngleich er es – das erste Mal in seiner Laufbahn als Mitarbeiter einer Zeitschrift – hinnehmen mußte, daß seine Texte vom Chefredakteur, teilweise sogar in größerem Umfang, korrigiert wurden. Hauptsächlich schrieb er Artikel für die Kolumne *World at War* und kommentierte die aktuellen Ereignisse in Deutschland: die Selbstmorde hoher Nazi-Funktionäre,

der Niedergang des ›Tausendjährigen Reiches‹, die Unfähigkeit der Deutschen, sich schuldig zu bekennen. Doch es ließ sich nicht leugnen: Sein
journalistisches Talent war eher durchschnittlich. Ton und Stil waren
einfach nicht pointiert genug, seine Artikel gerieten ihm oftmals zu lang
und zu langatmig. Von den jungen amerikanischen Journalisten, die zu
seinem Team gehörten, könne er gewiß noch etwas lernen, schrieb er
denn auch etwas betreten der Mutter im März 1945.[87]

Immerhin wurde Klaus Mann am 5. Mai, fünf Tage nach Hitlers
Selbstmord im Führerbunker der Reichskanzlei und zwei Tage vor der
Unterzeichnung der bedingungslosen Kapitulation Deutschlands, als
Sonderberichterstatter von *The Stars and Stripes* nach Deutschland geschickt. Mit einem Kameraden fuhr er im Jeep quer durch Italien und
Österreich direkt nach Bayern. Am 10. Mai stand er in der Poschingerstraße vor seinem Elternhaus. Wie mochte man sich fühlen, nach so langer Zeit wieder in der altvertrauten Straße vor altvertrauten Toren zu
stehen und sich zu vergegenwärtigen, daß den – alles in allem – überwiegend friedlichen Stunden im Heim seiner Kindheit und Jugend eine Ära
der Barbarei gefolgt war? »*Unser Haus aufgesucht* – praktisch zerstört«,
vermerkte Klaus Mann am 10. Mai lapidar in seinem Tagebuch. Er verlor kein Wort darüber, was er in diesem Augenblick empfand. Kein Ausdruck von Trauer und Melancholie, nicht ein Zeichen, das auf eine seelische Erschütterung schließen ließ. (Als er einen Monat später mit Curt
Riess dessen zerstörte Heimatstadt Würzburg »inspizierte«, vermerkte er
in seinem Journal immerhin das bedeutungsvolle Stichwort: »Curts
Kindheitserinnerungen.«[88]) War ihm seine Vergangenheit tatsächlich
schon so fern, die Kluft zwischen ihm und der einstigen Heimat so groß?
Oder hatte er sich einem Sturm von Gefühlen ausgesetzt gesehen, den er
erst einmal nicht zu benennen vermochte? In seinem Artikel *You Can't
Go Home Again*, der am 20. Mai 1945 in *The Stars and Stripes* erschien[89],
meinte er, sei wie »ein böser Traum« gewesen, durch die »tote« Stadt zu
gehen. Das »Gefühl von Fremdheit und tiefer Verwirrung« habe sich
beim Anblick der »kaputten Wände und leeren Fenster« des Hauses
dann fast bis ins »Unerträgliche« gesteigert: er habe sich des Eindrucks
nicht erwehren können, daß er »eine böse Karikatur der eigenen Vergangenheit« betrachte. In jenem Artikel – wie auch später im *Wendepunkt* –
berichtete er, daß die Fassade des Hauses zwar nur geringe Schäden aufgewiesen habe, das Innere jedoch völlig verändert gewesen sei: »Es gab

Wände und Türen, die ich noch nie gesehen hatte. Alle Räume waren kleiner geworden, als ob sie sich vor Ekel und Abscheu zusammengezogen hätten. Das Arbeitszimmer meines Vaters, früher geräumig und würdevoll, wirkte nun seltsam verkleinert.« Er habe sich beeilt, wieder ins Freie zu gelangen, doch plötzlich habe er auf dem Balkon im oberen Stockwerk vor seinem alten Zimmer eine junge Frau entdeckt, die offenbar im Haus Quartier bezogen habe. Zuerst habe sie voller Mißtrauen auf ihn herabgeblickt: auf den Soldaten in der Uniform des Siegers, der so gut deutsch sprechen konnte. Schließlich habe sie ihm dann erzählt, daß das Haus jahrelang als eine »Baby-Fabrik« – für den ›Lebensborn‹ – fungiert habe: »Sie wissen doch, die Verbreitung der nordischen Rasse und so was. Der Führer wollte, daß sie Nachwuchs zeugten mit rassemäßig erstklassigen Männern. So kamen sie hierher und erfüllten ihre Pflicht mit ausgewählten Burschen von der SS.« So beschrieb Klaus Mann seine erste und letzte Begegnung mit dem von den Nazis entweihten »Poschi-Haus«, zwölf Jahre, nachdem er es verlassen hatte.

Er blieb nur ein paar Tage in München. Er hatte den Auftrag, noch einige Interviews zu führen: mit Hermann Göring in Augsburg (der als Gefangener der Alliierten auf seinen Prozeß wartete), mit dem betagten Richard Strauss in Garmisch-Partenkirchen, mit Winifred Wagner in Bayreuth, mit Präsident Beneš in Prag. Dem Vater schrieb er, am meisten habe ihn verblüfft, daß ein Mann von so außergewöhnlichem Talent wie Richard Strauss »moralisch derart abgestumpft und gefühllos sein« könne. Und daß er ausgerechnet mit Hermann Göring gesprochen habe, käme ihm wahrhaft »traumartig und phantastisch« vor.[90] Von Prag aus fuhr er weiter in das KZ Theresienstadt. Klaus Mann verschonte seine Leser weitgehend mit den schrecklichen Details des Massenmords. Statt dessen sprach er in seinem Bericht *Model City of Hate* (*Ein KZ zum Vorzeigen*) von dem »Musterghetto«, dessen »Bewohner« – er sprach tatsächlich von »Bewohnern« –, die »allzu deutliche Spuren von Mißhandlung oder Unterernährung« aufgewiesen hätten, sich einst für die Dauer der offiziellen Besuchstour hätten verstecken müssen. Nur am Rande erwähnte er die Todestransporte, die Gaskammern in Auschwitz und daß »Hundertsechzigtausend Juden« Theresienstadt seit 1942 passiert hätten, von denen »nur dreitausend« überlebt hätten.[91] Er schilderte seine Betroffenheit, als er seine Tante Mimi wiedersah, Heinrich Manns erste Frau, die wie durch ein Wunder Theresienstadt überlebt hatte. Es war ein erstaunlich nüchterner Bericht angesichts des Grauens, mit dem er an jenem Tag konfrontiert wurde.

Später, im *Wendepunkt*, zögerte er nicht länger, das Fürchterliche beim Namen zu nennen. Als er seine Visite im KZ Dachau schilderte, sprach er vom »Schreckenslager«, den »Folterkammern, Öfen und Galgen« und davon, daß »dieser ganze Mordapparat, wenngleich hochmodern in seiner technischen Ausführung [...] irgendwie den Eindruck des Unwirklichen, Phantastischen oder doch Historisch-Distanzierten« hinterlasse. Und er fragte:

> »Gibt es dergleichen in unseren Tagen, die wir für gesittet halten wollen? Dergleichen gibt es. Von den Unseligen, Verfluchten, die noch vor einem Monat an jenen atavistisch-obszönen Greueln teilgenommen hatten, ist gleichfalls eine Anzahl in Dachau zu besichtigen.[92] Nicht weit von der museumshaft erhaltenen Prügelstube sitzen sie hinter Stacheldraht, die Folterknechte der Neuen Ordnung, die Stützen der Hitlerschen Gesellschaft, Stolz und Elite einer verblendeten Nation. Unter diesen SS-Verbrechern gab es vielleicht diesen oder jenen, der sich einst bei den Züchtungsorgien in unserem Hause mannhaft hervorgetan...«[93]

Was nun?

Mit denkbar gemischten Gefühlen traf Klaus Mann Ende Juni – nach kurzen Aufenthalten in Luxemburg und Paris – wieder in Rom ein, wo er zunächst seine Arbeit bei *The Stars and Stripes* fortsetzen wollte, bis die Redaktion aufgelöst und ihn die US Army aus dem Militärdienst entlassen sollte. Er hatte genug gesehen und erfahren, um sich in seiner These von der Kollektivschuld der Deutschen bestätigt zu fühlen. Zugleich war er voller Skepsis, ob die Errichtung einer dauerhaften Demokratie in Deutschland möglich sein würde. In jenem Brief an den Vater hatte er geschrieben:

> »Diese beklagenswerte, schreckliche Nation wird Generationen lang physisch und moralisch verstümmelt, verkrüppelt bleiben. Du wirst wesentlich mehr zu dem langsamen Prozeß von Deutschlands geistiger Wiederherstellung beitragen, wenn Du Dein Lebenswerk irgendwo zwischen Pacific Palisades und Küsnacht abschließt als durch die Übernahme einer hoffnungslosen und undankbaren politischen Mission oder Position. Du würdest wissen, was ich meine, wenn Du mit mir die Ruinen von München gesehen hättest.«[94]

In der Tat, das zerstörte, in Trümmern liegende Land war für ihn ein anonymer Ort geworden. Er hatte hier keine Freunde mehr, und er verspürte auch kein Bedürfnis, mit den Zurückgebliebenen wieder in Kontakt zu treten. Mit anderen Worten: Auch er dachte nicht daran, nach Deutschland zurückzukehren. (Nur für einen Moment spielte er mit dem Gedanken, sich als Redakteur von *The Stars and Stripes* in Berlin niederzulassen.) Haß gegen das Land seiner Herkunft hatte ihm diese Entscheidung jedoch gewiß nicht diktiert, so wie man es in jenen Jahren gern seiner Schwester und bisweilen auch dem Vater nachzusagen pflegte. Trotz seines Hasses gegen die nationalsozialistische Diktatur hatte Klaus Mann nicht die Augen vor den elenden Verhältnissen verschlossen, die jetzt in Deutschland herrschten. Allerdings saßen die Ressentiments gegen die faschistischen Machthaber, die sich in Deutschland so mühelos hatten etablieren können, tief genug, daß er die künftige Entwicklung erst einmal aus der Ferne beobachten wollte. Und schließlich: Er, der geächtet und ausgebürgert worden war, fürchtete – wer mag es ihm verdenken – Repressalien. Wer hätte ihm, in diesen unsicheren Zeiten, schon seine persönliche Sicherheit garantieren können?

Eigentlich wollte Klaus Mann New York zu seinem künftigen Wohnort machen. Doch als er am 28. September 1945 von der US Army seine Entlassungspapiere ausgehändigt bekam, hatte er es nicht eilig, Rom zu verlassen. Monatelang hatte er diesem Tag entgegengefiebert, als es nun aber endlich soweit war, stürzte ihn der Verlust der militärischen Gemeinschaft in Verzweiflung: »Entlassung. Unsicherheit. Entwurzeltsein. Ekel.«95 Schon allein deshalb mochte er der Stadt, an der er im übrigen Gefallen gefunden hatte, nicht so schnell den Rücken kehren: Hier hatte er immerhin ein paar ganz angenehme Monate verlebt; der Gedanke an New York weckte in ihm dagegen nur schlimme Erinnerungen. Außerdem lockte ihn eine neue Aufgabe, für die seine Anwesenheit in Rom erforderlich war. Der Filmregisseur Roberto Rossellini hatte Klaus Mann angeboten, an seinem neuen Film mitzuarbeiten. Im Stil des von ihm mitbegründeten Neorealismus wollte Rossellini einen sechsteiligen Episodenfilm über die schrecklichen Verhältnisse unmittelbar nach der Befreiung Italiens drehen. Klaus Mann sollte die verschiedenen Drehbücher, die für das Filmprojekt *Paisà* bereits geschrieben worden waren, sichten und ein neues Skript schreiben. Er hatte Rossellini und den Produzenten Roland Geiger Ende Juli kennengelernt, und schon ein paar Tage später hatte ihm Geiger den Vertrag vorgelegt. 3 000 Dollar Honorar waren vereinbart worden. Sofort machte sich Klaus Mann an die Arbeit, und schon nach wenigen Wochen hatte er die meisten Szenen, u.a. die Episode *The Chaplain*, in der das Ende eines Faschisten geschildert wird, soweit fertiggestellt, daß mit den Dreharbeiten hätte begonnen werden können.[96] Es dauerte fast ein halbes Jahr, bis Klaus Mann begriff, daß dem gemeinsamen Projekt mit Rossellini keine Zukunft beschert sein, ja daß er zu guter Letzt nicht einmal den Bruchteil des vereinbarten Honorars ausgezahlt bekommen würde. Von Anfang an gab es Schwierigkeiten: Klaus Manns Tagebuch berichtet von erheblichen Meinungsverschiedenheiten zwischen ihm und dem Filmregisseur, die offenbar unüberbrückbar waren. Am 15. November, drei Tage vor seinem 39. Geburtstag, notierte er: »Entschlossen, aus dem Film auszusteigen. ›Abschiedsbrief‹ an Rossellini; ›Memorandum‹ an Lawrence, Geiger.«[97] Eineinhalb Wochen später vermerkte er zwar, daß es, zu einer »kühlen Versöhnung«[98] mit Rossellini gekommen sei, doch schon kurz darauf kam es zu neuen Auseinandersetzungen. Anfang Dezember hatte Klaus Mann endgültig genug von den Spannungen und stieg aus dem Filmprojekt aus. Als der Film 1946 in den Kinos anlief, wurde im Vorspann nicht einmal sein Name erwähnt.

Am 24. Dezember 1945 traf Klaus Mann in Zürich ein, um mit Erika und ihrer neuen Lebensgefährtin Betty Knox das erste Weihnachtsfest im befreiten Europa zu feiern. Er hatte seine Schwester – abgesehen von einem hektischen Abend in Rom – fast zwei Jahre nicht gesehen, und er war in Sorge, ob sich die alte Vertrautheit zwischen ihnen wieder einstellen würde. Seine Zweifel waren berechtigt. Nicht zuletzt der Schrecken des Krieges, mit dem Erika als Kriegskorrespondentin der US Army ungleich stärker als Klaus konfrontiert gewesen war, hatte die beiden einander entfremdet.

SECHSTES KAPITEL

DER ABSTURZ

(1946-1949)

Keine Rettung durch die Geister

Das Jahr nach der historischen ›Stunde Null‹ begann für Klaus Mann recht verheißungsvoll. Es schien, als böten sich auf dem europäischen Markt gute Publikationsmöglichkeiten für *The Turning Point*. Noch kurz vor seiner Abreise aus Rom hatte er das Vorwort für eine italienische Ausgabe der Autobiographie verfaßt. Ebenso bemühten sich ein französischer und ein englischer Verlag um die Publikationsrechte. Fritz Landshoff regte an, Klaus Mann solle seine Autobiographie doch in seine Muttersprache übersetzen: »Sehr gern würde ich den ›Turning Point‹ schleunigst in deutsch erscheinen lassen. Wo aber nehme ich ein deutsches Manuskript her?«[1] Auch die Gide-Monographie sollte in Europa bald erhältlich sein, und zwar über den kleinen Schweizer Steinberg Verlag. Das überraschende Interesse schien Klaus Mann erst einmal zu beflügeln, denn er schmiedete in jenen Tagen ungewöhnlich viele Pläne. Zusammen mit Erika wollte er einen Film über Mozart drehen; zu diesem Zweck fragte er bei Bruno Walter in New York an, ob er sich eine Mitarbeit an dem Projekt vorstellen könne. Ja, er würde gern mitmachen, nur stehe er leider erst ab Frühjahr 1947 zur Verfügung, lautete die prompte telegraphische Antwort.[2] Trotzdem war dem Unternehmen keine Zukunft beschert, weder in diesem noch im folgenden Jahr. Eine Zeitlang bemühte sich Klaus Mann noch darum, in Wien einen Regisseur zu finden. Er tat es offenbar nur halbherzig. So schnell die Idee während eines Abendessens entstanden war, so schnell war sie wieder vom Tisch. (Auch spätere Überlegungen, den *Zauberberg* zu verfilmen oder einen Film über *The Trembling Earth* zu drehen, verfolgte er schließlich nicht weiter.)

Eine Weile spielte er mit dem Gedanken, ein Buch über die europäische Kultur der Nachkriegszeit zu schreiben. Es sollte *The New Face of European Culture* heißen. Doch das Buch kam nicht zustande. Außerdem hatte er bereits Ende April 1945 ein Guggenheim-Stipendium beantragt, um eine Biographie über den Mystiker Jacob Böhme zu verfassen. Vermutlich wurde ihm das Stipendium nicht bewilligt, denn auch dieser Plan zerschlug sich. Dagegen schien eine andere Idee langsam Gestalt anzunehmen. Noch im Dezember hatte Klaus Mann einen ersten Entwurf für ein Drama zu Papier gebracht und gleich nach seiner Ankunft in Zürich mit der Niederschrift begonnen. Dafür zog er auch seine bereits 1942 entstandene Geisterkomödie *The Dead Don't Care* heran, von der er in einem Brief meinte, sie sei »die allererste, sehr vorläufige, englische Version«3, die schon fertig gewesen sei, ehe er in die Armee eintrat. *Der Siebente Engel* war seit 1932 seine erste umfangreiche Theaterarbeit, die er auf deutsch verfaßte und zugleich das letzte größere Werk, das er vollendete. Seit 1942 hatte er sich mit dem Spiritismus beschäftigt; er hatte selbst an verschiedenen Séancen teilgenommen und war schließlich zu der Einsicht gelangt, daß für ihn das Eintauchen in okkulte Sphären mitunter amüsant, alles in allem jedoch »nichtssagender Unsinn«4 war – was ihn jedoch nicht daran hinderte, noch im Dezember 1945 mit ein paar Freunden in Rom eine weitere Geisterbeschwörung abzuhalten.5 Immerhin, die Vorstellung, über ein ›Medium‹ in Kontakt mit dem Jenseits zu treten, ja vielleicht sogar mit den toten Freunden zu ›sprechen‹, blieb für ihn auch künftig nicht ohne Reiz6 – in diesem Sinn wird auch in seinem Drama dem mystischen Aspekt nicht generell eine Absage erteilt. Schauplatz ist eine kleine Insel nahe der kalifornischen Küste. Dort lebt in einem Kloster die verwitwete Vera Vanstraaten mit sechs Kindern und ihrer Schwägerin Judith. Die Bewohner haben sich ganz dem Spiritismus verschrieben: Judith hat die Vanstraaten-Gesellschaft zur »größten okkulten Bewegung aller Zeiten«7 geführt. Der Spiritismus hat Hochkonjunktur angesichts wachsender »irdischer Übelstände«: »Je verzweifelter die Lage in der materiellen Welt, desto stärker die Attraktion der Geistersphäre!« (S. 329) In diese spiritistische Gemeinschaft, in der jedes Kind und jeder Erwachsene von Judith seine spezielle Aufgabe zugewiesen bekommen hat, bricht Till ein, ein »Vagabund, ein Tunichtgut, ein Hans-in-allen-Gassen« (S. 390), aber erdverbunden genug, um sich nicht von der okkulten Atmosphäre vereinnahmen zu lassen. Er verliebt sich in Vera und möchte sie aus dem Reich der Toten ins Leben zurückführen. Für ihn sind die Beschwörungen der Geister und des bevorstehenden Weltuntergangs nichts als »mystischer Kauderwelsch«. (S. 400) Die eifersüchtige Judith läßt ihn schließlich – vor den Kindern – die Klippen hinab in den Tod stürzen. Doch Vera erwartet ein Kind seit einer Liebesnacht mit Till: Es wird der siebente Engel werden, der dem »Locktanz« (S. 325) der Kinder für die abendliche Séance noch fehlte.

Die Bezüge zu Klaus Manns früheren Werken sind unverkennbar: das Kloster, die tanzenden Kinder, die eine Maske vor dem Gesicht tragen, die Witwe, der Fremde, die Empfängnis neuen Lebens, die Gegenüberstellung der (scheinbar) idyllischen Innen- und der feindlichen Außenwelt – diese und andere Motive verweisen auf *Anja und Esther*, den *Frommen Tanz*, *Geschwister* und vor allem auf *Die Kindernovelle*. Neu ist die politische Dimension, die das Werk zu einer Art Verkündungsdrama werden läßt; der Absage an die Welt der Geister folgt der Aufruf zum Widerstand: Die Menschen sollen nicht tatenlos zusehen, wie die Welt zugrunde geht. Vor dem zeitgeschichtlichen Hintergrund der beiden Atombomben, die im August 1945 von den Amerikanern auf Hiroshima und Nagasaki abgeworfen wurden und in dem Bewußtsein, daß der Krieg zwar angeblich zu Ende, doch vom Frieden nichts zu spüren ist, läßt Klaus Mann Till schließlich ausrufen:

»[...] ich weiß, daß wir von den Geistern nichts erwarten dürfen – nicht Trost, nicht Hilfe – nichts. [...] Das Idealprogramm zur Vermeidung der Katastrophe fällt nicht vom Himmel; kein Geisterbote kredenzt es uns auf silbernem Tablett. Die Rettungsaktion, von der wir träumten, wird hier geplant und ausgeführt – oder nirgends! Wenn die Welt wirklich zum Teufel geht, dann werden nicht die Mächte daran Schuld sein, sondern unsere Physiker, die demnächst Planeten in die Luft sprengen dürften, und unsere feinen Politiker und Wirtschaftsführer, die an der Apokalypse zu verdienen hoffen.« (S. 383)

Klaus Mann schrieb mehrere Schlußversionen, bis er endlich zufrieden war. In einer Variante stürzt Till von selbst die Klippen hinab, in einer anderen überlebt er den Anschlag und verläßt mit Vera und den Kindern die Insel, um in die normale Welt zurückzukehren. Die anklingende Untergangsstimmung, die in dem Stück vor allem politisch begründet wird, spiegelte auch seine eigene düstere Verfassung wider: Nach einem Happy-End war ihm angesichts der »uneigentlichen, verfluchten, der Apokalypse verfallenden Welt« (S. 393) nicht zumute.[8]

Ausgebrannt

Mit dem fast fertigen Manuskript im Gepäck fuhr Klaus Mann Mitte
März zurück nach Rom. Er hoffte darauf, daß das Stück schon bald auf
einer europäischen Bühne aufgeführt werden würde, doch auch diese
Hoffnung zerschlug sich. Bereits am 13. April 1946 brach Klaus Mann –
mit kurzen Zwischenstopps in Paris und Amsterdam – zu einer größeren
Reise nach Österreich und Deutschland auf. In den nächsten Wochen verfaßte er als Sonderberichterstatter für die englischsprachige Zeitung *Rome
Daily American* Reportagen über Wien, Berlin und vor allem über seine
Eindrücke *In der russischen Zone*[9]: Dresden, Leipzig, und Weimar. (Ohne
einen Presseausweis hätte er nicht in die sowjetisch besetzen Gebiete ein-
reisen dürfen.) Sein Fazit über das Klima in Nachkriegsdeutschland war
eindeutig: Mochte »die deutsche Krankheit auch nicht für alle Zeiten unheilbar sein, so ist doch gegenwärtig eine Heilung noch lange nicht in
Sicht«, schrieb er in seinem Artikel *Nazismus in Deutschland wieder im
Aufwind*.[10] Auf seine Frage »[...] wie viele Deutsche innerlich Nazis geblieben sind?« habe er die höhnische Antwort zu hören bekommen:

»Nun, ich sage Ihnen, wie man das herausfinden kann. Man müßte sämtliche alliierten Truppen aus deutschem Gebiet abziehen (oder sie müßten sich zumindest un-
sichtbar machen) und eine geheime Truppe von zuverlässigen Beobachtern zurücklassen. Gleichzeitig sollte eine Wiederkehr des Führers inszeniert werden, im Stil der
Rückkehr Napoleons von Elba. Am nächsten Tag müßten alle, die Nazi-Fahnen ge-
hißt haben oder Parteiabzeichen tragen, verhaftet und bei Morgengrauen erschossen
werden! Möglicherweise müßten Sie 90 Prozent unserer Bevölkerung liquidie-
ren...«[11]

War es so? Zumindest Klaus Mann *wollte* nichts anderes gelten lassen.
Seine Diagnose, daß die Deutschen unfähig seien sich einzugestehen, daß
sie und nur sie für ihr Unglück – und für das, was über die Völker in Europa hereingebrochen war – verantwortlich waren, mündete in der Erkenntnis, daß ein Jahr nach Kriegsende »die Dinge in Deutschland [...]
sich derzeit nicht zum Besseren, sondern zum Schlimmeren« entwickelten.[12]

Am 3. Mai 1946 saß Klaus Mann bei einer Aufführung des *Snob* von
Carl Sternheim im Zuschauerraum des Berliner Deutschen Theaters und
erlebte Gustaf Gründgens in der Hauptrolle auf der Bühne. An jenem
Abend sei »›Tout Berlin‹, oder was noch davon übrig war«, im Theater

gewesen, »um Gustafs Rückkehr zu feiern.«[13] Zu einem persönlichen Gespräch sei es nicht gekommen, schrieb Klaus Mann in seinem Essay *Old Acquaintances (Alte Bekannte)*, der Anfang 1947 in der New Yorker Zeitschrift *Town & Country* erschien.[14] Er habe sich geweigert: Nur die alten deutschen Bekannten wolle er wiedersehen, »deren Nazi-Gegnerschaft nachweislich bis in die Zeit vor Mai 1945« zurückreiche. Gründgens jedoch sei »vor, während und nach der Nazizeit [...] Berlins unverwüstlicher Liebling« gewesen.[15] Er blieb dieser Regel bis zu seinem Tod treu. Mit Erich Ebermayer, W. E. Süskind und den anderen alten Freunden aus seiner Jugendzeit wollte er nichts mehr zu tun haben.

Wohl um seine amerikanische Staatsbürgerschaft nicht zu gefährden[16], aber auch, um die Eltern wiederzusehen, trat Klaus Mann am 2. Juli 1946 von Palermo aus mit der »Vulcania« die Rückreise nach Amerika an. Ende Juli machte er sich auf den Weg nach Pacific Palisades – vier Jahre war er nicht mehr dort gewesen. Er fuhr mit gemischten Gefühlen zu seinen Eltern. Es sei ihm »selbst etwas rätselhaft«, wie lange er in Kalifornien zu bleiben gedenke. Dafür spräche, daß er »doch so viel zu dichten habe, und die Westküste so still und friedlich ist«, dagegen, daß ein »ausgedehnter Besuch im Kinderhause [...] eine Art von Haft-Psychose« bei ihm hervorrufen könne, schrieb er der Mutter.[17] Seine Pläne seien sehr ungewiß, teilte er im August auch Hermann Kesten und im November Herbert Schlüter mit.[18] In Wahrheit hatte er erst einmal keine Pläne mehr. Er wußte nicht, wohin er gehen und was er als nächstes schreiben sollte, ja er wußte überhaupt nicht mehr, was ihn aufheitern, stimulieren, ihm einen Hauch von Freude bereiten konnte. So blieb er zunächst, all seinen Bedenken zum Trotz, bis September im Haus seiner Eltern und nahm die Übersetzungsarbeit an seinem eben erst fertiggestellten Drama auf. Noch vermochte er seinen trostlosen Zustand vor den Seinen weitgehend zu verbergen: In seinen *Erinnerungen* schreibt Golo Mann, er habe im Winter 1947 zu fühlen begonnen, daß die »Seele« seines Bruders »krank« war. Nur am Rande erwähnte er, daß Klaus um diese Zeit schon wieder mehr als ein Jahr hochgradig drogenabhängig war. Höchstwahrscheinlich noch in Europa, vielleicht aber auch in Kalifornien oder in New York, wohin er sich im September begab, hatte er wieder Zuflucht bei der »chose infernale« gesucht. Die Eintragungen aus dem Jahre 1947 lassen diesen Rückschluß zu, da Klaus Mann bereits in den ersten Januartagen die Einnahme von relativ hohen Dosen verzeichnete. Bis zu seinem Tod erfolgten diese Eintragungen nun fast täglich, meistens ohne Kommentar, doch pedantisch genau in bezug auf Art und Mengenangabe.

Bis auf sorgfältige Vermerke über zwei, drei Verfehlungen gibt es seit jenem letzten Zusammenbruch in Zürich im April 1938 keinen Hinweis darauf, daß sich Klaus Mann bis 1946 noch einmal zum exzessiven Drogengenuß hätte verleiten lassen. Nicht die bittere Enttäuschung nach dem Niedergang seiner Zeitschrift *Decision*, nicht die vielen einsamen Abende im Camp Crowder und auch nicht die trüben Stunden nach seinen beiden mißglückten Selbstmordversuchen hatten einen neuerlichen Rückfall provoziert. Freilich erlaubte er sich die tägliche Einnahme von Benzedrin und anderen Aufputschmitteln, die aufgrund ihrer anregenden Wirkung damals besonders in Künstlerkreisen weit verbreitet waren. Was mochte Klaus Mann also dazu bewogen haben, sich in jenen zweifellos schwierigen, aber doch nicht gänzlich hoffnungslosen Zeiten wieder dem Laster des »Kleinbürgerlichen«[19] hinzugeben, wie die Mutter die Drogensucht des Sohnes beharrlich zu umschreiben pflegte? Gab es einen konkreten Auslöser? Hatte er sich von einer Laune leiten lassen oder hatte er bewußt entschieden, die möglichen Konsequenzen in Kauf zu nehmen? Die näheren Gründe werden wohl für immer im Dunkeln bleiben. Die Aufzeichnungen des Jahres 1946 – seit seinem Eintritt in die Armee pflegte Klaus Mann seine Eintragungen nur noch in kleinen Kalenderbüchern vorzunehmen –, denen vermutlich genauere Angaben über die Umstände einer erneuten Fixierung auf die Droge zu entnehmen gewesen wären, sind verschollen. Oder gab es ihn vielleicht doch, den entscheidenden Hinweis, den erhellenden Zusammenhang, der erklären könnte, weshalb Klaus Mann sich erneut und möglicherweise sogar mit voller Absicht dem erbärmlichen Schicksal der Drogenabhängigkeit überließ? »Ich *kann* und *will* nicht sehr lange leben. Irgendwann werde ich den Tod doch wieder auf dem holden, schaurigen Umweg über die Droge suchen... Dies wird nicht ›Schwäche‹ sein. Ich werde es *wollen*«, hatte Klaus Mann bereits am 27. März 1939 in seinem Tagebuch notiert. War nun der Augenblick gekommen, den Selbstmord auf Raten einzuleiten?

Im September kehrte Klaus Mann zurück nach New York. Vermutlich setzte er in den kommenden Wochen die englische Übersetzung seines Dramas fort. Außerdem galt es, die Arbeit an einem Buch über Rom aufzunehmen, das er für den New Yorker Philosophical Library schreiben sollte. Das Projekt endete mit einer herben Enttäuschung. Als er im November dem Verleger die ersten 63 Seiten vorlegte, lehnte dieser das Manuskript ab – es gefiel ihm nicht.

Das Leben in New York, der Stadt, die ihn einst so fasziniert hatte, empfand Klaus Mann von Tag zu Tag als bedrückender. Neunzehn Jahre war es jetzt her, daß die *Rundherum*-Tour Erika und ihn das erste Mal in die pulsierende Metropole geführt hatte. Vor neunzehn Jahren hatte er seinen Geburtstag noch ausgelassen mit Erika, Ricki und Eva Herrmann gefeiert; dieses Jahr nun jährte sich der Tag seiner Geburt zum vierzigsten Mal. Gut möglich, daß ihn an jenem Tag mehr als sonst die Sehnsucht nach den vergangenen Zeiten und den entschwundenen Freunden erfaßte – und danach, wieder jung zu sein. Er, der eine geradezu panische Angst vor dem Älterwerden hatte, dürfte in diesem Augenblick denn auch nur flüchtig zur Kenntnis genommen haben, daß der Lärm und die Skandale um seine Person und erst recht die gnadenlosen Verrisse und persönlichen Attacken für ihn nicht immer leicht zu ertragen gewesen waren. Auch diese zweifellos schmerzlichen Erfahrungen hatten ihre Spuren hinterlassen, nur wollte er davon in seinem Gram über das unabwendbare Schicksal des Alterns nichts mehr wissen. Was mochte ihm in jenen Monaten durch den Kopf gegangen sein? Womöglich das, was wie ein Leitmotiv seine künftigen Einträge bestimmen sollte: »sehr müde, deprimiert, entmutigt.«[20]

In dieser Zeit registrierte Klaus Mann beunruhigt, daß ihm die literarische Arbeit immer mehr Mühe bereitete. Es fehlte nicht an Ideen – aber allmählich begann er ernsthaft daran zu zweifeln, ob er noch über den Schaffensantrieb verfüge, über den er sich einige Jahre zuvor noch so enthusiastisch geäußert hatte: »Schreiben ist mir die eigentlich natürliche Beschäftigung.«[21] Im März 1947 quälte er sich mit einem Entwurf für ein Buch ab, das er zusammen mit Erika schreiben wollte. Ausgangspunkt sollten ihre persönlichen Erfahrungen und Erlebnisse in Deutschland und Europa nach dem Zusammenbruch der Hitler-Diktatur sein. Zuerst sollte das Buch *You can't go home again* heißen; später einigten sie sich auf den Titel *Sphinx without Secret*. Doch blieben mehrere Gespräche mit New Yorker Verlagen erfolglos: Keiner zeigte Interesse. Anfang April notierte Klaus Mann, daß er sich Notizen für eine »wirkliche vielversprechende Idee« gemacht habe. »Der *Fräulein*-Roman«[22] sollte eine Satire auf die deutsche Nachkriegszeit werden. Die Arbeit bereitete ihm zunächst viel Vergnügen, doch knapp einen Monat später plötzlich das niederschmetternde Bekenntnis: »Probekapitel fallen gelassen, weil ich *es einfach nicht kann*...«[23] Noch wollte es Klaus Mann nicht wahrhaben, aber mit diesem Satz hatte er den Endpunkt seiner literarischen Existenz markiert. »Wenig gearbeitet«, »zu langsam«, später dann: »mehr gekämpft als geschrieben«, oder: »nicht geschrieben, sondern gekämpft«[24] – dies waren die künftigen Worte eines Künstlers, der seine Kräfte verbraucht hatte.

Am 22. Mai flog Klaus Mann nach Amsterdam. Von dort aus fuhr er über Genf nach Zürich, wo er mit den Eltern und Erika zusammentraf. Gemeinsam wollten sie am internationalen PEN-Kongreß teilnehmen, der vom 3. bis 7. Juni in Zürich stattfand – der erste nach dem Krieg. Thomas Mann hielt den Festvortrag. Ein ganzer Sitzungstag war der Frage gewidmet, ob ein deutsches PEN-Zentrum eingerichtet werden solle und wenn ja, wer in die Gruppe aufgenommen werden dürfe. Nach hitzigen Debatten und leidenschaftlichen Protesten entschied sich der Kongreß schließlich für die sofortige Neugründung. In seinem Bericht über den *P.E.N.-Club in Zürich* enthielt sich Klaus Mann jeden Kommentars, wie er selbst über die Rehabilitierung der deutschen ›Daheimgebliebenen‹ dachte und ob er auch für die Aufnahme von Autoren wie W. E. Süskind gestimmt habe. Wohl aber ließ er seinen Artikel mit den melancholischen Sätzen ausklingen: »Versuchen wir, zuversichtlich zu bleiben, selbst wenn wir die tragischen Verwicklungen unserer Lage erkennen! [...] Versuchen wir, die Hoffnung zu bewahren – malgré tout, trotz allem, after all...«[25]

Ein Jahr blieb Klaus Mann in Europa. Er hatte genug von New York; er hatte genug von Verlegern, die seine Manuskripte ablehnten, und von einer Öffentlichkeit, die ihn und seine Bücher kaum wahrnahm. In Europa, so seine Hoffnung, würde er wieder Respekt und Anerkennung erfahren. Überwiegend lebte er in Amsterdam, wo er vor allem mit Fritz Landshoff viel Zeit verbrachte, der gerade dabei war, den Querido Verlag wieder aufzubauen. Aber auch in Zürich und Paris machte er für einige Wochen Station. Für einen Moment schien es, als käme alles wieder ins rechte Lot. Klaus Mann trug sich mit der Idee, als Mittler zwischen den Kontinenten aufzutreten: Europa wollte er auf die amerikanische Nachkriegsliteratur aufmerksam machen, Amerika wiederum auf die aktuellen literarischen Strömungen Europas. Zudem hatte Fritz Landshoff ihn beauftragt, unter dem Titel *Deutsche Stimmen* eine Anthologie zusammenzustellen, die im nächsten Jahr im Querido Verlag erscheinen sollte. In den nächsten Wochen verfaßte er das Vorwort und traf eine Vorauswahl der Autoren und Texte. Seine Mühe war umsonst: Das Buch konnte schließlich wegen der unsicheren Finanzsituation des Verlages nicht erscheinen. Eine ähnliche Erfahrung machte er, als er den Auftrag bekam, für eine reiche Italienerin eine Kulturzeitschrift zu konzipieren. *Synthesis* sollte multikulturell und -national[26] sein und verschiedene Sonderhefte zu speziellen Themen umfassen. Auch dieses Projekt konnte schließlich nicht realisiert werden. Immerhin waren seine Vorarbeiten für die Goethe-Anthologie, die der Vater in Amerika herauszubringen gedachte, nicht vergebens: *The Permanent Goethe. Edited, Selected and with an Introduction by Thomas Mann* erschien ein Jahr später im New Yorker The Dial Press Verlag. Allerdings wurde *sein* Name nicht erwähnt, obwohl ursprünglich von einer »Mitherausgeberschaft«[27] die Rede gewesen war.

Im November unternahm er eine Reise nach Kopenhagen und Stockholm, wo er einen Vortrag über *New Faces and Tendencies in American Literature* hielt. In Stockholm sprach er über das gerade beendete Werk des Vaters, *Doktor Faustus.* Stolz vermerkte er in seinem Tagebuch, daß ein Interview, das er auf einer extra einberufenen Pressekonferenz gegeben habe, in der gesamten Presse erschienen sei.[28] Anfang 1948 bereiste er mehrere deutsche Städte, um vor Professoren, Studenten und Schülern noch einmal seine Lesung über die amerikanische Literatur zu halten und über André Gide zu referieren. Die Tournee war eigentlich zu einem wesentlich früheren Zeitpunkt geplant gewesen, doch man hatte ihm zunächst die Einreise nicht bewilligen wollen. Die amerikanische Militärverwaltung hatte Bedenken geäußert, weil er – so ein Memorandum des US Army Intelligence and Security Command – den Kommunismus für die USA befürworte und mit zahlreichen US-Kommunisten befreundet sei.[29]

Klaus Mann hielt sich in Deutschland niemals lange an den jeweiligen Stationen seiner Reise auf. Registrierte er, daß sich inzwischen eine junge Schriftstellergruppe zu formieren begann, die der schrecklichen Vergangenheit zum Trotz einen literarischen Neuanfang wagte? In seinem Artikel *The Literary Scene in Germany (Die literarische Szene in Deutsch-*

land), der bereits im März 1947 in der New Yorker Zeitschrift *Tomor-row* erschienen war, findet sich noch kein Wort über die ›junge Genera-tion‹, aus der schließlich die »Gruppe 47« hervorging – für den Augen-blick bildete sie das literarisch-kulturelle Zentrum, das in Nachkriegs-deutschland bis dahin gefehlt hatte. Kein Wort auch über Wolfdietrich Schnurres bereits Anfang 1946 entstandene Erzählung *Mein Begräbnis* oder über Wolfgang Borcherts 1947 uraufgeführtes Heimkehrer-Drama *Draußen vor der Tür*. Statt dessen meinte er: »Neue literarische Namen jedoch sind so rar wie Kaffee oder Zigaretten. Es gibt keine neue literari-sche Bewegung. Ebensowenig sind mir während meiner Reisen irgend-welche Anzeichen eines literarischen Neubeginns aufgefallen.«[30] Zu-gleich konstatierte er eine »Feindseligkeit« von deutschen Schriftstellern gegenüber »ihren emigrierten Kollegen, die »immer offener und aggres-siver werde.«[31] Ebenso sei die »Literaturpolitik im besetzten Reich« durch »einen besonders großen Mangel an Entschlußkraft und Phanta-sie« gekennzeichnet. So hätten es die »Anglo-Amerikaner bis jetzt völlig versäumt, die Publikation guter deutscher Literatur zu fördern und zu erleichtern«. Das Ergebnis sei niederschmetternd: »Bücher von Exil-Schriftstellern sind in Nachkriegsdeutschland nicht erhältlich!« Er fügte hinzu, daß es dagegen »in den sowjetisch verwalteten Gebieten eine Menge neuer deutscher Literatur«[32] gebe. Diese Situation änderte sich für die Exilschriftsteller nur allmählich, und auch nur für wenige – vor allem nicht für Klaus Mann. Trotz intensiver Bemühungen auch von Fritz Landshoff wurde zu seinen Lebzeiten keines seiner im Exil entstan-denen Werke in Deutschland veröffentlicht.

Auch die freundliche Aufnahme seiner Vorträge in Deutschland, die durchaus weitere Anfragen nach sich zogen – dergleichen erlebte er in Prag, wo er im März 1948 ebenfalls mehrere Lesungen hielt und seinen viel beachteten Artikel über den mysteriösen Tod von Jan Masaryk[33] schrieb –, konnte nicht darüber hinwegtäuschen, daß ihm nach wie vor die Perspektiven fehlten: die beruflichen ebenso wie die privaten. Ende des Jahres 1947 hatte er *Den siebenten Engel* in deutscher und englischer Sprache endgültig abgeschlossen, seine *Gide*-Monographie lag nun in deutscher Übersetzung vor und er hatte damit begonnen, *The Turning Point* ins Deutsche zu übertragen. Umgekehrt übertrug er seinen Erst-lingsroman *Der fromme Tanz* und *Symphonie Pathétique* ins Englische; weitere Bearbeitungen und Übersetzungen früherer Romane und Aufsätze sollten folgen. Dies war im wesentlichen seine Beschäftigung in den nächsten Monaten. Dabei war es fraglich, ob sich ein amerikanischer Verlag jemals für die Drucklegung eines dieser Werke interessieren würde. Aber ging es überhaupt noch darum? Er habe »doch die Kraft der Begeisterung [...] die Festung, die aus Sätzen besteht« sollte Ludwig Marcuse ihm ein paar Wochen später aufmunternd zurufen, nachdem er von Klaus Manns erneutem Selbstmordversuch erfahren hatte.[34] Marcuse irrte: Genau diese »Festung« war es, die er verloren hatte. Vielleicht war sie ihm im Kampf um die Beherrschung der fremden Sprache abhanden gekommen. Dies jedenfalls vermutete Klaus Mann selbst. In einem seiner letzten Briefe schrieb er dem alten Freund Herbert Schlüter: »Oder fällt das Schreiben mir schwerer als in den flotten Kindertagen? Damals hatte ich *eine* Sprache, in der ich mich recht flink auszudrücken vermochte; jetzt stocke ich in zwei Zungen. Im Englischen werde ich wohl nie *ganz* so zuhause sein, wie ich es im Deutschen *war* – aber wohl nicht mehr *bin...*«[35]

In Wahrheit dürfte der Verlust seiner »Festung« aber vor allem das Symptom für die schwere Existenzkrise eines Schriftstellers gewesen sein, der inzwischen heimatlos, ein Fremder in zwei Kulturen geworden war. Blieb ihm über kurz oder lang nichts anderes übrig, als endgültig zu schweigen? Ein Prozeß fortschreitenden Verstummens wird jedenfalls in seinem Tagebuch offenbar. Waren die Eintragungen bis zu seinem Eintritt in die Armee auch von der – unbewußten – Suche nach einem ›Lebensmuster‹ geprägt gewesen, jenem lebendigen Zusammenhang von Freude und Schmerz, Vorlieben und Abneigungen, Zufällen und Notwendigkeiten, aber auch Möglichkeiten und Unmöglichkeiten einer ruhelosen und bindungsarmen Existenz, die sich zugleich in sammelnder und deutender Erinnerung ihrer selbst immer wieder vergewissern mußte, so beschränken sich die Notizen der letzten Jahre in zunehmendem Maße darauf, die Eckdaten eines Tages nur mehr stichwortartig zu notieren. Zwar scheint Klaus Mann immer noch seinem einst so ironisch beschworenen »seltsam ziellosen Pflichtgefühl« zu folgen, die Spuren seiner Arbeit, seiner Begegnungen, seiner Reisen und – nicht zu vergessen – seines Rauschgiftkonsums festzuschreiben, aber das Journal war nicht mehr länger Sammelpunkt und letzte Zuflucht für seine Gedanken, Empfindungen und Träume. Was kümmerten ihn noch die vitalen Leitlinien seiner Existenz, wenn der Lebenswille vor der lähmenden Trauer schon längst kapituliert hatte?

Am 18. April 1948 versuchte er sich in Amsterdam erneut das Leben
zu nehmen. In seinem Tagebuch notierte er lapidar, er habe dreißig Phano-
dorm geschluckt. Nur das Wort »Krise« hatte er noch vermerkt. Er erholte sich in einem jüdischen Krankenhaus, wo er sich – zwangsläufig –
auch einer Entziehungskur unterzog. Knapp einen Monat später wurde
er wieder rückfällig. Fürs erste entschloß er sich, Europa den Rücken zu
kehren und wieder nach Amerika aufzubrechen. Dies immerhin war ihm
noch geblieben: wann immer ihm danach zumute war, konnte er abreisen und woanders versuchen, zurück ins Leben zu finden.

Der Kampf

Am 24. Mai 1948 traf Klaus Mann in Pacific Palisades ein. Er suchte die
Nähe zu Erika – die sich allerdings nicht mehr so recht einstellen wollte.
Die Schwester lebte inzwischen im elterlichen Haus, um des Vaters »Sekretärin, Biographin, Nachlaßhüterin, Tochter-Adjutantin« zu sein, wie
Thomas Mann am 1. Februar 1948 feierlich in seinem Tagebuch vermerkt hatte. Die ›Berufung‹ war in Wahrheit nur noch eine Formalität
gewesen; in den letzten Jahren hatte sich Erika für den Vater unentbehrlich gemacht. Sie hatte seine Manuskripte redigiert, seine Vorträge überarbeitet und ihm bei Übersetzungen ins Englische zur Seite gestanden. Sie
hatte mit ihm anstehende Entscheidungen diskutiert, sie hatte Anregungen für künftige Pläne gegeben und von anderen abgeraten. Inzwischen
traf Thomas Mann keine Terminvereinbarungen mehr, die er nicht vorher mit ihr abgesprochen hatte. Bei alldem war der Bruder immer mehr
außen vor geblieben. Erika war in ihrer Eigenschaft als »Tochter-Adjutantin« voll ausgelastet, und es bedeutete ihr inzwischen sehr viel, dem
Vater eine Stütze zu sein und wieder eine Aufgabe zu haben, die immer
auf ein positives Echo stieß. Auch sie hatte in den letzten beiden Jahren
berufliche Niederlagen und persönliche Enttäuschungen erlebt, und auch
sie beobachtete die allgemeine politische Entwicklung voller Mißtrauen.
Zu anderen Zeiten hätte Erika, hätten sie und Klaus gemeinsam gewiß
noch einmal all ihre rhetorischen Fähigkeiten unter Beweis gestellt, um
ihren Beitrag für eine bessere und gerechtere Welt zu leisten. Jetzt aber
war auch bei Erika der Prozeß der Desillusionierung soweit fortgeschritten, daß sie froh war, wenn sie sich eine Weile auf ihre töchterlichen

Pflichten zurückziehen konnte, auch um den Preis, daß sie den Bruder vernachlässigte – und nachhaltig verletzte. Dabei war es nicht so, daß Erika für Klaus' Belange grundsätzlich kein Interesse mehr gehabt hätte, aber sie war es allmählich müde geworden, ihn immer wieder aufzurichten und immer wieder aufs Neue die Lebensenergie in ihm wachzurufen, um dann anschließend feststellen zu müssen, daß ihr Einsatz vergeblich war. Auch Golo Mann wies darauf hin, daß es zwischen den beiden älteren Geschwistern in den letzten beiden Lebensjahren des Bruders schon längst nicht mehr so gestanden habe wie früher: »Sie unternahmen nichts Gemeinsames mehr. Erika hatte sich nun ganz auf den Vater konzentriert, seine Assistentin und Editorin, seine Unterhalterin und Hofnärrin. Sie reiste mit den Eltern, und die reisten häufig – ›diese Ehrenreisen‹, wie Alma Mahler schiefen Mundes einmal fallen ließ. Auf solcher Ehrenreise – Oxford, Stockholm – war sie auch, als das Letzte geschah; ein Zufall, aber ein nicht uncharakteristischer.«[37] Nur ein paar Kilometer von ihm entfernt war sie indes, als Klaus Mann am 12. Juli 1948 erneut Hand an sich legte: in seiner kleinen Wohnung, in die er fünf Tage vorher eingezogen war, hatte er sich die Pulsadern aufgeschnitten und überdies den Gashahn geöffnet. Wie Golo später schrieb, bemerkten Nachbarn das ausströmende Gas und alarmierten die Feuerwehr. Bei der örtlichen Polizei schrieben die Lokalreporter fleißig mit, als die Feuerwehr pflichtgemäß Meldung von dem Vorfall machte. Auf diese Weise erfuhr am nächsten Tag die ganze Welt, daß der Sohn von Thomas Mann versucht hatte, sich das Leben zu nehmen.

Golo Mann schrieb in seinen Erinnerungen, der »Anlaß, aber auch nicht mehr« sei wohl das rücksichtslose Verhalten eines Freundes gewesen, der eine Verabredung nicht eingehalten hatte. In der Tat hatte Klaus Mann die Wohnung zusammen mit einem jungen Matrosen bezogen, den er in seinem Tagebuch schlicht Harold zu nennen pflegte. Golo beschrieb ihn als einen »gutmütigen Menschen, aber jeder Bildung bar und seiner Erscheinung nach eher ein Unhold.« Harold war ein paar Tage vor dem Selbstmordversuch überraschend verhaftet worden. Klaus Mann stellte eine Kaution von fünfhundert Dollar. Am nächsten Tag war Harold jedoch verschwunden; Klaus Mann nahm an, er habe sich einfach aus dem Staub gemacht und dadurch bedenkenlos die Kaution verfallen lassen. Später stellte sich allerdings heraus, daß er – diesmal unter dem »Verdacht des Einbruchs«, wie Klaus Mann in seinem Tagebuch vermerkte – erneut verhaftet worden war. In den folgenden Tagen war Klaus Mann damit beschäftigt, die drohende Haftstrafe abzuwenden: Er führte zahlreiche Gespräche mit Anwälten und arbeitete eine Verteidigungsstrategie aus (Harold wurde später zwar zu drei Monaten Gefängnis auf Bewährung verurteilt, doch mußte er sich für ein halbes Jahr in ein Erziehungsheim begeben.) Klaus Manns Bemühungen hielten den jungen Mann allerdings nicht davon ab, nach einem Streit davonzulaufen und erst am frühen Morgen wieder aufzutauchen – mit einem anderen im Schlepptau. Klaus Mann nahm die Kränkungen – zunächst – mit erstaunlichem Gleichmut hin und tat alles dafür, daß Harold bei ihm blieb: Er konnte den Gedanken nicht ertragen, wieder allein zu sein.

Noch schlimmer wog, daß er nicht mehr zu konzentrierter Arbeit fähig war. Fünf Wochen mühte sich Klaus Mann mit einem Artikel über *Lecturing in Europe* ab, an dem er früher höchstens zwei Tage geschrieben hätte. Wenn er gar nicht mehr weiter kam, machte er sich Notizen für einen Roman über Kierkegaard, der freilich ebenfalls nicht zustande kam. Es war ein zäher, erbitterter »Kampf«, bis er den Artikel – drei Tage vor seinem Selbstmordversuch – endlich abgeschlossen hatte. An einem Tag schrieb er: »›Lecturing in Europe‹: das verdammte Ding ganz von vorn angefangen...: wieder eine dieser mühsamen, erschöpfenden Arbeiten...«[38], an einem anderen: »Gearbeitet... Ich schäme mich zu sagen, *woran*...«[39] Irgendwann wagte er das erste Mal der bitteren Wahrheit ins Auge zu blicken: »Warum kann ich nicht mehr schreiben? Was ist mit mir los?[40] Wenig später noch einmal: »Bin ich am Ende? Kann ich nicht mehr schreiben?«[41] Non Scribo ergo non sum – was machte das Leben noch für einen Sinn, wenn er nicht mehr schreiben konnte?

Die Nachricht von seinem Selbstmordversuch rief bei Freunden und Bekannten große Bestürzung hervor. Aus aller Welt trafen Karten, Telegramme und Briefe ein, die Klaus Mann zum »Weitermachen« aufriefen. Upton Sinclair schrieb: »My dear Klaus: Don't do it! You have written fine books & you can do a most important job in helping to interpret Europe to America, & vice versa«[42] – Zeilen, die Klaus Mann als »halb tröstlich, halb beschämend« empfand, wie er in seinem Tagebuch notierte. Doch schon drei Tage später schrieb er: »Und immer noch wäre ich *liebend* gerne tot.«

Auch der Vater hatte sich Gedanken über die Selbstmordmotive seines Sohnes gemacht. In seiner Antwort auf Theodor W. Adornos herzli-

che »Anteilnahme« schrieb er, der »Trieb« zum Selbstmord sei in Klaus
angelegt. Schon seine beiden Schwestern hätten sich das Leben genommen, und Klaus habe viel von der Älteren. Er ließ anklingen, daß er die
Tat als in gleichem Maße unangemessen wie rücksichtslos empfand: »Ich
grolle ihm etwas, weil er seiner Mutter das antun mochte. Er ist verwöhnt durch ihr Alles verstehen – und durch meines.«[43] Ähnliche Worte
fand er im folgenden Jahr, als er in seinem Tagebuch die Nachricht vom
Tod seines Sohnes vermerkte: »Langes Beisammensein in bitterem Leid.
Mein Mitleid innerlich mit dem Mutterherzen und mit E.[rika]. Er hätte
es ihnen nicht antun dürfen. [...] Viel über ihn und den von langer Hand
unwiderstehlich wirkenden Todeszwang. Das Kränkende, Unschöne,
Grausame, Rücksichts- und Verantwortungslose.«[44] Kein Mitgefühl für
den Sohn, der sich, für den Vater völlig unverständlich, im entscheidenden Augenblick nicht zu beherrschen gewußt hatte, kein Wort über den
Schmerz im »Vaterherzen«. Und auch kein Anflug von Schuldgefühl, wie
es für die Zurückgebliebenen normalerweise nicht untypisch ist. Dabei
wäre vielleicht doch zu fragen gewesen, ob er dem Sohn womöglich zu
häufig die väterliche Ermutigung und Unterstützung schuldig geblieben
war, derer er in den verschiedenen Phasen seines Lebens zweifellos so
dringend bedurft hatte. Einfühlsam schrieb Golo Mann später: »Den
Akt, den keine Worte beschreiben, der alle Bande bricht, der bricht die
Treue auch, und sie sehr nebenher. Weswegen ich auch nie verstanden
habe, wie man so blind sein kann, Selbstmördern ihre Tat zum Vorwurf
zu machen.[45]

In einem hatte Thomas Mann allerdings Recht – wiewohl das Wort
»Todeszwang« die Grundproblematik nur zum Teil erfaßte. Die Faszination, die der Tod auf den Sohn ausgeübt hatte, war in der Tat »von langer Hand unwiderstehlich wirkend« gewesen. Als jugendliches Spiel
mochte es begonnen haben, als lähmende Depression sollte es enden.
Noch Anfang 1939 hatte er in seinem Tagebuch geschrieben, obwohl er
im Augenblick nicht ungern lebe, sei der »fast beständige Gedanke an
den Tod das Einzige«[46], was ihm das Leben erträglich mache. Todesverliebtheit als Teil des Lebensgefühls und – in romantischer Verklärung –
als Steigerung des Daseins. Wie oft hatte er diese Formeln in der Vergangenheit beschworen, und wie oft hatten sie ihm immer dann Trost und
Halt zu geben vermocht, wenn er mit dem So-Sein des Lebens haderte.
Der Tod als die eigentliche Bestimmung der menschlichen Existenz, dies

war jahrelang sein Credo gewesen. Irgendwann Anfang der vierziger Jahre, vermutlich sogar schon vor dem Scheitern seiner Zeitschrift *Decision*, war die Faszination des Todes allerdings jäh in Todesverzweiflung umgeschlagen. Er hatte sich aufgerieben an der fehlenden Resonanz in der »Neuen Welt«, an der Zweisprachigkeit, an der Unfähigkeit, eine dauerhafte Beziehung einzugehen, an der Gewißheit, daß die Blüte seines Lebens – oder zumindest das, was er darunter verstand – vorbei war. Längst hatte sich die Hoffnung zerschlagen, eines Tages aus dem Schatten des Vaters heraustreten zu können. Spätestens in Amerika wurde er damit konfrontiert, daß der Schatten mächtiger war denn je. Erika, die starke, unabhängige Schwester und der einzige Mensch, von dem er geglaubt hatte, daß seine Bindung zu ihm unzerstörbar sei, war inzwischen ihre eigenen Wege gegangen: Sie hing an ihm, und sie liebte ihn, aber sie hatte vermutlich irgendwann nicht mehr die Kraft, für sich selbst *und* für ihn zu kämpfen.

Die schwerste Bürde aber hatte er sich selbst auferlegt – obschon er sich wegen seines ruhmreichen Elternhauses dazu verpflichtet haben mochte: Zeit seines Lebens hatte er an sich (und sein Talent) überhohe Erwartungen gestellt. Dabei hatte er, der schon in der Kindheit nichts anderes als berühmt werden wollte, sich vielleicht mehr abverlangt, als er in Wahrheit zu leisten vermochte. Der unstillbare Drang, ins Rampenlicht zu treten, das starke Bedürfnis, sich mitzuteilen und Respekt und Anerkennung zu finden, auch die Besessenheit, mit der er seit jenen ersten schriftstellerischen Versuchen Werk um Werk zu Papier gebracht hatte, und der aufreibende Lebensstil, der ihn jahrelang rast- und ruhelos von einem Ort zum anderen, von einer Verabredung und Verpflichtung zur nächsten ziehen ließ, vertrugen sich indes nur begrenzt mit seinem Naturell: zart, hochbegabt, schwärmerisch, sensibel, sanft, verletzlich, oftmals unsicher, bisweilen aber auch selbstgerecht und lange Zeit unfähig, sich seine Wut und Enttäuschung über die vielen kleineren und größeren Niederlagen einzugestehen. Es gehörte wahrlich nicht zu seinen Stärken, den Widrigkeiten des Lebens mit Geduld und Gelassenheit zu begegnen, die manchmal nötig sind, um zwischen Wichtigem und Nichtigem unterscheiden zu können.[47] In späteren Jahren schärfte ein wachsendes moralisches Bewußtsein seinen Blick für die politischen und sozialen Anforderungen seiner Zeit, wobei er niemals davor zurückschreckte, dort, wo es nötig war, eine aufrechte Gesinnung zu vertreten.

Umgekehrt vermied er jedoch allzu oft die Auseinandersetzung, wenn es um private Konflikte ging. Dies galt vor allem für sein Verhältnis zum Vater, letztlich aber für alle seine engen persönlichen Beziehungen.

Klaus Mann konnte und wollte sich nicht helfen lassen, den tieferen Ursachen der in zunehmendem Maße belastenden Spannungen, Widersprüche und Ambivalenzen seiner Existenz auf die Spur zu kommen und auf diese Weise eines Tages vielleicht doch noch den ersehnten inneren Frieden zu finden (den er sich immer häufiger vom Tod erhoffte). Aus den Begegnungen mit Psychologen und Ärzten während der verschiedenen Entziehungskuren konnte er für sich keine Erkenntnisse gewinnen. In diesem Sinn mag man Golo Mann zustimmen, der meinte, daß »günstigere Bedingungen im Moment sein Leben« zweifellos verlängert hätten, »jedoch nur um ein geringes Stück.«[48] Fest steht jedoch: Klaus Mann bezog aus seiner persönlichen Daseinsproblematik zugleich sein schöpferisches Potential. Solange sie ihn nicht in lähmende Depressionen trieb, war sie die Antriebskraft einer jeden neuen Geschichte, gleichsam der Urgrund seines Ideenreichtums.

Heimsuchungen

Diesmal stand die Schwester dem Bruder nach jenem Selbstmordversuch im Juli 1948 noch zur Seite und tat, was sie konnte, daß er wieder zu Kräften kam. Zunächst sorgte sie dafür, daß er Aufnahme im Haus von Bruno Walter fand. Auch legte sie ihm nahe, eine Therapie zu beginnen. Zwar lehnte Klaus Mann einen Klinikaufenthalt ab, doch erklärte er sich schließlich bereit, einige Sitzungen bei einem Psychiater zu absolvieren, der ihm allerdings laut Golo Mann nichts besseres zu sagen wußte als: »In neun Monaten werden Sie's wieder tun.« Golo lud den Bruder ein, zu ihm nach Palo Alto zu ziehen, wo er sich ein kleines Häuschen gemietet hatte. Dort fand Klaus Mann immerhin wieder soweit zu sich selbst, daß er schon bald eine Auftragsarbeit für eine Übersetzung annehmen und die deutsche Bearbeitung von *The Turning Point* fortsetzen konnte. Vermutlich, um einen Beitrag zur seelischen Stabilisierung seines alten Freundes zu leisten, bot ihm Fritz Landshoff ab Mitte August eine Lektorenstelle in seinem Verlag an. Allerdings hielt es Klaus Mann nicht sehr lange in Amsterdam aus: Am Tage seines 41. Geburtstages – den er mit keinem Wort in seinem Tagebuch erwähnte – weilte er schon wieder in New York. Er notierte, daß die Mutter »sich nicht sehr begeistert angehört«[49] habe, als er ihr telefonisch mitteilte, daß er sich wieder in Amerika befände. Offenbar befürchtete sie – zu Recht – eine neue Krise. Schon am Ende des Monats fand er sich wieder bei den Eltern ein, wo er bis zum 20. März 1949 blieb. In dieser Zeit arbeitete er weiter an der deutschen Übersetzung von *The Turning Point*, die er am 13. Februar 1949 endlich abschließen konnte. Er hatte zahlreiche Ergänzungen vorgenommen: Am Ende hatte sich der Umfang des Buches gegenüber der amerikanischen Fassung nahezu verdoppelt. Im *Wendepunkt* deutet nichts darauf hin, daß der Autor große Mühe hatte, sein Werk zu vollenden. Im Gegenteil, keines seiner früheren Prosastücke reicht an die stilistische und formale Geschlossenheit seiner letzten großen dichterischen Leistung heran: ein lesenswertes Buch, das uns heute nicht nur die schillernde Persönlichkeit des Autors, sondern auch ein fast schon vergessenes Stück Zeitgeschichte näher bringt.

Noch ein letztes Mal probten Erika und Klaus den gemeinsamen Schulterschluß, um sich gegen eine infame Diffamierungskampagne zur Wehr zu setzen. Wieder einmal hatte man gegen sie den Vorwurf erhoben, kommunistische Agenten zu sein, und wieder einmal mußten sie alles daran setzen, um den Verdacht zu zerstreuen, zumal sich unter dem Einfluß des Kalten Krieges das Klima in Amerika gegen ›unamerikanische‹ Tendenzen massiv verschärft hatte. Bereits am 22. Oktober war in der Münchner Zeitung *Echo der Woche* ein Leitartikel mit der Überschrift zu lesen: »Vor einem neuen Novemberputsch? Erika Mann als kommunistische Agentin – Stalins 5. Kolonne am Werk.« Darin vertrat der Autor Harry Schulze-Wilde die Auffassung, daß seit der Berlin-Blockade Ende Juni 1948 die Politik Moskaus einzig darauf abziele, ganz Deutschland zu beherrschen. Im Zuge dessen würden »Salonbolschewisten« wie Klaus und Erika Mann »die Zersetzung der demokratischen Front ins Heim des ›kleinen Mannes‹ tragen. Sie haben in scheinheiliger ›Objektivität‹ – lies konsequenter Verlogenheit – den Boden für die jeweils angesetzte kommunistische Aktion vorzubereiten. Diese ›5. Kolonne‹ des Kreml ist deshalb gefährlicher als die massiven Drohungen eines Wyschinskij, der nur sät, wo die ›Männer‹ geackert haben.«[50] Zwar hatte Klaus Mann in dem Münchner Blatt sofort eine Gegendarstellung erwirkt und dem Chefredakteur Schulze-Wilde eine Klage wegen Verleumdung angedroht. Das hinderte diesen jedoch nicht daran, einen Artikel mit der Überschrift *Klaus Mann macht Männchen* zu schreiben und die Leser dazu aufzurufen, ihre Meinung »zum Fall Erika und Klaus Mann«[51] zu äußern. Anfang März 1949 setzten die Geschwister nun eine scharfe Entgegnung auf, die am 11. März 1948 im New Yorker *Aufbau/Reconstruction* unter dem Titel *Beispiel einer Verleumdung* veröffentlicht wurde. Darin verwahrten sie sich ausdrücklich gegen jeglichen Verdacht, sie hätten Kontakte zur kommunistischen Partei und griffen nun ihrerseits Schulze-Wilde scharf an. So gehöre »dieser sehr mittelmäßige und völlig gewissenlose Zeitungsschreiber [...] zu der unangenehmen Kategorie von ›bekehrten‹ Kommunisten, die jetzt aus der Verleumdung einen Beruf und eine Karriere«[52] machten. Die gerichtlichen Schritte, die sie gegen den Chefredakteur einzuleiten gedachten, sollten allerdings folgenlos bleiben: Nach Klaus' Tod ließ Erika das kurzzeitig in Gang gebrachte Verfahren im Sande verlaufen.

Die erneuten heftigen Attacken gegen ihn und seine Schwester ließen Klaus Mann endgültig daran zweifeln, noch einmal Gerechtigkeit und Anerkennung zu erfahren. In seiner tiefen Verbitterung brachte er in jenen ersten Märztagen des Jahres 1949 fast in gewohntem Tempo seinen letzten großen Aufsatz zu Papier. In seinen Tagebuchnotizen nannte er den Essay *Ordeal of the European Intellectuals.* Mitte Juni, wenige Wochen nach seinem Tod, erschien er in der New Yorker Zeitschrift *Tomorrow* unter der Überschrift *Europe's Search for a New Credo*, einen Monat später, in der von Erika Mann vorgenommenen deutschen Übersetzung, in der Züricher *Neuen Schweizer Rundschau* unter dem Titel *Die Heimsuchung des europäischen Geistes.* Schonungslos sprach er dort von einer »Dauerkrise dieses Jahrhunderts«, die die Zivilisation in ihren Grundfesten erschüttere und die europäischen Intellektuellen quäle und beunruhige.[53] Er fragte:

»Woran soll er glauben, der europäische Intellektuelle von heute? So vieles von dem, was er erlebt hat, ist fragwürdig oder hinfällig geworden; so viele Maximen, die ihm gültig schienen, haben jetzt einen hohlen, unüberzeugenden Klang. Die europäische Luft widerhallt von falschen Glaubensbekenntnissen, trunkener Rhetorik, sich gegenseitig aufhebenden Argumenten, wütenden Anklagen.« (S. 523)

Im Zeitalter des Kalten Krieges sei es zu »einer Schlacht der Ideologien« (S. 535) gekommen, die die besten europäischen Köpfe in Bann halte. Er erinnerte an die wichtigsten kontroversen Positionen der Zeit und an die großen europäischen Denker, die von Erasmus, Voltaire, Montaigne, Spinoza, Heinrich Heine, Victor Hugo bis hin zu André Gide, Ortega y Gasset und Benedetto Croce alle für »die Würde, die moralische Sendung der Menschheit [und] die offenbare Überlegenheit der Kultur über die Barbarei« (S. 527) eingetreten seien. Auf die Frage: »Während die Zivilisation zusammenkracht unter dem Ansturm einer aufs modernste ausstaffierten Barbarei, was bleibt dem Intellektuellen, dem Künstler zu tun, als der allgemeinen Verstörtheit und Qual Ausdruck zu geben?« gab er sich einige Zeilen später die Antwort, die keinen Ausweg aus der Verzweiflung mehr gelten ließ:

»Wir sind an einem Punkte angelangt, wo nur die dramatischste, die äußerste Geste noch irgend Aussicht hat, bemerkt zu werden und den blinden, hypnotisierten Massen ins Gewissen zu reden [...] Hunderte, ja Tausende von Intellektuellen sollten tun, was Virginia Woolf, Ernst Toller, Stefan Zweig, Jan Masaryk getan haben. Eine Selbstmordwelle, der die hervorragendsten, gefeiertsten Geister zum Opfer fielen, würde die Völker aufschrecken aus ihrer Lethargie, so daß sie den tödlichen Ernst der Heimsuchung begriffen, die der Mensch über sich gebracht hat durch seine Dummheit und Selbstsucht.« (S. 542)

Der individuelle Tod als kollektiver Akt, um damit wenigstens im Tod Teil der Gemeinschaft zu werden – dies war Klaus Manns letzte Sehnsucht.

Am Ende

Klaus Mann hatte seine Eintragungen am 1. Januar 1949 mit den nüchternen Sätzen begonnen: »Ich werde diese Notizen nicht weiterführen. Ich wünsche nicht, dieses Jahr zu überleben.« Von da ab trug er bis zu dem Tage seines Todes nur noch Stichworte ein. Von Pacific Palisades aus flog er nach New York zurück und wenige Tage später weiter nach Amsterdam. Hier übergab er Fritz Landshoff das fertige Manuskript von *Der Wendepunkt* und nahm in den nächsten Tagen noch einmal letzte Korrekturen vor.[54] Ende März traf er bereits in der französischen Hauptstadt ein. Vermutlich noch in Paris begann er sich Notizen für einen Roman zu machen, der niemals zu Ende geschrieben werden sollte: *The Last Day*, der als Epos über den Kalten Krieg angelegt war. Die Systeme des Ostens und des Westens sollten durch zwei Protagonisten und zwei parallel laufende Handlungsstränge veranschaulicht werden: der kosmopolitische Julian Butler, der sich in New York niedergelassen hat, und der deutsche kommunistische Schriftsteller Albert Fuchs, der im Ostteil Berlins lebt, sich jedoch entschlossen hat, die Partei zu verlassen. Beide haben sich ihr Leben lang für humanistische Ideale engagiert, und beide kommen letztlich zu dem Schluß, daß ihr Kampf vergeblich war. Ohne sich je begegnet zu sein, sterben sie am gleichen Tag: Albert wird von russischen Offizieren erschossen, Julian begeht Selbstmord.

The Last Day sollte im August 1949 im Querido Verlag erscheinen; am 23. April schickte Klaus Mann den Vertrag unterschrieben an Fritz Landshoff zurück. So wie er es früher immer gehalten hatte, wenn er an einem Roman arbeitete, wollte er sich auch diesmal wieder in Klausur begeben, um das Werk zügig zu Papier zu bringen. Zu diesem Zweck reiste er am 3. April von Paris nach Marseille und zwei Tage später weiter nach Cagnes-sur-Mer bei Nizza, wo er sich im Hotel Cagnard einmietete. Am 7. April versuchte er erneut, sich das Leben zu nehmen. Schon am nächsten Tag war er jedoch wieder soweit zu Kräften gekommen, daß er zusammen mit einer alten Freundin aus Deutschland nach Cannes fahren konnte. Gemeinsam mit ihrem Mann, Benno von Salomon, wollte Doris von Schönthan dafür Sorge tragen, daß er nicht noch einmal Hand an sich legte. Aber auch in Cannes, wo er im Pavillon Madrid wohnte, ging es ihm nicht gut. »Fühle mich schlecht, schlecht, schlecht... völlig niedergeschlagen, unfähig irgend etwas zu tun...«, schrieb er am 29. April. Tags darauf eine ähnliche Notiz: »Schlecht, schlecht... Heftige Depression.« Dort, wo er in diesem letzten Kalenderheftchen normalerweise den Fortgang seiner Arbeit zu verzeichnen pflegte, stand tagelang nur das eine Wort: »Rien.« Bis dahin hatte er nur wenige Manuskriptseiten seines Romans zustande gebracht. Anfang Mai entschloß sich Klaus Mann zu einer Entgiftungskur.[55] Am 5. Mai begab er sich in die Clinique St. Luc in Nizza. Einen Tag zuvor hatte er der Schwester geschrieben: »Deine Befürchtungen, die chose elle-même betreffend, sind übertrieben. Übrigens höre ich jetzt völlig auf: es stört mich bei der Arbeit.« Er hatte noch hinzugefügt, was ihn betreffe, so könne sie »stets unbesorgt« sein.[56]

Noch vom Krankenbett aus setzte Klaus Mann ein bitterböses Schreiben an den Leiter des Langenscheidt-Verlages, Georg Jacobi auf, mit dem er einige Monate zuvor einen Vertrag über den *Mephisto*-Roman abgeschlossen hatte. Inzwischen war der Verlag jedoch vom Ostteil Berlins nach München umgezogen, und Jacobi war, mit dem Hinweis, daß »Herr Gründgens hier eine bereits sehr bedeutende Rolle spiele«[57], von dem Vertrag zurückgetreten. »Ich weiß nicht, was mich mehr frappiert«, ereiferte sich Klaus Mann, »die Niedrigkeit Ihrer Gesinnung oder die Naivität, mit der Sie diese zugeben. Gründgens hat Erfolg: warum sollten Sie da ein Buch herausbringen, das gegen ihn gerichtet scheinen könnte? Nur nichts riskieren! Immer mit der Macht! Mit dem Strom schwimmen! Man weiß ja, wohin es führt: zu eben jenen Konzentrationslagern, von denen man nachher nichts gewußt haben will...«[58] Offenbar hatten sich in diesem Brief all seine Enttäuschungen der letzten Jahre entladen.

Am 15. Mai verließ Klaus Mann die Klinik und kehrte zurück nach Cannes, wo er sich wieder im Pavillon Madrid einmietete. Am gleichen Tag teilte er Mutter und Schwester mit, nun sei er ein »Wiederhergestellter, Kaum-noch-Rekonvaleszenter, eigentlich schon wieder ein ganz gesunder Bub.« Zwei Tage nach Verlassen der Klinik erfolgte ein Rückfall. Allerdings schickte er den Rest der Drogen noch am gleichen Tag nach Paris, an die Leidensgenossin »Mops«. In dem Brief an das »Zweigestirn« hatte er noch erwähnt, daß er bereits wieder die Arbeit aufgenommen habe, doch »leider nicht am Roman, sondern an einer short story, die ich mir geschwind vom Herzen schreiben muß.«[59] Noch in der Klinik hatte er sich Notizen zu einer Erzählung gemacht, die den Titel *The Cage* tragen sollte und in der er seine qualvollen Stunden des Entzugs verarbeiten wollte. Während der letzten Tage seines Lebens arbeitete er jedoch weder an der Erzählung noch an dem Roman, sondern an einem Essay über Jean Cocteaus künstlerisches Engagement in Amerika (*Jean Cocteau und Amerika*). Am 16. Mai wartete er mehrere Stunden vergeblich darauf, an Bord des Schiffes zu gelangen, auf dem sich Monika und Michael Mann befanden. Die beiden kamen von Amerika; ihr Schiff machte zufällig an diesem Nachmittag Station in Cannes. Es deprimierte ihn zutiefst, daß es ihm nicht gelungen war, wenigstens ein kurzes Gespräch mit den Geschwistern zu führen. Am 20. Mai schrieb er noch einmal an Katia und Erika Mann. Darin klagte er über Geldsorgen und darüber, daß das Wetter so schlecht sei, meinte aber, es ginge ihm »leidlich« und daß er sich bald »wieder an den Roman wagen« werde. Schließlich sprach er noch davon, daß man sich »so um den 29. Juni herum« vielleicht in Österreich treffen könne. In seinem Tagebuch fand sich an diesem Tag nur eine kurze Notiz: »22 h *Louis* (Zanzi-Bar).« Irgendwann an jenem 20. Mai, vermutlich noch vor jener Verabredung mit Louis, mit dem er noch drei Tage zuvor die Nacht verbracht hatte, vielleicht aber auch erst danach, nahm Klaus Mann die tödliche Dosis eines barbituratähnlichen Mittels ein.[60] Am nächsten Tag, gegen Mittag, fand ihn ein Zimmermädchen der Pension in seinem – von innen verriegelten – Zimmer. Er lag, sorgfältig gekleidet, auf seinem Bett. Gegen 18.00 Uhr starb Klaus Mann am 21. Mai 1949 in der Clinique Lutétia – die Ärzte hatten nichts mehr für ihn tun können. Einen Abschiedsbrief hinterließ er nicht.

Bei strahlendem Sonnenschein fand am 24. Mai auf einem kleinen Friedhof in Cannes die Totenfeier statt. Es waren nur wenige Trauergäste anwesend, darunter hauptsächlich Reporter und das Ehepaar von Salomon. Von seinen Freunden hatte sich keiner eingefunden, und auch die Familie war nur durch seinen jüngsten Bruder Michael vertreten. Auf seiner Bratsche spielte er ein ›Largo‹ von Benedetto Marcello.

ANMERKUNGEN

Erstes Kapitel:
Kindheit und Jugend in München

1 TM-HM, Briefwechsel, S. 62.
2 TM, Briefe I, S. 68. Brief von Thomas Mann an Kurt Martens vom 19.11.1906.
3 Katia Mann, Meine ungeschriebenen Memoiren, S. 29.
4 TM-HM, Briefwechsel, S. 62.
5 Katia Mann, Meine ungeschriebenen Memoiren, S. 29.
6 KM, Kind dieser Zeit, S. 15.
7 TM-HM, Briefwechsel, S. 65.
8 Ebd., S. 53. So schrieb Thomas Mann an seinen Bruder während der Verlobungszeit mit Katia (»Die Verlobung – auch kein Spaß«, S. 54): »Nie habe ich das Glück für etwas Leichtes und Heiteres gehalten, sondern stets für etwas Ernstes, Schweres und Strenges wie das Leben selbst – und vielleicht meine ich das Leben selbst. Ich habe es mir nicht ›gewonnen‹, es ist mir nicht ›zugefallen‹, – ich habe mich ihm ›unterzogen‹: aus einer Art Pflichtgefühl, einer Art von Moral, einem mir eingeborenen Imperativ, den ich, da er ein Zug vom Schreibtisch weg ist, lange als eine Form von Liederlichkeit fürchtete, den ich aber mit der Zeit doch als etwas Sittliches anzuerkennen gelernt habe. Das ›Glück‹ ist mein Dienst.«
9 TM, Im Spiegel. In: Das Literarische Echo, Jg. 10, H. 6, 15.12.1907. Wiederabgedruckt in: TM, Gesammelte Werke, Über mich selbst, S. 166 f.
10 S. 29.
11 Golo Mann, Erinnerungen, S. 19. Golo Mann beruft sich dabei auf ein Gespräch, das die Mutter kurz vor ihrem Tod mit einer Besucherin führte: »Geheiratet habe ich nur, weil ich Kinder haben wollte.«
12 KM, Kind dieser Zeit, S. 15.
13 Ebd., S. 11. In seiner ersten Autobiographie »Kind dieser Zeit« (1932) beschreibt Klaus Mann, wie er mit sechs und seine Schwester Erika mit sieben Jahren, nur mit ihren Nachthemden bekleidet, eines Nachts auf den kleinen Balkon des Kinderzimmers traten, um herauszufinden, »wie die Welt aussah, während man eigentlich schlafen sollte«.
14 KM, Der Wendepunkt, S. 87.

15 EM, Briefe I, Brief an Eva Herrmann v. 17. Juni 1949, S. 261.
16 Vgl. KM, Kind dieser Zeit, S. 22 f sowie KM, Der Wendepunkt, S. 38 ff.
17 KM, Der Wendepunkt, S. 30.
18 Ebd., S. 31.
19 Ebd., S. 29.
20 Ebd., S. 29.
21 Golo Mann, Erinnerungen, S. 41.
22 KM, Der Wendepunkt, S. 31.
23 Ebd., S. 30.
24 Katia Mann, Meine ungeschriebene Memoiren, S. 78.
25 Ebd., S. 36.
26 TM, Gesang vom Kindchen, in: Späte Erzählungen, S. 104.
27 KM, Kind dieser Zeit, S. 73.
28 KM, Der Wendepunkt, S. 76.
29 KM, Kind dieser Zeit, S. 53.
30 Ebd.
31 KM, Der Wendepunkt, S. 59.
32 Ebd., S. 69.
33 TM, Betrachtungen eines Unpolitischen, S. 67. In: Gesammelte Werke in Einzelbänden. In dem Kapitel »Der Zivilisationsliterat« in *Betrachtungen eines Unpolitischen* polemisiert Thomas Mann mit scharfen Worten gegen den deutschen »radikalen Literaten«, der geprägt ist vom französischen Freiheits- und Demokratiegedanken. Wenn er das Kapitel mit der zynischen Frage beschließt, »es gilt seine Entdeutschung ... Und an all diesem Unfug sollte ich teilhaben?«, dann richtet er sich auch gegen seinen Bruder Heinrich, dessen Name zwar nicht explizit erwähnt wird, der in seinem 1915 publizierten »Zola«-Essay jedoch zum Teil wörtlich ebenjene Thesen formuliert, denen Thomas Mann in den *Betrachtungen* kategorisch eine Absage erteilt.
34 KM, Kind dieser Zeit, S. 101.
35 Ebd., S. 111.
36 Ebd., S. 81.
37 KM, Der Wendepunkt, S. 110 f.
38 KM, Kind dieser Zeit, S. 103.
39 Ebd., S. 95. Wörtlich heißt es in *Kind dieser Zeit* aus der Sicht des Dreizehnjährigen: »Ich spürte, daß etwas vorging mit diesen Werten, daß man sie revidierte, daß man einen Gerichtstag über sie hielt, wie sie seit Beginn des Christentums nicht auszustehen gehabt hatten, den Nietzsche begann und der, nach dem Weltkrieg, gleichsam öffentlichste Angelegenheit wurde. Ich wußte das nicht, aber ich ahnte es.«
40 Ebd., S. 13.
41 Vgl. u. a. KM, Der Fromme Tanz, S. 23. Vgl. ebenso Nicole Schaenzler, Klaus Mann als Erzähler, Paderborn 1995, S. 30 f.
42 KM, Kind dieser Zeit, S. 75.
43 Ebd., S. 83.
44 Ebd., S. 85.
45 Ebd., S. 26.

46 Ebd., S. 26.

47 Ebd., S. 70.

48 Ebd., S. 71.

49 Ebd., S. 68.

50 Das Konzept der ›Freien Schulgemeinde‹ geht auf Gustav Wyneken zurück. Da-
    nach steht die ›Freie Schulgemeinde‹ unter Selbstverwaltung; sie ist zwar staatlich
    konzessioniert, aber nicht beaufsichtigt. Ziel ist es, die Schüler, gemäß ihren
    Fähigkeiten und Neigungen, zur Selbstentfaltung anzuregen und das Gemein-
    schaftsleben und die Kameradschaft zu fördern. Während sich das Unterrichts-
    programm inhaltlich kaum von staatlichen Schulen unterscheidet, ist die Organi-
    sation des Schullebens anders strukturiert: Lehrer und Schüler bilden eine Schul-
    gemeinde. Ein Schülerausschuß hat bei Streitigkeiten eine Schiedsfunktion. An-
    sonsten gilt: Ältere und jüngere Schüler lernen miteinander und üben sich in
    Selbsterziehung, dies nicht zuletzt durch das familienähnliche Leben von Lehrern
    und Schülern.

51 KM, Der Wendepunkt, S. 117.

52 Ebd., S. 114 f.

53 KM, Kind dieser Zeit, S. 124.

54 Ebd., S. 101. In *Kind dieser Zeit* versucht sich Klaus Mann in pädagogischen
    Überlegungen, mit denen er seine und Erikas Neigungen zu notorischem »Unge-
    horsam« im nachhinein zu erklären versucht: »Jedes Kind ist ein Anarchist und
    ein Widersacher der Gesellschaft. In jedem liegt ein atavistischer Urtrieb – der: zu
    zerstören; und im begabten am stärksten.«

55 Golo Mann, Erinnerungen, S. 119.

56 Brief von Marina Ewald an Paul Geheeb vom 11. August 1922 (KMA).

57 TM, Tagebücher 1918-1921, S. 499. Vgl. u.a. Thomas Manns Tagebucheintrag
    vom 4. April 1921: »Klaus von K[atia] und mir hart gescholten wegen seiner
    Schlaffheit und Selbstzufriedenheit. Schließlich ist es Pflicht, sich nicht aus Selbst-
    schonung der unangenehmen Emotion des Zorns ganz zu entschlagen.«

58 KM, Der Wendepunkt, S. 95. Tatsächlich hat Klaus Mann bereits als Vierzehn-
    jähriger in sein Tagebuch notiert: »Und wieder wird es Nacht. Wie öde... Ich
    muß, muß, *muß* berühmt werden...«

59 KM, Kind dieser Zeit, S. 146.

60 Neben Ilse Bry, die Klaus bereits in der Bergschule kennengelernt hatte, machten
    dabei vor allem Eva Brann und Oda Schottmüller großen Eindruck auf ihn.
    Während Klaus mit Eva Brann noch Jahre später eine enge Freundschaft ver-
    band, verlor er die beiden anderen Mädchen nach Beendigung der Schulzeit
    schnell aus den Augen. Oda Schottmüller wurde später Bildhauerin und Tänzerin
    und schloß sich nach der Machtübernahme der Nationalsozialisten der Wider-
    standsgruppe von Harro Schulze-Boysen an. Im August 1943 wurde sie von den
    Nazis hingerichtet.

61 KM, Briefe, S. 10 f. Brief an Paul Geheeb v. 21. Juni 1923.

62 Die freie Schulgemeinde, 21.2.1924 in der Berliner Zeitung *Acht-Uhr-Abend-
    blatt*. Wieder abgedruckt in: Die neuen Eltern. Aufsätze, Reden, Kritiken 1924-
    1933, S. 16.

63 KM, Kind dieser Zeit, S. 162.

64 KM, Der Wendepunkt, S. 155.

65 Ebd., S. 157.
66 KM, Anja und Esther, In: Klaus Mann: Der siebente Engel, Die Theaterstücke, S. 62.
67 KM, Der Wendepunkt, S. 174.
68 KM, Kind dieser Zeit, S. 165 f.
69 Ebd., S. 174.
70 Ebd., S. 192.
71 Vgl. KM, Der Wendepunkt, S. 160.
72 *Nachmittag im Schloß* erschien am 3.5.1924 in der *Vossischen Zeitung* (Berlin), der Aufsatz *Die freie Schulgemeinde* und die Erzählung *Vor dem Leben* am 21.2. bzw. am 5.8.1924 im *Acht-Uhr-Abendblatt* (Berlin).
73 Der Essay *Arthur Rimbaud* wurde am 11.9.1924 (S. 379), der Artikel *Über Georg Trakl* am 2.10.1924 (S. 504-505) in der *Weltbühne* abgedruckt. Außerdem veröffentlichte die *Weltbühne* am 5.5.1925 (S. 664) unter dem Titel *Là-Bas* Klaus Manns Besprechung des gleichnamigen Romans von Karl Joris Huysmans.
74 KM, Der Wendepunkt, S. 170.
75 Vgl. auch Fredric Kroll/Klaus Täubert, Klaus-Mann-Schriftenreihe, Bd. 2 1906-1927, S. 82. In einem Brief an den Autor Klaus Täubert vom 24.5.1972 weist auch Klaus Pringsheim darauf hin, daß Klaus Mann selbst es gewesen sei, der veranlaßt hätte, daß die beiden Essays schließlich doch unter seinem Namen erschienen seien.
76 KM, Der Wendepunkt, S. 170.

Zweites Kapitel:
Die Suche nach dem Lebenslied

1 KM, Der Wendepunkt, S. 135.
2 KM, Der fromme Tanz, S. 8.
3 KM, Der Wendepunkt, S .137.
4 KM, Der fromme Tanz, S. 16 f.
5 Die Jungen [Hamburg 1925]. In: Abenteuer des Brautpaars. Die Erzählungen. Hrsg. von Martin Gregor-Dellin, München 1988, S. 31-35; hier: S. 33.
6 KM, Vor dem Leben, In: Maskenscherz. Frühe Erzählungen, S. 9-12; hier: S. 12.
7 Die erste Fassung von *Die Jungen* ist verlorengegangen. Die überarbeitete Fassung der Erzählung erschien in Klaus Manns erstem Novellenband *Vor dem Leben* (Gebrüder Enoch Verlag, Hamburg, 1925, S. 7-47). Dieser Band enthält neben der Erzählung *Die Jungen* noch die Prosatexte *Der Vater lacht, Sonja, Ludwig Zoffcke, Der Alte, Maskenscherz, Märchen* sowie die *Kaspar Hauser Legenden* (zwei Gedichte und vier Kurzgeschichten).
8 KM, Die Jungen, S. 11.
9 KM, Der Wendepunkt, S. 172 f.
10 KM, Kind dieser Zeit, S. 188.
11 Ebd.

12 Die unveröffentlichten Memoiren von Karl Schodder, in denen er in dem Kapitel »Entlassung aus dem Vertrag« seine Begegnung mit Klaus Mann und die mysteriösen Begleitumstände des angeblichen Vertragsabschlusses schildert, werden im folgenden zitiert nach Fredric Kroll, Unordnung und früher Ruhm, Bd. 2 der Klaus-Mann-Schriftenreihe (1906-1927), S. 78-79; hier: S. 78.

13 Unveröffentlichter Brief von KM an EM, vermutlich im Frühsommer 1924 (KMA).

14 KM, Kind dieser Zeit, S., 188.

15 Vgl. Fredric Kroll, Unordnung und früher Ruhm, S. 79.

16 Vgl. ebd.

17 KM, Der Wendepunkt, S. 170.

18 Ebd., S. 177.

19 Vgl. auch KM, Lebenslauf 1938, in: Woher wir kommen und wohin wir müssen, S. 157-167; hier S. 160.

20 KM, Der erste Tag, S. 46.

21 KM, Der Wendepunkt, S. 178.

22 Als Reisebericht wurde »Der erste Tag« am 14. April 1925 im Berliner Acht-Uhr-Abendblatt abgedruckt. Im folgenden zitiert nach: Klaus Mann, Die neuen Eltern. Aufsätze, Reden, Kritiken 1924-1933, S. 44-46.

23 KM, Der erste Tag, S. 45 f.

24 Vgl. KM, Der Wendepunkt, S. 180 ff.

25 KM, Der fromme Tanz, S. 139.

26 Ebd., S. 140.

27 KM, Der Wendepunkt, S. 182.

28 Ebd., S. 181.

29 Ebd., S. 182.

30 Vgl. La Stampa, Turin (Italien), v. 8. 5. 1925.

31 Vgl. u.a. die Anzeigen-Beilage zur Neuen Rundschau, H. 5, Mai 1925.

32 KM an EM, unveröffentlichter Brief von 11. 10.1925 (KMA).

33 Erich Ebermayers Beitrag für das Buch Klaus Mann zum Gedächtnis, hrsg. von Erika Mann, Querido Verlag, Amsterdam 1950, S. 33-45; hier: S. 36 f.

34 Friedrich Rießner, Klaus Mann: ›Vor dem Leben‹, in: Der Gral, XVIII (1925), Trier, Wien, S. 614.

35 Bernd Isemann, Klaus Mann: ›Vor dem Leben‹, in: Die schöne Literatur, XXVII, Nr. 2 (Febr. 1926), Leipzig, S. 65.

36 KM, Der Wendepunkt, S. 185.

37 KM, Briefe, S. 668. Brief von Paul Geheeb an TM v. 30.4.1925.

38 Brief von TM an Paul Geheeb v. 4.5.1925, Archiv der Odenwaldschule.

39 TM, Unordnung und frühes Leid, in: Gesammelte Werke. Späte Erzählungen, S. 146 – 185; hier: S. 146.

40 Ebd., S. 171.

41 In einem Brief von 17. Mai 1925 (KMA) an Erika schrieb Klaus Mann: »Zauberers Novellenverbrechen schadet mir übrigens ziemlich – und wo sich gerade Geheeb wegen des ›Alten‹ auf die häßlichste und traurigste Art – Brief an Zauberer – endgültig mit mir verkracht hat; (es tut mir sehr leid sogar).«

42 KM, Briefe, S. 29 f; hier S. 29. Brief vom 15.1.1926 an Erich Ebermayer. Wörtlich

heißt es dort: »Kanntest du die Geschichte schon? Mich kann es nicht gerade erfreuen, daß er sie allerorts vorliest.« Am 6.1.1926 war Thomas Mann der Einladung des Börsenvereins des deutschen Buchhandels gefolgt, seine neue Erzählung
»Unordnung und frühes Leid« vorzustellen.

43 [Antwort auf eine] Umfrage nach dem Ursprung dichterischer Gestalten. In:
Neue Leipziger Zeitung, 23.1.1927, S. 8.

44 KM, Briefe, S. 19 f; hier S. 20. Brief von KM an Paul Geheeb v. 16.5.1925.

45 KM, Briefe, S. 21 ff; hier S. 21. Brief von Paul Geheeb an KM v. 27.6.1935,

46 Herbert Ihering, Von Reinhardt bis Brecht, Berlin/DDR, 1959, Bd. 2, S. 192.

47 M. A. M., Theater, Kunst und Wissenschaft. Anja und Esther, in: Hamburger
Fremdenblatt, 23.10.1925, S. 14.

48 Rudolf Schneider, Dichterkinder, in: Frankfurter Zeitung, 23.10. 1925.

49 Ausbürgerungsakte KM, Politisches Archiv des AA, Bonn. Zitiert nach Irmela
von der Lühe, Erika Mann, S. 32.

50 Brief von TM an Ernst Bertram. Briefe aus den Jahren 1910-1955. Hrsg. von Inge Jens. Pfullingen, 1960, S. 134 f.

51 TM Briefe I, S. 249. Brief von TM an EM v. 6.11.1925.

52 Thomas Mann [Leserbrief], in: Neues Wiener Journal v. 4. März 1926, Wien. In
seiner Ausgabe v. 19. Februar 1926 hatte das Neue Wiener Journal in dem Artikel »Pamela Wedekind und Klaus Mann in Wien« behauptet, Thomas Mann habe öffentlich verlauten lassen, die Werke seines Sohnes – und insbesondere *Anja
und Esther* – »nicht zu lesen«, weil sie ihm zu »sittenlos« seien.

53 Wörtlich heißt es in einem Brief von Klaus Mann an seinen Vater v. 6.11.1925:
»Obwohl das Hamburger Publikum sich sehr nett gegen uns verhalten hat – vor
allem dadurch, daß es so zahlreich kam, wir waren dort beinah das bestgehende
Stück – hat das boshafte, gehässige und voreingenommene Mißverständnis, das
fast die gesamte Presse mir entgegengebracht hat, mich doch gekränkt. Von
Schustermann [seinerzeit das größte Zeitungs-Ausschnitt-Büro in Berlin, Anm. d.
Verf.] bekomme ich fast täglich ganze Päckchen von Ausschnitten geschickt, in
denen eigentlich immer wieder dasselbe steht – vor allem diese ewige Beschimp-
fung mit der ›décadence‹, die ich als so unsinnig empfinde.« KM, Briefe, S. 27.

54 Vgl. u.a. Georg Fröschels Theaterkritik von »Anja und Esther«: »Keines der dramatischen Ziele hat Klaus Mann mit diesem Anfang erreicht, er hat nicht gebaut,
nicht konzentriert, und seine Gestalten nur mit sehr unsicheren Zügen differen-
ziert« (in: Berliner Zeitung, 9.3.1926). In diesem Sinn konstatiert auch der Rezensent nach der österreichischen Uraufführung von *Anja und Esther* im Wiener
Raimund-Theater dramaturgische Mängel. Danach sei *Anja und Esther* formal
unausgewogen und damit ein völlig »unklares und unfertiges Stück« (F.R., Arbeiter-Zeitung, Wien, 10.3.1926, S. 7).

55 KM, Der fromme Tanz, S. 7.

56 Ebd., S. 8.

57 F.R., Klaus Mann: Anja und Esther, in: Arbeiter-Zeitung, Wien, 10.3.1926, S. 7.

58 KM, Briefe, S. 37. Brief von KM an EM v. 11.8.1926. In diesem Brief zeigte sich
Klaus Mann sehr irritiert von seiner Begegnung mit Carl Sternheim, der bereits
zu diesem Zeitpunkt sein Rivale um die Gunst von Pamela Wedekind gewesen
sein muß. »Der Besuch bei Sternheim war sehr sonderbar und ergreifend.« Und

einige Zeilen später: »Der ganze Tag war sehr sonderbar und mich erschütterte seine [Carl Sternheims] gehetzte, verzweifelte, tragisch-geniale Lächerlichkeit und Einsamkeit sehr. [...] Sonst gab es viel Beunruhigendes und Amüsantes zu sehen und zu hören. Wie ergreifend ist sein [Carl Sternheims] unfreies, neidisches und tief problematisches Verhältnis zum ›jungen Mädchen‹ [vermutlich Pamela Wedekind, d. Verf.].« S. 38.

59 Begegnung mit Hugo von Hofmannsthal. Zitiert nach: Die neuen Eltern. Aufsätze, Reden, Kritiken, 1924-1933, S. 116-117; hier: S. 116.

60 Vgl. KM, Als ich heiraten wollte. In: Neue Leipziger Zeitung, 4. Mai 1927. Zuerst erschienen unter dem Titel »Die Geschichte meiner Ehe«. In: Acht-Uhr-Abendblatt, Berlin, 2. Mai 1927. Hier schildert Klaus Mann seinen Besuch auf dem Münchner Vormundschaftsgericht, wo er – in Begleitung von Erika – vergeblich versuchte, sich vorzeitig mündig erklären zu lassen. Offenbar hing das Scheitern des Unternehmens auch damit zusammen, daß Klaus Mann wenig ›respektvoll‹ »die Hände noch in den Hosentaschen« hatte, als er dem Vormundschaftsrichter sein Anliegen vortrug. Vgl. auch KM, Briefe, S. 44. Brief von KM an Pamela Wedekind v. 7.3.1927.

61 KM, Der Wendepunkt, S. 175.

62 KM, Anja und Esther, S. 18.

63 Noch zwei Jahrzehnte später wies Klaus Mann in Der Wendepunkt nicht ohne Stolz auf die große Aufmerksamkeit hin, die die Presse dem Dichterkinder-Ensemble schenkte: »Von den Gestaden der Nordsee bis nach Wien, Prag und Budapest gab es ein Gerausche im Blätterwald: »Dichterkinder spielen Theater!«. KM, Der Wendepunkt, S. 188.

64 Ebd., S. 187.

65 Gustaf Gründgens, Über Klaus Mann. In: Der Freihafen, Nr. 2, Hamburg, 1925/26, S. 16.

66 In seinem Originalmanuskript von Der Wendepunkt hatte Klaus Mann noch ausführlich von dem Triumph berichtet, der ihm, Erika und Pamela zuteil wurde, als ihr Porträt die Titelseite der »gewaltig populären Berliner Illustrierten« zierte. Dabei war Gustaf Gründgens, der ursprünglich ebenfalls auf der Gruppenaufnahme zu sehen war, von den Berliner Redakteuren kurzerhand herausgeschnitten worden. Auf Intervention von Gustaf Gründgens mußte diese Passage – wie im übrigen auch einige andere, die sich auf ihn bezogen – aus der Autobiographie gestrichen werden. In der Originalfassung beschreibt Klaus Mann Gründgens' Betroffenheit wie folgt: »Und Gustav? Sein Bild hatte ursprünglich zur Gruppenaufnahme gehört, war aber von den Berliner Redakteuren entfernt worden – ohne unser Wissen natürlich. Er war kein ›Dichterkind‹ und überhaupt nicht interessant genug... Welch ein Moment tödlicher Peinlichkeit, da er den Affront entdeckte! Er saß regungslos, sehr steif aufgerichtet, die Lippen aufeinandergepreßt, das Gesicht zur fahlen Maske erstarrt. Kein Wort, keine Geste – nur der stumme Vorwurf seiner Juwelenaugen! Es war unerträglich... Ob er uns die Kränkung je verziehen hat? Wohl kaum – obwohl an unserer Unschuld doch kein Zweifel bestehen konnte.« Zitiert nach Eberhard Spangenberg, Karriere eines Romans. Mephisto, Klaus Mann und Gustaf Gründgens, Reinbek 1982, S. 25.

67 Irmela von der Lühe, Erika Mann, S. 35.

68 KM, Der fromme Tanz, S. 7.

69 Vgl. u.a. ebd., S. 15 ff; S. 36 f.

70 Ebd., S. 20.

71 Eine umfassende Werkanalyse des Romans *Der fromme Tanz* ist abgedruckt in: Nicole Schaenzler: Klaus Mann als Erzähler. Studien zu seinen Romanen »Der fromme Tanz« und »Der Vulkan«. Kasseler Studien zur deutschsprachigen Literaturgeschichte 6, Paderborn 1995.

72 KM, Der Wendepunkt, S. 191.

73 KM, Mein Vater. Zum 50. Geburtstag. In: Acht-Uhr-Abendblatt, Berlin, 8.6.1925. Wieder abgedruckt in: Die neuen Eltern. Aufsätze, Reden, Kritiken 1924-1933. Hrsg. von Uwe Naumann und Michael Töteberg, Reinbek 1992, S. 48-50; hier: S. 49 f.

74 Brief von TM an Ernst Bertram v. Januar 1925. Briefe aus den Jahren 1910-1955. Hrsg. von Inge Jens, Pfullingen 1960, S. 135.

75 KM, Kind dieser Zeit, S. 195.

76 Ebd., S. 195.

77 Ebd., S. 179 f.

78 Ebd., S. 180.

79 KM, Der Wendepunkt, S. 196.

80 Ebd., S. 196.

81 Ebd., S. 197.

82 TM, Briefe I, S. 239. Brief von TM an EM v. 7.5.1925.

83 Klaus Harpprecht, Thomas Mann. Eine Biographie, Reinbek 1995, S. 522 und 569.

84 KM, Der Wendepunkt, S. 185.

85 Ebd., S. 185.

86 Der fromme Tanz, Reinbek 1989, S. 152.

87 Vgl. auch Helmut Blazek, Rosa Zeiten für rosa Liebe. Frankfurt/M. 1996, S. 124 ff.

88 Zitiert nach Hans-Georg Stümke/Rudi Finkler, Rosa Winkel, Rosa Listen. Reinbek 1981, S. 37.

89 In einem Brief an Erika Mann v. 16.8.1925 erwähnt Thomas Mann seine Arbeit an dem Essay wie folgt: »Den Ehe-Aufsatz für Keyserling habe ich hinter mich gebracht, auf ganz anständige Art, wie mir vorkommt. Es ist ein ziemlich umfangreiches Dokument geworden, hochmoralisch, und enthält auch eine prinzipielle Auseinandersetzung mit der Homoerotik, ei, ei.« TM, Briefe I, S. 247.

90 TM, Über die Ehe. In: Thomas Mann, Gesammelte Werke, Bd. 10, S. 197 f.

91 Vgl. auch Ines Rieder, »Erika Mann«. In: Wer mit wem? Berühmte Frauen und ihre Liebhaberinnen, München 1997, S. 17-23.

92 Anspielungen und Selbstreflexionen auf seine homosexuelle Neigung finden sich in Thomas Manns Tagebüchern immer wieder. Zeitweilig weckte auch der pubertierende Sohn Klaus sein erotisches Interesse. Vgl. u.a. die Eintragung aus dem Jahre 1920: »Kurze Unterhaltung, mit dem sympathischen jungen Mann in weißen Hosen, der in der III. Klasse neben mir saß. Freude hierüber. Es scheint, ich bin mit dem Weiblichen endgültig fertig? [...] Eissi [Klaus Mann] lag mit nacktem braunen Oberkörper lesend im Bett, was mich verwirrte.« TM, Tagebücher 1918-1920, S. 454 (25.7.1920)

93 Vgl. »Verliebt in Klaus dieser Tage. Ansätze zu einer Vater-und-Sohn-Novelle.«
TM, Tagebücher 1918-1920, S. 451 (5.7.1920) »Entzücken an Eissi, der im Ba-
de erschreckend hübsch. Finde es sehr natürlich, daß ich mich in meinen Sohn
verliebe.« TM, Tagebücher 1918-1920, S. 454 (25.7.1920). Vgl. ebenso: »Las
gestern abend eine weltschmerzlich zerrissene Novelle Eissi's und kritisierte sie
an seinem Bett unter Zärtlichkeiten, über die er sich, glaube ich, freut.« TM,
Tagebücher 1918-1920, S. 455 (27.7.1920). Vgl. ebenso: »[...] Ich hörte Lärm
im Zimmer der Jungen und überraschte Eissi völlig nackt vor Golo's Bett Unsinn machend. Starker Eindruck von seinem vormännlichen, glänzenden Körper, Erschütterung. « TM, Tagebücher 1918-1920, S. 470 (17.10.1920)

94 Gerhard Härle, Männerweiblichkeit, Frankfurt/M. 1988, S. 19.

95 Ebd., S. 73 f.

96 Homosexualität und Faschismus. In: Zahnärzte und Künstler. Aufsätze, Reden,
Kritiken 1933-1936, S. 235-242; hier: S. 239 und S. 242 [Unter dem, vermutlich
von der Redaktion gewählten Titel »Die Linke und ›das Laster‹« zuerst erschienen in: Europäische Hefte/Aufruf, Prag, 24. Dezember 1934.].

97 Interviews mit Grete Weil-Jokisch und Herbert Schlüter für den Film von Hans
Breloer »Treffpunkt im Unendlichen«.

98 KM, Der fromme Tanz, S. 89.

99 Ebd., S. 153.

100 Ebd.

101 KM, Der Wendepunkt, S. 190.

102 Ebd., S. 191.

103 Ebd., S. 252.

104 Ebd., S. 192.

105 Ebd.

106 Ebd., S. 193.

107 Una Pfau, Nachwort zu René Crevel: Seid ihr verrückt, Frankfurt/M. 1991,
S. 151-S. 167; hier: S. 167.

108 Brief von KM an Pamela Wedekind, Sommer 1926 (genaues Datum unbekannt), Nizza, S. 28.

109 KM, Kindernovelle, S. 22.

110 Einige Forscher haben die Totenmaske als das Antlitz von Thomas Mann gedeutet. Das jüngste Beispiel ist Klaus Harpprecht, der in seiner Thomas-Mann-
Biographie schrieb: »Nahm der Vater zur Kenntnis, daß ihn der Sohn Klaus in
der kleinen Erzählung [Kindernovelle] kurzerhand ins Jenseits befördert hatte?«, Klaus Harpprecht, Thomas Mann, S. 568.

111 Vgl. Nachwort zur Kindernovelle, S. 114.

112 Vgl. Walter Heinsius, Klaus Mann: Kindernovelle, in: Die schöne Literatur, H.
5, 28. Jg., Mai 1927, S. 6.

113 Ebd., S. 28.

114 Vgl. Der Wendepunkt, S. 195. Dort heißt es: »Eine größere Erzählung, die ›Kindernovelle‹, war erschienen. [...] Ein junger europäischer Intellektueller – die
Formel wurde mir beinah etwas wie ein Programm. Es war immerhin ein Fortschritt, verglichen mit der programmatischen Glorifizierung der ›Jugend‹
schlechthin, als biologischer Zustand.«

115 KM, Kindernovelle, S. 99.
116 KM, Briefe, S. 33. Brief von KM an Pamela Wedekind v. 22.10.1926 (Hamburg).
117 Ebd., S. 34. Brief von KM an Erich Ebermayer v. 27.10.1926 (Hamburg).
118 KM, Briefe, S. 32 f. Brief von KM an Hugo von Hofmannsthal v. 14.10.1926 (Hamburg); vgl. ebenso Brief von KM an Rainer Maria Rilke v. 19.10.1926 (Hamburg).
119 KM, Der Wendepunkt, S. 190.
120 KM, Briefe, S. 26. Brief von KM an Pamela Wedekind v. 3.10.1926. In dem Briefband ist das Datum des Briefes noch mit 3. Oktober 1925 angegeben, doch sowohl die Erwähnung seiner Arbeit an der *Revue zu Vieren* als auch der Hinweis auf seine Bekanntschaft mit dem französischen Literaten René Crevel, den Klaus Mann nachweislich erst im Frühjahr 1926 kennengelernt hat, machen deutlich, daß die Zeitangabe der Herausgeber falsch ist.
121 Die Idee ging auf Coudenhove-Kalergis 1923 ausgerufene Paneuropa-Bewegung zurück. 1923 gründete der Politiker und Schriftsteller Graf Richard Nikolaus Coudenhove-Kalergi die Paneuropa-Bewegung, deren Programm und Ziele er in seinem Buch *Paneuropa* (1923) festlegte. Danach sollten vor allem Deutschland, Frankreich und Italien einen Bundesstaat gründen, um sich vor dem wachsenden Einfluß Amerikas und Rußlands zu schützen und so Europas Freiheit zu sichern.
122 KM, Revue zu Vieren, in: Klaus Mann, Der siebente Engel, S. 84.
123 Ebd., S. 84.
124 Zitiert nach Curt Riess, Gustaf Gründgens. Eine Biographie, Hamburg 1965, S. 72.
125 KM, Der Wendepunkt, S. 195.
126 Golo Mann, Erinnerungen an meinen Bruder Klaus, in: Klaus Mann, Briefe und Antworten, S. 639.
127 Herbert Ihering, Theater in Aktion. Kritiken und Reden aus drei Jahrzehnten 1913-1933, Berlin, 1987, S. 274 f.
128 Ebd., S. 274.
129 KM, Der Wendepunkt, S. 190.
130 Herbert Ihering, Theater in Aktion, Kritiken und Reden aus drei Jahrzehnten 1913-1933, Berlin 1987, S. 274.
131 Kurt Pinthus, Revue zu Vieren, in: Acht-Uhr-Abendblatt v. 3.5. 1927.
132 KM, Rückblick auf unsere Tournee, in: Literarische Welt, Berlin, 24. Juni 1927. Zitiert nach: Die neuen Eltern, S. 128-120; hier: S. 130.
133 Erich Ebermayer, Eines Freundes Tod. Zeitungsausschnitt im KMA, ohne nähere Angaben.
134 KM, Der Wendepunkt, S. 195.
135 Vgl. Curt Riess, Gustaf Gründgens. Eine Biographie. Hamburg, 1965, S. 72.
136 KM, Der Wendepunkt, S. 196.
137 KM, Briefe, S. 28. Brief von KM an Pamela Wedekind, Frühsommer 1926 (genaues Datum ist nicht zu ermitteln).
138 Wegen eines Nervenzusammenbruchs und Wahnvorstellungen mußte Carl Sternheim mehrmals in eine Nervenheilanstalt eingewiesen werden.

139 KM, Fragment von der Jugend, Die Neue Rundschau, Berlin, März 1926. Zitiert nach: Die neuen Eltern, Aufsätze, Reden, Kritiken, S. 60-71; hier S. 65.

140 Vgl. unten Seite 110.

141 In seinem Aufsatz *Die neuen Eltern* bescheinigte Klaus Mann der Eltern-Generation, daß bei ihnen »ebensowenig Aggressivität und strenger Tadel« sei »wie bei der besseren Jugend Auflehnung und krasse Revolution«. So erscheine »›der Vater‹ nicht mehr als Schreckgespenst, als das strenge Prinzip, die zu bekämpfende halsstarrige Macht«. Und weiter: »Es kommt darauf an, daß wir nicht mehr alle Brücken hinter uns abbrechen wollen, nicht mehr, in triumphierendem Übermut, verspotten jegliche Tradition und alle Formen verächtlich finden.« (KM, Die neuen Eltern. In: KM, Woher wir kommen und wohin wir müssen. Hrsg. Martin Gregor-Dellin, S. 31-42; hier: S. 33 u. 35). Umgekehrt meinte Thomas Mann in seinem Interview zum Thema *Die neuen Kinder*: »Man denkt sich, wir könnten da helfen, indem wir unsere Erfahrungen den Kindern mitteilen und ihnen Umwege ersparen. Aber ich erwarte mir nicht viel von positiver Belehrung, von ausgesprochener und bewußter Anleitung. Abgesehen von allem anderen, würde das doch wieder bedeuten, daß man zur Herbeiführung jener Mitteilungen von der väterlichen Autorität Gebrauch macht, und die ist doch, wie gesagt, eine zweifelhafte Stütze.« (Die neuen Kinder. Ein Gespräch mit W. E. Süskind, Thomas und Klaus Mann über seinen Aufsatz ›Die neuen Eltern‹. In: KM, Woher wir kommen und wohin wir müssen. Hrsg. von Martin Gregor-Dellin, S. 31-42; hier: S. 38).

142 Bertolt Brecht, Wenn der Vater mit dem Sohne mit dem Uhu, in: Das Tage-Buch, Berlin 14.8.1926, S. 1202 f. Zitiert nach: Große kommentierte Berliner und Frankfurter Ausgabe, Schriften I , Bd. 21. S. 158-160; hier: S. 159.

143 Vgl. u.a. Herbert Lehnert, Bert Brecht und Thomas Mann im Streit über Deutschland, in: Deutsche Exilliteratur seit 1933, Band I: Kalifornien, Teil 1, hrsg. v. John M. Spalek und Joseph Strelka, Bern und München 1976, S. 62-88; hier: S. 69 sowie S. 82.

144 Werner Deubel, Kurt Klein: ›Davos‹, in: Die schöne Literatur, XXVII, H. 7 (Juli 1926), Leipzig, S. 334. Zitiert nach Fredric Kroll, Bd. 2, S. 150.

145 Axel Eggebrecht, Die jüngste Dichtung, in: Die literarische Welt, III, Nr. 34, Berlin, 26.8.1927, S. 6.

146 Bertolt Brecht, Wenn der Vater mit Sohne mit dem Uhu, in: Große kommentierte Berliner und Frankfurter Ausgabe, Schriften I, Bd. 21. S. 158-160; hier: S. 159.

147 Kurt Tucholsky, Auf dem Nachttisch (1928). In: Gesammelte Werke, Band II 1925-1928, (hrsg. v. Mary Gerold – Tucholsky und Fritz Raddatz), Reinbek 1961, S. 41-42; hier: S. 42.

148 Kurt Tucholsky, Die lieben Kinder (1929). In: Gesammelte Werke, Band III 1929-1932, (hrsg. v. Mary Gerold – Tucholsky und Fritz Raddatz), Reinbek 1961, S. 41-42; hier: S. 42.

149 Erich Mühsam, Der Fall Klaus Mann, in: Welt am Montag, Berlin 8.8.1927.

150 Otto Heuschele, Dichter und Literaten, in: Kölnische Volkszeitung, Köln, 23. Mai 1926.

151 KM, Briefe, S. 72. Brief von KM an Erich Ebermayer v. 4.6.1932 (München).

152 KM, Heute und Morgen, S. 135.

153 Vgl. KM, Der Wendepunkt, S. 120 ff.

154 Am 28. Oktober 1928 hielt Klaus Mann in der Berliner Singakademie einen Vortrag mit dem Titel »Stefan George. Führer der Jugend«. Nachzulesen in: Die neuen Eltern, S. 193-199.

155 Stefan George. Führer der Jugend, S. 199.

156 Vgl. u.a. *Das Unbehagen in der Kultur* von Sigmund Freud (1929/31), *Krisis des Romans* von Walter Benjamin (1930) und *Die Krisis der bürgerlichen Intelligenz* von Bernhard Guillemin (1932).

157 KM, Fragment von der Jugend, S. 71.

158 KM, Heute und Morgen. Zur Situation des jungen geistigen Europas, in: Die neuen Eltern, S. 131-152; hier: S. 132.

159 Willy Haas, [Gründungsanzeige der Gruppe 1925], in: Literarische Welt, Nr. 9, August 1925, S. 6.

160 KM, The Turning Point: Thirty-Five Years in this Century, New York 1942, S. 122 f.

161 KM, Heute und Morgen, S. 133.

162 Ebd., S. 132.

163 Ebd., S. 133.

164 In ihrem Kommentar zur *Großen kommentierten Berliner und Frankfurter Ausgabe der Werke von Bertolt Brecht* behaupten die Herausgeber Werner Hecht, Jan Knopf, Werner Mittenzwei und Klaus-Detlef Müller, Brechts provokante Entscheidung habe Willi R. Fehse und Klaus Mann erst zu der Herausgabe der *Anthologie jüngster Lyrik* angeregt. Dies wird jedoch durch die Korrespondenz zwischen Willi Fehse und Klaus Mann widerlegt: Bereits Ende November/Anfang Dezember 1926 trat Willi Fehse mit dem Wunsch an Klaus Mann heran, als Mitherausgeber der Anthologie zu fungieren. In einem Brief vom 16.12.1926 an Willi Fehse erklärt sich Klaus Mann denn auch umgehend zur Mitarbeit bereit. Fehses erster Aufruf an junge deutsche Lyriker, ihm zwecks Veröffentlichung ihre Gedichte zu schicken, war in der *Literarischen Welt* bereits abgedruckt worden, ein zweiter folgte Anfang des neuen Jahres. Zu diesem Zeitpunkt war der Sieger des Lyrik-Wettbewerbs noch nicht bekannt, sein Name wurde erst am 4. Februar 1927 in der *Literarischen Welt* veröffentlicht. Vgl. KM, Briefe, S. 35 f. sowie Bertolt Brecht, Werke. Schriften I, Bd. 21, S. 668.

165 Bertolt Brecht, Kurzer Bericht über 400 (vierhundert) junge Lyriker, in: Bertolt Brecht, Große kommentierte Berliner und Frankfurter Ausgabe, S. 191-193; hier: S. 192 f.

166 Zum Erscheinen der Anthologie jüngster deutscher Lyrik. In: Neue Zürcher Zeitung, 17. April 1927. Zitiert nach: Die neuen Eltern, S. 121-122; hier S. 122.

167 KM, Heute und Morgen, S. 142.

168 Zur ›historischen Erklärung‹ in Klaus Manns ›Frühwerk‹ vgl. auch: Nicole Schaenzler: Klaus Mann als Erzähler, Paderborn 1995.

169 KM, Heute und Morgen, S. 138.

170 KM, Briefe, S. 45 f. Brief von KM an Hans Rosenkranz aus Westende, Belgien v. 28.6.1927.

171 Axel Eggebrecht, Anthologie jüngster Prosa, in: Die literarische Welt, IV, Nr. 6, 10. Februar 1928, S. 5.

172 KM, Der Wendepunkt, S. 203.
173 Erika und Klaus Mann, Rundherum, S. 135.
174 KM, Der Wendepunkt, S. 206.
175 Erika und Klaus Mann, Rundherum, S. 75.
176 Zitiert nach Fredric Kroll, Bd. 3 der Klaus-Mann-Schriftenreihe, S. 9.
177 Erika und Klaus Mann, Rundherum, S. 39.
178 Ebd., S. 52.
179 Ebd., S. 105.
180 Ebd., S. 35.
181 KM, Briefe, S. 61 f. Brief von KM an Pamela Wedekind v. 1.12.1928 (Frankfurt).
182 Vgl. ebd., S. 59. Brief von KM an Pamela Wedekind v. 29.10.1928 (Berlin).
183 Thea Sternheim, Erinnerungen, Freiburg i. Br. 1995, S. 499 f.
184 Vgl. ebd., S. 519.
185 Carl Sternheim, Zeitkritik, in: Das Gesamtwerk, Bd. VI, hrsg. von Wilhelm Emrich. Neuwied, 1966, S. 455. Vgl. auch Fredric Kroll, Bd. 3 der Klaus-Mann-Schriftenreihe, S. 189 f.
186 Brief von KM an EM v. 23.6.1932 (KMA).
187 Zur literarischen Rezeption der Gideschen Schriften durch Klaus Mann vgl. auch: Axel Plathe, Klaus Mann und André Gide. Zur Wirkungsgeschichte französischer Literatur in Deutschland, Bonn 1987.
188 KM, Der Wendepunkt, S. 256.
189 KM, André Gide und die Krise des modernen Denkens, S. 31. Vgl. auch »Ich stellte mich im Frühsommer des Jahres 1925 zum erstenmal bei ihm vor«. In: KM, Der Wendepunkt, S. 256. Daß diese Angaben nicht der Wahrheit entsprechen, ergibt sich u.a. aus dem Empfehlungsschreiben, das Curtius an André Gide schrieb. Darin erwähnt er, daß Klaus Mann bereits verschiedene Novellen, ein Drama und einen Roman verfaßt habe. Der Roman, bei dem es sich zweifellos um Der fromme Tanz handelt, entstand aber erst im Laufe des Jahres 1925 und erschien Anfang 1926. Vgl. Ernst Robert Curtius' Brief an André Gide [ohne Angaben zu Ort und Datum]. In: Herbert und Jane M. Dieckmann (Hrsg.): Deutsch-französische Gespräche, 1980, S. 82.
190 Vgl. Brief von Ernst Robert Curtius an André Gide [ohne Angaben zu Ort und Datum]. In: Herbert und Jane M. Dieckmann (Hrsg.), Deutsch-französische Gespräche, 1980, S. 82.
191 Vgl. u.a. Heinrich Mann, Der Einfluß der französischen Literatur (1924).
192 KM, Der Ideenroman, in: Die neuen Eltern, S. 201-206; hier: S. 202.
193 So wurde André Gide erst 1947 im Alter von 78 Jahren der Nobelpreis für Literatur verliehen. Im gleichen Jahr ernannte ihn die Universität Oxford zum Ehrendoktor.
194 Zur Beziehung von Madeleine und André Gide vgl. auch Jean Schlumberger, Madeleine und André Gide, Hamburg 1957.
195 KM, Der Wendepunkt, S. 259.
196 Ebd., S. 256.
197 Ebd., S. 120 ff. sowie S. 256.
198 Ebd., S. 259 f.

199 Insgesamt veröffentlichte Klaus Mann zwischen 1929 und 1948 mehr als ein Dutzend Texte über André Gide, so u.a. *André Gide zum sechzigsten Geburtstag* (1929), [*André Gide,*] *Die enge Pforte* (1929-1930), *André Gide: »Europäische Betrachtungen«* (1931), *André Gide und die europäische Jugend* (1935), *Der Streit um André Gide* (1937), *Hommage to André Gide* (1941) oder – sein letzter Artikel – *Conversation with André Gide* (1948), den Klaus Mann für die New Yorker Zeitschrift *Tomorrow* in englischer Sprache verfaßte.

200 Vgl. Die Sammlung, 1. Jahrgang, Heft III, S. 127 f. Hrsg. von Klaus Mann [1933], München 1986.

201 Brief von André Gide an Klaus Mann v. 9.8.1935. In: Michel Grunewald (Hrsg.), André Gide und Klaus Mann. Correspondance/Briefwechsel, in: Revue d'Allemagne 14. Okt. – Dez., S. 581-682; hier: S. 633.

202 Brief von Klaus Mann an André Gide v. 25.11.1935. In: Correspondance/Briefwechsel, S. 633 f.

203 Brief von André Gide an Klaus Mann v. 18.12.1935. In: Correspondance/Briefwechsel, S. 636. Wörtlich heißt es bei Gide: »Vous m'aviez écrit la plus confiante, la plus exquise des lettres; harcelé, je n'y avais répondu que par l'envoi de mon livre.«

204 KM, Tagebücher I, S. 34 (24.1.1932).

205 André Gide, Tagebuch 1924-1939, Bd. III. Stuttgart 1954, S. 350 f. Zitat in eigener Übersetzung.

206 Brief von Klaus Mann an André Gide v. 4.6.1939. In: Correspondance/Briefwechsel. S. 646 f.

207 KM, Der Wendepunkt, S. 135.

208 Fritz H. Landshoff, Amsterdam, Keizergracht 333. Querido Verlag. Erinnerungen eines Verlegers, Berlin und Weimar 1991, S. 47.

209 Peter Laemmle, Nachwort zum ersten Band der Tagebücher von Klaus Mann, 1931-1933, S. 189-207; hier: S. 195.

210 Jean Cocteau, Vollendete Vergangenheit, München 1989, S. 333.

211 Vgl. u.a. Peter Laemmle, Nachwort zum 1. Band der Tagebücher 1931-1933, S. 193.

212 Vgl. u.a. KM, Kind dieser Zeit, S. 180 f.

213 Vgl. u.a. KM, Der Wendepunkt, S. 193.

214 *Gruß an das zwölfhundertste Hotelzimmer* – so lautet ein Gedicht, das Klaus Mann als Glosse in der Zeitschrift *Querschnitt* (H. 11, Juli 1931, S. 579) veröffentlichte. Das genaue Datum, wann er das Gedicht verfaßt hat, ist unbekannt. Klaus Mann selbst meint im *Wendepunkt*, daß er es irgendwann zwischen 1928 und 1930, etwa zur Entstehungszeit des *Alexander*-Romans, geschrieben habe. Allerdings irrt er sich, wenn er angibt, daß er das Stück ›Dank an das hundertste Hotelzimmer‹ genannt hätte. Vgl. KM, Der Wendepunkt, S. 247.

215 KM, Lebenslauf 1938, in: Woher wir kommen und wohin wir müssen. Frühe und nachgelassene Schriften. Hrsg. von Martin Gregor-Dellin, München 1980, S. 157-165; hier: S. 158.

216 Unveröffentlichter Brief von Klaus Mann an Erika Mann v. 2.2.1929, (KMA).

217 Vgl. Fredric Kroll, Bd. 3 der Klaus-Mann-Schriftenreihe, S. 56.

218 KM, Der Wendepunkt, S. 247.

219 Ebd., S. 248.
220 W.E. Süskind, Klaus Manns Alexanderroman, in: Die Neue Rundschau, XLI, 1930, Berlin, S. 859-861; hier: S. 860.
221 KM, Der Wendepunkt, S. 248.
222 KM, Alexander. Roman der Utopie, Reinbek 1985, S. 45.
223 Ebd., S. 82.
224 Fredric Kroll, Klaus-Mann-Schriftenreihe, Bd. 2, S. 177.
225 KM, Alexander, S. 179.
226 TM, Briefe I, S. 293 f. Brief von Thomas Mann an Erika Mann v. 6.6.1929.
227 In seiner Biographie über Thomas Mann räumt Klaus Harpprecht der Bruderbeziehung breiten Raum ein, wobei er zu dem Schluß kommt, daß vor allem in den Anfangsjahren Heinrichs Produktivität Thomas Mann regelrecht »geärgert« habe: »Eifersucht und Bewunderung, Verachtung und Liebe lagen unentwegt und unauflöslich miteinander im Streit.« Klaus Harpprecht, Thomas Mann, S. 199.
228 KM, Am Grabe von Hugo von Hofmannsthal, in: Woher wir kommen und wohin wir müssen. Frühe und nachgelassene Schriften, hrsg. von Martin Gregor-Dellin, München 1980, S. 43-46; hier: S. 44.
229 Vgl. Klaus Manns zwischen 1925 und 1928 entstandene Essays: Meinem Vater zum 50. Geburtstag. Dank der Jugend an Rainer Maria Rilke. Stefan George, Führer der Jugend.
230 KM, Am Grabe von Hugo von Hofmannsthal, S. 45.
231 Ebd.
232 Ebd., S. 46.
233 Unveröffentlichter Brief von Klaus Mann an Erika Mann v. 19. April 1929 (KMA).
234 Zum Schluß des ersten Bildes belehrt der amerikanische Student Robert die gerade eingetroffene Madeleine: »[...] Sie kommen aus den europäischen Großstädten, aus Berlin, aus Paris? So kennen Sie nur die Krankheit der Jugend, jene Krankheit, die problematisch und produktiv macht. [...] Hier finden Sie nur ihre ordinäre Gesundheit.« Gegenüber von China. In: Klaus Mann, Der siebente Engel. Die Theaterstücke, Reinbek 1989, S. 135-192; hier: S. 146.
235 KM, Briefe, S. 64. Brief von Klaus Mann an Stefan Zweig v. 22.11.1929.
236 Ebd., Telegramm von Klaus Mann an Stefan Zweig v. 26.11.1929.
237 Ebd., S. 65. Brief von Klaus Mann an Stefan Zweig v. 22.11.1929.
238 Ebd., Brief von Klaus Mann an Stefan Zweig v. 8.1.1930.
239 Hermann Kasack, Klaus Mann, *Alexander*, in: Die literarische Welt, V, Nr. 49, 6. Dezember 1929, Berlin, S. 9.
240 Wo diese Rezension erschienen ist, konnte nicht ermittelt werden.
241 KM, Briefe, S. 69. Brief von Klaus Mann an Stefan Zweig v. 1.6.1930.
242 *Rut und Ken* erschien im *Deutschen Almanach für das Jahr 1930*, Leipzig 1930, S. 43-53. Wieder abgedruckt in: KM, Maskenscherz. Die frühen Erzählungen, S. 253-261.
243 Vgl. EM, Wie ich Auto-Monteur lernte, in: Tempo v. 20.2.1930.
244 KM, Der Wendepunkt, S. 277.
245 Vgl. Fredric Kroll, Klaus-Mann-Schriftenreihe, Bd. 3, S. 96 f. Mit Oskar Seidlin

realisierte Klaus Mann im Laufe der nächsten Jahre noch einige Projekte, so unter anderem eine Hörspielfassung von *Gegenüber von China*. (Vgl. Fredric Kroll, Klaus-Mann-Schriftenreihe, Bd. 2, S. 125)

246 Vgl. Fredric Kroll, Klaus-Mann-Schriftenreihe, Bd. 4, S. 221.
247 KM, Thomas de Quincey, in: Die Sammlung 1 (1933-1934), 9. Mai 1934, S. 488-498; hier S. 493.
248 KM, Der Wendepunkt, S. 277.
249 KM, Tagebücher I, S. 32 (16.1.1932).
250 Brief von Katia Mann an Klaus Mann v. 16.4.1933 (KMA).
251 KM, Tagebücher I, S. 15 (20.11.1931).
252 Jean Cocteau, Vorwort zum Roman *Alexander*, S. 7.
253 KM, Jean Cocteau, in: Die neuen Eltern, S. 157-162; hier: S. 162.
254 KM, Der Wendepunkt, S. 254.
255 KM, Zwei europäische Romane, in: Die neuen Eltern [unter dem Titel *Virginia Woolf und Jean Cocteau*], S. 207-211; hier: 209.
256 KM, Geschwister, in: KM, Der siebente Engel. Die Theaterstücke. S. 195-237; hier: S. 195.
257 Ebd., S. 218.
258 Ebd., S. 204 f.
259 Ebd., S. 205.
260 Auch das neckische Spiel mit den Krabben ist als Symbol für Verlockung und Entsagung zu verstehen, insofern Elisabeth sie ihrem Bruder erst zum Verzehr anbiete und ihm diese dann doch vorenthält.
261 Ebd., S. 215.
262 Ebd., S. 237.
263 Ebd., S. 208.
264 Therese Giehse, Ich hab nichts zum Sagen, Reinbek 1973, S. 31.
265 Jacob Berchtold, Klaus Mann: Geschwister, Völkischer Beobachter, Nr. 272 v. 15.11.1930.
266 Vgl. Klaus Manns Brief an Pamela Wedekind vom 9.11.1930 [München], in dem er sich bei ihr für die »sehr schöne und liebenswerte Idee« bedankt, »die Taubenarie zu komponieren«. Weiter heißt es: »Die Melodie ist sehr eindringlich und passend; Erika wird sie auch singen, obwohl Klaus Pringsheim sie schon vertont hatte. Aber Deine Melodie ist einfacher und besser. Es freut mich, auf diese Weise zu wissen, daß Du mein Stück gelesen hast. Ich erführe gerne, wie es Dir und Sternheim gefällt.« KM, Briefe, S. 64.
267 KM, Athen, in: Der siebte Engel. Die Theaterstücke, S. 239-316; hier: S. 282.
268 KM, Briefe, S. 82 f. Brief an Stefan Zweig vom 1.12.1932 [Paris]; hier: S. 83.
269 In seinem Buch *Die deutsche Exilliteratur 1933-1945*, München 1979, S. 22, gibt Alexander Stephan einen kurzen Überblick über Kulturproduktionen, die im Laufe der zwanziger Jahre verboten wurden.
270 Thomas Manns Vortrag *Appell an die Vernunft* ist in den Gesammelten Werken unter dem Titel *Deutsche Ansprache. Ein Appell an die Vernunft* erschienen. Vgl. TM, Deutsche Ansprache. Ein Appell an die Vernunft. In: Gesammelte Werke, Von Deutscher Republik. Politische Schriften und Reden in Deutschland, S. 294-314; hier: S. 295. (Die Zitate im folgenden stammen aus diesem Vortrag.)

271 KM, Der Wendepunkt, S. 282.

272 KM, Wie wollen wir unsere Zukunft? In: Die neuen Eltern, S. 304-317; hier: S. 306.

273 KM, Jugend und Radikalismus. Eine Antwort auf Stefan Zweig, in: Die neuen Eltern, S. 318-320; hier: S. 320.

274 Ebd., S. 318.

275 KM, Wie wollen wir unsere Zukunft?, S. 305.

276 Vgl. KM, Wendepunkt, S. 301. Ob die Angaben korrekt sind, bleibt dahingestellt, denn die Tagebücher, die heute in sechs Bänden ediert sind, beginnen erst ab Oktober 1931.

277 KM, Tagebücher I, S. 14 [19.11.1931]. Wörtlich heißt es: »Zum Essen Bruno Walter. (Gespräch über Nazis, Regierungsmöglichkeiten, Auswanderung [...].«

278 KM, Der Wendepunkt, S. 293.

279 KM, Alain-Fournier: Der große Kamerad, in: Die neuen Eltern, S. 332-333; hier: S. 333.

280 KM, Der Wendepunkt, S. 285.

281 KM, Wie wollen wir unsere Zukunft? In: Die neuen Eltern, S. 304-317; hier: S. 316.

282 Vgl., KM, Wendepunkt, S. 285.

283 KM, Gottfried Benns Prosa, in: Die Literatur, Stuttgart/Berlin, Januar 1930. Wieder abgedruckt in: Die neuen Eltern, S. 249-252. Gottfried Benns Buch *Gesammelte Prosa* erschien 1928 im Kiepenheuer Verlag.

284 Als Mitglied des Redaktionskollegiums der linksorientierten Zeitschrift *Die neue Bücherschau* hatte Becher im Sommer 1929 eine positive Buchbesprechung der Bennschen Prosastücke durch den Schriftsteller Max Hermann-Neiße offenbar als persönliche Beleidigung aufgefaßt, so daß er den Vorgang mit den barschen Worten kommentierte: »Auf diesen Seiten tobt sich der Literatendünkel wirklich in seinen widerwärtigsten Formen aus.« (Vgl. Max Hermann-Neiße, Gottfried Benns Prosa. In. Die Bücherschau, H. 7/1929.) Damit nicht genug: Weil die Zeitschrift mit dem Abdruck des Aufsatzes »eine Richtung eingeschlagen« habe, die sie »jahrelang bekämpft« hätten und die »nun auf einmal von neuem propagiert« würde, schied er, zusammen mit dem »rasenden Reporter« Egon Erwin Kisch, demonstrativ aus dem Redaktionsteam aus. (Zitiert nach Jürgen Rühle, Literatur und Revolution. Die Schriftsteller und der Kommunismus, Frankfurt/Olten/Wien 1987, S. 308.)

285 Abgedruckt in: Zur Tradition der sozialistischen Literatur, hrsg. von der Deutschen Akademie der Künste, Berlin/Weimar 1967, S. 148-152. Im Juni veröffentlichte Benn eine stark überarbeitete Fassung des Dialogs unter dem Titel *Können Dichter die Welt ändern? Ein Rundfunkdialog* im Juni in der *Literarischen Welt*, 1930, H. 6, Nr. 23, S. 3-4.

286 KM, Wie wollen wir unsere Zukunft? In: Die neuen Eltern, S. 304-317; hier: S. 317.

287 Unter dem Titel *Zweifel an Gottfried Benn* erschien später ein Auszug aus dem Vortrag. Vgl. KM, Prüfungen, S. 171-175.

288 KM, Wie wollen wir unsere Zukunft? In: Die neuen Eltern, S. 304-317; hier: S. 315.

289　Ebd., S. 313 ff.

290　Ebd., S. 314.

291　KM, Jugend und Paneuropa, in: Die neuen Eltern, S. 254-275; hier: S. 266 f.

292　Ebd., S. 267.

293　KM, Der Wendepunkt, S. 302.

294　KM, Briefe, S. 72 f. Brief an Stefan Zweig v. 3.5.1931, hier: S. 72.

295　Vgl. auch Uwe Naumann, Nachwort zu Klaus Mann: Maskenscherz. Die frühen Erzählungen, S. 317-325; hier: S. 324.

296　KM, Schauspieler in der Villa, in: Maskenscherz, S. 281-295; hier: S. 291.

297　Vgl. KM, Tagebücher I, S. 86. Tagebuchnotiz vom 24.10.1932. Dort heißt es: »›Schauspieler i. d. Villa‹ kurz entschlossen an die ›Bühne‹ geschickt. – Zeit vertan, und ich hasse es so, daß es mir Übelkeit macht.«

298　KM, Selbstmörder, in: Die neuen Eltern, S. 333-S. 336; hier: S. 334.

299　Ebd.

300　KM, Briefe, S. 72. Brief an Erich Ebermayer v. 11.2.1931 [Berlin].

301　KM und EM, Das Buch von der Riviera, München 1931, S. 158.

302　Siegfried Kracauer, Klaus Mann sucht einen Weg. In: Frankfurter Zeitung, Literaturblatt 25. Zitiert nach: Die Literatur, XXXIII, H. 11 (August 1931), Stuttgart/Berlin, S. 636.

303　Vgl. Hermann Hesse, Beim Lesen eines Romans. In: Die Neue Rundschau. LXIV, H. 5 (Mai 1933), Berlin, Leipzig, S. 698-702. Hesse monierte, daß der Held zunächst in einem Hotelzimmer mit der Nummer 11 abgestiegen sei, das einige Seiten später die Nummer 12 habe.
Damit die Rezension überhaupt abgedruckt werden konnte, verzichtete Hermann Hesse darauf, den Namen des Autors und des Romans anzugeben, da zu diesem Zeitpunkt Klaus Manns Name schon auf der ›Schwarzen Liste‹ der in Nazi-Deutschland verbotenen Schriftsteller stand. So beginnt Hermann Hesse: »Neulich las ich einen neuen Roman, die Dichtung eines begabten jungen Autors, der schon einen gewissen Namen hat, ein hübsches, gutgesinntes jugendliches Werk, das mich interessierte und an manchen Stellen erfreute.« Und zu Klaus Manns Irrtum mit der Hotelnummer schreibt er: »Der Autor [...] hat seine Arbeit nachher nicht wieder durchgelesen, hat offenbar auch keine Korrekturen gelesen oder er las sie eben gerade so gleichgültig und obenhin wie er jene Zahlen hingeschrieben hat: [...] Und auf einmal verliert das ganze Buch an innerem Gewicht, an Verantwortung, an Echtheit, an Substanz, alles wegen dieser dummen Nummer Zwölf.«

304　KM, Der Wendepunkt, S. 302.

305　Vgl. Die Brennessel 2. Jg., Folge 5 vom 3.2.1932, S. 51. Vgl. auch Irmela von der Lühe, Erika Mann, S. 89 ff. Hier heißt es, daß Erika Mann nach einem aufsehenerregenden Prozeß, den sie im Laufe des Jahres 1932 gegen den *Illustrierten Beobachter* und die *Front* wegen Beleidigung führte, von deutschen Theaterregisseuren kaum noch engagiert worden sei.

306　KM, Klaus Mann verteidigt seine Schwester, in: Acht-Uhr-Abendblatt, 4.2.1932.

307　Siegfried Kracauer, Zur Produktion der Jungen. In: Frankfurter Zeitung, 1.5.1932.

308 Vgl. Fredric Kroll, Treffpunkt im Unendlichen (1979). In: Rudolf Wolff (Hrsg.), Klaus Mann. Werk und Wirkung, S. 82-118; hier: S. 82 sowie Klaus-Mann-Schriftenreihe, Bd. 4, S. 150.

309 Schließlich erschien der Film – unter der Regie von Georg Wilhelm Pabst – doch noch 1931 in den deutschen Kinos. Dennoch kam es zum Prozeß von Bertolt Brecht und Kurt Weill gegen die Produktionsfirma Nero-Film, da sie den Autor entgegen ursprünglicher Vereinbarungen von der Mitarbeit ausgeschlossen hatte. Das Drehbuch hatte Leo Lania geschrieben.

310 KM, Ideenroman, in: Die neuen Eltern, S. 201-205; hier: S. 201 ff.

311 KM, Zwei europäische Romane. Virginia Woolf und Jean Cocteau, in: Die neuen Eltern, S. 207-211; hier: S. 208 und 207.

312 KM, Ein führender Roman der Jungen: Perrudja von Hans Henny Jahnn, in: Die neuen Eltern, S. 284-289; hier: S. 286.

313 Vgl. auch Uwe Naumann, Klaus Mann, S. 51.

314 KM, Treffpunkt im Unendlichen, S. 179.

315 Werner Rieck, Hendrik Höfgen, in: Weimarer Beiträge, Heft 4/1969, S. 864.

316 Die Manuskript-Fassung des Essays, die sich im Klaus-Mann-Archiv befindet, trägt den Vermerk 3.-6. Dezember 1931. Die Veröffentlichung erfolgte jedoch erst zu Beginn des Jahres 1933, und zwar in: Alois Seyfried, *Kompaß für morgen,* Wien/Leipzig, 1933.

317 KM, Dauerkrise, in: Die neuen Eltern, S. 438-449; hier: S. 448 und S. 438.

318 Erich Kästner, Vorwort zu *Fabian,* Frankfurt/Berlin/Wien 1982, S. 6.

319 KM, Der Wendepunkt, S. 302 f.

320 Ebd., S. 303.

321 KM, Kind dieser Zeit, Vorbemerkung, S. 7.

322 Vgl. Kind dieser Zeit, S. 95.

323 Ebd., S. 191.

324 Ebd., S. 121.

325 KM, Der Wendepunkt, S. 306.

326 KM, Tagebücher I, S. 18 (8.12.1931).

327 Anfang des Jahres 1933 nahm die Ufa doch noch einmal Kontakt mit den Autoren des Filmexposés auf. Um das Projekt nicht zu gefährden, riet Klaus Mann Erich Ebermayer noch einen Tag vor seiner endgültigen Abreise aus München, am 12. März 1933, seinen Namen als Mitautor zu streichen. Dennoch entschied sich die Filmgesellschaft dazu, den Stoff abzulehnen. Vgl. Brief von Klaus Mann an Erich Ebermayer vom 12.3.1933. Zitiert nach Fredric Kroll, Klaus-Mann-Schriftenreihe, Bd. 3, S. 217.

328 Vgl. KM, Der Wendepunkt, S. 295.

329 Ebd., S. 308.

330 Ebd., S. 312.

331 Ebd., S. 307.

332 Ebd., S. 312 f.

333 Ebd., S. 320 und 321.

334 Vgl. KM, Tagebücher I, S. 66 (22.7.1932).

335 KM, Briefe, S. 87. Brief von Klaus Mann an Eva Herrmann v. 27.4.1933.

336 KM, Tagebücher I, S. 152 (2.7.1933).

337 Ebd., S. 153 (5.7.1933).
338 Ebd., S. 111 f. (23.1.1932).
339 Brief von Klaus Mann an Erika Mann v. 3.11.1932 (KMA).
340 Irmela von der Lühe, S. 101.
341 KM, Tagebücher I, S. 113 (30.1.1933).
342 KM, Der Wendepunkt, S. 324.

Drittes Kapitel:
Exil in Europa

1 Vgl. u.a. TM, Tagebücher 1933-1934, S. 3 (15.3.1933).
2 Vgl. z.B. KM, Tagebücher I, S. 124 (13.3.1933). Dort heißt es wörtlich: »Erst wieder den Tod vorgestellt. Von E[rika] geträumt [...]. Einsamkeitsgefühl doch immer nur, wenn SIE nicht da.«
3 KM, Briefe, S. 116-118; hier: S. 118. Brief an W. E. Süskind v. 8.8.1933 (?).
4 KM, Briefe, S. 86 f. Brief an Eva Herrmann v. 27.4.1933.
5 KM, Tagebücher I, S. 134 (11.5.1933).
6 Vgl. Protest der Richard-Wagner-Stadt München. In: Münchner Neueste Nachrichten, Nr. 105, 86. Jg. vom 16./17. April 1933, Titelseite.
7 TM, Tagebücher 1933-1934, S. 52 (19. April 1933).
8 Vgl. Fredric Kroll, Klaus-Mann-Schriftenreihe, Bd. 4, S. 31 f.
9 Vgl. KM, Tagebücher I, S. 28 (6.1.1932).
10 In: Maskenscherz. Die frühen Erzählungen, S. 296-316.
11 Vgl. KM, Tagebücher I, S. 131 (2.5.1933).
12 Gottfried Benn, Der neue Staat und die Intellektuellen, S. 459 f.
13 KM, Briefe, S. 91-94; hier: S. 92. Brief an Gottfried Benn v. 9.5.1933. Hrsg. v. Friedrich Albrecht, Berlin u. Weimar 1988.
14 Ebd., S. 94
15 Gottfried Benn, Doppelleben, in: Gesammelte Werke in vier Bänden. Autobiographische und vermischte Schriften, Bd. 4, hrsg. von Dieter Wellershoff, Wiesbaden 1961, S. S. 72-90; hier: S. 74.
16 Gottfried Benn, Antwort an die literarischen Emigranten, in: Gesammelte Werke in vier Bänden. Autobiographische und vermischte Schriften, Bd. 4, S. 239-248, hier 242.
17 KM, Gottfried Benn oder: Die Entwürdigung des deutschen Geistes, in: Die Sammlung, 1. Jahrgang, H. 1, S. 49-50; hier: S. 50.
18 Heinrich Mann, Sittliche Erziehung durch deutsche Erhebung, in: Die Sammlung, 1. Jahrgang, H. 1, S. 3-7; hier: S. 3 und Seite 7.
19 KM, Vorwort zur ersten Ausgabe der Sammlung, 1934, 1. Jahrgang, München 1987, S. 2.
20 KM, Tagebücher I, S. 133 (3.5.1933). Im übrigen versäumte Klaus Mann nicht, gewissenhaft zu vermerken, daß sie zusammen in einer Bar gesessen und gemeinsam etwas »genommen« hätten, eine Umschreibung, mit der er seinen Rauschgiftkonsum zu vermerken pflegte.

21 KM, Vorwort zur ersten Ausgabe der *Sammlung*, 1933, 1. Jahrgang, München 1987, S. 2.
22 KM, Briefe, S. 95 f; hier: S. 96. Brief an Hermann Hesse v. 12.5.1933. Hrsg. v. Friedrich Albrecht, Berlin u. Weimar 1988. Vgl. auch ebd., S. 97 und S. 98. Briefe an Stefan Zweig v. 12.5.1933 und an Hermann Kesten v. 15.5.1933.
23 Fritz Landshoff, Erinnerungen eines Verlegers, S. 39.
24 Als Forum des Meinungsaustauschs und der politischen bzw. künstlerischen Stellungnahmen etablierten sich – neben der *Sammlung* – vor allem auch *Die neue Weltbühne, Das Neue Tage-Buch* oder die Tageszeitung *Pariser Tageblatt*. Nachdem Mitte 1935 *Die Sammlung* und die in Prag herausgegebenen *Neuen Deutschen Blätter* ihr Erscheinen einstellen mußten, waren die Exilschriftsteller in ihren Veröffentlichungsmöglichkeiten erst einmal eingeschränkt. 1936 gründeten dann Bertolt Brecht, Lion Feuchtwanger, Willi Bredel und Johannes R. Becher die Zeitschrift *Das Wort*; ab 1937 gaben Thomas Mann und Konrad Falke die Kulturzeitschrift *Maß und Wert* heraus. Zur Gründungs- und Wirkungsgeschichte der Exilpresse vgl. u.a. Hans-Albert Walter, Deutsche Exilliteratur 1933-1950, Bd. 4, Stuttgart 1978.
25 KM, Tagebücher I, S. 147 (16.6.1933).
26 Vgl. KM, Briefe, S. 115. Brief von Hermann Hesse an Klaus Mann v. 23.7.1933.
27 Traugott Krischke, Ödön von Horváth: Kind dieser Zeit, München 1980, S. 175.
28 Fritz Landshoff, Erinnerungen eines Verlegers, S. 51.
29 KM, Der Wendepunkt, S. 353.
30 Ebd., S. 51.
31 KM, Briefe, S. 122-124; hier S. 124. Brief von Thomas Mann an Klaus Mann v. 21.8.1933. Hrsg. v. Friedrich Albrecht, Berlin u. Weimar 1988.
32 KM, Briefe, S. 124 f; hier: S. 125. Brief von Thomas Mann an Klaus Mann v. 24.8.1933.
33 Fritz Landshoff, Erinnerungen eines Verlegers, S. 63.
34 Ebd.
35 Vgl. Klaus Schröter (Hrsg.), Thomas Mann im Urteil seiner Zeit, Dokumente 1891-1955, Hamburg 1969, S. 208.
36 KM, Briefe, S. 132-134; hier: S. 132. Brief von Thomas Mann an Klaus Mann v. 13.9.1933.
37 KM, Der Wendepunkt, S. 342.
38 TM, Briefwechsel mit seinem Verleger Bermann Fischer, Bd. 1, S. 43 f. Brief v. Gottfried Bermann Fischer an TM v. 19.9.1933. Hrsg. von Peter de Mendelssohn, Frankfurt/M. 1975.
39 Will Vesper: In: Die Neue Literatur, Jg. 34, November 1933. Darin schreibt Will Vesper: »Die aus Deutschland entflohenen kommunistischen und jüdischen Literaten versuchen von ihren Schlupfwinkeln aus, das neue Deutschland mit einem Wall von literarischem Stinkgas zu umgeben [...] Größer aufgezogen und zweifellos das gefährlichste Reptil ist die in Amsterdam unter dem ›Patronat von André Gide, Aldous Huxley und Heinrich Mann‹ von dem Halbjuden Klaus Mann herausgegebene ›Sammlung‹ [...] Man darf wohl annehmen, daß alle Herren schon selber keinen Wert mehr darauf legen, daß das deutsche Volk ihre Bücher liest.«

40 Offenbar ohne sein Wissen gab der Geschäftsführer des Insel Verlages, Anton Kippenberg, Stefan Zweigs Schreiben, das an ihn persönlich gerichtet war und in dem dieser seine Mitwirkung an der *Sammlung* widerrufen hatte, an das *Börsenblatt des deutschen Buchhandels* weiter, das die Absage umgehend veröffentlichte. In einem offenen Brief an die Wiener *Arbeiter-Zeitung* teilte Stefan Zweig mit, daß er »eine demonstrative Drucklegung [...] weder gewünscht noch vorausgesehen« habe. Vgl. Arbeiter-Zeitung, 5. November 1933, Wien, S. 3.

41 Robert Musil, Brief an Klaus Mann v. 19. 10.1933, in: Adolf Frisé (Hrsg.), Robert Musil. Briefe 1901-1942, Reinbek 1981, S. 585-589; hier: S. 585.

42 Ebd., S. 589.

43 Literatur und Charakter [anonym erschienen]. In: Arbeiter-Zeitung, 19.10. 1933, Wien, S. 2.

44 TM, Briefwechsel mit seinem Verleger Gottfried Bermann Fischer, Bd. 2, S. 650-652; hier S. 651. Thomas Mann: Erwiderung. Hrsg. von Peter de Mendelssohn, Frankfurt/M. 1975.

45 Mehrere Wochen verbrachte Klaus Mann damit, verschiedene Erwiderungen aufzusetzen; zeitweilig versuchten sich auch Fritz Landshoff und Hermann Kesten in angemessenen Formulierungen. Eine der – ungleich schärferen – Versionen, datiert vom 14. Oktober 1933, ist in die 1993 erschienene Ausgabe *Klaus Mann. Aufsätze, Reden und Kritiken*, und zwar im zweiten Band *Zahnärzte und Künstler* unter dem Titel *Zu den Angriffen gegen ›Die Sammlung‹* aufgenommen worden (S. 62-63). Darin heißt es: »Die Schriftsteller, die gegenüber diesem Deutschland noch immer glauben, ›vorsichtig‹ sein zu müssen, werden sehen, ob und wie man ihnen solche Vorsicht dankt. Unser Publikum aber muß wissen, daß die Zusagen, die wir von ebenjenen Schriftstellern empfingen, freiwilliger und spontaner gegeben wurden als die Erklärungen, mit denen sie zurückgenommen wurden.« (S. 63.)

46 Vgl. Fritz Landshoff, Erinnerungen eines Verlegers, S. 65.

47 Vgl. ebd., S. 66.

48 Ebd., S. 64.

49 KM, Tagebücher I, S. 182 (8.12.1933).

50 Ebd., S. 167 (9.9.1933).

51 Ebd., S. 185 (27.12.1933).

52 KM, Tagebücher I, S. 160 (29.7.1933).

53 KM, Tagebücher II, S. 36 (2.6.1934).

54 Ebd., S. 175 (16.10.1933).

55 Ebd., S. 178 (31.10.1933).

56 Horst Ewers, Horst Wessel. Ein Deutsches Schicksal (1932) sowie Erwin Reitmann, Horst Wessels Leben und Sterben (1932).

57 Zitiert nach: Fredric Kroll, Klaus-Mann-Schriftenreihe, Bd. 4, S. 74 ff. sowie Klaus Mann, Die Mythen der Unterwelt – Horst Wessel, Forum Homosexualität und Literatur, Sonderdruck (Hrsg. v. Gerhard Härle), 1991, S. 102-116. Vgl. auch Michel Grunewald, Klaus Mann 1906-1949, S. 106-108, S. 442-451, S. 665-668 sowie S. 847-858.

58 Den zitierten Satz hat Klaus Mann vermutlich einem Aufsatz entnommen, den Maxim Gorki am 23.5.1934 in der sowjetrussischen *Prawda* veröffentlicht hatte.

Vgl. Uwe Naumann/Michael Töteberg (Hrsg.), Editorische Bemerkungen zu *Zahnärzte und Künstler,* 1933-1936; S. 432.

59 Nachdem die Sowjetunion 1917 die Bestrafung der Homosexualität weitgehend zurückgenommen hatte, verschärfte sich das politische Klima gegen Homosexuelle unter Stalin wieder erheblich. 1934 wurde der Homosexuellen-Paragraph wieder eingeführt. Gleichzeitig begann eine rigide Verfolgung der Minderheit.

60 KM, Homosexualität und Faschismus, in: Zahnärzte und Künstler. Aufsätze, Reden, Kritiken, 1933-1936, S. 235-242; hier: S. 241 f.

61 KM, Das Schweigen von Stefan George, in: Zahnärzte und Künstler, S. 54-60; hier: S. 54 f.

62 Vgl. TM, Tagebücher 1933-1934, S. 275 (25.12.1933).

63 KM, Stefan George, in: Zahnärzte und Künstler, S. 82.

64 KM, Tagebücher I, S. 186 (29.12.1933).

65 Ebd., S. 25.

66 KM, Letztes Gespräch, in: Speed. Die Erzählungen aus dem Exil, S. 21-31; hier: S. 27.

67 Ebd., S. 26.

68 TM, Tagebücher 1933-1934, S. 276 (26.12.1933).

69 Brief von Katia Mann an Klaus Mann v. 18.2.1934 (KMA).

70 KM, Tagebücher II, S. 15 (2.2.1934).

71 Brief von Ernst Bloch an Klaus Mann v. 23.2.1934 (KMA).

72 Roger Martin du Gard Brief an Klaus Mann v. 11.2.1934 (KMA). Übersetzung von Fredric Kroll. In: Klaus-Mann-Schriftenreihe, Bd. 4, S. 364.

73 KM, Briefe, S. 155. Brief an Roger Martin du Gard v. 14.2.1934. Hrsg. v. Friedrich Albrecht, Berlin u. Weimar 1988.

74 KM, Tagebücher I, S. 185 (27.12.1933).

75 Brief von Hans Aminoff an Klaus Mann v. 19.12.1933 (KMA).

76 KM, Flucht in den Norden, S. 21.

77 Ebd, S. 228.

78 Gerhard Härle, Männerweiblichkeit, S. 287.

79 KM, Flucht in den Norden, S. 181. Wörtlich heißt es: »Die Szene, die sie [Johanna] in diesem Augenblick mit Ragnar stellte, war nicht mehr die der Geliebten, die beim Manne steht; sondern die vom Knaben, der zu einem großen Freund getreten ist. Ihre Haltung war die zugleich kecke und ergebene des jüngeren Kameraden, des geliebten Gespielen [...].«

80 Ebd., S. 157.

81 KM, Tagebücher II, S. 69 (3.11.1934).

82 Brief von Hans Aminoff an Klaus Mann v. 20.12.1934 (KMA).

83 Vgl. KM, Tagebücher II, S. 16-17 (13.2.1934).

84 Brief von Hans Aminoff an Klaus Mann v. 18.3.1934 (KMA).

85 Vgl. u.a. Brief von Hans Aminoff an Klaus Mann v. 23.9.1933 (KMA).

86 KM, Tagebücher II, S. 59 (30.8.1934).

87 KM, Situation der deutschen Literatur, drinnen und draußen, in: Zahnärzte und Künstler, S. 87-107; hier S. 105.

88 Ebd., S. 104.

89 KM, Briefe, S. 172-173; hier S. 173. Brief an Thomas Mann v. 12.4.1934. Vgl. ebenso ebd., S. 167-168; hier S. 167. Brief an Katia Mann v. 24.3.1934.

90 Akten aus dem Politischen Archiv des Auswärtigen Amtes, Bonn. AZ: Inland II A/B, 83.76. Zitiert nach Wilfried Dirschauer, Klaus Mann und das Exil (= Deutsches Exil 1933-1945: Eine Schriftenreihe, hrsg. von Georg Heintz, Worms 1973), S. 116.

91 Brief von Klaus Mann an James G. MacDonald v. 16.3.1934 (KMA).

92 KM, Briefe, S. 168-169. Brief an Katia Mann v. 28.3.1934.

93 KM, Tagebücher, S. 39 (21.6.1934).

94 KM, Thomas de Quincey, in: Künstler und Zahnärzte, S. 131-143; hier: S. 132 und 143.

95 KM, Tagebücher III, S. 36 (28.5.1934).

96 KM, Tagebücher III, S. 21 (15.2.1936).

97 KM, Tagebücher I, S. 140 (26.5.1933).

98 Ebd., S. 19 (28.2.1934).

99 Brief von Erika Mann an Hans Jürgen Baden, in: Erika Mann, Briefe II, S. 138.

100 KM, Tagebücher II, S. 40 f.; hier: S. 41 (14.7.1934).

101 Ebd., S. 40 (2.7.1934).

102 Joseph Breitbach, Les Français connaissent-ils vraiment la littérature allemande d'aujourd'hui? In: La Revue Hebdomadaire, Nr. 23, 30.6.1934, S. 231 ff.

103 Ebd., S. 232.

104 KM, Briefe, S. 644, Anm. 177. Brief von Thomas Mann an Joseph Breitbach v. 14.7.1934. Hrsg. v. Friedrich Albrecht, Berlin und Weimar 1988.

105 Kommentar der Redaktion zu Joseph Breitbach: Antwort auf Klaus Mann, in: Das Neue Tage-Buch, II, Nr. 29, Paris/Amsterdam, 21. Juli 1934, S. 691-692; hier: S. 692.

106 KM, Joseph Breitbach, der Richtige. Zunächst in: Das Neue Tage-Buch. Paris/Amsterdam, 30. Juni 1934 sowie als einer von drei Beiträgen, die unter dem Titel *Trois lettres sur la littérature allemande* Anfang August in der *La Revue Hebdomadaire* erschienen (Nr. 31 vom 4.8. 1934, S. 103-105). In: Zahnärzte und Künstler, S. 159-163.

107 KM, Joseph Breitbach, der richtige, S. 159 f; dort auch die folgenden Zitate.

108 KM, Tagebücher II, S. 84 (29.12.1934).

109 Georg Lukács, Größe und Verfall des Expressionismus, in: Georg Lukács, Werke 4. Probleme des Realismus I. Essays über Realismus, Neuwied 1971, S. 109-149 .

110 Streng genommen war Klaus Manns Essay *1919 – Der literarische Expressionismus* der erste Beitrag zur Expressionismusdebatte. Da er jedoch nicht veröffentlicht wurde, wird heute allgemein, mit Klaus Manns 1937 verfaßtem Aufsatz *Gottfried Benn – Die Geschichte einer Verirrung* als Eröffnungsbeitrag, der zeitliche Rahmen der Diskussion auf die letzten beiden Jahre vor Ausbruch des Zweiten Weltkrieges festgesetzt.KM, 1919 – Der literarische Expressionismus. [Postum veröffentlicht: München, 1968]. Wieder abgedruckt in: Zahnärzte und Künstler, S. 163-179; hier S. 175 f. Zu guter Letzt veröffentlichte Klaus Mann den Essay nicht (*1919 – Der literarische Expressionismus* ist erst 1968 das erste Mal erschienen), sondern schrieb, als Beitrag für die Expressionismusdebatte

mit *Gottfried Benn. Die Geschichte einer Verirrung* einen neuen Aufsatz, in dem er jedoch die Einwände des ersten Expressionismus-Aufsatzes wieder aufgriff.

111 Ebd., S. 175 f.

112 KM, Briefe, S. 197. Brief an Katia Mann v. 30.8.1934.

113 Ebd., S. 194 f.; hier: S. 194. Brief an Hans Günther v. 31.7.1934.

114 KM, Tagebücher I, S. 185 (27.12.1933).

115 KM, Der Wendepunkt, S. 378.

116 KM, Tagebücher, S. 44 (28.7.1934).

117 Ebd., S. 46 (2.8.1934).

118 KM, Briefe, S. 172-174; hier: S. 173. Brief an Franz Goldstein v. 8.6.1934. Hrsg. v. Friedrich Albrecht, Berlin u. Weimar 1988.

119 KM, Erich Mühsam [Glosse], in: Die Sammlung, 1. Jg., H. XII, S. 676

120 KM, Tagebücher. II, S. 49 (16.8.1934).

121 Ebd., S. 51 (18.8.1935).

122 Ebd., S. 55 (23.8.1934).

123 Ebd., S. 52 (20.8.1934).

124 Ebd., S. 58 (28.8.1934).

125 Ebd., S. 50 (17.8.1935).

126 Oskar Maria Graf, Reise in die Sowjetunion 1934, hrsg. von Hans-Albert Walter, Darmstadt/Neuwied 1974, S. 27-28.

127 KM, Tagebücher II, S. 58 f (29.8.1934).

128 So der Titel einer Glosse, die nach seiner Ausbürgerung in der Zeitschrift *Schweizer Mittwoch*, Sankt Gallen, am 7.11.1934 erschien.

129 KM, Tagebücher II, S. 62 (23.9.1934).

130 KM, Krieg und Saar, in: Zahnärzte und Künstler, S. 219-223.

131 KM, Ich soll kein Deutscher mehr sein, in: Zahnärzte und Künstler, S. 217-218; hier: S. 217.

132 Einige öffentliche Verteidigungsschriften von Schweizer Schriftstellern, wie etwa der offene Brief von Maria Waser, sorgten jedoch dafür, daß das Publikum sich – zumindest in Zürich – nur vorübergehend einschüchtern ließ. Vgl. zu den Vorgängen: Irmela von der Lühe, Erika Mann, S. 91 ff.

133 KM, Tagebücher II, S. 49 (16.8.1934).

134 Ebd., S. 60 (5.9.1934).

135 Ebd., S. 74 (30.11.1934).

136 KM, Tagebücher II, S. 140 (27.10.1935).

137 Ebd., S. 84 (28.12.1934).

138 TM, in: Klaus Mann zum Gedächtnis, Vorwort, hrsg. von Erika Mann, Amsterdam 1950, S. 7-11; hier: S. 9.

139 KM, Tagebücher II, S. 89 (4.1.1935).

140 Ebd., S. 74 (28.11.1934).

141 Ebd., S. 69 (1.11.1934).

142 Vgl. Brief von Erika Mann an Curt Bois vom 17.5.1956, (KMA).

143 Vgl. auch Eberhard Spangenberg: Karriere eines Romans. Mephisto, Klaus Mann und Gustaf Gründgens, Reinbek 1986, S. 92 f.

144 KM, Selbstanzeige: »Symphonie Pathétique, in: Zahnärzte und Künstler, S. 379-380; hier: S. 379.

145 KM, Tagebücher II, S. 10 (7.1.1934).
146 KM, Briefe, S. 224 f; hier: S. 225. Brief an Monika Mann v. 30.7.1935.
147 KM, Symphonie Pathétique, S. 223.
148 Ebd., S. 104.
149 KM, Selbstanzeige: »Symphonie Pathétique«, in: Künstler und Zahnärzte, S. 380.
150 Martin Gregor-Dellin, Nachwort zu Symphonie Pathétique, S. 277-282; hier: S. 278.
151 Vgl. Uwe Naumann, Klaus Mann, S. 74.
152 KM, Symphonie Pathétique, S. 119.
153 KM, Briefe, S. 239 f. Brief von Heinrich Mann an Klaus Mann v. 18.12.1935.
154 KM, An die Staatsschauspielerin Emmy Sonnemann-Göring, in: Zahnärzte und Künstler, S. 286-289, S. 289.
155 KM, Tagebücher II, S. 95 f; hier: S. 96 (4.2.1935).
156 KM, An die Staatsschauspielerin Emmy Sonnemann-Göring, S. 288 f.
157 KM, Der PEN-Club in Barcelona, in: Die Sammlung, Heft XI, Juli 1935, S. 662-664; hier: S. 663 u. 664.
158 KM, Tagebücher II, S. 114 (21.6.1935).
169 Ebd., S. 96 (4.2.1935).
160 Ebd., S. 114 (21.6.1935).
161 KM, Der Kampf um den jungen Menschen, in: Zahnärzte und Künstler, S. 299-307; hier: S. 301. Hieraus auch die folgenden Zitate.
162 Vgl. u.a. Ernst Bloch, Zur Originalgeschichte des Dritten Reiches [1937], in: Erbschaft dieser Zeit, S. 128.
163 KM, Tagebücher II, S. 117 f (15.7.1935).
164 KM, Tagebücher III, S. 111 (1.3.1937).
165 KM, Tagebücher II, S. 118 (17.7.1935).
166 KM, Briefe, S. 224 f; hier: S. 225. Brief an Monika Mann v. 30.7.1935.
167 KM, Tagebücher II, S. 117 (15.7.1935).
168 KM, Tagebücher III, S. 30 (9.3.1936).
169 Wörtlich heißt es im Wendepunkt: »Von mir kommen keine Kinder, nur Bücher, ein melancholisch-insuffizienter Ersatz. Aber wenn man schon nichts für die Vermehrung der Menschheit tut, so will man die armen Buben kommender Epochen doch wenigstens mit einiger interessanter Lektüre versorgen.« KM, Der Wendepunkt, S. 447.
170 KM, Tagebücher II, S. 125 (3.9.1935).
171 Vgl. etwa KM, Tagebücher II, S. 101 (5.4.1935): »Moment im A.-Hôtel, um Kleinigkeit zu nehmen. Darüber erst kleine Auseinandersetzung mit E[rika]; dann wieder gut.«
172 Vgl. KM, Tagebücher II, S. 130 (19.9.1935).
173 Ebd., S. 129 (18.9.1935).
174 KM, Der Bauchredner, in: Speed, S. 32-38.
175 TM, Tagebücher 1935-1936, S. 210 (22.11.35).
176 KM, Briefe, S. 235 f; hier: S. 235. Brief an Erich Katzenstein v. 13.12.1935.
177 KM, Tagebücher II, S. 145 (22.11.1935).
178 Ebd., S. 155 (29.12.1935).

179 Vgl. ebd., S. 118 (17.7.1935). Dort heißt es: »[...] mit F.[ritz Landshoff] etwas gegangen. Geno.[mmen], mit ihm (3). Grosse Gespräche. Regelung der Zukunft. (Neue Rente)«.

180 KM, Kein Schlüsselroman. Eine notwendige Erklärung, in: Künstler und Zahnärzte, S. 406.

181 Leopold Schwarzschild, Samuel Fischers Erbe, in: Das Neue Tage-Buch v. 11.1.1936, S. 30.

182 Nicht London oder Zürich, die zeitweilig als zukünftige Standorte des S. Fischer-Verlages im Gespräch waren, sondern Wien wurde schließlich die neue Wirkungsstätte des Verlages.

183 KM, Tagebücher III, S. 12 (15.1.1936).

184 Vgl. TM, Ein Protest, in: Neue Zürcher Zeitung v. 18.1.1936. Zitiert nach: TM, Tagebücher 1936-1937, S. 561 (Anm.)

185 KM, Briefe, S. 249. Brief von Stefan Zweig an Klaus Mann v. 7.2.1936.

186 EM, Briefe I, S. 72. Brief an Thomas Mann v. 19.1.1936.

187 Ebd., S. 73 f.

188 Ebd., S. 88. Brief an Thomas Mann v. 26.1.1936.

189 Ebd., S. 77. Brief von Katia Mann an Erika Mann v. 21.1.1936.

190 Hans Sahl, Das Exil im Exil. Memoiren eines Moralisten, Bd. II, Frankfurt/M. 1991, S. 41.

191 Leopold Schwarzschild, Antwort an Thomas Mann, in: Das Neue Tage-Buch v. 25.1.1936, S. 82-86; hier: S. 82.

192 KM, Tagebücher III, S. 17 (27.1.1936).

193 Ebd.

194 KM, Briefe, S. 243. Telegramm an Thomas Mann v. 26.1.1936.

195 KM, Tagebücher III, S. 17 (29.1.1936).

196 Vgl. TM, Tagebücher 1936-1937, S. 248 (27.1.1936).

197 TM, Briefe I, S. 409-413; hier: S. 413. Brief an Eduard Korrodi v. 3.2.1936.

198 KM, Tagebücher III, S. 19 (4.2.1936).

199 EM, Briefe I, S. 91. Brief an Katia Mann v. 11.2.1936.

200 TM, Tagebücher 1935-1936, S. 251 (3.2.1936).

201 So meint Uwe Nauman, Hendrik Höfgen stehe in der Nachfolge von Heinrich Manns Figur Diederich Heßling. Dagegen hat Friedrich Albrecht die – schlüssigere – These vertreten, man müsse bei Klaus Manns Protagonist eher an die Figur des Wolfgang Buck »als der geborene Komödiant« und als ein »Mensch von ›alles zerfressender Überzeugungslosigkeit‹« denken. Vgl. Uwe Naumann, Klaus Mann, S. 82 sowie Friedrich Albrecht, Klaus Manns ›Mephisto‹. Roman einer Karriere. In: Weimarer Beiträge 34 (1988) 6, S. 978-1000; hier: S. 982.

202 Vgl. u.a. Brief von Klaus Mann an Monika Mann v. 4. 2.1936 (KMA).

203 KM, Tagebücher II, S. 120 (8.8.1935).

204 Ebd., S. 146 (26.11.1935).

205 Ebd., S. 147 (30.11.1935).

206 KM, Briefe, S. 236-239; hier: S. 238 f. Brief von Hermann Kesten an Klaus Mann v. 15. 11.1935.

207 Brief von Fritz Landshoff an Klaus Mann v. 28.11.1935 (KMA).

208 Vgl. auch Eberhard Spangenberg, Karriere eines Romans, Reinbek 1986.

S. 207 ff. Mit zahlreichen Dokumenten hat Eberhard Spangenberg die Entstehungsgeschichte des Romans, die biographischen Aspekte von Klaus Mann und Gustaf Gründgens sowie die einzelnen Etappen des Rechtsstreits zwischen dem Verleger des *Mephisto*, Berthold Spangenberg, und dem Gründgens-Erben, Peter Gorski, der die Gerichte von 1964 bis 1971 beschäftigte, in einem fesselnden Bericht dargestellt.

209 Vgl. Entscheidung des Bundesverfassungsgerichts und die abweichende Richter-Meinung, S. 24 f. München 1971. Zitiert nach Eberhard Spangenberg, Karriere eines Romans, S. 238.

210 Der Rowohlt Taschenbuch Verlag veröffentlichte in der zweiten Dezemberhälfte 1980, trotz des formal bestehenden Verbots, eine Neuausgabe des *Mephisto*. Die Erstauflage von 30 000 Exemplaren war in wenigen Tagen vergriffen und dies, obwohl der Verlag bewußt auf eine Ankündigung verzichtet hatte. Auch die folgende Auflage von 300 000 Stück war innerhalb von drei Monaten verkauft, ein sensationeller Erfolg, der bis dahin einmalig in der Buchgeschichte der Nachkriegszeit war. Monatelang führte *Mephisto* die deutschen Bestsellerlisten an. Weltruhm erlangte das Buch, als die französische Regisseurin Ariane Mnouchkine und ihr ›Théâtre du Soleil‹ im Mai 1979 den *Mephisto* auf die Bühne brachte und knapp zwei Jahre später der ungarische Regisseur Istvan Szabo den Roman verfilmte.

211 Brief von Klaus Mann an Katia Mann v. 12.4.1936 (KMA).

212 KM, Tagebücher III, S. 25 (24.2.936).

213 Ebd., S. 26 (27.2.1936).

214 Ebd., S. 27 (28.2.1936).

215 Vgl. Eberhard Spangenberg, Karriere eines Romans, S. 94.

216 KM, Tagebücher III, S. 20 (9.2.1936).

217 KM, Kein Schlüsselroman. Eine notwendige Erklärung. In: Künstler und Zahnärzte, S. 405 f.

218 Lion Feuchtwanger, in: Klaus Mann zum Gedächtnis, S. 58.

219 Vgl. Brief von Klaus Mann an Katia Mann v. 1.5.1936 (KMA). Wörtlich heißt es in dem Brief: »Meistens arbeite ich; denn ich will fertig werden mit dem Höfgen. Das Modell scheint wirklich gestürzt zu sein, was mich sehr ärgert und irritiert. Einen anderen Moment konnte er sich nicht aussuchen. Er hat es nur mir zum Schabernack getan. Man hörte ja sogar, er sei im Lager, aber das wird wohl Greuelmärchen sein.«

220 KM, Tagebücher, Bd. III, S. 36 (5.4.1936).

221 Ebd., S. 63 (25.7.1936).

222 KM, Der Kampf um den jungen Menschen. In: Zahnärzte und Künstler, S. 300.

223 KM, Tagebücher III, S. 32 (17.3.1936). Wörtlich heißt es: »Unterhaltung [mit Erika], z.B. darüber, wie fern, wie *unwirklich* alle in Deutschland Gebliebenen uns geworden sind. Man bringt es kaum noch fertig, einen Brief in dieses versunkene Land zu schreiben...«.

224 Vgl. u.a. Marcel Reich-Ranicki, Kein Fall für die Justiz, in: Frankfurter Allgemeine Zeitung, Nr. 294 v. 18.12.1980, S. 23.

225 W.E. Süskind, Mephisto – ohne Goethe. In: Süddeutsche Zeitung, ›Buch und Zeit‹, Nr. 6 v. 8./9.1.66.

226 Vgl. KM, Tagebücher III, S. 49 f (5.5. und 6.5.1936).
227 Ebd., S. 40 (19.4.1936).
228 Ebd., S. 48 (1.5.11936).
229 Ebd., S. 41 (21.4.1936).
230 Ebd., S. 46 (24.4.1936).
231 Ebd., S. 51 (10.5.1936).
232 Ebd., S. 53 (20.5.1936).
233 Ebd., S. 119 (25.3.1937).
234 Ebd., S. 70 f (28.8.1936).
235 Ebd., S. 89 (30.11.1936).
236 Ebd., S. 80 (19.10.1936).

Viertes Kapitel:
Zwischen den Fronten

1 KM, Der Streit um André Gide, in: Das Wunder von Madrid. Aufsätze, Reden, Kritiken 1936-1938, Reinbek 1993, S. 84-94; die folgenden Zitate entstammen diesem Text.
2 KM, Tagebücher III, S. 103 (28.1.1937).
3 Ebd., S. 103 (29.1.1937).
4 Ebd., S. 103 (29.1.1937).
5 Vgl. Ernst Bloch, Naturrecht und menschliche Würde, Frankfurt/M. 1972, S. 232.
6 KM, Tagebücher III, S. 69 (20.8.1936).
7 Ebd., S. 104 f (5.2.1937).
8 Ebd., S. 114 (8.3.1937).
9 Ebd., S. 116 (14.3.1937).
10 Martin Gregor-Dellin, Anmerkungen zu Klaus Mann. Briefe, S. 719 f; hier: S. 720.
11 KM, Briefe, Brief an Konrad Heiden vom [20.] März 1937, S. 282-287.
12 Ebd., S. 292-296; hier: S. 294 sowie 295. Brief von Leopold Schwarzschild an Klaus Mann v. 24.3.1937.
13 Ebd., S. 298-300; hier: S. 301. Brief an Leopold Schwarzschild vom 27.3.1937.
14 Ebd., S. 303. Brief von Leopold Schwarzschild an Klaus Mann v. 3.6.1937.
15 KM, Briefe, S. 308 f. Brief von Heinrich Mann an Klaus Mann vom 26.7.1937.
16 KM, Tagebücher III, S. 144 (19.7.1937).
17 Ebd., S. 145 (20.7.1937).
18 KM, Briefe, S. 310-312; hier: S. 311 f. Brief von Heinrich Mann an Klaus Mann v. 21.8.1937.
19 KM, Briefe, S. 313 f. Brief an Leopold Schwarzschild v. 24.8.1937.
20 KM, Briefe, S. 315 f. Brief an Lion Feuchtwanger v. 6.9.1937.
21 KM, Tagebücher III, S. 133 (15.5.1937).
22 Laut Fredric Kroll könnte Thomas Quinn Curtiss aber auch etwa neun Jahre jünger als Klaus Mann gewesen sein. Vgl. Klaus-Mann-Schriftenreihe, Bd. 5, S. 20.

23 KM, Tagebücher III, S. 134 (19.5.1937).
24 Ebd., S. 135 (27.5. und 28.5.1937).
25 Ebd.
26 Vgl. oben, S. 284.
27 Vgl. KM, Ludwig II, König von Bayern, in: Das Wunder von Madrid; S. 202-212; hier: S. 208.
28 Ebd., S. 211.
29 KM, Vergittertes Fenster, in: Speed, S. 45-98; hier: S. 77.
30 KM, Der Wendepunkt, S. 425.
31 Uwe Naumann, Nachwort zu Speed, S. 239.
32 KM, Briefe, S. 330 f. Brief von Thomas Mann an Klaus Mann v. 16.12.1937.
33 Ebd., S. 331 f. Brief an Ferdinand Lion v. 8.3.1938.
34 KM, Tagebücher III, S. 160 (18.9.1937).
35 KM, A Family against a Dictatorship, in: Das Wunder von Madrid, S. 247-261; hier: S. 251 f.
36 KM, Briefe, S. 323. Brief an Ludwig [Lajos] Hatvany v. 29.10.1937.
37 KM, Tagebücher IV, S. 13 (15.1.1938).
38 Ebd., S. 20 (17.2.1938).
39 Ebd., S. 25 (12.3.1938).
40 Ebd., S. 22 (23.2.1938).
41 Ebd., S. 26 (18.3.1938).
42 Ebd., S. 31 f. (1.4.1938).
43 Ebd., S. 33 (4.4.1938).
44 Ebd., S. 34 (9.4.1938).
45 Ebd., S. 31 (30.3.1938).
46 Klaus Harpprecht, Thomas Mann. Eine Biographie, S. 965.
47 Wilfried F. Schoeller, Nachwort zu Klaus Mann. Tagebücher, Bd. IV, S. 153, S. 155 sowie S. 156.
48 KM, Tagebücher, Bd. IV, S. 55 (30.7.1938).
49 KM, Tagebücher IV, S. 55 (26.7.1938).
50 Vgl. oben, S. 283 f.
51 KM, Der Wendepunkt, S. 432.
52 KM und EM, Escape to Life, München 1991, S. 10.
53 Klaus Mann, Ödön von Horváth ist tot, in: Das Wunder von Madrid, S. 366-369; S. 366.
54 Klaus Mann, Ein Held, in: Das Wunder von Madrid, S. 362-366; hier: S. 363 f.
55 Brief von Klaus Mann an Brian Howard v. 16.2.1937 (KMA).
56 KM, Aldous Huxleys neuer Roman, in: Das Wunder von Madrid, S. 111-118; hier: S. 116 u. 118.
57 KM, Der Held, in: Das Wunder von Madrid, S. 364.
58 KM, Tagebücher IV, S. 45 f. (21.6.1938).
59 KM, Das Wunder von Madrid, in: Das Wunder von Madrid, S. 414-418; hier: S. 415 u. 417.
60 KM und EM, Fazit einer Spanienreise, in: Das Wunder von Madrid, S. 421-430; hier: S. 424 u. 430.
61 KM, Tagebücher IV, S. 64 (27.9.1938).

62 Ebd., S. 58 (25.8.1938).
63 Ebd., S. 59 (28.8.1938).
64 Ebd., S. 62 (22.9.1938).
65 Ebd., S. 63 (23.9.1938).
66 Ebd., S. 65 (30.9.1938).
67 Ebd., S. 64 (29.9.1938).
68 KM und EM, Escape to Life, S. 392.
69 KM, Tagebücher IV, S. 68 (16.10.1938).
70 Ebd., S. 83 (25.1.1939).
71 Ebd., S. 91 (15.3.1939).
72 Ebd., S. 43 (26.5.1938).
73 KM, Der Wendepunkt, S. 429 f.
74 KM, Briefe, S. 388-391; hier: S. 390. Brief von Thomas Mann an Klaus Mann v.
    22.7.1939.
75 KM, Tagebücher IV, S. 40 (12.5.1938).
76 KM, Der Vulkan, S. 511. Die folgenden Seitenangaben im Text beziehen sich auf
    diesen Roman.
77 Vgl. Matthias Wegner, Exil und Literatur. Deutsche Schriftsteller im Ausland
    1933-1945, Frankfurt/M. u. Bonn 1967, S. 188. Vgl. auch: Ilsedore Jonas, Klaus
    Mann im amerikanischen Exil, in: Weimarer Beiträge, Heft 5/1982, S. 35-61;
    hier: S. 41. Vgl. ebenso: Uwe Naumann, Klaus Mann, S. 99.
78 Brief von Lion Feuchtwanger an Klaus Mann v. 3.7.1939 (KMA).
79 KM, Briefe, S. 388-391; hier S. 388 f. Brief von Thomas Mann an Klaus Mann v.
    22.7.1939.
80 KM, Briefe, S. 391-394; hier: S. 392. Brief an Thomas Mann v. 3.8.1939.
81 KM, Mein letzter Tag mit Ernst Toller, S. 119.
82 Vgl. KM, Ich bin kein Agent der Sowjetunion, S. 170.
83 KM, An die Schriftsteller im Deutschen Reich, in: Zweimal Deutschland. Aufsät-
    ze, Reden, Kritiken 1938-1942, S. 94-112; hier: S. 101 u. 105.
84 KM, Wie kann die deutsche Kultur das Exil überleben?, in: Zweimal Deutsch-
    land, S. 91-94; daraus auch die folgenden Zitate.
85 KM, Tagebücher IV, S. 108 (23.5.1939).
86 KM, Mein letzter Tag mit Ernst Toller, in: Zweimal Deutschland, S. 113-119;
    hier: S. 119.
87 KM, Tagebücher IV, S. 118 f. (9.7.1939).
88 Ebd., S. 123 (5.8.1939).
89 Ebd., S. 134 (19.9.1939).
90 Ebd., S. 128 f. (25.8.1939).
91 Zitiert nach Fredric Kroll, Bd. 5 der Klaus-Mann-Schriftenreihe, S. 185.
92 KM, Erste Stellungnahme zum Hitler-Stalin-Pakt, in: Zweimal Deutschland,
    S. 164.
93 Klaus Mann, Brief v. 10.1.1940. Zitiert nach: Zweimal Deutschland, S. 429.
94 KM, Ich bin kein Agent der Sowjetunion, in: Zweimal Deutschland, S. 167-171;
    hier: S. 168 f.
95 KM, Briefe, S. 402 f. Brief an Willi Schlamm v. 30.11.1939.
96 Ebd., S. 407 f. Brief an Willi Schlamm v. 11.12.1939.

97 Hans-Albert Walter, Deutsche Exilliteratur 1933-1950. Exilpresse I, Bd. VII, Darmstadt/Neuwied 1974, S. 153.
98 Vgl. oben, S. 289 f.
99 KM, Briefe, S. 752. Brief an Leopold Schwarzschild v. 2.1.1941.
100 KM, Tagebücher IV, S. 148 f. (26.12.1939).

Fünftes Kapitel:
Ein Weltbürger in der U.S. Army

1 KM, Tagebücher IV, S. 135 (27.9.1939).
2 Ebd., S. 141 (30.10.1939).
3 Distinguished Visitors ist 1992 auf deutsch unter dem Titel *Der amerikanische Traum* erschienen.
4 KM, Tagebücher V, S. 54 (5.9.1940).
5 Rundfunkinterview vom 14.12.1939, WNYC, New York. Zitiert nach Fredric Kroll, Klaus-Mann-Schriftenreihe, Bd. 5, S. 203.
6 KM, Tagebücher V, S. 24 (27.2.1940). Wörtlich heißt es: »Mit *Ann* – die wieder einmal alles umstösst, anders haben will: [...] Etwas gereizte Auseinandersetzung mit ihr. Sie ist doch noch mehr irritierend als stimulierend.«
7 Ebd., S. 24 (28.2.1940).
8 Ebd., S. 25 (5.3.1940).
9 Ebd., S. 23 (22.2.1940).
10 Vgl. KM, Der Wendepunkt, S. 455.
11 KM, Tagebücher V, S. 27 f. (15. März 1940).
12 Ebd., S. 63 (22.9.1940).
13 Ebd., S. 80 (27.12.1940).
14 Ebd., S. 53 (8.8.1940).
15 Hubertus Prinz zu Löwenstein, Gefahren der Vernichtungspolitik, in: New Yorker Staatszeitung, 17.3.1940. Zitiert nach Fredric Kroll, Klaus-Mann-Schriftenreihe, Bd. 5, S. 213.
16 KM, Briefe, S. 413-417; hier: S. 417. Brief v. 9.4.1940 an Prinz zu Löwenstein.
17 KM, Tagebücher V, S. 72 (19.10.1940).
18 Ludwig Marcuse, Mein zwanzigstes Jahrhundert: Auf dem Weg zu einer Autobiographie, München 1960, S. 288.
19 KM, Der Wendepunkt, S. 461 f.
20 KM, Tagebücher V, S. 65 (26.9.1940).
21 Vgl. ebd., S. 19 (18.2.1940).
22 KM, Le Dernier Cri, in: Speed, S. 151-166, hier: S. 165 u. 166.
23 Im Klaus-Mann-Archiv befinden sich die Typoskripte von drei weiteren Erzählungen in englischer Sprache, die vermutlich zwischen 1941 und 1942 entstanden sind: *Hennessy mit drei Sternen, Ermittlung* und *Afrikanische Romanze*. Erstveröffentlichungen in: Speed. Die Erzählungen aus dem Exil (hrsg. von Uwe Naumann), Reinbek 1990.
24 KM, Der Wendepunkt, S. 455.
25 KM, Briefe, S. 423. Brief an Katia Mann v. 20.9.1940.

26 Vgl. KM, Tagebücher V, S. 76 (17.11.1940).

27 KM, Briefe, S. 429. Brief an Bruno Frank v. 7.10.1940.

28 KM, Briefe, S. 425. Brief an Eva Herrmann v. 29.9.1940.

29 Vgl. Fredric Kroll, Klaus-Mann-Schriftenreihe, Bd. 5, S. 259 f.

30 KM, Decision, in: Zweimal Deutschland, S. 235-239; hier: S. 239.

31 TM, Tagebücher 1941, S. 252.

32 EM, Briefe, S. 167-169; hier: S. 169. Brief an TM v. 13.4.1941.

33 Zit. bei Fredric Kroll, Klaus-Mann-Schriftenreihe, Bd. 5, S. 298 f.

34 Zur Datierung des ersten Selbstmordversuches von Klaus Mann gibt es verschiedene Hypothesen. Während Michel Grunewald meint, daß Klaus Mann unmittelbar nach Erscheinen der letzten Ausgabe von Decision, also Anfang Februar 1941, seinen ersten Suizidversuch unternahm, geht Fredric Kroll anhand von verschiedenen Indizien davon aus, daß er bereits für den 17. Juni 1941 zu datieren sei.

35 KM, The last Decision, in: Zweimal Deutschland, S. 380-385; hieraus auch die beiden folgenden Zitate.

36 Vgl. KM, Brief an Thomas Mann v. 26.6.1941. Zit. n.: Fredric Kroll, Bd. 5, S. 307.

37 KM, Briefe, S. 474. Brief an Katia Mann v. 3.1.1942.

38 KM, In eigener Sache, in: Zweimal Deutschland, S. 374-380; hier: S. 379 f.

39 Ebd., S. 378.

40 KM, Briefe, S. 483. Brief an Katia Mann v. 21.5.1942.

41 Golo Mann, Erinnerungen. Briefe, S. 650.

42 KM, Tagebücher V, S. 193 (21.6.1942).

43 Vgl. ebd., S. 103 (21.6.1942).

44 Ebd., S. 97 (8.6.1942).

45 Ebd., S. 99 (11.6.1942).

46 Ebd.

47 Ebd., S. 94 (19.3.1942).

48 KM, Briefe, S. 489. Brief von Bruno Frank an Klaus Mann v. 28.9.1942.

49 KM, Erklärung zum Kriegseintritt der USA, in: Zweimal Deutschland, S. 373.

50 Golo Mann, Erinnerungen an meinen Bruder Klaus. Briefe, S. 650.

51 Ebd., Briefe, S. 651.

52 KM, Briefe, S. 483. Brief an Katia Mann v. 21.5.1942.

53 KM, Tagebücher V, S. 96 (31.5.1942).

54 KM, Der Vulkan, S. 381.

55 Vgl. Alexander Stephan, Im Visier des FBI, Stuttgart 1995, S. 155 ff. Das vorliegende Buch folgt den FBI-Berichten, die Alexander Stephan zusammengetragen und unter dem Kapitel »Klaus Mann« veröffentlicht hat.

56 KM, Der Wendepunkt, S. 566.

57 KM, Tagebücher V, S. 120 (25. u. 26.10.1942). Wörtlich heißt es am 25.10.: »Tomski kam, gab mir 25 Dollar. Also ist Geld nicht der Grund. Mein letzter Wunsch ist, daß John Fletcher, Zelle 29, anständig behandelt wird. Er ist ein wirklich guter Kerl.« Und einen Tag später: »Etwa 1 h morgens. Ich habe es wieder versucht, ohne Erfolg.«

58 KM, Briefe, S. 506. Brief von Bruno Walter an Klaus Mann v. 10.3.1943.

59 In seinem Buch *André Gide und die Krise des modernen Denkens* schreibt Klaus Mann, daß Gides altem Freund Paul Claudel »jeder Diktator (einschließlich Franco) recht war, solange er oft genug zur Messe ging«. S. 246 f.

60 KM, Briefe, S. 508. Brief von Thomas Mann an Klaus Mann v. 27.4.1943.

61 KM, Briefe, S. 507. Brief von Klaus Mann an Thomas Mann v. 17.3.1943.

62 KM, Der Wendepunkt, S. 511 u. 515.

63 KM, Tagebücher V, S. 147 f (1.7.1943).

64 KM Briefe, S. 501 f. Brief an Lotte Walter v. 28.2.1943.

65 KM, Tagebücher V, S. 139 (23.6.1943).

66 Ebd., S. 145 (28.6.1943).

67 Ebd., S. 167 (19.8.1943).

68 Ebd., S. 158 (16.7.1943).

69 KM, Der Mönch, in: Speed, S. 217-234; hier: S. 217 f.

70 KM, Tagebücher V, S. 182 (3.12.1943).

71 KM, Flugblatt [1944], in: Auf verlorenem Posten, S. 160.

72 Ebd., S. 169.

73 KM, Briefe, S. 523. Brief an Hermann Kesten v. 1.3.1944.

74 KM, Tagebücher VI, S. 35 (22.4.1944).

75 KM, Der Wendepunkt, S. 440.

76 KM, Hitler Hat Noch Mal Schwein Gehabt..., in: Auf verlorenem Posten, S. 167.

77 KM, An die Soldaten der 94. Infanterie-Division, in: Auf verlorenem Posten, S. 170.

78 KM, Gemäss dem Genfer Abkommen..., in: Auf verlorenem Posten, S. 171.

79 KM, Notizen zur Umerziehung der Deutschen, in: Auf verlorenem Posten, S. 144 u. 148.

80 Der Artikel wurde unter dem Titel *Notizen zur Umerziehung der Deutschen* 1994 das erste Mal veröffentlicht.

81 KM, Notizen zur Umerziehung der Deutschen, in: Auf verlorenem Posten, S. 139. Hieraus auch die folgenden Zitate.

82 KM, Tagebücher V, S. 96 (31.5.1942).

83 KM, Tagebücher VI, S. 49 (19.9.1944).

84 KM, Meine alten Landsleute, in: Auf verlorenem Posten, S. 156.

85 So lautet der deutsche Titel eines Artikels, den Klaus Mann am 20. Mai 1945 nach seinem ersten Besuch in Deutschland seit der Emigration in der römischen Ausgabe von *The Stars and Stripes* veröffentlichte (Originaltitel: You Can't Go Home Again!).

86 Vgl. KM, Der Wendepunkt, S. 540.

87 Vgl. Brief von Klaus Mann an Katia Mann v. 10.3.1945 (KMA).

88 KM, Tagebücher VI, S. 86 (3.6.1945).

89 KM, Es gibt keine Heimkehr!, in: Auf verlorenem Posten, S. 224-230; hieraus auch die folgenen Zitate.

90 KM, Briefe, S. 535 f. Brief an Thomas Mann v. 16.5.1945.

91 KM, Ein KZ zum Vorzeigen, in: Auf verlorenem Posten, S. 230-234.

92 Nahe des KZ-Geländes hatten die Alliierten offensichtlich ein Straflager für Nazis eingerichtet.

93 KM, Der Wendepunkt, S. 559.

94 KM, Briefe, S. 540 f. Brief an Thomas Mann v. 16.5.1945.

95 TM, Tagebücher VI, S. 95 (29.8.1945).
96 Das Drehbuch unter dem Titel *Seven from the U.S.* befindet sich im Klaus-Mann-Archiv.
97 KM, Tagebücher VI, S. 101 (15.11.1945).
98 Ebd., S. 102 (26.11.1945).

Sechstes Kapitel:
Der Absturz

1 Brief von Fritz Landshoff an Klaus Mann, in: Fritz Landshoff, Erinnerungen eines Verlegers, S. 389 (20.2.1946).
2 KM, Briefe, S. 553. Telegramm von Bruno Walter an Klaus Mann v. 28.3.1946.
3 KM, Briefe, S. 563. Brief an Helene Thimig v. 3.12.1946.
4 KM, Tagebücher V, S. 108 (14.8.1942).
5 Vgl. ebd., S. 103 (15.12.1945). Dort heißt es: »21.15 h: [Carlo] *Vergani*. Séance, bis 3 Uhr morgens. Recht verrückt.«
6 Nach einer Séance hatte Klaus Mann in seinem Tagebuch notiert: »Totale Pleite in meinem Fall. Hatte meine Fragen an René [Crevel], Gert [Frank] und Wolfgang [Hellmert] gerichtet, von denen keiner ›durchkam‹. Nichtssagender Unsinn stattdessen von Ofei, Offi, Lányi, von denen Mrs. Peterson wußte.« KM, Tagebücher V, S. 108 (14.8.1942).
7 KM, Der Siebente Engel, in: Der Siebente Engel. Die Theaterstücke, S. 317-415; hier: S. 364. Hierauf beziehen sich auch die Seitenangaben der nachfolgenden Zitate.
8 Vgl. auch Michael Töteberg, Der Siebente Engel, S. 434.
9 Seine Berichte *In der russischen Zone, Der Liebling von Berlin, Nazismus in Deutschland wieder im Aufwind* und *Wien – Sorgenkind Europas* sind in deutscher Erstveröffentlichung in der Aufsatz-Sammlung *Auf verlorenem Posten* erschienen.
10 KM, Nazismus in Deutschland wieder im Aufwind, in: Auf verlorenem Posten, S. 333-335; hier: S. 335.
11 Ebd., S. 333.
12 Ebd., S. 334.
13 KM, Alte Bekannte, in: Auf verlorenem Posten, S. 371383; hier: S. 380.
14 Vgl. auch Klaus Manns Artikel Der Liebling von Berlin, in: Auf verlorenem Posten, S. 328-333.
15 KM, Alte Bekannte, in: Auf verlorenem Posten, S. 381.
16 Wer in die Vereinigten Staaten eingebürgert wird, kann seine Staatsbürgerschaft wieder verlieren, wenn er sich drei Jahre lang im Land seiner Geburt oder ehemaliger Staatsangehörigkeit aufhält, oder wenn er fünf Jahre lang in einem anderen ausländischen Staat oder ausländischen Staaten wohnt. (Fredric Kroll, Klaus-Mann-Schriftenreihe, Bd. 6, S. 258.) Da Klaus Mann seit Anfang 1943 im Aus-

land lebte, dürfte die Bestimmung für ihn tatsächlich relevant gewesen sein. Andererseits stellt sich die Frage, ob diese Regelung auch dann zutrifft, wenn man im Dienste der Armee im Ausland weilt.

17 KM, Briefe, S. 555. Brief an Katia Mann v. 10.5.1946.

18 Vgl. KM, Briefe, S. 560 ff. Briefe an Hermann Kesten v. 1.8.1946 und an Herbert Schlüter v. 29.11.1946.

19 Vgl. u.a. KM, Briefe, S. 620. Brief von Katia Mann an Klaus Mann v. 15.5.1949.

20 Vgl. u.a. KM, Tagebücher VI, S. 120 (10.5.1947).

21 KM, Tagebücher III, S. 56 (3.8.1938).

22 KM, Tagebücher VI, S. 117 (7.4.1947).

23 Ebd., S. 120 (6.5.1947).

24 Ebd., S. 214 (26.4.1949) Vgl. auch: Ebd. (25.4.1949).

25 KM, Der P.E.N.-Club in Zürich, in: Auf verlorenem Posten, S. 397-406; hier: S. 406.

26 Die Zeitschrift sollte viersprachig sein: russisch, französisch, englisch und spanisch.

27 Vgl. KM, Tagebücher VI, S. 121 (16.5.1947). Dort heißt es: »Gute Nachrichten von der ›Queen-Elizabeth‹: Z.[auberer] bietet Mitherausgeberschaft von Goethe-Anthologie an...«

28 Ebd., S. 139 (11.11.1947).

29 Zitiert nach Fredric Kroll, Klaus-Mann-Schriftenreihe, Bd. VI, S. 303.

30 KM, Die literarische Szene in Deutschland, in: Auf verlorenem Posten, S. 383-397; hier: S. 384.

31 Ebd., S. 394.

32 Ebd., S. 392 f.

33 KM, Die Tragödie Jan Masaryk [März 1948], in: Auf verlorenem Posten, S. 469-475.

34 KM, Briefe, S. 585. Brief von Ludwig Marcuse an Klaus Mann v. 12.7.1948.

35 Ebd., S. 603. Brief an Herbert Schlüter v. 18.2.1949.

36 KM, Tagebücher VI, S. 163 (18.4.1948).

37 Golo Mann, Erinnerungen. Briefe, S. 655 f.

38 KM, Tagebücher VI, S. 168 (13.6.1948).

39 Ebd., S. 172 (1.7.1948).

40 Ebd., S. 171 (26.6.1948).

41 Ebd., S. 172 (30.6.1948).

42 KM, Briefe, S. 584. Brief von Upton Sinclair v. 12.7.1948.

43 TM Briefe III, S. 37. Brief an Theodor W. Adorno v. 12.7.1948.

44 TM, Tagebücher 1949-1950, S. 57 (22.5.1949).

45 Golo Mann, Erinnerungen. Briefe, S. 657.

46 KM, Tagebücher IV, S. 94 f. (27.3.1939).

47 Auf der psychologischen Deutungsebene ergibt sich das Persönlichkeitsbild eines sensiblen Menschen, der – möglicherweise durch frühkindliche emotionale Verlassenheits- und Verlusterfahrungen – starke seelische Verletzungen erlitten haben muß, die seinen weiteren Lebensweg beeinflußten. So litt Klaus Mann schon früh unter depressiven Stimmungen, die bisweilen aber auch ins Gegenteil umschlugen, und zwar in grandiose und stark stimulierende Phantasien eigener

Schönheit, Macht und Größe. Die Psychologen schreiben diese Symptome heute der »narzißtischen Störung« zu. Vgl. u.a. Kathrin Asper, Verlassenheit und Selbstentfremdung, München 1990.

48 Golo Mann, Erinnerungen. Briefe, S. 660.

49 KM, Tagebücher VI, S. 192 (18.11.1948).

50 Harry Schulze-Wilde, Vor einem neuen Novemberputsch? Erika Mann als kommunistische Agentin – Stalins 5. Kolonne am Werk, in: Echo der Woche v. 22.10.1948, S. 1 f. Den Anschuldigungen war Erika Manns Teilnahme an einer Podiumsdiskussion am 9. August 1948 im kalifornischen Stockton vorausgegangen, wo sie den sowjetischen Standpunkt in der Frage der Berlinpolitik erläuterte – freilich ohne damit zum Ausdruck zu bringen, daß sie diese Haltung teilte. Näheres zum Hintergrund der Affäre bei Irmela von der Lühe, Erika Mann, S. 225-230.

51 Harry Schulze-Wilde, Klaus Mann macht Männchen, in: Echo der Woche v. 12.11.1948, S. 3.

52 KM und EM, Beispiel für eine Verleumdung, in: Auf verlorenem Posten, S. 510-514; hier: S. 513 f.

53 KM, Die Heimsuchung des europäischen Geistes, in: Auf verlorenem Posten, S. 523-542; hier: S. 529. Hierauf beziehen sich die Seitenangaben der nachfolgenden Zitate.

54 Tatsächlich erschien *Der Wendepunkt* jedoch erst im Herbst 1952, und zwar im S. Fischer Verlag.

55 Laut Golo Mann handelte es sich um keine Entziehungskur. Der Bruder sei »vergiftet« gewesen, »und zwar durch einen Stoff, den sein Händler dem Morphium beigegeben hatte; so wurde bei Nachforschungen in der Klinik St. Luc festgestellt. Daß das Gemisch, welches der Gauner ihm zuspielte, zu seiner Zerrüttung beitrug, ist wahrscheinlich.« Golo Mann, Erinnerungen. Briefe, S. 660.

56 KM, Briefe, S. 613. Brief an Erika Mann v. 4.5.1949.

57 Ebd., S. 798, Anmerkungen.

58 Ebd., S. 614. Brief an Georg Jacobi v. 12.5.1949.

59 Ebd., S. 617 f. Brief an Katia und Erika Mann v. 15.5.1949.

60 Laut Fredric Kroll handelte es sich um ein ›Entwöhnungsmittel‹, daß Robert Klopstock aus New York Klaus Mann hatte zukommen lassen, um seine Entzugserscheinungen zu lindern. Vgl. Klaus-Mann-Schriftenreihe, Bd. 6, S. 548.

DANKSAGUNG

Einige Persönlichkeiten haben in den letzten Jahrzehnten mit großem Sachverstand und persönlichem Einsatz dafür gesorgt, daß die Forscher heute in der glücklichen Lage sind, relativ problemlos Zugang zu bekannten und unbekannten Zeugnissen von Klaus Mann zu finden: von den unveröffentlichten Original-Typoskripten, die teils vollendet wurden, teils aber auch Fragment geblieben sind, über die Fülle der in den verschiedenen Zeitungen, Zeitschriften und Sammelbänden veröffentlichten Aufsätze und Artikel bis hin zu den zahlreichen Selbstzeugnissen wie Briefen, Notizen und Tagebüchern. Eine Biographie über Klaus Mann zu schreiben hieß deshalb vor allem, die Masse des – inzwischen – vielfach gedruckt vorliegenden Materials zu sichten, die Tagebücher und den Nachlaß von Klaus Mann in der Handschriftenabteilung der Stadtbibliothek München auszuwerten, um verborgen gebliebene Aspekte seines Lebensweges aufzuspüren und weniger, bislang unbekannte Quellen auszugraben, aber auch um Neues zu entdecken. Hier sei an die Verdienste der verstorbenen Klaus-Mann-Kenner Berthold Spangenberg und Martin Gregor-Dellin erinnert, die in den sechziger und siebziger Jahren dafür gesorgt haben, daß ein Großteil der Werke und Briefe von Klaus Mann in Deutschland ediert und kommentiert wurden. Später haben Eberhard Spangenberg, Michel Grunewald, Uwe Naumann, Michael Töteberg, Joachim Heimannsberg, Peter Laemmle und Wilfried F. Schoeller durch die Herausgabe weiterer Erzähl- und Theaterstücke, Aufsätze, Reden und Kritiken bzw. durch die Edition der Tagebücher eine umfassende Gesamtschau von Klaus Manns Leben und Werk möglich gemacht. Vor allem Uwe Naumann ist es zu verdanken, daß uns heute das Œuvre von Klaus Mann chronologisch, übersichtlich und präzise kommentiert vorliegt. Schließlich sei Fredric Krolls verdienstvolle Lebensarbeit besonders hervorgehoben, dem es gelungen ist, in seiner sechsbändigen Schriftenreihe Klaus Manns bewegtes Leben minutiös nachzuzeichnen und dies, obwohl ihm in den ersten Jahren der Niederschrift Klaus Manns Tagebücher noch nicht zugänglich waren.

Danken möchte ich Frau Ursula Hummel von der Handschriftenabteilung der Stadtbibliothek München und Helmut Blazek, der mir bei der Zusammenstellung der bibliographischen Angaben geholfen hat. Es standen mir jedoch auch Menschen zur Seite, die nicht »vom Fach« waren, die aber durch vielfache Anregungen und praktische Hilfe in ganz erheblichem Maße zur Fertigstellung dieses Buches beigetragen haben. Mein besonderer Dank gilt Susanne Müller, die nicht nur jede Phase der Niederschrift mit Rat und Tat begleitet hat, sondern deren freundschaftliche Anteilnahme mir im Verlauf meiner Arbeit unentbehrlich geworden ist. Das gleiche gilt für Tanja Gerber: Ihre tatkräftige Unterstützung vor allem während »des Endspurts« war von unschätzbarem Wert. In diesem Zusammenhang sei auch Damian, Anton und Luise Gerber von Herzen gedankt.

Ohne die Ermutigung, Fürsorge und Geduld von Herbert Schwinghammer hätte dieses Buch wohl kaum zu Ende geschrieben werden können. Ihm gilt mein innigster Dank, denn er war der gute Geist, den man nötig hat, wenn es gilt, auch gegen mancherlei Widrigkeiten des täglichen Lebens anzuschreiben.

ABKÜRZUNGEN

Publikationen, die in der Bibliographie verzeichnet sind, werden in den Anmerkungen nur mit Kurztiteln angegeben. Außerdem werden folgende Abkürzungen verwendet:

EM	Erika Mann
EM, Briefe I u. II	Erika Mann, Briefe und Antworten, hrsg. von Anna Zanco Prestel, 2 Bände, München 1984/1985
KM	Klaus Mann
KM, Briefe	Klaus Mann, Briefe und Antworten, hrsg. von Martin Gregor-Dellin, München 1987
KM, Tagebücher I-VI	Klaus Mann, Tagebücher Band I: 1931-1933; Band II: 1934/1935; Band III: 1936/1937; Band IV: 1938/1939; Band V: 1940-1943; Band VI: 1944-1949. 6 Bände, hrsg. von Joachim Heimannsberg, Peter Laemmle und Wilfried F. Schoeller, München 1989-1991.
KMA	Klaus-Mann-Archiv in der Handschriftenabteilung der Stadtbibliothek München
TM	Thomas Mann
TM, Briefe I-III	Thomas Mann, Briefe (I) 1889-1936; (II) 1937-1947; (III) 1948-1955 und Nachlese; hrsg. von Erika Mann, Frankfurt/M. 1995 (I), 1979 (II), 1979 (III).
TM-HM	Thomas Mann/Heinrich Mann, Briefwechsel 1900-1949, hrsg. von Hans Wysling. Erweiterte Neuausgabe, Frankfurt/M. 1984.

QUELLEN UND LITERATUR

I. Archivalische Quellen: Nachlässe

Nachlässe Erika und Klaus Mann. Stadtbibliothek München, Handschriftenabteilung.

II. Veröffentlichungen Klaus Manns
1. Romane, Erzählungen, Prosasammelbände, Monographien

Sofern nicht anders angegeben, werden folgende Erzählungen zitiert nach: KM, *Maskenscherz*. Die frühen Erzählungen, hrsg. und mit einem Nachwort von Uwe NAU-MANN, Reinbek (Rowohlt) 1990 sowie KM, *Speed*. Die Erzählungen aus dem Exil, hrsg. und mit einem Nachwort von Uwe NAUMANN, Reinbek (Rowohlt) 1990.

Nachmittags im Schloß. Erstdruck in: Vossische Zeitung, Berlin vom 3.5.1924. *Maskenscherz*, hrsg. von Uwe NAUMANN, S. 36-49.

Vor dem Leben. Erstdruck in: Acht-Uhr-Abendblatt, Berlin vom 5.8.1924. *Maskenscherz*, hrsg. von Uwe NAUMANN, S. 9-12.

Gimietto. Erstdruck in: Vossische Zeitung, Berlin vom 18.12.1924. *Maskenscherz*, hrsg. von Uwe NAUMANN, S. 40-43.

Traum des verlorenen Sohnes von der Heimkehr. Erstdruck in: Vossische Zeitung, Berlin, 17.3.1925. *Maskenscherz*, hrsg. von Uwe NAUMANN, S. 44-47.

Vor dem Leben. Erzählungen, Hamburg (Enoch) 1925.

Die Jungen. Erstdruck in: *Vor dem Leben.* Erzählungen, Hamburg (Enoch) 1925. *Maskenscherz*, hrsg. von Uwe NAUMANN, S. 13-35.

Der Vater lacht. Erstdruck in: *Vor dem Leben.* Erzählungen, Hamburg (Enoch) 1925. *Maskenscherz*, hrsg. von Uwe NAUMANN, S. 48-72.

Sonja. Erstdruck in: *Vor dem Leben.* Erzählungen, Hamburg (Enoch) 1925. *Maskenscherz*, hrsg. von Uwe NAUMANN, S. 73-86.

Ludwig Zoffcke. Erstdruck in: *Vor dem Leben.* Erzählungen, Hamburg (Enoch) 1925. *Maskenscherz*, hrsg. von Uwe NAUMANN, S. 87-96.

Der Alte. Erstdruck in: *Vor dem Leben.* Erzählungen, Hamburg (Enoch) 1925. *Maskenscherz,* hrsg. von Uwe NAUMANN, S. 97-99.

Maskenscherz. Erstdruck in: *Vor dem Leben.* Erzählungen, Hamburg (Enoch) 1925. *Maskenscherz,* hrsg. von Uwe NAUMANN, S. 100-102.

Märchen. Erstdruck in: *Vor dem Leben.* Erzählungen, Hamburg (Enoch) 1925. *Maskenscherz,* hrsg. von Uwe NAUMANN, S. 103-109.

Kaspar-Hauser-Legenden. Erstdruck in: *Vor dem Leben.* Erzählungen, Hamburg (Enoch) 1925. *Maskenscherz,* hrsg. von Uwe NAUMANN, S. 110-127.

Der fromme Tanz. Das Abenteuerbuch einer Jugend, Hamburg (Enoch) 1926. ND: Reinbek (Rowohlt) 1989.

Kindernovelle. Hamburg, Enoch 1926. ND: Frankfurt/M. (Suhrkamp) 1978.

Abenteuer. Novellen. Leipzig (Reclam) 1929.

Abenteuer des Brautpaars. Erstdruck in: *Abenteuer.* Novellen. Leipzig (Reclam) 1929. *Maskenscherz,* hrsg. von Uwe NAUMANN, S. 177-210.

Gegenüber von China. Erstdruck in: Velhagen & Klasings Monatshefte, Heft 6/43. Jg., Berlin/Bielefeld/Leipzig/Wien, Februar 1929. *Maskenscherz,* hrsg. von Uwe NAUMANN, S. 211-233.

Das Leben der Suzanne Cobière. Erstdruck in: *Abenteuer.* Novellen. Leipzig (Reclam) 1929. *Maskenscherz,* hrsg. von Uwe NAUMANN, S. 234-252.

Alexander. Roman der Utopie. Berlin (S. Fischer) 1930. ND: München (Nymphenburger) 1963. Zitiert nach: Reinbek (Rowohlt) 1985.

Rut und Ken. Erstdruck in: *Deutscher Almanach für das Jahr 1930,* hrsg. von Erich EBERMAYER, Leipzig (Philipp Reclam jun.) 1930. *Maskenscherz,* hrsg. von Uwe NAUMANN, S. 253-261.

Katastrophe um Baby. Erstdruck in: Velhagen & Klasings Monatshefte, Heft 12/45. Jg., Berlin/Bielefeld/Leipzig/Wien, August 1931. *Maskenscherz,* hrsg. von Uwe NAUMANN, S. 262-280.

Schauspieler in der Villa [vermutlich 1930]. Erstdruck in: *Maskenscherz,* hrsg. von Uwe NAUMANN, S. 281-295.

Treffpunkt im Unendlichen. Roman. Berlin (S. Fischer) 1932. Zitiert nach: Reinbek (Rowohlt) 1981.

Schmerz eines Sommers. [Anfang 1932]. Erstdruck in: *Maskenscherz,* hrsg. von Uwe NAUMANN, S. 296-316.

Wert der Ehre. Erstdruck in: Prager Tagblatt vom 4.4.1933. Zitiert nach: *Speed.* Die Erzählungen aus dem Exil, hrsg. und mit einem Nachwort von Uwe NAUMANN, Reinbek (Rowohlt) 1990, S. 7-10.

April, nutzlos vertan. Erstdruck in: Bunte Woche, Wochenausgabe »Das kleine Blatt«, Nr. 25, Wien 1933. *Speed,* hrsg. von Uwe NAUMANN, S. 11-15.

Une Belle Journée. Erstdruck in: Der Monat, Jg. 1, Nr. 7, Prag [ohne Datum, ca. Ende 1933/Anfang 1934]. *Speed,* hrsg. von Uwe NAUMANN, S. 16-20.

Letztes Gespräch. Erstdruck in: Die Sammlung, Jg. 1, Heft 6, Amsterdam vom Februar 1934. *Speed,* hrsg. von Uwe NAUMANN, S. 21-31.

Flucht in den Norden. Roman. Zitiert nach: München (Edition Spangenberg) 1977.

Symphonie Pathétique. Ein Tschaikowsky-Roman. Amsterdam (Querido) 1935. Zitiert nach: Reinbek (Rowohlt) 1981 [Mit einem Nachwort von Martin GREGOR-DELLIN].

Der Bauchredner. Erstdruck in: Der kleine Bund, Jg. 6, Bern vom 15.12.1935. *Speed*, hrsg. von Uwe NAUMANN, S. 32-38.

Mephisto. Roman einer Karriere. Amsterdam (Querido) 1936. ND: Reinbek (Rowohlt) 1981.

In der Fremde. Erstdruck in: Pariser Tageszeitung vom 12.9.1937. *Speed*, hrsg. von Uwe NAUMANN, S. 39-44.

Vergittertes Fenster. Amsterdam (Querido) 1937. *Speed*, hrsg. von Uwe NAUMANN, S. 45-98.

Triumph und Elend der Miss Miracula [vermutlich 1938]. Erstdruck in: *Speed*, hrsg. von Uwe NAUMANN, S. 99-104.

Der Vulkan. Roman unter Emigranten. Amsterdam (Querido) 1939. ND: München (Edition Spangenberg) 1977.

Speed [1940]. Erstdruck in: *Speed*, hrsg. von Uwe NAUMANN, S. 105-150.

Le Dernier Cri. Erstdruck in: New York (Esquire) Mai 1941. *Speed*, hrsg. von Uwe NAUMANN, S. 151-166.

Hennessy mit drei Sternen [Three Star Hennessy, vermutlich 1941 / 1942]. Erstdruck in: *Speed*, hrsg. von Uwe NAUMANN, S. 167-181.

Ermittlung [Inquiry, vermutlich 1941/1942]. Erstdruck in: *Speed*, hrsg. von Uwe NAUMANN, S. 182-198.

Afrikanische Romanze [African Romance 1942]. Erstdruck in: *Speed*, hrsg. von Uwe NAUMANN, S. 199-216.

André Gide and the Crisis of Modern Thought. New York (Creative Age Press Inc) 1943. *André Gide: Die Geschichte eines Europäers.* Zürich (Steinberg) 1948. Deutsche Erstausgabe: *André Gide und die Krise des modernen Denkens.* München (Nymphenburger) 1966.

Der Mönch [The Monk 1943]. Erstdruck in: *Speed*, hrsg. von Uwe NAUMANN, S. 217-234.

2. Theaterstücke

Die folgenden Werke werden zitiert nach: KM, *Der siebente Engel.* Die Theaterstücke, hrsg. von Uwe NAUMANN und Michael TÖTEBERG, Reinbek (Rowohlt) 1989.

Anja und Esther. Ein romantisches Stück in sieben Bildern, Berlin (Osterheld) 1925, *Der siebente Engel*, hrsg. von Uwe NAUMANN und Michael TÖTEBERG, S. 7-72.

Revue zu Vieren. Komödie in drei Akten, Berlin (Osterheld) 1926, *Der siebente Engel*, hrsg. von Uwe NAUMANN und Michael TÖTEBERG, S. 73-134.

Gegenüber von China. Komödie in sechs Bildern. Berlin (Osterheld) 1929, *Der siebente Engel*, hrsg. von Uwe NAUMANN und Michael TÖTEBERG, S. 135-192.

Geschwister. Vier Akte nach Motiven aus dem Roman ›Les Enfants Terribles‹ von Jean Cocteau. Berlin (Kiepenheuer) 1930, *Der siebente Engel*, hrsg. von Uwe NAUMANN und Michael TÖTEBERG, S. 193-237.

Athen. Fünf Bilder. Berlin (Osterheld) 1932 [unter Pseudonym Vincenz Hofer], *Der siebente Engel*, hrsg. von Uwe NAUMANN und Michael TÖTEBERG, S. 239-316.

Der Siebente Engel. Drei Akte. Sechs Bilder. Vervielfältigung als Bühnenmanuskript: Zürich (Europa Verlag) 1946. Erstdruck der Urfassung in: *Der siebente Engel*, hrsg. von Uwe NAUMANN und Michael TÖTEBERG, S. 317-415.

3. Bücher zusammen mit Erika Mann

Rundherum. Das Abenteuer einer Weltreise, Berlin (S. Fischer) 1929.
Das Buch von der Riviera. Was nicht im »Baedeker« steht, München (Piper) 1931. ND: Mit einem Nachwort von Martin RIPKENS. Berlin (Silver und Goldstein Buchverlag) 1989.
Escape to Life, Boston (Houghton & Mifflin) 1939. Deutsche Ausgabe: Escape to Life. Deutsche Kultur im Exil, hrsg. und mit einem Nachwort von Heribert HOVEN. München (Edition Spangenberg) 1991.
The Other Germany. Translation by Heinz Norden, New York (Modern Age Books) 1940.

4. Autobiographien, Korrespondenz, Tagebücher, Gedächtnisband

Kind dieser Zeit. Berlin (Transmare) 1932. ND: München (Nymphenburger) 1965. Zitiert nach: Reinbek (Rowohlt) 1984.
The Turning Point, New York (L. B. Fischer) 1942.
Der Wendepunkt. Ein Lebensbericht, Frankfurt/M. (S. Fischer) 1952. ND: München (Ellermann) 1976.
Briefe und Antworten, 1922-1949, hrsg. und mit einem Vorwort von Martin GREGOR-DELLIN. Golo MANN, *Erinnerungen an meinen Bruder Klaus,* München (Edition Spangenberg) 1987.
Briefe, hrsg. von Friedrich ALBRECHT, Berlin/Weimar (Aufbau) 1988.
Tagebücher 1931-1949. 6 Bände, hrsg. von Joachim HEIMANNSBERG, Peter LAEMMLE und Wilfried F. SCHOELLER, München (Edition Spangenberg) 1989-1991.
Klaus Mann zum Gedächtnis. Mit einem Vorwort von Thomas MANN, hrsg. von Erika MANN [EM wird auf dem Titelblatt nicht genannt], Amsterdam (Querido) 1950.

5. Herausgebertätigkeit: Zeitschriften und Anthologien

Anthologie jüngster Lyrik, hrsg. von Willi R. FEHSE und Klaus MANN, Hamburg (Enoch) 1927.
Anthologie jüngster Prosa, hrsg. von Erich EBERMAYER, Klaus MANN und Hans ROSENKRANZ, Berlin (Spaeth) 1928.

Die Sammlung. Literarische Monatsschrift. Unter dem Patronat von André GIDE, Aldous HUXLEY und Heinrich MANN, Amsterdam (Querido) 1933-1935. ND: München (Rogner und Bernhard) 1986.
Decision. A Review of free Culture, New York 1941-1942.
Heart of Europe. An Anthology of Creative Writing in Europe 1920-1940, hrsg. v. Hermann KESTEN and Klaus MANN, New York (L. B. Fischer) 1943.

6. Übersetzung

Zum Geburtstag. Komödie von Anita LOOS [Happy Birthday 1948], Berlin (Kiepenheuer) 1953.

7. Beiträge in Büchern, Zeitschriften und Zeitungen

Sofern nicht anders angegeben, werden folgende Essays, Zeitschriftenbeiträge und Reden zitiert nach: KM, *Die neuen Eltern.* Aufsätze, Reden, Kritiken 1924-1933, hrsg. von Uwe NAUMANN und Michael TÖTEBERG. Reinbek (Rowohlt) 1992; KM, *Zahnärzte und Künstler.* Aufsätze, Reden, Kritiken 1933-1936, hrsg. von Uwe NAUMANN und Michael TÖTEBERG. Reinbek (Rowohlt) 1993; KM, *Das Wunder von Madrid.* Aufsätze, Reden, Kritiken 1936-1938, hrsg. von Uwe NAUMANN und Michael TÖTEBERG. Reinbek (Rowohlt) 1993; KM, *Zweimal Deutschland.* Aufsätze, Reden, Kritiken 1938-1943, hrsg. von Uwe NAUMANN und Michael TÖTEBERG. Reinbek (Rowohlt) 1994; KM, *Auf verlorenem Posten.* Aufsätze, Reden, Kritiken 1942-1949, hrsg. von Uwe NAUMANN und Michael TÖTEBERG. Reinbek (Rowohlt) 1994.

Die freie Schulgemeinde. Erstdruck in: Acht-Uhr-Abendblatt, Berlin vom 21.2.1924. Die neuen Eltern, hrsg. von Uwe NAUMANN und Michael TÖTEBERG, S. 16-18.
Arthur Rimbaud. Erstdruck in: Die Weltbühne, Berlin vom 11.9.1924. Die neuen Eltern, hrsg. von Uwe NAUMANN und Michael TÖTEBERG, S. 18-20.
Über Georg Trakl. Erstdruck in: Die Weltbühne, Berlin vom 2.10.1924. Die neuen Eltern, hrsg. von Uwe NAUMANN und Michael TÖTEBERG, S. 22-23.
Der erste Tag. In: Acht-Uhr-Abendblatt, Berlin vom 14.4.1925. Die neuen Eltern, hrsg. von Uwe NAUMANN und Michael TÖTEBERG, S. 44-46.
Mein Vater. Zum 50. Geburtstag. In: Acht-Uhr-Abendblatt, Berlin vom 8.6.1925. Die neuen Eltern, hrsg. von Uwe NAUMANN und Michael TÖTEBERG, S. 48-50.
Fragment von der Jugend. Erstdruck in: Die Neue Rundschau, Berlin, März 1926. Die neuen Eltern, hrsg. von Uwe NAUMANN und Michael TÖTEBERG, S. 60-71.
Die neuen Eltern. Erstdruck in: Uhu, Berlin, August 1926. Zitiert nach: KM, Woher wir kommen und wohin wir müssen. Frühe und nachgelassene Schriften, hrsg. von Martin GREGOR-DELLIN, München (Ellermann) 1980, S. 31-42.
Die neuen Kinder. Ein Gespräch mit W. E. Süskind, Thomas und Klaus Mann über

seinen Aufsatz ,Die neuen Eltern'. Erstdruck in: Uhu, Berlin, August 1926. Zitiert nach: KM, Woher wir kommen und wohin wir müssen. Frühe und nachgelassene Schriften, hrsg. von Martin GREGOR-DELLIN, München (Ellermann) 1980, S. 31-42.

Heute und Morgen. Zur Situation des jungen geistigen Europas. Hamburg (Enoch) 1927. Die neuen Eltern, hrsg. von Uwe NAUMANN und Michael TÖTEBERG, S. 131-152.

Zum Erscheinen der Anthologie jüngster deutscher Lyrik. Erstdruck in: Neue Zürcher Zeitung vom 17.4.1927. Die neuen Eltern, hrsg. von Uwe NAUMANN und Michael TÖTEBERG, S. 121 f.

Dank der Jugend an Rainer Maria Rilke. Erstdruck in: Die Literarische Welt, Berlin vom 14.1.1927. Die neuen Eltern, hrsg. von Uwe NAUMANN und Michael TÖTEBERG, S. 113-116.

[Antwort auf eine] *Umfrage nach dem Ursprung dichterischer Gestalten.* In: Neue Leipziger Zeitung vom 23.1.1927. Die neuen Eltern, hrsg. von Uwe NAUMANN und Michael TÖTEBERG, S. 118.

Begegnung mit Hugo von Hofmannsthal. Erstdruck in: Berliner Tageblatt vom 23.1.1927. Die neuen Eltern, hrsg. von Uwe NAUMANN und Michael TÖTEBERG, S. 116 f.

Als ich heiraten wollte. Erstdruck in: Neue Leipziger Zeitung vom 4.5.1927. [Zuerst erschienen unter dem Titel »Die Geschichte meiner Ehe«. In: Acht-Uhr-Abendblatt, Berlin vom 2.5.1927]. Die neuen Eltern, hrsg. von Uwe NAUMANN und Michael TÖTEBERG, S. 126-128.

Rückblick auf unsere Tournee. Erstdruck in: Literarische Welt, Berlin vom 24. 6.1927. Die neuen Eltern, hrsg. von Uwe NAUMANN und Michael TÖTEBERG, S. 128-120.

Jean Cocteau. Erstdruck in: Das Tagebuch, Berlin vom 24.9.1927. Die neuen Eltern, hrsg. von Uwe NAUMANN und Michael TÖTEBERG, S. 157-162.

Stefan George. Führer der Jugend. [Vortrag in der Berliner Singakademie vom 28.10.1928]. Die neuen Eltern, hrsg. von Uwe NAUMANN und Michael TÖTEBERG, S. 193-199.

Zwei europäische Romane. Virginia Woolf und Jean Cocteau. [1929, Erstdruck bisher nicht nachgewiesen]. Die neuen Eltern, hrsg. von Uwe NAUMANN und Michael TÖTEBERG, S. 207-211.

Der Ideenroman. Erstdruck in: Wirtschaftskorrespondenz für Polen (Beilage: Buch- und Kunstrevue), Katowice vom 15.5.1929. Die neuen Eltern, S. 201-206.

Am Grabe von Hugo von Hofmannsthal. Erstdruck in: Das Prisma, Kolberg, September 1929. Zitiert nach: KM, Woher wir kommen und wohin wir müssen. Frühe und nachgelassene Schriften, hrsg. von Martin GREGOR-DELLIN, München (Ellermann) 1980. S. 43-46.

Gottfried Benns Prosa. Erstdruck in: Die Literatur, Stuttgart / Berlin, Januar 1930. Die neuen Eltern, hrsg. von Uwe NAUMANN und Michael TÖTEBERG, S. 249-252.

Jugend und Paneuropa. [Vortrag für die Paneuropäische Jugendsektion in Wien, Frühjahr 1930]. Die neuen Eltern, hrsg. von Uwe NAUMANN und Michael TÖTEBERG, S. 254-275.

Zu André Gides 60. Geburtstag. Erstdruck in: Neue Rundschau, Berlin November

1930. Die neuen Eltern, hrsg. von Uwe NAUMANN und Michael TÖTEBERG, S. 238-240.

[*André Gide:*] *Die enge Pforte.* Erstdruck in: Die Literatur, Stuttgart/Berlin, Februar 1930. Die neuen Eltern, hrsg. von Uwe NAUMANN und Michael TÖTEBERG, S. 275 f.

Ein führender Roman der Jungen: Perrudja von Hans Henny Jahnn. Erstdruck in: Neue Freie Presse, Wien vom 30.8.1930. Die neuen Eltern, hrsg. von Uwe NAUMANN und Michael TÖTEBERG, S. 284-289.

Jugend und Radikalismus. Eine Antwort auf Stefan Zweig. [1930. Erstdruck bisher nicht nachgewiesen]. Die neuen Eltern, hrsg. von Uwe NAUMANN und Michael TÖTEBERG, S. 318-320.

Wie wollen wir unsere Zukunft? [Vortrag für den Kulturbund in Wien, Herbst 1930]. Die neuen Eltern, hrsg. von Uwe NAUMANN und Michael TÖTEBERG, S. 304-317.

Alain-Fournier: Der große Kamerad. Erstdruck in: Die Literatur, Stuttgart/Berlin, Januar 1931. Die neuen Eltern, hrsg. von Uwe NAUMANN und Michael TÖTEBERG, S. 332-333.

Selbstmörder. Erstdruck in: Vossische Zeitung, Berlin vom 6.2.1931. Die neuen Eltern, hrsg. von Uwe NAUMANN und Michael TÖTEBERG, S. 333-S. 336.

Gruß an das zwölfhundertste Hotelzimmer. Erstdruck in: Querschnitt, H. 11, Berlin, Juli 1931.

André Gide: »Europäische Betrachtungen«. Erstdruck in: Berliner Tageblatt vom 13.12.1931. Die neuen Eltern, hrsg. von Uwe NAUMANN und Michael TÖTEBERG, S. 375-377.

Klaus Mann verteidigt seine Schwester. Scharfe Abwehr der Gemeinheiten des 'Völkischen Beobachters'. Erstdruck in: Acht-Uhr-Abendblatt, Berlin vom 4.2.1932. Die neuen Eltern, hrsg. von Uwe NAUMANN und Michael TÖTEBERG, S. 381-383.

Gottfried Benn oder: Die Entwürdigung des deutschen Geistes. In: Die Sammlung, 1. Jg. H. 1, Amsterdam, September 1933.

Klaus Mann: Die Mythen der Unterwelt – Horst Wessel [1933], hrsg. von Gerhard HÄRLE. In: Forum Homosexualität und Literatur, Heidelberg 1991, S. 102-116.

Das Schweigen von Stefan George. Erstdruck in: Die Sammlung, 1. Jg. H. 2, Amsterdam, Oktober 1933.

1919 – Der literarische Expressionismus. [Juni/Juli 1934]. Erstdruck in: KM, Prüfungen, hrsg. von Martin GREGOR-DELLIN, München (Nymphenburger) 1968. Zahnärzte und Künstler, hrsg. von Uwe NAUMANN und Michael TÖTEBERG, S. 163-179.

Stefan George. Erstdruck in: Die Sammlung, 1. Jg. H. 5, Amsterdam, Januar 1934.

Situation der deutschen Literatur, drinnen und draußen [Januar 1934, Vortrag]. Zahnärzte und Künstler, hrsg. von Uwe NAUMANN und Michael TÖTEBERG, S. 87-107.

Thomas de Quincey. Erstdruck in: Die Sammlung, 1. Jg. H. 9, Amsterdam, Mai 1934. Zahnärzte und Künstler, hrsg. Uwe NAUMANN und Michael TÖTEBERG, S. 131-143.

Joseph Breitbach, der richtige. Erstdruck in: Das Neue Tage-Buch. Paris/Amsterdam, 30. 6.1934. Erschienen auch unter dem Titel *Trois lettres sur la littérature alleman-*

de in: La Revue Hebdomadaire, Nr. 31, Paris vom 4.8.1934, S. 103-105. Zahnärzte und Künstler, hrsg. von Uwe NAUMANN und Michael TÖTEBERG, S. 159-163.

Ich soll kein Deutscher mehr sein. Erstdruck in: Schweizer Mittwoch, St. Gallen vom 7.11.1934. Zahnärzte und Künstler, hrsg. von Uwe NAUMANN und Michael TÖTEBERG, S. 217-218.

Krieg und Saar. Erstdruck in: Die Neue Weltbühne, Nr. 30/45, Prag vom 8.11.1934. Zahnärzte und Künstler, hrsg. von Uwe NAUMANN und Michael TÖTEBERG, S. 219-223.

Homosexualität und Faschismus [Zuerst erschienen unter dem Titel *Die Linke und ,das Laster'.* In: Europäische Hefte / Aufruf, Prag, 24. Dezember 1934]. Zahnärzte und Künstler hrsg. von Uwe NAUMANN und Michael TÖTEBERG, S. 235-242.

An die Staatsschauspielerin Emmy Sonnemann-Göring. Erstdruck in: Pariser Tageblatt vom 21.4.1935. Zahnärzte und Künstler, hrsg. von Uwe NAUMANN und Michael TÖTEBERG, S. 286-289.

Der Kampf um den jungen Menschen. [Rede beim Ersten internationalen Schriftstellerkongreß für die Verteidigung der Kultur gegen Krieg und Faschismus, Paris 1935.]. Zahnärzte und Künstler, hrsg. von Uwe NAUMANN und Michael TÖTEBERG, S. 299-307.

Der PEN-Club in Barcelona. In: Die Sammlung, 2. Jg. H. XI, Amsterdam, Juli 1935.

Selbstanzeige: »Symphonie Pathétique«. Erstdruck in: Wiener Literarische Signale, hrsg. von der Buchhandlung Moritz *Perles*, Winternummer des Jahres 1935. Zahnärzte und Künstler, hrsg. von Uwe NAUMANN und Michael TÖTEBERG, S. 379-380.

Kein Schlüsselroman. Eine notwendige Erklärung [1936]. Erstdruck in: KM, Heute und Morgen. Schriften zur Zeit, hrsg. von Martin 4 München (Nymphenburger) 1969, S. 48-50. Künstler und Zahnärzte, hrsg. von Uwe NAUMANN und Michael TÖTEBERG, S. 406.

Der Streit um André Gide. Erstdruck in: Die neue Weltbühne, Prag vom 11.2.1937. Das Wunder von Madrid, hrsg. von Uwe NAUMANN und Michael TÖTEBERG, S. 84-94.

Aldous Huxleys neuer Roman. Erstdruck in: Das Wort, Moskau März 1937. Das Wunder von Madrid, hrsg. von Uwe NAUMANN und Michael TÖTEBERG, S. 111-118.

Ludwig II, König von Bayern. Erstdruck in: Die Weltwoche, Zürich vom 18.6.1937. Das Wunder von Madrid, hrsg. von Uwe NAUMANN und Michael TÖTEBERG, S. 202-212.

Gottfried Benn – Die Geschichte einer Verirrung. Erstdruck in: Das Wort, Moskau, September 1937. Das Wunder von Madrid, hrsg. von Uwe NAUMANN und Michael TÖTEBERG, S. 237-246.

Lebenslauf 1938. Erstdruck in deutscher Sprache: Woher wir kommen und wohin wir müssen. Frühe und nachgelassene Schriften, hrsg. von Martin GREGOR-DELLIN, München (Ellermann) 1980, S. 157-165.

Kriegs- und Nachkriegs-Generation [Januar/Februar 1938]. Erstdruck in: Heute und Morgen. Schriften zur Zeit, hrsg. von Martin *Gregor-Dellin*, München (Nymphenburger) 1968, S. 206-228. Zitiert nach: Das Wunder von Madrid, hrsg. von Uwe NAUMANN und Michael TÖTEBERG, S. 278-297.

Ein Held. [Rede bei einer Gedenkfeier für Carl von Ossietzky im Züricher Schauspielhaus am 22. Mai 1938]. Erstdruck in: Heute und Morgen, Zürich, Juni/Juli
1938. Das Wunder von Madrid, hrsg. von Uwe NAUMANN und Michael TÖTE-
BERG, S. 362-S. 366.

Ödön von Horváth ist tot. Erstdruck in: Das Neue Tage-Buch, Paris/Amsterdam
vom 24.6.1938. Das Wunder von Madrid, hrsg. von Uwe NAUMANN und Michael TÖTEBERG, S. 366-369.

Das Wunder von Madrid [1937]. Erstdruck in: Pariser Tageblatt vom 3.8.1938. Das
Wunder von Madrid, hrsg. von Uwe NAUMANN und Michael TÖTEBERG, S. 414-
418.

A Family against a Dictatorship [Oktober 1938, Vortrag]. Erstdruck in: Das Wunder
von Madrid, hrsg. von Uwe NAUMANN und Michael TÖTEBERG, S. 247-261.

An die Schriftsteller im Deutschen Reich [Mai 1939, Erstdruck nicht nachgewiesen.].
Zweimal Deutschland, hrsg. von Uwe NAUMANN und Michael TÖTEBERG, S. 94-
112.

Wie kann die deutsche Kultur das Exil überleben? [Rede, gehalten auf einem Kongreß des P.E.N.-Clubs in New York am 9.5.1939, im Rahmen der Weltausstel-
lung]. Zweimal Deutschland, hrsg. von Uwe NAUMANN und Michael TÖTEBERG,
S. 91-94.

Mein letzter Tag mit Ernst Toller. Erstdruck in: Mitteilungsblatt, Buenos Aires, August 1939. Zweimal Deutschland, hrsg. von Uwe NAUMANN und Michael TÖTE-
BERG, S. 113-119.

Ich bin kein Agent der Sowjetunion. Eine Erklärung. [November 1939] Erstdruck
nach der zitierten Fassung: KM, Heute und Morgen. Schriften zur Zeit, hrsg. von
Martin GREGOR-DELLIN, München (Nymphenburger) 1969, S. 268-273. Zweimal Deutschland, hrsg. von Uwe NAUMANN und Michael TÖTEBERG, S. 170.

Erste Stellungnahme zum Hitler-Stalin-Pakt. Erstdruck in: Neue Volkszeitung, New
York 23.9.1939. Zweimal Deutschland, hrsg. von Uwe NAUMANN und Michael
TÖTEBERG, S. 164.

Decision [Editorial]. Erstdruck in: Decision, New York, Januar 1941. Zweimal
Deutschland, hrsg. von Uwe NAUMANN und Michael TÖTEBERG, S. 235-239.

The last Decision [vermutlich Juni 1941]. Zweimal Deutschland, hrsg. von Uwe
NAUMANN und Michael TÖTEBERG, S. 380-385.

Dank an André Gide [Hommage to André Gide]. Erstdruck in: Decision, New York,
November/Dezember 1941. Zweimal Deutschland, hrsg. von Uwe NAUMANN
und Michael TÖTEBERG, S. 365-367.

Erklärung zum Kriegseintritt der USA [11.12.1941 Declaration]. Zweimal Deutschland, hrsg. von Uwe NAUMANN und Michael TÖTEBERG, S. 373.

In eigener Sache [*Decision II.*] Erstdruck in: Decision New York, Januar/Februar
1942. Zweimal Deutschland, hrsg. von Uwe NAUMANN und Michael TÖTEBERG,
S. 374-380.

Cities in the News. [Artikelserie]. Erstdruck in: Camp Crowder Message, Missouri
vom 26.8.1943. Auf verlorenem Posten, hrsg. von Uwe NAUMANN und Michael
TÖTEBERG, S. 74-106.

Flugblatt [1944, Flugblätter von der Front]. Erstdruck in: Auf verlorenem Posten,
hrsg. von Uwe NAUMANN und Michael TÖTEBERG, S. 160.

Hitler Hat Noch Mal Schwein Gehabt... [1944, Flugblätter von der Front]. Erstdruck in: Auf verlorenem Posten, hrsg. von Uwe NAUMANN und Michael TÖTEBERG, S. 167.

An die Soldaten der 94. Infanterie-Division [1944, Flugblätter von der Front]. Erstdruck in: Auf verlorenem Posten, hrsg. von Uwe NAUMANN und Michael TÖTEBERG, S. 170.

Gemäss dem Genfer Abkommen... [1944, Flugblätter von der Front]. Erstdruck in: Auf verlorenem Posten, hrsg. von Uwe NAUMANN und Michael TÖTEBERG, S. 171.

Notizen zur Umerziehung der Deutschen [August/September 1944, Notes about the Re-Education of the Germans]. Erstdruck in: Auf verlorenem Posten, hrsg. von Uwe NAUMANN und Michael TÖTEBERG, S. 138-152.

Meine alten Landsleute [My Old Countrymen. A German-Born Yank Tells Why He Fights The Reich]. Erstdruck in: The Stars and Stripes, Rom vom 31.12.1944. Auf verlorenem Posten, hrsg. von Uwe NAUMANN und Michael TÖTEBERG, S. 156-159.

Es gibt keine Heimkehr! [You Can't Go Home Again! It Was More Than An Assignment, Reporting On The Old Home Town]. Erstdruck in: Stars and Stripes, Rom vom 20.5.1945. Auf verlorenem Posten, hrsg. von Uwe NAUMANN und Michael TÖTEBERG, S. 224-230.

Ein KZ zum Vorzeigen [Model City Of Hate. Nazi Cruelty Against The Non-Aryan Was Never More Sinister Than In This Village.] Erstdruck in: The Stars and Stripes, Rom vom 3.6.1945. Auf verlorenem Posten, hrsg. von Uwe NAUMANN und Michael TÖTEBERG, S. 230-234.

Nazismus in Deutschland wieder im Aufwind [Nazism Is On Upgrade In Germany]. Erstdruck in: The Rome Daily American vom 5.6.1946. Auf verlorenem Posten, hrsg. von Uwe NAUMANN und Michael TÖTEBERG, S. 333-335.

Der Liebling von Berlin [1946, Berlin's Darling]. Erstdruck in: Berliner Schwulen-Zeitung, Oktober/November 1980. Auf verlorenem Posten, hrsg. von Uwe NAUMANN und Michael TÖTEBERG, S. 328-333.

Alte Bekannte [Old Acquaintances]. Erstdruck in: Town & Country, New York, Januar 1947. Auf verlorenem Posten, hrsg. von Uwe NAUMANN und Michael TÖTEBERG, S. 371-383.

Die literarische Szene in Deutschland [The Literary Scene in Germany]. Erstdruck in: Tomorrow Magazine, New York, März 1947. Auf verlorenem Posten, hrsg. von Uwe NAUMANN und Michael TÖTEBERG, S. 383-397.

Der P.E.N.-Club in Zürich [1947, The P.E.N.-Club in Zürich]. Erstdruck in: Auf verlorenem Posten, hrsg. von Uwe NAUMANN und Michael TÖTEBERG, S. 397-406.

Wiedersehen mit André Gide [Conversation with André Gide]. Erstdruck in: Tomorrow Magazine, New York, Februar 1948. Auf verlorenem Posten, hrsg. von Uwe NAUMANN und Michael TÖTEBERG, S. 458-467.

Die Tragödie Jan Masaryk. Erstdruck in: Welt am Montag, Wien vom 30.3.1948. Auf verlorenem Posten, hrsg. von Uwe NAUMANN und Michael TÖTEBERG, S. 469-475.

Die Heimsuchung des europäischen Geistes [März 1949, Europe's Search for a new Credo]. Erstdruck in: Tomorrow Magazine VIII, Nr. 10, New York, Juni 1949.

Auf verlorenem Posten, hrsg. von Uwe NAUMANN und Michael TÖTEBERG, S. 523-542.

Jean Cocteau in Amerika [19. Mai 1949]. Erstdruck in: KM, Prüfungen. Schriften zur Literatur, hrsg. von Martin GREGOR-DELLIN, München (Nymphenburger) 1968, S. 69-79. Auf verlorenem Posten, hrsg. von Uwe NAUMANN und Michael TÖTEBERG, S. 514-523.

6. Beiträge in Zeitschriften und Zeitungen gemeinsam mit Erika Mann

Fazit einer Spanienreise. Erstdruck in: Pariser Tageszeitung vom 18.8.1938. Zitiert nach: Das Wunder von Madrid. Aufsätze, Reden. Kritiken 1936-1938, hrsg. und mit einem Vorwort von Uwe NAUMANN und Michael TÖTEBERG, Reinbek 1994, S. 421-424.

Zurück nach Spanien. Erstdruck in: Das Wort, Moskau, Oktober 1938. Zitiert nach: Das Wunder von Madrid. Aufsätze, Reden, Kritiken 1936-1938, hrsg. und mit einem Vorwort von Uwe NAUMANN und Michael TÖTEBERG, Reinbek 1994, S. 425-430.

Beispiel für eine Verleumdung. Erstdruck in: Aufbau / Reconstruction, New York vom 11.3.1949. Zitiert nach: Auf verlorenem Posten. Aufsätze, Reden, Kritiken 1942-1949, hrsg. und mit einem Vorwort von Uwe NAUMANN und Michael TÖTEBERG, Reinbek 1994, S. 510-514.

III. Autobiographien, Korrespondenzen, Memoiren, Tagebücher von anderen Autoren

Fritz H. LANDSHOFF, *Amsterdam, Keizergracht 333. Querido Verlag. Erinnerungen eines Verlegers*, Berlin/Weimar 1991.

Erika MANN, Briefe und Antworten, hrsg. von Anna ZANCO PRESTEL, 2 Bände, München 1984/1985

Golo MANN, *Erinnerungen und Gedanken. Eine Jugend in Deutschland*, Frankfurt/M. 1986.

Golo MANN, *Erinnerungen an meinen Bruder Klaus*. In: KM, *Briefe und Antworten*, hrsg. und mit einem Vorwort von Martin GREGOR-DELLIN, München (Edition Spangenberg) 1987, S. 629-661.

Katia MANN, *Meine ungeschriebenen Memoiren*, hrsg. von Elisabeth PLESSEN und Michael MANN, Frankfurt/M. 1974.

Thomas MANN, *Tagebücher 1918-1921*, hrsg. von Peter de MENDELSSOHN, Frankfurt/M. 1979.

Thomas MANN, *Tagebücher 1933-1934*, hrsg. von Peter de MENDELSSOHN, Frankfurt/M. 1977.

Thomas MANN, *Tagebücher 1935-1936*, hrsg. von Peter de MENDELSSOHN, Frankfurt/M. 1978.

Thomas MANN, *Tagebücher 1937-1939*, hrsg. von Peter de MENDELSSOHN, Frankfurt/M. 1980.

Thomas MANN, *Tagebücher 1940-1943*, hrsg. von Peter de MENDELSSOHN, Frankfurt/M. 1982.

Thomas MANN, *Tagebücher 1944-1946*, hrsg. von Inge JENS, Frankfurt/M. 1986.

Thomas MANN, *Tagebücher 1946-1948*, hrsg. von Inge JENS, Frankfurt/M. 1989.

Thomas MANN, *Tagebücher 1949-1950*, hrsg. von Inge JENS, Frankfurt/M. 1991.

Thomas MANN, *Briefe 1889-1936*, Bd. 1, hrsg. von Erika MANN, Frankfurt/M. 1995.

Thomas MANN, *Briefe 1937-1947*, Bd. 2, hrsg. von Erika MANN, Frankfurt/M. 1979.

Thomas MANN, *Briefe 1948-1955* und *Nachlese*, Bd. 3, hrsg. von Erika MANN, Frankfurt/M. 1979.

Thomas MANN, *Briefe aus den Jahren 1910-1955*, hrsg. von Inge JENS, Pfullingen 1960.

Thomas MANN/Heinrich MANN, *Briefwechsel 1900-1949*, hrsg. von Hans WYSLING. Erweiterte Neuausgabe, Frankfurt/M. 1984.

Thomas MANN, *Briefwechsel mit seinem Verleger Gottfried Bermann Fischer*, hrsg. von Peter de MENDELSSOHN, Frankfurt / M. 1975.

Ludwig MARCUSE, *Mein zwanzigstes Jahrhundert: Auf dem Weg zu einer Autobiographie*. München 1960.

Robert MUSIL, *Briefe 1901-1942*, hrsg. von Adolf FRISÉ, Reinbek 1981, S. 585-589.

Hans SAHL, *Das Exil im Exil. Memoiren eines Moralisten*, 2 Bände, Frankfurt/M. 1991.

Annemarie SCHWARZENBACH an Erika und Klaus MANN, *Briefe 1930-1942. Wir werden es schon zuwege bringen, das Leben*, hrsg. von Uta FLEISCHMANN, Pfaffenweiler 1993.

Thea STERNHEIM, *Erinnerungen*, hrsg. von Helmtrud MAUSER in Verbindung mit Traute *Hensch*, Freiburg i. Br. 1995.

IV. Weitere Literatur

[Ankündigung des Erscheinens von *Vor dem Leben*, hrsg. von GEBRÜDER ENOCH Verlag.] In: Anzeigen-Beilage in der Neuen Rundschau, H. 5, Berlin/Leipzig, Mai 1925.

Friedrich ALBRECHT, *Klaus Manns ›Mephisto‹. Roman einer Karriere*. In: Weimarer Beiträge 34/6, 1988, S. 978- 1000.

Kathrin ASPER, *Verlassenheit und Selbstentfremdung*, München 1990.

Gottfried BENN, *Können die Dichter die Welt ändern?* [*Ein Rundfunkdialog* im Juni 1930]. In: Die literarische Welt, H. 6, Nr. 23, Berlin 1930.

Gottfried BENN, *Gesammelte Werke in der Fassung der Erstdrucke*, hrsg. und mit einer Einführung von Bruno *Hillebrand*, vier Bände, Frankfurt/M. 1989.

Gottfried BENN, *Gesammelte Werke in vier Bänden*, hrsg. von Dieter WELLERSHOFF, Wiesbaden 1961.

Jacob BERCHTOLD, *Klaus Mann: Geschwister*. In: Völkischer Beobachter, Nr. 272, München vom 15.11.1930.

Helmut BLAZEK, *Rosa Zeiten für rosa Liebe*. Frankfurt/M. 1996.
Ernst BLOCH, *Naturrecht und menschliche Würde*. Frankfurt/M. 1972.
Ernst BLOCH, *Erbschaft dieser Zeit*. 1. Aufl., Frankfurt/M. 1973.
Bertolt BRECHT, *Große kommentierte Berliner und Frankfurter Ausgabe*, hrsg. von Werner HECHT, Jan KNOPF, Werner MITTENZWEI, Klaus-Detlef MÜLLER, Frankfurt/M. 1990-1998.
Joseph *Breitbach, Antwort an Klaus Mann*. In: Das Neue-Tage-Buch, II, Nr. 29, Paris/Amsterdam vom 21.7.1934.

Joseph *Breitbach, Les Français connaissent-ils vraiment la littérature allemande d'aujourd'hui?* In: La Revue Hebdomadaire, Nr. 23, Paris vom 30.6.1934.
Joseph BREITBACH, *Réponse*. In: La Revue Hebdomadaire, Nr. 31, Paris vom 4.8.1934.
Jean COCTEAU, *Kinder der Nacht*. Erzählende Prosa III, Bd. 3, Frankfurt/M. 1995.
Jean COCTEAU, *Vollendete Vergangenheit*, München 1989.
Herbert und Jane M. DIECKMANN (Hrsg.), *Deutsch-französische Gespräche*. La Correspondance de E. R. Curtius avec André Gide, Du Bos et Paul Valéry, Frankfurt/M. 1980.
Deutsche Akademie der Künste (Hrsg.), *Zur Tradition der sozialistischen Literatur*, Berlin/Weimar 1967.
Wilfried DIRSCHAUER, *Klaus Mann und das Exil* (= Deutsches Exil 1933-1945: Eine Schriftenreihe, hrsg. von Georg HEINTZ, 2.), Worms 1973.
Erich EBERMAYER, *Eines Freundes Tod*. [Undatierter Zeitungsausschnitt im KMA].
Axel EGGEBRECHT, *Die jüngste Dichtung*. In: Die literarische Welt, III, Nr. 34, Berlin, 26.8.1927.
Axel EGGEBRECHT, *Anthologie jüngster Prosa*. In: Die literarische Welt, IV, Nr. 6, Berlin, 10.2.1928.
Erika MANN, *Wie ich Auto-Monteur lernte*. In: Tempo, Berlin vom 20.2.1930.
Georg FRÖSCHEL, *Anja und Esther*. In: Berliner Zeitung vom 9.3.1926.
Areti GEORGIADU, »*Das Leben zerfetzt mich in tausend Stücke*«. Annemarie Schwarzenbach. Eine Biographie, Frankfurt/M. 1995.
Therese GIEHSE, *Ich hab' nichts zum Sagen. Gespräche mit Monika Sperr*, München/Gütersloh/Wien 1973.
ANDRÉ GIDE UND KLAUS MANN. *Correspondance/Briefwechsel*, hrsg. von Michel GRUNEWALD. In: Revue d'Allemagne 14, Paris 1982, S. 581-682.
André GIDE, *Tagebuch 1889-1939*. Übersetzung von Maria SCHAEFER-RÜMELIN, 3 Bände, Stuttgart 1950-1954.
Oskar Maria GRAF, *Reise in die Sowjetunion 1934*, hrsg. von Hans-Albert WALTER, Darmstadt/Neuwied, 1974.
Gustaf GRÜNDGENS, *Über Klaus Mann*. In: Der Freihafen, Nr. 2, Hamburg, 1925/26.
Michel GRUNEWALD, *Klaus Mann 1906-1949. Eine Bibliographie*, München 1984.
Willy HAAS [Gründungsanzeige der Gruppe 1925]. In: Die Literarische Welt, Nr. 9, Berlin, August 1925.
Gerhard HÄRLE, *Männerweiblichkeit*, Frankfurt/M. 1988.
Klaus HARPPRECHT, *Thomas Mann. Eine Biographie*, Reinbek 1995.
Walter HEINSIUS, *Klaus Mann: Kindernovelle*. In: Die schöne Literatur, H. 5, 28. Jg., Leipzig, Mai 1927.

Daniel HELL, *Welchen Sinn macht Depression?* Reinbek 1992.

Max HERMANN-NEISSE, *Gottfried Benns Prosa.* In: Die neue Bücherschau, H. 7, Berlin 1929.

Hermann HESSE, *Beim Lesen eines Romans.* In: Die Neue Rundschau, LXIV, H. 5, Berlin/Leipzig Mai 1933, S. 698-702.

Otto HEUSCHELE, *Dichter und Literaten.* In: Kölnische Volkszeitung, Köln vom 23.5.1926 sowie in Württemberger Zeitung, Nr. 121, 1926.

Curt HOTZEL, *Thomas Mann ›politisch‹.* In: Deutsche Tageszeitung, Berlin vom 18.10.1930.

Herbert IHERING, *Von Reinhardt bis Brecht,* 3 Bände, Berlin 1959.

Herbert IHERING, *Theater in Aktion.* Kritiken und Reden aus drei Jahrzehnten 1913-1933, Berlin 1987.

Bernd ISEMANN, *Klaus Mann: ›Vor dem Leben‹.* In: Die schöne Literatur, XXVII, Nr. 2, Leipzig, Februar 1926.

Ilsedore JONAS, *Klaus Mann im amerikanischen Exil.* In: Weimarer Beiträge, H. 5, 1982, S. 35-61.

Hermann KASACK, *Klaus Mann: Alexander.* In: Die literarische Welt, V, Nr. 49, Berlin vom 6. 12.1929.

Kommentar der Redaktion zu Joseph Breitbach: Antwort auf Klaus Mann. In: Das Neue Tage-Buch, II, Nr. 29, Paris/Amsterdam vom 21.7.1934.

Siegfried KRACAUER, *Klaus Mann sucht einen Weg.* In: Frankfurter Zeitung, Literaturblatt 25. Zitiert nach: Die Literatur, XXXIII, H. 11, Stuttgart/Berlin, August 1931.

Siegfried KRACAUER, *Zur Produktion der Jungen.* In: Frankfurter Zeitung vom 1.5.1932.

Traugott KRISCHKE, *Ödön von Horváth: Kind dieser Zeit,* München 1980.

Fredric KROLL (Hrsg.), *Klaus-Mann-Schriftenreihe:* Band I: *Bibliographie,* Wiesbaden 1976; Band II: *Unordnung und früher Ruhm (1906-1927),* bearbeitet von Fredric KROLL und Klaus TÄUBERT, Wiesbaden 1977; Band III: *Vor der Sintflut (1927-1933),* Wiesbaden 1979; Band IV/1: *Der Repräsentant des Exils (1933-1934),* Wiesbaden 1992; Band V: *Trauma Amerika (1937-1942),* Wiesbaden 1986; Bd. VI: *Der Tod in Cannes (1943-1949),* bearbeitet von Fredric KROLL und Klaus TÄUBERT, Wiesbaden 1996.

Fredric Kroll, *Treffpunkt im Unendlichen (1979).* In: Klaus Mann. Werk und Wirkung. In der Reihe Sammlung Profile, Bd. 11, hrsg. von Rudolf WOLFF, Bonn 1984, S. 82-118.

Herbert Lehnert, Bert Brecht und Thomas Mann im Streit über Deutschland. In: Deutsche Exilliteratur seit 1933. Band I, Kalifornien, Teil 1, hrsg. von John M. SPALEK und Joseph STRELKA, Bern/München 1976, S. 62-88.

Irmela VON DER LÜHE, *Erika Mann. Eine Biographie,* Frankfurt/M. 1993.

Hubertus Prinz zu LÖWENSTEIN, *Gefahren der Vernichtungspolitik.* In: New Yorker Staatszeitung vom 17.3.1940.

Georg LUKÁCS, *Größe und Verfall des Expressionismus.* Erstdruck in: Internationale Literatur, H. I, Moskau 1934. Wieder abgedruckt in: Georg LUKÁCS. *Schicksalswende.* Beiträge zu einer neuen deutschen Ideologie, hrsg. von Fritz J. RADDATZ, Berlin 1948, S. 180 ff sowie in: *Marxismus und Literatur,* hrsg. von Fritz J. RAD-

DATZ, Reinbek 1969, Band 2, S. 7-42 sowie in: Georg LUKÁCS, *Werke 4. Probleme des Realismus I.* Essays über Realismus, Neuwied 1971, S. 109-149.

M. A. M., Theater, Kunst und Wissenschaft. Anja und Esther. In: Hamburger Fremdenblatt vom 23.10.1925.

Heinrich MANN, *Sittliche Erziehung durch deutsche Erhebung.* In: Die Sammlung, 1. Jahrgang, H. 1, S. 3-7.

Erika und Klaus Mann, Bilder und Dokumente, Katalogbuch zur Ausstellung, München 1990.

Thomas MANN, *Gesammelte Werke in Einzelbänden,* hrsg. von Peter de MENDELSSOHN. Frankfurter Ausgabe 1980-1986.

Thomas MANN, *Interview* [genauer Titel unbekannt]. In: La Stampa, Turin (Italien) vom 8. 5. 1925.

Thomas MANN, *Ein Protest.* In: Neue Zürcher Zeitung vom 18.1.1936.

Thomas MANN im Urteil seiner Zeit. Dokumente 1891-1955, hrsg. von Klaus *Schröter,* Hamburg 1969.

Erich MÜHSAM, *Der Fall Klaus Mann.* In: Welt am Montag, Berlin 8.8.1927.

Uwe NAUMANN, *Klaus Mann.* Mit Selbstzeugnissen und Bilddokumenten. Reinbek 1984.

Carl von Ossietzky – 227 Tage im Gefängnis. Briefe, Texte, Dokumente, hrsg. von Stefan Berkholz, Darmstadt 1988.

Una PFAU, *Nachwort.* In: *René Crevel, Seid ihr verrückt,* Frankfurt/M. 1991, S. 151-167.

Kurt PINTHUS, *Revue zu Vieren.* In: Acht-Uhr-Abendblatt, Berlin vom 3.5.1927.

Axel PLATHE, *Klaus Mann und André Gide.* Zur Wirkungsgeschichte französischer Literatur in Deutschland, Bonn 1987.

Protest der Richard-Wagner-Stadt München. In: Münchner Neueste Nachrichten, Nr. 105, 86. Jg. vom 16./17.4.1933.

F.R., *Klaus Mann: Anja und Esther.* In: Arbeiter-Zeitung, Wien, 10.3.1926.

Marcel REICH-RANICKI, *Kein Fall für die Justiz.* In: Frankfurter Allgemeine Zeitung, Nr. 294, vom 18.12.1980.

Werner RIECK, *Hendrik Höfgen.* In: Weimarer Beiträge, H. 4, 1969.

Ines RIEDER, *Erika Mann.* In: Wer mit wem? Berühmte Frauen und ihre Liebhaberinnen, hrsg. von München 1997, S. 17-23.

Curt RIESS, *Gustaf Gründgens. Eine Biographie,* Hamburg 1965.

Friedrich RIESSNER, *Klaus Mann: 'Vor dem Leben'.* In: Der Gral, XVIII Trier/Wien 1925.

Joseph ROTH, *Lettre sur la littérature allemande.* In: La Revue Hebdomadaire, Nr. 31, Paris vom 4.8.1934.

Karl-Heinz RUFFMANN, *Sowjetrußland 1917-1977,* 10. Aufl., München 1984.

Jürgen RÜHLE, *Literatur und Revolution. Die Schriftsteller und der Kommunismus.* Frankfurt/Wien/Olten 1987.

Nicole SCHAENZLER, *Klaus Mann als Erzähler.* Studien zu seinen Romanen »Der fromme Tanz« und »Der Vulkan«, Kasseler Studien zur deutschsprachigen Literaturgeschichte 6, Paderborn 1995.

Jean SCHLUMBERGER, *Madeleine und André Gide,* Hamburg 1957.

Rudolf SCHNEIDER, *Dichterkinder.* In: Frankfurter Zeitung vom 23.10. 1925.

Harry SCHULZE-WILDE, *Klaus Mann macht Männchen.* In: Echo der Woche, München vom 12.11.1948.

Harry SCHULZE-WILDE, *Vor einem neuen Novemberputsch?* Erika Mann als kommunistische Agentin – Stalins 5. Kolonne am Werk. In: Echo der Woche, München vom 22.10.1948.

Leopold SCHWARZSCHILD, *Antwort an Thomas Mann.* In: Das Neue Tage-Buch, Paris/Amsterdam vom 25.1.1936.

Leopold SCHWARZSCHILD, *Samuel Fischers Erbe.* In: Das Neue Tage-Buch, Paris/Amsterdam vom 11.1.1936.

Eberhard SPANGENBERG, *Karriere eines Romans.* Mephisto, Klaus Mann und Gustaf Gründgens, Reinbek 1986.

Alexander STEPHAN, *Die deutsche Exilliteratur 1933-1945*, München 1979.

Alexander STEPHAN, *Im Visier des FBI. Deutsche Exilschriftsteller in den Akten amerikanischer Geheimdienste*, Stuttgart 1995.

Carl STERNHEIM, *Zeitkritik.* In: Das Gesamtwerk, Bd. VI, hrsg. von Wilhelm EMRICH. Neuwied 1966.

Hans-Georg STÜMKE/Rudi FINKLER, *Rosa Winkel, Rosa Listen.* Reinbek 1981.

W.E. SÜSKIND, *Klaus Manns Alexanderroman.* Die Neue Rundschau, Nr. XLI, Berlin 1930.

W. E. SÜSKIND, *Mephisto – ohne Goethe.* In: Süddeutsche Zeitung, ›Buch und Zeit‹, Nr. 6, München vom 8./9.1.1966.

Kurt Tucholsky, Gesammelte Werke, hrsg. von Mary GEROLD-TUCHOLSKY/Fritz J. RADDATZ, 4 Bde., Reinbek 1961.

Will VESPER: In: Die Neue Literatur, Jg. 34, Leipzig, November 1933.

Hans-Albert WALTER, *Deutsche Exilliteratur 1933-1950.* Exilpresse, Bd. 4, Stuttgart 1978.

Hans-Albert WALTER, *Deutsche Exilliteratur 1933-1950.* Exilpresse I, Bd. VII, Darmstadt/Neuwied 1974.

Matthias WEGNER, *Exil und Literatur.* Deutsche Schriftsteller im Ausland 1933-1945,. FrankfurtBonn 1967.

BILDNACHWEISE

Alle Abbildungsoriginale befinden sich in der Handschriftenabteilung der Staatsbibliothek, München.

PERSONENREGISTER